《基督教要义》（Institutes of the Christian Religion）
约翰·加尔文（John Calvin）著 钱曜诚等译
© 2007年加尔文出版社
中文简体字版经授权在中国大陆出版发行

基督教经典译丛

何光沪 主编
副主编 章雪富 孙毅 游冠辉

Institutes of the Christian Religion

基督教要义

[法] 约翰·加尔文 著
钱曜诚等 译 孙毅 游冠辉 修订

下 册

三联书店

Simplified Chinese Copyright © 2010 by SDX Joint Publishing Company All Rights Reserved.
本作品中文简体版权由生活·读书·新知三联书店所有。未经许可，不得翻印。

图书在版编目（CIP）数据

基督教要义／（法）加尔文著；钱曜诚等译 .—北京：生活·读书·新知三联书店，2010.3 （2025.7重印）
（基督教经典译丛）
ISBN 978-7-108-03370-3

Ⅰ.①基… Ⅱ.①加…②钱… Ⅲ.①基督教－教义－研究 Ⅳ.①B972

中国版本图书馆CIP数据核字（2009）第218465号

丛书策划	橡树文字工作室
特约编辑	王爱玲　刘　峣
责任编辑	张艳华　徐国强
装帧设计	罗　洪
责任印制	董　欢
出版发行	生活·讀書·新知三联书店
	（北京市东城区美术馆东街22号）
邮　　编	100010
网　　址	www.sdxjpc.com
经　　销	新华书店
印　　刷	北京隆昌伟业印刷有限公司
版　　次	2010年3月北京第1版
	2025年7月北京第18次印刷
开　　本	635毫米×965毫米 1/16　印张 109.25
字　　数	1363千字
印　　数	111,001-115,000册
定　　价	228.00元（全三册）

（印装查询：01064002715； 邮购查询：01084010542）

目 录

(下)

第四卷 神召我们与基督相交,并保守我们在其中的外在方式或帮助

第一章 我们必须保守与真教会的合一,因为她是所有信徒的母亲 ……… 1023

第二章 比较真假教会 …………………………………………………… 1054

第三章 教会教师和牧师的选立及其职分 …………………………… 1067

第四章 古代教会的情形以及教皇制出现之前的教会治理 ………… 1082

第五章 教皇专制完全推翻了古代教会的治理 ……………………… 1098

第六章 罗马教区的首要性 …………………………………………… 1116

第七章 罗马教皇制的产生和发展,及其对教会自由的压制和教会治理的破坏 ………………………………………………………… 1134

第八章 教会关于信条的权威;罗马教会肆无忌惮地败坏纯洁的教义 …… 1168

第九章 教会会议及其权威 …………………………………………… 1186

第十章 教皇及其支持者用颁布法规的权威对人进行野蛮的专政和残害 ………………………………………………………… 1201

第十一章 教会司法权的范围以及天主教对此权柄的滥用 ………… 1235

第十二章 教会的纪律:主要的用处在于斥责与革除教籍 …………… 1255

第十三章 许愿;轻率许愿的人如何悲惨地落在陷阱里 …………… 1281

第十四章　圣礼 1305

第十五章　洗礼 1334

第十六章　婴儿洗礼最符合基督所设立的圣礼，以及这记号的性质 1356

第十七章　基督的圣餐及其所带给我们的福分 1394

第十八章　天主教的弥撒，不但亵渎而且毁灭圣餐 1469

第十九章　被误称为圣礼的五种仪式；其错谬及真实性质 1491

第二十章　政府 1531

参考书目 1568

英汉译名对照表 1605

修订后记 1613

宗教改革五百周年修订版后记 1615

ᵉ 第四卷　神召我们与基督相交，
　　　　　并保守我们在其中的
　　　　　外在方式或帮助

第一章 我们必须保守与真教会^①的合一，因为她是所有信徒的母亲

圣而公之教会——我们的母亲（1—4）

1. 教会的必要性

^e就如我们在第三卷所说的，基督借着我们对福音的信心成为我们的，且我们借这信心与基督的救恩和永恒的幸福有分。然而，因我们的无知和懒惰（甚至善变），我们需要外在的帮助使我们获得信心，并使之成长至神所预定的目标。因我们的软弱，神也为我们预备了这些帮助。^{e (b)} 而且神将

---

① 从教会论在本书中所占的篇幅来看，明显地，加尔文相当看重教会论。但是直到我们这个世纪为止，这个部分的神学并没有引起解释者的注意。下列的书可以帮助读者了解，近年来加尔文的教会论，已渐渐受到重视的情形：Th. Werdermann, "Calvins Lehre von der Kirche in ihrer geschichtlichen Entwicklung" in *Calvinstudien*, pp. 236-338; Doumergue, *Calvin* V; L. Goumaz, *La Doctrine du salut*, pp. 312-336; A. Lecerf, "La Doctrine de l'Église dans Calvin," *Revue de théologie et de philosophie religieuses* IX (1929), 256-270; P. Barth, "Calvins Verständnis der Kirche", *Zwischen den Zeiten* VIII. 216-233; P. Imbart de la Tour, *Les Origines de la Réforme* IV. 98-115; H. R. Pearcy, *The Meaning of the Church in the Thought of Calvin*; R. C. Petry, "Calvin's Conception of the 'Communio Sanctorum'", *Church History* V (1936), 227-238; P. T. Fuhrmann, *God-centered Religion*, ch. 6; J. T. McNeill, "The Church in Sixteenth-Century Reformed Theology", *Journal of Religion* XXII (1942), 251-269; W. Niesel, *The Theology of Calvin*, ch. 13; LCC XXIII. 361-406 (selections from the Commentaries); W. Mueller, *Church and State in Luther and Calvin*, pp. 77-125; G. MacGregor, *Corpus Christi: The Nature of the Church According to the Reformed Tradition*。

这外在的帮助交托给教会，使传福音的事工兴旺。神兴起了"牧师和教师"（弗 4：11），好借他们的口教导自己的百姓；神赏赐他们权威；最后，赏赐他们有助于信心合一和建立秩序的一切。首先，他设立了圣礼。一切领受过圣礼的人都知道它们造就和坚固人的信心。我们既然被关在这肉体的监牢中，而尚未达到与天使一样高的地位，因此神出于他奇妙的护理俯就我们，使我们这仍与他疏远的人能亲近他。

因此，我们现在就要讨论教会、教会行政、职分以及权柄；稍后将讨论圣礼；最后讨论社会秩序。②同时我也想借此救敬虔的读者们脱离撒旦借着罗马天主教所用来污染神指定使我们蒙救恩的一切败坏。

我要开始讨论教会，因神喜悦将他一切的儿女们呼召到教会的怀中，不止为了要借教会的帮助和收养在他们还是婴儿和孩童的时期喂养他们，也是要他们受教会母亲般的关怀，被引领至成熟的地步，并至终达成信心最后的目标。"所以，神配合的，人不可分开"（可 10：9 p.），如此，神做谁的父亲，教会也就照样做谁的母亲。③不但在律法之下如此，在基督降临之后也是如此。保罗见证我们属于新的、天上的耶路撒冷也有同样的含义（加 4：26）。

2. 教会与信经彼此的关系如何？

[e]使徒信经中我们所承认的信条，即"相信教会"，不仅仅指有形的教会（我们目前的主题），也指神一切的选民，包括一切已死的选民。我们之所以用"相信"一词，是因为这常常是唯一能区分神的儿女和不信之人、神的羊群和野兽的方式做区分。[e](b) 但是如果像其他许多人加

---

② 这句话可以说是第四卷的大纲。一直以来，教会都被视作地上选民聚集和受教的神圣所在，就如前一句所言，"ergastulo carnis... inclusi"，"被关在肉体的监牢中"参阅彼得·威尔米革立（Peter Martyr Vermigli）的 *Loci communes*, 1576 edition, "*Simplex expositio*" 35, p. 484。

③ "上帝不是你的父亲，除非教会已是你的母亲。" Cyprian, *On the Unity of the Catholic Church* 6 (CSEL 3, 1. 214, tr. LCC V. 127 f.)；Augustine, *Psalms*, Ps. 88. 2. 14 (MPL 37. 1140, tr. LF *Psalms* IV. 269 f.)；*Against the Writings of Petilianus* III. 9. 10 (MPL 43. 353)；Pseudo-Augustine, *On the Creed* (*De Symbolo*) 4. 13 (MPL 40. 668). 有关其他类似之早期作品，请看 J. H. Plumpe, *Mater Ecclesiae*, ch. 3。

入了一个介系词"in",说成"信靠"教会的话,那就不妥了。我承认如今这种用法相当普遍,有悠久历史。正如在^b《教会史》(*Ecclesiastical History*)中所引用的尼西亚信经(Nicene Creed)里所加入的这个介系词一样。④$^{e\,(b)}$然而,我们同时要从众教父的作品来看,显然在初代教会的时候,他们毫无疑问是用"我相信教会"(I believe the church),而不是用"我信靠教会"(I believe in the church)的说法。因此,奥古斯丁和那用西普里安(Cyprian)⑤的名义写《信经诠释》(*On the Exposition of the Creed*)的人,都$^{c\,(b)}$说过这是不妥的用法。^{b}此外,他们认为有充分的理由证明添加这个介系词会造成不恰当的表达。我们可以见证我们是"信靠神"(believe in God)的,因为我们心里依赖他为真实的,并且我们信靠他。但如果说我们"信靠教会"(believe in the church)却是不妥的,就好像我们把"罪得赦免"或"身体复活"说成我们"信靠罪得赦免"(*in the forgiveness of sins*)或我们"信靠身体复活"(*in the resurrection of the body*)是一样的。因此,我虽然不愿意在"单词"上起争执,却宁可使用一种确切表达主旨的说法,而不愿添加赘言使主旨混沌不清。

^{e}神给我们这信条是要我们确信:虽然魔鬼不择手段且神其他的仇敌也企图以暴力毁坏基督所赐给我们的恩典,但它却无法得逞,因为基督的宝血必不白流、必有功效。$^{e\,(b/a)}$因此,我们当思考神隐秘的拣选和他内在的呼召。因唯独神自己"认识谁是他的人"(提后2:19),且就如保罗所说:用圣灵给他们印记(弗1:13)。他同时也佩戴神的徽章,借此与被遗弃之人分别。但既因这少数、被世人藐视之人混在群众中(几

---

④ 这在Niceno-Constantinopolitan Creed中已出现过,而非出现在优西比乌所写的《教会史》(*Ecclesiastical History*)中。然而在*Acts of the Council of Chalcedon*中,εἰς这个介系词就已经出现过了。参阅Schaff, *Creeds* I. 22; II. 45-51, 58。"*in ecclesiam*"这个词组也出现在*Tripartite History* of Cassiodorus III. 6 (MPL 69. 951)。以英文来说,实在看不出其差别,因为英文本身几乎是一种无抑扬顿挫的一口气语言,就拉丁原文来看,其差别也甚微。

⑤ Augustine, *On Faith and the Creed* 10. 21 (MPL 40. 193; tr. NPNF III. 331); Pseudo-Augustine, *On the Creed*, loc. cit., note 3, above; Pseudo-Cyprian (i.e., Rufinus), *On the Exposition of the Apostles' Creed* 36 (MPL 21. 373; tr. NPNF 2 ser. III. 557; ACW XX. 71).

粒麦子被一大堆糠秕掩盖），所以我们必须将究竟谁属教会的判断交给神，因为教会根基是他隐秘的拣选。e(b) 而且即使我们知道究竟谁属教会对我们也无益，除非我们确信基督已将我们嫁接到他教会的合一里去。因除非我们与其他肢体一同联合在基督——我们的元首之下，否则我们就没有得基业的盼望。

a教会被称为"大公的"（catholic）或"普世的"（universal），因为若说有两三种不同的教会，就等于分裂基督的身体（参阅林前1：13），但这是不可能的！a 所有的选民都在基督里合而为一（参阅弗1：22—23），并因共同依靠这元首，就在同一个身体里面一起成长，"联络得合式"（参阅弗4：16），就如身体的肢体一般（罗12：5；林前10：17，12：12、27）。他们既然都生活在同一个真道、盼望、爱以及同一位圣灵里，就真正地合而为一。b(a) 因他们不但蒙召领受同样永生的基业，也蒙召做神和基督的肢体（弗5：30）。e 虽然有时周围悲惨的环境引诱我们怀疑究竟是否有神所留的余数，但我们仍要确信基督不是徒然死了，且神以奇妙的方式隐秘保守自己的教会。⑥就如神对以利亚所说的："我为自己留下七千人，是未曾向巴力屈膝的。"（王上19：18 p.）

3. "圣徒相通"

e这信条在某种程度上也包括外在的教会，因为每个信徒都当与神的众儿女们竭力保守合而为一的心，并将教会所应得的权柄交给她，简言之，我们应当做基督羊群中的羊。e(b/a) 由此可见，信经包括"圣徒相通"（the communion of saints）是应当的。虽然古时的神学家们⑦普遍地忽略了这信条，但我们却不可忽略，因这是教会奇妙的定义。意即圣徒之所

---

⑥ "*Quasi in latebris.*" 我们常说教会是无形的，原因之一是因为教会是属灵的，另一个原因是教会有时候会隐藏起来。教会永存不灭，参阅 II. 15. 3，注释 10；Comm. Ezek. 16：53："上帝总会保留隐藏的种子，因为这个世界总必有教会存在。" "*oportet enim semper esse ecclesia in mundum.*"

⑦ Rufinus, *op. cit.*, 39 (MPL 21. 377, tr. NPNF 2 ser. III. 558；ACW XX. 74)；参阅 W. A. Curtis, *A History of Creeds and Confessions*, pp. 61 f., 64。

以在基督里聚集归一，是根据这原则，即他们应当在教会中互相分享神赏赐各肢体的恩赐。但这与神个别施恩与信徒也无冲突，因为圣灵随己意将恩赐分给各信徒，并不影响社会的秩序，而是为了社会的安定，人必须有自己的财产。路加的描述告诉我们：哪里的信徒同心合意，哪里就有真正的社会（徒4：32），保罗的形容也是如此，他提醒以弗所信徒："身体只有一个，圣灵只有一个，正如你们蒙召，同有一个指望。"（弗4：4 p.）信徒若确信神是他们共同的父亲，基督是他们共同的元首，他们就必被弟兄的爱联合而互相分享自己的恩赐。

e(b) 知道信徒相通使我们在哪些方面获益是很重要的。相信教会，其基础是我们确信自己是教会的一分子。b(a) 这个确信使我们对自己蒙拯救的确信有了基础。即使全世界被毁灭，教会仍屹立不动。a 首先，教会是建立在神的拣选之上，所以屹立不动，就如他永恒的护理屹立不动一样。b(a) 其次，信徒相通与基督的信实密不可分。基督不让他的信徒被夺去，就如他不让他的肢体被分裂。b 此外，我们确信只要我们仍在教会的怀中，神的真道就永远与我们同在。最后，我们相信这些应许是给我们的："在锡安山，耶路撒冷必有逃脱的人"（珥2：32；俄17，参阅 Vg.）、"神在其中，城必不动摇"（诗46：5）。我们参与教会就大有能力，因这参与保守我们与神相交。"相交"⑧这一词带给我们极大的安慰，因为当我们发现主赏赐给他众肢体的一切也属于我们时，他们多受祝福就增加我们的盼望。

然而，相信教会的合一无须（就如我们以上所说）⑨借眼见或手摸。其实这合一属于信心的范围就提醒我们当经常默想之，无论就环境来看明显或不明显。且神吩咐我们相信我们不完全确定谁是神选民的教会，

---

⑧ 加尔文认为有形教会是一个关系紧密的团体，在当中分享属灵的恩赐，这点与路德的观念接近。参阅路德的 *Treatise on the Sacrament and on the Brotherhoods* 1.4（*Werke* WA II. 743；tr. *Works of Martin Luther* II. 10）；McNeill，*Unitive Protestantism*，pp. 27-33 及 Rouse and Neill，*A History of the Ecumenical Movement*，pp. 30 ff.；P. Althaus，*Communio Sanctorum*，*Die Gemeinde in Lutherischem Kirchengedanken*；R. C. Petry，如以上第一节的注1。G. MacGregor，*Corpus Christi*，p. 9 所引。

⑨ 参阅"隐秘的拣选"（secret election）等，上文的第二节。

对我们的信心并无害。因为神并没有吩咐我们绝对地分辨谁是选民，谁是被遗弃的人，这唯独在于神，而不在于我们。相反，神要我们确信：一切借着圣灵重生与基督相交的人，都是神出于他的慈爱分别出来作为自己产业的，只要我们是其中的一分子就与这大恩典有分。

4. 有形的教会是信徒的母亲

^{e(b)} 既然我们现在要开始讨论有形的教会，那么"母亲"⑩这称呼能使我们了解有形的教会对我们而言有多重要。因除非这母亲怀我们、生我们、喂我们奶，并关怀和引领我们，直到我们脱去这必死的肉体，成为和天使一样（太22：30），否则我们无法得生命。°因为我们的软弱，我们不能从这学校休学，反而要一生做这学校的学生。^{e(b)} 此外，若不在这母亲的怀中，没有人能盼望蒙赦罪或得救，就如以赛亚（赛37：32）以及约珥（珥2：32）所记载的那般。当以西结宣告一切被神排斥在永生之外的人都不会成为神的百姓时（结13：9），也有同样的含义。另一方面，圣经记载，那些追求真敬虔的人，都会使自己的名字记录在耶路撒冷国民的名单上（赛56：5；诗87：6）。°因这缘故，《诗篇》告诉我们："耶和华啊，你用恩惠待你的百姓；求你也用这恩惠记念我，开你的救恩眷顾我，使我见你选民的福，乐你国民的乐，与你的产业一同夸耀。"（诗106：4—5 p.，参阅诗105：4，Vg.，等）这告诉我们，唯有神的羊才有属灵生命的证据并受神父亲般的关怀，所以离开教会是很悲惨的事。

---

⑩ 请注意教会在此被称为"母亲"，指的是有形的教会，而教会身为母亲的功能，在于孕育、乳养信徒，对于信徒的救恩是必需的。参阅西普里安，*Letters* 4.4；73.21（CSEL 3.2.477，795；tr. ANF V. 282，384）；奥古斯丁，*Enchiridion* 17.65；"教会……没有教会就没有赦罪"（MPL 40.262 f.，tr. LCC VII. 377）；Augustine，*Sermons* 56.4，5（MPL 38.379，tr. LF *Sermons* 1.69 f.）；First *Epistle of John* III. 1（MPL 35.1998；tr. NPNF VII. 476）。加尔文在 Comm. Eph. 4：13 说道："教会是所有信徒的母亲，担负着孕育、乳养上帝儿女的责任，不论他是国王还是农夫；而这都是借着牧职做成的。"参阅 Wendel，*Calvin*，p. 224。

不可藐视教会中代表神说话的牧师（5—6）

5. 在教会中受教导的价值和责任

ᵒ我们现在要开始讨论有形教会包括什么。保罗告诉我们："基督所赐的有使徒，有先知，有传福音的，有牧师和教师。为要成全圣徒，各尽其职，建立基督的身体，直等到我们众人在真道上同归于一，认识神的儿子，得以长大成人，满有基督长成的身量。"（弗 4∶10—13，Comm.，也请参阅 Vg.）可见，虽然神能立刻叫自己的百姓变得完全，但他却喜悦他们在教会的教导下成长。这里也教导我们神成就这大事的方式，即吩咐牧师传扬这天上的教义。这经文也记载神所有的选民都伏在这命令之下，以温柔受教导的心顺服在神所差派之教师的教导下。以赛亚在古时早已如此形容基督的国度："我加给你的灵，传给你的话，必不离你的口，也不离你后裔与你后裔之后裔的口。"（赛 59∶21）这教导我们：一切弃绝教会灵粮的人，因饥饿而灭亡是罪有应得的。保罗说："信道是从听道来的"（罗 10∶17），这告诉我们神唯独借他的福音赐给我们信心。所以，救人的大能在于神（罗 1∶16），但（就如保罗的见证）他借传福音彰显这大能。

根据这计划，在古时，神喜悦他的百姓在会幕里聚会，好借祭司的口使会众同心合意地相信真道。圣殿被称为神的"安息之所"（诗 132∶14），会幕被称为他的居所（赛 57∶15），且神在其中坐在基路伯之上（诗 80∶1）。神给传福音的人荣耀的称号是要我们看重、爱、敬畏和尊敬传天国教义的事工，否则看见必死的人传这信息，会令我们轻看这教义。因此，神为了叫我们明白这宝贝放在瓦器里（林后 4∶7），就来到我们当中，吩咐我们相信他借牧师的传讲亲自与我们同在，因为这是他自己所指定的方式。

所以，在神禁止他的百姓用法术、行邪术、用迷术、交鬼、行巫术和其他的迷信（申 18∶10—11；利 19∶31）之后，神加上他将满足他们一切的需要：他们永不会缺乏先知（参阅申 18：15）。那么，他既然在古时没有吩咐天使教导自己的百姓，反而兴起必死的人担任这属天使的职分，同样地，如今他也喜悦差派人作为我们的教师。就如在旧约时代，神不仅赏赐他的律法，也差派祭司解释，使百姓能明白律法的真义（玛 2：7）。同样地，在今日他不但喜悦我们留心听圣经的诵读，他也差派教师帮助我们明白他的话语。这有双重的作用。一方面，当他的牧师代替他教导我们时，神借此考验我们的顺服。另一方面，他借此俯就我们人的软弱，因他借人的教导吸引我们归向他，免得他雷声般的声音吓跑我们。事实上，既然所有敬虔的人都在神的威严之下感到惧怕，他们就知道自己有多需要这种亲近的教导方式。

那么，那些以为教导之人的卑贱会削弱真道权柄的人，只是在证明自己的忘恩负义。因为在神赐给人众多光荣的恩赐中，他喜悦将必死之人的嘴和舌头分别为圣，用来传他的真理，使他的百姓亲耳听他的声音，这是与众不同的恩赐。⑪所以我们千万不可拒绝以顺服的心接受神亲口传讲救恩的教义。因为虽然神的大能不被外在的方式局限，但他反而选择使用这普通教导的方式。许多狂热分子因拒绝接受这普通的方法，就落入许多致命的陷阱中。许多人出于骄傲、成见或纷争，开始相信自己读经、默想就够了；他们因此轻看公共聚会，也视讲道为多余的。然而，既然他们等于在大大地破坏神教会圣洁的合一，所以每一个弃绝教会的人，都以极有害的谬论和污秽的幻想欺哄自己。因此，为了让神纯洁、单纯的真道在我们当中兴旺，我们就不可忽略采用神规定的敬拜方式。因为神如此规定就证明这是必需的，也是神喜悦的。从来没有人——甚至连疯狂的野兽也不——吩咐人向神掩耳。然而每一个时代的先知和敬虔的教师都得与不敬虔之人争战，因这些人出于自己的悖逆，

---

⑪ 教导"属天教义"的牧师，是说上帝亲口所说的话。参阅加尔文的 *Homilies on I Samuel* 42，基督徒教会的先知和牧师都是"上帝的口"（CR XXXIX. 705）。这就是他传讲的教义，他不断地警告骄傲不听劝的人。参阅 G. MacGregor, *Corpus Christi*, p. 52。

拒绝伏在人教导的轭下，就如拒绝神光照我们。神吩咐古时的信徒在会幕中寻求他的面（诗105：4），这也是旧约圣经多处的记载（诗27：8，100：2，105：4；代上16：11；代下7：14）。这是因为神决定借律法的教导和先知的劝勉向他们彰显他活生生的形象。保罗也宣告在他的讲道中，神荣耀的光显在耶稣基督的面上（林后4：6）。

另一种更可恶的人是那些喜爱分裂教会的，他们将神的羊群赶到狼口中。我们必须坚持以上我们所引用过保罗的话：教会唯独借讲道受造就，并且唯一保守圣徒合一的是，众圣徒借着学习和成长所达成的一致，一同顺服神在教会中建立的秩序（参阅弗4：12）。这就是为何古代还在律法下的时候，神吩咐所有的信徒在会幕聚会。摩西同时称神的居所为神纪念他名之地，即"记下我名的地方"（出20：24）。这明确教导我们，信徒聚会的地方专门是教导人学义之处。无疑地，大卫据此心痛地埋怨他被仇敌残忍和专制地排斥在会幕之外（诗84：2—3）。对许多人而言，这是很幼稚的埋怨，因他们认为不能上圣殿不是什么很大的损失，也不会影响到自己的享乐。然而大卫说这是他的困难、患难和悲伤，也成为他的哀哭和折磨，甚至几乎因此崩溃。这是因为聚会是信徒最大的帮助，因神借着聚会使他的百姓越来越长进。

我们应当留意神在古时借教导的镜子向圣洁的族长彰显他自己，使他们对他有属灵的认识。因此，圣殿不但被称为"神的面"（诗42：2），也（为了除掉一切的迷信）同样被称为他的"脚凳"（诗132：7，99：5；代上28：2）。当众信徒——从地位最高的至地位最低的——仰望他们的元首时，他们就在真道上同归于一（弗4：13）！外邦人为神所建造的殿不过是在亵渎对神的敬拜，因为是出于另一个原因建造的。犹太人也曾在某种程度上犯过这大罪，却不像外邦人那么严重。司提反引用以赛亚的话斥责他们："至高者并不住人手所造的。"（徒7：48 p.；赛66：1—2）神唯独借着自己的真道将他的殿分别为圣，叫人照他自己所喜悦的方式敬拜他。我们若轻率地在神的吩咐之外有什么敬拜，这凡火将导致无数的邪恶。

薛西斯（Xerxes）根据在他身边智慧人的建议，鲁莽地烧毁希腊所有的殿，因他认为将无限自由的神局限于任何建筑物之内是荒唐的。⑫但他的举动仿佛是在说，神不能以自己所决定的方式降临、亲近我们，虽然他并非因此改变住处，也不是限制我们借物质敬拜他，而是借这方式（就如火战车一般）将我们带到他天上的荣耀中，即那无限量充满万有且高过诸天的荣耀！

6. 传福音事工的意义和限制

°我们这时代，许多人很激烈地争辩讲道究竟有多少益处。有些人无限制地高举讲道的地位，又有人主张将唯独属于圣灵的事工——穿透人心，叫心盲的人看见，除掉石心，赐给人肉心——交托给必死的人是错误的。⑬因此我们必须对这争议有正确的判断。

只要我们留意这两件事，就能厘清双方的坚持：（1）留意那吩咐讲道的神，在一些经文中应许、差派圣灵与讲道的人同在，并应许信徒借讲道获益；（2）留意神在其他一些经文中将自己与他的恩典之道做区分，借此宣称唯有他自己才是信心的起始和尽头。

又根据先知玛拉基的教导，后来以利亚的职分是光照人心，并"叫为父的心转向儿女，叫悖逆的人转从义人的智慧"（路1∶17；玛4∶5—6）。基督宣告他差派使徒的目的是要他们在事工上结果子（约15∶16）。彼得简洁地对这果子下定义，他说："我们蒙了重生……乃是由于不能坏的种子。"（彼前1∶23 p.）保罗夸口他"用福音生了"哥林多信徒（林前4∶15），并称他们为"他作使徒的印证"（林前9∶2）。他说他的事工不是凭着字句向人的耳朵说话，反而是圣灵的运行随着他所传的道，免得他

---

⑫ 西塞罗在他的 *Laws* II. x. 26（LCL edition, pp. 405 f.）提及这一点。
⑬ 编者认为这几句分别在描述路德派的人和茨温利派的人。但是这里没有引述任何文献记载，所以也可能是加尔文在影射某一个人，而不是某一派人的意见。

的教导毫无果效（林后3∶6）。他以同样的意义在另一处说他的讲道不在乎言语，乃在乎大能（林前2∶4）。同样地，他陈述加拉太信徒"因听信福音……受了圣灵"（加3∶2）。简言之，保罗在许多不同的经文中不但宣称自己是与神同工的，甚至也宣告自己有使人蒙救恩的职分（林前3∶9及以下）。

但在这一切的教导中，他并非想将丝毫的荣耀归给自己。他在另一处简洁地解释这一点："我们的劳苦并非归于徒然"（帖前3∶5 p.）、"照着他在我里面运用的大能尽心竭力"（西1∶29），以及"那感动彼得、叫他为受割礼之人作使徒的，也感动我，叫我为外邦人作使徒"（加2∶8）。此外，保罗在其他的经文中也明确教导牧师本身不算什么："栽种的，算不得什么，浇灌的，也算不得什么，只在那叫它生长的神。"（林前3∶7）以及"我比众使徒格外劳苦，这原不是我，乃是神的恩与我同在"（林前15∶10 p.）。我们也应当留意其他的经文。神在这些经文中宣告：光照人心和叫人重生的事工完全出于他自己，人若将这事工的任何部分归在自己身上，就是在亵渎神。

同时，人只要以受教的心将自己交付给神所指定的牧师，必定因顺服发现神给我们这教导方式不是没有原因的，并因同样的缘故叫信徒负这节制自己的轭。

有形的教会：她的会友以及使我们能认出她的记号（7—9）

7. 无形以及有形的教会

 ᵇ以上的讨论能帮助我们判断何谓有形的教会。我们在上面已经教导过，圣经在两种意义上用"教会"这一词。有时"教会"指的是在神面前的一群人，且这群人唯独是指神出于自己恩典所收养的儿女，也就是那些借着圣灵成圣的事工成为基督肢体的人。这不但包括在世上仍活着的圣徒，也包括一切神在创立世界之前所拣选的人。另一方面，"教会"经常指的是在全世界中宣称自己敬拜独一之神和基督的人。我们借着洗礼被认可拥有对神的信心；借着领圣餐宣告自己与众圣徒在真道上以及在爱中合而为一；我们共同持守神的真道，并保存基督为传道所设立的职分。在这教会中，有许多假冒为善的人混杂在内，他们只是挂名的，在外表上与基督有关。这教会中有许多有野心、贪心、嫉妒、毁谤他人，甚至极端污秽的人。这种人暂时被容许在教会中，因为教会尚未有较成熟的法庭或没有正当地执行纪律。

就如我们必须相信无形的教会虽然是我们看不见的，⑭却是神所知道的，同样地，神也吩咐我们尊敬被人称为"教会"的有形教会，并与之保持交通。

8. 我们的辨别力有限

c (b) 因此，神以某些记号和特征指出我们应当知道关于教会的事。ᵃ根据我们以上所引用的保罗的教导，绝对的判定谁是否属神，唯独是神自己的特权（提后2：19）。⑮神使我们天天都经历到他的判断何等超越我们的理解力，无疑是要勒住我们轻率的倾向。因有时一些似乎已经离弃神且没有任何盼望的人，神以他的慈爱召他们回到他的真道上；又有时一些似乎站得稳的人，后来居然堕落。ᶜ所以，根据神隐秘的预定，就如奥古斯丁所说："羊群之外有许多羊，羊群之内有许多狼。"⑯

---

⑭ 包括所有选民的无形教会的观念出现在奥古斯丁的文章中，且威克里夫（Wycliffe）也常使用。参阅 Augustine, *City of God, passim*; *On Baptism* III. 19. 26 （MPL 43. 152; tr. NPNF IV. 445）; Wycliffe, *De ecclesia*, Wyclif Society edition, p. 37: "*Universitas fidelium praedestinatorum*"; 以及 Hus, *De ecclesia* I, ed. S. H. Thomson, pp. 2f., 8; tr. D. S. Schaff, *The Church by John Hus*, pp. 3, 6; J. T. McNeill, "Some Emphases in Wyclif's Teaching," *Journal of Religion* VII (1927), 452 ff.; *Unitive Protestantism*, pp. 25 f. 这个观念也普遍存在于教会大公会议至上派（conciliarists），如 Dietrich of Niem（见 LCC XIV. 150 f.）。路德也常用类似的语言，如 *Preface to Revelation* (*Sämmtliche Schriften* XIV [St. Louis, 1898]; tr. *Works of Martin Luther* VI. 488）。其他对路德与茨温利的引用，参阅 OS V. 12, note 1。参阅 J. Courvoisier, *La notion d'Église chez Bucer*, pp. 68 ff.; Wendel, *Calvin*, pp. 225 f.; H. Strohl, *La Pensée de la Réforme*, pp. 174-181; McNeill, *Unitive Protestantism*, pp. 39-45; 奥格斯堡信条（Augsburg Confession）, articles 7, 8。

⑮ 上文的第二节。

⑯ Augustine, *John's Gospel* 45. 12 （MPL 35. 1725; tr. NPNF VII. 253 f.）。

神认识并早已拣选一些尚未认识他也尚未认识自己的人。至于那些公开自称为基督徒的人，唯有神知道哪些是真正圣洁、将在救恩上坚忍到底的人（太 24∶13）。

^b然而，另一方面，因神也预知我们当视何人为神的儿女，这事是对我们有益的，所以他也在这方面俯就我们。^{b(a)} 既然信徒无须确知谁是神的儿女，因此神喜悦我们以爱心来判断，凡宣告信仰、有好见证、参与圣礼，与我们认信同一位神和基督的人，我们都承认是无形教会的会友。⑰

^c然而，基督也更清楚地向我们启示如何分辨属他的肢体，因他知道这对我们的救恩极有帮助。

9. 教会的特征以及信徒借此做判断

^b基督的启示帮助我们看见真教会的面貌。^a我们在哪里看见传讲和听从神纯正的道、根据基督的吩咐施行圣礼，我们就不可怀疑，那正是神的教会（参阅弗 2∶20）。⑱因为神的这应许必定应验："无论在哪里，有两三个人奉我的名聚会，那里就有我在他们中间。"（太 18∶20）

^b然而，为了确定我们确实明白何为真教会，我们必须如此逐步思想：普世教会是从各国聚集的一大群人，他们虽然分散在许多不同的地方，却在神独一无二的真道上合而为一，并且一同受这信仰的约束。在这普世的教会下有个别的教会，按照人的需要设立在都市和乡村，这样每一个地区的教会都能正当地拥有教会的名字和权柄。所有以信仰告白被承认为以上教会之会友的人，即使他们不属于无形的教会，也仍在某种意义上属于教会，直到教会借惩戒开除他们的会籍。

---

⑰ 参阅 Luther, *Enchiridion piarum precationum* (1529) (*Werke* WA X. 2. 394)。参阅下文第二十节注释 30。

⑱ 参阅奥格斯堡信条（Augsburg Confession）第七条，这里对教会的定义是："教会为圣徒的聚集，而在这个聚集中，福音必须得以正确地教导，圣礼必须得以正确地施行。"虽然加尔文相当看重教会的纪律，但他并没有像布塞那样（参阅 *Scripta Anglicana*, p. 36），把纪律列为真教会的记号（*notae*）之一（参阅 Wendel, *Calvin*, p. 228）。苏格兰信条（Scots Confession, ch. 18）和比利时信条（Belgic Confession, art. 29）都视纪律为真教会的第三个"记号"。

我们对个人与对个别教会判断的根据稍有不同。因我们有时虽然视一些人为不配被接纳为教会的会友，但因教会接纳他们为基督的肢体，所以我们就应当看待他们如同弟兄和信徒。虽然我们在心里并不承认他们是真属教会的人，却仍当视他们为弟兄，直到教会正式地开除他们。

然而，我们对教会的判断却非如此。若她传神纯正的真道并尊荣这真道，也正当地施行圣礼，我们就无疑当视之为真教会，因我们确信这教会必定结果子。这样就能保守普世教会的合一，因为邪灵从一开始就在攻击这合一；这样也不会夺去那些根据某地区的需要而获得神认可之教会的权柄。

拥有这些特征的教会，不管有多大的瑕疵，必须被认可为真教会；分门别派的罪（10—16）

10. 教会的特征与权柄

ᵇ我们以上说过教会不可或缺的两个特征是传扬真道和施行圣礼。⑲只要有这些特征，教会必定结果子并在神的祝福下兴旺。我的意思并不是说哪里在传扬真道，哪里就立刻结果子；但神的真道若固定在某一个地方被传扬，就必定会有果效。无论如何，当福音被传扬和听从，以及圣礼被施行，教会的真面貌就在那里毫无矫饰、毫不模糊地显现，且无人能弃绝她的权柄、不理会她的劝勉、抵挡她的决定，或藐视她的惩戒而不受处罚，更何况离弃她或分裂她的合一。因神看重他教会的交通，甚至视傲慢离开任何地方教会的人为背道者，只要这地方教会传扬真道和施行圣礼。神极其看重教会的权柄，以致当这权柄被藐视时，神视此为藐视他自己的权柄。

---

⑲ 上文的第九节。请注意下面这句补充的话，"当福音被……虔诚地听从"，参阅加尔文的 Articles of the Fa-culty of Paris with the Antidote，art．18（CR Ⅶ.29，31；"ubi verbum eius auditur"；tr. Calvin，Tracts I. 103）。又见 Comm. John 5：24；"他强调生命是由听他的话而得到，这个'听'就是指信心……信心不是存在于耳中，而是存在于心里。"

ᵉ教会被称为"真理的柱石和根基"以及"神的家"（提前3：15，KJV）并非无故。保罗在这里的意思是教会保守神的真道，免得它在世上消失。因神喜悦借教会保守他的真道被纯正地传扬，并启示自己为一家之父，因为他以灵粮喂养我们并赐予我们救恩所需要的一切，且圣经记载基督拣选他的教会并将之分别出来，做他"圣洁没有瑕疵的新娘"（弗5：27）、"他的身体……以及他所充满的"（弗1：23），也是对教会另一个极大的尊荣。由此可见，与教会分离等于否定神和基督。因此，我们更当避免犯离开教会的恶行，因为这等于尽力推翻神的道，所以神的大愤怒击打我们是应该的。我们也想象不到有比亵渎神的不忠，即违背神的独生子与我们所立的婚约更大的罪（参阅弗5：23—32）。

11. 教会的特征是不可玷污的

ᵇ因此，我们当谨记这些特征，并根据神自己的旨意看重它们。因为撒旦的企图是破坏这两个特征或其中一个。有时它企图消灭和毁坏这些特征，为了夺去对教会正确的分辨。有时它又借着引诱我们轻看这些特征，以致我们公开、悖逆地离开教会。由于它狡猾的诡计，纯正的真道在某些时代消失了；如今它也以同样的恶毒尽量推翻教会真道的传扬，即基督亲自设立的，若真道不被传扬，教会就无法受造就（弗4：12）。

然而，被勾引离弃那明显有主认可之特征的教会是极危险的，甚至是致命的！可见我们都当避免这两方面的极端。另一方面，我们不要被"教会"这称号给骗了，反而当以神的准则来检验。[20]若教会在真道以及圣礼上是主所认可的，我们就不会受欺哄，我们就当肯定地将一切真教会所应得的尊荣归给她。反之，若某些自称为教会的组织没有主的真道和圣礼，我们就必须谨慎避免称之为教会，就如避免轻率和骄傲地否定神的真教会一样。

---

[20] "*Ad Lydium lapidem.*" 试金石（Lydian stone，黑色的碧玄岩），是一种用来鉴定黄金成色的岩石。

12. 留意教会的特征，避免轻易离开教会

ᵇ纯正的真道以及纯洁圣礼的施行，足以使我们承认某种组织有资格被称为真教会。根据这一原则，即使这组织在两个特征之外有无数的问题，但只要同时具备这两个特征，我们就不能离开她。

此外，有时在施行圣礼或传扬真道时会遇见一些问题，但这不应当影响我们与教会交通。因为并不是所有的教义都是关键性的，有的教义重要到每一个人都当毫无疑问地接受它们为正统信仰的原则。例如：神是一位，而基督是神，也是神的儿子；我们的救恩依靠神的怜悯，等等。再者，有一些真教会彼此在次要的教义上立场不同却仍能合一。假设某一个教会相信——只要不是激烈地争吵和顽固地坚持——人的灵魂一离开身体立刻升到天堂，然而另一个教会虽然没有具体指出人死后灵魂的所在地，却相信这些灵魂仍活在神面前。有哪些教会会因这样的教义断绝交通呢？使徒保罗的吩咐是："所以我们中间凡是完全人，总要存这样的心；若在什么事上存别样的心，神也必以此指示你们。然而我们到了什么地步，就当照着什么地步行。"（腓3：15—16）难道这不是清楚教导信徒不应当因这些次要的教义[21]分门别派吗？首先，最理想的当然是我们在所有的教义上都完全合而为一。但既因我们都至少在某种程度上无知，所以我们或者宽容人那不影响整体信仰和不使人丧失救恩的无知，或者摧毁所有的教会。

但我的意思也不是说我们就要奉承或不诚实地支持任何微小的谬论。我的意思是我们不可停留在次要教义的争论上或不理智地离开教会。因神唯独借教会保守那使人敬虔、纯洁无瑕的教义，以及他所设立

---

[21] 参阅第四卷第二章一节。主要的教义和次要的教义要有所分别，这是加尔文一贯的想法，虽然他并没有写作专文来探讨这个主题。温德尔（F. Wendel）论到这个教义对加尔文拥护教会合一的重要性，他引用 Comm. I Cor. 3：11（CR XLIX. 1354）说："主要的教义，也就是不容许任何妥协的，即我们要忠于基督，因为他是教会唯一的根基（*unique fondament*）。"这些教义以 *qualia*（就如）这个词带过，可见很多内容加尔文认为不需要全部列举。主要教义的观念构成 17 世纪各种自由计划合一的核心，其主要的倡导者有乔治·卡利克斯蒂（Georg Calixtus）、皮埃尔·朱里厄（Pierre Jurieu）、塞缪尔·温福耳（Samuel Werenfels）、图瑞丁（J. A. Turretin）等等。见 Rouse and Neill, *A History of the Ecumenical Movement*, pp. 79 ff., 92 f., 107, 111。

的圣礼。同时，我们若尝试纠正我们所不认同的教义也是我们当尽的责任。保罗的这句话与此相关："若旁边坐着的得了启示，那先说话的就当闭口不言。"（林前14：30 p.）这清楚地教导我们：教会里的每一位会友都负责照他所领受之恩典的程度公开地造就教会，只要他规规矩矩地按着次序行。㉒如此看来，我们不可离开真教会，也不可留在教会却破坏教会的和睦与正常的纪律。

13. 教会中的丑闻不是离开的理由 *

ᵇ我们应当加倍地宽容教会中人在道德上的不完全，因这经常成为人的滑地，撒旦也借这厉害的武器攻击我们。因为从一开始教会就有某些误以为自己已经完全成圣的人，仿佛他们已经离开身体成为至高的灵，㉓弃绝与一切仍表现任何肉体私欲的人交通。古时的迦他利派（Cathari）和多纳徒派（Donatists）都如此自以为是；今日的重洗派（Anabaptist）也一样，他们希望被看得比众人更伟大。

也有一些人犯罪，是出于不完全来自智慧的热诚，而不是因这疯狂的骄傲。当他们看见出入教会的人行事与所传的真道极不相称时，他们就立刻判断那不是真教会。㉔他们的埋怨的确合乎常理，而且在这背道的

㉒ 根据《哥林多前书》14：29—33，改革宗和清教徒教会认为会众可以参与圣经的讨论，这是基督徒祭司职分的表现。（加尔文在第三十节加入"更好"）参阅 McNeill 的 *The History and Character of Calvinism*, pp. 301，318 f.；Pannier, *Institution* II. 133, note 1, p. 386。

㉓ "*Aerii daemones.*" VG：" *Anges de Paradis*," "在天堂的天使"参阅路德用"属天的先知"这句话（1525），来嘲讽卡尔施塔特（Carlstadt）和闵采尔（Müntzer）的狂热。

㉔ 所谓"Cathari"，加尔文明显所指的就是诺瓦替安派（Novatianists，ca. 250），他们通常被称为迦他利派，而不是阿尔比派（Albigensians，ca. 1200）。参阅下文的第二十三节。在 VG 里把 "*Cathares*" 解释为"清洁的一群"。这一节不只是特别针对重洗派，其实更是要驳斥那些在各方面自以为优越的人。重洗派的人认为教会一定是完全纯洁的，否则就不是教会，这点被载于 *Acts of the Conference Between Preachers and Baptist Brethren in Bern* (1538)（*Acta des Gesprächs zwischen predicanten uund Teuffbruederen inn der Stadt Bern*, Staatsarchiv Bern, "Unnütze Papiere", t. 80），缩影本典藏于哥森学院（Goshen College）图书馆。参阅茨温利的 *Opera*, ed. Schuler and Schulthess, III. 390；Jackson, *Selected Works of Huldreich Zwingli*, p. 180 f. 关于教会是不完全的，但天天向圣洁长进，见 H. Quistorp, *Calvin's Doctrine of the Last Things*, pp. 27-35。在第十三至第十六节里，加尔文拒绝了瑞士重洗派的不同立场。在第十七节，他从讨论教会的圣洁转向讨论会众个人的圣洁。

时代，有太多的教会在这方面给魔鬼留地步。我们也不可为这样的忽略找借口，因神绝不会任凭这样的教会不受处罚，他甚至已经开始严厉地管教。祸哉！我们这样放荡、邪恶地行事为人，导致软弱的信徒因我们的行为受害！然而那些抱怨的人也有自己的罪，因他们不知道怎样节制怒气。因为神要求我们仁慈待人，他们却忽略这盼咐而放任自己过于严厉地对待别人。他们误以为若教会的人不完全圣洁和无可指摘，就证明那不是真教会。他们因此恨恶教会而离开神所认可的教会，却以为自己在拒绝与恶人交通。

他们坚持说基督的教会是圣洁的（弗5:26）。^{c (b)}然而为了明白教会同时有善人与恶人，他们应当听基督亲口所说的比喻。他把教会比喻成被撒在海里的网，^b聚拢各样水族，却直到将网拉上岸才分别好的与不好的（太13:47—58）。他们也当留意教会就如人撒好种在田里，可是仇敌却将稗子撒在麦子里，但直到收割时，稗子才从中间被取出来（太13:24—30）。^c最后他们也要留意教会就如打麦场一样。麦子藏在糠秕底下，直到农夫用簸箕将糠秕扬净，最后把麦子收在仓里（太3:12）。^b然而既然主宣告教会必须在这极不理想的情况下争战——要担当与恶人混合这重担——直到审判之日，所以在这之前，他们想寻求毫无瑕疵的教会是徒然的。

14. 保罗和他教会的需要

^b可是他们埋怨说："到处的教会都充满罪恶，是我们无法容忍的。"我们要再次用使徒的话答复他们。在哥林多教会中有不少人已经离开了真道；事实上，几乎所有的人或多或少都受影响。他们不止犯一种罪，而是各式各样的罪，且他们所犯的不是轻微而是严重、可怕的罪，他们在道德和教义上都不洁。那么，那圣洁的使徒——圣灵的器皿，他们的见证决定了教会的存亡——有怎样的反应呢？难道他离弃了他们吗？他是否将他们从基督的国度里扔出去，咒诅他们最后下地狱呢？他不但

没有如此行，他甚至承认并宣告他们是基督的教会和神所呼召为圣徒的人（林前 1：2）！哥林多信徒之间有厉害的争吵、纷争和嫉妒（林前 1：11，3：3，5：1，6：7，9：1 及以下）；吵架、官司和贪心；他们甚至接纳连外邦人都不可能容许的罪（林前 5：1）；他们极悖逆地侮辱保罗的名（虽然他们应当尊敬他为自己的父亲）；他们当中有人嘲笑死人的复活，似乎特意要破坏那纯正的福音（林前 15：12）；神白白的恩赐只增加他们的野心，而没有激发他们的爱（参阅林前 13：5），且许多事都不是规规矩矩地按着次序行。但神的教会仍在他们当中，因他们没有弃绝施行圣礼，也没有停止传神的真道。如此，谁敢拒绝称一些没有哥林多教会十分之一恶行的教会为"教会"呢？现今这些不耐烦地斥责教会的人，当如何对待当时的加拉太信徒呢？他们几乎已经离弃了福音，但保罗却仍承认他们是神的教会（加 1：2）。

15. 与恶人相交

ᶜ他们说保罗也严厉斥责了哥林多信徒，因他们容许一位犯大罪的人继续与他们相交（林前 5：2）。之后也为他们设立一个原则，即连与放纵肉体之人吃饭都不可（林前 5：11）。他们因此狂呼："既然保罗不许信徒与这人吃饭，难道他会允许信徒与这人同领圣餐吗？"

我承认容许猪和狗与神的百姓相交是极大的羞辱，且许可猪、狗领受基督圣洁的身体是更大的羞辱。ᵇ其实，若教会持守神所喜悦的秩序，就绝不会迎接恶人到自己怀中。ᶜ当然，也绝不会容许配得与不配得的人同领圣餐。但既因牧师有时不够警醒，又对人过于开放，或被拦阻执行他所应当执行的惩戒，结果有时连公开犯罪的人都没有被排斥在圣徒的交通之外。我承认这是错的，也不想为他们找借口，因为保罗自己也严厉斥责哥林多教会的罪。然而，即使教会不好好尽本分，每一个信徒也没有权利离开教会。我并不否认敬虔的人应不与恶人交通，也应不主动与恶人有任何关系。然而拒绝与恶人交通是一回事，因恨他们而离开教会则是另一回事。

他们视与恶人同领圣餐为亵渎,表示他们比保罗更严厉。因当保罗劝我们抱着圣洁的心领圣餐时,他并不是要求我们省察别人,或每一个人都要省察整个教会,而是劝个人省察自己(林前11∶28)。若神不许我们与恶人同领圣餐,保罗一定会吩咐我们查问会众里是否有会玷污我们的恶人。但既然他只要求我们省察自己,就表示若有不洁的人在我们当中,这对我们也没有任何害处。他接下来的陈述与这教导一致:"人吃喝,若不分辨是主的身体,就是吃喝自己的罪了。"(林前11∶29)保罗并不是说吃喝别人的罪,而是"自己的罪",这也是十分合理的,因为没有任何人有权利决定谁能或谁不能领圣餐。这唯独属于整个教会的权柄,也应当在神所给她的权柄下执行。我们在下面将更详细地讨论这一点。所以,视任何与恶人同领圣餐的人为污秽是很不公正的判断,因他不能也不应该拦阻人领圣餐。

16. 要求教会完全是错误的

ᶜ然而,虽然连敬虔的人也会有错误的热心,但一般来说,这过分的谨慎[25]来自骄傲以及对圣洁的误解,而不是来自真圣洁和真热心。因此,那些任意、过分坚持所谓的圣洁而因此煽动人离开教会的人,他们多半都是轻视他人(为了证明自己比别人强)。奥古斯丁极有智慧地说:"教会应当执行的圣洁惩戒最在乎的应该是'竭力保守圣灵所赐合而为一的心'(弗4∶3)。保罗吩咐我们当彼此包容对方。若人没有包容的心,只是为了解决问题而执行惩戒,不但是多余的,甚至对教会有害,也并不会解决问题。因为这不是恨恶别人的罪,而只是坚持己见,这些罪恶之子企图蛊惑人归向他们,或分裂有自夸倾向的软弱信徒。这些人自高自大,顽梗不化,诡诈地毁谤他人,导致极有害的纷争,他们假装严厉,

---

[25] "Morositatem",参阅 I. 13. 3,注释9,及下文的第二十节,"surliness"。

免得人指控他们不符合真理。然而圣经劝我们要谨慎指出弟兄的罪,同时竭力保守爱与合而为一的心。他们反而利用这原则制造亵渎的分门别派,并因此引诱弟兄离开教会。"奥古斯丁如此劝诫敬虔和喜爱和睦的人:"出于怜悯纠正自己所能纠正的错误;以包容和爱心忍耐自己无法改变的事,并因此哀哭,直到神自己解决这问题,或在最后收割时取出稗子,并把糠秕扬净。"(太13:40,3:12;路3:17)㉖

ᵇ但愿众敬虔人都能竭力地穿戴这军装,免得他们虽然外表似乎热心也勇敢地为义辩护,其实却是远离天国——那唯一义的国度。既然神喜悦借有形教会保守他选民彼此的交通,所以任何只是出于对恶人的恨恶而破坏有形教会合一的人,就是走上带领他离弃圣徒交通的道路。

他们需要知道,在任何教会中都可能有许多在神面前圣洁、无辜的人,虽然他们尚未察觉。他们也需要知道,即使在那些明显犯罪的人当中,也有许多人并不喜悦自己的罪,也不以自己的过犯为荣,反而因对神的敬畏一而再、再而三地受激励,渴慕更正直的生活。他们也要知道,我们不能因一次的过犯判断人属灵的光景,因为即使最圣洁的人,有时也会大大地跌倒。他们也要知道就教会的交通而论,传扬真道以及施行圣礼总是比教会可能过于宽容人的恶行来得基要。最后,他们也要知道真教会的定义是根据神的标准,而非人自己的标准。

教会不完全圣洁,并不表示我们就可以分门别派,反而应当激励我们在教会里彼此饶恕(17—22)

17. 教会的圣洁

ᵉ⁽ᵃ⁾但因他们说教会被称为圣洁并非没有根据,ᵇ所以我们要查考何谓圣洁,免得我们因拒绝接受达不到绝对完全的教会为教会,而至终使

㉖ Augustine, *Against the Letter of Parmenianus* III. 1. 1; III. 2. 15 (MPL 43. 81 ff., 94; CSEL 51. 98, 118). 基尼(W. E. Keeney)在他的论文中审视了重洗派完美主义的各种观点,*The Development of Dutch Anabaptist Thought and Practice*, 1539-1564, See esp. pp. 178-185。

世上没有教会存在。保罗的这段话是真实的："基督……为教会舍己。要用水借着道把教会洗净，成为圣洁，可以献给自己，作个荣耀的教会，毫无玷污、皱纹等类的病。"（弗5：25—27 p.）然而一样真实的是：神天天除掉教会的皱纹，并洗净她的污点。这就证明教会的成圣尚未完成。教会是圣洁的，意思是她虽然不完全，却天天在圣洁上长进，教会天天在圣洁上有所进步，却尚未达成圣洁的目标，我们也将在别处更详细解释这一点。㉗

先知预言"耶路撒冷必成为圣，外邦人不再从其中经过"（珥3：17），也是污秽人不得出入的圣殿（赛35：8，参阅52：1）。我们不可将这预言解释为教会一切的会友都是毫无瑕疵的，但因他们热切地渴慕毫无瑕疵的圣洁，神就将这圣洁归给他们。且虽然我们在世上很少看见神所喜悦的这种圣洁，[b(a)] 却仍当相信自从创立世界以来，属神的教会一直存在，而且直到基督再来，神的教会也不会消失。虽然全人类从一开始就被亚当的罪所玷污，但神却持续不断地从这被玷污的一大群人中，将他所预备得荣耀的器皿分别出来（罗9：23），并使他们成圣。如此，每一个时代都经历到神的怜悯。[b] 神以如此真实的应许证实这一点："我与我所拣选的人立了约，向我的仆人大卫起了誓。我要建立你的后裔，直到永远；要建立你的宝座，直到万代。"（诗89：3—4 p.）以及"耶和华拣选了锡安，愿意当作自己的居所，说：'这是我永远安息之所……'"（诗132：13—14）同样地，"那使太阳白日发光，使星月有定例，黑夜发亮……这些定例若能在我面前废掉，以色列的后裔也就在我面前断绝"（耶31：35—36 p.）。

18. 先知给我们的证据

[c] 基督自己、使徒，以及所有的先知都对此举了极佳的例子。以赛

㉗ 参阅上文的第十三节。未来式是来自1539年的版本，在第四章中，第十三节的内容接在这段之后（CR I. 540, 546）。参阅 Pannier, *Institution* II. 123, 133。

亚、耶利米、约珥、哈巴谷以及其他的先知，都描述了他们时代的教会遭遇可怕的患难。百姓、教会领袖甚至祭司都败坏了，以至[e(c)]以赛亚将教会比喻成所多玛、蛾摩拉（赛1：10）。[c]信仰若不是被藐视，就是被玷污了。偷窃、抢劫、背叛、凶杀，以及其他类似的恶行非常普遍，先知却没有因此建立新的教会，或建造新的祭坛。但不管人变得多糟糕，先知仍深信神已经给他们他的话语，也设立了他所吩咐他们敬拜他的仪式，于是先知在这些恶人中，向神伸出清洁的手。的确，先知若相信举行这些仪式将使自己受玷污，必定宁愿死也不愿继续这样行。因此，当时的教会没有分门别派显然是因为先知们竭力保守教会的合一。因此，既然神圣洁的先知都不敢因几乎所有的人所犯的大罪而离开教会，我们若因教会所有的会友在道德上不合乎我们自己的标准，甚至不合乎基督教信仰，就立刻想离开教会，那我们就是太相信自己的圣洁了。

19. 基督和使徒的见证

[c]那么，在基督和使徒的时代如何呢？那时，即使像法利赛人可怕的恶行和几乎所有百姓放荡的行为，也没有拦阻基督和使徒与众百姓举行同样的仪式，且也没有拦阻他们在圣殿里与所有的犹太人一起敬拜神。他们这样做，难道不就证明一切凭良心参加这些仪式的人，确信自己不会因此被恶人玷污吗？

若先知和使徒的见证仍不足以说服我们，那么我们至少当接受基督的权威。西普里安说得很妙："虽然在教会中似乎有稗子或不洁的器皿，我们仍没有离开教会的理由，我们反而应当努力省察确定自己是麦子；尽力使自己成为金银等类的器皿。然而打破瓦器唯独是主自己的权柄，铁杖也是神交付他的（诗2：9；启2：27）。并且也没有人能取代神儿子的权柄，即拿簸箕扬净糠秕（参阅太3：12；路3：17）和靠自己的判断力取出一切的稗子（参阅太13：38—41）。这悖逆和不敬虔任意妄为的罪只在表现人的骄傲以及邪恶的疯狂。"[23]

所以我们当把握住这两个重点。首先，主动离开教会（就是传扬神的真道以及正当施行圣礼的教会）的人的过犯是无可推诿的。其次，无论少数或多数人所犯的罪都不应当拦阻我们参加教会中神所设立见证我们信心的仪式。因为敬虔的良心不会因不洁的人而受害，不管是牧师或平信徒的；且神的圣礼即使被不洁的人所施行，对于圣洁、正直的人而言，仍是纯洁和极有帮助的。

20. 赦罪和教会

[e]他们的悖逆和骄傲不止如此，除非教会完全无瑕，否则他们就不承认她为教会。[29]事实上，他们对教会正直的牧师反感，因这些牧师在劝信徒努力成圣时，说信徒一辈子都会在罪恶的重担下叹息，投靠神的赦免。我们的仇敌说这样的教导会误导人离弃圣洁。

我承认在劝人成圣时，我们不希望他们过于缓慢或无动于衷，更不希望他们半途而废。但我也深信，若我们幻想自己在世上能达到完全的地步，这是来自魔鬼。因此，在信经中[b(a)]，赦罪的信条伴随在教会之后。因为就如先知以赛亚的教导，唯有与圣徒同国以及神家里的人才得蒙赦罪（赛33∶14—24）。因此，我们应当先强调神建立天上的耶路撒冷，再教导神的慈爱使我们确信神将赦免一切与他的国度有分之人的罪。我说神先建立教会，并不表示教会能在赦罪之外存在，而是因为神应许唯独在圣徒的交通里怜悯人。[30]如此看来，人首先是借着赦罪进入教会和神的国。没有赦罪，神与人没有盟约，人也无法与神和好。[b]神借

---

[23] Cyprian, *Letters* 54. 3 (CSEL 3. 2. 622 f.; tr. ANF V. 327).

[29] 参阅 *Acts of the Conference*, Staatsarchiv Bern, "Unnütze Papiere," t. 80, fo. 87 f.。

[30] 要人绝对圣洁才能加入教会显然是非常荒谬的，因为赦罪是持续存在于教会圣徒的团契中，离开了团契则没有赦罪。*Eine kurze Form... des Glaubens* (1520) (*Werke* WA VII. 219; tr. *Works of Martin Luther* II. 373)；"我相信只有在这个群体里有赦罪，其他的地方找不到。"参阅 *Enchiridion piarum precationum* (*Werke* WA X. 2. 394)。

先知的口说道:"当那日,我必为我的民,与田野的走兽和空中的飞鸟,并地上的昆虫立约;又必在国中折断弓刀,止息争战,使他们安然躺卧。我必聘你永远归我为妻,以仁义、公平、慈爱、怜悯聘你归我。"(何 2:18—19,参阅 Vg.)可见神以自己的怜悯叫我们与他和好。同样地,当他在另一处宣告他在愤怒中所分散的百姓将要聚集归一时,他说:"我要除尽他们一切的罪,就是向我所犯的罪。"(耶 33:8,参阅 Vg.)如此,我们借着洗礼进入教会的交通,且洗礼教导我们:除非我们的污秽先被神的慈爱洁净,否则我们无法加入神的家。

21. 教会成员不断被赦罪!

^{b}神不但借赦罪接我们到教会中,也永远赐给我们儿子的名分,并借赦罪在他的教会中保守和保护我们。因他若只借赦罪接受我们而没有借赦罪保守我们,对我们有何益处呢?每一位敬虔的人都能见证,若神只赦免我们一次,就对我们毫无帮助,因每一位圣徒都清楚他一辈子犯众多需要神赦免的罪。神应许施恩给他家里的人绝不是徒然的;他天天向他们传扬同样和好的道理也不是徒然的。㉚ˣ^{b}由此可见,既然我们一辈子都会犯罪,除非神不断地赐我们赦罪之恩而因此保守我们,否则我们连一秒钟都无法继续待在教会里。然而,神呼召他儿女们所蒙的救恩是永恒的。因此,信徒当晓得神随时预备赦免他们的罪。$^{b(a)}$ 所以,我们必须坚信神出于他的慈爱、透过基督的功劳,并借着圣灵的成圣,天天赦免一切他接到教会中之人的罪。

22. 钥匙的权柄

^{c}为了赦罪,神赏赐教会钥匙。当基督吩咐使徒赦罪,并将赦罪的权柄交付他们时(太 16:19,18:18;约 20:23),主要不是要使徒赦免非

㉚ x "清楚地向他们传扬"。(1553 年版增订)

信徒的罪，使他们信靠基督，而是赐给他们持续赦免信徒之罪的权柄。当保罗告诉我们：神将劝人与他和好的职分赐给教会的牧师，且牧师负责不断劝百姓借基督的名与他自己和好时，就是这个意思（林后5∶18、20）。因此在圣徒的交通中，神借教会使信徒不断地蒙赦罪，这是借神赏赐赦罪职分的长老和牧师用福音来坚固敬虔的良心达到的，因福音给信徒赦罪的应许。他们按照人的光景公开或私下赦免人的罪。许多人因自己的软弱，需要个别的安慰。保罗也陈述：他不但在众人面前，也在个人家里传扬关于基督的真道，也教训个人救恩之道（徒20∶21）。

我们在此应当留意三件事。首先，不管神的儿女们在今生达到多高程度的圣洁，他们——只要他们仍住在必死的身体之中——仍然需要赦罪才能在神面前站立得住。其次，赦罪的福分属于教会，除非我们继续与教会相交，否则我们无法享有这福分。再其次，教会的长老和牧师借着证道以及施行圣礼使我们领受这福分，其中显明的钥匙之权柄是基督特别交付给这信仰群体的。因此，我们每一个人都当唯独在主已经指定的地方寻求赦罪。我将在讨论教会纪律的时候，讨论圣徒与教会和好的问题。[31]

信徒之间彼此的赦免（23—29）

23. 众信徒都负责寻求赦罪

[b]但既因那些狂热分子企图从教会夺去救恩唯一的锚，所以我们必须进一步刚强自己的良心，抵挡这极有害的教导。诺瓦替安派（Novatianists）曾经以这教导搅扰教会，[32]而我们的时代有重洗派（与诺瓦替安派几乎没有两样），沾染了同样的疯狂。他们幻想神的百姓在受洗时重生到某种纯洁、天使般的程度，并脱离一切肉体的污秽。他们教导说，人

---

[31] IV. 12. 参阅 Pannier, *Institution* II. 146 f.；notes on pp. 388 f.。
[32] 参阅上文第十三节，注释24。

若在受洗后又堕落,将受永远的沉沦。简言之,他们教导,那在蒙恩之后又跌倒的信徒,就再也没有蒙赦罪的盼望,因他们只承认人在重生时的赦罪。㉝

虽然圣经对这谬论的反驳再清楚不过,但因这些人以这谬论欺哄了不少人,就如诺瓦替安派一样,所以我们要简要解释他们有多疯狂地企图毁灭自己和他人的灵魂。

首先,既然圣徒根据主的教导天天这样向神祷告:"免我们的债"(太6:12),无疑是在承认自己是债务人。而且他们的祷告必不落空,因主只会盼咐他们求告他所愿意赐给他们的。事实上,虽然父神宣告他必垂听众信徒的每一个祷告,然而他特别应允求赦罪的祷告。难道我们还有所求吗?主要圣徒认自己的罪,并一生认罪;他也应许赦免他们。因此,若宣称信徒已经完全,或说在他们跌倒之后就被排除在神的恩典之外,难道不是极端任意妄为的罪吗?主要我们饶恕谁七十个七次呢?难道不是我们自己的弟兄吗(太18:21—22)?他这样盼咐我们不是要我们效法他自己的仁慈吗?因此,神不是只饶恕我们一两次,每当人在深感自己的过犯而求告神的赦免时,神必都赦免。

24. 旧约时,神用厚恩待犯罪的信徒:律法[*]

[b]我们可以从教会刚开始的时候解释这教义:族长们已经受割礼、被接到神的盟约里,且他们的父亲雅各无疑努力地教导他们何为义和正直,但他们仍设谋杀害自己的兄弟(创37:18)。这罪恶可能连最堕落的强盗都厌恶。最后他们在犹大的劝告下心软了,决定只把他卖掉(创37:28),虽然这也是无法被接受的残酷。西缅和利未残忍地报复示剑人,因他们的妹妹被玷污,虽然这报复也被他们的父亲斥责(创34:25)。流便以极其淫荡的

㉝ Acts of the Conference... Staatsarchiv Bern, "Unnütze Papiere," t. 80, fo. 106 ff., 110 ff.; OS V. 26, note 3.

私欲污秽了他父亲的床（创35：22）。犹大放纵自己的情欲而不正当地与他的儿媳妇乱伦（创38：16）。但这些人不但没有从神的选民中被弃绝，反而被兴起做领袖！

大卫呢？当他做以色列的审判官时，因他盲目的情欲流了无辜之人的血（撒下11：4、15），当时他不但已经重生，甚至在一切重生之人当中受耶和华独特的称赞。然而他仍犯了这罪（连外邦人都视为可恶的罪），但之后也蒙神赦免（撒下12：13）。

并且（我们不再举其他个人的例子）神在律法书和先知书中有多常记载他怜悯的应许，就有多常证明他喜悦赦免他百姓的过犯！甚至摩西是如何应许以色列人在背道后归向耶和华的呢？"那时，耶和华你的神必怜恤你，救回你这被掳的子民，耶和华你的神要回转过来，从分散你到的万民中将你招聚回来。你被赶散的人，就是在天涯的，耶和华你的神也必从那里将你招聚回来。"（申30：3—4，参阅 Vg.）

25. 旧约时，神用厚恩待犯罪的信徒：先知[†]

[b]我并不想开始这个没有尽头的主题。先知书中充满这样的应许，即神应许怜悯充满罪恶的百姓。难道有比悖逆更严重的罪吗？因这罪被称为神与教会的离婚，然而神的慈爱居然胜过这罪。神借耶利米的口说："人若休妻，妻离他而去，作了别人的妻，前夫岂能再收回她来？若收回她来，那地岂不是大大玷污了吗？但你和许多亲爱的行邪淫，还可以归向我。"（耶3：1 p.，参阅 Vg.）"背道的以色列啊，回来吧！我必不怒目看你们，因为我是慈爱的，我必不永远存怒。"（耶3：12，Vg.）耶和华之所以说他断不喜悦恶人死亡，唯喜悦他们转离所行的道而活，难道不就是证明他愿意赦免他百姓的罪吗？（结18：23、32，33：11）

因此，当所罗门王将圣殿献与神时，他也希望神使用这殿垂听他百姓恳求他赦免的祷告。他说："你的民若得罪你（世上没有不犯罪的人），你向他们发怒，将他们交给仇敌……他们，若在被掳到之地想起罪来，回心转意,恳求你说:'我们有罪了,我们悖逆了,我们作恶了';他们若在掳到之地尽心尽性归服你,又向自己的地,就是你赐给他们列祖之地和你所选择的城,并我为你名所建造的殿祷告,求你在天上你的居所垂听他们的祷告祈求,为他们伸冤。饶恕得罪你的民,赦免他们的一切过犯,使他们在掳他们的人面前蒙怜恤。"(王上 8:46—50 p., Vg.)而且耶和华在礼仪律中吩咐天天为罪献祭(民 28:3 及以下)也不是徒然的。因为,若非神预先知道他的百姓会持续犯罪,他就不会安排这种赦罪的方式。

26. 新约时,神用厚恩待犯罪的信徒[†]

[b]基督的降临既显明神丰盛的恩典,难道会夺去信徒这福分,致使他们不敢求神赦免自己的罪,或即使求告也不得赦免?我们若说神在旧约时持续提供圣徒的赦罪之恩如今已废弃,难道不就是教导基督来不是要拯救他的百姓,而是要毁灭他们吗?

我们若相信圣经——因圣经明确宣告神的恩赐和他向人所施的慈爱已在基督里表明,也宣告基督将他丰盛的怜悯浇灌在我们身上(多 1:9,3:4;提后 1:9),并宣告神已经叫人与他自己和好(林后 5:18 及以下)——就不可怀疑父神会在新约时更丰盛地提供赦罪之恩,而不是将之废去。

圣经也充分证明这一点。虽然彼得被教导过:若任何人在人面前将基督的名当作可耻的,那么基督也将在神和天使面前把那人当作可耻的(太 10:33;可 8:38),却在一个晚上三次否认主,甚至发咒起誓(太 26:74),但神并没有拒绝赦免他(路 22:32;约 21:15 及以下)。帖撒罗尼迦信徒中,有些人行事不按规矩而因此受管教,但这管教是要引领他们向神悔改(参阅帖后 3:14—15,3:6)。神甚至没有叫行邪术的西门感到绝望,彼得劝他祈求主,证明他仍有被赦罪的盼望(徒 8:22)。

27. 神用厚恩待犯罪的教会†

ᵇ此外,虽然某些教会曾经犯过最邪恶的罪,但保罗不仅没有咒诅他们,反而怜悯地帮助他们得释放。加拉太信徒的背道在神面前是大罪(加1:6,3:1,4:9)。哥林多信徒甚至比他们更无可推诿,因他们所犯的大罪比他们还要多。然而,两者都没有被排斥在神的怜悯之外。事实上,在教会中那些犯污秽、淫乱、放荡之罪的人,保罗反而特别劝他们悔改(林后12:21)。因神永恒的盟约不至于断绝,他与基督——我们的真所罗门王,以及基督的众肢体严谨地立定这约:"倘若他的子孙离弃我的律法,不照我的典章行,背弃我的律例,不遵守我的诫命,我就要用杖责罚他们的过犯,用鞭责罚他们的罪孽。只是我必不将我的慈爱全然收回。"(诗89:30—33,RV,参阅Vg.)最后,使徒信经的次序㉞也教导我们:在基督的教会里有永不断绝的赦罪之恩,因它在教会之后接着提到赦罪之恩。

28. 神是否只赦免人无意犯的罪?

ᵇ有些比较精明的人知道诺瓦替安派的教导与圣经有很明显的冲突,就主张并不是每一种罪都不得赦免,而是只有人故意犯的罪才不得赦免,㉟意即神只赦免人无知所犯的罪。然而神在律法中为以色列人特别安排故意犯罪的献祭(利6:1及以下),同时也为他们安排无知所犯之罪的献祭(利4)。由此可见,教导神不赦免人故意犯的罪是何等邪恶!我坚信基督的挽回祭明显足以赦免人故意犯的罪,因神以旧约的献祭印证这一点。

㉞ 譬如 *"Dispositione"*,就是使徒信经中句子的顺序。
㉟ 重洗派的意见,参阅信条的第二条,有七条在1527年2月24日被靠近沙夫豪森(Schaffhausen)的施莱特海姆(Schleitheim)采用。见旺热(J. C. Wenger)从德文翻译过来的版本 *Mennonite Quarterly Review* XIX (1945), 243-256。加尔文采用法文版(ibid., p. 243)。茨温利采这些条文的拉丁文版本 (*Opera*, ed. Schuler and Schulthess, III. 388-413) 被麦克葛罗特林(W. J. McGlothlin)翻译,*Baptist Confessions of Faith*, pp. 3-9。参阅 III. 3. 21, 注释42; IV. 16. 1, 注释2; IV. 20. 2, 注释7。

此外，谁敢说对律法很熟悉的大卫是因无知而犯下大罪呢？既然大卫天天惩罚他下属的这罪，难道他会不知道这是严重的罪吗（撒下11）？难道族长认为杀害兄弟合乎神的律法（创37∶18及以下）吗？难道哥林多信徒对律法无知到误以为私欲、污秽、淫乱、恨恶以及纷争讨神喜悦吗（林前5）？难道彼得在主清楚警告他之后竟仍不知道否定他的主是大罪吗（太26∶74）？因此，我们不要残忍地对人关上神大发怜悯的门。

29. 古时教会"第二次悔改"的问题

ᵇ其实，我知道古时的神学家轻看信徒天天所犯的罪，认为这只是出于肉体的软弱；他们也认为当时所行的补赎礼应当只局限于大罪，而无须天天行，就如人无须天天受洗一样。㊱但我们也不可因此推论他们是在教导：若信徒在得救后跌倒，就落在绝望中，或神轻视人得救后所犯的罪。因为教父很清楚圣徒经常在不信当中动摇，有时在次要的事上发誓，偶尔大发脾气，甚至有时公开地咒骂人，且有时为神全然恨恶的其他罪所困扰，然而这些神学家们将这些罪称为"小罪"，好将它们与那些叫整个教会落在大丑闻之下的大罪区分开来。此外，他们也教导：那些应得教会惩戒的罪也是不好赦免的。他们这样教导并不是因为他们认为在神面前蒙赦罪是一件难事，他们这样严厉是故意要警告别人，免得轻率地落在将使他们与教会的交通断绝的罪里。然而主的道是我们唯一的准则，它无疑叫我们温和。圣经教导：惩戒不可严厉到令对方变得"忧愁太过"（林后2∶7）。我们在上面已详细地讨论过这问题。㊲

㊱ 参阅Augustine，*Against Two Letters of the Pelagians* I. 13. 27；14. 28（MPL 44. 563 f.；tr. NPNF V. 385 f.）；亚历山大的克莱门（Clement of Alexandria）认为，常常悔改只不过是假装的悔改，*Stromata* II. 13. 57（GCS 15. 143；MPG 8. 995-998，tr. ANF II. 360 f.）；Tertullian，*On Repentance* 7，9（CCL Tertullianus I. 332 ff.，336，tr. ANF III. 662 f.，664. and Elucidation 2. p. 669）。

㊲ 第二十三至第二十九节首次出现于1539年的版本，这里说到"*supra*"是合宜的。在第四卷第十二章第八至第十一节里提醒惩戒不可太过严厉。

ᵉ第二章 比较真假教会

**罗马天主教会离弃正统教义和正当的敬拜，
就证明她不是真教会（1—6）**

1. 基本的区分

ᵇ我们以上已经解释过，信徒应当何等珍惜和尊重真道的传扬和圣礼的实施，将这两者作为我们分辨真假教会永远的标志，①即哪里传扬纯正的教义并正当地施行圣礼，哪里就应当被信徒称为"教会"，无论里面的人犯多大或多严重的罪，我们不应当因此拒绝承认这是真教会。其次，即便在真道和圣礼的职事上有小的过错，也不应视其为非法。我们以上也证实过，信徒可得赦免的罪是那些没有攻击信仰基要教义的罪，②即那些没有破坏众信徒所当共认为信条的罪，以及那些没有破坏神所设立之圣礼的罪。然而一旦谬论侵袭信仰的城堡、推翻众信徒必须相信的教义系统，以及毁坏圣礼时，教会的灭绝是不可避免的，就如人的喉咙被利器割破或心脏被穿透一样，死亡是免不了的。这也是保罗明

---

① IV. 1. 9-12.
② 参阅 IV. 1. 12，注释 21。

显的教导。他说教会被建造在使徒和先知的教导之上，有基督耶稣自己为房角石(弗2：20)。既然教会的根基是先知和使徒的教导，且这教导要求信徒唯独将自己的救恩建立在基督身上，那么若夺去这教导，房屋怎能不倒塌呢？因此，当那造就教会的系统教义被废去之后，教会必定站立不住。同样地，既然真教会是真理的柱石和根基（提前3：15），那么当谎言开始做王时，教会就不可能继续存在。

2. 罗马天主教会以及她的宣称

ᵇ既然这就是天主教的光景，可见她根本不值得被称为教会。③因为真道不但没有在那里做王，反而是以谎言所组成之邪恶的治理代替神的真道，ᶜ这治理遮掩并熄灭神纯正的亮光。ᵇ他们也以可怕的亵渎代替主的圣餐，对神的敬拜被各式各样的迷信所败坏。基督教不可少的教义已经完全被遮盖和根除。他们的聚会已成为偶像崇拜以及犯罪的学院。拒绝与犯这样大甚至是致命之罪的人交通，不算是离弃基督的真教会。基督设立教会并非要误导我们掉到崇拜偶像、不敬虔、对神无知，以及其他各种邪恶的陷阱里去，而是要保守我们敬畏神和顺服他的真道。

ᶜ他们的确在人面前极力赞扬他们的教会，为了说服人相信除此之外没有别的教会。他们下结论说，一切擅敢离弃他们教导的人是分门结党的，并称一切反对他们教义的人为异端分子。然而他们证明自己是真教会的证据是什么呢？他们以一些在意大利、法国和西班牙古老的记录为证。他们宣称自己的教会是建立在一些以正统教义开拓教会之敬虔者的身上，并说这些人流血建立教会的教义以及打好她的根基。此外，他们也宣称这教会被圣灵的恩赐以及殉道者的血分别为圣，并称他们的教会一直借主教的统绪（Succession of bishop）被保守，免得受毁灭。他们甚

---

③ 这句话带着对抗中世纪教权的口吻，这在第四卷许多章节中都非常突出。参阅 Pannier, *Institution* II. 142。

至宣告爱任纽、德尔图良、奥利金、奥古斯丁,以及其他的伟人都大大称赞这统绪。④

ᵃ然而,我现在要在一切愿意理智思考他们这些宣称之读者的面前充分证明这一切都是肤浅和荒谬的胡诌。既然我深信我的这些教导能使读者大大获益,我就劝你们当认真思考我所说的。而且既然他们主要的目的是要在真理之外尽量为他们的那一套辩护,所以我只需指出几件事,好让敬虔者和渴慕真理的人脱离他们的诡计。

ᶜ首先,我想问他们为何不解释非洲、埃及以及整个亚洲的光景呢?这是因为在那里他们所夸口能保守教会到底的那圣洁的主教统绪已经中断了。于是他们就逃避说他们的是真教会,因他们主教的统绪从未间断过。但若我问他们关于希腊呢?为何他们的教会在希腊毁灭了,虽然他们主教的统绪(他们所说唯一保守教会继续存在的)从未间断过。他们就回答说:希腊人是分门结党的。然而他们凭什么这样说呢?他们说因为希腊人不承认教宗,所以就失去自己的特权。⑤然而我反问:难道离弃基督的人不是更该丧失这特权吗?因此这统绪是虚假的,除非他们的后裔毫无瑕疵地保守他们从信仰前辈那里领受的基督的真道,并不偏左右。

3. 假教会自夸自耀却不理会神的真道

ᵃ因此,天主教的借口与旧约时被神的先知指控为心盲、不敬虔,以及拜偶像之犹太人所找的借口没有两样。因他们就如天主教徒极端地以圣殿、仪式以及自己的祭司为傲,并自以为这些能充分证明自己是真教会。因此,天主教徒在外貌上冒充教会,虽然这些几乎与真教会不相干,甚至对于教会的存在也不是必需的。所以,我们当用先知耶利米所

---

④ Fisher, *Assertionis Lutheranae confutatio*, pp. 15ff., 32 ff., 390 ff.
⑤ 早在1519年莱比锡辩论(Leipzig Disputation)中,路德就已经彻底驳斥了艾克的观点,艾克认为与罗马和希腊分开就是离经叛道,并要受诅咒。路德说:"有什么比这亵渎的话更可憎的?"(*Werke* WA II. 262, 276.)关于这一段,参阅 P. Wernle, *Der evangelische Glaube* III, *Calvin*, 362。

用来驳倒犹太人的话反驳他们："你们不要倚靠虚谎的话，说：'这些是耶和华的殿，是耶和华的殿。'"（耶7：4）因神唯独视传扬以及听从他真道之处为他的圣殿。

ᶜ所以，虽然神的荣耀在会幕里从两个基路伯之间上升（结10：4），且他应许自己的百姓这是他长久的居所，然而在祭司以邪恶的迷信败坏他的敬拜后，神和他的圣洁就离开了那里。既然那分别为圣、预表神永远居所的圣殿，被神离弃，成为亵渎神的地方，所以这些人只是在幻想神与某些人、地方或外在的仪式密不可分，甚至他必不离开那些只是自称或徒具外貌的教会（罗9：6）。

这就是保罗在《罗马书》9—12章⑥里的教导。这是当时软弱的信徒难以接受的事实，即犹太人虽然看起来是神的百姓，却拒绝福音，甚至也逼迫相信福音的人。因此，在保罗清楚地解释何谓教会之后，这问题就解决了。他否定那些攻击真理的犹太人是神的教会，虽然他们拥有教会外在的样式。他之所以否定他们是教会，是因他们不接受基督，他在加拉太书信中对此有更清楚的解释。他将以实玛利和以撒做比较，陈述有许多在教会里面的人没有神所应许的基业，因他们不是自主之妇人生的（加4：22及以下）。保罗接着比较两种耶路撒冷。因就如神在西乃山上颁布他的律法，同样地，福音从耶路撒冷开始传扬。

由此可见，有许多生来做使女的人大言不惭地自夸自己是神和教会的儿女。事实上，他们甚至高傲地藐视神真正的儿女。他们自己虽然是私生子，却恨恶神的儿女。我们既然知道神曾经说过："你把这使女和她儿子赶出去"，我们就应当相信神不改变的预旨，并勇于指证他们虚妄的自夸。他们若以外在的宣称为傲，那以实玛利也受了割礼。他们若说自己是最古老的教会，那么以实玛利也是长子，但神却弃绝了他。我们若想知道为何如此，保罗告诉我们，唯有那借纯洁之教义的种子所生的才

---

⑥ 准确地说是第十一章，参阅Comm. Rom. 11：35。

是神的儿女（罗9：6—9）。

因此，当神说他曾经与他们的父利未立约，使利未做他的使者或教师时，并不表示他会继续与邪恶的祭司同在。事实上，神反驳他们曾经常用来攻击先知的自夸，即祭司的地位应当特别受人尊敬。的确，神乐意承认他们的地位，且宣告他愿意遵守他与他们所立的约，但若他们不遵守，他们被弃绝是应当的。

由此可见，除非后来的继承人继续遵守神的约，否则这统绪就毫无价值！他们一旦从先人对神忠实的光景中堕落，就完全丧失一切原先应得的尊荣（玛2：1—9）。难道我们会因在该亚法之前的许多祭司都是敬虔的（的确，从亚伦到该亚法之前的统绪未曾间断），而因此说邪恶的该亚法以及他的内阁也应当被称为"教会"吗？然而就连世俗的国度也不会如此宣称加利古拉、尼禄和赫利奥加巴卢斯（Heliogabalus）不是专制的独裁，只因他们接续布鲁图斯（Brutus）、西庇阿（Scipio）和卡米路斯（Camillus）。⑦既然连世界都明白这一点，那我们更不能荒谬地认为教会继续存在是靠人，而不考虑那人的教导是否合乎真道。

他们虽然宣称自己有教父的支持，但这些教父不可能主张哪里有主教的统绪，哪里就有真教会。虽然从开始有教会到他们的时代，教义都保持纯洁无瑕，但他们也不能因此认为他们就不可能犯错，其实他们的教导与古时教会的教导截然不同。因此，他们毫无根据继续称自己为教会——这我们所应当敬畏的称呼。他们对教会所下的定义，不但是泥水所玷污的，甚至是在泥巴里打滚的⑧，因他们用卑贱的妓女代替基督圣洁的新娘。为了避免我们被这诡计欺哄，我们应当留意奥古斯丁的这劝勉，他指着教会说："有时因众多的丑闻，似乎教会已不复存在，又有时教会看起来似乎很平静和自由；也有时教会为患难和诱惑这翻腾的海所

---

⑦ 参阅II. 3. 4，注释5。
⑧ 暗指西塞罗所言（*On Duties* III. 33. 117 [LCL edition, p. 398]）"*Sed aqua haeret, ut aiunt*"。

动摇。"他之后提到一些伟大的人为了证明：最刚强的信徒也经常被自己的国家放逐而藏匿在世界各地。⑨

4. 教会建立在神的真道上＊

ᶜ现今天主教徒逼迫我们，并以教会的名义辖制一般的信徒⑩，虽然事实上他们是基督最大的仇敌。尽管他们有圣殿、祭司以及其他外在的象征，这虚浮的荣耀可能弄瞎单纯之人的心眼，但我们却不应当因此相信教会能在神的真道之外存在。ᵃ因神的真道是他选民所拥有的印记："凡属真理的人就听我的话。"（约18∶37）以及"我是好牧人；我认识我的羊，我的羊也认识我"（约10∶14），"我的羊听我的声音，我也认识他们，他们也跟着我"（约10∶27）。他之前这样说："羊也跟着他，因为认得他的声音。羊不跟着生人；因为不认得他的声音，必要逃跑。"（约10∶4—5）既然基督已赐给我们认出教会的明显记号，我们为何仍疯狂地寻找教会？因为哪里有这记号，教会就在哪里；哪里没有这记号，我们就没有根据称哪里为教会。保罗教导说，教会并非建立在人的立场和祭司的职分上，而是建立在使徒和先知的教导上（弗2∶20）。ᵃ以下基督的话教导我们如何分辨耶路撒冷和巴比伦——基督的教会和撒旦的党派："出于神的必听神的话；你们不听因为你们不是出于神。"（约8∶47）

综上所述，既然教会是基督的国度，且基督的话语就是他的权柄，那么若说基督的国度能在他的令牌（即他圣洁的话语）之外存在，这不是明显的谎言（参阅耶7∶4）吗？

5. 反驳他们对我们分门结党和异端的指控

ᶜ他们指控我们是异端和分门结党，因我们所传扬的教义与他们的不

---

⑨ Augustine, *Letters* 93. 9. 30 f. (MPL 33. 336 f.; CSEL 24. 2. 476 f.; tr. FC 18. 85 ff.).
⑩ 参阅艾克的 *Enchiridion locorum communium*，第一章。无数教皇的拥护者皆有此特征。

同,且我们不遵守他们的规定,又举行自己的祷告会、洗礼、圣餐以及其他圣洁的聚会。

这的确是很严重的指控,但我们很容易就能为自己辩护。那些借制造纷争破坏教会团契的人,才应当被指控为异端和分门结党者。这团契在乎共同的教义以及弟兄间的彼此相爱。奥古斯丁如此判定异端和分门结党者:异端是以谬误的教义败坏神纯正的道;而分门结党者虽然有时与教会有共同的信仰,但他们却破坏教会团契。⑪

然而我们必须指出:弟兄的相爱乃依靠共同的信仰,这共同的信仰是他们相爱的起点和尽头,也是他们相爱唯一的准则。因此我们应当留意圣经对我们合一的吩咐,包括这两件事情:我们的思想要在基督里一致,以及在基督里彼此相爱。因此,当保罗劝我们合而为一时,他也教导我们这合而为一的根基是:"一主,一信,一洗。"(弗4:5)事实上,每当保罗教导我们要在情感和意志上合而为一时,他都立即加上"在基督里"(腓2:1、5)或"效法基督"(罗15:5)。他的意思是在基督真道之外的合一不是信徒的合一,而是恶人的党派。

6. 基督作元首是合而为一的条件*

°西普里安和保罗一样,都教导教会的合一唯独来自基督监督的职分。他接着说:"教会只有一个,借着繁衍遍及世界各地。就如太阳有许多道光线,却只是一个光;就如树有许多的树枝,却只有一根向下扎根的树干;就如从一个泉源中分出许多支流,不管支流如何广布,但源头却是一个。若从太阳夺去一道光线,它的合一并没有受影响。若从树上锯掉一根树枝,那被锯掉的树枝无法发芽。若支流从源头隔断,过不久就干涸。同样,教会也是如此,她因蒙主的光照,光辉遍

---

⑪ Augustine, *Questions on the Gospel According to Matthew* 11.1-2 (MPL 35.1367 f.). 参阅 Peter Martyr Vermigli, *Loci communes* IV. 6. 33 (Latin, 1576, p. 801; English, 1583, IV. 86)。

及全地,然而光源仍是一个。"⑫没有比这更能恰当地描述基督众肢体的合一。西普里安不断地提醒我们这合一来自基督——我们的头。因此他断言:教会之所以有异端和分门结党,是因为人离弃真理的源头,拒绝寻求唯一的元首,以及没有持守我们天上教师的教导。

既然我们离开他们唯一的理由是他们无法忍受神纯正的真道,那就任凭他们指控我们为异端吧!他们甚至咒诅我们,开除我们的会籍⑬,但他们没有指控使徒分门结党,这就充分证明我们是无罪的,因我们的教导与使徒的没有两样。基督警告他的使徒:人要因他的名把他们赶出会堂(约16:2)。他所说的会堂在当时被认可为合乎神律法的教会。显然我们已被赶出去,但我们深信并能证明我们是为了基督的名被赶走的。既是如此,那他们在做最后的决定之前难道不应当详细考查吗?但我至少可以肯定地告诉他们,我们之所以离开他们是要来就基督。

将罗马天主教与古时的以色列在敬拜和权威上做比较(7—11)

7. 罗马天主教的光景与以色列在耶罗波安统治下的光景相似

ᵇ我们若将一切伏在罗马天主教这偶像专制之下的教会,与先知所描述的古时以色列教会做比较,就会更明白自己应当如何看待这些教会。当犹太人和以色列人遵守神圣约的律法时,神的真教会就在他们当中。换句话说,神出于自己的良善赏赐他们律法——这保持教会合而为一的一切。这律法就是神的真理,由当时的祭司和先知教导之。当时的以色列人以割礼象征入教,神也给他们其他的圣礼,好造就他们的信心。毫无疑问,当时神所说的教会指的是他们。然而他们离弃

---

⑫ Cyprian, *On the Unity of the Catholic Church* 5 (MPL 4. 501 f.; CSEL 3. 1. 213 f.; tr. ANF V. 423; LCC V. 127).

⑬ "*Notorios et pertinaces haereticos... fuisse declarantes, eosdem... condemnamus.*" Leo X's bull *Exsurge Domine* (June 15, 1520); Mansi XXXII. 1051; Kidd, *Documents*, p. 79.

了神的律法，陷入可怕的偶像崇拜和迷信，在某种程度上丧失了原来的特权。若不是这样，谁敢拒绝称呼传神的真道以及施行他圣礼的人为教会呢？相反地，谁敢称公开、大胆践踏神真道的人为"教会"呢？因为这些人毁坏神的真道，即教会的柱石和灵魂。

8. 犹太人的偶像崇拜没有完全毁坏教会*

ᵇ那么，或许有人会问：当犹太人落入偶像崇拜，教会难道就不复存在了吗？答案很简单。ᶜ首先，他们逐渐离开神。当以色列人和犹大人刚开始离开纯洁的敬拜时，他们堕落的速度不同。当耶罗波安违背神，开始雕刻牛犊并让以色列人在神所禁止之处敬拜神，就完全败坏了以色列人的信仰（王上12：28及以下）。犹大人则是先被邪恶、迷信的风俗玷污，之后才败坏了宗教的仪式。他们虽然在耶罗波安的统治下已经开始举行一些邪恶的仪式，但因他们中间仍有律法的教导、祭司的职分，以及神所吩咐他们的仪式，所以他们当中的敬虔人仍持守神的教会。至于以色列人，直到亚哈做王，情形一点儿都没有改善，甚至更加恶化。之后的君王，直到以色列国完全被毁，若不是效法亚哈，就是效法耶罗波安。他们毫无例外地都是不敬虔拜偶像的人。然而在犹大人当中，他们信仰的光景有起有落，虽然有些君王以自己所捏造的迷信败坏了对神的敬拜，但也有其他君王重新建立了神所要求的敬拜。但到最后连祭司也以亵渎、可憎的仪式玷污了神的圣殿。

9. 天主教会是败坏的，应当被弃绝*

ᶜ就让天主教徒——不管他们如何替自己找借口——证明他们的信仰不是和在耶罗波安统治之下的以色列国一样败坏。其实他们的偶像崇拜比那时更严重，他们的教义也没有比那时更纯正，反而是更不洁！ᵉ⁽ᶜ⁾神和一切有一般常识的人都见证这一点，ᶜ就连这事实本身也明显到我无须再继续讨论。

所以当他们想强迫我们与他们交通时，他们对我们有两项要求。首先，他们要求我们参加他们所有的祷告、圣礼以及其他的聚会。其次，他们要求我们将基督一切交付他真教会的尊荣、权柄，以及统治的范围都归于他们。

关于第一项要求，我承认即使在教会最腐败的时代，耶路撒冷的先知也没有离开教会私自献祭或聚会。因神吩咐他们在所罗门的圣殿里聚会（申12：11、13）。虽然他们知道当时的利未人不配被称为神的祭司，但既然他们是神自己所指定施行他圣洁仪式的人（出29：9），且他们尚未被开除，就仍拥有这职分的权柄。然而不同的是——且这是最关键的——他们并没有举行任何出于自己迷信的敬拜，而是遵守神所吩咐他们的。

但这些人——我说的是天主教徒——哪里与以色列人相似呢？因为只要我们和他们一起聚会，就必定公开地以偶像崇拜玷污自己。事实上，最能使他们合而为一的就是弥撒，且这是最可憎和亵渎的仪式。稍后我们将证明我们对他们的指控是否正确。[14]我们只要证明我们的光景与旧约先知的不同就够了，那些先知虽然参加恶人的仪式，但这些仪式本身都是神亲自设立的。

当时以色列国的光景能充分证明我在此的教导。根据耶罗波安的命令，他们继续举行割礼、献祭、遵守神圣洁的律法以及向他们列祖的神祈祷，但因他们同时也有一些错误和神所禁止的敬拜形式，所以神不喜悦甚至咒诅了他们一切的敬拜（王上12：31）。我向任何人挑战：有谁能指出任何先知或敬虔之人曾经在伯特利敬拜或献祭？因他们确知这是玷污自己的亵渎行为。因此，我们得出结论：敬虔的人不应当强调教会的交通到错误的地步，以至若教会已堕落陷入亵渎和败坏的仪式中，仍坚持与这些恶人交通。

---

[14] 参阅 II. 15. 6；IV. 18. 15。

10. 我们为何必须离开败坏的教会？*

ᶜ然而我们更无法接受第二项要求。因我们若这样看待教会，即我们应当尊重她的判决，伏在她的权柄之下，听从她的警告，接受而顺服她的管教，并在各方面竭力地保守与她交通，ᶜ ⁽ᵇ⁾ 那么当我们承认某一团体为教会时，就当顺服之。然而我们仍要效法先知看待教会的榜样，虽然当时犹太人和以色列人的光景都比现今更好，但先知仍再三宣告他们的聚会是亵渎神的（赛1：14），且若内心认同这样的聚会是正常的，就是在否定神。倘若那时的聚会算是正常的，那么以色列国的先知以利亚、弥迦和犹大国的以赛亚、耶利米，以及何西阿（ᵇ即当时其他的先知、祭司和众百姓所厌恶、咒诅并视为不如未受割礼之外邦人的）就不属于神的教会了。倘若当时的聚会算是神的教会，那么教会就不是真理的柱石和根基（提前3：15），而是谎言的房角石；不是永生神的会堂，而是偶像的仓库。ᶜ因此，当时的先知必须斥责那时的聚会是邪恶、敌对神的。

ᵇ同样地，若任何人承认现在的聚会——被偶像崇拜、迷信以及亵渎的教义所玷污的——是教会，且所有的基督徒都必须与之交通（甚至相信她的教义），这是极大的错误。因他们若是教会，那么神所交付教会的钥匙也就在他们手中，然而钥匙与真道是密不可分的，事实是这些人已经败坏了神的真道。此外，他们若是教会，那么基督赏赐教会的应许也属于他们；"凡你在地上所捆绑的……"（太16：19，18：18；约20：23）但他们反而不认一切基督真正的仆人。因此，或基督的应许是徒然的，或这些聚会根本不是教会。总之，他们不但没有传扬神的真道，反而是操练不敬虔的行为以及散播各种谬论的学校。由此可见，若非他们根本不是教会，就是我们根本无法分辨教会或土耳其人的崇拜。

11. 真教会在天主教统治下的余迹

ᶜ ⁽ᵇ⁾ 在古时的犹太人当中仍有一些真教会的余迹。ᵇ同样地，现今我们也不否认在天主教里仍有一些被毁坏之真教会的余迹。ᶜ ⁽ᵇ⁾ 神从前一次与犹太人立约，然而并不是犹太人保守这约，而是这约本身与他们的不敬虔作战并至终得胜。因此，神与他们所立之约被保守，完全是出于神信实的良善。他们的背叛无法废去神的信实，因此虽然割礼已被他们玷污，但它仍是神与他们立约的记号和圣礼。$^{c\ (b)}$ 因此神称他们所生的儿女为$^{c\ (b)}$自己的儿女（结 16∶20—21），虽然在神特殊的祝福之外，他们根本不是属神的。神与他在法国、意大利、德国、西班牙以及英国的选民立约之后也是如此。当这些国家受敌基督专制的压迫时，$^{c\ (b)}$ 神用两种方式保守他与他们所立的约。首先，^{b}他保守那见证他盟约的洗礼，^{b}这圣礼既然是神亲自分别为圣的，人的不敬虔就无法使它落空。其次，神借护理保守其他真教会的余迹，免得真教会完全消失。就如人在拆毁建筑物时没有破坏地基，同样地，神也没有容许他的教会被敌基督摧毁，虽然为了惩罚藐视他真道之人的忘恩负义，他容许她被可怕地震动，然而在悲惨的光景后，神仍喜悦存留几乎被摧毁的建筑物。

12. 已败坏的教会虽有真教会的余迹，却非真教会*

$^{c\ (b)}$ 然而，我们虽然完全否认天主教是神的真教会，却没有因此否认在他们当中仍有一些真教会。⑮^{c}我们所在意的是合乎神律法的真教会性质，即施行圣礼（信心的象征）和传扬真道。$^{c\ (b)}$ 但以理（但 9∶27）以及保罗（帖后 2∶4）都预言敌基督将坐在神的圣殿里。因此我们视天主教的教皇为那邪恶、可憎之国度的元首。⑯既然他坐在神的殿中，就表

---

⑮ 加尔文的这句话常被引用，表明加尔文认为罗马天主教中仍保留一些合理的因素，但他完全否认教皇制。参阅 IV. 8. 11，12，below；G. MacGregor，*Corpus Christi*，p. 51。

⑯ 敌基督（帖后 2∶4）这个词常被加尔文用来形容教皇（参阅 III. 20. 42；IV. 7. 4，25；IV. 17. 1；Comm. I John 2∶18）。在改教运动之前，这个词已经相当广泛地被使用在教皇身上，那些属灵派的法兰西斯会士、威克里夫和胡斯的波希米亚前辈尤其常这么使用。参阅 art. "Antichrist" in the HDRE I. 581；H. Preuss，*Die Vorstellungen vom Antichrist im späteren Mittelalter*，pp. 145，153；Luther，*On the Execrable Bull of Antichrist* (1520) (*Werke* WA VI. 597-612)。在加尔文的观念中，"教皇是敌基督"，见 H. Berger，*Calvins Geschichtsauffassung*，ch. 8，pp. 73，92；H. Quistorp，*Calvin's Doctrine of the Last Things*，pp. 117-122。

示他的统治并不至于涂抹基督或教会的名。因此我们也不否认在他的专制统治之下有一些是真教会。但他对神的亵渎玷污了这些教会，ᶜ他的专制逼迫了教会，他邪恶、致命的教义败坏甚至摧毁教会，因这些教义就如毒药。在这些教会中，基督被隐藏了，福音被推翻了，敬虔之人被分散了，对神圣洁的敬拜几乎消失了。ᵇ简言之，在这些教会里，我们所能看到的是混乱的巴比伦，而不是神圣洁的城。综上所述，我之所以称他们为教会，是因神仍在他们当中保守他子民的余数，虽然他们极悲惨地被分散了；我称他们为教会，也是因为在他们当中仍有一些真教会的特征，特别是那些连魔鬼的诡计或人的堕落都无法摧毁的特征。ᶜ ⁽ᵇ⁾ 但另一方面，以真教会的特征而言（ᵇ也是我们现在的主题）ᶜ ⁽ᵇ⁾ 天主教本身和属她的教会都不具有真教会的性质。

ᵉ第三章　教会教师和牧师的
　　　　　选立及其职分

牧职是神所赐的：其重要和必需的功用（1—3）

1. 神为何需要人的侍奉？

ᵉ我们现在应当讨论神所喜悦教会治理的秩序如何。唯有神自己才配得在教会中做王。所有的权柄和权威都在他那里，且这权柄由他自己的话语执行。然而，既因神是看不见的（太26∶11），所以他借着人的服侍公开、亲口宣告他自己的旨意。神将这事工交付人，但并没有将他自己的权柄和尊荣归在他们身上，神只是喜悦借人的口做他自己的工，就如工人用工具做工一样。

ᵉ我在此必须重申我以上所说的。①ᶜ神自己能够在任何工具之外做这工，或是使用天使，但有许多不同的理由可以解释为什么他宁愿借着人。

首先，神的这方法宣告他对人的关怀，即他挑选一些人作为他世上的使者（林后5∶20），解释他隐秘的旨意，简言之，在这里代表

---

① Ⅳ.1.5.

神。因这缘故,神经常称我们为他的圣殿(林前3:16—17,6:19;林后6:16),因他借着人的口回应人,好像从圣所回答一样。②

他喜悦使用人的另一个原因是:这是让人操练谦卑最好和最有用的方式,因他要求我们顺服他的话语,虽然他的话是借与我们一样性情的人传扬的,甚至有时借不及我们有才的人传扬。神若从天上直接向我们说话,而我们从耳到心都会毫不迟疑敬虔地听从,这是可以预料的。因有谁在神的大能下不感到畏惧呢?在如此崇高的威严之前,谁不会仆倒呢?在这奥秘的荣光下,谁不会降服?但当一个用尘土所造的人奉神的名向我们说话时,即使这人在各方面都不如我们,但我们若以受教的心接受,这就证明我们对神的敬虔和顺服。因此,神将他属天智慧的宝贝藏在软弱的瓦器里(参阅林后4:7),就是要我们更加珍惜这宝贝。

第三,没有比这更能使信徒合而为一和彼此相爱:神指定一个人做牧师,教导他其余的人,他们都受命如学生一样从一个人的口领受神的话语。因若有人可以独立到无须别人的帮助,那么人就会藐视其他人,也受他人的藐视,因我们都是骄傲的人。因此,神喜悦采用这最能使人合而为一的方式,即借人教导救恩和永生之道。保罗写给以弗所信徒的信指的就是这个:"身体只有一个,圣灵只有一个,正如你们蒙召,同有一个指望;一主,一信,一洗,一神,就是众人的父,超乎众人之上,贯乎众人之中,也住在众人之内。我们各人蒙恩,都是照基督所量给各人的恩赐。"(弗4:4—7)因这缘故,他也说:"他升上高天的时候,掳掠了仇敌,将各样的恩赐赏给人……那降下的,就是远升诸天之上要充满万有的。他所赐的有使徒,有先知,有传福音的,有牧师和教师。为要成全圣徒,各尽其职,建立基督的身体,直等到我们众人在真道上同归于一,认识神的儿子,得以长大成人,满有基督长成的身量,使我们不再作小孩子……被一切异教之风摇动……惟用爱心说诚实话,凡事长进,连于

---

② Augustine, *On Christian Doctrine*, Prologue 6; IV. 27. 59 (MPL 34. 18, 118; tr. NPNF II. 520, 595).

元首基督,全身都靠他联络得合式,百节各按各职,照着各体的功用彼此相助,便叫身体渐渐增长,在爱中建立自己。"(弗4:8,10—16)

2. 传福音的事工对教会的意义

ᶜ保罗的这段话表示神用人管理他教会的事工,是他保守众信徒合而为一的主要方式,他也教导唯有采用神喜悦的救人方式,教会才能被保守到底。保罗说:"基督是远升诸天之上要充满万有的。"(弗4:10)这是神成全这工的方式:神将他的恩典赐给他所赏赐这职分的牧师,为了施行这工。神也借牧师将他的恩赐赐给教会;神也借牧师在教会中发挥他圣灵的大能,免得牧师的事工至终落空。神借此更新圣徒,造就基督的身体(弗4:12);我们借此"凡事长进,连于元首基督"(弗4:15),也一起成长;我们借这方式在基督里合而为一,只要神的真道在我们当中兴旺,只要我们接受神的使者,而不是拒绝他们所教导我们的。因此,若有人企图毁坏这秩序以及神管理教会的方式,或说这是没有必要的,这人就是试图摧毁神的教会。因就如为了保守我们肉体的生命,太阳的光和热以及饮食都是必需的,同样地,使徒和牧师的职分对于保守在地上的教会也是必需的。

3. 在圣经中讲道是与众不同的职分

ᶜ我在上文指出,③神曾用各种方式教导我们看重传道的事工超过一切。神借以赛亚的口见证他为我们兴起教师是他赐给我们独特的福分:"那报佳音、传平安、报好信、传救恩的,对锡安说:'你的神作王了!'这人的脚登山何等佳美"(赛52:7),神称他的使徒是"世上的盐"和"世上的光"(太5:13—14),也是为此。然而神对这职分最光荣的称赞是:"听从你们的,就是听从我;弃绝你们的,就是弃绝我。"(路10:16)但没有比

---

③ IV.1.5; IV.3.1.

保罗在《哥林多后书》中所说的更清楚的。在那里他说传福音是教会最高贵和光荣的事工,因这是圣灵的事工,也是他赏赐我们义和永生的方式(林后4:6,3:9)。神给我们这些类似经文的目的,是要我们看重他借牧师管理和保守教会的方式(神亲自设立直到永远的方式),免得这方式因被我们轻视而消失。

神不但亲自告诉我们传福音事工的必要性,也举例教导我们。当神喜悦他真道的光更加照耀哥尼流时,他差遣天上的使者带领他到彼得那里(徒10:3—6);当神喜悦呼召保罗认识他并将他嫁接到他的教会里时,他并不是亲自与他说话,而是吩咐他去找一个人,让那人教导他救恩之道,为他施洗使他成圣(徒9:6)。神没有吩咐天使告诉保罗他自己的意思,而是叫天使吩咐另一个人去向保罗宣告神的意思,这并非意外。虽然基督是众信徒唯一的教师,但他让保罗受人的教导并非无意义,特别是基督早已定意将保罗提到第三层天上去,领受那说不出来奇妙的启示(林后12:2—4)。那么,在神如此奇妙的证明下,难道仍有人敢藐视这事工,或视之为多余的吗?

圣经对不同职分的描述(4—9)

4. 《以弗所书》第4章所论述的不同职分

ᶜ保罗教导说,这些人在基督的吩咐之下管理教会——使徒、先知、传福音的、牧师和教师(弗4:11)。后两种职分是常设的;前三种职分则只是在神国度刚开始或在需要的时候兴起人担任的。

以下的吩咐告诉我们使徒的作用是什么:"你们往普天下去,传福音给万民听。"(可16:15)ᶜ ⁽ᵃ⁾ 神并没有限制他们传福音的范围,反而吩咐他们将福音传遍天下,使人顺服基督,在世界各地建立基督的国度。因此,保罗为了证明他使徒的职分,宣告他不止在一个城市传福音,使人归向基督,而是到处都传福音,并拒绝建造在别人的根基上,只在未曾听过主名的地方开拓教会(罗15:19—20)。因此,神差派他的使徒救世人脱离悖逆并顺服神,借着传福音在世界各地建立他的国度,换言之,他们是世界各地教会根基的建造者(林前3∶10)。

保罗并没有称一切诠释神的旨意的人为"先知",先知乃是那些受神特殊启示的人(弗4∶11)。这职分在我们这时代已少见或不存在了。

我对"传福音的"解释是那些没有使徒的地位高,有时却代替他们职分的人。譬如路加、提摩太、提多……都是传福音的;也许在主拣选使徒之后所设立的七十个门徒也是传福音的(路10∶1)。

根据这解释(并且我认为这与保罗的教导和立场完全一致),这三种职分不是永久的,而是暂时的,为了教会的开拓,或帮助旧约教会成为新约教会。然而,我并不否认之后主有时兴起其他人做使徒,或至少代替使徒、传福音的,这在我们的时代也不例外。④因为若要救教会脱离敌基督的权势,这些职分是必需的。但无论如何,我仍称这些职分是"非常"的,因为在正式建立的教会中,没有这职分。

接下来是牧师和教师——教会永远不能缺少的职分。这两种职分之间的差别是:教师不负责教会的惩戒、施行圣礼或警告和劝勉,而只负责解经,叫信徒相信全备、纯正的教义;⑤牧师的职分则包括所有的职责。

5. 暂时和永久的职分

ᶜ现在我们就明白教会的哪些职分是暂时的,哪些是永久的。我们可以将传福音的和使徒以及教师和牧师互相对照。我们现在的教师对照古时的先知,现在的牧师对照古时的使徒。先知的职分主要在于宣

---

④ 这里主要指路德,加尔文在其他的地方常称赞他。参阅加尔文的 *Defensio adversus Pighium*,路德被称为"基督杰出的使徒,使福音的光照亮"(CR VI. 250)。

⑤ "博士"或"教师"的职分,在加尔文的职务系统中占有重要的地位。参阅 *The Ecclesiastical Ordinances of Geneva* (1541) (CR XI. 15f., 21; tr. LCC XXII. 58, 62 f.); J. Bannerman, *The Church of Christ* (Edinburgh, 1868) I. 426 ff.; G. MacGregor, *Corpus Christi*, p. 218; R. W. Henderson, *The Doctoral Ministry in the Reformed Churches* (Harvard Dissertation, 1959)。

告神的启示,教师与先知是类似的职分,且两者都有同样的目的。^{c (a)}主所拣选的十二位向世人传扬他福音的教师,他们的地位胜过其他的教师(路6:13;加1:1)。根据"使徒"(apostles)这一词的意思,所有的牧师都能称为使徒,因为他们都是主所差派的,也都是他的使者。然而,为了使人清楚这些将开始新事工之人的使命,这十二个人(之后也包括保罗)借特别的称号被分别出来是必需的。事实上,^c保罗在某处将这称号用在安多尼古和犹尼亚两人身上,他称他们为"在使徒中是有名望的"(罗16:7)。然而当他正式地说时,他只将这称号用在十二位使徒身上。这也是圣经普遍的用法(太10:1)。牧师与使徒的职分相同,只是牧师只管理他们所负责的教会,我们以下将更详细解释这职分。

6. 使徒和牧师

^{c (a)}主在差派使徒时,吩咐他们(就如我们以上所说⑥)当传福音并为相信的人施洗,使他们的罪得赦免(太28:19)。^a然而他之前吩咐他们效法他的榜样,举行那象征他身体和血的圣餐(路22:19)。这就是神交托接续使徒之人之圣洁无瑕、永久的职任,即传福音和施行圣礼。^{c (a)}由此可见,那些忽略这两种职责的人是虚假的使徒。

^c牧师的职责为何呢?当保罗说"人应当以我们为基督的执事,为神奥秘事的管家"(林前4:1)时,他指的不只是他自己,也包括所有的牧师。他在另一处也说:"坚守所教真实的道理,就能将纯正的教训劝化人,又能把争辩的人驳倒了。"(多1:9)这些和其他众多类似的经文都清楚告诉我们:牧师的职分包括传福音和施行圣礼。牧师的教导方式不只是公开证道,也包括私下的劝勉。保罗提醒以弗所信徒:凡于他们有益的,他没有一样避讳不说的,或在众人面前,或在各人家里,他都教导他们;又对犹太人和希腊人证明当向神悔改,信靠主耶稣

---

⑥ 上文的第四节。

基督（徒20：20—21）；保罗接着也提醒他们，他不住地流泪，劝诫他们各人（徒20：31）。我现在的目的不是要详细描述神赐给保罗多少做牧师的奇妙恩赐，而是要教导自称为牧师的人在神面前的责任为何。换言之，神使他们做教会的监督不是要他们徒具虚名，乃是要他们以基督的教义教导选民做敬虔的人，施行圣礼和维护公正的惩戒。神向所有为教会守望之人如此宣告：若任何人因牧师的忽略无知地灭亡，神将向牧师讨那人丧命的罪（结3：17—18）。保罗所说关于自己的这段话，也包括所有的牧师："若不传福音，我便有祸了……责任却已经托付我了。"（林前9：16—17）[c (a)] 最后，使徒对世人当尽的责任，每一位牧师也当为神所交托他的羊群尽这责任。

7. 牧师负责自己的教会

[c (a)] 我们虽然说每一位牧师应当负责自己的教会，然而我们的意思并不是说他不能帮助其他的教会。因为有可能另一个教会遭遇需要他帮助的问题，或另一个教会的牧师在自己不够明白的事上请教他。[a] 然而为了教会的平安，这秩序是必需的：每一位牧师都应当负责自己的教会，免得一切落在迷惑中。若牧师漫无目标地行事，有时随意召人聚会，有时随意离开教会，这就是在乎自己的利益胜过在乎造就教会。因此，我们应当立定这一般的原则：各个牧师都当负责自己的区域，也不应该越界，到其他牧师的区域。

[c (a)] 这不是出于人理智的劝告，乃是神自己的命令。因圣经记载保罗和巴拿巴在路司得、以哥念、安提阿的各教会里选立了长老（徒14：22—23），并且保罗吩咐提多在各城设立长老（多1：5）。同样地，在某处经文中，保罗提到腓立比信徒的监督（腓1：1）；在另一处则提到歌罗西信徒的监督亚基布（西4：17），且路加也记载了保罗对以弗所教会长老的一篇讲道（徒20：18—19）。

[c] 因此，一切担任管理和关怀教会这职分的人当伏在神的这吩咐之

下。但这并不是说他要像农奴（glebe）⑦那样完全局限在某个区域，即完全不离开自己教会的范围，即使众教会都需要并要求他的帮助。但蒙召做某个教会牧师的人，不应该想要离开自己的教会，或为自己的利益寻找另一个教会。而且，若为了大家的益处，牧师需要被分配到另一个地方去，这仍然不应该是牧师自己的意思，而是要等候公共权威的决定。

8. 传道人的称呼：长老[†]

c (a) 我不做区分地称管理教会的人为"监督""长老""牧师"以及"传道人"，这合乎圣经的教导，因圣经并没有区分这些称呼。⑧圣经称所有在教会中证道的人为"监督"。c 当保罗吩咐提多在各城选立长老时（多1∶5），他立刻接着说：c "监督……必须无可指责"（多1∶7；提前3∶1）等等。⑧xᶜ 他在另一处经文中问候同一个教会里的好几个监督（腓1∶1）。《使徒行传》也记载保罗与以弗所的长老一起开会（徒20∶17），且保罗在他的讲论中称他们为"监督"（徒20∶28）。

到目前为止，我们只提到负责证道的职分，除此之外保罗在《以弗所书》第四章中没有提到其他的职分（弗4∶11）。⑨然而在《罗马书》（12∶7—8）以及《哥林多前书》（12∶28），他列举了其他的职分，如行异能的、医病的、翻方言的、治理的、关怀穷人的。

---

⑦ "Veluti glebae addictus." "Gleba" 指一片土地。以前法律上要求负债者做工还债，做工者被称作 *addictus*。参阅 A. Berger, *Encyclopedic Dictionary of Roman Law*, s. v. "Addictus", "Adscriptus", "Gleba"。在封建时代的法律中，若一个人是 glebae addictus，即指他是一个农夫（German, *höriger*），耕种田地，并享有权利。

⑧ 加尔文以相关的经文作基础，申明长老会体制的主要原则："监督"和"长老"是不同称呼的同一个职位。这一段要和其他部分对照，如第四卷第四章第四节，他赞成早期"监督"（bishops）、"大主教"（archbishops）和族长（patriarchs）有惩戒的职能。又可参阅 iv. 9. 4 注释 6。这个观点在中世纪颇为流行，特别是被帕多瓦的马西利乌斯（Marsilius of Padua）采用，见他的著作 *Defensor Pacis*, ed. and tr., A. Gewirth, I. 271 ff.。关于约翰·惠特吉夫特（John Whitgift）、约翰·朱厄尔（John Jewel）和理查德·胡克（Richard Hook）偏好使用 "presbyter" 而不是 "priest" 这个英文词，见 N. Sykes, *Old Priest and New Presbyter*, pp. 43 f.。

⑧x "监督……" 等等，1543 年版于 1545 年修订。

⑨ 上文的第四节（弗 4∶11）。

其中两种是暂时的，我略而不谈。又有两种是永久的：治理的以及关怀穷人的。治理的（林前12：28），我想是从百姓中所挑选的长老。他们负责道德上的劝勉以及与监督一起执行教会的纪律。这是对"治理的，就当殷勤"（罗12：8，参阅Vg.）这句经文唯一的解释。因此每一个教会从一开始都有一个组织，而且是由敬虔、谨守、圣洁之人所组成的，他们负责执行纪律。我们稍后将详细讨论这组织。⑩教会的历史也充分证明这秩序并非局限于某个时代。因此，这是所有时代教会所当有的组织。

9. 执事

ʿ照顾穷人是执事的责任。然而，《罗马书》提到两种执事："施舍的，就当诚实……怜悯人的，就当甘心。"（罗12：8，参阅Vg.）既然保罗在此指的是整个教会的事工，我们就能推论当时有两种不同的执事。保罗在前面的句子中指的是施舍的执事。后面的句子指的则是负责照顾穷人和病人的执事。这些穷人包括保罗向提摩太提及的寡妇（提前5：9—10）。妇女在教会中唯一正式的职分是照顾穷人。我们若接受这事实（并且我们非接受不可），就表示有两种不同的执事：一种是负责筹划帮助穷人；另一种则是照顾穷人本身。ᶜ⁽ᵇ⁾虽然διακονία这词本身有更大的范围，ᵇ但圣经用此词唯指负责办理施舍和照顾穷人的执事。ᵃ路加在《使徒行传》中告诉我们执事的来源和职责（徒6：3）。当希腊人开始埋怨说他们的寡妇在每天的供给上被忽略时，使徒宣告他们无法同时担任这两种职责（传道以及管理饭食），于是他们请众圣徒选出七位正直的人管理这事（徒6：1及以下）。⑪ᶜ⁽ᵃ⁾这是使徒时代教会的执事，我们的

---

⑩ 众牧师组成了长老会（senatus），有惩戒的权柄。参阅 IV.11.6，注释10，below。
⑪ 在日内瓦的教会有两组执事：一组负责分配施舍物，另一组负责照顾生病的人。加尔文称这七位在《使徒行传》6章中被选出来管理饭食的人为"执事"。这个词并没有出现于《使徒行传》，但在《腓立比书》1：1及《提多书》3：8—13有出现。林赛（T. M. Lindsay）认为这七个人不应被称为执事，而应被称为长老（presbyters）：*The Church and the Ministry in the Early Centuries*，pp. 115-118。又见 IV. 19. 32. f.。

执事也应当效法他们的榜样。

牧师的蒙召、资格以及按立（10—16）

10. 正式的蒙召是必需的

ᶜ既然在神圣洁的教会里，"凡事都要规规矩矩地按着次序行"（林前14：40），因此没有任何事比教会的组织更需要认真地按着次序行，因为若在这事上犯错，将带给教会极大的伤害。因此，为了避免啰唆和制造麻烦的人随己意教导或管理教会（这是极大的可能），使徒们对此十分谨慎，免得有人在蒙召之外担任教会的任何职分。因此，若任何人想成为教会正式的牧师，他必须先蒙召（来5：4），并在蒙召之后担任他所接受的职分。保罗自己就是很好的例子。每当保罗想证明他使徒的职分时，他几乎都提到自己的蒙召以及他对这职分的忠心（罗1：1；林前1：1）。既然基督如此伟大的仆人尚且不敢宣称他在教会里有证道的权威（除非他在神的吩咐下被按立并忠于神所交托他的职责），那么任何必死之人若在按立之外宣称自己有这样的权威，就是他极大的羞耻。既然我们以上已提过忠心担任这职分的必要性，ᶜ⁽ᵃ⁾那么现在我们要单独讨论呼召本身。

11. 外在和内在的蒙召

ᶜ⁽ᵃ⁾牧师的蒙召包括四件事：（1）被按立为牧师的资格；（2）如何按立牧师；（3）ᵃ谁应当按立牧师；（4）按牧的仪式为何。

ᶜ我现在所说的是牧师外在的蒙召，这与教会的公共秩序有关。我略而不谈牧师自己在神面前的内在蒙召，⑫因为这是教会无法见证的。我

---

⑫ 参阅 *The True Method of Reforming the Church* (1548) (CR VII. 624 f.; tr. Calvin, *Tracts* III. 281 ff.)。在第十至十六节，也请参阅 J. L. Ainslie, *The Doctrines of Ministerial Order in the Reformed Churches of the Sixteenth and Seventeenth Centuries*, ch. 6. 关于圣灵内在的呼召，参阅 J. Bannerman, *The Church of Christ* I. 428 f.。

们自己的心要为自己作证，我们不是因野心、贪心或任何其他私欲的缘故接受这职分，乃是因对神真诚的敬畏以及想要造就教会而接受这职分。这一切对做牧师的人而言是必需的，若我们希望自己的服侍蒙神祝福。

然而，即使有人以邪恶的心接受这职分，他在教会中的呼召仍是正当的，只要他的邪恶不是公开的。常常有人看到平信徒适合这职分，并有担任这职分的恩赐时，就说他蒙召做牧师。的确，学识和敬虔以及其他忠心牧师所拥有的恩赐对做牧师而言是极好的预备。神所命定担任这崇高职分的人，他首先赏赐他们一切担任这职分的恩赐，免得他们空手、毫无预备地做牧师。因此，当保罗在哥林多书信中开始讨论这些职分时，他首先提到担任这职分之人所应有的恩赐（林前12:7—11）。既然这是我们所要讨论的四件事之一，我们现在就要开始。

12. 谁能做教会的牧师？如何挑选人当牧师

^c保罗在这两处经文中完备地教导了做监督的条件（多1:7；提前3:1—7）。简言之，唯有那些相信正统教义以及过敬虔生活的人才有做牧师的资格，因为若他在生活上有任何大罪，就会影响他的权威，也使神的事工蒙羞（提前3:2—3；多1:7—8）。这些资格同样也是做执事和长老的资格（提前3:8—13）。我们总是必须确定他们有承担这重任的能力，也就是说他们必须被教导关于担任这职分的装备。因此，当基督即将差派使徒时，就赐给他们一切担任使徒职分所需的装备（路21:15, 24:49；可16:15—18；徒1:8）。保罗在描述神所喜悦、善良的监督之后，他劝提摩太不要选择不具资格的人而玷污自己（提前5:22）。

我所说的"如何"挑选牧师不是指按牧的典礼，而是指我们在挑选人做牧师时应当怀着敬畏神的心，例如禁食祷告。路加记载，当时的信徒在选立长老时禁食祷告（徒14:23等）。因他们知道这是最严肃的事，必须谨慎，怀着敬畏神的心挑选。他们特别迫切地向神祷告，求神赐给他们智慧和聪明的灵（赛11:2）。

13. 牧师由谁选立？

ᶜ我们的第三个考虑是：牧师由谁选立？ᵃ在这方面参考使徒如何蒙召对我们没有太大的帮助，ᶜ因他们的蒙召与牧师有所不同。既然使徒是与众不同的职分，为了教导我们这事实，主亲自选立他们。ᵃ既然他们在必死之人的挑选之外，甚至是单单出于神和基督的选立，就怀着敬畏的心担任他们的职分。ᶜ这就是为何当使徒想挑选一人取代犹大时，他们不敢直接挑选某个人，而是先选择两位，为了使主透过抽签宣告他所呼召的是哪一位（徒1：23—26）。

当保罗说他做使徒不是由于人，也不是借着人，乃是"借着耶稣基督……与父神"（加1：1；参阅5：12）时，也有同样的含义。ᶜ⁽ᵇ⁾他所说的"不是由于人"是一切蒙召做牧师之人的共同点，因在神亲自的呼召之外，ᵇ没有人能正当地担任这职分。但"借着耶稣基督与父神"却是众使徒与众不同的资格。因此，当保罗以他的职分夸耀时，他不但夸口自己拥有一切做牧师之人的资格，甚至也拥有使徒与众不同的资格。当时在加拉太教会中，有人说保罗不过是一般的门徒，只是十二个使徒擅自接受他做使徒。他们这么说是想夺去他的权威。ᶜ⁽ᵇ⁾但保罗为了护卫他的权威，特意证明他在各方面都不在最大的使徒之下。ᵇ因此保罗宣告他的蒙召不像一般的监督是透过人的决定，乃是主借着圣言亲自呼召他。

14. 神借着人选召*

ᵇ没有任何理智之人会认为人挑选人做监督不合乎圣经的教导，因为有许多经文都支持人挑选人做监督。ᶜ⁽ᵇ⁾这也与保罗以上所说他的蒙召"不是由于人，也不是借着人"（加1：1）ᶜ毫无冲突，因他所说的并非一般牧师的选立，而是宣称自己有做使徒的特别资格。ᵇ主虽然出于他自己的美意特选保罗做使徒，但就连这伟大的使徒也必须借教会蒙召。路加如此记载："他们侍奉主，禁食的时候，圣灵说：'要为我分派巴拿巴和扫罗，去作我召他们所作的工。'"（徒13：2）

在圣灵亲自证实他对保罗和巴拿巴的呼召之后,将他们分别出来,并按手在他们身上有何意义呢?难道不就是要持守教会呼召人的权威吗?可见神用这最有说服力的实例表明他所喜悦的秩序,即在神宣告他已呼召保罗做外邦人的使徒之后,他仍要教会正式地按立他。马提亚的呼召也是如此(徒1:23)。当时使徒确信这职分严肃到他们不敢直接选择任何一人担任这职分,因此他们先选了两位,好使主借抽签选择其中一位。如此,他们的挑选有天上的批准,也同时保守教会的秩序。

15. 会友的投票*

c (a) 也许有人想问:是否全教会都当参与选择自己的牧师,⑬还是由其他教会的牧师和自己教会负责纪律的长老来挑选,或是以某人的权威来挑选。

那些主张将这选择的权威归给某一人者引用保罗对提多所说的话:"我从前留你在克里特,是要你……照我所吩咐你的,在各城设立长老。"(多1:5)也引用他对提摩太所说的话:"给人行按手的礼,不可急促。"(提前5:22)但他们若以为提摩太在以弗所或提多在克里特的地位高到他们能随己意管理教会,那他们就错了。因他们的地位在其他信徒之上,是要他们好好地劝诫会众,并不是要他们在万人之上随己意行事!

为了避免有人认为我的举证是捏造的,我要举另一个类似的例子好更清楚地证实。路加教导我们保罗和巴拿巴借教会选立长老;ᶜ他同时也解释选立长老的方式。他说的这方式是由各教会的会友投票,"长老在各教会中以举手选立"(徒14:23)。⑭因此是经由这两位使徒提名,而全教

---

⑬ 不论在政府还是教会组织中,加尔文都倾向多数人的权柄,而不是单一个人。参阅 IV. 4. 10-11; IV. 20. 8。举例来说,这里他拒绝一个监督,或其他地位尊贵的人权威不受限制地为教会指派牧者。参阅 Comm. Acts 14:23。选举长老(牧师)"由所有人投票(*suffragiis*)决定"。参阅 *The True Method of Reforming the Church* (CR VII. 634 f.; tr. Calvin, *Tracts* III. 294 ff.)。

⑭ χειροτονέω 这个词的其中一个意思是"举手表决"。这在希腊化国家中是很普遍的程序。(Liddell and Scott, *Greek-English Lexicon*; Arndt and Gingrich, *A Greek-English Lexicon of the New Testament*, s. vv. χειροτονέω; χειροτονεία)

会以举手的方式宣告自己的选择，这是希腊人选举的方式。同样地，罗马的历史学家经常陈述召开大会的主席"选了"新的官署，其实只是因他负责收取并公布会众所投的票。

c (a) 显然保罗没有赋予提摩太和提多比他自己更高的地位，且保罗自己的方法是借百姓的投票选举新的监督。因此，以上经文的解释必须与各教会会友参与选择一致。西普里安说得好，他说：在百姓面前选立监督并公开决定和见证他的资格，是来自神自己的权柄。旧约中，在利未人被分别为圣做祭司之前，首先，他们按照神的吩咐被带到众百姓面前（利8：4—6；民20：26—27）。马提亚以及七个执事同样也在百姓面前和他们的见证之下被选立（徒1：15及以下，6：2—7）。西普里安说："这些经文证明选立祭司必须在百姓面前，在他们的见证之下，好表明这公开的按立是公平和合乎神律法的。"⑮

因此我们主张，那些被认为有资格做牧师之人受会众的支持，这是合乎神律法选召牧师的方式；此外，其他教会的牧师也应当在选举时担任主席，免得因善变、恶意或混乱而违背神。

16. 按立

c (a) 我们最后要讨论的是按立的仪式。圣经清楚地记载：当使徒选择任何人做牧师时，他们唯一的典礼是按手。ª我想这仪式来自希伯来人的习俗，他们借按手的方式将他们愿意蒙神祝福和分别为圣的人献给神。雅各为以法莲和玛拿西祝福时，按手在他们的头上（创48：14）。c我们的主以祷告祝福小孩时，也用同样的方式（太19：15）。ª所以当犹太人照律法的吩咐按手在他们祭物上，也应当是同样的意思（民8：12，27：23；利1：4，3：2、8、13，4：4、15、24、29、33等）。因此，使徒按手的意

---

⑮ Cyprian, Letters 67.4 (CSEL 3.2.738；tr. ANF V.370). 意思为"牧师"（priest）的词是 sacerdos，后来的教父都指监督。

思是他们将自己所选做牧师的人献与神。^c (a) 同样地，他们也用这方式赐给人圣灵的恩赐（徒 19：6）。无论如何，当他们选立任何人担任教会的任何职分时，这是他们所用的正式方式，他们如此将牧师和教师以及执事的职分分别为圣。

虽然圣经没有直接命令我们用按手的方式，然而因使徒一直采用这方式，这事实应该能代替神的命令。在会众面前采用这样的仪式，使会众尊敬神的事工，也提醒按立的人他不再是自己的人，而是神和教会的仆人。此外，既然这是古时教会所采用的方式，我们照样行绝不是毫无意义。既然圣灵在教会里所设立的一切都不是徒然的，所以我们也当深信：这仪式既是圣灵所设立的，就不会毫无意义，只要我们不是迷信地滥用。^c 最后，我们要了解，并非全会众都按手在被按立者身上，而是只有牧师及长老。然而我们并不确定是否每一次都是由好几位牧师同时按手。但我们确定的是，在执事、保罗和巴拿巴以及其他一些人被按立时，都是采用这方式（徒 6：6，13：3）。^b 然而在另一处，保罗也记载是他自己一个人，而不是由好几位长老按立提摩太。他说："为此我提醒你，使你将神借我按手所给你的恩赐，再如火挑旺起来"（提后 1：6）。^c (a) 因他在第一封书信中提到关于众长老按立人⑯（提前 4：14），我认为他所强调的并不是众长老都按手，而是强调按立这仪式本身。^c 他就好像在说："你当恐惧战兢，免得你被按立时，借按手所领受的恩典成为徒然。"

---

⑯ 关于"长老会"（presbytery）（πρεσβυτέριον，提前 4：14），参阅 H. Lietzmann, *The Founding of the Church Universal* (tr. B. L. Woolf, pp. 59 ff.)；T. M. Lindsay, *The Church and the Ministry in the Early Centuries*, pp. 196, 198. 林赛将 πρεσβυτέριον 翻译为"长老会议"(kirk session)，并且十二次援引伊格纳修书信 (p. 198, note 4)。J. Bannerman 认为《提摩太前书》4：14 中所说众长老按手指的是"长老会以圣经的标准来任命圣职"(*op. cit.*, II. 284)。in *The Apostolic Ministry*, ed. K. E. Kirk, p. 232, 贾兰 (T. G. Jalland) 将 πρεσβυτέριον 翻译为"长老制的"。RSV 用一个简单的复数形态（simple plural）来翻译，因此丧失了集合名词的原意，对犹太人而言，这个词指的是"长老的集会"(RSV, Luke 22：66)。在 Comm. 1 Tim 4：14 里，加尔文视 πρεσβυτέριον 为一集合名词，指"长老院"，但没有否定"长老职分"(eldership) 的意思。这里他所强调的是按立的仪式本身，而不是由谁按立。参阅 Cadier 的评论，*Institution* IV. 67, note 1。

ᵉ第四章　古代教会的情形以及教皇制出现之前的教会治理①

牧职的历史发展；三种不同的牧职：教导和管理的长老、被选出做监督的长老、大主教（1—4）

1. 古代教会的治理合乎圣经的教导

ᵉ截至目前，我们只讨论过神纯洁话语所吩咐我们关于教会治理的秩序，以及基督所设立的牧职。②为了使这一切更清楚、明白，并且便于更好地记住，从古代教会的特征中辨识神所设立的是怎样的教会很有益处。虽然当时的监督颁布了许多似乎比圣经的吩咐更严格的教会法规，然而就是因他们如此严谨使得这些法规几乎与圣经毫无冲突，虽然他们在某些细节上有所不足，然而因他们认真地持守神所设立教会的纯洁，就没有远离神所吩咐的模式，所以我们若在此稍微研究他们的模式，将对我们有极大的帮助。

---

① 从第四章到第七章，加尔文在他的论述中使用了大量的历史资料。这些附注可以帮助读者们找到他所使用的原始资料。过去贝格尔（H. Berger）的 *Calvins Geschichtsauffassung*，奎斯托普（H. Quistorp）的 *Calvin's Doctrine of the Last Things* 以及其他人曾详细阐述加尔文的史观，但我们对他所阅读的历史资料，仍缺乏全面的考察。

② IV. 1. 5, 6; IV. 3.

我们以上说过圣经教导有三种不同的牧职。同样地，古代教会也有三种不同的职分。他们所有的长老当中（1）一部分做牧师和教师；（2）另一部分负责斥责和惩戒；（3）照顾穷人以及施舍则交给执事。"读经员"（readers）以及"辅祭人员"（acolytes）都不是正式的职分，但天主教却称他们为"圣职人员"（clerics），并借一些专门的课程训练他们从小服侍教会，为了使他们更明白被指派的目的为何，以及装备自己将来担任正式的职分。我稍后将更详细地讨论这一点。③

因此，哲罗姆在阐述教会的五种职分时，所列举的是监督、长老、执事、信徒以及慕道友，但没有给予教士和修士这两种剩下的职分特殊地位。④

2. 监督的职分

ᶜ一切担任教导职分的人被称为"长老"。在每一个城市里，从众长老中特选一位做"监督"，好避免因为有许多同等地位的人，就彼此纷争。然而，监督的地位并非高到能吩咐其他的长老。他所担任的就如立法院中主席的职分——报告重要的事项，请其他长老提出建议、警戒、劝勉，以自己的权威主持大会，并执行长老共同的决定，监督在长老当中也同样担任这职分。

古时的教会也承认这是他们自己的决定，为了当时的需要。ᶜ ⁽ᵃ⁾ 因此，哲罗姆在解释《提多书》时说："监督和长老本是同一个职分，在人们还没有因魔鬼的诱惑而必然发生的纷争，即人开始说：'我是属保罗的，我是属矶法的'（林前1：12，参阅3：4）之前，教会是在众长老的共同管理之下。"ᶜ然后，为了避免纷争，一切管理的权利都交给一个人。就如长老知道，根据教会的习惯，他在主席的权利之下，同

---

③ 下文的第九节。
④ Jerome, *Commentary on Isaiah* IV (Isa. 19：18) (MPL 24. 185 f., 191).

样地，监督也明白他的地位之所以比长老高，是根据教会的习惯，而不是基督自己的吩咐，且他应当与众长老一同管理教会。⑤哲罗姆在另一处告诉我们这是非常古老的习惯。他说，在亚历山大，从传福音的马可时代到赫拉克拉斯（Heraclas）以及狄奥尼修（Dionysius）的时代，众长老都习惯选出他们当中的一位，赋予他更高的地位，称他为"监督"。⑥

因此，每一个城市都有长老院，由牧师和教师组成。因他们都教导、劝勉以及执行纪律，就如保罗所吩咐监督的那样（多1∶9）；且为了确定之后有接续他们的人，他们也努力训练愿意做神精兵的人接续他们。

在每一个城市都有固定的地方训练长老，这学校被视为属于教会。每一所学校都在一位监督的权利之下。他负责维持学校的组织以及和睦，他的地位虽然比其他的监督高，但却在总会监督的权利之下。但如果他教区的范围大到他无法适任，那其他的长老就会被指派在较次要的事上代他履行职责。他们被称为"乡村监督"⑦，因他们在教区里代表监督。

3. 监督和长老的主要职分

ᶜ监督和长老主要的职分是传道和施行圣礼。只有在亚历山大城（因为阿里乌搅扰了那里的教会），教会禁止众长老向百姓传道，就如苏格拉

---

⑤ Ignatius, *Letters*, Magnesians 6; Trallians 3 (LCL *Apostolic Fathers* I. 200-202, 214 f.); Cyprian, *Letters* 14. 4; 19; 34. 4 (CSEL 3. 2. 512, 526, 570; tr. ANF [letters v, 13, 18, respectively] V. 283, 293, 297); Statuta ecclesia *antique*, canons 22, 23 (Mansi III. 953; 有关此文件，参阅 H. Leclercq, in Hefele-Leclercq II. 1. 108-120); 哲罗姆, *Commentary on Titus*, 第一章 (MPL 26. 562 f.)。

⑥ Jerome, *Letters* 146. 1 (CSEL 56. 310; MPL 22. 1193; tr. NPNF 2 ser. VI. 288)。

⑦ 在基督教从大社区传播到小社区的过程中，χωρεπίσκοποι，即"地方监督"伏在中央城镇和教会管辖之下的乡村监督。佩利恰（Pellicia）视他们为περιοδευταί，即巡回探访员；A. A. Pellicia, *The Polity of the Christian Church*, tr. J. C. Billet, 第二段，第十一章，第88-90页。安提阿会议（Council of Antioch, 341）认可了农村监督（Chorepiscopi），并且将之安置在会议的规范之下，canon 10 (Mansi II. 1311; text and translation, J. Fulton, *Index canonum* [2d ed., 1883], p. 238 f.; tr. Ayer, *Source Book*, p. 364)，他们从未从圣职中被分离。

底在《三部史》(Tripartite History)⑧的第九册里所说的。⑨然而哲罗姆对这决定公开表示自己的反对。

在那时代，若有人自称监督却没有公开担任监督的职分，必定被视为大罪。那时教会的管理很严谨，每位牧师都得认真担任神给他的职分。这习惯也不仅止于一个时代。甚至在格列高利的时代，虽然当时的教会几乎已经脱序（已与古代教会的纯洁相去甚远），但每位监督仍不可停止传道。格列高利在另一处说："监督若不开口就必定死，因他若没有随处传道，就会激怒那看不见的法官。"他又说："当保罗见证在他们中间无论何人死亡，罪不在他身上时（徒 20：26），他的话就定我们的罪，也应当激励我们，因我们被称为监督的人，不但自己有罪，甚至因自己的罪叫人灭亡。因我们缄默，天天漠视了多少人，我们就杀害了多少人。"⑩他所说的"缄默"，是指他们没有好好地担任传道的职分。既然他严厉地指责那些不认真尽本分的监督，何况那些完全停止传道的呢？因此，教会有这古老的原则，即监督主要的职分是以神的真道喂养他的百姓，或公开和私下以正统的教义造就教会。

4. 大主教和主教长

᪽每一个教区之所以都有一位大主教，以及尼西亚会议指派了一些比大主教地位更高的主教长⑪，都与教会纪律的执行有关。然而，我们同时

---

⑧ Cassiodorus, *Tripartite History* IX. 38 (MPL 69. 1156), from Socrates, *Ecclesiastical History* 5. 21 (MPG 67. 623-626；tr. NPNF 2 ser. II. 129).

⑨ Jerome, *Letters* 52. 7 (CSEL 54. 428；tr. LCC V. 322；tr. NPNF 2 ser. VI. 93).

⑩ Gregory the Great, *Letters* I. 24 (MGH *Epistolae* I. 32；MPL [1. 25] 77. 472 f.)；*Homilies on Ezekiel* I, hom. 11. 10 (MPL 76. 910). 加尔文认为格列高利（教皇，589-604）所处的年代介于纯洁的古代和腐败的中古世纪之间。参阅 IV. 7. 16，17 及附注。

⑪ Council of Nicaea (325) canons 4, 6 (Mansi II. 670 f.；Fulton, *Index canonum*, pp. 122 f.，124 f.；tr., with comment, H. J. Schroeder, *Disciplinary Decrees of the General Councils*, pp. 26, 30 f.)；Council of Constantinople (381) canon 2 (Mansi III. 589；Fulton, *op. cit.*, pp. 174 f.；Schroeder, *op. cit.*, p. 90)；那些为钱而按立的人，其职位将被收回；Council of Chalcedon (451) canon 28 (Mansi VII. 369；Fulton, *op. cit.*, pp. 190 f.，Schroeder, *op. cit.*, pp. 125 f.). 参阅 IV. 3. 8；IV. 7. 15；Pseudo-Dionysius, *De ecclesiastica hierarchia* (MPG 3. 369 ff.).

要说教会通常很少执行纪律。教会之所以设立这些不同地位的监督，是因万一教会的长老有任何自己无法解决的问题，就能借议会解决。若议会也无法解决，那么就由主教长再举行一次议会，若对议会的决定有所争议，就唯有上诉全体大会。有人称这样的行政为"教阶制度"（hierarchy），但我认为这是不正确的说法，因为没有圣经根据。圣灵不喜悦专制统治的教会。⑫我们若详细考察当时的教会治理，就会发现古时的监督不想建立任何在圣经教导之外的治理。

执事和执事长：土地管理以及施舍；副牧师（5—9）

5. 执事的职分

ᶜ当时执事的职分与使徒时代的大同小异。⑬他们负责管理每日从信徒而来的奉献以及教会年度的收入。他们负责正当地使用这笔钱，即供养牧师以及帮助穷人，然而都在监督的权利之下，他们每一年都向他交账。教会法规都将教会的财产交给监督管理。但这并不表示这是他一个人的责任，而是他负责告诉执事施舍的对象及施舍多少。监督负责调查执事是否忠心担任他的职分。一份被认为来自使徒的法规记载："我们将教会的财产交付监督管理，因为既然人的灵魂（更为宝贵的）都交托给他，那么教会的资金由他来分配也会是妥当的，他借着长老和执事施舍穷人，他们也以敬畏的心，谨慎担任这职分。"⑭安提阿会议（Council of Antioch）也决定限制那些在长老和执事的参与之外管理教会之监督的权

---

⑫ 参阅 IV. 3. 15，注释 13；IV. 5. 11。为了避免独裁统治，加尔文明显赞成有司法权和纪律权的监督团，而且他不喜欢"教阶制度"一词。关于整个讨论，见 J. Pannier, *Calvin et l'épiscopat*. J. L. Ainslie 所著 *The Doctrines of Ministerial Order in the Reformed Churches*，解释加尔文反主教制的教导，我认为此书有误会之嫌。参阅 McNeill, "The Doctrine of the Ministry in Reformed Theology", *Church History* XII (1943), 77-97；review of Ainslie's book, *Journal of Religion* XXII (1942), 219 ff.；G. MacGregor, *Corpus Christi*, pp. 197-211。

⑬ IV. 3. 6.

⑭ *Apostolic Canons* 40；text and translation in Fulton, *Index canonum*, pp. 93 f.；cited in Gratian, *Decretum* II. 12. 1. 24 (MPL 187. 893；Friedberg I. 685).

利。⑮然而我们无须继续讨论这一点，因为格列高利所写的许多信都清楚表示，虽然当时的教会在许多其他方面已经背道，然而执事仍然在监督的权利之下施舍穷人。

很可能当时有一些副执事被指派帮助执事施舍，然而副执事和执事的区别渐渐消失了。

此外，之后教会的资金增加到有必要指派执事长，为了更恰当及详细地管理教会的财产，甚至哲罗姆说他的时代已经有执事长。⑯他们都负责管理教会的收入、财产、设备以及每天的奉献。因此，格列高利告诉撒隆纳（Salona）的执事长，若教会的财产因任何人的忽略或贪污而短少，他们要负完全的责任。⑰他们也负责在百姓面前诵读圣经、劝勉他们祷告，以及帮助圣餐的举行。⑱这些责任加在他们身上是要叫他们更以这职分为宝贵，使他们更谨慎地担任这职分，因这样的本分提醒他们：这不是世俗的管理，乃是属灵、献与神的职分。

6. 教会财产的使用

ᶜ于此我们也能知道当时教会的财产是如何分配的。教会的议会以及历史学者都记录：教会的财产（不管是土地还是金钱）都用于施舍穷人。当时教会中也流传一首歌提醒监督和执事：他们所管理的一切不是他们自己的，而是神为穷人预备的，且他们若窃取或忽略，等于是流穷人的血。因此他们被劝勉以敬畏的心在神面前公正地分配这些财产。因此，克里索斯托、安波罗修、奥古斯丁以及其他的监督宣称自己在这事

---

⑮ Council of Antioch (341) canon 25 (Mansi II. 1319; Fulton, *op. cit.*, pp. 247 f.).
⑯ Jerome, *Letters* 146. 1 (CSEL 56. 310; tr. NPNF 2 ser. VI. 288; LCC V. 386 f.).
⑰ Augustine, *Sermons* 356. 1 (MPL 39. 1574). 格列高利一世（Gregory I）曾写许多书信给马克西姆（Maximus），因为他曾任命撒隆纳（Salona）地区的主教，要求他回复许多关于侵占、买卖圣职和滥用的指控。参阅 Gregory, *Letters* IV. 20; VI. 3; VI. 25 (MGH *Epistolae* I. 254, 382, 402 ff.; MPL 77. 750, 795 f., 815-818; tr. NPNF 2 ser. XII. 172 f., 189, 195 ff.). 马克西姆最后给了格列高利一世满意的回复。
⑱ *Apostolic Constitutions* 8. 9, 12, 13 (MPG 1. 1086, 1091, 1110; tr. ANF VII. 485, 486 f., 490).

上是问心无愧的。

然而那些在教会工作的人受会众支持是应当的，也是耶和华的律法所吩咐的（林前9∶14；加6∶6），在那时也有一些长老将祖先所留的遗产奉献给神。在这情况下，牧师一无所缺而且穷人也没有被忽略。教会当时也采取行动，免得牧师（在教会中应当成为节俭的榜样）的财产多到他们受引诱而过奢侈、放荡的生活，所以教会给牧师的收入只够他们的需要。哲罗姆说那些能靠祖先的遗产过生活的牧师，若接受任何该分给穷人的事物，就是犯亵渎的罪，也是吃喝自己的罪（林前11∶29）。[19]

7. 教会财产分成四部分[*]

[c]在刚开始的时候，这分配不是硬性规定的，因为监督和执事当时是忠心、可靠的人，他们坦荡的良心以及无可指责的生活就代替法规。[20]但之后因一些人的坏榜样和恶行，教会必须制定一些法规，而这些法规将教会的财产分成四部分：一部分给牧师，一部分给穷人，一部分用来修缮教堂和有关的建筑物，另一部分帮助国内其他地区以及国外的穷人。

虽然有些法规将第四部分交给监督管理，但这并不表示这些法规是不同的。因交给他管理并非要这笔钱成为他私人的财产，让他决定花在自己或他所喜悦的人身上，而是要用在保罗所说的接待人上（提前3∶2）。这也是格拉修（Gelasius）和格列高利的解释。格拉修提出：监督被允许自己留下一部分的钱，唯一的用途就是要用在被囚的人身上

---

[19] 关于上述，见 Augustine, *Letters* 185. 9, 35；126. 8-10 (MPL 33. 809, 480 f.)；*Sermons* 355. 2. 2 (MPL 39. 1570)；*Apostolic Canons* 41 (J. Fulton, *Index canonum*, pp. 92 f.), cited in Gratian, *Decretum* II. 12. 1. 23 f.；II. 1. 2. 6 (MPL 187. 822 f., 543；Friedberg I. 685, 409). Gratian 在这些章节中，认为最后一段是哲罗姆所说的，但是在哲罗姆现存的作品中找不到。

[20] Sallust, *The War with Catiline* 9. 1 (LCL edition, pp. 16f.)；Augustine, *City of God* II. 17 (LCL 第一版, 196 f.)。

和接待从国外来的人。格列高利说得更清楚:"通常使徒的教区在监督被按立之后,吩咐他将教会所有的岁入分成四部分,即一部分用于监督和他的家庭好接待人;另一部分用于牧师;第三部分用于穷人,以及第四部分用来修缮教堂。"㉑可见监督不许将任何部分花在自己身上,只是够他用在过俭朴的生活上。若任何人开始过奢侈、骄傲和炫耀的生活,他的同工就会立刻斥责他;他的行为若没有改善,就会被开除。

8. 教会的财产分给穷人*

ᶜ从一开始,监督花很少的钱在装饰教堂上,虽然之后教会越来越富裕,但他们仍然谨慎地花钱。他们仍分配并保留为了帮助穷人的钱,以备不时之需。因此,当耶路撒冷遭遇饥荒,而西里尔(Cyril)无计可施时,他卖了教会中的器皿和衣服,将这笔钱用来帮助穷人。同样地,亚米大(Amida)的监督阿迦修(Acacius)在许多波斯人因饥荒即将丧生时,他和他的牧师一起开会,说"我们的神不需要盘子和杯子,因他不吃也不喝",之后他熔化了圣殿的器皿,买食物以及付被掳掠之人的赎价。㉒当哲罗姆斥责教会过于奢侈时,他同时称赞图卢兹(Toulouse)的监督叶佐柏留(Exuperiue)说:他宁可用草编织的篮子和一般的玻璃杯施行圣餐,也不愿任何人饿死。㉓我刚才所引述阿迦修的话,安波罗修也曾如此行。当阿里乌派指控安波罗修将神圣洁的器皿卖掉来救赎被掳之人时,他们有这样很奇妙的理由:"那吩咐使徒不要戴金银的基

㉑ Gratian, *Decretum* II. 16. 3. 2; 12. 2. 30 (MPL 187. 1029. 909; Friedberg I. 789, 697), from Gregory I, *Letters* 56 (MGH *Epistolae* II. 333; tr. NPNF [letter 54] 2 ser. 13. 74 f.). 在中古世纪已经有许多人提出贫穷对神职人员是有益的。特别参阅帕多瓦的马西利乌斯(Marsilius of Padua)的 *Defensor Pacis* II. 4. 6; tr. and ed. A. Gewirth, II. 218。

㉒ Cassiodorus, *Tripartite History* V. 37; XI. 16 (MPL 69. 1017, 1198), from Sozomen, *Ecclesiastical History* 4. 24 (tr. NPNF 2 ser. II. 319 f.) and Socrates *Ecclesiastical History* 7. 21 (tr. NPNF 2 ser. II. 164).

㉓ "*Exuperius, Tolosae episcopus, viduae sareptensis imitator, esuriens pascit alios.*" 叶佐柏留是图卢兹的主教,效法撒勒法的寡妇(王上 17:9),即使自己挨饿也要供应别人食物。Jerome, *Letters* 125. 20 (MPL 22. 1085; CSEL 56. 141; tr. NPNF 2 ser. VI. 251).

督,也能在金银之外建立他的教会。教会之所以有金子,不是为了要保存起来,而是要花在有需要之人的身上。难道我们有需要保存那对我们毫无帮助的东西吗?还是我们无知到未曾听过亚述人从主的圣殿夺走多少金银(王下18∶15—16)?难道祭司在无计可施之下将之熔化(为了帮助穷人)不是比亵渎神的仇敌将之夺走更好吗?难道主不会问:'你为何容这样多的人饿死呢?你的确有金子能帮助他们。为何那么多人被掳掠之后没有人将他们赎回呢?为何许多人被仇敌杀害呢?你存留活生生的器皿难道不比存留金子好得多吗?'我们在这合理的问话下必是无言可答,因我们要回答什么呢?难道要回答:'我怕神的圣殿缺乏装饰?'主必会回答:'圣礼不需要黄金,不用黄金买来的东西也不靠黄金取悦神。圣礼真实的装饰就是买赎被掳掠之人。'"综上所述,安波罗修在另一处说得很真切:"教会所有的财产是要用来帮助穷人"以及"监督所拥有的一切都属于穷人"[24]。

9. 担任圣职之前的装备

ᶜ我们以上所说的,是古代教会中不同的服侍。教会历史也记载教会中有其他的服侍,但这些只是为了装备人做牧师,而不是正式的职分。当时敬虔的领袖为了教会将来的益处,训练一些在父母的鼓励下加入的神的精兵——预备做牧师的青年。他们从这些人年幼时就训练他们,免得他们在开始担任牧师职分时一无所知。ᶜ⁽ᵃ⁾一切受训练的人被称为"圣职人员"。我希望他们当时有更正式的称号,因这称呼来自谬论,或至少来自不正确的心态,因彼得称整个教会为"所托付你们的"(clergy),即主的产业(彼前5∶3)。ᶜ然而这训练本身是圣洁的,也对青年有极好的帮助,因为借此,那些为了教会愿意将自己和自己的服侍分别为圣的人,

---

[24] Ambrose, *On the Duties of the Clergy* II. 28. 137 f.; *Letters* 18. 16; 20. 16 (MPL 16. 140, 977, 997; tr. NPNF 2 ser. X. 14, 419, 424).

能够在监督的观察之下受训。因这方法保证：唯有已受装备的人才能在教会中服侍，而且他们从小从世俗的事上被分别出来，受圣洁的教导和严格的训练，习惯忙碌属灵的事，如此他们就能在谨守和圣洁上做好榜样。就如新兵借着虚拟的战争受训，为了将来真正的战争，同样地，这些青年经过一些基本的训练，好装备他们之后担任正式的职分。他们首先负责开关教堂的门，并因此被称为"圣堂守门者"（door keepers）。之后他们被称为"辅祭"，也负责帮助监督做家事，且为了使人尊敬监督及免除人对监督的怀疑而随时陪伴监督。如此也是为了使会众逐渐认识他们、尊敬他们，并习惯被众人留意以及在众人面前说话。他们也有机会在讲台上诵读圣经，免得他在开始做长老时害羞。如此，他们就能在各种服侍上证明他们的忠心，直到被挑选做副执事。[25]我在此所强调的是，这些是成为圣职人员的基本训练的服侍，而不是教会中正式的职分。

教会历史上对牧师的选立和按立的变化：在监督的选立上，多了政府官员、牧师、会众的支持（10—15）

10. 当时的教会听从保罗的教导、会众的支持*

°我们以上说过牧师呼召的前两个考虑是：当选立怎样的人以及需要如何谨慎选立。在这两个考虑上，古代的教会遵从保罗的教导和使徒的榜样。他们习惯在怀着敬畏的心以及迫切求告主名之下，聚集在一起选立牧师。[26]此外，他们借保罗的准则，考验他们所选做牧师之人的生活和教导。但他们常因过于严厉而在某种程度上犯罪，因他们对监督的要求比

---

[25] Eusebius, *Ecclesiastical History* VI. 43. 11（MPG 20. 622；tr. NPNF 2 ser. I. 288，with notes）；Cyprian, *Letters* 55. 8；38. 1（CSEL 3. 2. 629，649 ff.；tr. ANF ［letter 51］ V. 311 f.，329）；Jerome, *Letters* 52. 5（MPL 22. 531；CSEL 54. 421，tr. NPNF 2 ser. VI. 91；LCC V. 319）。加尔文并不喜欢用"clergy"这个词；参阅 IV. 12. 1。

[26] Clement of Rome, *First Letter* 44（LCL *Apostolic Fathers* I. 82-85；tr. LCC I. 63 f.）；Cyprian, *Letters* 55. 6；67. 4（CSEL 3. 2. 629，738；tr. ANF ［letter 51. 4］ V. 328，370）。

保罗自己的要求更高（提前3：2—7），甚至之后要求做牧师之人独身。㉗但在其他方面他们所采用的方法与保罗的教导完全一致。

至于我们的第三个考虑——谁有给人按牧的资格——他们有不同的意见。在古代教会中，无人能在会众的支持之外做牧师。这也是为何西普里安在没有征求会众意见的情况下指派奥勒利乌（Aurelius）做读经师时，需要极力找借口，因为这是不合常规的做法，尽管他的用意是好的。他这样说："亲爱的弟兄们，我们习惯在按立牧师时寻求你们的意见，并一同考虑和衡量各个被选立者的道德以及资格。"㉘但在次要的服侍上没有寻求会众的意见不是很大的危险，且因这些人已经受了很长久的训练，也不是担任重要的服侍，所以之后逐渐地就不再寻求会众的支持。

之后，除了主教，会众通常将其他职分的选立权交给监督和长老，让他们来确定谁适合和够格。唯一例外的是，当新的长老被分配到不同的教区时，监督会寻求那教区会众的支持。会众对于失去这样的权利不是很在意，因在当时严厉的方式之下，仍要受很长一段时间的训练才会被选立为副执事。且在副执事的职分上，证明自己的可靠性之后才会被选立为执事；在忠心地做执事之后，才会被选立为长老。事实上，他们是在会众的观察下许多年，才有升迁的机会。而且有许多教会的法规能用来处罚他们的过犯，如此一来，除非教会忽略本身的责任，否则几乎不可能有邪恶的长老和执事。事实上，根据安纳克利都（Anacletus）所

㉗ 关于牧师独身，参阅 IV. 12. 23； IV. 13. 8； Ayer, *Source Book*, pp. 411-418； F. Cabrol, *Dictionnaire*, art. "*Célibat*"； H. C. Lea, *History of Sacerdotal Celibacy*； H. Leclercq, "La Législation conciliare relatif au *célibat ecclésiastique*," in Hefele-Leclercq II. 2. 1314-1348； art. "Celibacy" in *Encyclopaedia Britannica*, Eleventh edition, by G. G. Coulton. 许多改革宗敌对阵营里的人，顽固地坚持牧师要守独身。可参阅例如 J. Latomus, *Adversus Bucerum de controversiis quibusdam altera plena defensio* (Cologne, 1541), fo. N 1a-V 2b (CC 8. 73-101)； A. Pighius, *Controversiarum praecipuarum in comitiis Ratisbonensibus tractatarum... explicatio* (Cologne, 1542), ch. 13, FF 1a-HH 1b； A. de Castro, *Adversus haereses* (1543), fo. 199 D。

㉘ Cyprian, *Letters* 38 (CSEL 3. 2. 579 ff.； tr. ANF [letter 32] V. 312)。

制定的法规，长老甚至需要公民的支持才能担任这职分。㉙最后，每年的按立都有固定的时候，免得有人在会众的见证之外当选或升迁。

11. 会众参与按立的仪式持续到狄奥多勒的时代*

ᶜ会众选立自己监督的权利持续了相当长一段时间，没有任何在会众支持以外的人能当选。安提阿的教会会议决定，一切做监督的人都必须通过会众的投票。㉚利奥一世（Leo I）严肃地肯定这一点，他这样说："应当选立牧师和会众或多数会众所喜悦的人。"在众人之上的人应当由众人选立。因为若在未经观察或受训之外指派人是擅自专权："圣职人员所挑选以及百姓所喜悦的才应该当选，且在教省总主教许可之下经由该教省主教们按立。"㉛

此外，教父们对此十分谨慎，以免会众的这权利在任何方面被削弱。因此当君士坦丁堡的总会给涅克塔里乌（Nectarius）按立时，坚持通过所有圣职人员和会众的投票。从这总会写给罗马总会的信就能证明这一点。因此，当任何监督挑选接续他的人时，他的挑选也当经过会众的投票。奥古斯丁挑选伊拉克里乌（Eraclius）就是一个很好的例子。㉜又当狄奥多勒告诉我们，阿塔那修挑选彼得为他的继承人时，同时也说，这选择已通过众监督以及政府官员和公民的投票。㉝

㉙ *Apostolic Canons* 42-44 (J. Fulton, *Index canonum*, pp. 94 f.); Gratian, *Decretum* I. 67. 1; 75. 7 (Friedberg I. 253, 267; MPL 187. 351, 368).

㉚ Council of Antioch (341) canon 18 (Mansi II. 1315; Fulton, *op. cit.*, pp. 242 f.), 规定要"全会"连同教省总主教也要出席。

㉛ Leo I, *Letters* 10. 6; 167 (MPL 54. 634, 1203; tr. NPNF 2 ser. XII. 10, 110). 在信函 167 中，要求监督必须"要选圣职人员所选出以及平信徒所想要的。并且也在教省总主教许可（*judicio*）之下经由教省主教们按立"。参阅 *Letters* 14. 5 (MPL 54. 673)："教省总主教的决议应按教区中的得票率和功绩。"

㉜ Theodoret, *Ecclesiastical History* v. 9 (ed. T. Gaisford, p. 414; MPG 82. 1217f.; GCS 19. 312; tr. NPNF 2 ser. III. 138). 奥古斯丁在信函 213 (MPL 33. 966 ff.; tr. FC 32. 52-57) 中对伊拉克里乌（Eraclius, also Eradius）被选为其助理和继任者一事有生动的描述。

㉝ Theodoret, *Ecclesiastical History* 4. 20 (ed. T. Gaisford, pp. 346 f.; MPG 82. 1181 f.; GCS 19. 69; tr. NPNF 2 ser. III. 126).

12. 群众和圣职人员的权利平衡*

ᶜ我承认老底嘉会议（Council of Laodicea）有极好的理由拒绝赋予公民投票的权利。㉞ᵃ因为不管任何事几乎不可能所有的人都有一样的看法，且俗话说："善变群众的立场常是对立的。"㉟当时他们采取了很好的防范措施。首先，圣职人员先做挑选，之后将他们的选择交给政府官员或立法院和尊贵人士。后者经过考虑后，认为合适，则认可圣职人员的选择，否则另选他们所喜悦的人，最后再由群众投票。群众对于之前的决定不是非接受不可，但群众不会闹事。或先让群众选择自己所喜悦的，之后圣职人员再做选择。如此，圣职人员不能专权指派，同时也无须接受百姓愚昧的选择。利奥一世肯定这次序，他说："公民的喜悦、会众的见证、尊贵人士的选择，以及圣职人员的挑选都被重视。"同样地，"当在尊贵人士的见证、圣职人员的选择、政府官员以及群众的参与下决定"。他说："这是唯一理性的方法。"㊱老底嘉会议所命定的是：圣职人员和领袖不当受群众无知选择的影响，而应当智慧和冷静地拒绝百姓愚昧的选择。㊲

13. 圣职人员和政治家*

ᵃ直到格列高利时代，甚至在他之后很长一段时间，教会都采用这选立方式。格列高利所留下的好几封信就能证明这一点。因在当下要选监督时，他习惯写信给其他的监督、官员、公民，甚至有时写信给君王，

㉞ Council of Laodicea (ca. 363) canon 13 (Mansi II. 565; text and translation in Fulton, *Index canonum*, pp. 254 f.; tr. with notes NPNF 2 ser. XIV. 131). 加尔文认为牧师应由会众投票选出，但根据老底嘉会议的决议，他反对喧闹的群众选举。一定要有正常的程序，并且有条不紊。

㉟ "Incertum scindi studia in contraria vulgus," a variation of Vergil, *Aeneid* II. 39 (LCL Vergil I. 296).

㊱ Leo I, *Letters* 9. 1; 10. 4, 6; 167 (MPL 54. 625 f., 632, 634, 1203; tr. NPNF 2 ser. XII. 7 f., 10 f., 109 ff.). 在 *Letter* 9. 1 中利奥一世认为应用固定的一天举行按牧礼，最好是礼拜六下午或礼拜日，礼仪程序包括按手；在 10. 6 中，他又提到复活节的按牧礼。参阅 Gratian, *Decretum* I. 62. 9 (Friedberg I. 234; MPL 187. 325).

㊲ 参阅上文的注释 33。

第四章 古代教会的情形以及教皇制出现之前的教会治理 1095

视当时的市政形式而定。即使有时格列高利只派临近的监督监察某地区的选举，但他也都举行最后正式的选举，且选举的结果也都有众主要人物的签名。即使当康士坦丢（Constantius）当选为米兰的监督时，虽因当时外国的侵略，许多米兰人逃到热那亚（Genoa），格列高利仍吩咐他们要在那里举行会议、投票表决，他才承认康士坦丢的当选。㊳

事实上，距今不到五百年前，教皇尼古拉（Nicholas）决定用这方式选举罗马教皇：由枢机主教先挑选，之后是圣职人员的认可，最后是群众的支持。他最后引用我们以上所说教皇利奥一世的谕令，吩咐以后的时代仍当遵守这谕令。也说：若在某些地区恶人的势力过大，为了公正的选举，圣职人员有时必须去别的教区举行会议以进行挑选，但至少必须有部分群众的参与。㊴

据我所知，唯有罗马和君士坦丁堡教会的选举需要皇帝的认可，因为那是当时的两个首都。瓦伦提尼安（Valentinian）派安波罗修去米兰监督选举是例外，因当时国内有暴动。㊵格列高利也说在他的时代，罗马监督的选举虽有群众投票的正式仪式，但事实上完全是出于皇帝的指派。㊶然而格列高利时代以外的习惯是：政府官员、圣职人员和群众挑选人，之后要求皇帝的认可。皇帝若认可，那人就当选；皇帝若不认可，那人就无法当选。且格拉提安（Gratian）所搜集到的一切法规都与这情况完全一致。这些法规显示皇帝不可不理会教会的正式选举而随己意

㊳ Gregory the Great，*Letters* III. 30，写给副执事约翰（MPL 77. 627 f.；MGH *Epistolae* I. 188；tr. NPNF 2 ser. XII. 2. 129 f.）。参阅 *Letters* III. 35，写给坎帕尼亚（Campania）的副执事彼得，关于居普阿（Cupua）的主教工作（MPL 77. 631 f.，MGH *Epistolae* I. 190；tr. NPNF 2 ser. XII. 2. 131）；在那不勒斯（Naples）的教会会议差派两三个人"代表全员"来处理那不勒斯贵胄有关重选主教之事。
㊴ 教皇尼古拉二世在1049年组织了枢机主教协会，以选举教皇曼西十九世（Mansi XIX. 915；tr. O. J. Thatcher and E. H. McNeal, *Source Book for Medieval History*, p. 129：note editors' summary, p. 127）；Gratian, *Decretum* I. 23. 1（MPL 187. 128；Friedberg I. 77）。
㊵ Socrates，*Ecclesiastical History* 4. 30（MPG 67. 543 f.；tr. NPNF 2 ser. II. 113 f.）。
㊶ Gregory I，*Letters* I. 5；"最尊贵的国君已经下令一只猴子变成一头狮子了。"（"*fieri simiam leonam jussit*"）（MGH *Epistolae* I. 6；MPL 77. 450；tr. NPNF 2 ser. XII. 2. 76）

直接指派人做监督,且大主教也不可为以暴力推举上来的人选祝圣。[42]法规禁止夺去神赋予教会的权柄,但不禁止教会将所挑选的人交付皇帝认可。

14. 按立的程序

ᶜ我们现在要讨论古时教会监督的按立。拉丁人称之为"按立"(ordination)或"祝圣"(consecration);希腊人有时称之为"举手"(raising of hands),有时称之为"按手"(laying on of hands),虽然"举手"正式的意思是投票式的选举。[43]尼西亚会议指令大主教和其他同一个教区的监督,要一起为当选者按立;然而若其中有几位监督因为距离远或生病,或其他无法避免的因素不能参加,也至少要有三位参加,其他无法参加之人则以书信表达自己的赞同或否决。虽然之后教会逐渐不遵守这法规,但在许多大公会议上都再次重申这法规。[44]但所有监督,至少那些没有理由不来的监督,都要求到场,为了更进一步考察将被按立之人的教义和道德,因为在考察之前不能按立。且西普里安的谈话记录明确显示当时监督不是在选举后被通知其结果,而是亲自参加选举。目的是要他们主持仪式,免得群众滋事。在他说群众有权选举或否决监督候选人之后,他接着说:"因这缘故,我们必须认真遵守那出于神和使徒的传统——即我们和几乎所有教区仍遵守的传统:所有同一教区的监督都要在群众面前参与监督的按立,且监督也当公开在百姓面前被选举。"[45]为了避免因某些监督无法直接参与按立而另一些监督趁此

---

[42] 参阅 Gratian, *Decretum* I. 63. 18. 1. 2 (MPL 187. 333 f., 327-330 f.; Friedberg I. 234 ff.)。

[43] 希腊文是 χεροτονίαν 和 χειροθεσίαν。参阅 IV. 3. 15,注释 14,以及下文的第十五节注释 48。

[44] Council of Carthage (397) canon 39. 规定在按立监督时,要有三位监督参与 (Mansi III. 886)。参阅 Second Council of Nicaea (787) canon 3 (Mansi XIII. 748; tr. NPNF 2 ser. XIV. 557); Council of Nicaea (325) canons 9, 19 (Mansi II. 671, 678; text and translation, Fulton, *Index canonum*, pp. 122 f., 126 f., 132 f.; tr. with notes NPNF 2 ser. XIV. 23 f., 40)。

[45] Cyprian, *Letters* 67. 3, 5 (CSEL 3. 2. 787 ff.; tr. ANF V. 370 f.),这里西普里安称罗马的监督为"我们的同工司提反"(第五节)。

机会促成自己所喜悦的人当选，所以在选举和按立后，众监督要再次聚集，为按立者祝圣。㊻

15. 大主教的按立．*

ᶜ这是所有地区一贯的按立方式。之后出现另一个逐渐普遍的方式，即当选的监督去大都市接受按立。这是由于人的野心以及传统秩序逐渐败坏的缘故，而不是因为任何好的理由。不久之后，罗马教区的权利逐渐做大，另一个更糟的陋习占上风，即几乎全意大利各地区当选的监督都要在罗马接受按立。格列高利的书信证明这一点。㊼古时的习惯唯有被保持在几个较顽固的都市里，米兰是其中之一。也许只有大都市能保持按立自己的监督这特权。因为一切在大教区的监督，开始习惯聚集在罗马，按立新的监督。

然而，当时的典礼只包括按手，㊽就我所知没有其他的典礼，只是要受按礼的监督穿着特别的制服，好叫百姓能将他们与其他的监督辨别出来。当时的长老和执事也唯独靠按手的方式被按立，只是每一个监督与众长老按立他自己的长老。㊾虽然是众长老和监督一起为新的监督按立，但既因是监督做主席，且一切的事情都在监督的权威底下，这按立被称为是"他的"。因此，古时的神学家经常指出：长老与监督唯一的差别是，长老没有按立的权柄。㊿

㊻ Gratian, *Decretum* I. 64. 1 f. (MPL 187. 313; Friedberg I. 247).
㊼ Leo I, *Letters* 10. 5 (MPL 54. 633; tr. NPNF 2 ser. XII. 1. 10; FC 34. 43); Gregory I, *Letters* III. 14; IV. 39; IX. 81, 185; XIII. 17; III. 30 f. (MPL 77. 315 f., 713 f. [no. 76], 1010, 1269 f., 627; MGH *Epistolae* I. 173, 276; II. 97, 177, 384; I. 188 f.; tr. [except III. 14 and IX. 81] NPNF 2 ser. XII. 2. 129 f., 160; XIII. 21).
㊽ Cyprian, *Letters* lxvii. 5 (CSEL 3. ii. 399; tr. ANF V. 300).
㊾ *Statuta antiqua* canons iii, iv (Mansi III 951); *Apostolic Constitutions* viii. 16 (MPG I. 1114; tr. ANF VII. 491 f.); Gratian, *Decretum* I. xxiii. 8. 11 (MPL 187. 133 f.; Friedberg I. 82 f.).
㊿ Jerome, *Letters* clvi. 1 (CSEL 56. 310; tr. LCC V. 386); Jerome, *Commentary on Titus*, ch. 1 (MPL 26, 562); *Apostolic Constitutions* viii. 16, 18 (MPG 1. 1123; tr. ANF VII. 492-494).

ᵉ第五章 教皇专制完全推翻了古代教会的治理

在群众的参与之外，指派毫无资格的人（1—3）

1. 教会可怕地不再坚持担任主教者的资格*

ᵉ我们也要探讨现今罗马教区以及其他次要教区的治理，以及他们常常提到的教阶制度，并将之与我们以上所述古代教会的治理互相比较。如此他们所夸耀之有名无实的教会组织显然只是为了压制我们。

我们最好先讨论呼召，好使我们知道蒙召的是谁，他是什么样的人，又是怎样蒙召的。之后，我们要讨论这些人是否忠心担任自己的职分。

首先我们讨论监督的职分，愿我们把他们放在最先讨论能尊荣他们！然而，事实上只要我稍微提及他们的景况，他们就要大大地蒙羞！但我仍提醒自己这讨论的目的纯粹是为了教导，免得我越过正当的范围。

我想请他们中间还有一点廉耻之心的人回答：现今这些担任监督之人的素质如何？

做监督之前必须经过考试的习惯已被视为古板。即使仍有考试，他们所选出的人也会是在法庭上辩护的律师，而不是在教会中讲道的牧师。毋庸置疑的是，近百年来，他们所挑选的百人当中，无一人有属灵的知识。我之所以没有提及几百年前的光景，并不是因为那时的光景比较好，而是因我们的主题在于现今的教会。我们若究察他们的道德，就必发现几乎没有一个不违背古时的法规。这些监督若非酒鬼，就是淫乱者；若非赌徒，就是在生活的某方面放荡无度。其实根据古时的法规，不需要犯如此严重的罪，就失去做监督的资格。然而最荒谬的习惯是：根据教皇的特许，连十岁的男孩都被指派做监督！他们极其无耻和愚昧，甚至在这明显的大罪下仍无所畏惧。如此违背常理的选择，就告诉我们这是怎样的选择！①

2. 群众参与选举监督的权利完全被剥夺

ᶜ如此一来，群众选举监督的权利已完全被剥夺。他们原有的投票、认可、建议和其他类似的权利都已经完全丧失了，如今一切的权利都已移转到主教手中。他们随己意选择所喜悦的人，将他带到群众面前不是为了让群众参与挑选，而是要群众赞扬他们所挑选的。

就连利奥一世也宣称这是完全不合理的，甚至是专制的。②西普里安也见证唯有群众参与的选择才是合乎神旨意的，他证明没有群众的参与

---

① 加尔文严厉地斥责天主教教士的邪恶和滥权并不是一件新事。这种控诉早在路德之前一百多年已经有了，而且不只是借着威克里夫（Wycliffe）、胡斯（Hus），还有一些作家像尼姆的迪特利希（Dietrich of Niem）、韦瑟尔的约翰（John of Wesel）、乔治·加思科因（George Gascoyne）、加尔都西会士狄奥尼修（Dionysius the Carthusian）、萨伏那洛拉（Savonarola）。在保禄三世的改革初期，由枢机主教会议所出的报告 Consilium de emendanda ecclesia（1537）公开地承认种种可悲又广泛的邪恶（Kidd, Documents, pp. 307-318；Mirbt, Quellen zur Geschichte des Papsttums, no. 427；summary in Kidd, The Counter Reformation, pp. 12-15, 42, 48）。这些文件在德国出版（1538），并被收入 J. Sleidan 的 De statu religionis et reipublicae, Carolo Quinto Caesare, libri commentarium 26（1555）（1631 年拉丁版，pp. 171-184；English edition, 1560, fo. 154b-158a）的 Book XII 中。斯莱顿（Sleidan）曾是加尔文的朋友，并在 1534-1541 年间位于法国斯特拉斯堡的教会与他同工。加尔文一开始就呼吁大家注意任命教士职位的失败。列于 Consilium 一书中的 26 项滥权中，就有 8 项是有关于按立和指派教士。参阅 LCC XIV. 32-60（Wyclif, On the Pastoral Office）；G. G. Coulton, Ten Medieval Studies, pp. 122-165, 8；"Priest and People Before the Reformation"。
② 利奥一世, Letters 167, 对第一个问题的回答（MPL 54. 1203；tr. NPNF 2 ser. XII. 1. 110）。

是违背神的。③许多教会会议的法规声明：不能禁止群众参与监督的选举，否则选举是无效的。④若果真如此，那如今所有在天主教里监督的选举，就都没有任何教会会议或神的认可。

即使这是他们唯一的罪，然而他们还有什么借口为剥夺会众的权利开脱呢？ᵃ 他们的说辞是：因如今腐败的社会，以及会众和政府官员的对立、纷争，会众根本无法理智地选举，所以只要几个人做决定就够了。⑤ 这确实是在腐败的光景中采取的非常手段，然而当所开的药剂远比疾病本身更致命时，为何这新的疾病没有同时得到治疗呢？ᶜ ⁽ᵃ⁾ 但他们却推诿说教会的法规已够详尽。然而，ᵃ 难道我们要怀疑前人公开选举⑥监督，是因为这方式是神圣洁的律法所吩咐的吗？事实上，当神叙述何为他所喜悦的监督时，这应当比无数的教会法规更受我们尊敬。然而他们被自己不洁的私欲败坏了，就不理会神的律法和公正。至今，就算天主教有详尽、公正的法规，这些法规也是被埋在许多文件底下。他们有时ᶜ ⁽ᵃ⁾ 宽容甚至赞成酒鬼、淫乱者或赌徒做监督ᶜ ⁽ᵃ⁾（仿佛这就是他们的目的）！ᵃ 我一点都不夸张：监督的职分是淫乱者的奖赏。仿佛只要有强盗做监督，群众就当满足！ᶜ ⁽ᵃ⁾ 我们若在任何方面容许这样的大罪，就是我们的羞辱。ᵃ 教会原有极完备的法规，即圣经盼咐监督必须是无可指责、善于教导、不争竞等等（提前3：1—7；参阅多1：7—9）。那么为何选立监督的权利从会众手中移转到这些人手中呢？显然是因当代纷乱的光景导致神的话语没有被遵守。然而，为何如今权利没有从这些人手中移转回会众手中呢？因他们不但违背所有教会的法规，甚至无耻、放荡、自私，以及贪心地将属世和属灵之事混为一谈。

---

③ Cyprian, *Letters* 67.4; 55.8; 59.6; 38 (CSEL 3.2.738, 629, 673, 579 ff.; tr. ANF V.370 f., 329 [51.8], 341 [54.6], 311 f. [32]).
④ 参阅 IV.4.11 及附注。
⑤ 参阅 IV.4.12。
⑥ 第三次拉特兰会议（1179）制定了严格的规定和罚则，canons 1, 3 (Mansi XXII.217 ff.; tr. H. Schroeder, *Disciplinary Canons of the General Councils*, pp.214-217)。

3. 忽略导致君王的干涉 *

ᶜ他们说教会开始这新的方法，是为了解决以前的问题，其实是在说谎。古时的历史告诉我们，有许多都市在选举监督时，都有很厉害的纷争，但却无人想要剥夺群众的选举权。因他们有其他避免或减少这些纷争的方法。我们现在要披露真实的情形。

当群众开始忽略他们选举监督的权利，并将这权利交给长老时，后者邪恶地趁机专制，并借着制定新的法规使这专制合法。此后，按立已成为笑话，因他们给监督候选人的考试肤浅，甚至空洞到连可尊敬的外貌都没有了。

因此，在某些国家，君王向罗马教皇要求提名监督的权利，但这并非教会的新损失，⑦因这只不过除去主教提名监督的权利，而主教的权利也是偷来的。君王指派教会的监督这是极有害的习惯。然而敬虔的君王应当远离这败坏的行为，因为强迫群众接受自己所不愿意甚至没有经过选举的监督是邪恶、毁坏教会的行为！这种在教会中混乱的习惯已行之多年，却给予君王很好的机会私自挑选监督。因他们宁愿自己挑选监督，也不愿将这权利交给和他们一样毫无资格且滥用这权利的主教。

滥用圣俸（4—7）

4. 滥用指派长老（"司铎"）和执事的权利

ᶜ ⁽ᵃ⁾ 监督是可尊敬的职分，监督因这职分甚至自诩为使徒的继承者。他们也说挑选长老的权利唯独属于他们。⑧他们邪恶地败坏教会——这古老的组织，他们所按立的并非是带领和喂养会众的长老，而只是举行仪

---

⑦ 暗指授予主教教杖权，其中涉及任命权。大约在865年间中世纪的欧洲开始宣告和执行这种权利，参阅 J. T. McNeill, "The Feuda-lization of the Church", *Environmental Factors in Christian History*, edited by J. T McNeill, M. Spinka, and H. R. Willoughby, pp. 196 ff.。加尔文认为由主教选出来的，并不等于由百姓选出来的，即使没有任何皇室的介入，这种主教介入也是可耻的。

⑧ Third Lateran Council (1179) canon 1 (Mansi XXII. 218；tr. Schroeder, *op. cit.*, p. 215)。

式的司铎。同样地，当他们按立执事时，也不是为了要他们尽真执事的职分，而只是要他们负责一些关于圣餐或圣礼的仪式。

然而，卡尔西顿会议（Council of Chalcedon）所颁布的法规决定：一切不交付人牧养职责的按立都是无效的，即教会按立监督时，同时也要他履行监督的职责。⑨这法规在两方面极其宝贵。首先，教会不可浪费钱财在闲懒人身上，因钱财可以用来帮助穷人。其次，被按立者不可自视尊贵，而是要在被按立后，开始严谨地履行自己的职责。

然而，这些天主教的领袖（他们以为宗教只在乎自己的肚腹）则依据人是否富裕而给予头衔，不管此人富裕是由于祖先的遗产或来自他先前的职分。因此，当他们按立执事或长老时，就完全不考虑他适合在何处服侍神。被按立之人的钱财足够支持自己，他们才为他按立。然而有什么理智的人能接受这想法，即教会会议的法规对长老职分的要求，是必须有足够支持自己的钱财？他们为了避免毫不考虑被按立之人的财务状况而制定新的法规，⑩明定监督必须支持自己所按立财务状况不佳的人。因此监督为了避免有这负担，便狡猾地要求被按立之人起誓：无条件地接受这职分。如此一来，他便不能要求按立他的监督给予财务支援。我略而不谈他们对此千万的谎言，譬如有的监督说自己的圣俸一年还不值五匹驴子的价值；⑩a又有人私下借贷圣俸，并保证很快偿还，却常常根本不偿还。他们还有另外许多类似的手段。

5. 使按立成为笑谈*

c (a) 即使他们没有犯以上这些严重的罪，但他们通常指派长老而不

---

⑨ Council of Chalcedon (451) canon 6 (Mansi VII. 362; J. Fulton, *Index canonum*, pp. 178 f.; tr. Schroeder, *op. cit.*, p. 95). 施罗德（Schroeder）认为："这法规禁止不授予头衔的按立。头衔可以保证教士有体面的生存。"加尔文在随后的句子中恰恰反对这种将"头衔"与经济"供养"结合的做法。参阅 Gratian, *Decretum* I. 70. 2; "*Nemo ordinandus est absolute*" (MPL 187. 355; Friedberg I. 257)。

⑩ Decretals of Gregory IX, III. 5. 16 (Friedberg II. 469).

⑩a "*Asses*"是 as 的复数，是罗马铜币中很小的币值。

给他服侍的教区，难道这不荒谬吗？⑪ 因他们只按立了献祭者，然而按立长老是要管理教会；按立执事则是要管理奉献和帮助穷人。他们却以圣壳伪装自己的行为，吸引单纯之人的尊敬。然而这些虚饰的行为难道能造就信徒吗？因他们举行一些来自犹太教或自己所捏造的无用仪式。

ᶜ但关于会众的参与以及其他不可少的条件，他们根本避而不谈，到了他们手中所存留的只剩"影子"，即他们毫无意义地效法古时风俗的可笑姿势、表情。监督的代理人负责在按立前口试候选人，然而他所口试的是什么呢？即候选人是否能念拉丁文弥撒以及知道拉丁文单词的形态，却不在乎他知不知道这些单词的定义，更遑论明白内容的含义，他们根本不要求任何一处经文的解释。但即使候选人无法回答这些肤浅的问题，他们也不会因此拒绝按立他，只要他有足够的钱财或能使监督在某方面获益。他们按立的仪式也十分荒唐，有人以候选人完全听不懂的语言问他三次他是否配得这尊荣，这也是一样的混乱。另一个人（虽然从来不认识候选人）却替他回答说："他配得！"⑫难道这些所谓圣洁监督的亵渎仪式不就是在嘲笑神和众信徒吗？但因这是长久累积的习惯，他们就误以为这是神所要求的。只要有人开口指责这些可怕的过犯，他们就判他死刑，就如古时人指责刻瑞斯（Ceres）所举行的仪式而被判死刑一样。⑬若他们真的相信神存在，他们会这样做吗？

6. 圣俸的性质

ᶜ他们对于圣俸的分配也一样亵渎！这本是按立时所决定的，但如今他们却发明各种不同的方式。在某些教区，虽然长老不是监督所指派

---

⑪ 参阅 IV. 4. 3-5；*Ecclesiastical Ordinances of Geneva*（1541）(CR X. 1. 17-25；tr. LCC XXII. 59-66)。
⑫ 在罗马主教仪典上问道："你认为这些人配得吗？"执事长回答说："就人的软弱允许的范围，我知道并且我证实他们是配得的（*ipsos dignos esse*）。"(M. Andrieu, *Le pontifical Romain au môyen âge* II. 337. 342.)
⑬ 关于刻瑞斯，见 Horace, *Odes* III. 2. 26-28 (LCL edition, pp. 176 f.)。参阅下文的第九节。又见 Schaff-Herzog, *Encyclopedia of Religious Knowledge*, art. "Beneficium"。

的，而且监督在圣俸的分配上也没有绝对的权利，而是由其他人来分配，但监督仍拥有分配圣俸的称号。⑭另外，有某些教区长老是由神学院提名，也有一些教区长老可以随意辞职或让位他人。然而无论是哪一种指派方式都离不开互相恭维。我不讳言如今天主教中百分之九十九以上的圣职都是经由买卖的。⑮我并不是说所有长老的职分都是直接买来的，其实大多数人是间接获得职分的。有人靠亲戚或朋友的关系；又有人因父母的影响力；甚至有人靠恭维获得职分。简言之，长老领取圣俸的目的不是为了侍奉教会，而是受教会侍奉。称之为"圣俸"就证明长老将之视为君王的御赐，⑯为要讨好或奖赏他们。我根本不想谈这些奖赏常常赐给理发师、厨师、马夫以及其他卑贱职分的人。如今在法庭里的诉讼大多与长老不忠于职分有关。由此可见，圣俸不过是猎狗所追逐的猎物。ª难道我们能容许称这样的人为"长老"吗？就是那些借侵占、诉讼、买卖、贿赂、继承遗产⑰——小孩从叔父和亲戚，有时甚至是私生子从父亲那里继承遗产——的方式而获取长老职分的人。

7. 更可怕的亵渎*

ª即使败坏、不守法、放荡的群众也不至于如此，ᶜ然而有更甚于此的，即一个连自己都无法管理自己的人竟被指派管理五六个教会！现今在君王宫廷里的年少者也负责三个修道院、两个教区以及一个大教

---

⑭ "Collation" 是指授权的监督或教皇进行圣俸的分配，这个从阿维农之囚时期（Avignon period of the papacy, 1309-1377）起，越来越被教皇垄断。

⑮ 参阅加尔文对买卖圣职的详细讨论，Comm. Acts 8：20-21；Council of Chalcedon （451） canon 2 （Mansi VII. 373；Fulton, *Index canonum*, pp. 174 f.；tr., with notes, NPNF 2 ser. XIV 268 f.）；Gregory I, *Letters* IX. 218 （MGH *Epistolae* II. 206 f.）。

⑯ "*Principum donativa*"，通常是给打胜仗的士兵的奖金。

⑰ 加尔文在12岁的时候，也就是1521年5月19日曾在努瓦永得到圣俸，但他在1534年5月4日的时候放弃了这份俸禄。

区。⑱甚至一个长老领取六七个人的圣俸,却没有在任何教会中侍奉,这些都是非常普遍的。即使我指出这是整本圣经都指责的行为也无用,因他们根本无视圣经的权威;即使我提出许多教会会议的法规都严厉禁止这样的行为也无用,因他们根本不理会这些法规。但我仍要疾呼这是极其可怕的大罪,大大地违背神和常理,也有悖教会的行政,即容让一个强盗身兼数个教会的牧师,或按立人做牧师,却不给他牧养教会的机会。⑲他们却仍无耻地以教会的名义掩饰这可憎恶的污秽,只为了避免人的斥责!然而最可怕的是在这样大的过犯中,他们仍夸口因有那至圣的"使徒统绪",所以教会能坚忍到底!

修道士、教士以及其他类似职分者的疏忽和懒惰(8—10)

8. 修道士为"长老"

ᶜ我们以下要讨论这些人是否忠于牧师的职分,因为这是做牧师的第二重要资格。

天主教所制造出的祭司,有的被称为修道士,有的被称为"在俗教士"。

初代教会根本没有修道士,且修道士的定义与教会的侍奉不相称,即使在后来有修道士的时代,当修道士担任牧师时,他就不再做修道士。即使在格列高利所处的极端败坏时代,他也不容这两种职分混杂,

---

⑱ 这样的例子俯拾皆是。在苏格兰詹姆斯四世任命他 18 岁的兄弟罗斯爵士(Duke of Ross)做圣安德鲁(St. Andrews)的大主教,并且派他管理两个富有的修道院。当这位大主教死后(1504),国王立刻任命他的私生子,9 岁的亚历山大·斯图亚特(Alexander Stuart)为总主教。加尔文在巴黎的苏格兰老师约翰·梅杰(John Major)非常反对这种不在任所且奢侈的苏格兰监督。参阅 C. J. Maxie, *King James IV of Scotland*, pp. 158 ff.。利奥十世在 13 岁的时候就做红衣主教了:W. Roscoe, *Life of Leo X* (4th edition, 1846), p. 12; G. B. Picotti, *La Jeunesse de Léon X*, chs. 2, 3, pp. 41-134。又见 *Consilium de emendanda ecclesia* (report by six cardinals, 1537), first abuse (Kidd, *Documents*, p. 310; Mirbt, *Quellen*, no. 427 (4th edition, p. 268)。

⑲ 参阅下文的第十一节,尽管议会决议禁止,但不务正业和旷职的情况仍然普遍存在于此文写作的年代(1543);参阅 *Consilium de emendanda ecclesia* (1537), seventh abuse (Kidd, *Documents*, p. 312)。

他希望被任命为修道院院长的人不再任牧师，因无人能同时做修道士和牧师，这两种职分是对立的。[20]若我问：不符合教会法规所定之牧师资格的人怎能担任牧师的职分时，他们会怎么说呢？他们一定会引用英诺森（Innocent）和卜尼法斯（Boniface）自己所定的法规做辩解。他们说：修道士可以继续住在修道院，同时接受牧师的尊荣和权柄。[21]然而这是怎样的逻辑？每一只无知的驴子，一旦做罗马教皇，都能以一句话推翻一切教会的历史？之后我会再详细地讨论这一点。现在我们只要留意：在教会比较纯正的时代中，视修道士担任牧师的职分为荒谬。当哲罗姆住在修道院时，他否认他在担任牧师的职分，他甚至视自己为受牧师管理的人。[22]即使修道士能同时做牧师，那他们是担任牧师的哪一部分职任呢？有的修道士讲道，其他的修道士在自己的修道院里或念经或举行弥撒。就如基督喜悦这样的牧者，或这样的行为与牧师职分相称！既然圣经普遍教导牧师的责任是管理自己的教会（徒20：28），难道将这样的责任交给他人，甚至完全更改这圣洁责任的范围，不是亵渎神吗？当修道士被按立时，他们公开地被禁止尽神所交给牧师一切的职任。每当修道士被按立，观礼者皆唱道：修道士当满足于自己的修道院，也不可任意施行圣礼或公开担任牧师的职分。[23]难道他们可以否认：按立人做牧师却不履行牧师职责，不是在公开嘲笑神？

9. 固定和不固定领取俸禄的长老

ᶜ接下来我要讨论在俗教士，他们有的有俸禄支持，[24]有的则靠举行弥撒或念经获取收入。

---

[20] Gregory I, *Letters* IV. 11 （MGH *Epistolae* I. 244；MPL 77. 680；tr. NPNF 2 ser. XII. 2. 149）；Gratian, *Decretum* II. 16. 1. 38 （MPL 187. 1003；Friedberg I. 771）.

[21] Gratian, *Decretum* II. 16. 1. 22, 25 （MPL 187. 997 ff.；Friedberg I. 766）.

[22] 伊比芬尼（Epiphanius）一封写给耶路撒冷的约翰的信。根据 *Letters* li. 1 （CSEL 54. 396；tr. NPNF 2 ser. VI. 83），此信是由哲罗姆从希腊文翻译过来并引用的。

[23] Pseudo-Basil, *Monastic Constitutions* 9 （MPG 31. 1370）.

[24] 参阅上文的第六节注释14。

他们用俸禄支持灵魂的监督管理教区，但有时也用来支付重要的歌唱人员。㉕甚至也用俸禄支持尚未被按立的人或年少者，这是他们一般的习惯。

至于那些为了赚钱而做长老的人，难道我们能要求他们有较好的行为吗？难道我们能要求他们不自私和无耻地为了钱财出卖自己吗？特别是这样的人越来越多。他们既然不敢公开向人索讨钱财，或以为这样做不会成功，他们便如饿犬奔跑狂吠，私下向人勒索钱财。我无法用言语尽述长老的职分已经堕落到这地步，且这有多使教会受羞辱。简言之，若长老的职分〔就如神在圣经中所吩咐（林前4∶1；参阅约10∶1及以下）以及古时法规所要求的那样〕在于喂养教会以及传扬基督属灵的国度，那么那些借举行弥撒赚钱的长老，不但忽略了长老应有的职分，他们所做的一切更缺乏圣经的支持。他们根本没有教导的机会，因他们没有被指派去管理的教区。总之，他们所做的只是借弥撒重复将基督献给神，但其实不是献给神，而是献给魔鬼（参阅林前10∶20）。我们稍后将更详细地讨论这一点。㉖

10. 假冒的长老职分＊

ᶜ我现在要讨论的不是外表的恶行，而是这制度里面无法根除的邪恶。我在此要说他们认为难听的话，但因这是事实，所以我必须说，不管他们的职称为何，所有领取俸禄的人都一样败坏，因他们在教会里能有怎样的侍奉呢？他们视证道、惩戒、施行圣礼为重担，而拒绝尽这些本分，但除了尽这些本分，他们有什么可证明自己长老的职分呢？就只有虚华的歌唱以及仪式罢了，但这与长老的职分何关呢？他们若用这是他们的习俗、经验和教会长久的认可为自己辩解，我就要请他们面对基督对长

㉕ "*Dignitates*"；见 Catholic Encyclopedia, art. "*Dignitary*"。
㉖ IV. 18. 3. 7.

老职分的定义和资格，若他们不能认同基督的要求，至少也该考虑古时教会的权威，然而他们也不符合古时教会的法规。长老本应该如古时教会的长老般尽长老的职分，与监督同工管理教会。㉗他们所谓的"教士团总铎区"（deaneries of the chapter）、"专职司铎"（Chaplaincies）以及其他一样无用的职称，都与教会行政毫无关联。我们当如何看待这些职称呢？的确，根据基督的教导以及古时教会的权威，我们不可认为这些职称具备长老的职分，但他们却仍然宣称自己是长老，在此我们必须揭下他们的假面具。然后我们就会发现他们所自称的职称与长老的职分截然不同，他们的那一套与使徒和古时的教会全然不同。这些职称不管听起来有多高贵，都是新捏造的，不是神所设立的，也没有古时教会的依据，所以这些职称与教会属灵的行政无关。这行政是基督亲自吩咐教会，也是教会所接受的。更直接地说，既然他们所捏造的这些职称与长老的职分相去甚远，我们绝不能容忍他们自取长老职分的尊荣，致使基督圣洁的教会蒙羞。

腐败和贪婪在监督、牧师和执事当中非常普遍（11—19）

11. 监督和教区的牧师

ᶜ接着要讨论的是监督和教区牧师的职分，甚愿他们竭力担任他们的职分！这是圣洁、高贵的职分，只要他们尽本分。但他们拒绝管理自己所负责的教会，而将责任推给他人，却仍希望被称为牧师，这不就证明他们认为牧师该是无所事事的？就如一位从未离开都市的银行经理宣称自己是农人；或一位长期在前线作战，从未上过法庭和接触法律书籍的军人宣称自己是律师一样，谁能接受如此荒谬的事呢？然而更荒唐的是：这些希望外表像是或被人称为合法牧师的人，却不想真正成为这样的牧师。即使他们从外表看起来也很少管理自己的教会！许多人一辈子

㉗ 参阅 IV.4.3。从前教会所正式委派的教士，如由梅斯的克罗狄根（Chrodegang of Metz, ca. 760）所组织的，他们代表纪律和教育的改革。

吃、用教会的俸禄，却从未见过那教会。也有人一年去一次或派代表去，免得他的俸禄有任何减损。当这腐败才刚开始的时候，那些放纵自己懒惰的人以忙碌为借口。而现今几乎没有任何主教住在自己该负责的教区，牧养教区的羊群，他们视自己为农场的主人，只要差派雇农去就够了。然而我们的常识都告诉我们，从未见过羊群的人不可能是牧羊人。[28]

12. 这邪恶的开端：格列高利和伯尔纳 *

ᶜ在格列高利时代就有这邪恶的种子，那时教会的主教开始忽略教导的责任，因格列高利在某处严斥这习惯，他说："到处都是牧师，只是收割的时候几乎找不到工人，因我们乐意接受牧师的职称，却不愿尽牧者的本分。"以及"因他们没有爱心，就希望被视为主人，他们绝不视自己为父亲。他们以主人的傲慢取代谦卑。"同样地，"我们领俸禄而不做工的牧师在忙什么？我们堕落到已经开始享受属世的忙碌，我们接受一个职分，却忙着这职分之外的事。我们弃绝证道，虽然有'监督'这尊荣的职称，却没有这职分所该有的权威。"[29]当时格列高利尚且如此严厉斥责不够忠心或尽职的牧者，面对现在的情形，他会说什么呢？现在几乎没有任何监督，至少极少监督上台讲道，其他神职人员中不到百分之一的人一生中上过一次讲台。这时代已糟糕到以为监督向百姓讲道是过于屈尊自己。到了伯尔纳（Bernard）的时代，教会的情况更加恶化，他极其严厉地斥责当时的监督，虽然那时比现今纯洁得多。[30]

13. 宣称的光景和真实的光景

ᶜ只要任何人留心鉴察天主教会现今的行政，就会发现它不过是强盗窝，且当中的强盗肆无忌惮地犯罪。的确，当中所有的一切与基督所设

---

[28] 参阅上文的第七节注释 10（疑有误，原书如此）。
[29] Gregory I, *Homilies on the Gospels* I. hom. 17. 3, 4, 8, 14 (MPL 76. 1139 ff., 1146).
[30] Bernard, *On the Morals and Duties of Bishops*, 2. 4-3. 8; 7. 25, 27-29 (MPL 182. 813-817, 825-828).

立的教会相去甚远，并已从古时教会的法规和习惯中堕落了，甚至违背常理，而他们用基督的名为如此邪恶的行政辩护，这是极羞辱基督的。他们称自己为教会的柱石、宗教的领袖、基督的代理人、信徒的元首，因使徒的权威以统绪的方式交给他们。他们一再地以自己的愚昧为傲，就如他们所有的对象都是笨蛋。然而，当他们如此夸口时，我想问他们与使徒有何共同点。因我们所说的并不是某种即使人在睡梦中也能领受的尊荣，而是他们所逃避的证道职分。同样地，当我们控告他们的统治就是敌基督的专制时，他们反倒不断地辩称他们的统治是从前最伟大和圣洁之人所赞扬的教阶制度。[31]仿佛那些敬虔的教父，当他们称赞使徒所传下来的教阶制度或属灵行政时，所指的就是这邪恶的混乱。在他们的制度中，监督多半是粗俗的驴子，也不明白最基本的教义，或只是断奶不久的大孩子；他们若更有学问（虽然这是少见的事），也只是低估地视监督的职分为光荣和伟大的称号罢了，且教会的牧师不会考虑牧养自己的羊，就如皮鞋匠不会考虑要耕田一样，所有的一切都比巴别塔的混乱（创 11：9）更加混乱，从教父所传的圣职已荡然无存了。

14. 监督和长老的道德

ᶜ他们的道德行为如何呢？是否合乎基督所说，做"世上的光"以及"世上的盐"（太 5：14，13）？他们是否过圣经要求基督徒的圣洁生活？世上没有任何一种人过比他们更放荡的生活（同性恋、淫乱和放纵各种私欲），他们是勒索、欺哄和背叛的专家；无人比他们更狡猾和大胆地害人，更不用说他们骄傲、贪婪和残忍的行为。他们放荡的生活是显而易见的，他们的罪大到我对他们的批评不可能过于夸张，就是他们自

---

[31] 见 A. Pighius, *Hierarchiae ecclesiasticae assertio* (Cologne, 1538), *passim*; Clichtove, *Anti Lutherus* II. 2, fo. 65a-67b。在 I. 5, fo. 8b-11a 中，克里特托为传统的伪狄奥尼修观点辩护。*The Celestial Hierarchy and Ecclesiastical Hierarchy* 是一本深具影响力的书，在很长一段时间被视为亚略巴古的狄奥尼修（Dionysius the Areopagite）（徒 17：34）所著，约成书于 500 年。见 LCC XIII. 33-37，参阅 I. 14. 4，注释 14。

己也不能否认。根据古时的法规，他们若不是被革除教籍，就是被开除；他们中间几乎没有一个监督，或者一百个教区牧师中间几乎没有一个能幸免。从前的牧师对自己严厉的要求与他们现今截然不同，甚至我对他们的描述听起来是不可思议的，但我所说的全是事实。难道在罗马教区的监督和长老敢以这样的行为为傲吗？他们的职分显然不是来自基督、基督的使徒、教父或古时的教会。

15. 执事

ᶜ现在我们要来看他们的执事如何分配教会的财产。其实现今天主教指派执事的目的并非如此。教会所交付他们的责任只是帮助举行弥撒、诵读、歌咏福音书，以及其他一样无用的事。[32]他们并没有施舍、照顾穷人，且不在任何方面尽执事的职分，这是执事正当的职分。然而对他们而言，执事只是成为长老和监督的跳板。虽然从某个角度来看，他们举行弥撒时收取奉献貌似古时教会的做法，然而古时教会的习惯是：信徒在领圣餐前彼此亲嘴和奉献，他们借亲嘴表现爱，之后以奉献实际证明他们的爱。从前，执事是穷人的管家，收取奉献是为了施舍穷人；[33]但如今即使将所有的奉献全扔到大海里，也不会使穷人有任何损失。他们以如此假冒的执事职分使教会蒙羞，这样的职分与使徒时代或古时教会没有任何共同点。他们胡乱使用奉献，甚至到了无以复加的地步。就如强盗在割断人的喉咙后彼此分赃，同样地，这些人在熄灭神真道的亮光后，将教会的奉献据为己有，人人尽已所能地抢夺教会的奉献。

16. 教会奉献的分配

ᶜ古时教会的优良传统[34]已不复存在，大都市的监督和长老因偷窃教

---

[32] 参阅 Lombard, *Sentences* IV. 24. 8 (MPL 192. 903)。
[33] 参阅 IV. 5. 5；IV. 19. 32。
[34] 参阅 IV. 4. 7，注释 20。

会的奉献变得富裕,也借此得到更大的头衔。然而他们在分配上从未达成协议,因他们至今仍为分配争吵。但无论他们如何分配,教会的奉献没有一分钱是分给穷人的,虽然至少一半都该分给穷人。教会的法规明确规定要将四分之一的奉献分给穷人,四分之一分配给监督,为了招待其他需要的人,我略而不谈圣职人员本身应当怎样使用自己的俸禄。我们以上已充分讨论过那专门分配给教会、教堂和其他类似用途的钱,当穷人有急迫的需要时,应当分给穷人。他们若有丝毫敬畏神的心,难道能容忍他们一切吃穿的都是抢夺而来的?不,事实上,是亵渎神而得的。若神的审判尚且不能令他们颤抖,他们至少应该想到那些他们企图说服自己认为已经有极好分配的对象并非傻子。请他们回答:做执事是否等于拥有抢夺的执照?他们若承认,就必须同时承认执事的职分已经不存在了,因为教会奉献的分配显然已经变成亵渎的抢劫。

17. 教会真正和虚假的光荣

ᶜ但他们在此采用美好的欺哄方式。他们说这教阶制度的行政保守教会的光荣,且他们的党派里有一些人无耻到大胆、公开地自夸古时的先知对于在基督国度里关于祭司职分光荣的预言,在他们的制度上得以应验。他们说神保证赏赐他教会光荣的预言绝不是徒然的:"他施和海岛的王要进贡,示巴和西巴的王要献礼物。诸王都要叩拜他"(诗72:10—11 p.,参阅 Vg. 和 Comm.)、"锡安哪,兴起!兴起!披上你的能力,圣城耶路撒冷啊,穿上你华美的衣服"(赛52:1,参阅 Vg.)、"示巴的众人都必来到;要奉上黄金乳香,又要传说耶和华的赞美。基达的羊群都必聚集到你这里"(赛60:6—7,参阅 Vg.)。我若用更长的时间反驳这无耻的谎言,恐怕我将被视为愚拙之人。因此,我宁愿不再毫无意义地浪费自己的话。然而,我还要问:若任何的犹太人错误地解释这些预言,他们将会怎样说呢?他们的确会斥责他的愚昧,因他们将关于基督属灵国度的预言运用在肉体和世俗上。因我们深信,先知以物质的影子帮我们画出教会所应当发挥神属天的光荣。然而在使徒的时代，教会几乎没有他们所夸口的光荣，但我们都承认基督国度的大能在那时代最兴旺。那么，以上的经文含义如何？它们的教导是一切宝贵、崇高和高贵的事物都要伏在主的权柄底下。但这里明确告诉我们关于君王的事，即他们将把自己的权杖伏在基督的权柄之下，将自己的冠冕扔在他的脚下，将自己的财产献于教会。难道他们相信这预言在任何其他时代比在狄奥多西（Theodosius）时代更得以应验吗？他将自己紫色的长袍和冠冕都放下，并与众百姓一同将自己伏在神和教会的权柄底下严谨地懊悔。㉟他之后与其他像他一样敬虔的君王向神起誓，竭力地保守在教会里纯洁的教义，并训练和保护正统的教师。安波罗修做阿奎莱亚（Aquileia）教会会议的主席时所说的话充分地证明当时的牧师没有许多财产："牧师的穷困极为光荣。"㊱若当时的监督认为财富是教会真正的装饰，那么他必定有许多极尊荣教会的财富。然而，既因他们深信没有比以大吃特吃、华丽的穿着、众多的佣人和光荣的宫殿为傲与牧师职分更不相称的事，他们就寻求以及培养谦卑和节制，即基督所喜悦他的仆人拥有的贫穷。

18. 教会对资金诡诈和诚实的花费

⁰然而为了避免在这一点上费时费力，我们要再次简洁地概述这时代的教会对于资金的花费，甚至浪费，与神的真道对执事的吩咐以及古时教会所遵守的相去有多远。所花费在教堂装饰的钱，若没有圣洁之物本身以及使徒和其他教父的教导和榜样的限制，就算是错误的花费。然而，在这时代的教会中，哪里有这样的节制呢？任何合乎诚实保守的花费方式——我说的不是古时教会的节省——都受教会的拒绝。他们唯喜

㉟ Cassiodorus, *Historia tripartita* IX. 30 (MPL 69. 1145), from Sozomen, *Ecclesiastical History* 7. 25 (tr. NPNF 2 ser. II. 394).

㊱ Ambrose, *Letters* 9. 2 (MPL 16. 940; tr. LCC [letter x. 2] V. 185; "the poverty which is a bishop's glory").

悦奢侈以及合乎这腐败时代的花费方式。同时，他们根本不在乎神活生生的圣殿，甚至宁愿让千万穷人饿死，也不愿把教堂里最小的杯子卖掉以帮助穷人。且为了避免过于严厉地批判教会，我请敬虔的读者们好好地思考这一点：假设叶佐柏留在图卢兹的监督（在上面提过）或阿迦修、安波罗修或类似的伟大圣徒从死里复活，他们将会说什么呢？㊲他们的确不会容许在穷人有极大需要的时候，任凭教会的钱财被随意挥霍。更何况（即使没有穷人）他们用这钱所买的东西在许多方面极为有害，却没有在任何方面对教会有帮助。

然而，我在乎的不是人的立场。这些财产奉献给基督，因此，教会负责照基督的意思分配之。当他们说自己违背基督的吩咐所花的钱属于基督时，这是大胆的谎言，尽管这笔钱没有占教会收入很高的比率。因为没有任何的教区，甚至没有任何监督的俸禄多到能满足监督的贪心。他们自己虽然不花一分钱，却用迷信说服百姓用该分配给穷人的钱建造教堂、做石像、买器皿以及做祭服，如此日常的施舍都被丢进这深渊里。

19. 监督的财产和权利[*]

[c]至于他们从田地和房产所领的收入，我无须重复地说以上的话以及众所周知的事。我以上指出过监督和修道院的院长何等不忠心地花费教会的收入。难道在这些人身上寻求教会的秩序不是很疯狂吗？难道那些应当在众人面前做节省、朴素、节制以及谦卑榜样者，反而在聘请费、建筑物华丽的装饰、豪华的衣裳以及宴会上与君王竞争是合适的吗？且这些人居然获得村庄和城堡、许多的大块土地甚至王国，难道这不是与神禁止他们贪无义之财，并要求他们过节制生活那永恒的命令（多1∶7）极不相称吗？即使他们藐视神的真道，那么他们如何面对古时教会会议的

㊲ 参阅 IV.4.8，并增订之注。

谕令呢？因为这些谕令吩咐监督住在离自己教堂不远的小房屋里，并要过节俭的生活。㊈他们又怎样解释阿奎莱亚会议的那句话，即牧师的贫困是光荣的。㊉他们也许认为哲罗姆对尼波提安（Nepotian）所说的话是过于严厉的命令，即他要欢迎穷人和陌生人以及基督常到他家来聚餐。然而，他们必定不敢弃绝哲罗姆接下来所说的话，即监督的荣耀是照顾穷人；寻求财富则是他们的羞辱。㊊然而，他们一旦接受，立刻就定自己的罪。其实我无须在此严厉地攻击他们，因我唯一的意图是要证明那合乎圣经执事的职分早已不在他们当中了，以至于他们无法再以这圣职夸口，好使他们的教会得着称赞，我已经充分地证明了这一点。

㊈ *Statuta antique canons* 14，15 (Mansi III. 952). 参阅 IV. 4. 2，注释 5。
㊉ 参阅上文的第十七节注释 36。
㊊ Jerome, *Letters* 52. 5，6 (MPL 22. 531；CSEL 54. 422-425；tr. NPNF 2 ser. VI. 91 f.；LCC V. 319-322).

ᵉ第六章 罗马教区的首要性①

对彼得为首位教皇的反驳（1—7）

1. 顺从罗马的要求*

ᶜ为了解释这主题，我们考察了古代教会治理里的职分。这些职分后来变得腐败，且越久越腐败。现在天主教会保留这些职分的名称，他们这样做不过是面具而已，我们之所以这样做是要敬虔的读者把现代的天主教会与古代的教会互相比较，且之后对天主教会做正确的判断。天主教因我们脱离他们，指控我们分裂。

我们未曾讨论这制度的顶点，即罗马教区的首要性。他们借此教义企图证明普世的教会唯独属于他们。我们之所以到现在还没有讨论过这主题，是因这立场不是出于基督的吩咐，也不是来自古代教会的习惯。我们以上的教导是：古代教会的职分渐渐败坏了，甚至到最后完全变质了。

他们企图说服全世界，教会合一的首要乃至唯一的根基是众信徒拥

---

① 加尔文在 Acts of the Council of Trent with the Antidote（1547）中讨论过这个问题。在 CR VII. 365 ff. 的序言里，以及其他地方也常谈及。

护并顺服罗马教区。②我认为他们企图从我们的手中夺去教会,并宣称教会属于他们自己。他们的方法是坚持教会的合一完全在乎罗马教区,没有这根基,教会将会被击垮和分裂。他们争辩的理由是:除非教会立定在罗马教区这根基上,否则她是残缺、没有头的尸体。因此,当他们讨论自己的教阶制度时,他们都以这原则作为出发点:罗马教皇(是基督的代理主教,而基督是教会的元首)代替基督管理整个教会,且除非罗马教区作为首要教区,否则教会无法有秩建立。因此,我们必须检查这立场的性质,好避免忽略任何关乎正确教会行政的事。

2. 旧约大祭司的职分不支持教皇的职分

ᶜ那么,我们在此当重复这里的重点:为了正统的教阶制度(就如他们所说)或教会的秩序,是否一个教区在尊严和权威上,在其他的教区之上做元首?我们若在神的真道之外设立这专制的要求,等于是为教会设立极为不公正的法规。若我们的仇敌想证明自己的宣称,他们必须先证明这是基督亲自设立的制度。在这一点上,他们指出旧约大祭司的职分,且神在耶路撒冷设立那至高的制度。③我们的答复很简单,且他们若不满意一个角度,我们能从许多不同的角度来回答他们。首先,将一个国家的制度用在全世界所有的国家里极不合逻辑。事实上,一个国家的宪法与世上其他国家的宪法截然不同。因为当时犹太人的四周围都是拜偶像的人,所以神将敬拜他之处设立在全世界上最中央的地方,免得犹太人受许多不同宗教的干扰。④他在那里指派一位大祭司,并吩咐众百姓

---

② Thomas de Vio Caietanus, *De divina institutione pontificatus Romani pontifici* (1521),第二章,将"你是彼得"(太 16:18)译为 *"Tu es Petrus, tu, non vos, ut unitas fundamenti ecclesiae, unitas quoque personalis, intelligatur"* (CC 10.12;参阅 ch.5, p.43); Cochlaeus, *Philippicae quatuor* (1534) IV. 35; Latomus, *Adversus M. Bucerum... altera defensio* (1544) (CC 8.73, 154 f.)。
③ Eck, *De primate Petri* (1520) II. 27, fo. 30a.
④ 参阅 IV. XX. VIII。耶路撒冷是 *"in medio terrae"* (在中世纪教会的中心)。见 G. H. T. Kimble, *Geography in the Middle Ages*, p.186;"耶路撒冷的位置在世界地图的中心。"尤金·罗杰(Eugène Roger)也是持这个观点,著有 *La Terre Sainte*, 1664; Kimble, *op. cit.*, pp.89 ff., note 5。

仰望他，为要更有效地保守他们合而为一。但如今既然基督教已扩展到全世界，有谁不明白，将东方和西方教会的统治交在一个人手中，是一件很荒谬的事？

就如一个人主张全世界都当受一个人统治，因为各地区只有一位统治者。然而，我们不应当效法这榜样还有另外一个原因。没有人不晓得大祭司是基督的代表，那么既然祭司的职任已经更改，权威也要更改（来7∶12）。然而，这权威移转到谁的身上呢？显然不是教皇（就如他无耻地夸口的那样），尽管他以这称号称呼自己，而是移转到基督身上。基督独自地担任这职分，显然没有将这职分交付给别人代理，因祭司职分不但包括教导，也包括平息神的愤怒。基督借自己的死和他如今在父神面前的代求，成就了这事工。

3. 基督对彼得所说的话，并没有设立教会的主权

ᶜ因此，他们毫无理由让我们将这例子作为永久的法规，因它只是暂时的。

除对彼得说的这一句话以外，这立场在新约圣经中再找不到根据："你是彼得，我要把我的教会建造在这磐石上。"（太 16∶18）以及："西门，你爱我吗？你喂养我的羊。"（约 21∶15）⑤然而，为了证明他们的理论，他们必须先将众教会之上的权柄，交付给被吩咐喂养基督之羊的人，并证明捆绑以及释放的权柄就是统治全世界。

但既然彼得从主那里受这吩咐，他照样劝其他的长老喂养主的教会（彼前 5∶2）。我们必须以此推论基督借这话所交付彼得的职分，他同

---

⑤ 利奥一世在一封强调教皇权柄的书信中认为："喂养羊群的工作特别是交给彼得的"，letter 10. 1 (MPL 54. 630；tr. NPNF 2 ser. XII. 1. 9)。参阅 "特别是给彼得的"，在 Leo's *Sermons* 63. 6 (MPL 54. 356 f.；tr. NPNF 2 ser. XII. 1. 177)。参阅 Cochlaeus, *De authoritate ecclesiae et scripture* (1524) I. 3, fo. B 3a. 在梵蒂冈会议文献（1870）中申明（约 21∶15—17）首席牧师职分 "只给西门·彼得一人" (Schaff, *Creeds* II. 259)。参阅 *Profession of Faith of the Council of Trent* (1564) 10 (Schaff, *Creeds* II. 209)。

时也交付众长老；或说彼得将主所交给他的权柄分给众长老。但为了避免毫无意义的争辩，基督在另一处经文中亲口解释何为捆绑和释放，即留下和赦免人的罪（约20：23）。不但整本圣经一直教导捆绑和释放的方式，保罗的解释更为清楚。他说：传神福音的仆人被吩咐叫人与神和好，并同时被吩咐要责罚一切不顺服的人（林后5：18，10：6）。

4. 关于钥匙败坏的宣称*

e(c) 我在恰当的时候将更详细地证明他们可耻地强解关于捆绑和释放的经文（我在上面已稍微讨论过这问题），⑥我稍后再更详细地解释。⑦ e 我们现在只要考虑他们对基督给彼得那众所周知的答复。他应许给彼得天国的钥匙，他说彼得在地上所捆绑的，在天上也要捆绑（太16：19）。只要我们同意"钥匙"在此的意义以及捆绑的方式，我们就毫无争论的根据了。教皇必定忽略基督所吩咐使徒的职分，因这职分既然包括许多劳力和麻烦，会夺去他的乐趣，也不带给他任何的益处。⑧

既然福音的教义为我们打开天堂之门，那么"钥匙"就是极为恰当的隐喻。人被捆绑和释放唯一的解释是信心叫一些人与神和好，然而自己的不信则使其他人的心更刚硬。若教皇只接受这权柄，我深信没有人会羡慕他或想要与他争吵。

然而，既因这种辛苦和几乎不得益处的统绪不受教皇欢迎，就导致我们对基督所交给彼得的应许有争议。我从这应许本身推论，基督指的

---

⑥ III. 4. 20.
⑦ IV. 11. 1-2.
⑧ 这段翻译要归功于 VG。另见 IV. XI. 1 注释 2。经院学派神学家对于《马太福音》16：18-19 中的钥匙权柄有许多不同的见解。阿奎那认为开启或关闭天堂大门的权柄不只限于彼得，而是意指他开始传给其他人（*Contra gentes* 4. 72），而且被授权的神甫可以加以执行（*Quodlibeta* 19. 30）。例如举行弥撒的权柄（*Summa Theol.* III. Suppl. 17. 2，note 1）。不过凯顿（Caietan）则将这段经文只限于指罗马教皇：*De divina institutione pontificatus Romani pontificis*（1521）5（CC 10. 35 ff.）。《马太福音》16：19 的经文在梵蒂冈会议文献（1870）中占有重要的地位，First Dogmatic Constitution，ch. 1，ch. 4（Schaff，*Creeds* II. 259，268）。

仅仅是使徒职分的尊严,且这尊严与这职分同时所带来的重担密不可分。因我们若接受我在上面的定义,并且拒绝这定义是无耻的行为,那么基督在此所交付彼得的应许,他同时也交给其他使徒。不然这不但羞辱其他使徒,也损害神教义的威严。

他们大声地反对！然而我请问,撞到这磐石有何益处呢？因他们在圣经上只能证明神既然将传独一无二的福音的责任交付众使徒,他照样也将捆绑和释放的权柄交付他们。ᶜ他们说,当基督应许给彼得天国的钥匙时,他同时也指派他做全教会的君王。但他当时赐给一位使徒的应许,他在别处也同样赐给其他使徒,可以说,交在他们的手中（太18：18；约20：23）。既然基督所应许一位使徒的权柄,在别处也同样应许其他的使徒,那么彼得的地位在哪方面高过他的同工呢？他们说彼得有更高的地位,因他虽然在一个时候与其他的使徒一同领受这权柄,基督却在另一个时候将这权柄单独交付他。⑨然而,我与西普里安和奥古斯丁一起回答说,基督这样做并不是要偏待一位使徒,而是为了整个教会的合而为一。以下是西普里安的解释："主在一位使徒身上将钥匙交付众使徒,为要表示众使徒彼此的合而为一,其他的使徒在尊荣和权柄上与彼得是同等的,但他从一开始只交给彼得,是为了教导基督教会的合而为一。"⑩奥古斯丁也说："若教会的这奥秘不是代表在彼得身上,主就不会对他说：'我要把天国的钥匙给你。'因主若单独对彼得说这一句话,那么教会现在没有钥匙。然而,既然教会拥有钥匙,那么当彼得领受钥匙的时候,他就代表全教会。"他也在别处说："在主问众使徒之后,只有彼得回答说：'你是基督',且主对他说,'我要把天国的钥匙给你',仿佛他一个人领受捆绑和释放的权柄。既然他一个人替众使徒回答基督的问题,且照样替众使徒领受了天国的钥匙,这就体现教会的合而为一。他

---

⑨ Leo I, *Sermons* 4.3 (MPL 54.151); Eck, *De primatu Petri* (1520) I.3; I.14; I.33 (fo.4b, 21a, 52b); De Castro, *Adversus haereses* XII (1543, fo.180 D).

⑩ Cyprian, *On the Unity of the Catholic Church* 4 (CSEL 3.1.212; tr. LCC V.126).

一个人代替众人，因为合而为一属于众人。"⑪

5. 基督赏赐彼得尊荣，并非权柄*

ᶜ然而他们说，没有另一处经文将"你是彼得，我要把我的教会建造在这磐石上"（太16：18）这话运用在其他使徒身上，好像基督在那里会用任何保罗甚至彼得自己所用来描述众信徒之外的话来描述彼得，因为保罗说："有耶稣基督自己为房角石，各房靠他联络得合式，渐渐成为主的圣殿。"（弗2：20—21 p., 参阅Vg.）彼得劝我们做活石要建造在神所拣选的那宝石上（彼前2：5—6），且我们借着与神的联络也彼此合而为一（参阅弗4：16；西2：19）。他们说彼得高过其他的使徒，因主将这名称特意赐给他。我当然将这尊荣交给彼得，即他是开始建造主教会的其中之一；或他是主最忠心的使徒的头一位（他们若更喜欢这说法），但我绝不允许他们以此推论彼得在地位上高过其他使徒。因这是怎样的推论呢？他们的意思是他在热忱、教义以及勇气上高过他们；因此，他们在他的权柄之下。就像我们能更理智地推论安得烈在地位上高过彼得，因他在时间上先于他，并带他到基督面前来（约1：40、42）！然而这是不用谈的。那么就容他们说彼得的地位比他们高，但地位仍然与权柄截然不同。圣经常记载其他的使徒经常让彼得做他们的发言人，也让他在交谈、劝勉和教训上高过他们（徒2：14及以下，4：8及以下，15：7及以下），然而圣经根本不提权柄。

6. 唯一的根基*

ᶜ虽然我们还没有开始谈彼得的地位，⑫我目前只要强调这一点，即

---

⑪ Augustine, *John's Gospel* 1.12；11.5；124.5（MPL 35.1762 f., 1478.1973 f.; tr. NPNF VII. 282, 78）. 最后一句也出现在118.4（MPL 35.1949；tr. NPNF VII. 405）及他的 *Sermons* 295.2（MPL 38.1349）里面。

⑫ 参阅下文的第七节。

当他们想交给彼得整个教会的主权时,他们的辩论非常没有说服力。因他们从一开始为了欺哄人所采用的陈词滥调不值一提,更不值一驳。他们说教会建立在彼得身上,因为圣经记载:"我要把我的教会建造在这磐石上。"然而,他们说有一些教父对此经文的解释与他们的相同。但既然整本圣经都反对这解释,他们为何用教父的权威抵挡神呢?事实上,我们为何在这句话的含义上争吵呢?仿佛这再清楚不过的经文是模糊不清的话!彼得以他自己和他弟兄的名宣告基督是神的儿子(太16:16),基督在这磐石上建造他的教会。保罗告诉我们:除这根基之外,没有人能立别的根基(林前3:11)。我在此也没有弃绝教父的权威,[13]仿佛我若引用他们的话来证明我的立场,就会被他们的见证所否定。然而,正如我上面所说的,我不希望在这清楚的经文上争辩,并毫无意义地烦扰我的读者们,特别是因我们的支持者很久以前就详细地解释过这经文。[14]

7. 圣经对彼得在使徒当中之地位的教导如何

°无论如何,圣经本身比谁都能解决这问题。我们若找出一切教导彼得在使徒当中的地位和权柄的经文来,他怎样行事为人,以及他们怎样对待他就够了。当你研究过所有这些经文,你会发现他是十二位使徒的其中一位,与其他的使徒同等,且是他们的同伴,并不是他们的主。他承认教会要做决定时必须开会,并且建议该怎么做;但他同时也听其他使徒的意见,且不但容他们表达自己的立场,甚至也将做决定的权柄交

---

[13] 奥古斯丁在他的 *John's Gospel* 124.5 的陈述里将 "*quia*" 读作 "*quasi*": "*Petra enim erat Christus: super quod fundamentum ipse aedificatus est Petrus*" (MPL 35. 1975; tr. NPNF VII. 450); *Sermons* 76. 1. 1 (MPL 38. 479; tr. LF *Sermons* I. 215); 264. 1; 270. 2 (MPL 38. 1148, 1239); 295. 1. 1; "*Unus pro multis dedit responsum... Christus petra, Petrus populus Christianus*" (MPL 38. 1348 f.). 关于奥古斯丁对这段经文解释的起伏变化,见 P. Schaff, *History of the Christian Church* III. 306 ff. 参阅路德, *The Papacy at Rome: An Answer to the Celebrated Romanist at Leipzig* (Werke WA VI. 306, 311; tr. *Works of Martin Luther* I. 369, 373)。

[14] 参阅 Luther, *Resolutio Lutheriana super propositione sua decima tertia de potestate papae* (1519) (Werke WA II. 189 ff., 248 f., 716); *Von dem Papsttum zu Rom* (Werke WA VI. 309 ff.); *De ministerio* (1523) (Werke WA XII, 179 f.; tr. *Luther's Works*, American Edition 40. 26 ff.)。

给他们，当他们做好决定之后，他同意而顺从（徒15：5—12）。当他写信给牧师的时候，他并不以自己的权柄吩咐他们，好像他的地位更高，反而将他们视为自己的同工而温柔地劝诫他们，就像平辈之人的习惯那样（彼前5：1及以下）。当犹太的信徒指控他与未受割礼之人一同吃饭时，他虽然没有罪，却回答并为自己辩护（徒11：3—18）。当其他的使徒打发彼得、约翰去撒玛利亚时，彼得不拒绝（徒8：14）。使徒之所以差派他去，表示他们根本不将他视为他们的主，而且彼得既然顺服他们，接受他们所交付他的使命，就承认他是与他们同工的，并没有凌驾于他们之上的权柄。

然而，即使圣经没有记载以上的经文，只要我们有《加拉太书》的见证，就足以除掉我们一切的疑惑。在这书信中，保罗几乎用了两章经文，专门证明他在使徒的职分上与彼得同等。因此，保罗说，他来找彼得，并不是要宣告他在彼得的权下，而是要在众信徒面前宣告他们在教义上合而为一。保罗说，彼得也没有这样要求他，而是表示他们两位彼此行相交之礼，好让他们能在主的葡萄园里面一起同工；保罗也宣告：就如主施恩给彼得是为了他在犹太人当中的服侍，照样主也施恩给他，为了他在外邦人中的服侍（加1：18，2：8）。最后，保罗说，当彼得行事为人与福音的真理不合时，他当面抵挡他，且彼得顺服了他的斥责（加2：11—14）。这一切若不是表示保罗和彼得在地位上是同等的，至少表示彼得在众使徒身上的权柄不高于他们在彼得身上的权柄。保罗在此明确地认为：在使徒当中，无人能将彼得或约翰看作比他的地位更高，因为他们是他的同工，并不是他的主人。

在教会里，唯有基督才是君王（8—10）

8. 没有人能在教会里做头

°然而，即使我们承认他们关于彼得的一切教导，即他真的是使徒的君王，并在地位上都高过他们，但他们毫无根据地以这具体的例子当作一种普遍性的原则，并将从前一次所发生的事作为恒久的制度，这两者截然不同！一个人在使徒中做领袖，因他们人数少。若一个人在十二个人之上，难道我们推论他就当做十万人的头吗？在十二个人中，一个人做头不足为怪！这是自然的。在任何的团体里面，即使所有的人在地位上都是同等的，然而人习惯选择一位做主席。若无执政官，元老院不得成会；若无司法官，法院无法开庭。同样地，委员会都要有主席，每一个机构都要有董事长。所以我们若说使徒们这样看待彼得是不足为怪的。⑮

但少数人的情况不能运用在全世界，因为没有人能统治全世界。相反地，在整个大自然中，以及大自然的各部分，都有至高的元首，且他们在神面前用鸟和蜜蜂举例，他们宣称这些动物都选一只而不是好几只做他们的头。我自己也同意他们所举的例子，但难道全世界的蜜蜂都开大会——为了挑选一位统治者吗？每一个统治者都满足于自己的蜂窝；每一群鸟都有自己的统治者，难道这不就是证明每一个教会都应当有自己的牧师吗？他们之后举政治上的例子，他们引用荷马的话："许多人做头是不好的。"⑯并引用世俗作者称赞君主政治的话。我的答复很简单：荷马的尤里西斯（Ulysses）和其他的伟人之所以称赞君王政治，意思并不是说他们认为一个人当统治全世界；他们的意思反而是一个国家不能有两位君王，且荷马说权柄不喜悦同伴。⑰

9. 基督的统治是不可转移的 *

ᶜ假设根据天主教的教导，全世界都伏在一个君主国的权势之下对大家都有益——虽然这是极其荒谬的事——然而假设这是事实。即便如

---

⑮ 关于彼得领导的地位，见 O. Gullmann, *Petrus*, *Jünger-Apostel-Märtyrer*；tr. F. Filson, *Peter*; *Disciple-Apostle-Martyr* Part I, ch. 3；Part II, ch. 1。

⑯ "Οὐκ ἀγαθὸν πολυκοιρανίη"：荷马, *Iliad* II. 204 (LCL edition, I. 64 f.)。关于"鸟和蜜蜂"，参阅塞涅卡, *On Clemency* I. 19. 2 (LCL *Moral Essays* I. 410 f.)。

⑰ Lucan, *Pharsalia* I. 92 f. (LCL Lucan, *Civil War*, pp. 8 f.)。

此，我仍然不会以此推论教会的治理也当如此。因为基督是教会独一无二的元首，而且我们在基督所制定的治理模式下彼此和睦。当他们根据教会不能没有头这借口，企图设立一个人统治普世的教会时，这是大大地得罪基督。因基督是元首，且"全身都靠他联络得合式，百节各按各职，照着各体的功用彼此相助，便叫身体渐渐增长"（弗4：15—16）。由此可见，保罗在这里将众信徒都包括在基督的身体之内，却同时说唯有基督才是元首，并且唯有他才有元首的尊荣。保罗显然教导各肢体在教会里都有一定且有限的功能，好让我们更能够将成圣的事工以及统治的主权唯独交在基督的手中。

当一个人向他们反对说，圣经称基督为元首极为妥当，因为唯有基督以自己的权柄和自己的名做王。我并非不晓得他们常胡乱地答复，他们说，这与基督在教会里需要一个代理人统治全世界毫无冲突。[18] 然而除非他们先证明这是基督亲自吩咐的，否则他们的反驳对我们毫无益处。因为保罗教导说，教会的力量都在她的各肢体里，且这力量都是一位天上的元首所发挥的（弗4：16）。或者他们希望我说得更清楚：既然圣经教导基督是元首，并宣告这尊荣唯独属于他，我们就不应当将这地位移转到别人身上，除非基督亲自指派一个人做他的代理人。然而，圣经没有这个教导，甚至许多经文都与这教导相反（弗1：22，4：15，5：23；西1：18，2：10）。

10. 教会的合一来自基督，并非来自地上的君王*

ᶜ保罗不止一次地以活生生、奇妙的方式为我们描述教会，但他连一次都没有提到教会有地上的元首。其实根据保罗的描述，推论教会有另一个元首，与基督所设立的治理相违背，极为合理。基督升天时，将他与我们看得见的同在夺去了（徒1：9），但他升天为了充满万有（弗4：10）。因

---

[18] Eck, *De primatu Petri* I. 14, fo. 21a.

此，基督仍旧与教会同在，并将与教会同在到永远。当保罗喜悦教导基督彰显自己的方式时，他就提醒我们神所使用的人对他的服侍。他说主根据他所量给各肢体的恩赐，充满他的整个教会（弗4：7）。因这缘故，"他所赐的有使徒，有先知，有传福音的，有牧师和教师"（弗4：11 p.）。保罗为何不说基督将一位摆在众信徒之上做他的代理人呢？因这是最恰当的时间，且他若是这个意思，就不应当在此省略。保罗说基督与我们同在。怎么说呢？借着他所呼召管理教会之人的侍奉。为何不说借着他所赏赐自己职分的那行政上的元首呢？保罗提到合而为一，但这合一在神里面，也是借着信靠基督而来。他所交给人的不过是一般的服侍，且教导各人都有他特别的恩赐。

　　保罗在教导我们合一的必要性时，提到"身体只有一个，圣灵只有一个，正如你们蒙召，同有一个指望。一主，一信，一洗，一神"（弗4：4—5 p.）。他为何没有立刻在后面加上"一位至高的教皇，为了保守教会的和睦"？[19] 因为若是真的，没有比这更该说的话。我们各人都当仔细地思考这经文。无疑保罗在这里的教导是指教会圣洁和属灵的治理，即他的继承者所谓的"教阶制度"。他不但没有教导牧师当中的君主制度，他反而指出没有这样的制度。在这些经文中，保罗无疑想表示信徒怎样与他们共同的元首基督联络。他在此不但没有提到教会的元首，反而教导根据基督所量给各人的恩典，每一个肢体都有自己独特的恩赐（弗4：7）。我们的仇敌狡猾地将天上和地上的教阶制度相比附，这毫无根据![20] 因就前者而言，我们不应该自以为聪明，而建立后者，我们应当完全依靠主在他话语里面的启示。

---

⑲　参阅上文第一节注释2。
⑳　Clichtove, *Antilutherus* II. 2, fo. 65ab. VG 的版本在此可以这样解释："将天上和地上的教阶制度相比附也毫无意义，因为天上的阶层我们只能从圣经来了解和感受。"

承认彼得在罗马做监督,并不证明罗马教区永久的首要性(11—13)

11. 若彼得自己是元首,罗马也无权宣称它具有首要性

ᶜ那么,假设我接受他们的另一个教导,虽然没有任何理智的人会接受,即彼得做教会的头一位元首,好设立不断的统绪。然而,他们如何证明彼得的教座设立在罗马?何况证明之后,谁能说在罗马做监督的人就是统治全世界的呢?他们凭什么将这权柄局限于圣经根本没有提到的地方呢?他们说彼得住在罗马到死为止。基督自己做了什么呢?当基督住在耶路撒冷时,不是担任他监督的职分,并借自己的死完成祭司的职分吗?众牧者的君王、至高的监督、教会的元首——基督没有将这样的尊荣交给任何都市,难道地位远不如基督的彼得能这么做吗?难道这不是极其幼稚的神话吗?他们说基督将元首的地位交给彼得,彼得也住在罗马;因此,基督将大主教的教区设立在罗马。

然而,根据这样的理论,古时的以色列人应该把大主教的教区设立在旷野里,因那就是他们至高的教师和最伟大的先知摩西的住处,甚至也是他服侍神直至离世的地方(申34:5)。

12. 据说首要地区从安提阿搬到罗马*

ᶜ可是,我们仍要留意他们可笑的理论。他们说彼得是众使徒的元首,所以在他教区里的教会应当站在最高的地位。[21]但他的第一个教区在哪里呢?他们说在安提阿。他们承认安提阿首先站在最高的地位,但彼得因从那里搬到罗马,就将他自己的尊荣交给那都市。因他们仍保有教皇马尔塞鲁斯(Pope Marcellus)写给安提阿教会长老的一封信。他这样写道:"彼得的教区从前在你们那里,但他之后在主的盼咐之下将之移转到这里来。因

---

[21] Fisher, *Assertionis Lutheranae confutatio*, pp. 422 f.

此安提阿教会，虽然本来有最高的地位，之后将这地位交给罗马教区。"㉒然而请问有什么圣言告诉这位好人，这决定来自主的吩咐呢？若这事情是由教会的法规做决定，他们必须说这特权是私人的、客观的或混杂的。㉓因为它必须是其中三个之一。他们若说是私人的，那么它就不能属于地方；若是客观的，只要它从前一次设立在某一个地方，这特权不可能因任何人的死亡，或因他的离开移转到别的地方去。他们就不得不说是混杂的。但在这情况之下，除非人和地方同时移转到新的地方，否定绝不可能。容他们随意做选择，我立刻就能证明罗马绝对无权声称自己是首要教区。

13. 对其他教区地位的决定*

ᶜ假设（根据他们的幻想）首要教区从安提阿移转到罗马。那么，为何安提阿没有占第二个位置呢？因若罗马做首要教区的根据，是彼得住在那里到死为止，那么第二个位置不就是要交给彼得头一个教区的那都市吗？如此，亚历山大如何胜过安提阿呢？难道一位普通门徒的教会在地位上能胜过彼得从前的教区，这合乎逻辑吗？若各教会的尊荣是她创始人的地位所决定的，那么其他教会的地位是这样决定的吗？保罗告诉我们雅各、矶法、约翰被称为教会的柱石（加2:9），那么若因彼得的尊荣而使罗马做首要教区，难道以弗所和耶路撒冷的教会不应得第二和第三名吗？因为她们是约翰和雅各的教会。但是耶路撒冷是主要教区的最后一名，㉔以弗所则没有得名，且其他使徒的教区以及一些保罗自己所开拓的教会也都被忽

㉒ 教皇马尔塞鲁斯在写给安提阿主教的信 *Pseudo-Isidorian Decretals* 里对主教说："主说'你是彼得'……是全教会的头，他的教座从前在你们那里，但他之后在主的吩咐之下，将之移转到这里来，并借着上帝的恩典持续到今天。"(*Decretales Pseudo-Isidorianae et Capitula Angilramni*, ed. P. Hinschius, p. 223) 参阅 Gratian, *Decretum* II. 24. 1. 15 (MPL 187. 1270；Friedberg I. 970)。
㉓ 根据查士丁尼的《法学汇纂》(*Pandects* of Justinian) 来争辩。9. A. (ed. I. Baron, p. 33)。
㉔ 参阅以下的第十六节。君士坦丁堡会议文献 (381) 第三章给予君士坦丁堡的主教"仅次于罗马主教的尊荣"，因为卡尔西顿会议文献 (451) 28 解释这个决议说："教父们加给古罗马君王般的特权，是因为这个城市是首都。"(Fulton, *Index canonum*, pp. 190 f., tr. Ayer, *Source Book*, pp. 354, 521) 君士坦丁堡会议文献（3）和卡尔西顿会议文献（28）都不被罗马教会所承认。参阅 H. Schroeder, *Disciplinary Canons*, pp. 65 ff., 125 ff., and IV. 7. 15, note 36。

略。马可的教区（虽然他不过是一般的门徒）居然是第二名。他们必须承认这是混乱的顺序，或承认每一间教会带着开拓之人的尊荣并不是永久的原则。

彼得曾经去过罗马毫无根据，然而保罗毫无疑问去过那里（14—15）

14. 彼得住过罗马的根据

ᶜ其实，我想象不到彼得曾经做过罗马教会的监督有任何根据。事实上，反驳优西比乌的话是轻而易举的事，即彼得曾经在那里统治教会二十五年。因为《加拉太书》中的第一和第二章经文明确地教导：从基督离世之后，彼得住在耶路撒冷大约二十年（加1：18，2：1及以下），然后从那里去安提阿（加2：11）。我们不确定他待在那里多长时间，格列高利才七年，优西比乌则有二十五年。㉕然而从基督的死到尼禄（Nero）做王期满后（他们记载彼得在尼禄做王时被杀）的时期总共只有三十七年。因主是在提比略（Tiberius）做王的第十八年受死的。根据保罗的见证，彼得住在耶路撒冷二十年。我们若把这二十年从三十七年中减掉，我们顶多只剩下十七年。如此必须有两个监督的职分在这十七年之内。若彼得停留在安提阿许多年，他只能在罗马做监督很短的时间。然而我还有更充分的证据，保罗是在去耶路撒冷的路上写《罗马书》的（罗15：25）。他在耶路撒冷被逮捕，被送到罗马去。因此，他写《罗马书》是在他来罗马的四年前。然而，他在《罗马书》中连提都没有提到彼得，但若彼得刚好正统治那教会，这是不可能的事！此外，当保罗提到他想问候在罗马的信徒时（罗16：3—16），他并没有提到彼得。对理智的人而言，我们在此无须详细地证明我们的重点，因为常识和《罗马

㉕ Gregory I, *Letters* VII. 37 (MGH *Epistolae* I. 485; MPL 77. 899; tr. NPNF [letter 40] 2 ser. XII. 2. 229); *Liber Pontificalis*, ed. L. M. O. Duchesne, I. 118; tr. L. R. Loomis, *The Book of the Popes*, p. 4.

书》的信息本身都很有说服力地告诉我们：若彼得当时在罗马，保罗不可能不知道他。㉖

15. 证据既少又不可靠*

ᶜ保罗之后被带到罗马去坐牢（徒 28：16）。路加记载罗马的弟兄当时迎接保罗（徒 28：15），但他没有提到彼得。保罗在罗马写信给许多不同的地方教会，且保罗在一些书信中以某些信徒的名问候人，但他在这些书信中也没有提到彼得。若彼得当时在罗马，保罗怎么可能在信中不提到他呢？此外，在《腓立比书》中，保罗说在那里没有像提摩太那么忠心服侍神的人，也同时埋怨别人都求自己的事（腓 2：20—21）。且保罗对提摩太更为厉害地斥责那里的弟兄，即他初次申诉，没有人前来帮助，都离弃他（提后 4：16，参阅 KJV）。那么，当时彼得在哪里呢？因他们若说彼得当时在罗马，保罗指控他是弃绝福音的人，这是何等令人羞耻啊！但我们确定保罗指的是信徒，因他接着说："但愿这罪不归于他们。"（提后 4：16）因此，彼得什么时候在罗马做主教，且他在那里待了多久？或许有人会说史家前后一致地说：彼得在那里至少统治了教会到死为止。我的回答是，这些史家并未在谁接续他做主教一事上达成一致？有人说是利奴（Linus），又有人说是克莱门（Clement）。㉗他们也讲了许多荒唐的故事，关于彼得与行邪术的西门彼此的争吵。㉘ᵉ且奥古斯丁在谈到迷信时，告诉我们：罗马的信徒拒绝在彼得胜过行邪术的西门那日禁

㉖ O. Cullmann, *Peter; Disciple-Apostle-Martyr*, 德文版本, pp. 37 f., 82 ff.; 英文版本, pp. 113, 231 f. 库尔曼（Cullmann）认为彼得只在罗马停留很短的时间。

㉗ 要列出第一世纪罗马主教的年代和顺序仍有困难。爱任纽（Irenaeus）认为彼得和保罗建立了罗马的教会，然后完全交给利奴，在他之后有两个主教——阿纳克里图（Anacletus）和克莱门。*Against Heresies* III. 3. 3 (MPG 7. 848; tr. Ayer, *Source Book*, p. 113).

㉘ Augustine, *Letters* 36. 21 (MPL 33. 145 f.; tr. FC 12, 156). 1559 年版所引用的 "Epist. 2 ad Januar" 有误。《使徒行传》8：5-24 行邪术的西门与吉塔的西门（Simon of Gitta）容易被混为一谈。行邪术的西门（Simon Magus）后来成为一个传奇性人物，他曾与彼得争辩，行法术以及传播极端的诺斯替主义学说。

食是出于迷信。

ᶜ最后，那时代的史家记录经常互相矛盾，所以我们不应当毫无疑问地相信那时候的任何情况。然而，根据许多当时史家共同的记录，我不否认彼得是在罗马受死的，但我仍无法相信他在罗马担任过监督的职分，特别是做了很长一段时间。这事我也不想过多讨论，因为保罗记载彼得是犹太人的使徒，但他自己才是做我们外邦人的使徒（加2：7—8）。因此，为了确立他们在行相交之礼时所立的约定（加2：9），其实就是牢牢确立圣灵自己的安排，我们应当看重保罗的使徒职分过于彼得的使徒职分，因为是圣灵亲自分派他们不同的责任。彼得负责犹太人，保罗则负责我们。如此，就让天主教徒在别处寻找这立场的根据吧，因为这立场毫无圣经根据！

罗马教会受圣经的尊荣，却不是教会的头（16—17）

16. 罗马教会在新约教会初期的重要性

ᶜ我们现在要思考古时教会的记录，为要明确地证明我们的仇敌以拥有古时教会的支持为傲，与以圣经的根据为傲一样是轻率、虚妄的自夸。所以，当他们自夸地说：一个教会在世上做其他教会的头，且主将这地位交给彼得和罗马教区，直到世界末日，他们便是在宣告：教会从一开始就有这样的行政。但既因他们恶毒地强解许多见证，我先要说：我并不否认古时神学家们都非常地尊重罗马教会，提到她时都带着尊敬的心，这是根据三个原因：

（1）根据一个普遍的信念，即罗马教会是彼得所开拓并设立的，因此西方人以尊敬的心称她为"使徒教区"。

（2）既然罗马是罗马帝国的首都，那里的信徒大概在教育、智慧、技术以及经验上更优秀。众教会的信徒都接受了这事实，免得藐视那教会的名声或他们信徒卓越的恩赐。

（3）除此之外，第三个原因是：当东方、希腊以及非洲的教会里面发生了严重的纷争时,罗马教会更为平静和稳固。如此,当敬虔的监督从自己的教区被开除时,他们经常将罗马当作自己的避难所。因既然西方人没有亚洲人和非洲人㉙那么机智,他们也就没有那么喜欢变化,罗马教会之所以在这个时代没有像一般的教会受到很大的打击,是因为他们更竭力地保守神从前一次交付圣徒的真道,使得罗马教会受更大的尊敬。我们将在下面更清楚地解释这一点。根据这三个原因,罗马教会受到整个教会以及古时神学家们很大的尊敬。

17. 根据古代教会的教导,教会的合一根本不依靠一位监督做整个教会的头

ᵇ然而,当我们的仇敌企图因此将罗马称为首要教区,并将她视为拥有在众教会之上的权威时,这是很大的错误。为了更清楚地证明这一点,我首先要引用古时神学家们的话,好让我们明白他们对教会合一的立场如何。哲罗姆写信给尼波提安,在指出许多的教会合一之后,最后将教会的合一归在教阶制度之下。他说,每一个教会都有自己的大主教、长老以及执事,且每一个教会的秩序都依靠他的治理者。㉚哲罗姆是罗马教会的长老,他教导教会的合一赖于它的秩序。那么,他为何不提有一位大主教超过万有之上,且众教会的合一完全取决于这大主教呢?因他这样说最有利于说明这一点。我们也不能说他因自己的健忘忽略了强调这一点,因为若事实果真如此,他必定会十分乐意这么说。因此,他无疑相信西普里安在此关于教会合一的奇妙教导:"主教区只有一个,每位主教都是其中的一分子;教会只有一个,借着繁衍遍及世界各地。就如太阳有许多道光线,却只是一个光;就如树有许多的树枝,却只有

㉙ 《基督教要义》其他地方没有发现任何族上的偏见。前面的几句话要归于奥古斯丁的 *Letters* 43. 7; 209. 8, 9 (MPL 33. 163, 955 f.; tr. FC 12. 187)。

㉚ Jerome, *Letters* 125. 15 (CSEL 56. 133; tr. NPNF 2 ser. III. 249)。 "Nepotian" 这个名字应改为 "Rusticus"。他是一位修士。

一根向下扎根的树干；就如一个泉源分出许多的支流，不管支流如何广布，但源头却是一个……同样，教会也是如此，她因蒙主的光照，光辉遍及全地，然而光源仍是一个。教会的树枝和溪流都延伸到世界各地，却只有一棵树，只有一个源头。"同样地，"基督的新娘不可能犯奸淫，她只认识一个家庭；以清洁的心保守婚姻之床的圣洁。"可见他教导唯有基督才担任至高监督的职分，且全教会都伏在他的权柄之下。他同样教导说，一切在这至高监督之下担任监督职分的人，都是整个教会的一部分。[31]既然这合一的监督职分唯有在基督手中，并且各监督都各得其所，那么罗马首要教区的教导有何根据呢？我在上面所引用的话，都是需要为读者们证明天主教徒和世人毫无疑问的原则，即教阶制度的合一都来自一位地上的元首，这与教父的教导截然不同。

---

[31] Cyprian, *On the Unity of the Catholic Church* III, 5, 6 (CSEL 3. 1. 212, 214; tr. LCC V. 125-128).

e 第七章　罗马教皇制的产生和发展，及其对教会自由的压制和教会治理的破坏

罗马教区在古时候只有一般的地位（1—4）

1. 尼西亚和以弗所大公会议对于罗马教区地位的教导*

c至于罗马首要教区的教导，在尼西亚会议之前，这教导没有记录。这会议决定罗马主教的权威在众主教之上，他在那时也被吩咐管理一切罗马近郊的教会。①当这会议做这样的区分，划分各主教所统治的地区时，并没有将罗马主教设立在众主教之上，而是吩咐他做其中一位领袖。维多（Vitus）和文森提乌（Vincentius）当时做朱利乌（Julius）的代理人，朱利乌当时正统治罗马教会。当时这会议所分给他们的地位，在

---

① 尼西亚会议（325）文献 6（Mansi II. 670 f.; Fulton, *Index canonum*, pp. 124 f.; tr. Schroeder, *Disciplinary Canons*, pp. 29 ff.）"Julius"是有误的，当时的教皇是西尔维斯特一世（Silvester I）（314-335）。E. Giles, *Documents Illustrating Papal Authority, A. D. 96-454*，这资料通常可以使用它来查阅此章中某些相关文件的论点。

其他三个人的地位之下。②那么请问：若当时这会议承认朱利乌是整个教会的元首，他的代理人为何被分在第四个位子呢？难道阿塔那修应该在这普世教会的会议做主席吗？难道这会议不应该与普世教会的教阶制度一致吗？③据说在以弗所会议（Council of Ephesus）时，当时罗马的主教西莱斯廷（Celestine）欺骗了教会，将自己的教区设立在第一个位置之上。当他派自己的代表时，他吩咐原本就是主持大会的人——亚历山大的西利尔——成为他自己的代理人。④这吩咐的目的难道不就是要将自己的名字摆在第一个位置上吗？因其他的代表照自己的位置投票，然而亚历山大的主教（西利尔）和西莱斯廷都以自己的名字投票。

在以弗所的第二次大会时，虽然利奥的使节在场，亚历山大的主教狄奥斯库若（Dioscorus）主持时却仿佛自己就是主席。对此我该说什么呢？⑤天主教徒反驳说这是不正常的会议，因这会议定了弗拉维安（Flavian）那敬虔之人的罪，却判欧迪奇（Eutyches）无罪和接受他不敬虔的行为。⑥然而当宗教会议召开时，监督们在他们自己中间分配代表的位置时，罗马的使节与其他教会的使节坐在一起，就仿佛是在参加一

---

② 索宗曼（Sozomen）列出罗马教廷指派前所有耶路撒冷、安提阿和亚历山大的代表和主教名单：*Ecclesiastical History* 1.17；Cassiodorus, *Tripartite History* II.1 （MPL 69.920 f., tr. NPNF 2 ser. II. 253）。加尔文的论点可以借着一位罗马天主教学者的话来说明：在米尔提亚德（Miltiades）之后，西尔维斯特长久的主教任期是"当世纪最空泛、无聊的"。"因着君王的意志，或许也可能由于罗马教皇的懦弱，罗马教会在基督教国家中没有任何影响力；虽然教皇的使节参与重大的会议，包括314 年在阿尔及之后在尼西亚，但没有什么贡献，更别说决定性的作用了。" J. R. Palanque, *et al.*, *The Church in the Christian Roman Empire*; tr. E. C. Messenger, p.30.
③ 加尔文错误地认为尼西亚会议是由阿塔那修主持的。目前仅知的主席是霍修斯（Hosius），他是科尔多瓦（Cordova）的主教（d.356），他的名字列在文献签署人里的第一位。
④ 这里是指第三次以弗所大公会议（the Third Ecumenical Council, that of Ephesus），431 （Mansi IV.1279 ff.，参阅 NPNF 2 ser. XIV. 193, 223, 227）。
⑤ 以弗所"强盗大会"449 （Mansi VI.587；Ayer, *Source Book*, p.511；B. J. Kidd, *History of the Christian Church to 461* III. 285-310）。利奥一世曾写两封信给这个大会，但受到当时对此事特别关注的主席亚历山大的狄奥斯库若（参阅 IV.7.15）的抵制：Leo I, *Letters* 28 （所谓的《利奥大卷》）；23 （MPL 54.755-782, 797-800；tr. NPNF 2 ser. II 38-43, 46 f.; XIV. 254，参阅 Ayer, *Source Book*, pp.515 f.）。
⑥ 虽然利奥所派的代表在以弗所会议（449）中与其他的人并肩而坐，但是他们"坚决地反对"大会的决议。其中一位成员（执事希拉利）中途缺席以避免签署文献。见 Leo I, *Letters* 43, 44 （MPL 54.821-832；tr. NPNF 2 ser. XIV. 52-54）。欧迪奇教导基督的人性被神性吞灭的基督一性说，却在这个失序的大会中被无罪释放，但是他的观点在 451 年的卡尔西顿会议中被明确地定罪。

个神圣、合法的大会议。但他们却没有主张自己的教区应该有最高的地位，反而主张最高的地位该分给另一个教区。他们若相信最高的地位本来应该属于他们，他们绝不会这么做。因罗马的监督从来没有对为自己的地位争辩感到不好意思，甚至有时为这缘故以极为有害的争吵搅扰教会；但由于利奥承认他若坚持自己的使节获得最高的地位，是很不理智的要求，所以他就没有这么做。

2. 卡尔西顿以及在君士坦丁堡的第五次大公会议 *

接下来是卡尔西顿会议（Council of Chalcedon）。在这会议中，根据皇帝的意思，罗马教会的代表被占据了首席。然而，就连利奥本身都虚情假意地承认这是与众不同的特权，因当他向皇帝马喜安（Marcian）和皇后布尔开利亚（Pulcheria）求这地位时，他并没有说这是理所当然的，反而根据主持以弗所会议的东方监督，将所有的一切弄得一团糟，并滥用自己的权威，才寻得这地位。既然他们当时需要一位认真的主席，且那些之前做主席的善辩、混乱之人已不适合再次担任这职分，他因其他人之前失败的短处及无能而要求将这职分转给他。⑦他竟然把这地位当作自己的特权，且不按常理和正规的程序去寻求，这就证明他的这地位不是理所当然的。他只是声称需要新的主席，因为过去的主席当得不好，显然这种做法既无前例，也不应该保持，因为它只是根据当时急迫的需要做的决定。因此在卡尔西顿会议时，罗马主教之所以被分给最高的地位，并不是因这本来是理所当然的，而是因为当时的教会会议迫切地需要一位认真、能干的主席，因为过去的主席因着从前放荡的行为，将自己排除在外了。

我所说的是，利奥的继承者却以自己的行动来证明了。在他派自己的使

---

⑦ Leo I, *Letters* 98. 1; 103; 106. 3; 89 (MPL 54. 951 f., 988, 1005, 921; tr. NPNF 2 ser. XII. 1. 72, 78; letter 103 not in NPNF or FC; letter 89 tr. in FC 34. 162 f.; 106 tr. in FC 34. 182-188).

节参加第五次大公会议（第二次君士坦丁堡会议，许多年之后的另一个教会会议）时，他并没有为最高的地位争辩，反而乐意让梅纳（Mennas）——君士坦丁堡的教长——做主席。同样在迦太基会议时（奥古斯丁所参加的一个会议），虽然他们刚好在争辩罗马主教的权威，并不是罗马教区的使节做主席，而是阿奎莱亚（Aquileia）当地的主教做主席。事实上，一个普世教会的阿奎莱亚会议曾经在意大利举行，但罗马的主教居然没有参加！最后由安波罗修做主席，因他当时对皇帝的影响力很大。在这次会议中，他们没有提到罗马主教，根据安波罗修当时的声誉，米兰教区比罗马教区更著名。⑧

3. 古代教会没有后来罗马监督高傲的称号

^c至于"大主教"以及其他天主教徒用来自夸的高傲称号，要判断是什么时候和怎样混入的并不困难。西普里安经常提到哥尼流，他称他为"弟兄""监督同工"或"同工"。但当他写信给哥尼流的继承者司提反时，西普里安不但将他视为与自己和其他的信徒平等，甚至有时刻薄地对待他，有时斥责他的骄傲，又有时斥责他的无知。⑨在西普里安的时代之后，我们知道整个非洲教会如何看待这事。因迦太基会议禁止在教会里称任何人为"至高的监督"或"大主教"，只允许称他们为"首要教区的监督"。然而根据古代教会的记录，当时罗马监督满足于"弟兄"这个称号。只要教会保持她原先纯洁的性质，他们之后出于自己的悖逆所捏

---

⑧ 这里所提到的君士坦丁堡大会是553年的，当时教皇维吉里乌（Vigilius）在压力下认可了基督一性论：Mansi IX. 181, 367, 655；MPL 69. 67 f., 143, 147；tr. Ayer, *Source Book*, pp. 544, 547 ff.。召开 Council of Aquileia (381) 时，"只有西班牙和罗马没有派代表"：H. Burn-Murdoch, *The Development of the Papacy*, p. 184. 论安波罗修与此的关系，见他的 *Letters* 51 （MPL 16. 1209-1214；tr. NPNF 2 ser. X. 450-453；FC 26 [as no. 3]. 20-26。这封信是阿奎莱亚写给他的。又见 B. J. Kidd, *History of the Christian Church* II. 361 ff.。

⑨ Cyprian, *Letters* 68. 1；44. 1；45. 1；47；48. 1；72. 3；75. 3, 17, 25 (CSEL 3. 2. 724, 597, 599, 605 f., 777, 817, 821, 826；tr. ANF [letters are 56. 1；40. 1；42. 1；44. 1；71. 3；54. 3, 17, 25] V. 367 f., 319 f., 321, 322, 379, 390, 394, 396).

造的高傲称号根本不存在。他们对于"大主教"以及"世上教会唯一的元首"的称号全然不知，即使当时的罗马监督胆敢将这样的称号赋予他自己，一些勇敢的人也不会接受这种愚蠢。哲罗姆既然是罗马教会的长老，乐意宣告自己教会的尊荣，然而只要与事实和当时的风俗习惯一致，他这样做也算保持节制，他说："若谈到权威，世界比任何的都市更大。你为何将都市所应得的尊荣归给我呢？你为何为几个自称为伟大的人辩护？虽然他们的宣称与教会法规相违背。不管监督属于哪一个教区，罗马、古比奥（Gubbio）、君士坦丁堡，或雷吉奥（Reggio），它们在地位上同等，并同有一样的职分。钱财所带来的权威，或贫困所带给人的卑贱光景，与监督的地位毫无关联。"⑩

4. 大格列高利（Gregory the Great）拒绝"普世监督"(universal bishop）这称号

ᶜ一直到格列高利的时代，教会才开始在"普世监督"这称号上产生争执，这争执是君士坦丁堡的约翰（John of Constantinople）之野心所造成的，因他希望自己做普世教会的监督。那个时候从来没有人有这样的野心。在这争执中，格列高利并没有埋怨约翰企图夺去他自己的权威，他所抗议的反而是亵渎了这称号，甚至预表敌基督，他说："如若一位被称为'普世监督'的人堕落，全教会就与他一同堕落。"又说："如若我们的弟兄与监督同工，企图被称为独一无二的监督，并因此藐视其他的监督，这是极为悲惨、令人无法忍受的事。但他的这骄傲难道不就是表

---

⑩ Jerome, *Letters* 146.1, 2 (CSEL 56.310 f.; tr. LCC V.386 f.); "*Si authoritas quaeritur orbis maior est urbe.*" 加尔文改变了哲罗姆所写句子的顺序，但是没有改变他的意思。巴黎的约翰（John of Paris）曾使用更改过的资料来支持会议的决议高于教皇的意见：*"Et quod orbis maior est urbe et papa, concilium maius est papa solo." De papali et regia potestate* (1302) (M. Goldast, *Monarchia seu Romani imperii* II.339). 参阅 McNeill 的 "The Emergence of Conciliarism", in E. N. Anderson and J. L. Cate, *Medieval and Bibliographical Essays in Honor of James Westphal Thompson*, p.294, note 63。参阅路德的"圣洁的教会不受限于罗马，乃广达全世界"：*Answer to the Celebrated Romanist at Leipzig* (Werke WA VI.300; tr. *Works of Martin Luthher* I.561).

示敌基督的时代近了？他显然在模仿那位因弃绝与众天使交通，企图升到高云之上的那位堕落的天使！"他写信给亚历山大的优罗基乌（Eulogius of Alexandria）以及安提阿的阿纳斯塔修（Anastasius of Antioch）说："我的前任都不愿意用这亵渎的称号。显然我们若将一位主教称为'普世'，那么'主教'这名称将从其他人的手中被夺去。然而一个基督徒若希望自己占上风而对其他弟兄的尊荣有丝毫的威胁，都是极为不妥当的事。允许人采用这称号简直是毁坏我们的信仰。"他说："我们不但要保守信仰所带来的合而为一，同时也要弃绝一切的自高、自大，我肯定地说，任何称自己为'普世监督'或希望别人这样称呼他的人，他的自高、自大都预表敌基督，因他这样自夸时把自己置于他人之上。"他以同样的立场写信给安提阿的阿纳斯塔修："我说过，除非他除掉这迷信、骄傲的称号而弃绝自己的骄傲，否则他无法与我们和睦，因这是头一个背道者所捏造的称号。且我们若称一个人为'普世的监督'，当这监督堕落时，整个教会将与他一同堕落，更不用说这也成为你自己的羞辱。"

他说卡尔西顿会议授予利奥这称号毫无根据，因为那时的会议没有这记录。且利奥本身既然在许多的信中弃绝当时尊荣君士坦丁堡的谕令，若这是真的，他不可能省略这一点，因他当时若弃绝这样的称号，会最充分地证明他自己的立场。且他既然是很爱面子的人，就不可能忽略任何称赞他的话。因此格列高利的这段话，即卡尔西顿会议这样称呼罗马教区是错误的。我略而不谈他一方面说这是教会圣洁会议的称呼，另一方面又称它为邪恶、亵渎、可憎恶、骄傲，甚至来自魔鬼，并且是敌基督本身所宣告的称号是何等荒谬。但他接着说他的前任拒绝这称号，免得其他的监督所应得的尊荣因此被夺去。他在别处说："从来没有人渴慕过这样的称号，没有人想这样任意妄为地称呼自己，免得他在众监督中抢夺这尊荣，并同时夺去其他弟兄所应得的尊荣。"⑪

罗马教区的权威不如皇帝和官员（5—10）

5. 罗马教区之权柄的来源

"我现在要讨论罗马监督宣称他在众教会之上所拥有的权柄。我知道在这事上曾经有许多不同的争辩，因为罗马教区从一开始就企图掌握众教会。这也是讨论他如何逐渐地获得这权柄的恰当时候。我现在不谈他不久以前自称拥有无限量的权柄。我们将在更妥当的时候讨论这一点。⑫但我们现在先讨论这教区从古时候如何发展，到开始在其他教会之上掌握绝对的权柄，对我们较有益。

当东方教会在君士坦丁大帝的儿子康士坦丢和康士坦茨统治的时代被阿里乌党派所搅扰和分裂时，阿塔那修这位当时最伟大的正统信仰辩护者，在他的教区被放逐。这不幸的事迫使他来到罗马，借着罗马教区的权柄，他得以一面抵挡他一切的仇敌，一面坚固教区里敬虔的人。当时的监督朱利乌极为尊敬地迎接他，并且说服了西方的监督为他辩护。既然他教区的敬虔者当时迫切地需要外在的帮助，且他们认为罗马教会最能给予自己所需要的帮助，他们乐意尽量多多地增加罗马教区的权威。然而，当时的结果不过是众教会更看重与罗马教会彼此的交通，且认定被这教区革除会籍是极大的羞辱。

之后，邪恶的人也大大地增加罗马教会的权威，他们为了避免其他

---

⑪ 参阅 IV.7.17, 21 f. 加尔文根据第四段的第一部分论格列高利一世（Gregory I）的书信，以及部分利奥一世的书信：Gregory I, *Letters* V.37, 39, 41, 44, 45（MGH *Epistolae* I.322, 327, 332, 341, 344；MPL [the nos. 分别为 V.20, 21, 43, 18, 19, respectively] 77.745, 749, 771, 740, 743；tr. NPNF 2 ser. XII. 2.170, 171, 179, 166, 169）; VII. 24, 30（MGH *Epistolae* I.469, 477 f.；MPL [nos. 27, 33] 77.883, 891；tr. NPNF 2 ser. XII. ii. 222, 225 f.）; IX 156（MGH *Epistolae* II. 157）(MPL [no. 148] 77.1004；not in NPNF）; Leo I, *Letters* 104. 2；105. 2；100. 3；101. 4, 5（MPL 54. 993, 998 f., 972, 979；tr. NPNF 2 ser. XII. 1. 75, 76 f.；last two not in NPNF or FC 34）。(第二次提到 Anastasius 时，拉丁文将 *Antioceno* 误写为 "*Alexandrino*" [OS V. 107].)

⑫ IV. 11. 10-15. 近代断言 4 至 6 世纪教皇宣称拥有最高权柄的例子，可在 Dom J. Chapman, *Studies in the Early Papacy*, chs. 5-8 中找到。

教区正当的惩戒而投靠罗马教区的保护。任何受自己的监督惩戒的长老，或任何被自己教区的会议所惩戒的监督，立刻向罗马上诉。且当时的罗马监督过于热衷于接受这些上诉，因他们认为到处管闲事对他们有极大的利益。当欧迪奇受君士坦丁堡的监督弗拉维安惩戒时，他向利奥埋怨说自己被恶待。利奥立刻轻率地开始支持他的恶行。他严厉地斥责弗拉维安，好像他毫无根据地定了一位无辜之人的罪，并出于自己的野心，在一段时间里支持了欧迪奇的恶行。⑬

非洲经常发生同样的事。一个外人一旦受教会的惩戒，立刻就投靠罗马教区，并同时激烈地咒骂自己的同胞；此外，罗马教区总是乐意干预。这样鲁莽的行为迫使非洲的监督下令：任何向国外上诉的人将会被革除会籍。⑭

6. 当时罗马权威特殊的情况*

ᶜ我们现在要讨论当时的罗马教区所拥有的权柄如何。教会的权柄包括在四个不同的部分之下：监督的按立、举行会议、听上诉以及教会的惩戒。⑮

古时的会议都吩咐监督受大主教教区的按立，当时罗马监督只负责他自己的地区。然而全意大利的监督渐渐地都开始来到罗马被按立。唯一的例外是大主教，因对他们而言，这是羞辱的事。但即使大主教被按立，罗马监督仍派它的一个长老去参加。格列高利的一封信记录了当时的这个习惯。然而，我并不认为这是很古老的规定，虽然他们当时为了荣誉和礼貌，差派自己的使节参加大主教在其他教区的按立，但之后这习惯渐渐地成为一个规定。无论如何，显然在古时候，罗马监督按立的

---

⑬ 参阅 B. J. Kidd, *History of the Christian Church* II. 298 ff.。
⑭ The Second synod of Milevis (beside carthage), by Smits (II. 276) 416, canon 22 (Mansi IV. 332; Hefele-Leclercq II. 1. 125); Gratian, *Decretum* II. 2. 6. 35 (MPL 187. 633; Friedberg I. 479; tr. NPNF 2 ser. XIV [canon 28]. 456 [canon 125]. 502).
⑮ 讨论的顺序是 1、4、2、3。

权威局限于他自己的教区，这是尼西亚会议的法规。

大主教受按立时，会议同时也写了书信，但这信并没有表示罗马监督有任何特殊的权威。在受按立之后，大主教习惯在正式的仪式上宣告自己的信仰，这也包括大主教决定顺服教会圣洁会议的决定。他们这样见证自己的信仰，彼此认可对方。若罗马监督当时做主席，他就会被视为有更高的地位，但他之所以也负责在众主教面前宣告自己的信仰，这是表示他的顺服，而不是地位。格列高利写给阿纳斯塔修、君士坦丁堡的西里亚库斯（Cyriacus of Constantinople）和众主教的信也证明这当时的习惯。⑯

7. 彼此的劝勉*

ᶜ接下来有劝勉或斥责，就如当时的罗马监督劝诫和斥责别人，他们同样也受其他监督的劝诫和斥责。爱任纽严厉地斥责了维克多（Victor），因他在次要的事上以有害的争议轻率地搅扰教会。维克多毫不反对地听从。⑰当时的监督都有被罗马监督（他们的弟兄）劝诫和惩戒的自由。相反地，他对他们有同样劝诫和斥责的自由。如果当时斯蒂芬（Stephen）统治高卢，难道西普里安不会说："既然他们在你的权利之下，命令他们吧"？但他所说的话截然不同，他说："我们彼此弟兄般的交通，迫使我们彼此劝诫。"⑱而且这温柔的人，当他认为斯蒂芬变得过于骄傲时，用极为严厉的话斥责他。因此，从这一方面来看，当时的罗马监督也没有任何在其他教区之外的权柄。

---

⑯ Gregory I, *Letters* III. 29 (MGH *Epistolae* I. 186 f.; MPL 77. 627; tr. NPNF 2 ser. XII. 2. 129). 后来格列高利送给君士坦丁"一件大披肩，可以在弥撒时穿"：*Letters* IV. 1 (MPL 77. 679; tr. NPNF 2 ser. XII. 2. 144); 又见 *Letters* I. 25; VII. 5; I. 24 (MGH *Epistolae* I. 38 f., 447, 28; MPL 77. 479 f., 858 f., 468 ff. [I. 26, VII. 4, I. 25, respectively]; tr. NPNF 2 ser. XII. 2. 80 ff. [VII. 5 not given]).

⑰ Eusebius, *Ecclesiastical History* V. 24. 11 ff. (GCS 9. 494 f.; tr. NPNF 2 ser. I. 243 f.).

⑱ Cyprian, *Letters* 68; 74. 1, 3, 4, 7, 8 (CSEL 3. 2. 746, 799, 801 f., 805; tr. ANF [letters 66 and 73, respectively] V. 368, 386 ff.). 在 letter 74. 8 (73. 8), 西普里安称教皇斯蒂芬 (Stephen) 是"异端的朋友、基督徒的敌人"。

8. 举行会议的权柄*

ᶜ至于举行会议，每一位大主教都负责在固定的时候举行教区的会议，在这事上罗马监督没有任何的权柄。此外，唯有皇帝自己才有举行普世会议的权柄。⑲当时若有任何监督企图这样行，不但其他教区之外的监督不会理他，甚至会造成很大的骚乱。因此，皇帝毫无偏袒地叫众监督参加。苏格拉底说朱利乌斥责了东方的监督，因他们没有叫他参加安提阿会议，尽管教会的法规禁止教会颁布任何谕令，除非先告知罗马监督，⑳可是谁不知道，这些谕令必须看作对普世教会都有约束力？这也难怪，鉴于罗马教会传统悠久，城市巨大，教区威望很高，罗马监督不在的情况下通过任何涉及信仰的普世谕令都是不可能的，除非罗马监督确实拒绝出席！但这与统治整个教会彼此的关系如何呢？我们并不否认罗马监督是基要的监督之一，然而我们拒绝接受天主教现在所坚持的，即他的权柄主宰整个教会。

9. 伪造的文件*

ᶜ第四种权柄是上诉的权柄。显然至高的权柄在于听上诉的教区。许多人经常向罗马监督上诉，且他自己也主动地接受这样的案子，然而当他超过自己的范围时，就受其他监督的嘲笑。关于东方和希腊的光景，我不十分清楚，然而当高卢的监督认为罗马监督企图压制他们时，他们很勇敢地抵挡他。㉑

---

⑲ 优西比乌认为君士坦丁"召集了大公会议"：*Life of Constantine* III. 6 （GCS 7.79；tr. NPNF 2 ser. I. 521）。参阅 Leo I，*Letters* 154.3，给皇帝的信："所有的监督都以眼泪来哀求您的恩惠，求您在意大利召开大公会议。"（MPL 54. 829；tr. NPNF 2 ser. XII. 1. 54；FC 34. 125）

⑳ Socrates，*Ecclesiastical History* II. 8，15，in Cassiodorus，*Tripartite History* IV. 9 （MPL 69. 960，964；tr. NPNF 2 ser. II. 38. 42）。

㉑ 参阅上面第五节注释12和14。利奥一世在他的 *Letters* 10.2，斥责了维也纳（Vienne）省的监督以"旧的惯例"来上诉（MPL 54. 630；tr. NPNF 2 ser. XII. 1. 9；FC 34. 38）。加尔文可能想到的是中世纪有主张限制教皇权力的高卢运动（Gallican movement），特别是腓利普四世（Philip IV）和卜尼法斯八世（Boniface VIII，ca. 1296 – 1303）时期法国政府和监督抵抗教皇权柄的运动。

非洲就这事情争辩了很长一段时间,因当那些向国外上诉的人在米勒维会议(Council of Milevis,奥古斯丁也参加了这会议)被革除会籍时,罗马监督设法改变了这决定。他差派了使节来欺哄教会说,他在尼西亚会议时获得了这特权。这些使节带来了自己教会对尼西亚会议的记录。非洲人反对,并说当罗马监督替自己辩护时,教会不应当认为他自己的记录是可靠的、理所当然的。因此,这次会议决定向君士坦丁堡以及其他希腊的大都市要更为可靠的记录。结果他们发现罗马的记录与他们的截然不同。因此,他们当时批准拒绝给罗马监督至高权柄的谕令。㉒在这丑闻中,罗马监督的无耻被揭发出来,他企图用萨底卡会议(Synod of Sardica)的记录取代尼西亚的记录,却公开、羞辱地被发现。

然而,那些在尼西亚会议记录上添加伪造信的人更邪恶、更厚颜无耻。这伪造信说某一位迦太基的监督斥责了他前任的傲慢,因为后者拒绝顺服使徒的教区。前者决定要顺服罗马教区,并且恳求他们的饶恕。㉓由此可见,罗马教区的威严被建立在这样所谓古老的记录上。他们在古老的伪装底下,极其幼稚地撒谎,甚至连愚昧的人都能认得出来。这伪造信记载:"奥勒利乌(Aurelius)因充满魔鬼般的勇气与顽梗,违背了基督以及圣彼得,因此他应当受教会的咒诅。"奥古斯丁的立场呢?那些参加米勒维会议的教父们立场又如何?而我们为何需要费时、费力地反驳这伪造呢?连天主教徒(只要他们心里仍有任何的谦逊)都不可能对这

㉒ Secoud Synod of Milevis canon 22. 参阅上文第五节注释14 (Mansi IV. 332 f.)。参阅 African Council (419) 写给卜尼法斯一世 (Boniface I) 的信 (Mansi III. 830 ff.)。萨底卡会议 (344) 文献3、5,授权给一个在罗马"我们所爱的兄弟和同工朱利乌监督"的上诉。这些文献和尼西亚会议的文献一样,代表人是教皇佐西马 (Zosimus) (417-418) 和利奥一世 (440-461)。参阅 H. Burn-Murdoch, *The Development of the Papacy*, pp. 258-263;NPNF 2 ser. XIV. 423;Hefele-Leclercq II. 1. 763 f., 769 f.。在 Mansi IV. 515 f. 里有教皇于424年由 African Council 写给教皇西莱斯廷一世 (Celestine I) 所提出的要求被拒绝的书信记录。

㉓ 拉丁文版本包括了括号里的词:"*Haec habentur 1 volum. conc*"。以"会议记录的第一册"这句话来看,加尔文必定是指彼得·克拉伯 (Peter Crabbe) 的作品集。彼得·克拉伯为法兰西斯会的修士,他(校订了 J. Merlin 的作品)编辑了 *Concilia omnia... ab apostolorum temporibus in hunc usque diem...* 2 vols. Cologne,1538(copy in the Library of Congress)。The Forged Decretals occupy I. 13-213。这一段所指的 I. fo. 571。参阅 P. Hinschius, *Decretales Pseudo-Isidorianae*, p. 703。

记录不感到羞耻。格拉提安（Gratian）或出于恶毒或出于天真，指着非洲监督的谕令，即"一切向国外上诉的人必定被革除教籍"，加上了一个例外："除非他们向罗马教区上诉。"㉔我们该如何对付这些野兽？他们缺乏常识到他们企图把法规唯一所禁止的事当作例外！他们的会议之所以禁止向国外上诉，完全是为了禁止向罗马教区上诉！然而，这位优秀的解释者竟然把罗马教区当作例外！

10. 君士坦丁、监督麦基亚德以及阿尔会议 *

 ᶜ然而，为了完全证明这重点，历史上的一个事件能清楚地显示在教会的古代，罗马监督统治的范围如何。卡撒奈迦的多纳徒（Donatus of Casae Nigrae）指控了凯其良努（Caecilian）——迦太基的监督。凯其良努被判有罪，虽然他没有正式上法庭。因当他发现众监督冤枉了他之后，他就拒绝出席。这案子最后上诉到皇帝君士坦丁那里。既然君士坦丁希望教会能做最后的判决，他就将这案子交给麦基亚德（Melchiades）——罗马的监督。但他同时也叫意大利、高卢以及西班牙的其他监督与他一同做判决。如果教会的案件都是直接向罗马教区上诉，那么为何麦基亚德允许皇帝吩咐其他教区的监督与阿尔勒监督一起合作呢？㉕事实上，他为何听从皇帝的吩咐，而不是他自己做主呢？而之后又发生了什么事呢？到最后凯其良努赢了，多纳徒邪恶的企图不成功；凯其良努上诉，君士坦丁将其交给阿尔勒监督审断，这监督负责决定罗马监督的判断是否正确。那么，若罗马教区有无可上诉的至高权柄，为何麦基亚德监督给他这样大的羞辱呢？当时又是谁做皇帝呢？是君士坦丁本

㉔ Gratian, *Decretum* II. 2. 6. 35, with the note appended by Gratian: "*Nisi forte Romanam sedem appellaverint.*" (MPL 187. 633; Friedberg I. 479.)

㉕ Augustine, *De unico baptismo* 16. 28 (MPL 43. 610 f.); *Breviculus collationis cum Donatistis* III. 12. 24 (MPL 43. 637); *Letters* 43. 2, 4; 88. 3; 105. 2, 8; 53. 2, 5 (MPL 33. 161, 303, 399, 198; tr. FC 12. 184, 186; FC 18. 24, 201 f.; FC 12. 247 ff.). 这个上诉实际上是要给阿尔勒会议，而不是给监督的。

人。然而，天主教徒夸耀这皇帝不但尽自己的力，甚至也几乎倾注他国度一切的财产，为要提高罗马教区的地位。可见当时的罗马监督没有天主教所归给他在众教会之上那至高的权柄，虽然那监督假冒为善地宣称这权柄是众教会同意他在所有的世代都拥有的。㉖

第五和第六世纪教皇的立场：对罗马和君士坦丁堡的立场互相比较（11—16）

11. 伪造和推翻的行为

"我知道他们有多少信件、多少敕令以及教令，能证明他们的教区拥有这至高的权柄，且罗马监督极为高傲地宣称之。但就连最不聪明和没有学问的人都知道，这些文件大部分都肤浅到一看就知道它的来源。因为有什么理智的人会认为他们最有名的解经，即格拉提安所录阿纳克里图主张的解经，真的是阿纳克里图所主张的，即矶法是教会的"头"？为了替罗马教区辩护，今日许多天主教徒滥用许多格拉提安不加分辨地拼凑起来的胡言乱语攻击我们。他们居然在今日的明光底下，仍企图传扬他们在黑暗的时代中用来欺哄简单之人的谎言。㉗然而我不打算费时费力地反驳他们，因为这么荒谬的话显然是自相矛盾的。

我承认一些古代教皇的信存留到如今，且这些信以某些威严的

㉖ 多纳徒派分裂与阿尔勒会议（314）的开端，见 Burn-Murdoch, *Development of the Papacy*, pp. 194 ff.; Palanque, *et al.*, *The Church in the Christian Roman Empire*, pp. 30-33; W. H. C. Frend, *The Donatist Church*, ch. 11, pp. 141-159。帕朗凯（Palanque）称阿尔勒会议为"消除教皇的惊人榜样"（p. 30）。麦基亚德或米尔提亚德（Melchiades or Miltiades）310-314 年间做罗马教皇。

㉗ 这些伪造的文件来自于 9 世纪 Pseudo-Isidorian 的作品集（参阅上文第九节注释 23），而在格拉提安的 *Decretum* 一书中被当作真品来引用。Anacletus（ca. 79-91），*Epistle* III. 33，见 *Decretum* I. 22. 2（MPL 187. 124; Friedberg I. 74）; Hinschius, *Decretales Pseudo-Isidorianae*, p. 83。虽然被伊拉斯谟、乔治·卡山得（George Cassander）和其他学者否认，但是艾克（Eck）, *De primatu Petri contra Ludderum*（1526）及耶稣会的弗朗西斯科·托雷斯（Jesuit Francisco Torres, 1572, against the *Magdeburg Centuries*）却支持。胡格诺派（Huguenot）学者布隆代尔（D. Blondel, 1620）给托雷斯的一封措辞严正的信，要结束这个争辩，然而"Febronius"（Nicholas von Hontheim）在他的 *De statu ecclesiae*（1763）中，认为需要废除一切基于伪造的文件。参阅 T. G. Jalland, *The Church and the Papacy*, pp. 376 ff., 469 f.。普劳图斯（Plautus）用了一个揶揄、嘲讽的词 "*fumos vendere*"（烟贩）来形容，*Mostellaria* IV. 2. 10（LCL Plautus III. 380 f.）。参阅 IV. 16. 11。

称号称赞罗马教区,譬如利奥所写的一些信。但那个人对荣耀和权力异常着迷,就像他的学问和口才与众不同一样,然而,问题是当时的教会是否相信这样一位自夸者的见证?此外,当时有许多人反对他的野心,并抵挡他对权力的贪心。他曾经选择帖撒罗尼迦监督做他在希腊和其他附近教区的副主教,他在另一个时候则选择阿尔勒监督做他在高卢的副主教。他也指派希斯帕拉(Hispala)的霍尔密斯达(Hormisdas)监督做他在西班牙的代理人,然而他经常强调他所指派的人不许违背当地教区的主权。连利奥自己都宣称教区的特权之一是:若有任何的疑问,他们首先要请教当地的主教。㉘因此,这些代理人被指派的一个条件是:不可妨碍主教的日常管辖权,也不可干涉主教审判上诉的权柄,或干涉教区会议对教会的管理。这难道不就表示他们没当地的主权吗?他们只负责帮助教区根据教会的法规和团契的性质解决争议。

12. 教皇在格列高利一世时代的权柄

ᶜ然而到了格列高利的时代,那古代的习惯已经大大地被改变了。因为罗马国家受震撼且被分裂了,高卢和西班牙不断地遭遇灾难,以利哩古被毁坏了,意大利受攻击,以及非洲发生不断的灾难,几乎也被毁坏。在这样严重的政治混乱中,为了保护基督教信仰,或至少拦阻这信仰完全被毁灭,各处的监督都与罗马监督建立了更亲密的关系。其结果是,不但罗马教区的地位被提高,它的权柄也被提高了。其实,我没有那么在乎这事情发生的理由。显然到了这时代,罗马教区的权柄比以前的时代更大。但这权柄与毫无限制的独裁权柄,即一个人能随意吩咐众教会的监督截然不同。但当时罗马教区被尊敬到它能靠自己的权威征服

㉘ 根据 Leo I 的 *Letters* 14. 1;10. 9;15. 17;14. 2;13. 1 (MPL 54. 668, 636, 692, 672, 664; tr. NPNF 2 ser. XII. 1. 16, 12, 25, 17; FC 34. 58 f., 46 f.)。FC34 的编者亨特(E. Hunt)认为 no. 15 (MPL 54. 692) 是假的。

以及压制其他监督所无法控制之邪恶和顽梗的监督。格列高利经常认真地宣告他不但要求其他的监督交给他权柄，他同时也保守他们的权柄，他说："当一位监督被野心诱惑时，我也不夺去他所有的权柄，我反而在万事上想要尊荣我的弟兄。"在他所有的作品中，他以这话高傲地自夸他教区的首要性："我不知道有哪个监督犯了错会不服罗马教区的权柄。"但他立刻加上："若没有过错的问题，众监督根据谦卑的原则，都是平等的。"他接受处罚监督的权柄，却同时宣称：若众监督都尽本分，他的地位与他们同等。他宣称自己拥有这权柄，愿意的监督就将这权柄交给他；不愿意的则能不受处罚地抗议，且多半选择抗议是众所周知的事实。此外，他在这里的话是指拜占庭的大主教，在教区判他有罪之后弃绝了这决定。其他的主教将这事向皇帝报告，然后皇帝吩咐格列高利做法官。㉙可见，格列高利在此没有违背他自己权柄的范围，且他给人的帮助是在皇帝的吩咐下给的。

13. 在格列高利时代，罗马监督职分的限制 *

ᶜ由此可见，罗马监督的整个权柄在于当特别需要补救时抵抗顽梗、放纵的监督，目的是帮助而不是拦阻其他的监督。因此，他所接受在其他监督之上的权柄，在其他的时候则交给别的监督，因他承认他愿意受众监督的管教。他在另一封信中请求阿奎莱亚的监督到罗马来，在他与其他监督教义的争议上替他辩护，然而罗马监督不是根据自己的权柄，而是根据皇帝的吩咐叫他来。他也不打算自己一个人做法官，反而答应为了解决这问题举行教会会议。由此可见，在这时代，罗马教区有它不得越过的一定限制，且罗马监督与其他的监督在地位上是同等的。

㉙ Gregory I, *Letters* III. 29；II. 52；IX. 27 （MGH *Epistolae* I. 187，156；II. 60 f.；MPL 77. 627，588 [II. 47]，996 [IX. 59]；前二个 tr. in NPNF 2 ser. XII. 2. 129，115）。

然而，在这样的光景下，格列高利感到非常不悦。因他再三地埋怨他在监督的职分下，比做监督以前更需要管理世俗的事。他在别处说："这些行政上的重担压迫我，甚至我的心无法思念天上的事。我如波浪被许多问题之风吹动翻腾，且在休息一段时间之后，仍被不得平静的生活所搅扰；甚至我能诚实地说：'海上的暴风雨将我吞吃掉了。'"㉚你可以想象得到，若在今日发生，他会有怎样的反应！即使他当时无法担任牧师的职分，但他仍旧拥有这职分！他弃绝了世俗的行政，并承认他在皇帝的权柄下。除非有急迫的需要，他没有干涉其他教会的事。然而，既然他无法全时间地担任监督的职分，对他自己而言，他的生活就如迷宫一般。

14. 罗马和君士坦丁堡在地位上的争议

ᶜ就如我们上面所说，㉛君士坦丁堡监督与罗马正在争吵哪一个教区是首要教区，因为当宝座被设立在君士坦丁堡之后，那国度的威严似乎要求那教区的尊荣只低于罗马教区。事实上，在刚开始的时候，罗马作为国度的首都，就是它之后成为首要教区最大的因素。在格拉提安有一条依教皇卢修斯（Lucius）名义所颁布的敕令。他在这敕令中宣称：大主教所居住的都市，应当是那教区之前的政府决定的。另外还有一条教皇克莱门（Clement）所颁布的相似敕令。克莱门在这敕令中陈述：古时曾经在拥有大祭司的都市里设立族长。㉜虽然这是荒谬的看法，但仍是真实发生的事。显然，当时为了故意不制造很大的变化，教区的组织与当时的政治有关，且大主教被指派在最有名望和权力的都市里。因此，杜林会议（Council of Turin）颁布谕令，决定重要的主教教区要设在各

㉚ Gregory I, *Letters* II. 1; I. 16; I. 5; I. 7; I. 25 (MGH *Epistolae* I. 153, 17, 5, 9, 38; MPL 77. 596 [II. 52], 462 f., 448, 453, 479 [I. 36]).
㉛ 参阅上文的第四节。
㉜ Gratian, *Decretum* I. 80. 1, 2, from Pseudo-Isidore (MPL 187. 383 f.; Friedberg I. 279 f.). 又见 Hinschius, *op. cit.*, pp. 39, 185。

省中世俗政府权力最大的城市中。这会议同时也决定：若统治的权柄从一个都市移转到另一个都市，大主教的权柄也当移转到新的都市。㉝当罗马帝国的首都移转到君士坦丁堡之后，罗马监督英诺森（Innocent）看到他都市古代的权柄越来越被削弱，他因此颁布了相反的法规，宣告大主教的权柄无须随从都市权柄的变化。然而教会决议的权威应当高过任何一个人的看法。所以我们应当不理会英诺森的这个决定。㉞无论如何，他自己的决定本身，表示大主教的权柄是根据帝国暂时的城市排序所决定的。

15. 利奥抗议君士坦丁堡的新地位 *

ᶜ根据这古老的法规，君士坦丁堡的头一个会议颁布谕令：都市监督的权柄只低于罗马监督，因为君士坦丁堡等于是新的罗马。㉟然而过了许多年之后，当卡尔西顿会议颁布了相似的谕令时，利奥强烈抗议。他不但将六百多监督所颁布的谕令视为虚无，同时也极为刻薄地指控他们从其他教区的手中，夺去他们交给君士坦丁堡教会的尊荣。这个人以这么次要的事情搅扰整个教会，难道不就是出于他自己的野心吗？他主张尼西亚会议曾经颁布的教令是不改变的，好像若一个教会的地位高于另一个教会的地位，基督教信仰会因此落在很大的危险中；或好像教区的位置本来就不是为了教会的组织而设立的，然而我们都知道教会的组织在不同的时代能接受，甚至要求一些变化。因此，利奥认为尼西亚会议交给亚历山大教区的尊荣，不应当移转到君士坦丁堡教区，此立场是站不

㉝ Council of Turin, 401 canons I (Mansi III. 880; Hefele-Leclercq II. 1. 133 f.).
㉞ Innocent I, *Letters* 24. 1 (MPL 20. 547 f.).
㉟ Socrates, *Ecclesiastical History* 5. 8, in Cassiodorus, *Tripartite History* IX. 13 (MPL 69. 1129; tr. NPNF 2 ser. II. 121; 参阅注释7); Gratian, *Decretum* I. 22. 3 (MPL 187. 124 f.; Friedberg I. 75); Council of Constantinople, 381, canons 3 (Mansi III. 559; tr. NPNF 2 ser. XIV. 178). 参阅 H. Schroeder, *Disciplinary Canons*, pp. 65 ff.。

住脚的。㊱因常识告诉我们：这教令在别的时代能根据教会的需要被取消。为何他们没有抗议，虽然这是最关乎东方监督的事？普罗特里乌（Proterius）——亚历山大当时的大主教在场，他被任命取代狄奥斯库若，且另外还有一些监督没有抗议，虽然这谕令削弱了他们的尊荣。

愿意抗议的应该是他们，而不是利奥，因他的地位并没有被削弱。但当他们都一同默然不语地接受这命令，且唯有罗马监督才抗议时，他的动机是显而易见的。他显然预见即将发生的事。随着罗马古时的光荣的消退，君士坦丁堡因不满足于位居第二，决定与罗马争论谁是首要教区。利奥的抗议最后没有成功，且会议的谕令被批准。他的继承者因此认输了，并且没有再表现这样的顽梗，因这会议也决定交给罗马监督第二个位置。

16. 君士坦丁堡斋戒者约翰（John the Faster）的傲慢，以及格列高利的谦卑 *

ᶜ 然而没过多久，在格列高利的时代统治君士坦丁堡教会的约翰，突然间宣称他是"普世的主教"。这时候格列高利为了忠心地保护他教区公正的地位，坚定地反对他。约翰的骄傲以及疯狂实在是令人无法容忍的，他企图将罗马帝国的范围当作他自己教区的范围。虽然格列高利反对他，但却没有与他竞争这地位，反而说这是邪恶、亵渎以及可憎恶的称号，不管这称号属于谁。格列高利在别处甚至生亚历山大监督优罗基乌的气，因这监督也给了他类似的称号。他说："你看，在你所写给我的这封信中，我虽然禁止你，但你仍旧给我这令人高傲的称号，即'普世的教皇'，我请您之后不要再这么做，因当我们超过理智地称赞他人，我们就夺去自己所应得的，我并不想看到我弟兄的尊荣被剥夺而以此为

㊱ 参阅 IV. 6. 13，注释 24。利奥反对 Council of Chalcedon 的文献（451）28，见他的 Letters 104. 2-4；105. 4 (MPL 54. 993, 995, 1000; tr. FC 34. 179 ff.; NPNF 2 ser. XII. 1. 287-290, notes and "Excursus on the History")；参阅 Schroeder, op. cit., pp. 126 f.。

荣。因为我的尊荣是普世教会的尊荣，且我弟兄的生命和活力也是我自己的尊荣。然而您若称我为'普世的教皇'，这是从你自己的手中夺去你所归给我却自己应得的地位。"㊲

格列高利这样做是公正、可尊荣的行为，然而约翰居然受到皇帝莫里斯（Maurice）的支持，到最后仍然是不可挽回的。且约翰的继承者西里亚库斯（Cyricus）也持同样的立场，且拒绝被说服这就是错误的。

借着掠夺者福卡斯（Phocas）以及丕平（Pepin），罗马的范围加倍地扩大，而且之后这范围被确认，这对教会极为有害（17—18）

17. 教皇的至上权最后得以设立

ᶜ到最后，福卡斯在莫里斯被刺杀之后，接续他做监督（我不知道他为何对罗马人更友善，ᶜ大概是因他自己在罗马毫无争议地被加冕的关系）。ᶜ福卡斯将格列高利从来没有寻求过的地位赐给卜尼法斯三世，即罗马在众教会之上的权柄。这就结束了罗马和君士坦丁堡之间的争议。

然而，皇帝给罗马的这福分，若之后的事情没有发生，对罗马教区毫无益处。以后希腊、全亚洲与罗马的相交断绝了，而且高卢对罗马监督的尊敬局限于照自己的方便顺服它。然而，自从丕平开始做皇帝以来，高卢在那时开始顺服罗马监督。因当时的罗马监督撒迦利亚帮助他背信和抢夺，推翻当时的皇帝，为了抢皇位，皇帝将高卢的众教会摆在罗马监督的权柄下作为奖赏。就如强盗习惯于分赃，同样这些君子们在君王被推翻之后，丕平可以统治罗马帝国，而撒迦利亚则成为众教会的监督的头，拥有属灵的权柄。

㊲ 当君士坦丁堡的一个德高望重的人斋戒者约翰自称"教会中最高的主教"时，格列高利一世曾不留情地攻击他。其实这个称号更早之前就出现在皇族的文献里。见格列高利一世的 *Letters* V. 37, 39, 41, 44, 45, cited sec. 4, note 11, above, and VIII. 29, to Eulogius of Alexandria (MGH *Epistolae* II. 31; MPL [VIII. 30] 77. 933)。关于整个辩论，见 F. H. Dudden, *Gregory the Great: His Place in History and Thought* II. 201-237; E. Caspar, *Geschichte des Papsttums* II. 452-456。

虽然教皇的权柄在刚开始的时候并不大（因这是完全新的现象），之后借着查理曼（Charlemagne）的权威，因同样的缘故加倍地增加。查理曼同样也靠教皇的帮助获得王位，所以他同样也欠教皇人情。

虽然最大的可能是所有的教会都已经开始堕落了，但在这时候我们确定：在高卢和德国，古时教会的样式已经毁坏了。巴黎宫廷的档案里还存有这些时期的简要记录，上面提到丕平、查理曼与罗马教皇的这些安排㊳，我们以此能推论教会在那时候变质了。

18. 教会继续堕落，一直到明谷的伯尔纳时代

ᶜ从那个时候开始，随着教会的情形变得越来越糟，罗马教区的专制越来越根深蒂固。这一方面是因众监督的无知，另一方面则是因他们的懒惰。一个监督越来越违法地增加自己的权柄，然而其他的监督没有不顾一切地限制他，虽然他们应该这样做。这些监督虽然不缺乏勇气，却没有他们所应有的学问和知识，所以他们在教皇面前完全无能为力。到了伯尔纳的时代，罗马已经亵渎了神所分别为圣的一切。伯尔纳埋怨世界上野心勃勃者、贪心者、神职买卖者、亵渎者、淫乱者、乱伦者，以及其他类似的妖怪，都到罗马来，为了获得或保留出于使徒权柄的教会尊荣；他同样也埋怨教会充满欺哄、诡诈以及暴力。他也视那时代惩戒

㊳ 加尔文在这一节中，评论了两个世纪的教会历史。明显地，他视矮子丕平（Pepin the Short）和教皇撒迦利亚（751）之间的协议（参阅 O. J. Thatcher and E. McNeal, *Source Book for Medieval History*, pp. 102 ff.）为教皇属世权力时代的开始。参阅 G. Krüger, *Das Papsttum: Seine Idee und ihre Träger*，第二版，第四章 "Der Pakt mit den Franken," esp. pp. 35 ff. (这本书是从第一版翻译过来的 *The Papacy: The Idea and Its Exponents*）。加尔文所参考的巴黎文献可以约翰·斯莱顿（John Sleidan）提供给他的为代表。斯莱顿是加尔文的好朋友，也是历史学家（1506—1556），他在巴黎待了许多年的时间，他的作品 *De quatuor summis imperiis* 直到 1559 年才被出版。巴多罗买·普拉提那（Bartholomew Platyna [Platina]）的 *De vita Christi et omnium pontificum*（1479）是一本被人广泛阅读、肯定以及被加尔文引用的关于教皇历史方面的书，这本书可读性强，但不够可靠，内容整体上说是有关于教皇好的一面，但也尖锐地影响当时教皇的滥权（tr. *Lives of the Popes*, London, 1605）。普拉提那相当推崇教皇撒迦利亚，并赞扬格列高利七世为"上帝所爱的人，他谨慎、正直又有怜悯"，但是对保禄二世（Paul II）(d. 1471) 只有谩骂。巴特和尼塞尔认为（OS V. 120）加尔文参考了 Robert Barnes 的 *Vitae Romanorum pontificum* 一书。参阅 IV. 11. 13，注释 23。

的方式（不管是教会的纪律或帝国的法律）是可憎恶和极不妥当的。他宣告教会充满有野心的人，且他们在抢钱之后就如在山洞里分赃的贼一样快乐。他说："几乎没有人留意法官的话，他们反而留意他的手。而且他们有极好的理由这样做！因他的手忙着教皇的事。判人无罪的法官都被教会所贪污的钱买通。穷人被践踏在有钱人的脚底下，银子在泥巴里发亮，且人从各处来这里，好把它抢走；得手的不是穷人而是强壮人，或许是跑得快的人。这习惯或这治死人的行为，不是从你们开始的，然而，但愿能在你们这里结束。在这一切的邪恶正在进行时，你这牧师上来穿着昂贵的衣裳。我敢说这不是羊的牧场，而是邪灵的牧场。难道这是效法彼得和保罗的榜样吗？你们的法庭习惯接受东西，而不是造就好人。恶人在你们那里不受益；善良的人在那里堕落。"没有任何敬虔的人在听到他在此所提到的对诉讼的滥用而不感到惊讶。最后，他也讨论到罗马教区在篡夺权利上表现的贪婪无度。他的结论是："我在此所说的是众教会一般的抱怨。他们呼叫说自己就如残缺的身体那般，几乎没有任何教会对罗马教区所给他们的打击不感到悲哀或害怕。也许你会问：'什么打击？'修道院院长与监督被分开了，监督与大主教也被分开了，等等，难道你们能为这样的罪找借口吗？你的这行为证明你有十足的权柄，却没有充足的义行，你这样行因为你有权柄这样行，然而问题是你是否应当这样行？你被指派是为了彼此保守对方的尊荣和地位，并不是为了贪恋别人的地位。"㊴

虽然有众多类似的例子，然而我指出这些的目的，一方面是要告诉读者们，到了这个时代，教会已经堕落到这悲惨的地步，另一方面是要他们明白，敬虔的人对这大灾难感到非常伤心和痛苦。

㊴ Bernard, *De consideratione* I. 4. 5； 10. 13； IV. 2. 4， 5； IV. 4. 77； III. 2. 6-12； III. 4. 14 （MPL 182. 732， 740 f.， 774 f.， 780， 761-764， 766； tr. G. Lewis， *Bernard on Consideration*， pp. 20， 32， 84， 109， 101 f.， 75-82， 85）.

之后教皇的宣称与格列高利一世
以及伯尔纳的原则相违背（19—22）

19. 现代天主教对权威的宣称

ᶜ我们虽然今日承认罗马教皇拥有利奥和格列高利时代的教皇所拥有的地位和权柄，然而教皇本身如何看待这权柄呢？我现在所说的不是地上或政治上的权柄，我们在恰当的时候将讨论这事。[40]我说的反而是他们所夸耀的属灵管理以及当时的情形彼此关系如何。他们索性把教皇定义为：他是地上教会的唯一的元首，也是普世的监督。[41]然而，当教皇本身谈到自己的权柄时，他们自夸地宣告吩咐人的权柄在自己的手中，而其他人有顺服他们的必要性；他们甚至说众百姓应当接受他们的命令，就如接受彼得亲口说的话一般；他们也说教区的会议没有权威，因为他们没有教皇做主；罗马教区说他能按立监督，并指派他到世上任何的教区；他们也能将那些在其他教区被按立的监督派到自己的教区来。有无数类似的话在格拉提安混乱的法规里，然而我在此不提，免得我的读者们感到太无聊。总而言之，他的意思是：罗马教皇的权柄延伸到教会的一切事上，不管是决定和解释教义、颁布法规、管理教会或施行惩戒。而且我也不打算费时费力地指出他们宣称自己的"圣职任命权"所给他们的一切特权。然而最不能接受的是，他们若滥用这无限的权柄，没有在他们之上的人能管他们，或勒住他们的私欲。他们说罗马之所以是首要教区，是因为无人能监督他们。不管是皇帝、君王、众监督，或众百姓，无人能监督他们。一个人若在万人之上而没有在一人之下，没有比这更可怕的专制。然而，假设他完全照自己的意思统治神的百姓，分散神的选民以及毁坏基督的国度，叫整个教会落在迷惑中，叫牧师的职分

---

[40] IV. 11. 8-14.
[41] Gratian, *Decretum* I. 12. 2；22. 2；II. 24. 1. 15 (MPL 187. 62, 118 f., 1270；Friedberg I. 27, 73, 970).

成为贼窝,那怎么办呢? 即使他坏到极处,教皇仍然否认他对任何人负责任,这是他亲口所说的话:"除了教皇之外,神喜悦其他人的案子是由人做判决,然而就罗马教区的监督而论,则是由神自己判断。"以及"臣民的行为由我们自己做判决,然而唯有神自己才能审判我们。"㊷

20. 新的伪造支持他们不合理的宣称*

°为了让这样的法规更被人接受,他们以古代监督的名伪造文件,好欺哄人认为教会从一开始就有这样的法规,这就是为什么我们在上面已详细地指出古代教会会议给监督多大的权威。除此之外,一切都是新的捏造,他们甚至悖逆到假装君士坦丁堡监督阿纳斯塔修颁布了一条敕令,并且在这敕令中宣告,根据古代的法规,就连离罗马最遥远的教区所做的一切,都必须得到罗马教区的许可。㊸但这敕令毫无根据,谁会相信正在与罗马监督在尊荣和地位上竞争的人,会突然决定要将这样大的权柄交给他? 然而,主喜悦这些敌基督的人作恶到疯狂和心盲的地步,好让一切有理智的人,只要睁开眼睛,就能辨别出这些人的邪恶。然而,格列高利九世所找出来的文件,以及《克莱门文献》(*Clementines*)和《马丁的教令集》(*Extravagants of Martin*)记录了当时教皇的非常暴力,且有毫无制约的专制,如野蛮的君王一般。但天主教徒居然希望人因这样的文件接受教皇的权威! 今日所被看作圣言的话来自这些文件,

---

㊷ 加尔文从格拉提安的《教令集》(*Decretum*)一书中使用这些典型的句子来描述教皇的权柄。许多的参考数据记载在 OS V. 122 f.。然而,格拉提安最后一句话的资料来源是《伪教令集》(*Forged Decretals*)。从格列高利七世及一些 19 世纪的教皇口中说出无数这类的言辞。参阅 Mirbt, *Quellen zur Geschichte des Papsttums*, nos. 250, 255, 271 f., 299 f., 309; Thatcher and McNeal, *Source Book*, pp. 142, 144, 156, 208, 214, 219 ff., 311-357; E. Emerton, *The Correspondence of Gregory* VII, pp. 124, 126, 151 f., 163, 166-175。格列高利七世的一句话(指彼得,也是指教皇)"你在地上也有权柄,给予和收回……帝国、王国、侯国、爵位……以及所有人的产业"(Emerton, p. 52),被普拉提那(Platyna)合法地引用(英文版,p. 214)。

㊸ 伪造信被认为是阿塔那修(Athanasius)写的;"Anastasius"是格拉提安的笔误,后被加尔文引用了;Gratian, *Decretum* II. 9. 3, 12, from Pseudo-Isidore, *Epistola Athanasii*, ch. 4 (MPL 187. 798; Friedberg I. 610; Hinschius, *Decretales Pseudo-Isidorianae* p. 480)。

即教皇的无谬误,教皇在众教会会议之上,教皇是众教会的普世监督,也是地上教会至高的元首。㊹我不愿提他们更为荒谬的话,这是他们学校愚昧的法规专家的胡说,且天主教的神学家们为了奉承他们的偶像,不但接受,甚至说称赞的话。

21. 格列高利斥责了现代教皇所认定的法规*

ᶜ我不会竭尽己力严厉地攻击他们。为了反驳这不可思议的悖逆行为,也许别人会引用西普里安主持会议时,在众监督面前所说的话:"我们都不敢说自己是万监督之监督,或以专制的谬论迫使其他的同工跟随他。"或许别人会引用迦太基会议之后所颁布的法规反驳他们:"我们不允许任何人被称为众监督的元首。"㊺也许别人会找出教会会议的见证、许多会议的教令、许多古时神学家们的话,好完全揭发罗马教皇的谬论!

然而这一切我略而不谈,免得我被视为对他们过于吹毛求疵。但我仍要请这些罗马教区的伟大支持者回答我,他们凭什么这样无耻地支持"普世监督"这称号,因为格列高利显然经常斥责这称号。我们若相信格列高利的见证,就必须提醒他们,当他们称教皇为普世监督时,他们就在证明他是敌基督,且格列高利也弃绝用"元首"这一词。格列高利在别处说:"彼得是主要的使徒;约翰、安得烈以及雅各是当时不同团体的主席,然而全教会的会友都在一位元首之下。事实上,在律法之前的圣徒、在律法之下的圣徒,以及在恩典之下的圣徒都组成主的身体,

---

㊹ 在 *Dictatus Papae* 一书中载有教皇自称无误的说法,这本论述教皇的书被认为是希尔德布兰(Hildebrand)所著,但是在他死后数年才完成(1085)。它其中一个主题是:"罗马教会从未犯过错,而且依照圣经的见证(路 22:31 f.),永远也不会犯任何错误。"(from Gregory VII, *Registrum* II. 55a, no. 22; MGH *Epistolae selectae*, ed. E. Caspar (1923), II. 207; tr. O. J. Thatcher and E. McNeal, *Source Book for Medieval History*, p. 138)这一节和下一节的参考资料被 OS V. 124 f. 详细引述。关于教皇的权柄,参阅 LCC XIV. 28, 115-126,参阅 IV. 11. 13。

㊺ *Sententiae episcoporum de haereticis baptzandis*, Council of Carthage under Cypria, 256: CSEL 3. 1. 436; Council of Carthage, 397 canon 26 (Mansi III. 884); Augustine, *On Baptism* III. 3. 5 (MPL 43. 141 f.; tr. NPNF IV. 437). 这节的前几句是加尔文使用省略修辞法最好的一个例证,对于他保持缄默的事,他只简短地暗示。

并因此被称为这身体的肢体。而且从来没有人希望被称为'普世监督'。"

教皇自称命令众教会的权柄与格列高利在别处所说的话完全不一致。因为当亚历山大的监督优罗基乌说格列高利曾经"吩咐"他，格列高利的答复是：你不要在我面前用"吩咐"这一词，因我知道我是谁，也知道你是谁，在地位上你们是我的弟兄；在道德品格上你们反而是我的父亲。因此，我并没有吩咐你们，乃是指出了一些或许对教会有益处的事。㊻

罗马监督无限扩大他权柄的范围，不但因此大大地伤害其他的监督，甚至也伤害众教会。他这样拆毁他们，是要在他们的碎片上建造自己的房屋。

他将自己摆在众教令之外，并且意欲用独裁的方式统治，甚至将自己的喜好视为教会的法规。这样的行为完全不妥当，并且与监督的职分极不相称，甚至是众教会无法接受的行为。这样的行为不但完全不敬虔，也极不人道。

22. 现代天主教的腐败

ᶜ为了避免不得不反驳他们的每一个谬论，我再次请求那些自称为罗马教区最忠心的支持者回答我，他们是否对为现代天主教辩护感到羞耻。因为现代的天主教比格列高利和伯尔纳时代的天主教要腐败百倍，尽管他们对当时的教会极为不悦。格列高利再三地埋怨他过于受到与教会没有直接关联的事所干扰，他感觉到自己在监督职分的伪装下，被诱惑再次归向世界，且他做监督时所必须管的世俗的事比他做平信徒时还要多，世俗的事搅扰他到他几乎无法思念天上的事，他如波浪被许多大

㊻ Gregory I, *Letters* V. 54 (MGH *Epistolae* I. 340；MPL [V. 18] 77. 739；tr. NPNF 2 ser. XII. 2. 16 ff.)；*Letters* VIII. 29 (MGH *Epistolae* II. 31；MPL [VIII. 30] 77. 933；tr. NPNF 2 ser. XII. 2. 241).

问题的风吹动翻腾,也被今生如暴风般的患难所搅扰,甚至他能诚实地说:"我掉入了深海里。"㊼他承认虽然他必须管理很多世俗的事,他仍然有机会证道,私下劝勉和管教会友、治理教会、辅导自己的同工,并劝他们更认真地担任自己的职分。除此之外,他还有写书的时间,但他仍将他的光景当作灾难,即在大海中即将被淹没的光景。若当时的教会治理可以比作大海,那现今天主教的治理算什么?那时候跟这时候难道有任何相似的地方吗?现在没有证道,没有人施行惩戒,没有人认真地帮助其他的教会,没有属灵的生活。简言之,只有世界。但他们却称赞这迷宫,㊽仿佛以前没有比现在更好的光景。

当伯尔纳想到那时代教会里的恶行时,他有众多的埋怨,也经常为此光景叹息。他若能看到我们钢铁般刚硬,或如果可能,比钢铁更刚硬的时代,他将会如何呢?㊾ 我们不但将众圣徒曾经斥责的事视为圣洁和属神的事,甚至不诚实地利用他们的见证为教皇的制度辩护(虽然他们对这制度完全陌生),难道不是很可怕的败坏吗?然而我承认,在伯尔纳的时代,一切的事物都败坏到与我们这时代差不了多少。然而,那些企图利用利奥和格列高利那时代的见证支持现代败坏的人是完全无耻的。这样做就如罗马人为了设立凯撒的君主政治,称赞罗马古时候的共和国;换句话说,他们借用对自由的称赞,好装饰自己的专制。㊿

对这时代天主教的审问(23—30)

23. 罗马有没有教会或监督的职分?

ᶜ最后,即使我们承认他们所说的这一切,当我们说罗马教会中不存在这样的特权时,当我们否认罗马存在支持这种特权的监督时,我们立

㊼ Gregory I, *Letters* I. 5, 7, 25, 24 (MGH*Epistolae* I. 5 f., 9, 38, 35; MPL [nos. of last two, I. 27; I. 25, respectively] 77. 448, 455, 480, 476; tr. NPNF 2 ser. XII. 2. 75, 77, 85))。

㊽ "*Labyrinthus.*" 参阅 I. 5. 12,注释 36。

㊾ 参阅上文第十八节注释 39。

㊿ 这个生动的比较暗示了加尔文的政治理念;参阅 IV. 11. 5;IV. 20. 8。

刻遇到新的问题。假设这一切都是真的（虽然我们在上面已经证明是假的）：基督亲口指派了彼得做整个教会的元首；基督也将他所赐给彼得的这尊荣专门摆在罗马教区里，这制度受古代教会的认可，并且这制度维持很长久的时间，也证明它的正统性；基督徒们从一开始都毫无例外地将这至高的权柄交给罗马教皇；他是众案件和众人的审判官，但不受任何人的审判。假设他们能宣称比这更多的特权，我只用一句话回答：除非罗马有教会和监督，否则这一切都毫无价值。他们必须向我承认这一点：自己若不是教会，就不可能是众教会之母；自己若不是监督，就不可能是众监督的元首。他们愿意宣称罗马是使徒教区吗？那么他们就当向我证明这是真实、合乎圣经的使徒教区。他们愿意宣称自己有至高的监督吗？那么他们只要证明他们拥有监督。他们又如何证明自己的教会有真教会丝毫的样式呢？他们的确说有一个，并一直称赞它。显然教会是以真教会的特征被认得，且“监督的职分”是某种特殊的职分。我在此所说的不是人而是治理本身，因为教会任何时候都必须有治理。他们的教会哪里有基督所设立的事工呢？我们当记得上面所说关于长老和监督职分的话。(51)我们若考察他们的主教，他们必须有起码的监督资格。我也想知道教皇本身有什么监督当有的资格。监督职分的第一个责任是用神的道教导百姓，第二个责任是施行圣礼，第三个责任则是劝勉和鼓励、斥责犯罪的人以及执行惩戒。教皇尽了这三个本分吗？事实上，他甚至不愿意做做样子。那么我想知道他凭什么要求人将他视为监督，因他一点都不管监督所担任的职分。

24. 背道*

[c]监督与君王截然不同，因为君王即使没有尽王所当尽的本分，他仍有君王的尊荣和称号。然而在考察监督时，我们必须留意基督的吩咐，

(51) IV. 3. 6-8.

因这是众教会一直听从的吩咐,那么请天主教徒帮我解决这难题。我否认他们的教皇是众监督的元首,因为他根本不是监督。他们必须证明他是监督,他才有被称为众监督元首的可能性。他不但没有监督的任何资格,反而在各方面与这资格相违背。然而我不晓得该从何说起。是从他的教义,还是从他的道德品格?我该说什么?该省略什么?我该在哪里结束?我至少可以说:既然这世代的世界充满众多邪恶、不敬虔的教义,充满各种不同的迷信,被众多的谬论弄瞎心眼,沉醉于极为可怕的偶像崇拜,没有任何的大罪恶不是源于罗马教区,或至少受罗马教区的支持。这就是为何罗马教皇暴力地攻击使人心苏醒的福音的教义,并且尽自己的力量抵挡福音;他们为何引诱众君王逼迫传福音的人,即他们知道基督的福音一旦得胜,他们的整个国度将立刻被击垮。利奥是残忍的;克莱门是流人血的;保禄是野蛮的。[52]但这些人被驱使攻击真理,并不是因他们与生俱来的个性,而是因这是唯一保护自己权柄的方式。直到他们把基督赶走为止,他们无法得到安宁,所以他们在这世上极力地奋斗,就如为自己的信仰、自己的家庭,甚至自己的性命作战那般。那么在这样可怕背道的光景中,难道还有使徒教区吗?难道残酷逼迫传福音的人,公开地证明自己就是敌基督,这人能被称为基督的代理人吗?难道那以火和刀剑企图毁坏彼得所建立一切的人,能说是彼得的继承者吗?难道那位将教会与教会真正的头基督的联合斩断,并使基督的身体变为残缺的人,自己是教会的元首吗?罗马在古时候的确是众教会之母,然而当她变成敌基督的教区之后,就完全变质了。

25. 敌基督的国度 *

^c有人认为我们既然称罗马教皇为"敌基督的"[53],就证明我们是毁

---

[52] 所指的是利奥十世(Leo X, 1513—1521)、克莱门七世(Clement Ⅶ, 1523—1534)和保禄三世(Paul Ⅲ, 1534—1549)。加尔文写于 1543 年。
[53] 参阅 IV. 2. 12,注释 16。

谤和咒骂人的人。然而这样认为的人并不晓得他们在指控保罗采用毫不节制的言语，因我们是效法他的榜样，用他的话。为了避免有人指控我们邪恶地曲解保罗所指别人说的话，并恶劣地运用它们在教皇身上，我将简洁地证明保罗的这话所指的就是罗马教皇。保罗说敌基督的人将坐在神的圣殿里（帖后2：4）。圣灵在另一处经文中，在安提阿古（Antiochus）身上向我们ᵉ描述敌基督的样式。他说敌基督做王时将说许多自夸以及亵渎神的话（但7：25；启3：10，13：5）。我们以此推论这是在人的灵魂上，而不是在人身体上的专制，因这ᶜ权势抵挡基督属灵的国度。其次，保罗告诉我们这专制将不会除掉基督或教会的名义，而是将伪装基督的样式隐藏在教会的名义底下，就如在面具之下。从新约教会的一开始到如今一切的异端和旁门都属于敌基督的国度。然而，当保罗用这话预言将来的背道时（帖后2：3），他的意思是：当教会发生普世性的背道时，这可憎恶的国度同时将得以建立，虽然许多被分散的信徒将在真道的合一之下持守到底。保罗接着说，在他自己的时代，敌基督以那不法的隐意开始进行它的工作（帖后2：7），且它之后将公开地完成这工，他的这话告诉我们：这灾难不是一个人开始的，将来也不会只有一个人完成这工。他这样描述敌基督的人，即他将夺去神的尊荣，为了自己抢夺这尊荣（帖后2：4）。因此，当我们寻找敌基督时，这必须是我们最主要的考虑，特别是因这骄傲引致公然毁坏主的教会。既然罗马教皇无耻地将唯独属神和基督的权柄当作属于自己是显而易见的事，那么我们就应当毫不怀疑地相信他就是那可憎恶的统治者。

26. 罗马天主教与合乎圣经的教会秩序截然不同*

ᶜ我现在向罗马天主教徒挑战，让他们利用古时候的教会抵挡我们，就如在这么大的一团糟中，他们企图保存一个根本不存在的教区！优西比乌说：神为了伸冤，将耶路撒冷的教会移转到佩拉（Pella)。(54)若这事曾经发生过一次，就能再一次地发生。因此，将罗马视为首要教区，好将基督最可恶的仇敌、福音最大的敌人、最严重荒废和毁坏教会的人、最残暴谋杀圣徒的人，当作基督的代理人、彼得的继承者、教会至高的监督，且这一切都是因为他占有最古老的教区，这的确是完全荒谬和愚昧的事。我略而不谈教皇秘书处与那合乎圣经的教会秩序距离有多大，但这一件事情能夺去一切对这问题的疑惑。因为没有任何理智的人会将监督的职分局限于教令之下，更何况在一切诡诈和欺哄人之事的总部里(55)，且他们将这些行为视为合乎圣经的教会秩序的证据！有人恰当地陈述过人所夸耀的罗马教会早就变成宫廷，且古时罗马教会所剩下的不过是这宫廷。我在此并不责备各人的恶行，而是证明罗马天主教本身与合乎圣经的教会秩序相违背。

27. 教皇的恶行和异端与他们的宣称形成强烈的对比

[c]我们若谈到教皇本身，这些人是怎样的基督代理人是众所周知的事，朱利乌、利奥、克莱门以及保禄都必定被视为基督徒信仰的柱石和基督教最伟大的发言人，虽然他们对基督一切的认识不过是在路西安（Lucian）的学校里学来的。(56)然而我为何只列举三或四个教皇的名字呢？好像我们对教皇以及众大主教从古时候到如今所相信的信仰有任何疑问！他们毫无分辨相信的隐秘神学的首要教条是：第一，没有神；第二，圣经一切对基督的教导都是谎言和欺哄人的事；(57)第三，永世和最后

---

(54) Eusebius, *Ecclesiastical History* III. v. 3（GCS 9. 1. 196；MPG 20. 223；tr. NPNF 2 ser. I. 138）.

(55) "*In illo... magisterio.*" VG 有不同版本："*en cette boutique*"，"站"或"交易所"。

(56) 朱利乌二世（Julius II，1503—1513）。参阅上文第二十三节注释 51。

(57) 在 1537 年，伊拉斯谟写信给博洛尼亚的奥古斯提努·史特克斯·优各比努（Augustinus Steuchus Eugubinus of Bologna），他是 *On Behalf of the Christian Religion Against the Lutherans*（1530）的作者。他说："或许在德国有人不断地亵渎上帝；他们将会受到严厉的惩罚。然而在罗马，我知道有人放肆地亵渎基督和他的门徒，在我和其他许多人的面前不会受到惩罚。"（H. M. Allen and H. W. Garrod, *Opus epistolarum Des. Erasmi Roterodami* IX, p. 218.）参阅 Beveridge, *Institutes* II. 385, note 1. Steuchus 之后（1547）曾试图回应瓦拉（Valla）对君士坦丁御赐教产谕（Donation of Constantine）的揭露。

复活的教义简直是神话。我承认这并不是他们每一个人的信仰,但这从很久以前就是一般教皇所相信的信仰,虽然这对一切认识罗马天主教的人是众所周知的事,然而天主教的神学家们仍夸耀说,教皇无谬误的教义是基督亲自给教皇的特权,因基督对彼得所说:"我已经为你祈求,叫你不至于失了信心。"(路22:32)他们在这极为可笑和无耻的事上能获得什么益处呢?他们只能在全世界人的面前证明他们已经坏到极处,以至于不惧怕神,又不尊重世人。

28. 教皇若望二十二世的背道*

ᶜ然而假设我所指出的教皇的罪恶向人是隐藏的,因为他们没有在传道或他们的作品中将自己的罪报告出来,反而只在聚餐、在自己的房间里,或在他们宫廷的范围之内揭露自己的罪。然而,他们若希望人继续相信他们无谬误的这特权,他们至少必须在众教皇的名单上删掉教皇若望二十二世(John XXII)的名,因为他公开地教导人的灵魂是必死的,且与他的身体一同死亡直到复活之日。显然当时罗马教区的众主教都完全堕落了,因为没有任何的主教反对这极其愚昧的话。是巴黎学院敦促法国国王迫使他收回自己的主张。法国国王禁止他的国民与教皇若望有任何的来往,除非他立刻悔改,他也公开地宣告这法律。当时的一个人物约翰·杰尔森(Jean Gerson)见证在这命令之下教皇被迫公开地弃绝了自己的谬论。㊽我举这一个例子就无须与我的对手继续争辩他们的宣称,即罗马教区以及他所有的教皇在信仰上是无谬误的,根据基督对彼得所说的话:"我已经为你祈求,叫你不至于失了信心。"(路22:32)的确,教皇若望二十二世这可怕的背道使他从正统的信仰上堕落,这也毫无疑问地证明在监督的职分上接续彼得的人,不全都是神所认可的彼

㊽ John Gerson, *Sermon on the Feast of Easter* (*Opera Gersoni*, ed. L. E. Du Pin, III. 1205). 参阅加尔文 *Psychopannychia* 的序言 (CR V. 171; tr. Calvin, *Tracts* I. 415); *Brieve instruction contre les erreurs de la secte commune des Anabaptistes* (CR VII. 127)。

得。然而，这宣称幼稚到我们无须给他们答复，因他们若想将基督对彼得说的一切话都运用在彼得的众继承者身上，这就证明他们也都是撒旦，因主也曾对彼得说过："撒旦，退我后边去吧！"（太 16∶23）我们将这话运用在他们身上，与他们将前者运用在自己身上是一样合理的。

29. 教皇在道德上的堕落*

*我并不想与他们竞争做傻子。因此，我重新开始讨论我前面的话题。我们若将基督、圣灵以及教会局限于一个地方，以至于不管是谁在那里统治，即使他是魔鬼，他还是值得被称为基督的代理人以及教会的元首，全是因为这教区曾经是彼得自己的教区，这不但亵渎神和污辱基督，同时也很荒谬以及违背一般的常识！罗马教皇若非在很长一段时间里对基督教信仰完全陌生，他就是基督教最大的仇敌。所以他们做罗马教区的监督，根本不证明自己是基督的代理人，就如被摆在神圣殿的偶像不能成为神一样（帖后 2∶4）。那么，我们若鉴察教皇的道德，我请众教皇自己回答，告诉我们他们拥有基督所要求监督的哪一个资格呢？首先，教皇不但纵容罗马放荡的生活方式，对之保持沉默，甚至点头赞许，这与监督的职分极不相称。因他们本当以严厉的惩戒勒住百姓的恶行。我同时不想对他们严厉到将别人的罪归在他们身上。但既因他们自己以及自己的家庭和几乎所有的主教、牧师，都出卖自己随从一切的邪恶、污秽不洁，以及各式各样的罪孽恶行，以至于他们像妖怪，不像人，这就彻底证明他们根本不是监督！然而他们不必害怕我会进一步地揭露他们的恶行。[59]因为穿过这样污秽的泥潭令人难受，我也不想让人们纯洁的耳朵受罪。因我深信我已经充分地证明我的观点，即使罗马曾经是众教会的头，但它如今远不配被视为教会最小的肢体。

---

[59] 加尔文非常讽刺地描述着，但值得注意的是，对于教皇的堕落他并未着墨太多，并且省略了一些最糟的细节：亚历山大六世（Alexander VI）的名字并没有被提到。

30. 枢机主教

ᶜ至于他们所说的枢机主教，我并不晓得他们如何突然间变成这么高贵的大人物。在格列高利的时代，这称呼唯独属于监督。因当格列高利提到大主教时，他指的不只是罗马教区的监督，也是众教会的监督。因此，简言之，大主教不过是监督。[60]古代教会的神学家们都没有提到这称号。我反而发现他们之前的地位不如监督，如今却远超过监督。奥古斯丁的这话是众所周知的："虽然根据教会里面的职分，监督的职分比长老的职分高，但在许多的事上，奥古斯丁远不如哲罗姆。"[61]这的确没有证明罗马教会的长老出人头地，反而证明众长老都在监督的地位之下。这秩序普遍被遵守，到迦太基会议时，虽然罗马教区有两个代表，一位监督以及一位长老（后者的地位被视为较低），最后，格列高利在罗马主持的另一个会议，当时的长老坐在最后面签名[62]，执事则没有签名的特权。事实上，他们当时唯一的责任是要出席，并帮助监督教导和实行圣礼。但现在他们居然变成君王和皇帝的伙伴，且他们无疑与自己的头一起成长到他们已经到达了这尊荣的顶点。

那么，我也决定要稍微讨论这一点，好让我的读者们更能明白现代的罗马教区与古代的罗马教区截然不同，虽然他利用这教区古老的名誉为自己辩护。然而不管他们从前如何，既然他们如今在主的教会中没有任何真实和公正的职分，他们保留下来的只不过是这职分有名无实的躯壳而已。事实上，既然他们现今的光景与圣经所教导的刚好相反，那么格列高利经常描述的光景已经发生在他们身上，他说："我哀哭呻吟，既然祭司的职分内里堕落了，其外表还能维持多久呢？"[63]反而先知玛拉基

---

[60] Gregory I, *Letters* I. 15, 77, 79; II. 12, 37; III. 13, 14 (MGH *Epistolae* I. 16, 97 ff., 110, 133, 172 f.; MPL 77. 461, note e; 531, 533, note h; 575, 614 f.; tr. (2d, 4th and 5th only) NPNF 2 ser. XII. 2. 99 f., 103, 111).

[61] Augustine, *Letters* 82. 4. 33 (MPL 33. 290; CSEL 34. 2. 385; tr. FC 12. 418).

[62] Council of Carthage (418) (Mansi III. 699); 参阅上文第九节注释22。

[63] Gregory, *Letters* V. 57a, 58, 62, 63; VI. 7 (MGH *Epistolae* I. 365, 369, 377, 379, 386; MPL 77. 790, 793, 799; tr. NPNF 2 ser. XII. 2 [3d and last citations only]. 187, 191).

所说的关于旧约祭司的话必定发生在他们身上:"你们却偏离正道,使许多人在律法上跌倒;你们废弃我与利未所立的约。这是万军之耶和华说的,所以我使你们被众人藐视。"(玛2:8—9)我现在劝众圣徒思考罗马教阶制度的顶端在神面前有多崇高,因为天主教徒以自己邪恶、无耻的心坚持神的真道也要向它屈服,虽然这真道是神圣的,应当受天上、地上,人和天使无限的尊敬。

ᵉ第八章 教会关于信条的权威；
罗马教会肆无忌惮地
败坏纯洁的教义

教会的权威受神真道的限制（1—9）

1. 教会权威的用处以及限制

ᶜ我们现在要讨论第三个部分，即教会的权威。这权威一方面在乎各监督，另一方面在乎教会会议，不管是普世的或各教区的会议。我说的是教会所当有的属灵权威。这权威包括教义、司法权，①以及颁布法规权。②教义方面又能分成两个部分：设立教义信条的权威，以及解释这些信条的权威。

---

① 在第四卷第十一章第一节，司法权被称为教会权柄的第三部分。
② 在第四卷第十章，立法权是教会的第二种权威。改革宗对于教会权威的看法，可参照 19 世纪苏格兰自由教会之长老会（Scottish Free-Church Presbyterianism）的观点，班诺曼（J. Bannerman）的研究 *The Church of Christ*（Edinburgh, 1868），第一册也极具价值。第一卷第二部分的标题为"教会的权柄"（I. 187-275）；第三部分，第一分部认为教会的权柄就是要重视教义（potestas, δογματική）（I. 276-334）。图瑞丁（Fr. Turretin）为 potestas, δογματική, διατακτική和 διακριτική下了一个典型改革宗的定义：传讲福音真理、制定教会法律规章及施行纪律：*Institutio theologiae elenchticae*（Geneva, 1680-1683 and later enditions），Part III, Book XVIII, qu. 29. 参阅加拿大联合教会（the United Church of Canada），*Statement Concerning Ordination to the Ministry*, pp. 46-50。

ᶜ ⁽ᵃ⁾ 在我们开始探讨这两个部分之前，我首先要提醒敬虔的读者们，记住任何有关教会权威的教导都与神所赐给她这权威的目的有密不可分的关联。对于保罗而言，这目的是要造就教会，ᵃ而不是要毁坏之（林后10∶8，13∶10），那些照神的真道使用这权威的人，看待自己不过是基督的仆人，以及在基督里众信徒的仆人（林前4∶1）。ᶜ唯一造就教会的方式是要牧师本身尽自己的力保守基督自己的权威，且保守基督权威唯一的方式是要保守父神所赐给他的权柄，即唯有基督才是教会的师傅。"你们要听他"（太17∶5），是唯独指着基督说的。

这里的意思不是说教会不应当谨慎发挥神交付她的权威，而是说要在神所决定的范围之内发挥，免得人随自己的意思滥用这权威。因这缘故，我们若考虑先知和使徒对这权威的描述，将对我们有益处。因我们若交给人他所要求的权柄，教会显然将立刻落入可怕的专制之下，而专制与基督的教会极不相称。

2. 摩西和祭司教义上的权威

ᵃ因此，我们在此要记住圣灵在圣经上所交付祭司、先知、使徒或使徒继承者的一切权威和尊荣，并不是交给他们本人，而是交付神所指派他们担任的职分，或（更为简洁地说）交付神的真道，因为传扬这真道就是神交付给他们的职分。因我们若一个一个地检查他们的服侍，我们会发现他们唯独奉基督的名和他的真道，才有教导或解经的权威。ᶜ因当他们受这特殊的呼召时，他们同时被吩咐不可加上自己的任何意见，反而要纯粹报告主亲口所说的话。且主先亲自教导他们，才将他们带到百姓面前做他们的老师，除了神的真道之外，他们不许说什么。

ᶜ ⁽ᵃ⁾ 摩西自己虽然是最伟大的先知，因此是人最应当听从者，却被吩咐唯独宣告主自己的话（出3∶4及以下），因此圣经记载：ᵇ"百姓又信服耶和华和他的仆人摩西。"（出14∶31）ᶜ ⁽ᵃ⁾ 神借着严厉的惩罚授予他们这权威（申17∶9—13），免得百姓藐视祭司的权威。但当神记载他与利未立约,好让他真实的律法在利未的口中得以传扬时,主借这话教导我们,在这条件之下才能听从他们(玛2:4、6)。他之后加上:"祭司的嘴里当存知识,人也当由他口中寻求律法,因为他是万军之耶和华的使者。"(玛2:7)ᶜ因此,若祭司愿意被垂听,他必须证明他自己是神的使者,即他必须忠心地宣讲他自己的主所交付他的一切吩咐,因此,当神教导百姓如何听先知的话时,他吩咐他们当"按他们所指教神的律法"听他们(申17:10—11)。

3. 先知教义上的权威

ᵃ以西结很奇妙地描述先知的权威:"人子啊,我令你做以色列家守望的人,所以你要听我口中的话,替我警戒他们。"(结3:17 p.)主之所以吩咐他留意他亲口所说的话,难道这不是证明神禁止他加上他自己的任何话吗?宣告主的信息是什么意思呢?意思是讲话的人能毫不怀疑地夸耀他所说的话并不是他自己的,乃是主耶和华的话。耶利米的另一个说法有同样的含义:"得梦的先知可以述说那梦;得我话的人可以诚实讲说我的话。"(耶23:28 p.)这的确是耶利米所颁布给众先知的原则,而且这原则就是神不允许任何教导比他亲口所说的更多。耶利米接着将一切不是纯粹来自耶和华的称为"糠秕"(耶23:28)。ᵃ因此,除非他所说的话是耶和华亲口所告诉他的,否则众先知都闭口不言。所以先知经常说这样的话:"耶和华的话"、"耶和华的默示"、"耶和华如此说"、"这是耶和华亲口说的"。这也是不足为怪的事!因为以赛亚宣告他是嘴唇不洁的人(赛6:5);耶利米说他不知怎样说,因他是年幼的(耶1:6)。如果他们是凭自己说话,以赛亚污秽的口以及耶利米愚昧的口,只能讲出一些污秽和愚昧的话。然而,当他们开始成为圣灵所选用的器具时,他们立刻就有圣洁的嘴唇了。ᶜ当先知抱着敬畏神的心,接受这唯独讲论神真道的限制时,神就赐给他们超人的力量以及卓越的称号。ᶜ⁽ᵃ⁾因当主记载他"立他们在列邦列国之上,为要施行拔出、拆毁、毁坏、倾覆,又要建立、栽植"（耶1：10）时，他立刻就告诉我们原因：因他将自己的话传给他们（耶1：9）。

4. 使徒教义的权威

ᵃ神曾交给使徒许多高贵的称号，他们是"世上的光"以及"世上的盐"（太5：13—14），神吩咐百姓为基督的缘故听他们（路10：16），"凡他们在地上所捆绑的，在天上也要捆绑；凡他们在地上所释放的，在天上也要释放"（太16：19；18：18；参阅约20：23）。然而连他们的名称都告诉我们他们职分的限制，即他们既然是"使徒"，他们就不应该随自己的意思讲话，而应该忠心地宣扬那差派他们之主的吩咐。ᶜ ⁽ᵃ⁾且基督所用来描述他们之使命的话再清楚不过了，主命令他们将他所吩咐他们的话教训万民（太28：19—20），而主同样也听从这吩咐，好让人们无可推诿。他说：ᵃ"我的教训不是我自己的，乃是那差我来者的。"（约7：16）ᶜ ⁽ᵃ⁾基督是父神唯一永恒的策士。神也立基督为在万有之上的主。ᶜ且因主亲自担任教导的职分，他借自己的榜样教导他一切的仆人，他们在教导上所应当保持的原则。因此，教会并没有无限的权威，她的权威反而伏在神的真道之下，也局限于这真道的范围之内。

5. 神既丰盛又合一的启示＊

ᶜ虽然这原则从教会的开始被保守到如今，即神的仆人不许教导任何主没有亲自教导他们的话，但他们在不同的时代，有学习神的话语的不同方式，现在教会与古时的教会也有很大的不同。

ᶜ ⁽ᵃ⁾首先，若基督所说的这话是真的——ᵃ"除了子和子所愿意指示的，没有人知道父"（太11：27）——ᶜ那么，一切想认识神的人都必须受神永恒智慧的引领。ᵃ因除非先知和使徒受父神唯独教导他奥秘之那位的教导，否则他们自己怎能明白神的这些奥秘，更遑论宣扬给别人听！因此古时的圣徒认识神的唯一方式，是在他儿子的面上看到他，就如在照镜一般（参阅林后3：18）。^c (a) 我说的是神从一开始向人启示他自己的唯一方式^a，是借着他的儿子，即启示他自己的智慧、亮光和真理。^c (a) 从基督这泉源中，亚当、挪亚、亚伯拉罕、以撒、雅各和其他的人都汲取了他们对天上的一切知识。同样地，众先知也从这泉源中汲取了他们一切所宣扬的圣言。

^c (a) 神并没有一直用同样的方式向人启示他的智慧。他②^a 用隐秘的启示向^c 众族长启示自己的智慧，同时却为了叫他们确实知道这些启示的确来自神，向他们行一些特殊的神迹。族长传给他们的后裔一切从主所领受的启示。因主赐给他们这启示的一个条件，就是他们必须传给自己的后裔，且他们的后裔借神内在的教导，确信他们所听到的启示是天上的，而不是地上的。

6. 圣经是神在旧约中真道的根基

^c 但神既喜悦兴起他有形的教会，他就定意使自己的话语被记录下来，形成书卷③，好让自己的祭司能知道如何教导主的百姓，以及确定他们所教导的每一个教义合乎他的真道。因此，在主的律法被颁布之后，他吩咐祭司以主自己的口教导百姓（玛2：7，参阅 Vg. And Comm.）。主的意思是：他们不得教导任何与他的律法中的教义有冲突的事；事实上，主所吩咐他们的话，他们不得加添或删减（申4：2，13：1）。

之后神借着先知颁布了新的圣言，在他自己的律法之上，但这些圣言是来自神的律法，并与他毫无冲突。至于教义，它们不过是律法的解经家，而且他们在神的律法之上唯一所加添的是预言。除此之外，他们所做的一切不过是纯粹向主的百姓解释律法而已。既因主喜悦向自己的百姓启示更为明确和丰盛的教义，为了帮助软弱者的良心，他同样也吩

---

② a VG；*Dieu*. 拉丁文只有动词。
③　参阅 I.6.2。

咐以色列人将这些预言记录下来，并将它们视为他话语的一部分。主同时吩咐先知在圣灵的感动之下，将历史记录下来。我将《诗篇》包括在预言之内，因为《诗篇》和先知书有共同的特征。④

因此，那圣洁的书卷（包括律法、预言、诗篇以及历史）是神启示他古时百姓的话语，且众祭司和教师一切的教导都必须完全合乎这准则，直到基督的来临。他们的教导也不可偏离左右（申5：32），因他们的整个职分局限于教导百姓神亲口所说的话。ᵉ我们从《玛拉基书》众所周知的经文中，也能推论同样的教导。主在那里吩咐以色列人记念他的律法并顺服之，直到福音的时代为止（玛4：4）。

神这样做是为了保护他们，免得他们开始相信某些新的教义，他甚至不准他们丝毫偏离摩西所忠心教导他们的道路。这就是为何大卫那样奇妙地宣扬神律法的伟大，并从各种角度称赞它（诗19：7及以下），是为了拦阻犹太人渴慕任何外来的观念，因神的律法包含一切的完美。

7. "道成了肉身"

ᵃ然而，当神的智慧之后在肉身显现时，神的智慧以活生生的方式向我们启示人心一切所能明白和所默想关于天父的事。ᵉ因此，既然基督（那公义的日头）已经来照耀我们，⑤虽然我们之前只有模糊不清的小灯，如今却有神的真理——那完美、如日午般明亮的光。因为使徒的话是极为特殊的教导："神既在古时借着众先知多次多方地晓谕列祖，就在这末世借着他儿子晓谕我们。"（来1：1—2 p.，参阅 Comm.）ᵃ因保罗在此公开地宣告：神之后的教导与他之前的教导截然不同，即他不愿再断断续续地、借许多不同人的口向我们启示；他也不再在预言上加添预言，或在启示上加添启示。他反而在他自己儿子的身上成就教师的一切职分，我

---

④ 在引用《诗篇》的时候，加尔文通常称被认定的作者大卫为"先知"。
⑤ 参阅 II. 11. 4-6, 11, 14。

们甚至要将这启示视为神给我们最后以及永恒的见证。在这意义上，圣经将整个新约的时代，从基督降临开始向我们传福音，直到审判之日，称为"末时"⑥（约一2∶18）、"后来的时候"（提前4∶1；彼前1∶20）、"末后的日子"（徒2∶17；提后3∶1；彼后3∶3）。圣经这样说是要我们满足于基督完美的教导，不再在这教导之上加添任何自己或别人所捏造的观念。神因此有极好的理由命定他的儿子做我们的教师，并吩咐我们听从他，而不是任何人的话。他甚至以这短短的话证明基督就是我们的教师，他说："你们要听他。"（太17∶5）然而这句话比一般人所认为的更重要。因神借这话就如在引领我们弃绝一切来自人的教导，并叫我们唯独归向他自己的儿子，吩咐我们唯独从基督那里寻求一切关于基督的教导，依靠基督、专靠他；总而言之（如神的话语所教导的），唯独听从基督的声音。既然生命之道本身以某种亲密、公开的方式将自己启示给我们，难道我们还要要求从人的身上得什么吗？事实上，神既然喜悦将所积蓄的一切智慧、知识藏在基督里，那么在基督说话之后，所有的人都应当闭口不言（西2∶3）。且基督所说的话与神完全一致的智慧（参阅约19∶23）以及弥赛亚的智慧（当时的犹太人等候弥赛亚向他们启示万事）（约4∶25）完全相称；事实上，在基督说完之后，已经没有什么可说的话了。

8. 神给使徒权利，教导基督所吩咐他们的话*

ᶜ我们要将这原则当作我们坚定不移的原则：唯有记载在律法和先知书中，且之后在使徒书信中的话语才能被接受为神的话，且唯独这话在教会里才有权威。而且在教会里唯一蒙神喜悦的教导方式，必须来自神话语的吩咐和准则。

我们同样以此推论神所交付使徒的职分与古时先知的职分没有两样。他们负责解释古代的圣经，并表明这教导在基督的身上得以应验。然

---

⑥　参阅 H. Quistorp, *Calvin's Doctrine of the Last Things*, pp. 158 ff., 177 ff., 181 ff.。

而，他们的这解释必须依靠基督的灵以某种方式对他们的引领。⑦ c (a) 当基督命令他们教训万族他所吩咐他们的一切话，而不是他们自己所捏造、混乱的观念时（太28∶20），他同时指定了他们使命的范围。ª且没有比他在别处所说的话更清楚了："你们不要受拉比的称呼，因为只有一位是你们的夫子……就是基督。"（太23∶8、10）然后基督为了让他们更加留意这句话，他立刻又重复两次（太23∶9—10）。而且基督应许他们差派圣灵，好引导他们明白一切的真理，因为他们是无知、不能明白主亲口的教导（约16∶13）。ᵉ但我们必须谨慎地留意基督将圣灵的事工局限于：提醒选民基督自己从前所亲口教导他们的（约14∶26）。

9. 连使徒自己都不被允许越过圣经教导的范围，何况他们的继承者*

ª因此，彼得因受主详细地教导关于他自己事工的范围，教导我们他和其他的使徒只能教导神向他们所启示的教义，他说："若有讲道的，要按着神的圣言讲"（彼前4∶11），ᵉ即不是犹豫战兢地讲，就如有邪恶良心的人习惯说的那样，而是要以与拥有神确实吩咐的神的仆人相称的信心来讲道。ª难道他的这教导不就是弃绝一切出于人思想的捏造（不管是什么人的思想），好让神纯正的话语能够在信徒的教会里被教导以及被相信？彼得就在吩咐我们除掉人所捏造的一切观念（不管这些人的地位有多高），好让我们能够唯独教导神自己的命令。这就是我们属灵的兵器，"在神面前有能力，可以攻破坚固的营垒"。神的仆人借这些兵器"将各样的计谋、各样拦阻人认识神的那些自高之事一概攻破了；又将人所有的心意夺回，使他都顺服基督"（林后10∶4—5，Comm.）。这就是教会的牧师（不管我们怎么称呼他们）所当拥有的神的权能。而且神赐给他们这权能，是要他们勇敢地靠神自己的话语行万事；是要他们吩咐一切世俗的权势、荣耀、智慧，

---

⑦ "*Verba quodammodo dictante Christi Spiritu*"，这个副词具有一个刻意的限制，是对严格听写默示论的怀疑。这里的前后文提到的教训，不只是文字上的，也说明了加尔文并不赞成字句无误论，圣经的权威信息才是无误的。

以及地位屈服，甚至顺服神的威严，使他们靠神的全能吩咐一切从最高贵到最卑微的人，使他们能够建造基督的家，攻破撒旦的营垒；使他们能喂养羊，赶走一切狼；使他们能教训和劝诫有受教之心的人；能指控、斥责，以及征服悖逆、顽梗之人的心；使他们能捆绑以及释放；甚至若需要，采用雷声般的警告，然而这一切都要靠神的真道而行。

^c但，就如我在上面说过的，⑧这就是使徒与他们的继承人之间的差别：前者是圣灵真实和无谬的文士，⑨且我们应当将他们的作品视为神的圣言；然而他们的继承人唯一的职分是要教导圣经所记录的真理。因此我们的教导是：神忠心的牧师不可捏造任何新的教义，而是要以单纯的心专靠神吩咐众人听从的教义。我这样说不但包括个人，这教导同样也包括整个教会。就个人而言，主差派保罗做哥林多人的使徒，但他却否认他们的信心对象是他自己所讲的话（林后1：24）。那么谁会宣称他自己拥有就连保罗自己也宣告他没有的权柄呢？他若相信他有吩咐人毫无疑问地相信他所说的一切话的权柄，他就不会吩咐哥林多信徒当先知讲道时，"其余的就当慎思明辨。若旁边坐着的得了启示，那先说话的就当闭口不言"（林前14：29—30 p.），他这样说包括所有的人，并叫众人都伏在神话语的权柄之下。

^c然而或许有人会说，就普世教会而言，事情就不一样了。^{c (a)}我的答复是：保罗在别处反驳这异议，^a他说："信道是从听道来的，听道是从基督的话来的。"（罗10：17 p.）那么，若信心唯独建立在神自己的话语上，且若神的话语是信心唯一的对象，难道全世界的话语能与神自己的话语竞争

---

⑧ Ⅳ. 3. 5-8.

⑨ "Certi et authentici Spiritus sancti amanuenses." 有人曾用这段话指出加尔文认为圣经默示论是字句无误论。然而加尔文没有在其他任何地方明确地支持这一点，反而在这里立刻澄清他的重点是教导本身而不是表达的形式。这一段叙述是警告"另一个教义"的序曲。见 L. Goumaz, *La Doctrine du salut d'après les commentaries de Jean Calvin sur le Nouveau Testament*, pp. 110-117；H. Clavier, *Études sur le calvinisme*, pp. 26, 81 f.；E. A. Dowey, *The Knowledge of God in Calvin's Theology*, pp. 90 ff.；W. Niesel, *The Theology of Calvin*, pp. 31-36；J. K. S. Reid, *The Authority of Scripture*, pp. 44, 53 ff.；J. T. McNeill, "The Significance of the Word of God for Calvin", *Church History* XXVII (1959), 140-145。

吗？ᶜ且任何明白何谓信心的人在这事上都毫无疑问。因为有信心的人应当坚定地相信，以至于能毫不动摇地抵挡撒旦、地狱以及全世界的诡计，然而这坚定的心完全来自神的真道。这是我们众人所当留意的普遍性准则：神禁止人捏造新的教义，好让他自己能做唯一教导我们教义的师傅，因唯有神才是真实（罗 4∶4），绝不能说谎的。且这准则关涉信徒个人以及整个教会。

我们弃绝一切在圣经之外对无谬教义的宣称（10—16）

10. 天主教会的宣称

ᵃ然而假设我们将教会的这权威与那些属灵的暴君，即那些希望自称为教会监督和主教之人，与几百年前在神的百姓中开始夸耀的权威比较。这两种权威彼此敌对，就如基督与彼列彼此敌对一般（林后 6∶15）。ᶜ我在此的目的不是要解释他们在哪些方面执行自己的专制，我只要反驳他们的教导，即他们先用著作，之后用刀剑来辩护的教导。ᶜ⁽ᵃ⁾他们认为教会的普世会议就是教会真正的形象，这是理所当然的。他们一旦接受这原则，就立刻毫不犹豫地推论这些会议是圣灵直接主持的会议，且因此是无谬误的会议。⑩ᶜ但既因这些会议是这些人自己本身所主持

---

⑩ IV.9.1，注释 1 认为教会大公会议是无误的这个观点，即便在最激进的大公会议至上论者中都是不常见的。见盖思乐（J. C. L. Gieseler）所引的 *A Text-Book of Church History*, tr. H. B. Smith, III. 322，note 6。帕多瓦的马西利乌斯（Marsilius of Padua）的编辑 A. Gewirth（*Marsilius of Padua*, *The Defender of Peace* I. 357）认为他持这种观点，但是这段引述（II. 19.2-4）留下模棱两可的印象。的确，他坚称圣灵运行在教会会议中，但是他所说的"无误推论"是从圣经来推论，却没有明确说是大公会议的推理（*op. cit.*, II. 274 f.），其实他所要强调的是大公会议高于教皇。即使没有自称无误，他们的立场在 1415 年 4 月 6 日 Council of Constance 著名的 *Sacrosancta* 文献中宣布，并且在 Council of Basel（February 15, 1432）重申。但尼姆的迪特利希（Dietrich of Niem, 1410）竟然认为大公会议的决议将"永远不改变"（LCC XIV. 160）。参阅富利克（A. C. Flick），*The Decline of the Medieval Church* I. 375；II. 5, 49 f., 53。关于会议的权柄，参见提埃尼（B. Tierney）详尽的研究，*Foundations of the Conciliar Theory*, esp. ch. 2, "Pope and General Council"。16 世纪时，普里耶拉（Silvester Prierias）在其著作 *Dialogue on Papal Power*（1517）中坚称（教皇）会议 *faciens quod in se est* 是不会出错的。（Kidd, *Documents*, p. 41）克里特托（J. Clichtove）在 "*De conciliorum generalium indeviabilitate*" 一章中写道，大公会议不会出错不是在于教皇，而是在于神的帮助、圣灵的同在以及基督的应许：*Compendium... veritatum... contra erroneas Lutheranorum assertiones*（1529），fo. 126。Eck 也有类似的观点（*Enchiridion*, ch. 1）；参阅IV.9.1；IV.9.11，注释 17。J. Latomus 认为 "教会至高无上的权柄就在大公会议里"：*Adversus M. Bucerum... altera plenaque defensio*（1545）。

的，这就等于他们所归给会议的权威，同时也属于他们自己。ᵃ 由此看来，他们希望我们的信心建立在他们自己的决定上，如此，他们所赞成的一切，我们必须毫不怀疑地赞成；或他们所弃绝的，我们同样也必须弃绝。同时，他们既因藐视神的真道，就随自己的心意捏造新的教义，之后则根据自己的准则，要求信徒都必须接受为基督教信仰的信条。除非一个人坚定地相信他们的一切教义，不管是肯定形式的或否定形式的教义，明确相信或至少默认他们的教义，否则他们绝不将这人视为基督徒，⑪ᶜ ⁽ᵃ⁾ 因他们相信教会有制定新信条的权威。

11. 基督与自己的教会同在，并不夺去教会与真道彼此的联合

ᶜ首先，让我们听听他们所用来证明这权威的辩论，我们就能知道他们对教会的教导是否同时成为他们自己的益处。

ᶜ他们说神曾应许教会基督（她的新郎）永不离弃她，相反，他将以自己的灵引导教会明白一切的真理（参阅约 16：13）。ᶜ ⁽ᵃ⁾ 然而他们常常声称的应许，许多是神赐给整体教会的，同样也赐给信徒个人。ᵃ 虽然主的这话："我就常与你们同在，直到世界的末了"（太 28：20），以及"我要求父，父就另外赐给你们一位保惠师……就是真理的圣灵"（约 14：16—17）⑫是针对十二位使徒所说的，他不但赐给这十二个人的团体，他同样也赐给他们各人以及其他人，不管是他已经接纳的人，或之后将蒙神悦纳的。然而当他们解释这些充满慰藉的应许是神赐给整个教会，并不是赐给每一个基督徒时，难道他们这样做不就是夺去神所喜悦安慰众信徒的应许吗？我在这里的意思并不是否定那充满各种不同恩赐的教会比任何一位信徒拥有更丰盛的、属天的智慧。ᶜ同样地，我的意思也不是说神赐给每一个信徒一样程度的智慧和聪明的灵（参阅赛 11：2）。ᶜ ⁽ᵃ⁾ 然

---

⑪ Cochlaeus, *De authoritate ecclesiae*... (1524) I. 6, fo. D 1a.
⑫ Clichtove, *op. cit.*, *loc. cit.*, and *Antilutherus* I. 10, fo. 22b；I. 14, fo. 31a；Eck, *Enchiridion*, ch. 1. "保惠师"（Advocate）在加尔文的原著里是用 "*Paracletum*" 这个词。

而我们绝不能容许基督的仇敌为了支持自己邪恶的教导而强解圣经。

我无须详细地解释这些经文，因为它们基本的意思是主永远与他自己的百姓同在，并以他的圣灵统治他们。并且我确信他的灵并不是谬误、愚昧、谎言或黑暗的灵；相反是真实的启示、智慧、真理以及光明的灵，且这灵毫不诡诈地教导他们基督所要他们知道的一切真理（林前2∶12），即"他的恩召有何等指望，他在圣徒中得的基业有何等丰盛的荣耀"（弗1∶18，Vg.）。但就连那些从神那里领受更丰盛的恩赐的信徒，在今生也只能领受初熟的果子并稍微预尝圣灵的美味（罗8∶23）。因此他们既然知道自己的软弱，就当谨慎地约束自己，认真遵行神的真道，免得因照自己的意思行事为人，远远地偏离正路，因他们这样行就不再拥有唯一能帮助人辨别是非之圣灵的教导。°因为众信徒都与保罗一同承认自己仍旧不完全（腓3∶12）。因此，他们竭力天天长进，而不夸耀自己的完美。

12. 教会不是无谬误的

°但他们会反对说：任何圣徒所部分拥有的恩赐，都完全是属于教会的。虽然这听起来是真的，然而我否认它是真的。神的确照基督所量给各信徒的恩赐，分配这些属灵的恩赐（弗4∶7），以至于当各圣徒都领受自己的恩赐之后，整个身体不会缺乏任何基本的恩赐。然而教会的丰盛总是远不如我们敌对者所夸耀的那样绝对完美。并不是说教会在任何方面缺乏她所需要的，主知道教会所需要的一切，但为了保守教会的谦卑和敬虔的节制，他没有多给她比她的需要更多的恩赐。

我也知道他们在这里习惯反对的是什么：°(a) 神"用水借着道把教会洗净，成为……毫无玷污、皱纹等类"（弗5∶26—27，参阅 Vg.），且教会在别处被称为"真理的柱石和根基"（提前3∶15）。

但前面的经文教导，°基督在教会里天天所做的，不是他已经完成的工。因他既然天天使他一切的百姓成圣，洗净他们，擦净他们一切的污秽，他们显然仍有瑕疵和污点，且因此仍然需要成圣。然而在教会的众肢体仍有污秽，也不够纯洁，我们居然将教会视为在各方面完全的圣洁和毫无玷污，没有比这更荒谬的事！[c] [(a)] 因此，教会借着基督已成圣了，这是真的，[a] 然而我们在今世只能看到这成圣的开始，当基督——那至圣所（参阅来9：10）降临，并完美地以自己的圣洁充满教会时，这成圣才得以完成。[c] 教会的污秽和皱纹已经被擦掉是真的，然而这个过程天天都在进行，直到基督在他第二次降临的时候，完全除掉教会一切仍有的不洁。除非我们相信这真理，否则我们就必须与帕拉纠主义者一同主张信徒的公义在今生得以完成，也必须与洁净派（Cathari）以及多纳徒派（Donatists）一样拒绝接受教会有任何的软弱。[⑬]

第二处经文的意思就如我们以上所说过的，[⑭] 与他们的解释截然不同。因为当保罗教导提摩太，并教训他担任监督的职分之后，保罗说这一切需要他知道如何在教会里行事为人。且保罗为了叫他更敬虔和热忱地担任这职分，他接着说教会本身是"真理的柱石和根基"（提前3：15）。[c] [(a)] 然而这句话的意思难道不就是神的真理借着证道的事工在教会里蒙保守吗？或就如保罗在别处所教导的，基督所赐的，有使徒，有牧师和教师，使我们不再中了人的诡计或欺骗的法术，被一切异教之风摇动，飘来飘去（弗4：11、14p.）。相反，主喜悦我们因认识他的儿子"在真道上同归于一"（弗4：13p.）。[c] 因此，真理在世上不至于被消灭，反而蒙神保守，因教会是他忠心的管家，因此真理借着教会的事工得蒙保守。且既然这保守完全在乎先知和使徒的事工，我们就能推论真理的保守完全依靠主的真道被忠心地传扬。

[⑬] 加尔文对于可见教会天天在圣洁上长进的观点，已详细地在此说明，并且反对历史上偏执的完全成圣论。参阅奥古斯丁 *Against the Letter of Parmenianus* III. 3 (MPL 43. 95 ff.; CSEL 51. 121)。

[⑭] 参阅IV. 1. 10；IV. 2. 1。

13. 真道和圣灵密不可分的关系

ᶜ我现在要简洁地说明我们敌对者的要求如何，且我们在哪些方面反对他们，好让我的读者们能更清楚地明白这问题的关键性。ᶜ⁽ᵃ⁾他们说教会无谬误的这话与这个问题有关，且他们这样解释这立场：ᵃ既然教会受神圣灵的管理，她就能在神的话语之外安全地向前，不管教会如何行，她一切的思想和言语都是真的；ᶜ因此，若教会在神的话语之外颁布什么教导，这应该被视为神确定无疑的启示。⑮

ᶜ⁽ᵃ⁾我们若接受他们的这一点，即教会在关于救恩的基本教导上是不会有谬误的，我们的意思是：ᵃ只要教会拒绝她自己一切的智慧，并接受圣灵借着神的话语的教导，这句话便是真的！ᶜ我们两个彼此的差别是：我们的敌对者主张教会的权威在神的话语之外；但我们坚持这权威与神的话语是密不可分的。

ᶜ⁽ᵃ⁾若基督的新娘和学生顺服她的新郎和教师，乃至一直谨慎地留意他一切所说的话，这不足为怪！ᶜ因为家庭美好的管理包括新娘顺服丈夫的权威。学生唯独听从教师的教导也是极为有秩序之学校的样式。因此，教会不应当自以为聪明，不应当自己捏造任何教义，反而当将自己的智慧局限于基督所说的话的范围之内。

这样教会将会怀疑一切出自她自己之理性的发明。然而，那些建立在神的话语之上的教导，她不会因为任何的疑惑而动摇，而会坚定不移地相信。ᶜ⁽ᵃ⁾同样地，当教会信靠神所赐给她丰盛的应许时，她的信心就能大大地坚忍到底。在这光景下，教会永不怀疑圣灵总是与她同在，也是引领她行走正道最好的导游。ᶜ⁽ᵇ⁾但教会同时也会明白他赐给我们圣灵的目的如何。我从神那里将差派给你们的ᵇ圣灵（约 16：7 p.），"要引导你们明白一切的真理"（约 16：13 p.）。怎么说呢？因主说："圣灵要叫你

---

⑮ Cochlaeus, *De authoritate ecclesiae* (1524) I. 5, fo. C 1b; I. 6, fo. C 3b; De Castro. *Adversus haereses* I (1543, fo. 8 B-10 G).

们想起我对你们所说的一切话。"（约14：26）因此，神教导我们：圣灵对我们的光照唯独是要我们明白神自己所教导我们的真理。因此，克里索斯托这样强调："许多人自称拥有圣灵，然而那些按自己意思说话的人的宣称是虚假的。就如基督告诉我们，他没有凭着自己讲（约12：49，14：10），因他靠着律法和先知的权威说话（约12：50），照样我们也不可相信任何被说成来自圣灵，却不合乎福音的信息。因就如律法和先知在基督身上得以应验（罗10：4），照样圣灵也使福音得以应验"，⑯ᶜ这是克里索斯托说的。

当我们的敌对者夸耀圣灵只为了奉他的名，教导与神的话语相违背、古怪的教义，我们推论这是错误的，是很自然的事。因圣灵喜悦与神的话语密不可分地联合在一起，且当基督应许差遣圣灵赐给他的教会时，他也教导这联合。这的确是真的！主吩咐他的教会当自守（参阅彼前1：13，4：7，5：8等），且这吩咐永远不被取消。主又禁止我们在他的话语上加添什么或删去什么（申4：2；启22：18—19）。当我们的敌对者教导圣灵在神的话语之外统治教会时，他们企图不理会神和圣灵这永恒的命令。

14. 传统服从圣经吗？

ᶜ ⁽ᵃ⁾他们又在此胡说教会需要在使徒的作品上加添什么，或使徒们借着口传正当地加添了一些他们自己教得不够清楚的教义。基督对使徒说：ᵃ"我还有好些事要告诉你们，但你们现在担当不了"（约16：12）。ᶜ他们对此的解释是：这经文指的是在圣经之外，被风俗习惯所接受的命令。这是极为可怕的无耻！我承认在这时候门徒仍是无知的人，且他们所能领受的教导很有限。⑰ᵃ但当他们将教义记录下来时，难道他们在那

---

⑯ Pseudo-Chrysostom, *Sermo de sancto Spiritu* 10 (MPG 52. 824).
⑰ Cochlaeus, *op. cit.*, I. 4, fo. B 4a; I. 8, fo. E 2a; Eck, *Enchiridion* (1535), fo. 21ab.

时候迟钝到之后需要借着口传，在他们的作品上加添他们出于自己的无知所省略的教义吗？那么，若真理的圣灵当时已经引导他们明白一切的真理（参阅约 16：13），有什么事情能拦阻他们明白以及记录下来某种完美福音教义的系统呢？然而，即使我们交给他们这权柄，我们还是要问他们：除了神所记录下来的话之外，他还应该向我们启示什么呢？他们若任意妄为地想回答，我就能以奥古斯丁的话反驳他们："主若不说话，有谁能说这是主的意思或那是主的意思呢？或若有人擅敢这样说，他有什么证据能证明呢？"[18]但我何必在这肤浅的事上争论呢？因为连小孩子都知道这些人所强解和删去的使徒作品，就是主当时应许给使徒的启示。

15. 教会教义上的教令互相矛盾

c (a) 他们说当基督吩咐我们要将不听教会的人看得像外邦人和税吏一样时，他就在吩咐我们毫无疑问地相信教会所教导我们的一切（太 18：17）。[19] e 首先，基督在那经文中没有提到教义，他不过是在教导我们：教会有权柄借着对人的斥责施行惩戒，并且受斥责的人不可反对教会的惩戒。ᵃ这一点我们略而不谈。令人惊讶的是，这些坏蛋无耻到容自己在这教导上远远地离开了神的真道。因他们最后的结论，难道不就是我们不可藐视教会的权威，因这权威唯独建立在神的真道之上吗？他们说人必须听从教会。[20]谁会否定这一点？人之所以要听从教会，是因教会一切的宣告都纯粹来自神的真道。他们如果在这真道之外要求什么，就当晓得基督的话不支持他们。

ᵉ他们也不应当将我视为吹毛求疵的人，只是因为我强烈地坚持教会没有权利捏造任何新的教义，即谁都没有权利把任何主没有在他自

---

[18] Augustine, *John's Gospel* 96.2（MPL 35.1874；tr. NPNF VII. 372）.

[19] Clichtove, *Antilutherus* I. 11, fo. 23a；Cochlaeus, *De authoritate ecclesiae* I. 3, fo. B 4a；I. 5, fo. C 2b.

[20] Eck, *Enchiridion* (1533), ch. 2, fo. 7ab.

己话语里所启示的教义教导人，并劝他们接受为圣言。因理智的人知道将这样大的权威交给人是何等危险的事，他们也明白我们若说教会应当吩咐人将人的决定视为圣言，这是叫不敬虔的人大得亵渎神的机会。

ᶜ此外，基督在他的时代将犹太公会称为教会（太5：22），好让他的门徒之后开始尊重教会圣洁的会议。若教会能随意捏造新的教义，那么每一个都市和村庄同样也有捏造教义的自由。

16. 我们敌人的解释没有说服力

ᶜ我们敌人的解释对他们毫无帮助。他们说婴儿洗礼更多不是来自圣经明确的吩咐，而是教会本身所命令的。的确，若我们为了婴儿洗礼打抱不平，单单根据教会的权威，这是非常微弱的避难所！然而，我们在恰当的时候将充分地证明并非如此。[21]他们以同样的方式反对说尼西亚会议的决定——子与父是同一个本质——并非来自圣经的教导。[22]他们这样说是卑劣地侮辱教父，仿佛他们毫无根据定阿里乌的罪，这等于是说阿里乌虽然相信先知和使徒一切的教导，只因他没有接受他们的话，他就在犯大罪。我承认"同一本质"这一词不在圣经上。[23]然而，既然圣经经常教导我们只有一位神，也经常称基督为真神以及永恒的神，与父原为一，那么当尼西亚的教父宣告他们是同一个本质时，难道这不就是解释圣经正确的含义吗？[24] 狄奥多勒告诉我们君士坦丁在教会会议曾说过这话："在神学的争议上，我们有圣灵无谬的教导、福音的书卷、使徒的书信，以及先知的圣言，彻底地向我们表明神的旨意。[25]因此，我们应当放

---

[21] IV. 16.
[22] Cochlaeus, *De authoritate ecclesiae* I. 4，fo. B 4a.
[23] 参阅 I. 13. 5。
[24] "*Nativum Scripturae sensum simpliciter enarrant.*" 加尔文坚持主张直接地解释圣经，但有时也需要使用非圣经的词汇。参阅 II. 5. 19，注释 39。
[25] Vg：*sensum numinis*；VG：*la volunté de Dieu*.

下分歧，接受圣灵对我们一切问题的解释。"㉖当时没有人反对这正确的劝诫，没有人反对说：教会可以加添自己的教义，圣灵没有向使徒启示万事，或至少这些使徒没有将圣灵一切的启示传给他们的后裔，等等。若我们的敌人所说的话是对的，首先，君士坦丁就是邪恶地夺去教会所当有的权威；其次，因为当时没有任何监督为教会辩护，他们的安静就证明他们对教会不忠实，因为他们这么做是背叛教会。然而，既然狄奥多勒告诉我们当时的监督乐意接受皇帝的话，㉗我们就能确信这新的教义当时不存在。

㉖ Theodoret, *Ecclesiastical History* 1.7, ed. T. Gaisford, p. 40; Cassiodorus, *Tripartite History* II. 5 (MPL 69.925; tr. NPNF 2 ser. III. 44 ff.). 在安提阿的监督欧大悌 (Eustathius) 讲章的片段中，以及从阿塔那修描述尼西亚会议（325）上辩论的信中，可以看出，阿塔那修表示圣经的论点被用来驳斥反对与父同质说的人。参阅加尔文为 "Person" 这个词的辩护 I. 13. 3。

㉗ Theodoret, *Ecclesiastical History*, loc. cit.

ᵉ第九章 教会会议及其权威

教会会议真正的权威（1—2）

1. 两点预先说明

ª假设我接受他们对教会的一切教导，这对他们主要的辩论没有太大的帮助。因他们将自己对教会的一切教导都运用在教会会议上，ᶜ因他们认为这些会议都代表教会。事实上，他们这样顽梗地为教会权威争辩，唯一的目的就是要将他们一切所抢夺的权威统统都归在教皇以及其他代理人身上。然而，在我开始讨论这问题之前，我必须简洁地陈述两个意见：

我以下所要讲的严厉的话并不表示我藐视教会古代的会议。我从心里尊敬这些会议，并深盼众人都尊重它们。①然而，我们仍旧当记住一个主要的原则，即我们不可容许任何事物夺去基督的权威。基督统管所有教会会议，且无人能与他一同分享这权利。然而，我要强调的是，只有整个会议受基督真道以及圣灵的统治，基督才统管这会议。

---

① 从加尔文所引的书目来看，他非常尊重历史上的会议，也接受"与圣经一致的"决定。参阅 *Reply to Sadoleto*（CR V. 415；tr. LCC XXII. 255）；McNeill, *Unitive Protestantism*, ch. 3, sec. 4, "The Conciliarism of Calvin."

其次，我所归给教会会议的权威没有我的敌对者那么多，并不表示我怕教会会议，仿佛教会会议支持他们而反对我们。既然神的真道能充分证明我们自己的教义以及推翻整个天主教的制度，并因此不需要别的证据，所以只要我们需要，我们就能采用古代教会的决定，支持我们而反驳他们。

2. 真的和假的会议

ᶜ我们现在要开始直接讨论教会会议的权威，若有人想知道圣经对教会会议的根据，基督的这段话讲得最清楚："因为无论在哪里，有两三个人奉我的名聚会，那里就有我在他们中间。"（太18：20）但这经文能运用在最小的聚会以及普世的会议。然而，这问题的难题不在乎这事实，乃在乎这里所记载的条件，即教会会议奉基督的名聚会，基督才会在他们中。ᵃ因此，除非我们的敌人首先说服我们这些会议是奉基督的名召聚的，否则他们再三地提到监督会议和特意想说服我们教会会议受圣灵的统治，对他们毫无益处。因为在会议中，不敬虔和邪恶的监督能抵挡基督，就如善良和诚实的监督能奉他的名聚会一样。这些会议所颁布的许多命令都充分地证明这一点。ᶜ ⁽ᵃ⁾ 我之后才会详细地讨论这些教令。②我现在以一句话答复他们：基督的应许唯独赐给奉他的名聚会的人。因此，我们现在要解释何为奉基督的名聚会。我否认以下的人是奉基督的名聚会的，他们弃绝神禁止我们在他自己的话语上加添和删去什么的命令（申4：2；参阅申12：32；箴30：6；启22：18—19），ᶜ反而随自己的意思颁布任何教义；或因对圣经的圣言，即完美智慧唯一的准则感到不满，而从自己的思想中捏造任何新的观念。的确，既然基督没有应许我们他在一切的会议中都在我们中间，而是给我们一个条件，使我们能辨别基督所喜悦的以及他所不喜悦的会议，我们就应当一直留意这条件。

---

② 下文的第九节。关于会议的资料来源，参阅Ⅳ.7.9，注释23。

神在古时与利未祭司所立的约，就是吩咐他们教导他亲口所说的话（玛2：7）。这也是神一直对先知的要求；是他吩咐使徒所遵守的准则。神将一切违背这约的人，③视为不配得祭司的尊荣或权威，我的敌人若想迫使我在神的话语之外相信人的教令，他们首先要为我解决这难题。

牧师的错误使他们的会议成为不可靠（3—7）

3. 在教会中，真理在"牧师"的支持之外，仍能站立得住

ᵃ他们误以为除非牧师完全合一，否则教会没有真理；他们也主张除非教会在大公会议上成为有形可见的，否则教会不存在。④然而，若先知所做的见证是真的，这教导就是错的。ᶜ在以赛亚的时代，耶路撒冷仍有神未曾弃绝的教会，然而神这样描述教会的牧师ᵃ："他看守的人是瞎眼的，都没有知识，都是哑巴狗，不能叫唤；但知作梦、躺卧、贪睡……这些牧人不能明白，各人偏行己路。"（赛56：10—11 p.）ᵉ何西阿同样说："以法莲曾作我神守望的；至于先知，在他一切的道上作为捕鸟人的网罗，在他神的家中怀怨恨。"（何9：8 p.）先知在此以讽刺的方法将牧师与神联合在一起，他教导我们，他们的祭司是妄称的。ᶜ教会也继续存在于耶利米的时代。耶利米怎样描述ᵃ他那时代的牧师呢？ᵃ"他们从最小的到至大的都一味地贪婪。"（耶6：13）以及"那些先知托我的名说假预言，我并没有打发他们，没有吩咐他们"（耶14：14）。ᵇ为了避免冗长地引用这先知的话，请读者们参考他在23章（耶23：1 及以下）以及40⑤章中的记录。在同一个时代，以西结在另一个地方同样严厉地斥责那地方的先知，他说："其中的先知同谋背叛，如咆哮的狮子抓撕掠物……其中的祭司强解我的律法，亵渎我的圣物，不分别圣的和俗的"（结22：

---

③ 牧师教导的责任 ex ore Domini（Mal. 2：7）被称为 pactum，"约"或"合约"。
④ Eck, Enchiridion, ch. 2（1533 ed., fo. 7b）.
⑤ 所引的《耶利米书》40章是错误的，卡迪耶认为应该是《耶利米书》44章；Institution IV. 159；但也请参见《耶利米书》10：21；22：22；25：34-36。

25—26），他还说更多类似的话。其他的先知重复这样对牧师的斥责；事实上，这是先知书卷中最普遍的启示（赛9∶14，28∶7，29∶10；耶2∶8、26，5∶13、31，6∶13，8∶10，13∶13，14∶14，23∶1，27∶9）。

4. 对牧师弃绝真道的预言[*]

^b或许有人会说：这事情在犹太人当中也许很普遍，但我们的时代并没有这么大的恶行！但愿如此！然而圣灵早就预言过这件事，彼得说得很清楚："从前在百姓中有假先知起来，将来在你们中间也必有假师傅，私自引进陷害人的异端。"（彼后2∶1 p.）可见他在此所预言的危害并不是来自老百姓，而是那些自称为教师和牧师的人。^a此外，基督和他的使徒经常预言牧师将成为教会最大的害处（太24∶11、24；徒20∶29—30；提前4∶1；提后3∶1及以下；4∶3）。^c事实上，保罗明确地告诉我们，甚至敌基督都将坐在神的殿里（帖后2∶4），他在这里的意思是，他所说的大灾难将是在教会里的牧师所造成的。

在另一处经文中，保罗又告诉我们这大灾难即将临到教会。^a他针对以弗所的监督⑥说，"我知道我去之后，必有凶暴的豺狼进入你们中间，不爱惜羊群。就是你们中间，也必有人起来，说悖谬的话，要引诱门徒跟从他们。"（徒20∶29—30）^c既然牧师能这么快就堕落，那么再过很长一段时间之后，他们将会如何呢？^a我们无须记录下来，因为几乎每一个时代都有众多的例子，能证明牧师不都是为了将神的真理保持在自己的心里，且教会的健康也不取决于他们的光景。他们管理教会、保守教会的平安和安全是正当的，因这就是神指派他们的目的，但他们履行职责是一回事；不履行职责是另一回事。

---

⑥ "*Episcopos.*" 参阅Ⅳ.3.8，注8，and Comm.《使徒行传》20∶28："保罗以这个名字称呼所有长老（*presbuteros*）"

5. 批判牧师需要辨别力*

ᵃ然而，我并无意要轻率、毫无分辨地夺去牧师的权威。我只不过在警告诸位好好地辨别牧师，免得我们毫无分辨地将一切自称为牧师的人视为神的仆人。ᶜ ⁽ᵃ⁾但教皇与他身边的众监督自己挂上牧师的称号，离弃了对神真道的顺服，照自己的意思把所有的一切弄成一团糟。ᵃ他们同时也想要说服我们，他们不可能没有神真道之光，神的灵一直居住在他们里面，他们在教会在，他们亡教会亡。就如现今主绝不会以他在古时候所采用过的同样方式惩罚这世界，即他叫当时的牧师变得盲目、迟钝（亚 11∶17）。ᵃ而且这些完全愚昧的人并不晓得他们所说的话和古时候与神作战的人所说的没有两样。因为耶利米的仇敌以同样的方式抵挡真理："来吧！我们可以设计谋害耶利米，因为我们有祭司讲律法，智慧人设谋略，先知说预言，都不能断绝。"（耶 18∶18）

6. 真理也能抵挡会议

ᶜ因此，要反驳另外那个关于普世教会会议的异议是轻而易举的事。犹太人在先知的时代有神的真教会是无法否认的事实。然而，若当时他们举办了一个普世教会会议，当时的教会会显示出怎样的样式呢？因圣经记载神不是指着一两位祭司，而是指着一切的祭司说：ᵃ"祭司都要惊奇，先知都要诧异"（耶 4∶9 p.），"祭司讲的律法，长老设的谋略，都必断绝"（结 7∶26 p.），ᵇ"你们必遭遇黑夜，以致不见异象；又必遭遇幽暗，以致不能占卜。日头必向你们沉落，白昼变为黑暗"（弥 3∶6 p.）。

ᶜ如此，若他们都聚集在一起，他们会受什么灵的带领呢？亚哈王所开的会是极好的例子（王上 22∶6、22），当时有四百先知参加，但既因他们聚会唯一的动机就是要奉承那邪恶的君王，主就差派撒旦在众先知口中做谎言的灵，他们所有的人都弃绝了真理，米该亚被判为异端、被击打，以及被下在监里（王上 22∶26—27）。同样的事情也发生在耶利米以及其他先知身上（耶 20∶2，32∶2，37∶15 及以下；参阅太 21∶35，

23∶29及以下)。

7.《约翰福音》11∶47的例子*

ᶜ然而,另外还有一个与众不同的例子,能充分地证明我们的立场。祭司长和犹太人在耶路撒冷所开的会议,为要定基督的罪(约11∶47),从外表来看,难道这不就是正式的教会会议吗?因为当时若耶路撒冷没有教会,基督就不能参加献祭和其他的仪式。他们开了一次严肃的会,祭司长做主席,众祭司都出席。但他们的决定就是定基督的罪,并弃绝他的教导(太26∶57及以下)。这个决定证明这不是教会会议,但我们的敌人确信这时代没有发生同样事情的危险性。然而,谁能确实地这样说呢?在这么重要的事上漠不关心是轻乎职守的罪。然而,当圣灵借保罗的口预言教会将背道(帖后2∶3)——而且除非牧师先离弃神,否则背道就不可能发生——我们为何在此故意看不到自己即将被毁灭呢?因此,我们绝不能相信教会等于众牧师的聚会。因为主从来没有保证我们的教会永远会有善良的牧师,而是宣告他们有时候是邪恶的。主警告我们的目的就是要我们更加谨慎。

因离弃圣经,许多的会议都败坏了,甚至连尼西亚以及卡尔西顿会议都有瑕疵(8—11)

8. 教会会议做决定是对的

ᶜ你或许会问:难道教会会议没有做决定的权威吗?ᵃ的确有,我在这里的意思并不是我们应当弃绝一切的教会会议,或取消他们一切的决定,并一杆子打翻一船人。ᶜ或许你会说,你的解释是在贬低一切的教会会议,如此每一个人都有权接受或拒绝教会会议的决定。我绝对不是这个意思!我的意思不过是,当教会提出任何会议的谕令时,我希望教会能认真地考虑会议是什么时候召开的,教会当时在讨论什么问题,会议的意图是什么,有哪些人参加;最后以圣经的准则衡量会议讨论的问题。这样会议的决定既受到尊重，类似一个临时的决议，而我前面提到的认真考察也不被拦阻。

ᵈ但愿众人都能保持奥古斯丁在他反对马克西米努（Maximinus）的第三册书籍中所保持的稳重、节制！当他希望只用几句话止住这异端分子关于大会教令的争论时，他说："我不应该利用尼西亚会议反驳你，你也不应该利用阿里米尼会议（Council of Ariminum）反驳我。因我不伏在后者的权威之下，你也不伏在前者的权威之下。事情要与事情互相比较，问题要与问题互相比较，理由要与理由互相比较，也要单单依靠圣经的权威，因这权威不只对其中某一个教会会议有效，而是对所有的教会会议有效。"⑦

ᶜ在这情况之下，教会会议必定会有他们应有的威严，但同时圣经也会被承认是我们至高的权威，且众决定都要伏在这准则之下。因这缘故，我们乐意接受并尊敬教会早期的会议，譬如尼西亚、君士坦丁堡、以弗所第一、卡尔西顿，⑧等等。因这些会议是为了专门驳倒信仰上的谬论而开，因为这些会议的决定来自对圣经纯洁、正统的解释。这些敬虔的教父以属灵的智慧，用他们的解经击败当时被兴起的基督教仇敌。ᵃ在某些后代会议的决定中，我们也看得出来当时参加的人对敬虔的真热忱、洞察力、对教义的了解以及智慧。ᶜ然而，由于情况通常越变越糟，从最近的教会会议可以看出教会从那黄金时代的纯洁之上堕落了多少。

ᵃ我也不怀疑在这腐败的时代，教会会议也有他们比较善良的监督。

---

⑦ Augustine, *Against Maximin the Arian* II. 14. 3（MPL 42. 772）. 在色雷斯（Thrace）的尼斯与阿里乌于尼斯讨论后，阿里米尼会议（359）在所谓的"过时的信经"（Dated Creed）中，企图就阿里乌争议作出妥协。Theodoret, *Ecclesiastical History* 2. 16（MPG 82. 1049；tr. Ayer, *Source Book*, pp. 318 f.）. 当中非正式地声明："子与父相似"不被阿塔那修派接受。

⑧ 加尔文完全同意（因为忠于圣经）这四个普遍被认为具有特殊权威的大公会议，例如安立甘宗作家朱厄尔（Jewel）和胡克（Hooker）都认可。这段写于 1543 年，比布林格（Bullinger）的 *Decades*（1550）还早。后者的作品中介绍了四个大公会议，并下了必要的定义，及加上教父的资料。*Decades* 一书在英国相当有影响力，特别是大主教惠特吉夫特（Whitgift）在 1586 年召开一个会议后，规定这本书为每个教士必读的书。朱厄尔是布林格的学生之一。

但古罗马立法委员所遭遇的事情,同样也发生在他们身上。当时的立法院颁布了不好的法律。只要我们看人数而不考察意见本身,善良的人经常被多数击败。ᶜ这些会议做了许多不敬虔的决定。我们也无须在这里将它们一一列举,因这会浪费太多的时间,或因为别人已经努力做好,我们没有什么可以补充的。⑨

9. 会议反对会议!

ᵃ我也无须提醒诸位:一个会议有时反对另一个会议。ᶜ ⁽ᵃ⁾且若有人说当两个会议互相敌对时,其中一个是不合法的,这话毫无根据。因为我们以什么为标准呢?除非我弄错了,我们当根据圣经来决定哪一个教令是不正统的。因为圣经是唯一可靠的辨别原则。皇帝利奥几百年前举行了君士坦丁堡会议,这会议毁坏一切在教堂里的偶像,因为没过多久,艾琳女皇(Empress Irene)因痛恨君士坦丁堡会议的决定,在尼西亚举行了另一个会议,命令在教堂里重新设立偶像。⑩ᶜ那么,我们应当把哪一个会议视为正统的呢?第二个会议虽然在教堂里重新设立偶像,之后却被人所赞同。然而,奥古斯丁说这习惯诱惑人犯偶像崇拜的罪,是极度危险的。⑪伊比芬尼(Epiphanius)比起早期的主教,更严厉地斥责这件事。他说在基督教教堂里设立偶像是不合乎圣经,甚至是可憎恶的事。⑫他若仍活着,难道他会认同后一个会议吗?然而,若历史家的记录是对

---

⑨ 这句结语写于1543年,加尔文可能是参考彼得·克拉伯(Peter Crabbe)的 *Concilia omnia*,这本书也被路德引用于他的德文作品 *On the Councils and Churches* 中。加尔文对路德这本有力的批判性作品也有所涉猎,这篇作品1539年面世,当时加尔文在斯特拉斯堡(*Werke* WA L. 509-653;tr. *Works of Martin Luther* V. 131-300)。

⑩ 这个圣像崇拜的会议不是由利奥三世而是由君士坦丁五世(Constantine V)(754)所举行的。偶像被许可设立是在第二次尼西亚会议(787),由女皇艾琳举行(Mansi XIII. 215, 377-400; tr. NPNF 2 ser. XIV. 572 f.; Ayer, *Source Book*, pp. 694-697; H. Bettenson, *Documents of the Christian Church*, p. 130)。对于这时期的了解,可以参阅 E. J. Martin, *A History of the Iconoclastic Controversy*, 特别是 pp. 45, 89-105。参阅 I. 11. 14,注释27。

⑪ Augustine, *Psalms*, Ps. 113. 2. 5 (MPL 37. 1484; tr. LF *Psalms* [Ps. 115] V. 287 f.)。

⑫ Epiphanius, *Letter to John of Jerusalem* (394) 在哲罗姆的 *Letters* 51. 9 (CSEL 54. 411; tr. NPNF 2 ser. VI. 89); Augustine, *Psalms*, Ps. 113. 2. 3-6 (MPL 37:1483 f.; tr. LF *Psalms* [Ps. 114] V. 90 f.)。

的,且这会议真的做他们所记录的决定,这会议不但赞同教堂里的偶像,它同样也赞同偶像崇拜。这教令来自撒旦是显而易见的事[13]。ᶜ我在上面已经明确地证明过他们对圣经的强解和删减,表示他们将圣经看作是极为可笑的一本书。无论如何,除非我们以那将审判众人和天使的圣经为准则,对这些众多互相敌对的教会会议做判决,否则我们无法辨别教会会议。因此,我们接受卡尔西顿,却拒绝以弗所第二。因为后者认同了欧迪奇异端,但前者斥责了这异端。[14]古时敬虔的人完全以圣经为自己的准则,我们也跟随他们的脚步,好让神的真道也能做我们路上的灯。ᵃ让天主教徒去自夸他们一切的会议都受圣灵的引领吧!

10. 人在教会会议中的错误

ᵃ其实,连最古老和纯洁的会议也有所缺。也许这些有学问和智慧的人,因太留意当时的决定,没有预料到将会发生的问题;或因他们面对了更为严重和危险的问题,就忽略了次要的问题;或因他们不过是人,因缺乏技术而弄错了;或因他们太情绪化而受欺哄。这最后的可能(并且似乎最能克服的问题)就是在尼西亚会议中所发生的事。尼西亚会议在历史上受众信徒最高的尊敬。他们当时在争论我们信仰中最基要的信条。阿里乌穿戴了全副军装,且众监督都必须与他面对面地作战。如此看来,一切来攻击阿里乌异端的监督合而为一是不可少的。虽然如此,他们却无视极大的危险,甚至忘记了谨守、节制以及礼貌的重要性。他们居然把主题放在一边,仿佛他们开会的目的是要讨好阿里乌。然而,后来他们开始与自己人互相争吵,并将自己所应当用来驳倒阿里乌的笔,用来攻击自己的人。他们开始说出一些污秽的斥责;他们用手册彼此攻击对方,幸亏皇帝君士坦丁最后干涉,否则他们或许会开始用武器

---

[13] I.11.14-16.
[14] 参阅IV.7.1,注释5;IV.7.2。

彼此伤害。他承认调查他们的生活超出了他的能力，他是以恭维而不是斥责来压制他们的不节制。⑮最大的可能是之后许多教会会议因同样的缘故也失败了。ᶜ我们也无须详细地证明这一点。只要有人看看他们的行为，他就能发现他们许多的错误，更不用谈更严重的问题！

11. 人在教会会议中的决定不完全*

ᶜ罗马教皇利奥毫不犹豫地指控卡尔西顿会议（虽然他承认这会议的教义是正统的）带着野心和不节制的轻率。他虽然不否认这会议是正统的，却公开地宣告会议可能出错。⑯ᵃ也许有人认为我极力指出会议的谬论证明我的愚昧，因我们的敌人都承认教会会议在救恩之外的教义能犯错。⑰然而，我这么做绝对不是毫无意义！因他们虽然不得已亲口承认会议会做错决定，但当他们强迫我们接受每一个会议的决定，因他们宣称这些决定都是圣灵的启示，这要求超过了他们原先的预设。他们这样做难道不就是宣告教会会议不能做错决定，或若做错决定，我们辨别是非或拒绝接受他们的决定是不被允许的事吗？ᶜ其实我的意图不过是要合理地推论，虽然许多圣洁的教会会议受圣灵的引领，但圣灵却容他们有时候靠自己做错决定，免得我们过分地依靠人。这种观点比纳西盎的格列高利（Gregory of Nazianzus）更中肯。⑱他说会议从来没有好结果。因为当他宣告他们都毫无例外地没有好结果，他这样说是拒绝将任何的权威归给他们。

---

⑮ 狄奥多勒告诉我们：君士坦丁手中接到一份控告监督的资料，他将这份资料封妥、收藏起来，后来烧毁了。*Ecclesiastical History* 1.11 (ed. T. Gaisford, pp.60 f.；MPG [ch.10] 82.937 f.；GCS 19.47；tr. NPNF [letter 10] 2 ser. III. 48 f.).

⑯ Leo I, *Letters* 104.2-4，105，106 (MPL 54.993 ff.，tr. FC 34.178 ff.，182-188).

⑰ Eck, *Enchiridion*, ch.2 (1533 edition, fo.9ab)，引用奥古斯丁的话：地方会议（*concilia particularia*）会有错，要由大公会议更正。

⑱ "我从来没有看到会议有好结果的，它们不仅没有减少危害，反而增加了"；Gregory of Nazianzus, *Letters* 130 (MPG 37.228)；参阅阿塔那修, *On the Councils* 1.1-3 (MPG 26.681-688；tr. NPNF 2 ser. IV. 451-467 f.)；B. J. Kidd, *History of the Church* to 461 II. 27，293，304。

我们在此无须再谈地方会议,因为从普世会议的情况我们便可以判断,教会会议在制定信条、确定什么样的教义可以接受上有多少权威性。

我们不可听从领路的瞎子;根据圣经的亮光,后来一些会议的决定是错误的(12—14)

12. 盲目的顺服是不被允许的

ᵃ然而,当天主教徒发现他们无法用理智支持自己的立场时,最后利用这可悲的逃避方式:即使这些监督是愚昧的人,也做愚昧的决定;即使他们的心和意志坏到极处,主的真道仍不落空,且他吩咐人顺服自己的统治者(来13:17)。⑲这是真的吗?ᶜ ⁽ᵃ⁾ 假设我否认这种人是真正的统治者呢?因为他们不应当宣称自己的权威超过约书亚,他是主的先知和好牧者。但这是主指派他的时候所吩咐他的话:"这律法书不可离开你的口,总要昼夜思想;不可偏离左右,使你无论往哪里去,都可以顺利"(书1:7—8 p.)。ᶜ因此,我们真正属灵的统治者是那些在神的真道上拒绝偏左或偏右者。ᵃ我们若必须毫无疑问地接受所有牧师的教导,主经常劝我们不可听从假先知的吩咐有何意义呢?主借耶利米的口说:"这些先知向你们说预言,你们不要听他们的话。他们以虚空教训你们,所说的异象,是出于自己的心,不是出于耶和华的口。"(耶23:16)以及,"你们要防备假先知。他们到你们这里来,外面披着羊皮,里面却是残暴的狼。"(太7:15)如此,使徒约翰劝我们"总要试验那些灵是出于神的不是"(约一4:1)是徒然的。就连天使的教导也不在这原则之外,何况撒旦和它的谎言(加1:8)!那么,这句话有何意义呢?"若是瞎子领瞎子,两个人都要掉在坑里。"(太15:14)难道这不充分地证明我们听从哪一种牧师是极为重要的事,且我们不可毫无分辨地听从所有的牧师吗?

---

⑲ Clichtove, *Antilutherus* (1525), fo. 23b.

因此，我们没有理由因他们的称号感到惧怕，从而与他们一同做瞎子。因为我们看到，主反而很谨慎地警告我们，免得我们容自己去跟从别人的谬论，不管这谬论是怎样的人所教导的。因为如若基督的话是真的，一切瞎眼领路的人（不管他们被称为大祭司、主教，甚至教皇）只会使跟随他们的人从悬崖峭壁上摔下去。ᵃ因此，任何教会会议、牧师和监督的名头（因为这些名头有时名不副实，有时名副其实）都不可拦阻我们留意言语和事实的证据，且以神的真道试验这些灵是出于神的不是。

13. 就解经而论，教会会议的意义

ᵇ既然我们已经证明教会没有设立新教义的权威，我们现在要讨论他们对教会有解经权威的宣称。

我们乐意承认，若在教义问题上产生争论，最好和最正确的解决方式是要举行监督会议，来讨论有争议的教义。当他们奉基督的名共同做好决定之后，这决定会比每一位牧师在自己的教会里做决定并教导他的百姓，或几位牧师私底下做决定更受众信徒的重视，然后当监督聚会时，他们更方便共同探讨他们该教导的是什么，且这教导有怎样的系统，免得因为观点分歧而伤害人。第三，保罗也吩咐这决定教义的方式，因为当他将这决定交给一个教会时（参阅林前14：29），他证明在更困难的决定上，教会应当采用怎样的方式，即教会要共同做决定。且各信徒的敬虔本身教导我们，若任何人以某种异端搅扰教会，且这异端有引致教会更大纷争的可能性。众教会应当首先聚会，详细地检查他们所面对的问题，且在充足的讨论之后，根据圣经对此教义下定义，为了除掉百姓一切的疑惑，并叫一切邪恶和贪心的人闭口不言。

因此，当阿里乌兴起时，众教会就开了尼西亚会议。这会议以自己的权威一方面彻底地摧毁了那不敬虔之人的恶毒阴谋，另一方面叫他所搅扰的教会重新合而为一，并且宣告基督永恒的神性。之后，当欧诺米（Eunomius）以及马其顿（Macedonius）导致了新的纷争时，君士坦丁堡会议以类似的方式除掉了他们疯狂的谬论。[20]以弗所会议弃绝了聂斯脱利（Nestorius）的亵渎，因此，从一开始这就是教会在受到魔鬼攻击时采用的保守合一的方式。

然而，我们仍要记住，并不是每一个时代或每一个地方都有主在那时候兴起的阿塔那修、巴西尔和西利尔那样为真道竭力争辩的人。我们同样也要思考在第二次以弗所大会所发生的事。因在那里，欧迪奇的异端暂时得胜，[21]且教会将弗拉维安（Flavian）以及和他一样敬虔的人放逐了，并且做了许多一样邪恶的事。这一切都是因为狄奥斯库若这位好结党分派的恶人，而不是主的灵主持了那大会。然而，你说那时候的会议并不是真教会的会议，我承认这一点，因为我深信真理不会死在真教会里。即使一个教会会议压制神的真理，然而这真理受主自己的保守，所以我们能确信真理将按时候重新被兴起而得胜。我否认通过教会会议投票所确定的对圣经的解释总是正统的、确切的。

14. 罗马天主教会对会议决定谬误的解释

c当天主教徒教导解经的权柄属于教会会议，是不可上诉的时，他们有另一个动机。因他们将会议一切的决定称为"解经"，这是他们强解圣经的借口。炼狱、圣徒的代求以及向神甫告解的习惯都毫无圣经

---

[20] Council of Constantinople (381) (Mansi III. 557 ff.; tr. NPNF 2 ser. XIV. 172 f.). 在会议期间，半阿里乌主义的马其顿做君士坦丁堡的监督；欧诺米为"非同质派"（Anomoeans，就是认为父与子"不相同"的团体）的领袖，其后并无教区。

[21] Synod of Ephesus (449) 被利奥一世封为"强盗会议"（latrocinium）。参阅IV. 7. 1，注释5和6。在亚历山大的狄奥斯库若（Dioscorus of Alexandria）的带领下，这个会议认可了异端欧迪奇。君士坦丁堡的弗拉维安（Flavian of Constantinople）被刺杀，不久后因伤重不治。加尔文观察到"教会不在其中"，用这个混乱的会议证明并不是每一个会议对圣经的解释都是可靠的。明显地，他参考了彼得·克拉伯的 Concilia omnia I. 403 ff.。参阅IV. 7. 9，注释 23。见 Mansi VI. 587 ff.; Hefele-Leclercq II. 1. 584-621. Ayer, Source Book, pp. 511 ff., and Bettenson, Documents, pp. 68 ff. 有相关资料。

根据。㉒但因为这一切都得到教会权威的认同，即（更正确地说）被众人接受而变成习惯，它们都必须被看作对圣经的解释。不但如此，当教会会议做任何决定时——即使这决定完全不合乎圣经，这决定必定被称为"解经"。基督在圣餐中吩咐众信徒喝他所提供我们的杯（太 26：27—28）。康士坦茨会议禁止祭司允许百姓喝圣杯，而由祭司一个人替他们喝。㉓与基督所设立的圣餐相悖的教义，他们居然称为"解经"。保罗将禁止结婚称为邪灵假冒为善的行为（提前 4：1—3）；圣灵在别处经文中宣告婚姻是人人都当尊重的（来 13：4）。天主教之后仍坚持他们禁止神甫结婚㉔的教义是对圣经真实的解释，虽然没有比这更违背圣经的教导。若任何人开口反对，他将被审判为异端，因为教会的决定是不可上诉的；且他们不允许任何人质疑其解释是不是真的，我何必浪费时间斥责这无耻的行为呢？因为揭露它等于胜过它。

我故意略而不谈他们对教会有认可圣经之权柄的教导。因为这样使神的圣言伏在人的判决之下，以人的奇思怪想来裁定圣言是否正确，这无疑是对神的亵渎。我已经在上面谈过这个问题。㉕然而我至少要问这个问题：若圣经的权威建立在教会的认可之上，这是来自哪一个会议的教令呢？我从来没有听过这教令。如此，在尼西亚会议时，为何阿里乌允

㉒ 许多在这里被加尔文否定的法规，克里特托在其煞费苦心的著作 *Compendium veritatum ad fidem pertinentium contra erroneas Lutheranorum assertiones*（巴黎，1529）都具体为之辩护。克里特托认为有些教会要持守的规定并没有出现在圣经中（第五章）；教会有权柄立法规定何谓致死的罪（第六章），并将这个议题与圣经没有规定的事结合（第七章），包括了禁食和食物（第八章）、圣职人员的独身（第九章）、修会的誓言（第十章）、财产共有（第十一章）。他更进一步地护卫（引用教令和教会法规）教士的财产、七项圣礼、小教团、弥撒、补赎、炼狱、尊崇圣人、圣徒遗物、圣像。这里及以下的第十至十二章里，加尔文可能参考了这些书。

㉓ Council of Constance, session 13 (1415), "Definition of Communion in one kind [*sub una specie*]." (Mansi XXVII. 727.)

㉔ Council of Elvira (ca. 305) canons 33 (Mansi II. 11；tr. Ayer, *Source Book*, p. 415)；Pope Siricius, Letter to Himerius (385), ch. 7 (MPL 13. 1138；tr. Ayer, *Source Book*, pp. 415 f.)；First Lateran Council (1123) canons 3 and 21 (Mansi XXI. 282；tr. Schroeder, *Disciplinary Decrees of the General Councils*, pp. 180, 192 f.).

㉕ I. 7；I. 8. 9.

许监督纯粹用《约翰福音》反驳他呢?㉖ 因为根据这些人的教导,他可以拒绝他们的话,因为到那时候没有任何普世会议正式地接受过这经。他们提出一张古老的单子叫"正典",并说这是古时教会的决定。但我还要再问:这正典是在哪一个会议中颁布的呢?他们必定闭口不言。此外,我很想知道他们认为这是怎样的正典。因为古时的神学家们对这正典的立场不一致。且我们若相信哲罗姆的话,《马加比书》(*Maccabees*)、《多比传》(*Tobit*) 以及《便西拉智训》(*Ecclesiasticus*) 都当被视为次经(apocrypha),但这是天主教徒绝不能接受的事。㉗

㉖ Theodoret, *Ecclesiastical History* 1. 8 (ed. T. Gaisford, p. 46; tr. [ch. 7] NPNF 2 ser. III. 45),引用阿塔那修在描述尼西亚会议的讨论时,暗示阿里乌无法回应《约翰福音》10∶30。

㉗ Jerome, *Preface to the Books of Samuel and Malachi* (MPL 28. 596 ff.); Cochlaeus, *De authoritate ecclesiae et scripturae* I. 9, fo. E 4b; II. I, fo. H 4a; II. 2, fo. J 1a.

ᵉ第十章　教皇及其支持者用颁布
　　　　　法规的权威对人进行
　　　　　野蛮的专政和残害

教会的法规和传统以及基督徒在神面前的良心（1—4）

1. 最基本的问题

ᵉ教会权威的第二部分叙述如下。①天主教徒误以为这在乎颁布法规。这谬论导致了无数的传统——许多缠住悲惨之人的网罗。因他们与古时候的文士和法利赛人一样，喜欢把难担的担子放在人身上，自己连一个指头也不肯动（路 11：46；参阅太 23：4）。我在以上教导过他们对向神甫告解的教导是极其害人的教导。②他们其他的法规没有那么残暴，然而就连那些看起来最容易忍受的，都仍旧压制人的良心。何况这些法规败坏信徒对神的敬拜，并夺去唯一拥有颁布律法之权威的神的权威。

这是我们现在所要讨论的，即教会是否能借着她的法规捆绑人的良

---

① 参阅 IV. 8. 1，注释 2。
② III. 4. 17 f..

心？我们在此所讨论的并不是教会的政治秩序，乃是人应当怎样照神亲自所设立的准则合宜地敬拜他，以及我们如何保持仰望神的属灵自由。

我们已经习惯将一切人在圣经之外所颁布关于敬拜神的谕令称为"人的传统"。[e(a)] 我们在此所攻击的是这些传统，而不是攻击那些用来保守教会惩戒、诚实或和睦等圣洁有益的教会法规。我们的目的是要勒住这无止境和野蛮的专制制度，因为这权威是[a]那些希望被称为教会牧师，却反而是教会里最恐怖凶手所篡夺的。他们说自己所颁布的法规是"属灵的"，是关乎人的灵魂，甚至宣告这些法规对得永生是必需的。③ 然而，他们这样做等于是侵犯了基督的国度（就如我上面所说的那样④），他们这样做是压制甚至毁坏神赐给信徒的良心自由。

不过现在所讨论的并不是他们强迫人遵守自己的法规，因他们教导人在遵守他们的法规当中，寻求赦免、公义以及救恩本身，他们甚至说整个基督教信仰以及敬虔本身都在乎遵守他们的法规。我在此争辩，在基督释放他们良心的事上，不可压制他们。且除非他们在这些事上有自由的良心，就如我们以上的教导那样，⑤否则他们无法在神里面得安息。他们若想保持从前一次在基督里所获得的恩典，就必须承认释放他们的基督是独一无二的君王，并必须只受一条自由法则即圣洁福音之真道的管理，他们不可受人奴役，被人捆绑。

2. 天主教会的法规奴役人的良心

[a]这些政治家居然幻想他们的法规是叫人得自由的，是容易、轻省的担子（太 11：30）。⑥然而谁不晓得这全然是他们的谎言呢？他们并不认为他们的法规压制人，因他们早就弃绝了对神的敬畏，并任意和主动

---

③ Clichtove, *Antilutherus* (1525) I. 10, fo. 22a; *Compendium veritatum*, ch. 6; 参阅 IV. 9. 14, 注释 22。
④ 在这一节的前面。
⑤ III. 19. 7-9.
⑥ Clichtove, *Antilutherus* (1525) I. 15, fo. 31ab.

地不理会自己的法规和神的律法。然而，那些真正从心里在乎救恩的人，只要仍被缠在这些陷阱里，完全无法将自己视为自由的。保罗非常小心地处理这问题，他甚至不敢在任何一件事情上约束信徒（林前7：35），并且他有极好的理由！他显然明白，若教会在主赏赐人自由的事情上压迫他们，这对人的良心将造成极大的伤害。然而，这些人颁布难以计数的有害法规，因他们专制地要求人遵守，为要得永生，且说人若不遵守，他们必定受永死之苦。⑦其中许多条极难遵守，但若要全部遵守是不可能的，因为这些法规加起来极多。那么既然天主教加给人这样大的重担，人怎能不感到迷惑，并被这么大的痛苦和恐惧所折磨呢？

因此，我在这里的目的是要抨击那些捆绑人心并压制人的法规，仿佛这些法规对蒙救恩是必需的。

3. 良心的性质

ᵈ大多数的人对这问题感到尴尬，因为他们不能足够细致地辨别人的外貌和良心之范围。而且，问题变得更加困难，因为保罗吩咐我们顺服在上掌权者，不只因为刑罚，也是因为良心的缘故（罗13：1及以下）。⑧我们以此推论人的良心也受政府所颁布的法律约束。然而若这一切是真的，我们在前一章⑨中所说的一切和我现在要说关于属灵的统治将会落空。

为解决这难题，我们首先应当明白何为良心，且我们的定义必须来自这词的原意。当人们以心智和理解力把握对事物的认知时，就说他们

---

⑦ Eck, *Enchiridion* (1533), ch. 7, fo. 40b.
⑧ "*Conscientiae forum*", 阿奎那常使用这一词，例如 *Summa Theol.* II IIae. 89. 7, obj. 3；III. Suppl. 22. 1, obj. 2. 参阅德费拉力（R. J. Deferrari）和其他人所著的 *A Lexicon of St. Thomas Aquinas*, s. v. "*Forum conscientiae*"；参阅 III. xix. 15, 注释 23。加尔文在第四卷第十章第三至第五节（1550）里进行了热烈的讨论。这与 III. 19. 1（1559）；4（1536）；14-16（不同日期）有密切相关。
⑨ "*Proximo capite.*" 是从 1543 年和 1553 年版本中所延续而来、尚未修订的参考资料，当时关于"基督徒自由"的章节（此为第三卷第十九章）在"论人的传统"一章之前，且包括了现在章节里的资料。

"知道"，而"知识"则来自这一词。⑩ 同样地，当人们感受到自己伏在审判之下，且这审判的见证不容许人隐藏自己的罪，反而将他们带到神的审判台前，成为有罪的人，这感觉叫作"良心"。良心占着神与人中间的位置，因它不容许人在自己的心里面抵挡他所知道的事，反而追赶他，直到迫使人承认自己的罪。当保罗教导人以是非之心作见证，且他们的思念互相较量，或以为是，或以为非时，他就是这个意思（罗 2：15—16）。我们可以说这就如某种被放在人心里，并装在瓶子里的知识。因此，这将人带到神审判台前的感觉，就如安排给人的守卫，且这守卫鉴察人一切最隐秘的事，甚至没有一样能隐瞒的。就如那古老的箴言所说：良心是一千个见证人。⑪ 彼得以同样的意义将"在神面前有无亏的良心"⑪a（彼前 3：21）与心里平安当作同一件事，因这无亏的良心能叫人因确信基督的恩典，坦然无惧地来到神面前。且当《希伯来书》的作者说："我们就不再觉得有罪了"（来 10：2）时，它的意思是我们已经得释放和得蒙赦罪，以至于我们自己的罪不再能指控我们了。

4. 良心的捆绑和自由

ᵈ 因此，就如行为是与人有关的，照样良心也与神有关联，事实上，无亏的良心不过是人心里的正直。保罗在这个意义上说："命令的总归就是爱，这爱是从清洁的心和无亏的良心、无伪的信心生出来的。"（提前 1：5 p.）他之后在同一章经文中表示无亏的良心与知识有多不同，因他说有人"丢弃良心，就在真道上如同船破坏了一般"（提前 1：19）。他的

---

⑩ "认知"（conception）、"心智"（mind）、"理解力"（understanding）、"知道"（to know）和"知识"（knowledge）的拉丁文分别是 *notitia*、*mens*、*intelligentia*、*scire* 和 *scientia*。

⑪ Quintillian, *Institutes of Oratory* V. 11. 41 (LCL Quintilian II. 294 f.). 参阅 III. 19. 15，注释 23。

⑪a *Interrogationem* 在 VG 为 *response*，与《彼得前书》3：21 中的 ἐπερώτημα 为同一个词。在对这一段的解释中（CR LV. 269），加尔文解释为 *examen*，又加上 "*Primum interrogatio hic vice responsionis vel testimonii capitur*"（"interrogation" 在这里被当作是"回应"或"见证"）。在 Vg. 的版本里是用 "*interrogatio*"，KJV 使用 "answer"，RSV 作 "appeal to God for a clear conscience"。参阅 *A Greek-English Lexicon of the New Testament*, tr. from W. Bauer's *Greek-German Lexicon* by W. F. Arndt and F. W. Gingrich, *s. v.* ἐπερώτημα; *The Interpreter's Bible* XII. 134 的翻译是根据这份资料译出的。

这话表示无亏的良心是真实地渴望敬拜神，真诚地愿意过敬虔、圣洁的生活。

有时候无亏的良心是向着人。路加记载保罗见证他自己勉励，对神、对人常存无亏的良心（徒24∶16）。然而，保罗这样说是因为无亏良心的福分甚至延及他人。但严格地说，根据我以上的教导，它是指神。⑫

根据这教导，神的律法被说成约束人的良心，因为良心在人与人之间的关系，甚至在人对别人的考虑之外约束人。譬如说：神不但教导我们当保守纯洁的心，并治死一切的私欲，也禁止我们一切不洁的言语以及外在的淫行。我们的良心伏在这律法之下，即便我们是唯一活在世界上的人。由此看来，过不节制生活的人最大的罪不是他在人面前的坏榜样，而是他的良心在神面前有愧。

在那些可做可不做的事情上，我们则有另一考虑。因为当这些事情会绊倒别人时，我们就不应该做，但我们的良心还是自由的。保罗提到祭偶像的食物就是这个意思："若有人对你们说：'这是献过祭的物'，就要为那告诉你们的人，并为良心的缘故不吃。我说的良心不是你的，乃是他的。"（林前10∶28—29 p.）若一个信徒在这事上受过了这个警告，却仍然吃了，这是他的罪。然而，根据神的教导，不管他为了弟兄的缘故有多么需要放弃这食物，他仍然保存着自由的良心。由此可见，这原则只约束人外在的行为，却不约束人的良心。

良心与人和教皇的法规彼此的关系；神是唯一颁布律法的那一位（5—8）

5. 人的法规对于良心有何意义？

ᵈ我们要再次谈到人的法规。若这些法规被颁布是为了约束我们，仿佛遵守这些法规本身是必需的，我们能肯定地说这是不合乎神律法的约

---

⑫ 在这一段的首句。

束。因我们的良心不在乎人，而唯独在乎神。这就是通常区分地上的法庭和良心的法庭的意思。当全世界被遮盖在最为浓厚、无知的幽暗里时，就连在那个时候人仍有这火星般的一点点亮光，即每一个人都知道他的良心比全人类所有的判断更高。虽然人在言语上接受事实，但他们之后在行为上弃绝了它，然而神就连那个时候也喜悦人对基督徒自由的见证，好拯救每个人的良心脱离人的专制。

然而，我们未曾解决保罗的话所带给我们的难题。[13]因我们若必须顺服在上有权柄的，不但因为刑罚，也是因为良心（罗13：5），这看来似乎教导我们的良心也同样伏在统治者的权柄之下。那么，这若是真的，教会的法规也是如此。

我的答复是：我们在此必须先对属（genus）与种（species）做区分。因为虽然人的良心不在乎别人所颁布的法律，然而我们仍被神一般的吩咐所约束，因他自己吩咐我们当顺服在官员的权柄之下。且保罗在这里的教导就是这个意思：政府的官员既是神所命的，必须受我们的尊荣（罗13：1）。同时，保罗并没有教导人所颁布的法律可以统治人内在的良心，因为保罗一贯教导我们对神的敬拜，以及过敬虔生活的属灵准则，在人任何的谕令之上。[14]

另外值得我们一提的是（然而这一点建立在此前的教导之上），人的法律，不管是政府的官员还是教会所颁布的，虽然我们必须遵守（我说的是不与圣经相违背的法律），然而这些法律仍不能约束人的良心。因为我们遵守法律的整个责任在乎这些法律的一般目的，却不在乎法律所吩咐我们的具体规条。

然而，那些要求人以全新的方式敬拜神，并在神视为自由的事上约束人的法律则完全不同。

---

[13] 参阅《罗马书》第十三章及以上第三节的开头。
[14] 参阅下文的第八节。

6. 教会没有权利设立独立的教会法则来约束人的良心

ᵃ现今在天主教里,那些"教会法规"即这些全新敬拜神的方式,却是天主教迫使人接受为真实、必要的敬拜神的方式。且既然这些方式是无可计数的,就证明他们有无可计数捕获人和勾引人的陷阱。ᵉ⁽ᶜ⁾我们在上面谈到律法的时候稍微讨论过这个问题。⑮然而,既然这里是更恰当讨论这个问题的地方,ᶜ我ᵉ⁽ᶜ⁾现在要尽量ᶜ试着做一个最为清楚的总结。又因我刚才详细地讨论过监督自称为拥有随自己的意思教导人的专制权利,我在这里不会重复地讨论这个问题。我现在只要讨论他们所自称拥有的颁布法规的权威。

因此,这些假监督以这些新的法规压制我们的良心,他们假借的理由是主指派他们颁布属灵法规,因此主把教会交付给他们治理。因此,他们宣称众信徒都必须遵守他们所吩咐的一切命令。他们甚至说任何违背他们吩咐的人就犯了双重不顺服的罪,因他既违背神又违背教会。⑯

当然他们若是真正的监督,我必定会将他们所应得的权威交给他们,虽然不是他们所要求的那么多,却至少归给他们维持教会治理所当得的权威;然而,既然他们完全不是他们希望人们所尊重的那样,他们要求人归给他们最少的权威都是僭越的。

然而,既因我们在上面也讨论过这问题,⑰让我们现在退让一步,假设真监督所拥有的权威都属于他们。但我仍然否定神指派他们颁布法规,来吩咐众信徒遵守某种他们所规定的新生活方式,或强迫神所交付他们的百姓遵守这些新的法规。我在这里的意思是,他们没有权威吩咐教会强制性地遵守他们在神的话语之外所颁布的法规。既然连主的使徒都没有这权威,且主多次亲口否认教会的牧师拥有这权威,因此,我很惊讶有人竟敢在使徒的榜样以及神亲口的禁止之下,企图篡夺这权威,

---

⑮ II. 8. 5.
⑯ Eck, *Enchiridion* (1533), ch. 7, fo. 40b.
⑰ IV. 5. 5-11.

并在今天为这权威辩护!

7. 一切任意的主权是对神国度的侵略

ᶜ主在他的话语中包括了一切关乎敬虔行事为人的事,以至于人完全无须在上加添任何的盼咐。⑱主这样做有两个原因。首先,他要我们将他视为自己的主人和引领我们的主。若我们一切的行为都符合他旨意的准则,他就是我们的主人和带领我们的主,因为一切敬虔的行为都与这准则密不可分。其次,主要我们明白他对我们最大的要求就是顺服。ᵃ因此,雅各说:"人若批评弟兄,论断弟兄,就是批评律法,论断律法。你若论断律法,就不是遵行律法,乃是判断人的。设立律法和判断人的,只有一位,就是那能救人也能灭人的。"(雅 4∶11—12 p.)ᶜ圣经告诉我们:唯独神自己才拥有这特权,即以他话语的权威和律法统治我们。ᵃ他也曾经借以赛亚的口教导我们,虽然没有这里清楚:"耶和华是审判我们的,耶和华是给我们设律法的,耶和华是我们的王,他必拯救我们。"(赛 33∶22)ᶜ ⁽ᵃ⁾这两处经文都告诉我们,生死的权柄在乎管理人灵魂的那一位。雅各的教导很清楚,他也教导我们主不允许任何人篡夺这权柄。ᵃ因此,我们都应当承认神是我们灵魂独一的统治者,并且唯有神自己才能拯救以及毁灭人的灵魂,就如以赛亚所说的话宣告主同时是我们的统治者、审判官、给我们设律法的以及我们的救主(赛 33∶22)。因此,当彼得劝勉牧者忠心尽职时,勉励他们喂养自己的羊群,也不可辖制"所托付你们的"(彼前 5∶2—3);所托付他们的人是神的基业,即信徒。ᶜ ⁽ᵃ⁾我们若认真地思考这件事,即神禁止我们将唯独他自己拥有的权威归给人,我们就会明白,那些企图在神的真道之外在教会里发号施令的人,他们的整个权力就被剪除了。

---

⑱ 参阅 IV. 9. 14,注释 22。

8. 如何鉴定人的哪种法规是神所允许的事

^c总而言之，既然神是唯一颁布法规的那位，他不允许人篡夺他的尊荣。因此，我们应当记住主宣称这是唯有他自己所拥有的权柄的两个理由。第一个理由是，只要我们确信他自己的旨意是一切公义和圣洁的完美准则。因此，我们一旦认识神，就拥有如何过美好生命的完美知识。第二个理由是，唯有主自己（当我们寻求如何正当地敬拜神时）才有对我们灵魂的权柄，我们应当顺服他，并且当等候他的旨意。

在我们留意这两个理由之后，我们就能够很容易地辨别人的哪些法规违背主的话语。[19]这些法规都伪称属于正当敬拜神的方式，也伪称人对他们的顺服是必需的。所以，我们要记住，我们若有一个确定、无误的检验，我们就必须以这准则衡量人所颁布的一切法规。

保罗在他写给歌罗西信徒的书信中使用前一个理由，因他当时在与那些企图用某些新的重担（西 2 : 8）压迫教会的人作战。在《加拉太书》中，保罗在类似的情况下，采用第二个理由（加 5 : 1 — 12）。保罗在《歌罗西书》中说：我们不可向人寻求真敬拜神的教义，因主在他自己的话语当中，确实地给我们这完全的教导。为了证明这一点，他在第一章中记载福音包含一切使人在基督里得以完全的智慧（西 1 : 28）。他在第二章的前面教导：所积蓄的一切智慧、知识，都在基督里面藏着（西 2 : 3）。保罗以此推论信徒应当谨慎，免得被人的理学和虚空的妄言所引诱，离弃基督（西 2 : 8）。然而，在第二章快结束时，他以更大的自信咒诅一切来自人的信仰，[20]即人一切为自己所捏造或因别人的传扬所接受的敬拜，和人任意妄为所颁布关于敬拜神的一切律例（西 2 : 16 — 23）。因此，我们将人所捏造敬拜神的一切方式都视为不敬虔。

---

[19] 参阅以上的第六节。关于教会法规（secs. 8, 9, 14），参阅 Clichtove, *Antilutherus*（1525）I. 13；I. 29, fo. 21b-22b, 60b-62b；Eck, *Enchiridion*（1535），ch. 12, fo. 406 ff.；*Catholic Encyclopedia*, art. "Constitutions Ecclesiastical". 注意加尔文谴责教会法规的例外，以下的第二十九及第三十节。

[20] "ἐθελοθρησκείας".

保罗在《加拉太书》中十分清楚地教导：唯独神自己所当统治的人的良心不可被人的陷阱所缠住（加5：1—12）。我们提到这些经文就够了。

教会的法规若准许任何新的崇拜仪式，就证明自己是专制、肤浅以及违背圣经的法规（9—18）

9. 天主教的法规，根据以上的原则，都应当被我们拒绝

ᶜ但我们若举例就能更清楚地教导这件事，我们现在将这教义运用在自己的时代，必定对我们有益处。我们主张教皇和他的手下所用来压制教会的"法规"，是不敬虔和对教会有害处的；但我们的敌对者却将它视为圣洁和有益的。这些法规有两种：有一些是关于仪式的，另一些则是关于教会惩戒的。那么我们是否有合理的理由斥责这两种法规呢？我们是拥有极好的理由，超过我们所愿的！

首先，难道这些法规的制定者不是很明确地宣告，这些法规中包含了人敬拜神最妥当的方式吗？他们采用仪式的目的难道不就是透过它们来敬拜神吗？而且这不只是那些愚昧、未曾受教育的百姓所犯的错误，也是那些在教会里做教师之人的错误。ᶜ我未曾开始探讨他们所企图用来破坏一切敬虔行为的亵渎。然而，除非他们迫使人对神的敬拜符合他们自己的迷信，否则他们不会将稍微违背他们的任何传统视为极大的罪恶。那么，我们既然不能容忍保罗所教导不能忍受的事，即人靠自己的意思决定何为神所喜悦的敬拜，难道我们是在犯罪吗？特别是天主教徒吩咐人照世上的小学敬拜神，因为保罗见证这是敌对基督的行为（西2：20）。且他们严酷地强迫人的良心遵守他们一切的吩咐是众所周知的事。当我们反对他们时，这是顺从保罗的教导，因他严厉地禁止信徒的良心做他人的奴隶（加5：1）。

10. 天主教会法规否定神的律法

ᵃ此外，当这邪恶的法规开始被众百姓视为纯正的基督教信仰时，这

第十章　教皇及其支持者用颁布法规的权威对人进行野蛮的专政和残害　1211

恶行总是导致另一个可憎恶的罪恶，而且基督因这罪恶曾经斥责过法利赛人，即他们因着自己的遗传触犯了神的诫命（太 15∶3）。我并不想采用自己的言语攻击这些颁布教会法规的人㉑，他们若能在基督的指控之外，以任何方法为自己澄清，我就会向他们认输了。然而，他们怎能为自己辩护呢？因他们将在岁末忽略向神甫告解视为比整年度不断地作恶更大的罪。他们将在星期五吃一丁点儿肉视为比天天污秽地犯淫乱更严重的罪；将在奉献给某一个圣人的日子动手认真地做工视为比用身体的肢体犯最为可怕的罪更邪恶；也将一位神甫合乎圣经的结婚视为比他犯千万次的奸淫更大的罪；将忽略自己所答应参加的朝圣视为比违背所有承诺更邪恶；将不浪费自己的钱在某些可怕、没有意义和毫无益处、浮华的教会事上，视为比拒绝帮助有迫切需要的穷人更不可原谅的罪；将擦身走过偶像而忽略跪拜它视为比恶待全人类更大的罪；将忽略在某些固定的时间，或在很长一段时间中含糊不清地说一些毫无意义的话，视为比从未在心里合宜地向神祷告更可怕的罪。难道这不就是因着自己的遗传犯神的诫命吗（太 15∶3）？他们虽然冷漠和形式化地遵守神的诫命，却坚持要求别人必须天天认真地遵从他们的法规到完美的地步，仿佛这些法规包含一切敬虔的行为。他们虽然将违背神的律法视为小罪，却将一切稍微违背自己法规的人审判下狱、放逐、火烧或斩首。㉒他们虽然不会严厉地对付藐视神的人，却将自己的仇敌虐待到死为止；他们也教导那些被他们俘虏的愚昧人平静地接受人破坏神的整个律法，却要严厉地处罚一切稍微违背他们所认为是教会法规的人。在神所视为次要的事上藐视、论断和弃绝人是很大的罪恶。但他们却将保罗在《加拉太书》中（加 4∶9）所描述为懦弱、无用的小学，视为比神天上的圣言更

㉑ "Nomthetas"，加尔文将这个希腊词译为"lawmakers"；参阅《雅各书》5∶12。既然以下所提到的惩罚与前面写给国王序言第 10 页中所叙述的相似，所以这里可能是指掌权者所颁布的迫害谕令。
㉒ 参阅致法王法兰西斯一世之前言，loc. cit.，特别是"血腥的判决""成千的火""平安地回到故乡"等句子。

为宝贵。他们判犯奸淫的人无罪，却论断在饮食上违背他们法规的人；他们允许神甫与妓女同房，却不允许他娶妻。这就是他们讨好人而离弃神这假顺服的可怕结果。

11. 天主教的法规是毫无意义和无用的*

ᶜ在这些法规里，另外还有我们所不赞成的两个大错误。首先，他们吩咐人参加一些无用甚至愚昧的仪式；其次，他们用众多的这类仪式，压迫敬虔之人的良心，并且迫使他们以某种忽略新约圣经的犹太教方式，㉓抓住对基督预表的影子却忽略基督。

我知道我把这些仪式描述为愚昧和无用，不会被仅有属世智慧的人所接受，因为他们喜爱这些仪式到一个程度，认为这些若被夺去，教会将变成残缺不全的。然而保罗自己的意思却是："这些规条使人大有智慧之名，用私意崇拜，自表谦卑"，以至于似乎看来严厉到能治死人的私欲（西 2：23 p.）。我们应当不断地留意这劝勉，它对我们极有帮助！保罗教导我们：人的传统常常披着伪装的智慧欺骗我们。那么他们的欺骗来自哪里呢？来自人的假冒为善。人的机智认得这是出自于他自己的意思，并因此迎接它，却拒绝某种真正有价值、不合乎自己私欲的另一种仪式。

此外，这些法规看起来是在教导人自卑，让人身负重轭，面伏于地，实则又在称赞他们。最后，这些仪式既因看似约束人肉体上的情欲，并通过禁欲来制伏它，因此似乎是出自神的智慧。但保罗是怎么说的呢？他有没有把这些面具揭下来，以防简单的人因这诡计受欺哄？保罗认为为了反驳他们，指出这一切是人所捏造的就够了。因此，他对这一切的事略而不谈（西 2：22），就如他认为它们毫无价值。其实保罗知道，在教会里一切不合乎圣经的敬拜都受神的咒诅，且它越吸

㉓ 参阅 II. 8. 33 f.; IV. 19. 26; Erasmus, *Enchiridion*, Fifth Rule (LCC XIV. 340, note 2)。

引肉体的私欲，信徒越怀疑它；他知道那外在谦卑的伪装与真谦卑截然不同，甚至众信徒能轻而易举地做出区分；最后，他知道这种小学不应该比身体的运动更受重视，并且保罗也希望在无知的人中间高举人的传统这一事实本身会被信徒视为对人的传统的反驳。

12. 他们的奥秘是可笑的事

ᶜ直到如今，不只愚昧的人，甚至因任何世俗的智慧感到自高自大的人，都认为仪式上的华丽很有吸引力。事实上，假冒为善的人和头脑简单的妇女都认为没有比这华丽更美或更好的事。然而那些更为详细地考察，且根据敬虔准则更为准确地衡量这些仪式之价值的人，他们首先会明白它们都是虚无的，因为它们毫无用处；其次，它们是诡计，因为它们以虚浮的华丽欺哄旁观者的眼目。我说的是天主教大人物视为极大奥秘的那些仪式，然而我们的经验告诉我们，它们纯粹是蹩脚的模仿。[24]且这些仪式的创始人堕落到以这样愚笨的行为欺哄自己和他人，实不足为怪！因他们一方面模仿外邦人的傻事，另一方面就如猴子，轻率地模仿摩西律法的礼仪，然而它们和献动物为祭等一样不适用于我们。显然，即使这是我们唯一的证据，没有任何有理智的人会期待这大杂烩能产生什么好的结果。且这些仪式本身明确地教导我们：大多数的仪式唯一的用处，不过是叫人麻痹而不是教导他们。同样地，这些新的法规，不仅没有保持纪律，反而毁坏纪律，而假冒为善之人却对它们十分重视，然而若有人更为仔细地考察，会发现它们是纪律的幻象，转瞬即逝。

13. 天主教会的法规，借着他们无可计数、毫无意义的仪式，把犹太人的律法主义加诸人的良心

ᶜ从另外的角度来看，难道有谁看不出来这些众多的传统已经增加到

---

[24] 加尔文和其他改教家分享他年轻时参加未经改革的崇拜时所感受到理想幻灭的经验。

成为整个基督教会的重担吗？天主教的仪式当中显出某种犹太教的律法主义的成分，而天主教的其他一些礼仪则折磨敬虔之人的心。奥古斯丁埋怨道：基督教会在他的时代也忽略了神的律例。教会充满迷信，甚至在行仪式的时候，若人的赤脚碰到地上，他所受的斥责比酗酒更厉害。他埋怨说，虽然神出于他的怜悯喜悦教会得以自由，教会却被压迫到比犹太人的光景更难以忍受的地步。㉕若这位圣徒活到我们这时代，他会更加抱怨现在的捆绑！因为现在的捆绑至少是那时的十倍，且这时代所强调的繁文缛节比那时代至少严格一百倍。这些不敬虔的法规颁布者，一旦在教会里拥有任何权威，就不断地吩咐和禁止人，直到无以复加的地步。保罗有力地宣称："你们若是与基督同死……为什么仍像在世俗中活着，服从那'不可拿、不可尝、不可摸'等类的规条呢？"（西 2：20—21 p.）虽然 ἅπτεσθαι 一词的意思有时是吃，有时是摸，然而在这里毫无疑问是前者的意思。因此，保罗在这里精彩地描述了假使徒的先后顺序。他们的教导以迷信开始。他们不但禁止人吃，甚至不允许他轻嚼，当他接受这命令，他们就禁止他尝。之后，他们甚至禁止他用手指摸。

14. 仪式的目的是要彰显而不是遮蔽基督*

ᶜ我们今日责怪这些法规的专制是对的，因为天主教以无数的教令以及极端的执行，可怕地折磨悲惨人的良心。我在别处讨论过关于纪律的法规。㉖对于那些几乎将基督埋葬，迫使我们回到犹太教礼仪里面去的仪式，我该说什么呢？奥古斯丁说："我们的主基督以很少，却很有意义且很容易施行的圣礼，使自己的百姓合而为一。"然而，教会已远远地离开这种单纯的形态，㉗现在的教会被缠在各式各样的仪式之内。

㉕ Augustine, *Letters* 55.19.35 （MPL 33.321；tr. FC 12.290 f.）. 所谓的仪式是指守八天的宗教节；VG 的翻译为："他受洗的第八日"（the octave of his baptism）。
㉖ IV. 12. 22-27.
㉗ 参阅 I. 9. 3，注释 3；IV. 14. 20，注释 47。

其实我知道，一些诡诈的人替这恶行辩护。他们说我们当中有许多像当时没有受过教育的以色列人，这么多的仪式就是为了他们的缘故所安排的；至于成熟的信徒，他们虽然不需要这些仪式，但仍不应该忽略，因为他们知道这对软弱的弟兄很有帮助。我的答复是：我并非不晓得我们欠软弱弟兄的债，然而我认为以众多的仪式淹没他们，这实在不是帮助他们之道。

神以不同的方式来待我们与古时的信徒并不是徒然的。他喜悦待他们如孩子，用象征和比喻教导他们，却用比较直接的方式教导我们。就如保罗说孩童乃在师傅和管家的手下，同样犹太人当时也在律法的管辖之下（加4∶1—3）。然而，现今我们如成人，已经从这辖制里被释放出来，不再需要这幼稚的方式了。主早就预先知道他将来的教会里会有怎样的人，他们需要怎样的管理方式。他这样就将我们与犹太人区分开来。所以，我们若想帮未曾受教育的人，重新回到基督所废掉的犹太教里，是很愚昧的方式。基督自己也将古时和现代信徒的这不同亲口表达出来。他对撒玛利亚妇人说："时候将到，如今就是了，那真正拜父的，要用心灵和诚实拜他。"（约4∶23）其实，信徒本来就这样敬拜神。然而新的崇拜者与旧的崇拜者唯一的差别是：在摩西的引领之下，犹太人属灵的敬拜是用象征和许多仪式；既然这些现今已废掉了，我们就更单纯地敬拜神。因此，我们若将这两者混为一谈，就等于破坏基督所设立的敬拜方式。

你或许会问：难道我们不能用仪式来帮助无知的人明白真理吗？这我并不反对，因我认为这对他们极有帮助。我所主张的不过是我们所采用的方式应当彰显基督，而不是遮蔽他。[28]因此，神给我们一些简单的仪式，好向我们彰显降临的基督。他则给犹太人更多的仪式，好向他们彰显未曾降临的基督。他未曾降临并不表示神没有将他的力量赐给信徒，

---

[28] 参阅 I.9.3，注释3；IV.14.20，注释47。

而是说他被彰显的方式不同。因此，为了保持这彰显的方式，仪式的数量一定不可以多，施行的方式要简单，要以尊敬基督的方式彰显他，且这一切必须清楚明了。我们说神没有为我们这样安排有什么意义呢？这是极为明确的事实。

15. 腐败的仪式被视为赎罪祭 *

°我在此略而不谈人心里所充满的有害观念，即这些仪式是平息神震怒的献祭，它们免除人的罪，并使人获得公义和救恩。他们坚持善良的行为不会被人的谬论所败坏，因为人也能在遵守神直接的命令时做错。然而，没有比将人所随己意谋划的鲁莽行为视为配得永生更有害的事。神所吩咐的行为之所以受神的奖赏，是因为我们的审判官接受它们为顺服的证据。因此，这些行为之所以蒙悦纳，并不是因为它们自身的价值，而是因为神看重我们对他的顺服。我在此所说的是神所要求人在行为上的完全，尽管人没有完全行出来。我们在律法上的行为之所以蒙恩典，完全是出自神白白的恩赐，因我们的顺服既软弱又不完全。然而，既然我们在此所谈的不是在基督之外的行为价值，我们就无须继续讨论。我再一次重复现在的重点：我们的行为之所以蒙神悦纳，完全在乎我们的顺服，因唯独这是神所喜悦的，就如先知所说的那样："燔祭平安祭的事我并没有提说，也没有吩咐他们。我只吩咐他们这一件，说：你们当听从我的话。"（耶7：22—23 p.）神在别处提到他所不悦纳的行为："你们为何花钱买那不足为食物的？"（赛55：2 p.）以及"他们敬畏我，不过是领受人的吩咐"（参阅赛29：13；太15：9）。因此，我们的敌人既教导那些愚昧的人，他们在这些表面的行为上有自己所能献给神的义行，且这公义能使他们在神的审判台前站立得住，就完全无可推诿。

此外，他们所炫耀的仪式，就如舞台上的表演或魔咒，没有人能搞懂，难道这不应该被斥责吗？我们至少能确信除非仪式能引领人到基督那里，否则它们都是败坏和极为有害的。然而，天主教会的仪式与教导完全分开了，并因此成为毫无意义的象征。

最后，正如人的肚腹是很奸诈的骗子，许多的仪式看起来都像是一些贪心的神甫为了偷窃人的钱财所设的陷阱。然而，无论这些仪式是怎样开始的，它们都被出卖给了肮脏的财利，我们如果要使教会摆脱这种渎神的交易，就必须除掉这些仪式中的大部分。

16. 信徒共同洞察力的一般性运用

ᶜ虽然我似乎不再教导有关教会法规的某种永恒教义原则，因为我所说的都是针对我们这个时代，然而我并没有说这些不能成为其他众世代的益处。因当人开始陷入迷信以虚谎敬拜神时，他们为了敬拜神所设立的法规立即败坏，被大大地滥用。这咒诅并不只警告一个时代，而是警告众时代，他将要弄瞎一切以人的教义敬拜他之人的心眼（赛29：13—14）。这盲目使得那些藐视神的众多警告，并故意将自己缠在这些致命陷阱里的人，接受各式各样荒唐的谬论。然而，假设不看现在的环境，你只不过想知道历世历代中人的哪些传统应当被教会和一切敬虔的人所弃绝，㉙那么，我们上面的教导㉚会是一个很清楚的界定：它们全部都是在神的话语之外制定的法规，是人制定的，其目的或在于规定敬拜神的方式，或在于捆绑人的良心，使良心不安，仿佛他们是在制定关乎得救之事所必需的规则。如果在这一个或两个错误之上再加上其他的错误——它们因数目众多而使清晰的福音变得模糊；它们毫无造就性，根本不是敬虔的操练，而是烦琐无用的事务；它们意在图谋污秽、卑琐之私利，它们十分难以遵守；它们为令人不齿的迷信所玷污——这一切会帮助我们理解这些法规中包含了多少的邪恶。

㉙ 参阅 Comm. Acts 8：21；*On the Necessity of Reforming the Church*，*passim*（CR Ⅵ. 453-530；tr. Calvin，*Tracts* I. 140-183；LCC XXII. 184-216）。

㉚ 上文的第一节。

17. 天主教的法规不能被视为教会的法规

[a]我知道他们会这样回答：这些传统不是自己所捏造的，而是来自神。[c][(a)]他们说教会受圣灵的引领，免得偏离正路，且圣灵的权威在乎这些传统。他们之后甚至说自己的传统是圣灵向人的启示，且任何藐视它们的人就是在敌对神。为了教导他们并没有在高贵的权威之外有任何行为，他们企图劝我们相信他们大多数的传统都来自使徒。他们主张圣经在一处经文中充分地教导使徒在其他事上的习惯如何。这经文是在使徒聚会的时候，向众外邦人宣告这聚会的决定，要他们禁戒偶像的污秽和奸淫，并勒死的牲畜和血（徒15：20、29）。[31]

我们别处已经解释过他们为了自己的荣耀假冒为善地滥用教会的称号。[32][a]至于现在的光景，假设我们能卸去一切的面具和伪装，关注我们所最应当关心的事，对我们而言是最主要的事，即思考何为基督所喜悦的教会，并以此为标准来塑造我们自己，我们就能清楚地明白：那越过神话语的范围，并捏造新的法规放荡地污秽自己的教会，绝不是神的教会。因为那从前一次交付教会的准则难道不是永恒的吗？"凡我所吩咐的，你们都要谨守遵行，不可加添，也不可删减。"（申12：32）以及另一处经文："他的言语，你不可加添，恐怕他责备你，你就显为说谎言的。"（箴30：6 p.）他们不能否认这是针对教会说的。难道这不就表示他们的悖逆，因他们夸口说，神颁布这样的禁令之后，他们仍敢将自己的教导加添在神的教导之上吗？我们千万不可赞同他们虚妄的行为，因这样的行为大大地污辱神的教会！我们也当明白，人一旦为这过分的轻率——就是这种无法顺服在神的命令之下，疯狂地悖逆，随从自己的捏造的轻率——辩护，便是在谎称"教会"之名。神禁止教会在他的话语上（特别是关于我们对他的敬拜以及如何蒙救恩的事上）加添或删去什

---

[31] Clichtove, *Antilutherus* (1525) I. 10, fo. 22b. 许多作家因为《使徒行传》15章的记载，为教会会议的权威做类似的辩护，e. g., John Major in LCC XIV. 178 f.。

[32] IV. 2. 4.

么，这句话并不复杂，也不是很模糊的陈述。

ᵇ然而他们主张这指的不过是神的律法，在律法之后接下来有先知和福音的时代。这我并不否认，我也深信先知的预言和福音本身是对律法的补充，不是在上面加添或删去什么。如此，主不允许我们在摩西的书卷上加添或删去什么——虽然律法的时代因他众多的仪式，是较模糊不清的时代——一直到主能借着他先知（即仆人），并最后借着他的独生子赏赐我们更为清楚的教义。难道这不表示主更禁止我们在律法、先知、诗篇以及福音的启示之上加添什么吗？ᵃ主在古时候宣告对他而言最可憎恶的事，就是人以自己所编造的仪式敬拜他。且他如今没有改变主意。这是先知所说的话，我们应当经常提醒自己："我将你们列祖从埃及地领出来的那日，燔祭平安祭的事我并没有提说，也没有吩咐他们。我只吩咐他们这一件说：'你们当听从我的话，我就作你们的神，你们也作我的子民；你们行我所吩咐的一切道。'"（耶 7：22—23）以及："（我）切切告诫他们，说：'你们当听从我的话！'"（耶 11：7 p.）另外还有其他类似的经文，但这是最为清楚的："耶和华喜悦燔祭和平安祭，岂如喜悦人听从他的话呢？听命胜于献祭；顺从胜于公羊的脂油。悖逆的罪与行邪术的罪相等；顽梗的罪与拜虚神和偶像的罪相同。"（撒上 15：22—23 p.）因此，既然无人能为教会的权威所支撑的人的一切臆造辩护，使它们免受不敬虔的指控，这就充分证明这些仪式都不属于神的教会。

18. 天主教会法则并非来自使徒，甚至也并非来自"使徒的传统"†

ᵃ因此我不顾一切地斥责这传统的专制，虽然他高傲地自称为"教会"。因我们并不弃绝教会（虽然我们的敌人为了诽谤我们，这样不公正地指控我们）；我们反而称赞她顺服，没有比这更大的称赞了。㉝然而，那

㉝ IV. I. 3-6；*Reply to Sadoleto*，在其中一段平信徒证明改教派的牧师"认为教会是高贵的"（CR V 412；tr. LCC XXII. 252）。

些使教会违背主的人（虽然他们假装教会已经超过神吩咐我们的）才大大地伤害教会。我略而不谈他们虽然啰唆地夸耀教会的权威，却同时向人隐藏主对她的吩咐以及教会所应当献给他的顺服，是何等无耻和亵渎的行为。但我们若（因这是妥当的）想要同意教会，最主要的是要明白以及记住主对我们和众教会的吩咐，好让我们能全心全意地顺服他。因我们若在万事上顺服主，我们的行为毫无疑问必定与教会完全一致。

ª然而，我们若说这些传统（就是正压迫教会的传统）直接来自使徒，这完全是谎言。因为使徒的整个教义目的是：并不是要以新的仪式压迫人的良心，或以自己的捏造玷污神纯洁的敬拜。此外，若教会的历史和最古时的记录可靠，使徒对于天主教徒所归于他们的教导完全无知，甚至从未听说过。

他们也不可胡说使徒大多数的命令虽然没有被记录下来，却变成教会的风俗习惯，因这些事情是在基督仍活在世上的时候，教会所不能明白的，但在基督升天后，则是圣灵向他们启示的（约6：12—13）。[34]ᶜ我们已经在别处解释这经文的含义。[35]ª我们在这里这样说就够了：他们实在荒唐至极。他们视为极大奥秘的仪式，连使徒长期都不知道，它们部分是犹太人或外邦人的仪式（有一些早在犹太人中间流传，另一些则在外邦人中间流传），部分是那些不学无术[36]的神甫们可以极熟练地做好的愚蠢的手势和空洞的仪式。事实上，儿童和小丑很会模仿这些手势，他们说不定是最适合举行这些仪式的人！ᶜ 即使没有教会的历史，任何理智的人都能因他们所知道的事实推论，这样多和复杂的仪式并不是突然出现在教会的，而是逐渐侵入的。在使徒的时代之后，有一些更为圣洁的监督颁布了一些关于秩序以及惩戒的法规，然而之后接续他们的人不但

---

[34] Clichtove, *Antilutherus* (1525) I. 4；I. 6, fo. 5（引托名狄奥尼修来反对路德）；I. 10, fo. 9, 12b, 21b。

[35] IV. 8. 8, 13, 14.

[36] "Nec nare sciunt, nec literas"；Plato, *Laws* III. 689 D.

不够理智，也太好奇和贪心。他们一个接一个地颁布一些比从前的监督所颁布更为愚昧的新法规。为了阻止他们的捏造（他们借此求取后人的称赞）不被教会接受，他们更加严厉地要求教会遵守。我们如今大部分的仪式都来自这邪恶的热心，㊲虽然他们宣称一切都是使徒所传下来的，历史的记录都支持我们所说的。

天主教众多妄称"使徒般的"仪式；信徒
对良心软弱者的责任（19—22）

19. 使徒时代之后，误用的仪式越来越多*

°因我们不打算啰唆地将这一切的传统列举出来，我们只要举一个例子就够了。在使徒的时代，他们很单纯地施行圣餐。他们的继承人在上面加添了东西，好让信徒更尊敬这圣礼，这本无可厚非。然而，这些敬虔之人的继承人，则是愚昧的假冒为善者，他们加添了神甫现今在弥撒中所穿的礼服、祭坛的装饰品、首饰，以及其他毫无用处的东西。

然而，我们的敌人反对说，古时的信徒确信普世教会所公认的仪式是直接从使徒传下来的。他们引用奥古斯丁的话支持自己的立场。但我自己在此要引用奥古斯丁的话："我们深信普世教会所施行的仪式不是使徒自己设立的，就是普世会议设立的，而且这些会议的权威对教会大有益处。譬如我们有仪式为了纪念主的受难、复活、升天、圣灵的降临，以及其他普世教会所庆祝的事件。"㊳既然奥古斯丁所列举的例子这么少，可见他指的是一些伟人所设立的仪式，即那些单纯、稀少和严谨保守教会秩序的仪式。这与天主教之领袖的立场截然不同，他们坚持众信徒将他们的每一个小仪式视为直接来自使徒！

㊲ "κακοξηλία".
㊳ Augustine, Letters 54. 1. 1 (MPL 33. 200；tr. FC 12. 252 f.). 参阅勒林的文森特（Vincent of Lérins），Commonitorium 2. 3 (tr. LCC IX. 38）。

20. 对奥古斯丁的解释*

ᶜ为了避免令你感到厌倦，我只要举一个例子。若任何人问他们自己的圣水来自哪里，他们必定立刻回答："来自使徒。"仿佛教会的历史没有记录这是罗马的某一个监督所设立的仪式。㊴若这监督请教众使徒们，他们绝不会允许他以这古怪、极为不恰当的象征污秽洗礼！事实上，我个人认为圣水的仪式没有历史的记录那么古老。奥古斯丁告诉我们：在他的时代，某些教会拒绝庄重地模仿基督的榜样而设立洗脚的仪式，㊵免得这仪式与洗礼混为一谈。这似乎表示当时没有任何水洗的仪式与洗礼相似。无论如何，我拒绝相信我们能以每日的记号通过回忆重复自己的洗礼。这绝对不是使徒所传下来的仪式。我也略而不谈奥古斯丁在别处承认其他在教会里的事来自使徒。无论如何，既然奥古斯丁不过在猜测，我们毫无理由根据他所说的话做判断。最后，假设我们承认他所说的一切真的是使徒所传下来的，设立某种信徒能以自由的良心施行或不施行的仪式是一回事，然而设定一条法规（为了束缚人的良心）则是另一回事。但如今不管这些仪式的创始人是谁，既然这些仪式的滥用显然正在误导人，我们若弃绝这些仪式，不算对创始人的羞辱，因他们本来就没有被设立为不可更改。

21. 关于《使徒行传》15：20 的教令

ᶜ ⁽ᵃ⁾而且他们为了找借口，宣称自己在效法使徒的榜样，但这对他们也毫无帮助。ᵃ他们说使徒和古时教会的长老设立一项在基督吩咐之外的教令。这教令禁戒祭偶像的物、勒死的牲畜和血（徒 15：20）。既然主允许他们设立这样的教令，那么我们凭什么说他不允许他们的继承人在需

㊴ 普拉提那效法《伪教令集》和格拉提安，将之归于亚历山大一世（109-116）（英文版 [1685], p. 16）。参阅 Hinschius, *Decretales Pseudo-Isidorianae*, p. 99 (First Letter of Alexander, ch. 9); Gratian, *Decretum* III. 2. 20 (Friedberg I. 1358; MPL 187. 1739)。

㊵ Augustine, *Letters* 55. 18. 33 (MPL 33. 320; tr. FC 12. 289)。

要的时候设立其他的教令呢？但愿我们的敌人在这件事情和在其他的事上效法使徒的榜样！㊶ 因我确信——也能充分地证明——使徒在这里没有设立任何新的教令。因为当彼得在这大会中宣告：将轭放在门徒的颈项上是在试探神（徒15：10）时，他若之后决定将轭放在他们的颈项上，就明显与自己的立场互相矛盾。但若使徒凭着自己的权威禁戒外邦人吃血、勒死的牲畜以及祭偶像的肉，这就是将轭放在他们的颈项上。然而，我们如何解释他们似乎仍然禁止外邦人做这些事呢？只要我们明白这教令的含义，解决这问题并不困难。使徒在此主要的意思是要让外邦人享有信仰上的自由，不要用强迫遵守犹太人的律法来难为他们（徒15：19、24、28）。但随后便出现了例外（徒15：20、29）。这不是使徒们所设立的一条新教令，而是神自己永恒里所命定的一条教令，即不可违背爱。这丝毫没有夺去他在前一节经文中所宣告的外邦人拥有的自由，而是劝勉外邦人自我节制，免得因滥用自己的自由而得罪弟兄。第二点就是使徒们希望外邦人能享有某种单纯的自由，并同时不绊倒弟兄。然而，使徒的教令其实是具体的，他们根据当时的情况，妥当地教导和指定哪些事情可能会绊倒弟兄，使得外邦人与这些事情保持距离。但他们绝对没有在神永恒的律法之上添加任何自己的东西，因为这律法本身禁止我们绊倒弟兄。

22. 对软弱弟兄的责任 *

ª使徒在此似乎教导我们，在刚开拓不久的教会中，神忠心的牧师们应当吩咐所有的会友，直到软弱的信徒进一步成长为止，他们不应当在礼拜五公开吃肉、在圣日公开工作，等等。虽然这一切是无关紧要的事，但若主的仆人因做这些事情绊倒自己的弟兄们，则是在犯罪。因此，有时候信徒在软弱弟兄面前做这些事难免严重伤害他们的良心。由

㊶ 参阅IV. 10. 17, 注释31。

此可见，只有故意诽谤人的人，才会在此说使徒正在设立新的教令，因为他们显然是在预先避免挑起主亲自禁止的纷争发生（在教会里）。因此，使徒们不能这样被指控，因他们不过是在遵守主给我们不可绊倒弟兄的吩咐，仿佛他们在说："主吩咐你们不可伤害软弱的弟兄；你不可吃祭偶像的肉，被勒死的牲畜和血，免得绊倒软弱的弟兄。我们因此以主的真道吩咐你们不可在吃的方面绊倒弟兄。"保罗就是最好的证人，使徒就是这个意思，他根据教会会议的决定写了这句话："论到祭偶像之物……我们知道偶像在世上算不得什么……有人到如今因拜惯了偶像，就以为所吃的是祭偶像之物，他们的良心既然软弱，也就污秽了……只是你们要谨慎，恐怕你们这自由竟成了软弱人的绊脚石。"（林前8：1、4、7、9）只要我们好好思考这些事情，就不至于因这些利用保罗支持自己的专制者所说的话受骗上当，仿佛使徒的这教令开始夺去教会的自由。

然而，为避免他们企图逃避而不接受我给他们异议的答复，请他们说一说使徒们凭什么违背这教令？似乎是因为在那个时候，使徒认为他们所禁止的事已经不会带来绊倒弟兄引发争端的危险，且他们知道律法本身必须以其目的来衡量。那么，既然使徒是为了爱的缘故设立这教令的，这教令所规定的一切都完全在乎爱。当他们承认违背这条律法无异于在违背爱时，难道他们不就是在承认：这不是众使徒所捏造的观念加添在神的律法之上，而是他们在将神所早已给我们设立的律法运用在自己的时代中吗？

圣经和基督自己都禁止我们在敬拜中用
自己的传统和捏造（23—26）

23. 教会的权威不可违背圣经的启示 *

c (a) 虽然他们的法规极不公正，对我们的害处极大，a 然而他们仍宣称众信徒们都应当毫无例外地遵守它们。因他们说问题不在于信徒可能遵守的是谬论，问题在于手下应当遵守领袖的吩咐，哪怕是最严厉的吩咐。

然而，他们在此必须面对主清楚的真道，因为主的话语救我们脱离这样的束缚，并赏赐我们他用自己的宝血为我们买来的自由（林前7：23），且主的话语多次记载基督的血赐给我们这自由。他们不仅恶劣地假装其意思不过是信徒在身体上必须忍受某种程度的苦难，而且他们企图夺去基督的宝血所赐给我们良心上的自由，使我们的良心如奴隶般受折磨。

然而，我们不再谈这一点，虽然它并非无关紧要的事。难道企图夺去基督自己的国度不是很严重的罪吗？但当我们以人所炮制的法规敬拜神时，这就是夺去基督的国度，因主喜悦在自己的敬拜上做独一无二的立法者。让我们听听主自己的看法，免得有人以为这不是主极为看重的事。他说："因为这百姓……敬畏我，不过是领受人的吩咐。所以，我在这百姓中要行奇妙的事，就是奇妙又奇妙的事。他们智慧人的智慧必然消灭；聪明人的聪明必然隐藏。"（赛29：13—14 p.）以及"他们将人的吩咐当作道理教导人，所以拜我也是枉然。"（太15：9）事实上，当以色列人以各种偶像崇拜败坏自己时，所有恶的根源都归在这不洁的混杂上：他们违背了神的诫命，并为自己制造了新的仪式。圣经记载亚述王迁移人来，安置在撒玛利亚的城邑，但他们才住在那里没多久，因不敬畏耶和华，耶和华就叫狮子进入他们中间，咬死了他们。虽然他们没有在仪式上得罪神，但他们虚浮的华丽并没有蒙神悦纳，而神没有停止审判他们对敬拜的违背，乃是因他们在主的话语之外引入了自己敬拜神的方式。之后，圣经记载他们因这严厉的处罚感到惧怕而开始遵行律法所吩咐的仪式；然而，因他们仍不是纯粹在敬拜真神，圣经重复记载他们又惧怕耶和华，又不惧怕他（王下17：24—25、32—33、41）。我们以此推论神所要求我们给他的敬畏，有一部分单单在于照他自己的吩咐敬拜他，不混杂任何自己的捏造。神经常称赞敬虔的君王，因他们完全照神的诫命顺服他，不偏左也不偏右（王下22：1—2；参阅王上15：11，

22∶43；王下12∶2，14∶3，15∶3，15∶34，18∶3）。此外，有时人在自己所捏造的敬拜中，没有公开地显示他心里的亵渎，但这仍是圣灵所严厉咒诅的事，因他从头到尾都离弃神的诫命。亚哈斯王从撒玛利亚带来的祭坛图样（王下16∶10），表面上看起来是使圣殿更华丽的装饰，尤其是因亚哈斯的意图是要在这祭坛上献祭给神，且他以为这是比旧的祭坛更光荣的献祭。但圣经告诉我们：圣灵将这悖逆的行为视为可憎恶的事，完全是因为在敬拜神的事上，人的捏造是极大的腐败（王下16∶10—18）。㊷且神越清楚地向我们启示自己的旨意，我们放荡地捏造任何自己的敬拜方式就越无可推诿。因此，玛拿西在耶路撒冷建立新的祭坛，这罪被视为更严重，因耶和华曾说："我必立我的名在耶路撒冷"（王下21∶3—4），他这样做是公开地弃绝神的权威。

24. 不正当的敬拜是神所视为可憎恶的事[a]

[a]神警戒将严厉地惩罚一切照人的吩咐敬拜他的人（赛29∶13—14）并宣告照人的律例拜他是枉然的（太15∶9），这令许多人感到惊讶。然而，只要他们好好地思考在信仰上（即属天智慧上）仰赖神吩咐的重要性，他们就必定同时明白，主有极好的理由将这样的仪式视为可憎恶的，因这些仪式是根据人的悖逆献给神的。在敬拜神当中遵守这些不正当仪式的人，虽然他们的遵守看来似乎很谦卑，但他们在神的眼中并不谦卑，因他们吩咐别人当遵守他们自己所遵守的仪式。这就是为何保罗迫切地警告我们不可被人的传统所欺哄（西2∶4及以下），或被称为 ἐθελοθρησκεία 的那种在神教导之外人所捏造的"私意"崇拜（西2∶22—23）所欺哄。我们自己和其他所有人的智慧必须成为愚拙，好让我们将一切的智慧归给神。那些期待神赞赏人私意设立的卑琐仪式，[c]并似乎出于无意将某种假冒为善的顺服献给神（虽然其实是献给人）的

㊷ 参阅 I. 5. 13。

人，ᵃ偏离了这条道路。这事到如今已经进行了几百年，且在那些看重人的权威过于看重神的权威的地方仍然在进行（参阅罗1：25）。在那里，信仰（若配称为信仰）被越来越多毫无意义的迷信所污染，甚至比任何的异教更迷信。因为人心除了制造像他们自己一样属血气和滑稽的事外，还能制造什么呢？

25. 驳斥天主教之反驳

ᵉ这些迷信的支持者提出撒母耳在拉玛献祭，虽然他的献祭在神的律法之外，但他却仍蒙神悦纳（撒上7：17）。在此反驳他们并不困难：撒母耳并没有在唯一真实的祭坛之外建筑另一个祭坛，而是因主的约柜未曾固定下来，撒母耳在他自己的住所献祭，因这是最方便的地方。既然神严厉禁止以色列人在他的吩咐之上加添或删去什么，那么圣洁的先知绝对不是在捏造自己的敬拜方式（申4：2）。至于玛挪亚，他的情况是与众不同的（士13：19）。他以私人的身份献祭给神，且这不是神所不悦的，因那不是根据他自己心里轻率的冲动，而是根据从天上来的启示。但基甸并不次于玛挪亚，他很奇妙地证明神何等恨必死的人为了敬拜自己所捏造的方式。因为基甸所制造的以弗得，不但成为他自己和他全家的网罗，它甚至成为全以色列人的网罗（士8：27）。简言之，人为了敬拜神所捏造的一切事物，只不过是在污染真敬虔。

26. 基督对法利赛人之酵的警告

ᵃ那么，他们问：由此可见，基督为何喜悦众圣徒忍受法利赛人放在他们颈项上的重担呢？⁴³ 事实上，为何基督在别处警告人要谨慎，防备法利赛人和撒都该人的酵（太23：3，16：6）？福音书的作者马太告诉我们："酵"的意思是人所用来与神纯洁的真道混为一谈的任何教义（太

㊸ Clichtove, *Antilutherus* I. 11, fo. 23b.

16∶12)。难道主喜悦我们逃避法利赛的整个教义不是显而易见的事吗？这经文也清楚地告诉我们：上面的经文教导主不喜悦他百姓的良心受法利赛人特有之传统的搅扰，且主的话只要不被扭曲，就不包含我们敌人所说的含义。这里，主意在严厉斥责法利赛人的行为，他在开始的时候便纯粹地教导他的听众，尽管法利赛人的生命没有什么值得他们效法的，他们仍不可停止遵守法利赛人的教导，因他们坐在摩西的位上，是律法的解释者。所以主在这里的意思不过是要警告神的百姓，不可被他们教师的坏榜样误导而开始恨恶教义。然而，因为有些人不听道理，却希望听有权威的人的教导，我在此要引用奥古斯丁的话："主的羊群的看守，有些是儿子，有些是雇工。儿子是真牧人，然而我想说的是，雇工也是必需的。在教会里许多人为了世俗的利益传基督，而有人借他们的口听到基督的声音；主的羊所跟从的不是雇工本身，他们借着雇工跟从了牧人（参阅约10∶11—13）。这经文也教导我们，雇工是主自己所指出来的。他说文士和法利赛人坐在摩西的位上。你要遵守他们所吩咐的，不要效法他们所行的（太23∶2—3）。主所教导的不过是：'当借着雇工听牧人的声音。'因他们既坐在摩西的位上，教导神的律法；因此，神就借着他们教导自己的羊。但他们若企图教导自己的法规，你不要听，也不可行。"㊹这是奥古斯丁所说的话。

教会的治理以及敬拜中正确的顺序：敬虔、爱，以及自由的良心（27—32）

27. 教会制度的必要性

许多没有受过神学教育的人，当他们听到信徒的良心若被人的传统所辖制是邪恶的事，且在这情况下人对神的敬拜是枉然的时候，许多人倾向于否定一切有形的教会法规。在这里讨论他们的错误最合适。信徒

㊹ Augustine, *John's Gospel* 46, 5, 6 (MPL 35. 1730; tr. NPNF VIII. 257 f.). 结语是1553年加入的。

在这事上很容易弄错，因为辨别第一种和第二种法规不是一件很容易的事。我在此打算简明地解释这件事，好使人不被两者的相似性迷惑了。

首先，我们当考虑这一点：在人的所有社会形态中，显然，为了维持社会治安，保持社会和谐，某种组织是必需的。㊺事实上，在一切人与人之间的交往上，^{e (a)}为了公共和平，甚至人道本身，我们都需要某种组织程序。^a教会也应当特别留意这一点，因为教会若有很好的制度，就能保守合一，而若没有这合一，教会就不是教会了。因此，我们若希望维护教会的安全，必须留意保罗的吩咐，即"凡事都要规规矩矩地按着次序行"（林前 14∶40）。

然而，既因人与人之间的风俗习惯、想法、判断和个性有很大的差异，若非设立明确的行政法规，任何组织都不够强健；没有某种确定的形式，任何程序也无法得到维护。由此可见，我们不但不反对任何组织设立有益的法规，我们甚至说，若教会没有任何法规，便会分崩离析，完全变形、散架。此外，教会若不借着一些叫人联合的法规设立某种秩序和礼节，就不能遵守保罗的命令，即"凡事都要规规矩矩地按着次序行"。

但是，教会在遵守这些法规时，必须特别避免一件事情的发生。这些法规不能被当作蒙救恩必要的事，以此辖制人的良心，我们也不得将这些法规与我们对神的敬拜混为一谈，并将遵守它们视为敬虔的行为。

28. 正确的教会制度问题

^a因此，我们有一个极好、可靠的方法，能辨别神所喜悦的教会^{c (a)}制度和他所不喜悦的制度（神不喜悦的制度使信仰变得模糊，败坏人的良心）。㊻这方法就是当记住制度的目的是双方面的。首先，在信徒圣洁

㊺ 参阅 IV. 20. 2。
㊻ 上文的第四卷第十章第一节。

的聚会中，要规规矩矩地按着次序行；其次是人类社会也必须以某种人道和节制的纽带来联结。因为当人知道某种法律被设立是为了公共和平时，他就不可能陷入以人所制造的仪式来敬拜神的迷信中。且当人明白这法律是为了整个社会的缘故而被颁布时，他就不可能相信，对蒙救恩而言，遵守这法律是必需的。天主教教导说，遵守自己的传统与蒙救恩有密不可分的关系，这令众信徒的良心感到惧怕。而颁布这些法规的目的，是要我们在教会里彼此相爱。

ᶜ但我们若更清楚地解释保罗在此所说的规矩和按着次序，对我们将有很大的益处（林前14：40）。

规矩的目的，一方面在于当我们举行某些激励我们更敬畏圣洁事物的仪式时，这些仪式能激发我们变得更敬虔；另一方面，在于要我们在教会的事上变得更谦恭和严谨，因为在任何可尊荣的事上，这两个特征是当有的。按着次序行的主要目的是要治理者能够明白好的治理的法则，以及受统治的百姓能够同时习惯顺服神以及遵守正确的纪律；其次，按着次序行的教会会成为和平与安静的教会。

29. 正确的规矩和假冒为善的华丽彼此的对比

ᶜ因此，我们不能说神所要求的规矩与虚浮的乐趣是同一回事。天主教会的宗教仪式所采用的戏剧般的装饰就是一个例子。[47]他们的仪式不过表现出无用的高雅以及虚空的奢侈。然而对我们而言，神所要求的规矩是与他圣洁的奥秘完全相称的敬畏，好使我们更热爱神，或这规矩至少能成为我们行为更得体的装饰。且这规矩并非无效，而应当教导信徒：我们在圣洁的仪式上应该保持何等谦恭、敬虔和敬畏的心。那么，我们的仪式若是圣洁的仪式，就应当直接引领我们到基督面前。

同样地，我们不应在那些虚浮的华丽中设立秩序，因这些华彩转眼

---

[47] 这一节清楚地表明了加尔文对公开聚会的基本要求：简单、得体、庄严。

成空。除掉一切的混乱、野蛮、顽梗、骚动以及纷争的秩序，才是真秩序。

^{c (a)} 保罗教导我们关于第一方面的秩序：他禁止我们在领圣餐时喝醉酒（林前 11：21—22），并教导教会的妇女到外面去时必须蒙头（林前 11：5）。关于第一方面的秩序，我们日常活动中还有许多其他例子：祷告时当屈膝和脱帽；当以尊敬的心态而不是随随便便地举行主的圣礼；在埋葬死人时要表现端正，以及其他类似的行为。[48]

^a 第二方面的秩序是确立公祷、证道以及圣礼的时间。信徒安静地听道、固定聚会的地方；众人一起唱诗，固定领圣餐的日子，保罗禁止女人在教会里讲道（林前 14：34）等等也包括在内。^c 第二方面的秩序也特别包括一切维护教会纪律的事，比如教理问答、责备、革除教籍、禁食，等等。

因此，之后我们所接受为圣洁和有益处的一切教会制度[49]都被包括在这两种之下：第一种涉及教会的仪式；第二种则涉及教会的纪律与平安。

30. 教会法规的捆绑以及自由

^c 我们必须谨慎，免得一方面假监督用这教导为他们颁布邪恶和专制的法规找借口。另一方面，我们也要避免人因对上面的教导过于谨慎，并因害怕上面恶行的发生，忽略设立教会的法规。所以，我应该在这里宣告，我唯一所赞同的教会法规是建立在神的权威之上，有圣经根据的，因此是完全属神的规章。

假设我们在祷告中跪在地上，问题是这是不是人的传统，因为任何

---

[48] 参阅 III. 20. 16，注释 27。在 *Sermons on Jacob and Esau* 9 中，加尔文说："的确，我们祷告时，上帝不会因任何仪式而开心（s'amusera），但是当我们跪下来的时候，我们脱下头上的帽子，双手伸向天堂"（CR LIX. 140 f.）。

[49] 参阅上文的第八节注释 19。

信徒都有权弃绝或忽略人的传统。我认为这既是人的传统，又是属神的。它是属神的，因它是合乎保罗所吩咐我们在教会里当按照次序规矩矩行的教导（林前14：40）。但它同样也是人的传统，因它是在神一般的原则之下，人所吩咐的特殊行为。

这个例子能帮助我们明白信徒应该对此类问题保持怎样的心态。我的意思是主在他圣洁的话语里，忠实和明确地教导了真实之义的总纲，对敬拜这位威严之神的各方面要求，以及一切关于救恩必要的启示。所以，我们在这一切的事上应当唯独听从主的声音。然而，既因主不喜悦在教会的纪律和仪式上详细地教导我们怎样行（因主预先知道这取决于各时代特殊的情况，因此没有为我们设立某种适合所有时代的形态），我们必须在他所给我们的一般原则之下寻求主的旨意，因为教会在秩序和规矩上的一切需要都要合乎这一般的原则。最后，因他在此没有给我们详细的吩咐，且因这些事对于救恩不是必需的，又因为了教会的建造，这些法规应当合乎各时代以及各国的风俗习惯，我们应该为了教会的益处，按时候调整甚至废除传统的法规，并且重新设立新的法规。其实，我也承认，我们不应当毫无理由突然或轻率地更改已有的法规。关于哪一些法规将伤害或哪一些将造就教会，爱心是最好的评判者，我们若容这爱引领我们，一切都将平安无事。[50]

31. 捆绑和自由与教会法规彼此的关联

[c]所以，信徒应当以无愧的良心遵守教会根据以上原则所颁布的一切法规。信徒当避免一切的迷信，并以敬虔的心乐意顺服这些法则；他不可藐视教会的法规，也不可忽略它们，更不可以傲慢和顽梗的心公开地

---

[50] 虽然由于人的传统及神的许可的缘故，加尔文认同跪着祷告的姿势，但他为了教会的益处，出于爱的原则，仍将此（及其他类似的事）留给教会选择。类似的次要事情有妇女在教会中蒙头的问题，在第三十一节中认为只要顾及习俗、人性和庄重即可。温德尔（F. Wendel）认为加尔文从不要求"完全模仿初代教会"（Wendel, *Calvin*, pp. 229 f.）。

违背它们!

　　然而，天主教过于谨慎地遵守自己的法规，岂能保持良心的自由呢？当我们明白这一切不是固定、永久的约束人的条规，而是为了帮助人的软弱而设立的外在的基础时，我们的答案将会非常明显。虽然我们并不都需要这些法规，却都使用它们，因我们在教会里必须培养主所吩咐我们的彼此相爱。我们以上所举的例子完全支持这观点。[51][a]难道信仰在乎妇女是否蒙头，以至于她若不蒙头就不准出门吗？保罗对妇女关于沉静的吩咐，难道圣洁到在任何情况之下没有例外吗？难道关于屈膝或对尸体的埋葬的仪式绝对不可忽视，否则就会冒犯神吗？绝不是的。若妇女急迫地帮助自己的邻舍并因此来不及蒙头，虽若出门而不蒙头，绝对不算犯罪。且在某些情况下，妇女说话比沉静更为恰当。男人若因生病的关系无法屈膝，他就可站着祷告。最后，若没有最后的送葬者，或没有旁边的救护者，在合适的时间之内埋葬死人远比等到尸体开始腐烂之后才埋葬好得多。无论如何，在这些事上，当地的风俗、人道或谦恭的原则都能帮助我们做正确的决定。在这些事上，人若因疏忽或健忘而没有遵行，这不算他的罪，然而若是出于自己的藐视，这悖逆的行为应当受斥责。与此相似，日子、时间、教堂的结构，或在怎样的情况下唱哪些诗歌，这一切都是无关紧要的事。然而，我们若想保持教会的和睦，必须有固定的日子和时间，且有适合容纳众会友的一栋建筑物。因若在教会的公共秩序上，众会友都被容许随意而行，这样的迷惑必定导致众多的纷争！因我们若漠不关心地容大家照自己的意思行，我们不可能要求所有人做同样的选择。然而，若有人仍怀着强烈的抱怨且在这事上自以为聪明，他就当好好地思考如何在神面前为自己的心态申辩。保罗的话应使我们满足："若有人想要辩驳，我们却没有这样的规矩，神的众教会也是没有的。"(林前11：16)

---

[51] 上文的第二十九节。

32. 仪式最好既少又造就信徒

ᵃ此外，我们必须竭力保守教会不受谬误的侵扰，使仪式的纯洁功用不被败坏或混淆。只要一切的仪式都有明显的用途，且我们若尽量限制仪式的次数，尤其再加上忠心的牧师的教导，使人避开败坏的观念，我们就必定达到这目的。以上的教导将使我们在这一切的事上保持自己的自由，然而教会的众信徒也必须同时在某种程度上，为了规矩㊼或对众弟兄的爱，㊽限制自己的自由。其次，我们也应当在一切的仪式上避免一切的迷信，且不可在遵守仪式上过于严厉地要求弟兄，也不可认为仪式越多，我们对神的敬拜越好。一个教会也不可因外在纪律上的不同，藐视另一个教会。最后，既因我们在这世上没有设立任何永久的法规，就应当将仪式一切的用处和目的视为对教会的造就。若教会需要，神不但允许我们作出一些改变，甚至允许我们废掉先前使用的仪式。我们这个时代充分地证明：根据各种情况的需要，废掉一些从前在其他情况下对教会很有帮助的仪式是妥当的。从前的教会因无知和盲目，以错误的观念及固执的热忱固守自己的仪式。因此，除非教会除去一些在古时候以极好的理由且并非出于不敬所设立的仪式，否则教会无法去掉许多可怕的迷信。

㊼ "*Quod diximus* τὸ πρέπον"，上文的第二十八、二十九节。
㊽ 在这段结尾的话中，加尔文特别地强调 *aedificatio ecclesiae* 的重要性，并告诫教会之间不可因外在的纪律问题而有优越感。我们认为这或许是他为了增进路德宗和改革宗之间的关系而做的。参阅 W. Nijenhuis, *Calvinus Oecumenicus*, pp. 131-194。根据 Synod of Charenton (1631)，路德宗的人可以被允许在法国改革宗教会领圣餐；J. Aymon, *Tous les Synodes nationaux des églises réformées de France* II. 501；McNeill, *Unit ive Protestantism*, p. 269；Heppe RD, p. 669。

ᵉ第十一章 教会司法权的范围以及天主教对此权柄的滥用

教会的司法权以及惩戒:钥匙的权柄和政府的官员(1—5)

1. 教会司法权是基于钥匙的权柄

ᶜ接下来我们要考虑教会权柄的第三部分,这部分在一个秩序良好的国家中是最重要的。这部分如我们所说在于司法权的范围。① 但教会整个司法权柄与道德惩戒相关,这一点我们很快就会讨论。就如没有任何的都市或城镇没有官员或政府可以运转,照样神的教会ᶜ(根据以上的教导以及现在的重复)ᶜ也需要属灵的治理。然而,这教会治理与世俗治理有极大的不同。这治理并不拦阻或威胁世俗治理,而是大大地帮助并促进世俗治理。因此,教会统治的范围,简言之,是神给教会保守他属灵管理的权柄。

因这缘故,教会从一开始就有法庭,且这法庭之所以设立,是为了

---

① 要特别注意教会司法权的重要性,这是教会特征的第三部分 *potestas* διακριτκή 应用在惩戒上。参阅 IV.8.1,注释 2; J. Bannerman, *The Church of Christ* I. 227 f.; Niesel, *The Theology of Calvin*, pp. 197 ff.; Wendel, *Calvin*, pp. 46 ff., 56, 226-234; J. Courvoisier, "La Sense de la discipline sous la Geneve de Calvin" in *Hommage à Karl Barth*。

道德上的惩戒，为了鉴察人的罪，并且为了施行钥匙的权柄。[2]保罗在他写给哥林多信徒的书信中提到治理的职分时设立了这一秩序（林前12：28）。他同样在《罗马书》中也说："治理的，就当殷勤。"（罗12：8 p.）这绝不是针对政府的官员说的（因当时没有任何官员是基督徒），而是针对那些与牧师一同担任教会属灵统治职分的人说的。保罗在他写给提摩太的书信中，也对两种不同的长老做区分：劳苦传道教导人的与那些虽然不承担讲道，却善于管理教会的长老（提前5：17）。后者毫无疑问是指那些负责教会的道德以及钥匙权柄的监督说的。

因我们所说的权柄，完全依靠基督在《马太福音》18章中所交给教会的钥匙。他在那里盼咐，对那些完全不理会私人斥责的人，当奉众教会的名斥责他们，但他们若仍悖逆不肯悔改，基督教导应当断绝与他们的团契（太18：15—18）。那么在劝勉和纠正之前必须先调查原因，所以，教会需要某种做判决的法庭以及办这事的正式程序。因此，我们若不想废掉主所给我们关于钥匙的应许，也不想废掉革除教籍、严重警告以及其他类似的特权，就必须给教会某种司法权。°读者们应当留意我们在此所谈的不是教会所拥有关于一般性教义的权威，就如《马太福音》16：19以及《约翰福音》20：23所记载的那般，而是说犹太公会的权柄将来应当交给基督的羊群。一直到基督说这话为止，管理教会的权柄都在犹太人手中。然而，基督将这权柄交给教会——那纯粹的组织，并同时将严厉处罚人的权柄交给她。这是极为合理的事，因若不是这样，一个受人厌恶和藐视之教会的判决，会被轻率和愚昧的人所弃绝。

为了避免读者们因基督所说的这有双重意义的话而感到困扰，我们

---

[2] 参阅 III. 4. 14, 15; IV. 6. 4, 注释 8。钥匙的权柄在改教时期是一个备受争议的话题，改教家将它与圣道的权威相联系。加尔文在这里所抨击的论点受到约翰·费舍尔主教（Bishop John Fisher）的大力支持。费舍尔在他的 Confutatio, p. 244 中宣告: "Petro claves committuntur coelorum." 参阅 Faber, Opus adversus nova quaedam... dogmata Martini Lutheri (Leipzig, 1528) G gg1-GG 2 and passim; A. Pighius, Hierarchiae ecclesiasticae assertion (Cologne, 1536), fo. 94 E-95 D。

若在此解释这件事,将会对诸位很有帮助。^{c (a)} 圣经上有两处提到捆绑和释放的经文:一处是《马太福音》16 章。在那里,基督应许将天国之钥匙交给彼得之后,立刻接着说:凡彼得在地上所捆绑的,在天上也要捆绑;凡他在地上所释放的,在天上也要释放(太 16∶19)。基督的这话与他在《约翰福音》20 章所表达的含义一模一样。基督在那里即将差派门徒去传教。在向他们吹一口气之后(约 20∶22),基督说道:"你们赦免谁的罪,谁的罪就赦免了;你们留下谁的罪,谁的罪就留下了"(约 20∶23)。^a 我在这里提到的解释不复杂、不勉强,也不是人的强解,而是自然、顺畅和清楚的解释。③ 这关于赦免和留下人之罪的吩咐,和主所交付彼得关于捆绑和释放的应许,应当仅仅指话语的执事,因当主将这事工交付使徒时,他同时也装备他们,去做捆绑和释放的工作。因为福音的总纲就是这样的:我们一切生来做罪人和死亡奴仆的人,之后借着那在基督耶稣里的救赎得释放和自由(参阅罗 3∶24);一切不接待和不承认基督为自己释放者和救赎者的人,将被定罪,被锁在永远的黑暗中(参阅犹 6)。当主将这福音交付使徒去传遍天下时(参阅太 28∶19),基督以这话尊荣他所交付他们的事工并因此证明是出自于他自己,且他这样做不但奇妙地让使徒本身刚强起来,也同样使一切接收他们信息的人刚强起来。使徒能在无限的劳苦、担忧、困苦以及危险中传递信息,甚至到最后以自己的血做印证,他们必须对他们所传的信息拥有恒常和完全的确信。且为了确信这确据不是徒然或虚空的,而是充满权柄和力量的,他们必须确信在这样的担忧、困苦以及危险中,他们是在做神自己的工作,他们也必须知道在全世界抵挡和攻击他们时,神仍站在他们一边;他们也必须相信,虽然那交付他们这教义的基督是他们的肉眼在地上所看不见的,基督却正在天上确认他所交付他们的教义。另一方面,他们

---

③ 这是加尔文对于正确解经其中的一项说明。参阅 Comm. Gal. 4∶22;"最自然及明显的意义……我们应该坚决地遵守";II. 5. 19,注释 39;III. 4. 4,注释 8。

必须向自己的听众做无伪的见证，见证福音的教义并不是使徒的信息，而是神自己的信息。④福音并不是地上之人的声音，乃是在天上之神的声音。因为这一切——赦罪、永生的应许、救恩的好消息——不可能是人所能给的。因此，基督见证：在传福音的事工上，使徒的责任不过是服侍神，是神自己决定借他们的口做他的工具说话以及宣告自己的应许。所以，基督也见证使徒们所传扬的赦罪是神真实的应许；他们所宣告的灭亡，也是神确实的审判。且这见证是给万代、确信无疑的见证，好让万人能够确信福音的真道，不管是什么人传扬的，是神自己的话语，也是在他至高的审判台前所颁布的，记录在生命册上，并在天上核准，永不改变。其结论是：在那些经文中，钥匙的权柄就是福音的传扬，且对人而言，它与其说是权柄，不如说是侍奉。因基督并没有将这权柄交付给人，而是交付给他的道，而人只是传道者。

2. 捆绑以及释放的权柄*

᪽另一处经文（太 18）是关于捆绑和释放的权柄。ᵃ基督在那里说："弟兄若是……不听教会，就看他像外邦人和税吏一样。我实在告诉你们：凡你们在地上所捆绑的，在天上也要捆绑；凡你们在地上所释放的，在天上也要释放。"（太 18：17—18 p.）᪽这经文的含义与前面的经文（太 16：19）并不完全一样，理解上还是有些差别。ᵃ然而说它们不同，不是说两者不同到没有相当的关联。在第一点上两者相似，即两者都是一般陈述，都总是包含捆绑和释放的权柄（通过神的真道），包含同样的吩咐，也包含同样的应许。然而，他们的差别是：前面的经文特别指传福音之人的证道；后者则指神所交付教会的革除教籍的权柄。教会捆绑他所除名的人，这并不是说教会将他扔到永恒的灭亡和绝望里去，而在于其谴责这人的生活方式和道德，并且警告他若不悔改必定灭亡。

---

④ 参阅IV. 8. 8，注释7；IV. 8. 9，注释9：圣经神圣的来源与教义的源头是一致的。

被教会接受进入团契的人，就是教会所释放的，因这团契使这人在基督赐给教会的合一里有分。因此，为了避免任何人顽梗地藐视教会的判断，或将众信徒定他的罪视为不值一提，主见证信徒的这判断就是他自己亲口宣告的审判，而且教会在地上的判决，在天上被认可。因他们拥有神的真道定恶人的罪；他们也借着这真道，接纳悔改的人到神的恩典里。教会不可做错或违背神自己的意思，因他们的判决单单根据神的律法，且这律法并不是某种摇摆不定的或地上的看法，乃是神圣洁的旨意和天上的圣言。

我相信我对这两处经文的解释是简洁、明确和准确的。但那些疯人（因自己昏了头）不分青红皂白地企图根据这两处经文确立告解、革除教籍、司法权、立法权，以及赎罪券。事实上，他们引用前者是为了设立罗马为首要教区。⑤他们熟知如何随意用自己的钥匙打开任何的锁和门，这让我们不得不相信他们一辈子都在做锁匠！

3. 政府和教会司法权的范围

ᶜ有人幻想这一切不过是暂时的，只会持续到政府的官员开始接受我们的信仰。⑥这是他们的谬论！他们无法分辨教会和政府的权柄有极大的不同。教会没有权柄使用刀剑惩罚人或强迫他们；教会不能叫人坐牢，也没有其他政府官员所拥有的惩罚权柄。所以，问题不是要在罪人不意愿的情况下惩罚他，而是希望罪人认罪悔改，自愿接受管教。这两个含义截然不同：教会没有官员所拥有的权柄；神也没有把教会

---

⑤ Aquinas, *Summa Theol.* III, Suppl. 21; 17.2; 25.2; J. Faber, *Malleus in haeresim Lutheranorum* (Cologne, 1524), fo. 80b f.

⑥ 明显地暗示了茨温利和布林格的意见，他们都同意基督教国家应积极介入教会治理，并赋予其治理教会的权威。参阅 W. Köhler, *Das Zürcher Ehegericht und seine Auswirkung*; R. Staehelin, *Huldreich Zwingli, sein Leben und Wirken* II. 144, 在茨温利的影响下，教会会议同意政府可以将人革除教籍。R. Ley, *Kirchenzucht bei Zwingli*, 指出茨温利使政府进行惩戒合理化，pp. 99-105。布林格坚决地认为政府官员应监督宗教，但他禁止他们施行圣礼：*Decades* II. 7 (The Parker Society, Bullinger I. 323 ff., 329)。

的权柄交付给官员。我举例之后我们就能更明白这一点。假设一个人喝醉酒,在一个有秩序的都市里,他要坐牢。假设他是淫乱的人,他会面对相同的,甚至更重的处罚。这样,法律、官员以及外在的公正的要求就会得到满足。但他也许在心里面没有悔改,反而埋怨这处罚。难道面对这种情况,教会就到此为止吗?教会若接受这人领圣餐,这对基督和他圣洁的教会都是极大的伤害。最理智的处理方式是:那以坏榜样得罪教会的人,必须以他认真的悔改宣言来除掉他对教会所造成的伤害。

然而,持相反看法之人的辩论是无益的。他们说基督将这权柄交给教会,因为当时没有可担任这职任的官员。然而官员经常忽略他的这职分,有时可能他自己应当受处罚,就如狄奥多西皇帝⑦那样。几乎整个传道事工也是如此。但我们的敌人认为,牧师不要斥责人的大罪,他们不要责骂、指控和责备人。因我们现今有基督徒官员,且他们负责以法律和刀剑处理这些问题。既然政府的官员要以刀剑和监牢洁净教会里面的罪,那么传道的人应当相应地负责帮助官员减少犯罪之人的数目。牧师和官员应当互补,而不是互相敌对。

4. 教会和基督徒官员*

ᶜ然而,我们若认真留意基督这话(太 18),就能清楚地看见他在教会里所设立的是永久,而不是暂时的秩序。因圣经认为那些不听从劝诫的人向政府的官员告的状是极不妥当的。但若政府的官员开始担任教会的职分,这事情必定发生。那么基督的应许呢?难道我们要以为这应许只维持一年或顶多几年吗?"我实在告诉你们,凡你们在地上所捆绑的……"(太 18:18)此外,基督在这里没有设立什么新的制度,而是效法他百姓在古代的教会所一直遵守的习俗。他的这话表示教会从一

---

⑦ 参阅下文的第四节和第四卷第十二章第七节。

开始拥有的属灵权柄是教会不可少的,且这也是教会在各时代的立场。因当皇帝和官员开始接受基督的时候,这属灵的权柄并没有被立即废去,乃是被调整,免得它损害政府的权柄,或免得两者混为一谈。这也是对的!因若官员是敬虔的人,他就不会希望将自己摆在神儿女们的权柄之外。十分重要的是,他必须顺服教会,根据神的话语判断,绝不能将这判断撇在一边!安波罗修说:"皇帝被称为教会之子,⑧难道教会有比这更大的尊荣吗?"因为好的皇帝是在教会里面,而不是在教会之上。因此,那些企图除掉教会权柄而尊荣官员的人,不但以强解经文的方式错谬地解释基督的教导,同样也大大地斥责从使徒时代到如今一切敬虔的监督,并说他们以虚谎的借口强夺了政府官员的尊荣和职分。

5. 教会的司法权是属灵的权柄

ᶜ但另一方面,我们最好了解一下古代教会如何正确使用权柄,之后教会怎样逐渐滥用这权柄,好让我们能确信哪些教会的传统是该接受的,哪些是该拒绝的,如果我们希望推翻敌基督的国度,重新设立真基督的国度。

首先,这就是教会权柄的目的:要抵挡威胁教会的罪,一旦出现这样的罪恶,就要把它清除。在教会使用这权柄时,我们应当注意两件事情:首先,这属灵的权柄必须与政府的刀剑截然分开;其次,施行这权柄并不是一个人的事,而是合法代表整个教会的议会的责任。⑨当教会较纯洁的时候,她遵守了这两个原则(林前5:4—5)。

在古时候,神圣洁的监督没有以罚钱、监牢或其他属于政府处罚人

---

⑧ Ambrose, *Sermon Against Auxentius… on Yielding the Milan Basilica* 36 (MPL 16.1018; tr. NPNF 2 ser. X. 436);参阅IV.12.7。
⑨ 加尔文认为教会治理团队应由多人组成,而不是由一个人独裁,这在之前已提及,IV.3.15。参阅 IV.4.10, 11 and esp. IV.20.8。

的方式，而是恰当地唯独使用主的真道来执行教会的权柄。因为教会最为严重的惩罚就是在迫不得已的情况下革除教籍。这不需要用武力，乃是借神话语的权柄。简言之，古代教会的权柄不过是保罗所教导关于牧师属灵权柄的实际宣告，他说："我们争战的兵器……乃是在神面前有能力，可以攻破坚固的营垒，将各样的计谋，各样拦阻人认识神的那些自高之事一概攻破了，又将人所有的心意夺回，使他都顺服基督。"（林后10：4—6 p.）既然这一切是借着传扬基督的教义而做成，所以为了避免这教义成为人的笑柄，一切自称是信徒家中之一分子的，都当将自己伏在这话语的权柄之下。要做到这一点，就必须赋予教会如下权柄：私下劝诫人或更为严厉地斥责他们；不准许一切因自己的不道德行为叫圣餐受玷污的人领圣餐。ᶜ因此，虽然保罗在另一处经文教导，教会没有审判教外人的权柄（林前5：12），但他却教导，一切属于教会的人都伏在教会的惩戒之下，他同时也暗示当时所有信徒毫无例外地都伏在审判之下。

其权柄的滥用出自于监督毫无根据的篡夺权利（6—10）

6. 古代教会施行审判并不是一个人的责任

ᶜ根据我们上面所说，⑩这权柄并不是一个人所能随意施行的，而是在众长老的手中，且这团体对教会就如立法院对国家一样。当西普里安提到他那个时代施行教会权柄的人时，他通常把整个教牧群体与监督联系在一起。但在另一处他表示教牧群体的治理并不排除与会众商议。因他这样说："从我一开始做监督，我就下决心不要做任何在教牧同工的建议和百姓赞同之外的决定。"⑪然而，教会一般惯常的制度是长老议会负

---

⑩ 参阅上文注释9。"长老议会"（consessus Seniorum），就是长老法庭（consistory or session），执行惩戒的团体。

⑪ Cyprian, Letters 16.2；17.2，14.4 (CSEL 3.2.518，522，512；tr. ANF [分别是 letters 9，5，and 11] V.290，283，292). 在前几封信中，西普里安用了这个句子，"借着监督和教士的按手"。

责施行教会的司法权柄，我在前面指出⑫有两种长老：一种负责教导，另一种则负责教会的惩戒。这制度却从起初的光景逐渐衰落了，以至于到了安波罗修的时代，教会的权柄完全是圣职人员所施行的。他埋怨道："旧约的会堂以及新约时代的教会都有长老，且教会没有在众长老的商议之外做任何决定。我并不晓得这习惯是因怎样的忽略而被取消，除非是因着懒惰，或因有学问的人企图在众信徒面前高傲地自以为聪明。"⑬虽然当时教会的秩序至少尚可容忍，但这位敬虔的圣徒对这腐败是何等的愤怒！他若能看见现今所剩的废墟，与原先的建筑截然不同的空壳，他又会如何悲叹！首先，监督违背了一切的法规和公义，独揽了基督从一开始所交付教会的权柄。这就像立法院被取消而将所有的权威都交给执政官一样。然而，就像监督的名望比一般信徒更高，议会的权柄也比任何个人的权柄更大。一个人篡夺公共的权柄是极其邪恶的罪。他这样做等于为现今的专制开门，篡夺了教会本有的权柄，压制和解散基督的灵所设立的议会。

7. 司法权和惩戒逐渐恶化*

ᶜ然而，由于一个罪经常导致更多的罪，监督既因不屑于所交付他们的这权柄，就将之交付给其他人。结果，一些"法官"⑭为了履行这职责而设立。我现在不说他们是怎样的人，只说他们与世俗的法官没有两样。而且，虽然他们的判决只在乎属世的事，他们仍称之为"属灵的权

---

⑫ 治理的长老和教导的长老之间的分别，在IV. 4. 1 和IV. 11. 1 中讨论过。参阅 *Ecclesiastical Ordinances* (1541) (CR X. 1. 18, 22; tr. LCC XXII. 60, 63)。这个主题在威斯敏斯特会议 (Westminister Assembly) 中曾辩论过，伊拉斯特派 (Erastians) 和独立派反对占多数的长老派 (1644)，会议中所采用的长老治会的形式 (The Form of Presbyterial Church-Government) 认可除了讲道的牧师外，有"其他教会的治理者……通常被称为长老。" 关于公理派治理长老的背景及发展，参见 H. M. Dexter, *The Congregationalism of the Last Three Hundred Years*, pp. 238, 260 ff., 276, 314, 398 f., 424 ff.。

⑬ *Ambrosiaster Commentary on I Timothy* 5：1 (MPL 17. 475 f.)。

⑭ "*Officiales.*""庭法官"更常用的词是"代理主教"(vicar-general)，自 12 世纪开始，由主教所派参与管区的惩戒。见 *Catholic Encyclopedia*, art. "Vicar-General."

柄"。就算他们没有犯其他的罪，他们怎敢妄称这好争吵的法庭为"教会的法庭"。

但他们仍警告人，甚至将人革除教籍，他们显然在玩弄神。若有个穷人欠钱，他会被传唤。他若出席就被判有罪；他若在被判刑之后不还债，教会就警告他，在第二次警告之后，教会就开始采取革除教籍的行动；若在这个时候他仍不还债，他就被警告，且没过多久就被革除教籍。请问这与基督的设立、古时的风俗或教会的程序有任何相似之处吗？

虽然，这些法庭也处罚人的罪，然而他们不但宽容淫乱、放荡、醉酒以及其他类似的罪，甚至借着默许的方式助长这些罪（不但在平信徒身上，也在神甫身上）。他们也传唤几个人上法庭，不是为了避免被视为玩忽职守，就是贪图被传唤之人的钱。我略而不提与这些法庭有关的掠夺、抢劫、勒索以及亵渎的事。我在此也不提多半被指派担任这职分之人的人格。我只要说，虽然天主教徒以他们的这属灵权柄为傲，但我们却能轻而易举地证明这一切与基督所设立的秩序相反，并与古代教会的做法判若云泥。

8. 监督属世的权威与这职分相违背

[a]虽然我们在此没有提到我们所能讨论的一切，且我们采用了简洁的方式讨论以上的事，但我仍相信我们达到了目的，甚至无人有任何根据怀疑教皇和他追随者所夸耀的权威不过是与神的真道反对，以及不公正地对待他百姓的亵渎的专制。事实上，我所说的"属灵的权柄"一词，包括他们大胆捏造新的教义，为的是要引领这些可怜的教徒离弃神纯洁的话语，也包括他们用来欺哄百姓[e]的邪恶传统，[a]以及他们借着副监督和行政人员所施行假冒为善的教会权柄。若我们允许基督的国建立在我们中间，[c (a)]这整个专制就必定立刻被击垮及毁坏。

此外，我们现在不想讨论他们同样自称拥有使用武力的权柄，⑮ᵃ因为这权柄与人的良心无关。⑯但他们在这方面总是那样，一点不像教会牧师的样子，却希望别人视他们为牧师。

我现在指的不是某些个人的罪恶，而是整个制度的共同罪恶。这个制度真像瘟疫一样，因为他们误以为这制度除非富裕和拥有一些高傲的称号，否则就是残缺的。我们若在这事上寻求基督自己的意思，当他说："外邦人有君王为主治理他们……只是在你们中间，不可这样"（太 20：25—26；路 22：25—26 p.）时，ᶜ ⁽ᵃ⁾ 他毫无疑问就在禁止牧师介入国家统治和世俗政权。基督的意思不但是牧师的职分与君王的截然不同，他的意思也是这两个职分的差别大到不能都归在一个人身上。

摩西之所以担任这两个不同的职分，首先，这是罕见的奇迹；其次，这是神暂时的安排，直到秩序变得更好为止。当神为他们安排了明确的制度时，神将国家的权柄交给摩西；他同时受嘱辞去他祭司的职分，并将其交给他的哥哥（出 18：13—26）。这也极为妥当，因为一个人能够担任这两个职分是不可能的事。

教会在历世历代都严格遵守这一原则。当教会仍保持这合乎神旨意的形态时，没有任何的监督企图篡夺政府的权柄。事实上，在安波罗修的时代，有一句很受欢迎的箴言："皇帝对祭司职分的觊觎，胜过祭司对君王职分的觊觎。"众百姓毫无疑问地接受安波罗修接下来所说的话："皇宫属于皇帝；教堂则属于祭司。"⑰

---

⑮ 在上文第五节已经谈过 "*ius gladii*"（刀剑的权柄），以及教会惩戒的属灵权柄之间的分别。英诺森三世及其后的教皇明确宣称拥有刀剑的权柄。见英诺森三世，*Regestae* VII. 212（MPL 215. 527）；英诺森四世（Innocent IV），"*Potestas gladii apud ecclesiam est implicata*"；Mirbt，*Quellen zur Geschichte des Papsttums*，5th edition, p. 198；卜尼法斯八世（Boniface VIII），"The temporal sword is in the power of Peter"；*Unam sanctam*（1302）（Mirbt，*op. cit.*，p. 210；tr. O. J. Thatcher and E. McNeal，*Source Book for Medieval History*, p. 315）。
⑯ 参阅上文的第五节及第四卷第二十章第十节。
⑰ Ambrose，*Letters* 20. 23，19（MPL 16. 1001，999）。

9. 监督开始担任君王的职分*

ᶜ教会设法叫祭司职分的称号、尊荣以及财富都毫无负担和挂虑地归在监督身上。但之后政府的权柄交给了他们，免得他们太空闲，更确切地说，这权柄是他们所篡夺的。那么他们能用怎样的借口为自己这无耻的行为辩护呢？ᵃ难道监督的职分包括司法诉讼和都市及国家的行政，甚至管理与自己职分完全不相干的事情吗？因为他们的职分包括许多工作，即便他们专心、不断地做工，且不受任何的搅扰和干涉，也无法完全胜任。

ᶜ ⁽ᵃ⁾然而，他们如此顽梗，竟然毫不犹豫地夸口说，基督国度应有的荣耀这样才能得到维护，ᵃ这也没有太耽误他们本职的服侍。就第一点而言，倘若祭司职分的权位被抬高到让世上至高的君王畏惧的地步是应当的，他们就有极好的根据与基督自己争辩，因他以下所说的话损伤了他们的尊荣。在他们看来，难道有比这更不能接受的话吗？"外邦人有君王为主治理他们……只是在你们中间，不可这样。"（太20：25—26；可10：42—44；路22：25—26 p.）ᶜ但基督吩咐自己仆人接受的命令也是他自己所接受的，他说："谁立我作你们断事的官，给你们分家业呢？"（路12：14）可见他完全拒绝审判的职分，但若这职分与他自己的职分没有冲突，他绝不会这样做。如果是连主人自己都顺服的命令，难道仆人可以不接受吗？

ᵃ但愿他们用教会的历史证明这立场与他们随便说说的一样简单！使徒们认为撇下神的道去管理饭食是极为不合适的事（徒6：2）。他们虽然不愿意接受这教导，却仍不能不接受做好监督以及做好君王并不是一个人所能担任的两个职分。因为如果连使徒们（他们凭神大大赏赐他们的恩赐，能比一切在他们之后者管理更大、更困难的事）都承认自己无法同时担当讲道和管理饭食这两个责任，他们这些远不及使徒的小人物，难道能比使徒更勤劳百倍吗？就连尝试担任这两种不同职分都是最无耻和骄傲的事，但他们居然这样做，结果是显而易见的！因他们不可避免要弃绝自己的职分而接受别的职分。

10. 监督是怎样开始有这世俗的权柄呢？

ᶜ无疑天主教权柄从一开始很小，后来逐渐变得越来越大。⑱因他们所跨的第一步不可能这么大。他们以狡猾和奸诈的方式隐秘地扩大自己的权柄，这样，在事情发生之前就没有人能预先知道。在其他的时候，他们趁机以暴力以及恐吓的方式，从君王的手中夺去权柄。还有一些时候，当他们遇到更慷慨的君王时，他们在这些君王愚昧、不明智的慷慨之下，占他们的便宜。

在过去的时候，若敬虔的人遭遇到任何困难，会将自己的问题交给监督，为了避免打官司，因他们毫不怀疑监督的人格。古时的监督经常这样帮助百姓，虽然这给他们带来很大的烦恼（就如奥古斯丁所说⑲）。但对他们而言，这是不得已的，免得双方必须很不愉快地上法庭解决自己的问题。天主教把这种自愿的仲裁——与政府的法庭完全不同——变成常规的司法。

过了一段时间，当都市和国家遭遇各种不同的困难时，因相信监督是忠心的人，就投靠他们的保护。但这些监督很狡猾地将自己从帮助者变成主人。

但不可否认，他们的这权柄一大部分是借着暴力冲突的方式得来的。ᶜ ⁽ᵃ⁾自愿将权柄交给监督的君王有各种不同的动机。虽然，他们这慷慨表面来自某种程度的敬虔，这愚昧的慷慨并没有成为教会的帮助，因这样做败坏了教会本来的职分。事实上，他们完全废掉了这职分！为了

---

⑱ 从历史的角度来看，可参考 J. P. Whitney，*Reformation Essays* V，"The Growth of Papal Jurisdiction Before Nicholas I"，pp. 130-168，及 W. Hobhouse，*The Church and the World in Idea and History*，lecture 5，"The Pope and the Empire"，pp. 167-215。参阅 Luther，*Why the Books of the Pope and His Followers Were Burned*（Werke WA VII. 161-182，tr. B. Woolf，*Reformation Writings of Martin Luther*，pp. 76-88）。

⑲ Augustine，*Psalms*，Ps. 118. 24（MPL 37. 1570；tr. LF [Ps. 119 : 115] *Psalms* V. 418）。

自己的利益滥用君王之慷慨的监督，因这榜样本身，充分地证明这并不是圣经所说的监督。^{c}因他们若有丝毫使徒的精神，就必定引用保罗的话这样宣告："我们争战的兵器本不是属血气的，乃是在神面前有能力。"（林后10：4）但出于自己盲目的贪心，这些监督毁坏了自己、自己的继承人以及整个教会。

天主教徒过分与虚假的宣称及其对世俗权柄的篡夺（11—16）

11. 天主教对全世界统治的开始

$^{c\ (a)}$最后，教皇因不满意某些地区，先占领国家，之后统治了整个罗马帝国。而且为了以任何借口留住他所篡夺的这权柄，他有时夸耀是神自己交给他的，有时又假装是君士坦丁所给的御赐教产（Donation of Constantine）等等。我同意伯尔纳的答复："虽然我们承认他以另一个根据，宣称自己拥有这权柄，但这绝不是使徒的权利。因彼得不能传下他自己所没有的东西；而是他传给他的继承人他所拥有的，即对教会的管理。""但既然我们的主和神宣告他并不是两个之间断事的官（路12：14），若主的仆人和门徒没有在万人之上的权柄，他并不应该对自己的地位感到不满意。"但伯尔纳所指的是国家的法律，因他接着说："你的权柄在乎人的罪，而不在乎他的财产，因神交给你天国的钥匙，是因你的罪，而不是因你的财产。对你来说哪一个是更大的尊荣：赦罪还是分财产？这两种尊荣是无法相比的。这些卑贱和属世的事都有自己的审判官和地上的君王，你为何侵略别人的边界呢？"以及"神给你更高的地位"（他在针对教皇尤金尼乌说话）。"为什么呢？我深信并不是要统治人。因此，不管我们有多看重自己，我们仍要记住神所交给我们的是事工，并不是王权。先知的工作需要锄头，而不是权杖。"以及："显然，主没有将统治权交给使徒。所以，你岂敢做世上的君王又做使徒，做使徒又做世上的君王？"他立刻接着说："这就是做使徒的心态：主禁止我们去统

治，却吩咐我们去服侍。"⑳虽然伯尔纳所说的话清楚到谁都知道这是真理本身，事实上，这事情不用人多说本身就是十分清楚的，但罗马教皇仍然在阿尔勒会议（Council of Arles）上无耻地宣布这两种职分都是神交付他的。㉑

12. 君士坦丁御赐教产谕既虚假又荒谬

ᶜ至于君士坦丁御赐教产谕，对那时代的历史稍稍了解的人，不需要人教导都知道它有多么离奇和荒谬。但撇开历史不说，格列高利自己就是这事情最好的见证人。格列高利每当提及皇帝时，就称他为"至高的主"，却称自己是皇帝"不配的仆人"。他在别处也说："但愿我们的主因自己属世的权柄，不要太快地向神甫生气，而要经过深思熟虑，为了这些仆人之主人的缘故，在统治他们的时候，给予他们所应得的尊敬。"可见格列高利在顺服上，希望被视为一位老百姓。因他的这句话指的不是别人，而是他自己。他在别处说："我求告至高的神以长寿祝福我们敬虔的君王，并出于自己的怜悯，在你的带领之下关怀我们。"㉒我之所以引用这些话，并不是因我打算详细地讨论君士坦丁所给的御赐教产谕，而是要我的读者们能明白：天主教徒企图宣称自己的教皇拥有地上的权柄，这只不过是他们幼稚的谎言。

ᵉ由此可见，奥古斯提努·史特克斯（Augustinus Steuchus）的无耻就显得更污秽。因他竟敢在无望的事上将自己的劳力和言语出卖给他的教皇。瓦拉（Valla）曾经彻底地反驳过那神话，对于像他那么有学问、机智的人而言，这并不困难，然而因他对教会的事不大熟悉，他没有详

---

⑳ Bernard, *On Consideration* I.6.7; II.6.9-11 (MPL 182.736, 747 f.; tr. G. Lewis, *Bernard on Consideration* pp.24, 45 ff.).

㉑ 参阅上文的第八节注释15。说是阿尔勒会议（大概是1234年的那次），加尔文的说法有误。参阅 OS V.207, note 5。

㉒ Gregory I, *Letters* I.5; IV.20; III.61; V.36, 39 (MGH *Epistolae* I.6, 254, 221, 318, 329; MPL77.449, 689 [III.65], 662, 766 [V.40], 750 [V.21]; tr. NPNF 2 ser. XII.2.75 f., 150 f., 141, 176, 173.).

尽地说明相关的应用。史特克斯恶心地插嘴，企图湮没这明确的真理。他为主人辩护确实十分卖力，不亚于某个滑稽的人假装卖力为瓦拉辩护。这事确实值得教皇花钱雇人来辩护。那些被雇用的辩护者像优各比努（Eugubinus）一样获利的指望落了空，也是该当的！㉓

13. 亨利四世与希尔得布兰德（Hildebrand）彼此的关系*

ᶜ然而，若有人想问这虚假的帝国是什么时候开始兴起的，可以说还不到五百年。之前，教皇一直伏在君王的权柄之下，且所有的教皇必须经过皇帝的许可，他们才能担任这职分。皇帝亨利四世㉔因为摇摆不定、轻率、不谨慎、胆大妄为和放荡，使得格列高利七世（Gregory VII）有机会更改这制度。因为当亨利把全德国所有的主教席位摆在宫廷中，一部分拍卖，一部分任人抢夺时，曾经被他激怒的希尔得布兰德，趁机以看似合理的借口为自己辩护。因亨利所从事的事业似乎是善良和敬虔的，得到许多人的支持。另一方面，由于亨利傲慢的统治方式，其他许多君王都厌恶他。希尔得布兰德（称自己为格列高利七世）是一位污

㉓ 君士坦丁御赐教产谕（*Donatio* 或 *Constitutum*，*Constantini*）明显的是教宗保禄一世（757—767）在位时，由教皇秘书处伪造的。它以君士坦丁馈赠礼物给西尔维斯特一世为名，使这位教皇合法管治一大块地区（犹大、希腊、亚洲、色雷斯、非洲和意大利）。这份文件的确伪造的历史依据支持了实际的丕平御赐（Donation of Pippin, 754），借此将一大片横跨意大利及包含22个城市的土地，从伦巴底人（Lombards）的手中夺走，归到教皇的权下。文中处处可见伪造的痕迹，参阅雷金纳•彼考克（Reginald Pecock）和库萨的尼古拉（Nicolas of Cusa）及罗伦佐•瓦拉（Lorenzo Valla, 1440）在他们的著作中所提出的充足证据。见 C. B. Coleman，*The Treatise of Lorenzo Valla on the Donation of Constantine*（text and translation），pp. 5-7，10-19。瓦拉嘲笑这份文件所使用的"野蛮"文字，这些后来才有的词汇证明这并非该世代的文件。乌尔里希•冯•胡腾（Ulrich von Hutten）的瓦拉作品的版本（1520）为路德措辞激烈的小册子。*Einer aus den hohen Artikeln des päpstlichen Glaubens*，*genannt Donatio Constantini*（Werke WA L. 69-89）提供了基础，加尔文的朋友Sleidan追随瓦拉的踪迹，著有*De quatuor summis imperiis*（1559），p. 147；tr. *A Brief Chronycle of the Principall Empires*，*Babylon*，*Persia*，*Grecia*，*and Rome*（London, 1563），fo. 45（参阅IV. 7. 17, note 38；OS V. 120, note 4），Robert Barnes 也是如此，他著有 *Vitae Romanorum pontificum*（Wittenberg, 1536）。也有为 the Donation 辩护的，如 Cochlaeus，*De Petro et Roma...*（1525），fo. C 2a-3a，N 4a，及 Augustinus Steuchus Eugubinus，*Contra Laurentium Vallam in falsa donatione Constantini*（Lyon, 1547）。参阅IV. 7. 27，note 57；W. Ullmann，*The Growth of Papal Government in the Middle Ages*，pp. 62-65，74-86。

㉔ 亨利四世，1056—1106 年在位。

秽、邪恶的人，他最后一不小心将自己的恶意暴露出来。因这缘故，许多与他同谋的人都离弃了他。但他仍旧成功了：他的继承人不但不受惩罚地挣脱了皇帝在他们身上的轭，㉕而且让皇帝们伏在他们的权下。此外，接下来有许多并不难征服的皇帝（像亨利，而不像尤利乌斯·凯撒大帝），在特别需要以有力而合法的方式来扼制教皇的贪心时，他却坐在家里，对什么都胆怯，漠不关心。我们看到，著名的君士坦丁御赐教产谕被粉饰得很好，教皇借此谎称西方帝国被转交给了他。

14. 大格列高利咒诅了教皇对土地的挪用*

ᶜ从那个时候起，教皇时而以欺哄，时而以背叛，时而以武力的方式，不断侵略别人的领地。大约一百三十年前，他们开始统治本来自由的都市，一直到他们现今拥有了权柄；且最近两百年，他们想方设法维护或扩大自己的权柄ᶜ（在开始统治都市以前，他们就已经开始了）ᶜ，搅乱了基督教世界，甚至几乎毁坏了它。

许多年前，在格列高利的统治之下，管教会财产的人，挪用了自己视为该属于教会的土地，并根据那时国库的习惯，做出所有权的凭证，好证明这地属于教会。格列高利当时开了监督的大会，并严厉地斥责了这亵渎的习惯。格列高利问监督应不应该咒诅那些为了挪用一块土地，擅自制造所有权凭证的神甫或者幕后指使此事或对此事不闻不问的监督。众监督都宣告："要咒诅他。"㉖若神甫为了挪用一块土地，捏造虚假的所有权凭证是罪，那么最近两百年之间，教皇作战、流血、杀害军队、在城市里掠夺或毁坏城市、屠杀国家的人民，以及毁坏整个国度——完全为了抢夺别人的领地——以什么咒诅惩罚他们都不为过。他们最不寻求的就是基督的荣耀。因天主教若乐意放下一切世俗的权柄，

㉕ 加尔文对希尔得布兰德的看法与普拉丁那赞赏的看法大不相同，与伯恩斯（Barnes）的看法类似，*op. cit.*, P 8a-S 3b, and of Sleidan, *The Four Empires* (Latin, p. 262；English, fo. 79b ff.).

㉖ Gregory I, *Letters* V. 57a (MGH Epistolae I. 364).

神的荣耀、正统的教义或教会的安全就不会受到威胁。但他们却盲目地被权柄的贪心所驱使。因他们认为（就如先知所说），除非他们严格地辖制人，否则自己的地位就不安全（结34：4）。

15. 天主教神甫的豁免权*

ᶜ天主教不但宣称自己拥有司法权，甚至也宣称自己拥有豁免权。因他们视在政府的法官面前做见证，对他们而言是很羞辱的事。且他们认为，教会的自由和尊严，在乎他们不受一般法庭和法律的约束。

然而，古时的监督虽然非常严格地坚持教会的权柄，却没有将顺服政府视为教会的羞辱。且敬虔的皇帝在需要的时候常常传唤牧师到他们的审判台前，这并没有遭到抗议。君士坦丁这样写信给尼哥米底亚人（Nicomedians）："若任何的监督不小心引发骚乱，他的傲慢必须被神的仆人即我自己的权柄所抑制。"瓦伦提尼安（Valentinian）也说："善良的监督并不攻击皇帝的权柄，反而要遵守神——我们大君王——的诫命，并顺服我们的法律。"㉗那时所有的监督毫无争议地接受这个立场。

当然，教会的问题都在监督权柄之下。譬如，若任何神甫被指控违背教会的法规，只要他没有犯法，他就不会被传唤上政府的法庭；在这事上，唯有监督有在他身上的权柄。与此相似，若教会讨论某信条或其他在教会范围之内的事，这完全在教会的权柄之下。这就是安波罗修写给尼哥米底亚人这封信的意思："你极为被尊敬的父亲不但用言语说，甚至也颁布法律规定，在与信仰有关系的事上，做判决的人应当有教会的职分和权柄。"以及"我们若参考圣经或古时的记录，谁能否认在与信仰有关的案件上，监督应该对基督徒皇帝做判决，而不是皇帝对监督做判决。"同样地，"皇帝啊！只要监督或百姓允许我上你的法庭，我就乐意

㉗ Theodoret, *Ecclesiastical History* I. 20；IV. 8 (ed. T. Gaisford, pp. 91, 310；MPG [I. 19] 82. 962-966, 1139 f.；GCS 19. 69；tr. NPNF [I. 19] 2 ser. III. 56, 113).

地顺服,他们说与信仰有关的案件应当在教堂里,在众百姓面前做判决。"㉘安波罗修主张属灵的案件,即与信仰有关的案件,不应当在政府的法庭里做判决,因这法庭完全管世俗的事。他因在这事上坚定不移而受众人的称赞。然而,即使某种案件在他的范围之内,如果需要用暴力的方式处罚人,他就将这案件交给政府,他说:"我不会拒绝担任神所交付我的职分;但若被迫使,我不知道如何反抗,因为我们的武器是祷告以及眼泪。"我们应当注意这敬虔之人的节制、审慎及崇高的心灵。查士丁娜(Justina)——皇帝的母亲,因她不能说服安波罗修相信阿里乌的教导,企图把他开除出教会的治理层。他若被传唤到王宫里去,皇帝的母亲必定成功。因此,他认为皇帝并不能作为这样大的争议之适当的审判者。当时的情形以及这事情的性质都迫使他坚持这样的立场。他宁可死也不要把坏的榜样传给后人。然而,若教会受暴力的威胁,他并不想用暴力的方式去抵抗。因他说使用武器保护信仰以及为教会的权利辩护,不在监督的权限之内。但他在其他的事上乐意接受皇帝的命令。他说:"若皇帝要我们报税,我们并不拒绝为教会的土地报税;他若需要土地,他有权征地,我们都不抗议。"㉙格列高利也以同样的意思说:"我并非不晓得我们的皇帝阁下通常不管任何与神甫有关的案件,免得他被我们的罪所累。"㉚在一般的事情上,他并不主张神甫在皇帝的审判范围之外,只是他认为有些案件应专门由教会处理。

16. 监督伏在世俗法庭的权柄之下*

ᶜ因此,以此例外,敬虔的人只是想拦阻不属灵的皇帝以专制的暴力以及放荡的行为干涉教会的领袖履行自己的职责。但他们并没有不赞成

㉘ Ambrose, *Letters* 21.2, 4, 17 (MPL 16.1003 f., 1006; tr. NPNF 2 ser. X. 422 ff.).
㉙ Ambrose, *Sermon Against Auxentius on Surrendering the Basilicas*, chs. 1, 2, 3, 33 (MPL 16.1007 f., 1017; tr. NPNF 2 ser. X. 430, 435).
㉚ Gregory I, *Letters* IV. 20 (MGH *Epistolae* I. 254; MPL 77.689; tr. NPNF 2 ser. XII. 2).

君王以自己的权威在某些情况下管理教会的事，只要他们的目的是要保守而不是搅扰教会的秩序；是建立而不是毁坏教会的纪律。既然教会没有强迫人的权柄，也不应该寻求这权柄（我是说世俗的强制）；但敬虔的君王仍负责以法律、敕令以及审判来维护信仰。由此，当皇帝莫里斯（Maurice）吩咐某些监督要接待一些从自己的国家被野蛮人赶出去的监督时，格列高利同意这吩咐，并劝他们顺服。当格列高利本身被同一位皇帝教训，要与君士坦丁堡的监督约翰和好时，他以某一个理由为自己的立场辩护。但他却没有主张他在世俗法庭的范围之外，相反地，他答应皇帝在其良心所允许的范围内顺服他。他同时也说：莫里斯这样吩咐监督与敬虔之君王所当有的行为是相称的。[31]

---

[31] Gregory I, *Letters* I. 43；V. 37，39，45 (MGH *Epistolae* I. 69，320 ff.，327，344；MPL 77. 689，503，744 ff.，749，719 f. [V. 19]；tr. [in part] NPNF 2 ser. XII. 2. 150 f.，169).

ᵉ第十二章 教会的纪律:主要的用处在于斥责与革除教籍

讨论纪律中钥匙的权柄:纪律的目的和过程(1—7)

1. 教会纪律的必要性以及性质

ᶜ现在我们要开始讨论教会的纪律,然而我们仍必须从简论之,好让我们能够谈完剩下的主题。纪律惩戒主要靠钥匙的权柄①以及属灵的司法权柄,为了让我们更明白这主题,我们要把教会分成两个部分:圣职人员和信徒。我所说的"圣职人员"②是那些负责教会公开服侍的人员。我首先要讨论一般的纪律,就是两部分人所当顺服的纪律;之后我们要讨论圣职的纪律,因他们除了一般的纪律之外,另外还有自己的纪律。③

然而,有些人恨恶纪律,一听到这名称,立刻就感到害怕。他们要明白这一点:既然没有任何社会,即便是仅有少数几个小孩的小家庭,能够在纪律之外保持秩序,那么教会就更需要纪律,因为教会应当尽可

---

① 参阅IV.11.1,注释2;IV.11.5-6。钥匙的权柄指的是纪律和革除教籍,是教会司法权的一部分。
② "*Clericos*".参阅IV.4.9:"我希望他们有一个更适合的名字。"
③ 参阅下文的第二十二节。

能地有秩序。因此，就如基督这救人灵魂的教义是教会的灵魂，同样纪律是教会的肌肉，使得各肢体因履行自己的职责，叫整个身体合而为一。由此可见，一切企图废除教会纪律或拦阻教会执行纪律——不管是故意还是无意——的人，的确就在参与拆毁教会的工作。因若教会容让个人随自己的意思行，将会如何呢？但我们若在宣讲教义的同时没有加上私下的劝诫纠正，以及其他类似的手段来支持教义，使之运用在一切信徒身上的话，这种情况就必定发生。因此，纪律就如缰绳，能勒住一切抵挡基督教义的人；或就如刺，能刺激无动于衷的人；有时又如父亲的杖，④要以温和以及基督之灵的温柔管教那些重重跌倒的人。因此，当我们感觉到教会因无动于衷以及没有采取行动约束自己的百姓而渐渐受亏损时，我们就必须设法解决这个问题。纪律是基督吩咐我们使用的唯一方式，也是敬虔者一直使用的方法。

2. 教会纪律的阶段

ᶜ纪律的第一基础是为私下的劝诫留出余地；即任何人若没有甘心乐意地尽本分，或行事悖逆，或有任何羞耻的行为，或做过任何当斥责的事，他应当接受别人对他的劝诫；且当需要的时候，大家都应当劝诫自己的弟兄。但这特别属于牧师和长老的职责，因他们不但负责向百姓讲道，而且当他们一般的教训不足以使会友成圣，他们就有责任在每一个家庭里警戒和劝勉信徒。保罗说他在个人家里教导信徒就是这个教导(徒20：20)，他也陈述"他们中间无论任何人死亡，罪不在我身上"(徒20：26)，因他"昼夜不住地流泪、劝诫他们各人"(徒20：31)。当牧师不仅向众信徒解释他们所欠基督的，而且有权利和方法要求那些他发现不顺从或对他的教导漠不关心的人遵守时，教义才

---

④ "肌肉"（参阅IV. 20. 14）、"缰绳"、"父亲的杖"都是象征性的描述。在惩戒时教会是一个群体，个人要被限制，并且需要"在怜悯中被责罚"。参阅 K. Barth, *The Doctrine of the Word of God*, tr. Thomson, p. 78。

能获得它应有的力量和权威。

若任何人顽梗地拒绝这样的劝诫，或以继续犯罪来表示他对劝诫的藐视，那么当他在见证人面前第二次受劝诫仍无悔改之后，按照基督的吩咐，他应被传唤到教会法庭，即众长老的面前，⑤并在那里更为严厉，并更公开地接受劝诫，好让他（若他敬畏教会）顺服。他若在这劝诫之后没有顺服，反而继续犯罪，基督吩咐教会将这藐视教会的人从他们当中赶出去（太 18：15—17）。

3. 隐秘的罪和公开的罪

ᶜ然而，因基督在此所指的不过是隐秘的罪，我们必须在此做区分：某些罪是隐秘的；某些罪则是公开的。⑥关于前者，基督对各信徒说："你就去，趁着他和你在一处的时候，指出他的错来。"（太 18：15）关于公开的罪保罗这样教导提摩太："当在众人面前责备他，叫其余的人也可以惧怕。"（提前 5：20）因基督在上面说过："倘若你的弟兄得罪你。"（太 18：15）"得罪你"这词组（除非你想引发争议）的意思只不过是"只有你知道，其他的人不晓得"。然而，保罗吩咐提摩太要公开指责那些公开犯罪的人，他在彼得的事上就是这么做的。因当彼得犯罪得罪众人时，保罗并没有私下责备他，而是将他带到教会面前（加 2：14）。

那么，这就是责备人的正确顺序：我们应当照基督所规定的步骤处理隐秘的罪；至于公开的罪，若这罪是在众人面前所犯的，这人要立刻受整个教会的斥责。

4. 轻微的罪和严重的罪

ᶜ另一个区分是：某些罪是人所犯的错误；有的罪则是罪行或可耻的

---

⑤ 纪律惩戒的步骤是有圣经根据的，教会按照长老会议决议而做。参阅IV. 11. 6；p. 1217，注释 10。
⑥ 参阅下文的第六节。

行为。⑦为了处理后者，除了劝诫或责备之外，我们还要采用更严厉的挽回措施。保罗不但用言语责备哥林多那犯乱伦罪的人，他一听到这样严重的罪，就立刻要求将他赶出教会（林前5：3及以下）。ᵇ由此可见，教会属灵的权柄，即根据主的话语惩罚人的罪，就是维护教会的健康、秩序以及合一的最好方法。因此，教会之所以从她的团契当中排斥犯奸淫的人、淫乱者、小偷、ᶜ ⁽ᵇ⁾强盗、纷争的人、做假见证的人，其他犯类似严重的罪的人，以及悖逆的人（当他们因为自己较轻的罪而被责备时藐视神和他的判决），这是完全合理的事，ᵇ教会也不过在执行主所交付她的属灵权柄。为避免有人藐视教会的这种判决或将众信徒投票做出的审判视为无关紧要的事，主亲自宣告这就是他自己的判决，并且他们在地上所做的，在天上也受认可。因为教会用主的真道责备恶人，他们也根据这真道接受悔改的人到主的恩典里（太16：19，18：18；约20：23）。那些以为教会没有纪律的约束能长久站稳的人是错误的，除非我们以为自己能忽略主所预先知道对我们而言是必需的事而不受惩罚。事实上，当我们发现纪律有多方面的好处时，我们将更清楚地明白它的必要性！

5. 教会纪律的目的

ᶜ教会执行责备和革除教籍有三种不同的目的。ᵃ第一个目的是教会拒绝将一切污秽、过可耻生活的人称为基督徒，因这些人行的是玷辱神的事，好像他圣洁的教会（参阅弗5：25—26）不过是恶人和受咒诅之人的阴谋团体。ᵇ既然教会本身是基督的身体（西1：24），她若被这样污秽、朽烂的肢体所败坏，她的元首基督必定蒙羞。因此，为了避免使教会圣洁的名蒙羞，那些因自己的恶行玷辱教会的人，必须从这家庭里被排斥在外。ᶜ我们照样也当保守圣餐的秩序，免得因随便允许任何人领圣餐，

---

⑦ 分别是 "Delicta" "scelera" 和 "flagitia"。

就容让人借这圣礼亵渎了神。⑧因主托付他的牧师施行这圣礼,若牧师允许他所知道不配领圣餐的人领主的圣餐,这牧师就是在亵渎神,就如他将主的身体丢给狗吃那样。所以,克里索斯托严厉地斥责一些神甫。他们因怕大人物的权柄,在施行圣餐时不敢禁止任何人参与。他说神要向他们讨这些人丧命的罪(结3:18,33:8),你若怕某一个人,他会嘲笑你;但你若怕神,你就会受人的尊敬。我们不要怕他们代表权威的权杖、紫袍以及冠冕;因为我们有比他们更大的权柄。我宁可舍命,容自己流血至死为止,也不要在这玷污上有分。⑨因此,为了不使这圣洁的奥秘受玷污,我们必须智慧地施行圣餐,但这智慧只能来自教会的权柄。

^{b (a)} 教会纪律的第二个目的是借着施行纪律就能避免善人因常与恶人相处,就受恶人的败坏,因这是很普遍的事。我们之所以倾向于偏离正路,是因为我们很容易因人的坏榜样被引诱离开神。当保罗吩咐哥林多教会赶走那犯乱伦者时,他就在承认这倾向。保罗说:"一点面酵能使全团发起来。"(林前5:6)保罗知道这人影响他们是很大的危险,所以他禁止整个教会与他有任何的交往,^{c (b)} 他说:"若有称为弟兄是行淫乱的、或贪婪的、或拜偶像的、或辱骂的、或醉酒的、或勒索的,^b这样的人不可与他相交,就是与他吃饭都不可。"(林前5:11)

^a教会纪律的第三个目的是惩戒所带给人的羞耻能叫他悔改。^{b (a)} 用更温和的方式对付他们,或许会使他们变得更顽固,但当他们感觉这杖所带给他们的痛苦时,就能醒悟过来。保罗所说的这段话就是这个意思:"若有人不听从我们这信上的话,要记下他,不和他交往,叫他自觉羞愧。"(帖后3:14 p.)^{b (a)} 保罗在另一处经文中说,他将哥林多人交给撒

---

⑧ 加尔文急切地要禁止不合适的人领圣餐,以免亵渎神,这是他强调教会纪律的根本原因。参阅 Niesel, *The Theology of Calvin*, pp. 197 ff.。这清楚地记载于1537年1月13日的日内瓦会议的条文中,文中严肃地警告这种亵渎的行为:"为此,我们的救主在教会中设立惩戒和革除教籍"(CR X. 1. 7-9;LCC XXII. 50)。参阅加尔文的 *Letter to Somerset*, October 22, 1548:"监督和副牧师的责任就是要留心贯彻(纪律)到底,使圣餐不会被生活腐败的人所污染。"(CR XIII. 76;tr. Calvin, *Letters* II. 197)

⑨ Chrysostom, *Homilies on Matthew* 82. 6 (MPG 58. 742;tr. NPNF X. 496)。

旦，[a]"使他的灵魂在主耶稣的日子可以得救"（林前5：5）。我对这经文的解释是：保罗容这人暂时被定罪，好叫他到最后获得永远的救恩。[c]他所说的"交给撒旦"，意思是魔鬼在教会之外，但基督在教会里。[10][b]有的神学家们说这话指的是某种肉体的惩罚，[11]但我不同意这解释。

6. 如何在各方面运用教会的纪律

[c]既然我们已经解释了纪律的目的，现在就要讨论教会应当如何运用这教义。

首先，我们要提醒自己上面的区分：有些罪是公开犯的；有些罪则是私下或隐秘情况下犯的。[12]所谓公开的罪不是指一两个人所见证的那种罪，而是在公开情况下犯的罪，并且得罪了整个教会。我所说的隐秘的罪，并不是别人完全不知道的罪，就像假冒为善的罪那样（因为这些罪并没有落在教会的审断之下），而是在上述两种情况之间的另一种罪。这种罪一方面并非没有人看到，另一方面也不是公开在众人面前犯的。

第一种罪不是要求我们采取基督所列举的步骤（太18：15—17）；当人公开犯罪时，教会有责任传唤罪人，并照他的罪惩治他。

当人隐秘地犯罪时，根据基督的准则，除非罪人在心里变得顽梗，否则这罪不会在教会面前被提出来。若需在教会面前提出这罪，教会要根据犯罪和过错的区分对待他。因在比较小的罪上，我们无须严厉地对待罪人。人犯这样的罪只需要言语上的管教，并且要用温和以及父亲般的语气，免得罪人变得更刚硬或迷惑。我们反而希望他能醒悟，并对受管教感到欢喜而不是伤心。然而可耻的罪需要更为严厉的管教方式。仅仅用言语管教那因犯罪在教会面前做坏榜样而伤害教会的人是不够的，

---

[10] Augustine, *Sermons* 294. 3. 3 （MPL 38. 1337）；161. 3. 3 （MPL 38. 879，tr. LF *Sermons* II. 801 f.）. 参阅 Smits II. 49。

[11] Chrysostom, *Commentary on 1 Cor. 5：5*, hom. 15. 2 （MPG 61. 123）.

[12] 上文第三节的开始。

教会要暂时禁止他领圣餐，直到他证明自己悔改。因保罗不但用言语斥责哥林多人，更将他革除教籍，并且责备哥林多信徒不那么做（林前5：1—7）。

古代教会（以及较好的教会）在保持这种方式时，他们合乎圣经的治理继续兴旺。因当任何人犯某种搅扰整个教会的罪时，他暂时被停领圣餐，并且在神面前谦卑自己以及在教会面前显出自己悔改的证据。此外，犯罪的人也必须施行一些仪式好证明自己的悔改。当教会对他所显出的悔改满意之后，就应按手重新接受他到主的恩典里。西普里安称这接受为"和睦"。他也简洁地描述这仪式，他说："他们确实悔改苦行一段时间，之后他们在会众面前公开地认罪，并借着监督和众牧师按手在他身上，重新获得与信徒团契的权利。"虽然监督和牧师拥有叫罪人与教会和好的权柄，但西普里安在别处告诉我们：和好也必须得到众信徒的同意。[13]

7. 古代教会运用纪律在一切犯罪的人身上[†]

[c]既然纪律运用在众人身上，君王和老百姓都不能免除。这是对的！因为纪律是基督亲自设立的，且所有的权杖和冠冕都伏在基督的权柄之下。当狄奥多西在帖撒罗尼迦犯大屠杀的罪时，[14]安波罗修就剥夺了他领圣餐的权利。狄奥多西将一切王权的象征放在一边，而且在众信徒面前因他受他人的欺哄所犯的罪流泪，请求教会的原谅。因为大君王不应当将仆倒在基督那万王之王面前恳求赦免视为羞辱；他们也不应当因受教会的审判感到不悦。既然他们在自己的宫廷里听到的几乎都是人对他们的奉承，他们就更需要借牧师的口受主的责备。他们反而应当希望牧

---

[13] Cyprian, *Letters* 57 16.2；17.2；14.4 (CSEL 3.2.650 ff., 518, 522, 512；tr. ANF [分别为 nos. 53, 9, 11, 5] V. 337 f., 290, 292, 283). 在最后几段话中，西普里安说，"在我的任期中，我决意做任何事必定都要听取你们的意见，获得会众的同意。"

[14] 参阅IV.11.3-4。

师不爱惜他们，使自己能够蒙神的爱惜。我在此不提执行这权柄的人，因这是我以上教导过的。[15]我只要加上一点：保罗革除教籍的方式是合乎圣经的，只要这事不是由长老自己决定，而是得到整个教会的认可。这样不是多数信徒做决定，而是他们做见证人，免得这成为几个人专制的决定。事实上，这整个仪式（除了求告主名之外）应当表现众百姓极为严谨的心态，和基督与他们同在完全相称，使众人确信基督亲自参加了自己的法庭。

在纪律上当保持节制，过于严厉的方式受到斥责（8—13）

8. 在教会纪律上必须既严厉又温和

我们不可忽略，在纪律上的严厉必须配合以"温柔的心"（加6：1），因这才与教会的性质相称。保罗教导我们总要谨慎，免得受惩戒的人被忧伤所湮没（林后2：7）。因这样解决问题等于毁坏人。根据纪律的目的，我们反而应当保持节制。因为革除教籍的目的是要引领罪人悔改，以及从教会里除掉一切做坏榜样的人，免得基督的名蒙羞或别人被引诱效法他们。我们若好好地思考这些事，判断当严厉到什么程度并不是一件难事。因此，当罪人在教会的面前见证自己的悔改，且他尽量借这见证除掉他的大罪，他做到此为止就好了。若催逼他做什么其他的事情，就过于严厉了。

我们不能接受古时教会在纪律上过于严厉的做法，因他们这样做完全偏离了主的吩咐，且这种做法对整个教会非常危险。因为当他们吩咐人行补赎礼，并禁止他们领圣餐，有时七年，有时四年，有时三年，甚至有时候一辈子，[16]之后的结果难道不就是假冒为善或完全绝望吗？他

---

[15] IV. 11. 6.
[16] Council of Ancyra (314) canons 9, 16, 20, 23-25 (Mansi II. 518-522, tr., with notes, NPNF 2 ser. X IV. 66 f., 70, 73-75). 有许多长时间或终生补赎的例子在 *Libri poenitentiales*，可参阅 McNeill and Gamer, *Medieval Handbooks of Penance*, pp. 280, 291, 302, 304, 339, 358。

们也不允许第二次跌倒的人有再次悔改的机会，反而将他革除教籍到死为止。⑰这方法很不合理，也没有使任何人得益处。任何有理智思考此事的人都知道，这是没有智慧的做法。

然而，我在此宁愿斥责这做法，也不愿指控一切采用过这做法的人，因为我们确信许多人虽然不喜欢这做法，却勉强采用它，因为他们当时没有办法更改之。事实上，连西普里安都宣称不是他自己愿意那样严厉，他说："我们在耐心上、理解上和人道上都欢迎一切想借着悔改重新加入教会的人。我希望所有的人都能回到教会里面来；我也期望我们的战友都能重新被呼召到基督的阵营和天父的家里。我愿意赦免众罪；我容忍许多的过错；我因切望使弟兄们聚在一起而没有细查他们冒犯神的罪。我时常因过多的赦罪，自己都几乎犯了错。我全心全意、立刻就接受一切借着悔改回到教会团契里面的人，只要他们认罪而谦卑地行很简单的补赎礼。"⑱克里索斯托稍微严厉一点，却这样说："既然神那样仁慈，为何他的牧师要非常严厉呢？"⑲我们知道奥古斯丁对多纳徒派显得非常温柔，在分门别派之后，他毫不犹豫、立刻接受一切悔改的人回到自己的教区里来！⑳但既因教会所采用的做法不同，他就顺服于教会当时的立场。

9. 人在教会纪律上的判断很有限

ᶜ整个教会都应该保持温柔的心对待跌倒的人，无须用过于严厉的方式处罚他们，反而要根据保罗的劝诫，向他们显出坚定不移的爱心来（林后2：8）。与此相似，每一位信徒都当操练自己对众弟兄显出这样

---

⑰ Tertullian, *On Modesty* 20 (CCL II. 1324 f.; tr. ANCL XVIII. 114 f.). 德尔图良以一个孟他努主义者自居，并引用《希伯来书》6：4-6 来反对重新接纳严重犯罪的人。

⑱ Cyprian, *Letters* 59. 16 (CSEL 3. 2. 686; tr. ANF V. 345).

⑲ Chrysostom, homily *De non anathematizandis vivis atque defunctis* (MPG 48. 943 ff.).

⑳ Augustine, *Letters* 61. 2; 128. 2; 185. 6. 23; 185. 10. 44 (MPL 33. 229, 489, 803, 812; CSEL 34. ii. 223; 44 : 31; 57 : 21; tr. FC 12. 302 f. [note 7]; 30. 164, 182 f.).

的温柔。^{b(a)} 因此，我们的任务不是将一切被革除教籍的人从选民的名单上擦掉，或让他们感到无法挽回而陷入绝望。我们将他们视为远离教会和基督是合理的，但这是在他们未悔改之前。他们表现出的若是顽梗而非顺服，我们仍要将他交付给主自己审断，并希望将来的情况比现在好。我们也不应该因这顽梗停止为他们祷告。换言之，我们不可咒诅那落在神的手和审判中的人；我们反而要以神的真道判断个人的行为。我们这样做就是站在神审判的立场上，而不是坚持自己的立场。^a 我们不要宣称自己在审判上有更大的自由，除非我们想要限制神的大能，以及以他的律法约束他的怜悯。因为神在他喜悦的时候，将最坏的人变成最好的，重新接纳与他疏远的人，并将局外人收养到教会里面来。而且主这样做是要拦阻人专靠自己的聪明，并约束他们轻率的心，因为除非这轻率被限制，否则人倾向于相信他有比神所交给他们更大的定罪的权柄。

10. 革除教籍是要改正人的行为 *

^{c(a)} 当基督应许他的百姓："凡你们在地上所捆绑的，在天上也要捆绑"（太18：18）时，^b他将捆绑的权柄局限于教会对人的斥责。这捆绑并不是将被革除教籍的人扔到永恒的地狱里面去，反而是要他们听到自己的生活和道德被定罪，且要他们确信除非悔改，否则他们将受永远的灭亡。革除教籍与咒诅不同，因为后者将人摆在神的赦免之外，定他的罪并判他受永远的灭亡；前者则是神对他的惩罚，并且特意要改善他的行为。而虽然革除教籍是对人的一种惩罚，这惩罚是要警告他关于将来的灭亡，而因此重新呼召他回到神的救恩里。若这革除教籍达到目的，那么罪人就重新与教会和好并且重新开始与众弟兄团契。^c此外，教会很少或根本不咒诅人。^a因此，虽然教会的纪律不允许我们与被革除教籍的人亲密交往，但我们仍要用尽办法叫这人重新过善良的生活，并重新回到教会的团契与合一里面来。所以使徒保罗同样教导："但不要以他为仇

人，要劝他如弟兄。"(帖后 3∶15)除非我们在私下以及公开的斥责上保持温柔，否则我们的纪律将成为暴力。

11. 在纪律上故意过于严厉地待人不合乎圣经

ᶜ这温柔是有节制地执行纪律的主要条件，就如奥古斯丁对多纳徒派的教导那样：若任何信徒发现教会的长老对待人的罪不够认真，他们不应该因此立刻离开教会，且若牧师本身无法照自己的心意洁净教会一切的罪，他们不应当因此解除他牧师的职分，或过于严厉地对待人。因为奥古斯丁所说的极为准确："只要牧师以斥责纠正他所能纠正的罪，或不理会他所无法纠正的罪，而不破坏教会的和睦——公平地责备人、坚定地忍受人——这牧师便不受咒诅。"他在另一处告诉我们其原因："关于教会的纪律，一切属灵的方法和措施都必须与'保守圣灵所赐合而为一的心'"(弗 4∶3)完全一致。保罗吩咐我们应当用"互相宽容"(弗 4∶2)的方式保守这合一，而当我们没有保守合一，惩罚的药剂就变得过量，甚至开始伤害人，如此便不再是药了。奥古斯丁又说："一切认真思考这件事的人，一方面不会在保守合一时忽略纪律，另一方面也不会采用过于严厉的纪律破坏教会的合一。"他也承认不但牧师要竭力除掉一切在教会里面的罪，众信徒也当这样行。奥古斯丁同样也教导说，牧师若忽略警告、斥责以及纠正恶人，即使他没有偏待他们或与他们一同犯罪，在神面前仍有罪。且他若能禁止犯大罪的人领圣餐，却拒绝这样行，那么罪已经不在别人身上，乃在他自己身上。只是奥古斯丁会像主所要求的那样要我们审慎："恐怕薅稗子，连麦子也拔出来"(太 13∶29)。因此，他与西普里安的结论一致："牧师当抱着仁慈的心纠正他所能纠正的；当以耐心容忍他所无法纠正的，并存着爱心为此叹息和伤心。"[21]

---

[21] Augustine, *Against the Letter of Parmenianus* II. 1. 3; III. 1. 1; III. 2. 15; III. 1. 2 (MPL 43. 51, 82, 94, 83); Cyprian, *Letters* 59, 16 (CSEL 3. 2. 686; tr. ANF [54. 16] V. 345).

12. 过分的严厉对教会造成的搅扰：多纳徒派以及重洗派*

ᶜ然而，奥古斯丁这样说是因多纳徒派过于严厉的缘故。当他们发现监督只用言语斥责大罪，却没有采用革除教籍的方式对付人（因他们认为用这方式将一无所得），严厉地指控监督忽略教会的纪律，并因此离开了基督的教会，导致不敬虔的分门别派。今日重洗派也是如此。除非教会在各方面有天使般的完美，㉒否则他们不承认这教会属于基督。他们以自己的虚假热忱破坏教会对信徒一切的造就。奥古斯丁说："这样的人并不是因为恨恶别人的罪，乃是因爱自己好争议的心，用自己的自夸搅扰软弱的信徒，而因此想要说服众信徒跟从他们，或至少分裂教会。他们在傲慢中自高自大，在顽固中疯狂，在毁谤中诡诈，在煽动中狂暴，而因此以某种近于苛刻的严厉隐藏自己对真理的无知。在纠正弟兄的罪时，圣经盼咐我们要节制，用真诚的爱，竭力保守合一，他们反而粗暴地借此来分裂教会和驱逐信徒。"可见，"连撒旦也装作光明的天使"（林后11：14，参阅 Vg.），它以严厉对付罪为借口，怂恿人变得冷酷无情，意在破坏教会的和睦与合一。因为当基督徒之间的合一稳固时，撒旦一切害人的权势失去了力量，它狡猾的陷阱被拆穿，并且它分裂的诡计也被识破。㉓

13. 奥古斯丁要求牧师在纪律上有判断力*

ᶜ奥古斯丁特别地这样劝牧师：若罪恶的瘟疫被传染到整个教会里，带着怜悯执行严厉的纪律是必需的。他说："因为劝人离开教会是无益、有害并亵渎神的，因这劝诫叫人变得不敬虔和骄傲，且他对软弱之善人的伤害比对大胆之恶人的纠正更大。"㉔奥古斯丁在这里对他人的劝勉，

㉒ 参阅IV.1.13。

㉓ Augustine, *Against the Letter of Parmenianus* III. 3. 17-19; III. 1. 1, 3 (MPL 43. 93-97, 81-83); 参阅 Cyprian, *Letters* 59 (CSEL 3. 2. 686; tr. ANF V. 397-402).

㉔ Augustine, *op. cit.*, III. 2. 14 (MPL 43. 93).

他自己也忠心地遵守。他写信给奥勒里乌——迦太基的监督,埋怨醉酒(圣经严厉禁止的罪)在非洲变得很普遍,但并没有受到教会的惩戒。他建议召众监督开会,好找出解决的办法,他接着说:"我个人认为这种罪不能用粗鲁、刻薄或专横的方式对付。教导比命令好,劝勉比威胁好,这是我们对付多数罪人的方式,严厉的方式则只用在少数人身上。"㉕然而,他的意思并不是说监督要因此宽容人所犯的公开的罪,或当他们无法更严厉地处罚人时就闭口不言。他的意思反而是监督纠正的方式应当温和,好使他人康复,而不是治死他。所以,他得出结论:"保罗所给我们的诫命是,将恶人革除教籍是不可忽略的,只要我们采用之时,能够避免破坏教会的和睦。否则保罗不要我们采用这方式。我们也应当保持这原则:互相宽容,彼此联络,'竭力地保守圣灵所赐的合而为一的心'(林前5:3—7;弗4:2—3)。"㉖

禁食的用处和目的(私人的和公开的):在禁食中当避免的问题(14—18)

14. 公开和彼此的悔改

ᶜ在纪律的范围之内还有一件事,其不在钥匙的权柄之下,即牧师根据当时的需要,应当劝百姓禁食、严肃地求告神,或做其他表达自卑、悔改或信心的事。这些行为的时间、方法以及形态没有在圣经上清楚的教导,而是交给各教会判断。此外,纪律的这部分,因为有益处,所以自使徒的时代起,在教会里非常普遍。然而,连使徒们都不是这些事情的发起者,而是效法律法和先知书中的典范。在旧约时代,当以色列人遭遇灾难时,先知招聚百姓聚集在一处,在神面前禁食祷告(珥2:15;徒13:2—3)。因此,对神的百姓而言,使徒这样做不是一个新的习惯,

---

㉕ Augustine, *Letters* 22. 1. 4. 5 (MPL 33. 92; tr. FC 12. 54 f.).
㉖ Augustine, *Against the Letter of Parmenianus* III. 2. 15, 16 (MPL 43. 94 f.).

使徒们也深信这能使他们得益处。其他类似的仪式也与此相似,这些仪式是用来激励百姓尽本分,或保守他们尽责和顺服。在圣经的历史里有许多的例子,然而我们在此无须一一列举。总而言之,当信仰上的争议发生,并要教会会议或教会的法庭解决这问题时,当教会选牧师遇到问题时,当教会面临重大的难题时,或当教会感觉到神向他们发怒,并将审判他们的时候(譬如瘟疫、战争或饥荒),牧师劝众百姓禁食祷告是圣洁的仪式,在各时代对教会都有益处。若有人认为旧约这方面的见证与新约教会毫无关联,使徒同样的做法足以反驳他们。至于祷告,我想没有人会怀疑这种情况就是信徒该祷告的时候。那么我们就要稍微讨论禁食,因许多人既然不晓得禁食的重要性,就将之视为无关紧要的事;又有人认为禁食是不必要的事,并完全拒绝它。[27] 而既然很少人明白其作用,它很容易变成某种迷信。

15. 禁食的目的

ᶜ圣洁以及合乎圣经的禁食有三种不同的目的。我们禁食或者是为了削弱和制伏自己的肉体,好避免放荡,或使我们更能够预备祷告和默想,或者当我们愿意在神面前认罪时,我们用禁食见证自己的自卑。

一般来说,第一个目的与公共的禁食无关,因为并不是所有人的身体都有一样的体质,或一样健康,所以,这比较属于私人的禁食。

第二种目的与私人和公共的禁食都有关。因为整个教会以及各信徒都需要这样预备祷告。

第三种目的也与公共和私人的禁食都有关。因为神有时以战争、瘟疫或另一种灾难击打某一个国家。在这种鞭打之下,众百姓都应当自责以及

---

[27] 这里实际上是在说茨温利的立场,在路德那里也有些体现,参阅 *Werke* WA *Tischreden* II. no. 1299;tr. LCC XVIII. 88;Zwingli, *Commentary on True and False Religion* (1525) (CR Zwingli III. 891 f.);*Liberty Respecting Food in Lent* (CR Zwingli I. 8-136;tr. S. M. Jackson, *Latin Works of Huldreich Zwingli* I. 71-112)。布塞认同带着"悔改和祈祷"的禁食(*Ein summarcher Begriff der Christlichen Lehre*, 1548 [*Résumé sommaire de la doctrine*, ed. F. Wendel], pp. 70 ff.)。

承认自己的罪。但若神击打某一个人或某一个家庭,那个人或他的家庭都当这样行。主要的是人的心态,当人心深深地受感动时,他几乎不可能没有外在的表现。当这有助于整个教会的造就时,尤其如此;众信徒因公开地认罪,就能一同称赞神的公义,并借这样的榜样彼此鼓励对方。

16. 禁食和祷告

ᶜ由此可见,禁食既因是自卑的表现,更常用在整个教会上,而较少用在个人上,虽然如上所说,禁食对于二者都是必需的。㉘如此看来,当人们为任何重要的事情一同求告神时,牧师吩咐他们禁食是极为妥当的。所以,当安提阿人按手在保罗和巴拿巴身上时,为了更迫切地将他们的事交托给神,因他们的侍奉很重要,他们便禁食祷告(徒13∶3)。因此,这两位使徒之后在教会选立牧师时,也习惯于禁食祷告(徒14∶23)。这种禁食唯一的目的是要叫自己的祷告更迫切和不受拦阻。我们的确有这样的经验,当吃饱之后,我们的心没有仰望神到一个地步,能很长一段时间向他认真、恳切地祷告。路加论及亚拿,说她禁食祈求、昼夜侍奉神,也是这个意思(路2∶37)。路加的意思并不是敬拜神在乎禁食,他的意思是这敬虔的妇女以此方式训练自己不断地祷告。尼希米在神面前求告神释放他百姓之迫切禁食也是如此(尼1∶4)。ᶜ保罗因此允许信徒暂时分房,为了能够更自由地祷告、禁食。他建议以禁食辅助祷告,也教导禁食本身在祷告之外毫无用处(林前7∶5)。当他在同一处经文中教导夫妻互相考虑对方时(林前7∶3),他显然指的不是每日的祷告,乃是某种特殊的祷告。

17. 禁食和悔改

ᶜ此外,若瘟疫、饥荒和战争临到任何地方和任何人身上,牧师也有

㉘ 上文的第十五节。

责任劝教会禁食，好借着求告神，平息他的愤怒。因当神将灾难带给人时，就是在警告他的惩罚即将降临。因此，就如在古时被指控的人习惯留长胡子、将头发弄乱，并穿黑色的衣裳，好求告法官的怜悯；同样地，当我们站在神的审判台前，我们若以卑贱的穿着求告神仁慈地待我们，等于将荣耀归给神，造就他的百姓，并使我们自己得益处。约珥的话也告诉我们：这是以色列人当时的习惯。因当他吩咐百姓吹号角，召人聚焦、禁食及许多其他的事（珥2：15—16）时，他所说的是他们当时的风俗习惯。他在前一处经文中报告：因以色列人的羞耻行为，神已经定了他们的罪案，并宣告审判之日即将来临，且神已传唤被指控的人替自己说情（参阅珥2：1），然后神吩咐他们当禁食、哭泣、披麻蒙灰（珥2：12），即要在神面前仆倒在地上，好见证自己的自卑。当然，披麻蒙灰比较适合他们的时代，但当我们有需要的时候，聚集在一起禁食和哀哭以及其他类似的仪式也适合我们的时代。㉙既然这圣洁的仪式是要叫人自卑以及承认自己的卑微，为什么在同样需要的情况下我们比古时的人更少禁食呢？圣经不但记载那建立在神的真道之上的以色列教会禁食（撒上7：6，31：13；撒下1：12），尼尼微人也禁食以表现自己的悲哀，虽然他们唯一的教导是约拿的传道（拿3：5）。难道我们不也应该这样做吗？

你或许会反对说，这是外在的仪式，它与其他类似的仪式在基督里通通都废掉了。不是，禁食对于信徒而言仍然是大有益处的，并成为激励他们的有效劝诫，免得当神击打他们时，他们因过于自信和疏忽而越发激怒他。此外，当基督为使徒不禁食辩解时，他并没有说禁食已经被废掉了，而是说禁食是灾难来临时的恰当行为，他还说什么时候要哀恸："日子将到，新郎要离开他们，那时候他们就要禁食。"（太9：15；路5：34—35）㉚

㉙ 这一节清楚地说明，在面临巨大灾难时，可以合法地召聚会众禁食。参阅 Comm. Ps. 35：14；Comm. I Cor. 7：5。加尔文找到旧约中的例子佐证，但是他反对按字面模仿悔改的形式。

㉚ 这一段是支持四旬斋的引文之一（Cabrol, *Dictionnaire*, art. "Carême"）。

18. 禁食的性质

然而，为了避免误解，我们就应当对禁食下定义。我深信禁食不只包括饮食上的约束以及自我节制，禁食在圣经上也有其他的含义。敬虔的人在一生中都应当表现节制和谨守，甚至于他的整个生活看起来都类似于某种程度的禁食。然而，除此之外另外还有一种暂时的禁食，就是我们在自己的日常生活中，或一天，或在固定的时间之内禁戒某种食物，并且决定在食物上比一般的时候更严厉地约束自己。这包括三件事情：时间、食物的品质，以及食物的总数。时间所指的是我们应当维持自己的禁食直到那叫我们禁食的事已经过去了。譬如，有人为了更迫切地祷告决定禁食。那么，他就应当在祷告的时间之内维持他的禁食。品质指的是我们应当避免一切奢华，以普通和清淡的食物为满足，不要以美味来刺激自己的胃口。总数指的是我们在这个时候应当比一般的时候吃得少，为了身体的需要，而不是为了享受。

禁食上的迷信，功德观，假冒为善，以及四旬斋的禁食（19—21）

19. 对禁食的误解

ᶜ我们总要警醒，免得我们的禁食变成迷信，因为这在历史上曾经发生过，而且成为教会很大的伤害。而我们没有禁食却比刻苦、迷信的禁食更有益处。除非牧师极忠心、谨慎地教导教会，否则信徒将会不断地陷入迷信。

首先，牧师当以约珥的话提醒他的教会，即"要撕裂心肠，不撕裂衣服"（珥2：13）；换言之，牧师当教导人：神并不看重禁食本身。人要从心里感动，因自己的罪懊悔、自卑，以及因敬畏神而忧伤痛悔。事实上，禁食唯一的用处就是要帮助我们在这些事上长进，因为神所憎恶的就是人以外在的行为和表现取代单纯的心。因此，以赛亚很严厉地斥责犹太人的假冒为善。他们在心里怀着不敬虔和不洁净的思想，却误以为禁食本身能讨神的喜悦。以赛亚说："这样禁食岂是耶和华所拣选？"（赛58：5—6）以及下面类似的话。因此，假冒为善的禁食不但毫无功用，甚至是神最厌恶的事。

基督徒应当完全避免的另一种类似的罪，就是将禁食当作自己的功劳或某种敬拜神的方式。因既然禁食本身是无关紧要的事，且它唯一的用处是帮助我们行神所要我们行的事，将禁食与神所给我们非遵守不可的吩咐混为一谈，是极为有害的迷信。这就是古时摩尼教徒的迷惑。奥古斯丁在反驳他们时，明确地教导禁食必须单单以我上面所提到的目的来判断，且若与这些目的分开，禁食就不蒙神喜悦。[31]

另外，还有第三种对禁食的误解。它虽然没有以上的误解来得邪恶，却仍然非常危险。过于严厉和刻薄地要求人禁食，好像这是神所给我们的重要命令之一，且过度称赞禁食，并因此误导人以为他们的禁食是某种高贵的行为。一些古时的神学家们在这事上并非完全无罪，因他们撒了某些迷信的种子，且引致之后所产生的专制。他们有时候对禁食有冷静、智慧的教导，但他们之后的教导过分地称赞禁食，并将之视为高贵的美德之一。

20. 教会历史上禁食越来越变质

ᶜ当时到处都是对四旬斋的迷信。老百姓以为这仪式是某种对神高贵的侍奉，且牧师们称赞其为某种圣洁、效法基督的行为。[32]相反地，很明显基督的禁食不是为了给人立榜样，乃是要在刚开始传福音的时候，证明这不是来自人而是来自天上的教义（太4：2）。令人惊讶的是这毫无根

---

[31] Augustine, *On the Morals of the Manichees* II. 13. 27-28 (MPL 32. 1356 f.; tr. NPNF IV. 76); *Against Faustus the Manichee* 30. 5 (MPL 42. 493 f.; tr. NPNF IV. 330).
[32] 即基督四十天禁食。参阅 Augustine, *Sermons* 205, 206, 207, 208, 209, 210, 211 (MPL 38. 1039-1058); Augustine, *Letters* 55. 15, 28 (MPL 33. 217 f.; tr. FC 12. 283 ff.); Jerome, *Commentary on Isaiah* xvi (on Isa. 58：3) (MPL 24. 564); *Against Jovinian* II. 17 (MPL 23. 311; tr. NPNF 2 ser. VI. 401 f.). 参阅 Cadier, *Institution* IV. 233, note 4。

据的想法（虽然许多人以明确的辩论充分地反驳它）能够误导有敏锐判断力的人。因基督并没有经常禁食——如果他想立下年度的禁食法规，他就会这么做——圣经只记载基督一次禁食，为了帮助他开始传福音的事工。他也没有用人的方法禁食。他若希望人效法他的榜样，他就会这样行；基督的这榜样反而激励万人赞扬他，而不是激发他们热烈地效法他的这榜样。最后，他禁食的原因与摩西从主的手中领受律法时的禁食原因没有两样（出 24：18，34：28）。神在摩西身上行了那神迹，好证明律法的权威，他若没有在基督身上行同样的神迹，福音将被视为不如律法。从那个时候开始，没有人想因效法摩西的榜样，为众以色列百姓设立某种禁食的形式。且没有任何圣洁的先知和族长效法摩西的这榜样，虽然他们热情地遵行一切圣洁的仪式。圣经记载以利亚禁食四十天（王上 19：8），唯一的目的是要教导以色列人：神兴起他们是为了重新设立他的律法，因为当时以色列人几乎已经完全离弃了神的律法。因此，教会之后将禁食视为效法基督的榜样，不过是出于他们愚昧的热忱[33]以及极端的迷信。

然而，卡西奥多鲁（Cassiodorus）据苏格拉底的《教会历史》（Ecclesiastical History）一书第九册告诉我们：当时有完全不同的禁食方式。罗马人只禁食三个礼拜，但除了礼拜天和礼拜六之外，他们的禁食是不间断的；伊利里亚人（Illyrian）以及希腊人则禁食六个礼拜，又有人禁食七个礼拜；然而他们的禁食是间断性的。他们在禁食中的饮食也完全不同：有人只吃了面包和白开水；又有人加上蔬菜；有人吃了鱼和禽肉；也有人毫无分辨地吃东西。[34]奥古斯丁在他写给雅努雅流（Januarius）的第二封信中也提到这差别。[35]

---

[33] "κακοξηλία".
[34] Socrates, *Ecclesiastical History* 5.22, in Cassiodorus, *Tripartite History* IX.38 （MPL 69.1155; tr. NPNF 2 ser. II.131）.
[35] Augustine, *Letters* 54.2.2-4.5 （MPL 33.200 ff.; tr. FC 12.253 ff.）.

21. 禁食当中的暴饮暴食*

ᶜ之后禁食的情形越来越恶化，不但老百姓显示出愚昧的热忱，监督既无能又缺乏训练，而且他们贪爱权力，独断专权。教会颁布了一些如铁链捆绑人良心的法规，他们开始禁止人吃肉，就好像这是污秽人的饮食一样。迷信一个一个地堆上来，直到他们的谬论到了很可怕的地步。他们什么罪都犯，开始极其荒谬地伪装禁欲而欺哄神。他们一方面因禁食享受人的称赞，另一方面却吃最精美的食物。他们对美食贪得无厌，在禁食的时候吃得最多，吃了各种不同、甘甜的食物。他们如何奢华宴乐，却还以为自己在服侍神。我克制自己，不去提那些希望被视为最敬虔的人，恰恰就是那些最大吃特吃的人。综上所述，就他们而论，对神最敬虔的崇拜在乎禁止自己吃肉，并以各式各样美味的食物取代肉。另一方面，吃黑面包稍微配上一点培根或肥肉，对他们而言是最亵渎的行为，几乎要以死抵罪。这就是哲罗姆所记录下来欺哄神的愚行。他们为了避免吃油，到处让人带给他们最美味的食物；事实上，他们违背自然，不喝水，却让人给他们制作昂贵的甜饮。饮料不是倒在杯子里，乃是用蚌壳喝的。㊱这种做法是当时少数人的错误，但现今这是富人中普遍的行为。总而言之，他们禁食唯一的目的就是更奢华、更精致地吃喝。但我拒绝在这样明显的事上浪费笔墨。我的重点不过是：天主教徒在禁食和其他所谓敬虔的行为上，没有任何可夸的正确、真诚或合宜的行为。

神甫独身是极为有害的发明（22—28）

22. 神甫在纪律上越来越堕落

ᶜ纪律的第二部分特别适用于神甫。古时的法规记录当时监督这样限

㊱ Jerome, *Against Jovinian* II. 5-17（MPL 23. 290 ff.; tr. NPNF 2 ser. VI. 391-402）; *Letters* 52. 12（CSEL 54. 435; tr. NPNF 2 ser. VI. 95）。参阅IV. 13. 9。

制自己和其他的监督：不可打猎、赌博或鬼混。神甫不可放高利贷或做生意；神甫不可参加淫荡的舞会，还有其他类似的法规。他们加上了处罚，好防止神甫随便违背这些法规。因这缘故，每一位监督都负责管理在他下面的所有神甫。他负责照法规管理他们，并使他们尽自己的本分。他们每一年都举办专访和议会，专门劝诫一切在担任职分上有所忽略的人，且若有人犯罪，他必照他的罪受处罚。监督每一年也开地方议会——在刚开始的时候一年两次——在这些会中，他们被鉴察是否违背自己的职分。㊲若监督对神甫太刻薄和粗暴，神甫可以向议会上诉，即使只有他一个人抱怨。最严厉的惩罚是犯罪的人被辞退，并在一段时间之内不许领圣餐。因这是永久的制度，他们每一次开会都定下一次议会的时间。㊳然而，根据古时的记录，只有皇帝有权召开全体大会。㊴

只要神甫们严格执行纪律，他们对百姓的要求只在口头上，对自己则要求以身作则，他们对自己比对百姓严厉得多。他们认为管理百姓的纪律应该更温柔和宽松些，也认为神甫对自己应当更严厉，更不宽容。

我们无须解释这一切如何堕落了，现今的情形放纵和淫荡到了无以复加的地步，甚至全世界都在抗议他们放纵的行为。°我承认，为了避免他们被看待成完全离弃古代教会的样式，他们以某些虚空的仪式欺哄单纯的人，但这些仪式与古代仪式的距离，就像人出于智慧和计划行事，与猩猩模仿人行事的距离一样远。色诺芬（Xenophon）的书里有一段令人难忘的故事，描述波斯人如何从他们祖先古代的法律上彻底地堕落。他们在古代行事为人非常严厉，但之后变得很淫乱和放荡，但他们为了隐藏这羞辱，暂时仍遵守古代的仪式。他们虽然在居鲁士（Cyrus）世代持重、节制到擦鼻子都算不礼貌，波斯人的后裔恪守这些信仰上的习

㊲ Apostolic Canons 42-44, 25, 26, 36 (text and translation in Fulton, *Index canonum*, pp. 94 f., 86 f., 90 f.).

㊳ Second Council of Toledo (527) canon 5; Third Council of Toledo (589) canon 18 (Mansi VIII. 787; IX. 997).

㊴ 参阅IV. 7. 8，注释19。

惯，他们甚至不许人擤鼻涕，虽然暴饮暴食是他们很普遍的现象。同样地，根据古代的法规，他们吃饭时不可用碗喝汤，但他们却能喝醉酒，甚至喝到需要别人扶着他们离开的地步，他们本来一天只能吃一餐，他们的后裔虽没有废除这条，却习惯于宴乐，从中午一直吃到半夜。这是波斯人古老的习俗，他们的法律也这么规定，即他们在行军时一天不可吃东西，然而为了避免疲倦，他们允许将行军缩短到两个小时，这是常见的做法。㊵当天主教徒夸耀自己的法规，好证明自己和敬虔的教父没有两样时，我们不可能用任何比上面例子更恰当的描述，来说明他们的假冒为善。

23. 神甫独身与圣经的教导相矛盾

e在有一件事上，天主教非常严厉和坚持：他们不许神甫结婚。㊶我们无须去提他们当中没有受惩罚的淫乱有多严重，以及他们因依仗邪恶的独身制度，就不顾一切地犯所有的罪。这禁止明确地证明：他们一切的传统对教会就如瘟疫一样。因为神甫独身不但夺去了教会善良的好牧师，这种规定也带给教会众多的罪恶，并叫许多人陷入绝望的深渊。e禁止神甫结婚的确来自某种对神的话语和一切公平的亵渎专制。首先，禁止主所没有禁止的事是人不被允许做的事情。其次，主在他的话语里十分清楚地教导，不可侵犯婚姻的自由，这一点无须多证明。我略而不谈保罗在许多经文中盼咐监督做一个妇人的丈夫（提前3：2；多1：6）。c (a)但他靠圣灵的感动教导在末后的时代，不敬虔的人要禁止嫁娶，还有什么比这更有说服力。保罗不但指控他们假冒为善，他甚至称他们为鬼魔（提前4：1，3）。禁止嫁娶是鬼魔的道理，这是当时的预言，是圣灵的圣言，他也因此喜悦从教会的一开始警告人关于将来的危险！

㊵ Xenophon, *Cyropaedeia* VIII. 8. 8 (LCL edition II. 442 ff.).
㊶ 参阅IV. 4. 10，注释27；IV. 9. 14；IV. 13. 3，8。

然而，他们以为因自己强解地将这话运用在孟他努（Montanus）、塔提安派（Tatianist）、禁戒派（Encratite）以及其他古时异端的身上就能脱去干系。天主教徒说，只有这些异端才禁止人结婚，他们宣称自己没有禁止结婚，只不过是不允许神甫和监督结婚，因为对他们而言，结婚是极为不妥当的事。㊷好像这预言，虽然首先在那些异端的身上得以应验，却与天主教徒毫无关联；ᶜ或好像这幼稚的辩护值得我们侧耳，即否认自己禁止结婚，因他们没有禁止所有的人结婚！这逻辑就如一个暴君宣称他所颁布的法律是公正的，因为这法律只压制某个都市里的一部分人！

24. 婚姻是神所吩咐的，也有属灵的意义*

ᶜ他们反对说，应该有某种记号能将神甫和百姓分别开来，仿佛主没有亲自教导过神甫应当在哪方面分别为圣！他们这样指控保罗，使教会残缺不全和混乱，因当他描述何为完全的监督时，结婚是他所要求的特征之一。我知道他们的解释（提前3∶2；多1∶6）是圣经禁止结婚两次的人当神甫。㊸我也知道这不是新的解释，但它却与上下文有明显的冲突。㊹因为保罗立刻吩咐监督和执事当有怎样的妻子（提前3∶11）。保罗记载结婚是监督的美德之一；天主教徒反而教导说，监督结婚在教会秩序中是无法容忍的过错。他们甚至以为这一般的指责还不够，他们的法规将结婚视为肉体上的污秽、不洁。㊺但愿每一个人都好好地思考这些法规来自哪里！基督将结婚视为人的光荣，他甚至用婚姻描述他与教会圣洁的联合（弗5∶23—24、32），难道有比这更好的称赞婚姻的方式吗？

㊷ 参阅 Comm. I Tim. 4∶3（LCC XXIII. 345）。基本上是重复这一段（1543）；Clichtove, *Antilutherus* I. 21, fo. 43a-46a。

㊸ Gratian, *Decretum* I. 26（MPL 187. 149 ff.；Friedberg I. 95 ff.）.

㊹ Augustine, *On the Good of Marriage* 18. 21（MPL 40. 387；tr. NPNF III. 408）. RSV, 1 Tim. 3∶2；Titus 1∶6; "married only once."

㊺ *Letter of Pope Siricius to Himerius* 1. 7（MPL 13. 1138 ff.；tr. Ayer, *Source Book*, pp. 415 f.）.

将代表基督属灵恩典的婚姻视为不洁或污秽，难道有比这更无耻的罪恶吗？

25. 对他们争辩的反驳

ᶜ ⁽ᵇ⁾虽然他们对结婚的禁止与神的话有明显的冲突，但他们却利用圣经支持自己的立场。在旧约里，当利未人献祭时，他们被禁止与自己的妻子同房，好避免因自己的不洁使神的圣洁之物受玷污（参阅撒上21：5及以下）。他们得出结论说：既然今日神甫天天施行圣洁的仪式，且这些仪式比旧约的仪式更为卓越，那么结过婚的人施行这些仪式极不妥当，仿佛福音的职分与利未人祭司的职分没有两样！旧约里的祭司预表基督㊻——借自己完全的圣洁做神与人之间的中保，并叫我们与父和好（提前2：5）的那位。虽然罪人无法在各方面预表基督圣洁的模样，但为了显示出基督的圣洁，神吩咐他们在接近至圣所时，当格外地洁净自己。他们在那时合宜地代表基督，因为他们作为和平的使者出现在帐幕（代表天上的审判台）的面前，好叫百姓与神和好。既然新约教会的牧师没有施行这仪式，那么将他们与旧约的祭司互相比较就毫无意义。所以，使徒毫不例外且勇敢地宣告人人都当尊重婚姻，但神必审判苟合行淫的人（来13：4）。ᶜ且众使徒的榜样都证明婚姻对最圣洁的职分毫无玷污。㊼因为保罗见证使徒不但没有离婚，甚至出远门时，妻子常在他们身边（林前9：5）。

26. 古时教会和神甫独身

ᶜ那么，他们将这独身的装饰传扬，视为神甫不可少的要求，真是无耻至极。且他们这样做大大地侮辱古时的教会，因为古时的教会不但对

㊻ "ἀντίτυποι"，参阅 II. 11. 3。
㊼ 本段写成时，加尔文的妻子还在世。

神有丰富的认识，且他们的圣洁更为出众。ᶜ他们若不理会使徒（他们有时习惯于公开地藐视他们），ᵇ就更无法面对一切古时的教父，因他们不但容许监督结婚，⁴⁸甚至赞成婚姻，难道教父玷污了神圣洁的事物，因从这角度来看，他们无法正当地施行主的圣礼？其实，在尼西亚会议时，有一些监督建议要求神甫独身。因在开会时总是有几个幼稚的人提出一些新的意见，好吸引人对他们的称赞。然而最后的教令是什么呢？教会接受了帕弗努丢（Paphnutius）的建议，他宣称人与自己的妻子同住是纯洁的。⁴⁹因此，婚姻仍然保持圣洁，牧师们没有感到羞耻，也没有将之视为对自己职分的玷污。

27. 后来神甫独身的观念的发展＊

ᶜ后来的时代才开始对独身兴起了重重的迷信。接下来他们经常毫无节制地称赞童贞，甚至相信几乎没有任何美德能与童贞相比。他们虽然没有宣告婚姻的不洁而禁止它，然而婚姻的尊严大大被削弱，且它的圣洁被抹去，乃至人若没有禁止自己结婚，就被看作不够认真地追求完美。他们首先颁布刚好要做神甫的人不许结婚的法规；后来教会只准许独身或已决定不再与自己的妻子同房的人做神甫。我承认这些法规看起来似乎尊荣神甫的职分，当时几乎受众信徒的欢迎。但我的敌人若企图用教会的历史攻击我，我头一个答复是：在使徒的时代以及之后的好几百年里，监督都有结婚的自由（提前3∶2）。使徒本身以及之后大有权威的牧师，都毫不犹豫地运用这结婚的自由。我们应当更看重古时教会的榜样，而不要将他们当时所称赞的习惯视为不合乎圣经或羞耻的事；其次，那过于热爱童贞的时代开始歧视结婚，但并没有禁止神甫结婚，将

㊽ Tertullian, *Exhortation to Chastity* 7 (CCL Tertullian II. 1024 ff.; tr. ANF IV. 54).
㊾ 帕弗努丢是一位著名的主张禁欲的主教，反对尼西亚会议（325）中独身的提议，他认为婚姻是高尚的，合法的同居是贞洁的，独身的提议则是有害的。他的意见广为流行：Socrates, *Ecclesiastical History* I. 11；Sozomen, *Ecclesiastical History* I. 23；Cassiodorus, *Historia Tripartita* II. 14 (MPL 69. 933；tr. NPNF 2 ser. II. 18, 256)。

独身视为神甫不可少的条件，乃是因他们更喜欢独身者而不是已婚者做神甫。最后，他们没有强迫那些无法接受独身要求的人独身，他们虽然严厉地处罚淫乱，却只要求结婚的神甫辞去自己的职分。㊿

28. 对独身的滥用*

[c]因此，当这新专制的辩护者企图用教会的历史支持自己的立场时，我们同时要要求他们在他们的神甫身上效法古时教会的纯洁，要求他们除掉一切犯奸淫和淫乱的人；要求他们不容许被他们禁止进入体面、圣洁婚姻的人不受处罚地放纵各种情欲；要求他们恢复如今被废弃的可以约束人放纵情欲的纪律；要求他们救教会脱离那污秽她这样长久时间的极为羞耻的邪恶。当他们接受这一切之后，我们就要再次地劝诫他们，不可将原本可以自由选择的事情当作不得不遵守的命令，要看它对教会是否有益处。

然而，我这样说并不是因为我认为，在任何情况下都应该允许那些将独身制度置于教会制度之上的法规存在，我的目的不过是要说服比较有智慧的信徒，明白我们的敌人何等无耻地企图以教会的历史来诋毁牧师结婚的权利。

[c (b)] 就一切所流传到如今的教父作品而论，[b]只有哲罗姆一个人(51)恶毒地攻击婚姻的尊荣。我们引克里索斯托的一段话来说明足矣，因为他是一个特别尊敬童贞的人，所以不能认为他称赞婚姻比别人更不吝惜，他这样说："第一种纯洁是真诚的童贞；第二种是忠实的婚姻。因此，第二种童贞就是对婚姻纯洁的爱。"(52)

㊿ 许多中古世纪的参考资料，可参阅 OS V. 236 f.。加尔文也注意到许多作者维护独身的强烈意见，如皮修斯（Pighius）、卡斯特罗（De Castro）和拉托姆斯（Latomus）。参阅Ⅳ. 4. 10，注释 27，以及其中引自 Cabrol，Lea，Leclercq，以及 Coulton 段落。

(51) Jerome，*Against Jovinian* I（MPL 23. 221-296；tr. NPNF 2 ser. VI. 346-386）. 哲罗姆认为一个处女在上帝的眼中比妻子更好，但是他拒绝马西昂（Marcion）、摩尼教徒和塔提安（Tatian）的看法。

(52) Pseudo-Chrysostom，*Homily on the Finding of the Cross*，包括在伊拉斯谟的版本里（Basel，1530）II. 130，但之后的版本则无。

ᵉ第十三章　许愿;轻率许愿的人如何悲惨地落在陷阱里

誓愿的性质及最普遍关于誓愿的错误（1—7）

1. 教会的败坏以及许多的危险

ᵉ虽然基督以他的宝血重价赎回教会的自由，但她仍被某种残忍的专制所压制，且被众多的传统所湮没，这是非常悲惨的事。然而，个人邪恶的疯狂表明神允许撒旦和它的差役这样可怕地攻击教会有他的美意。而且这些人忽略基督的权柄，背负假教师所加给他们的重担还不够，因为每一个人都为自己寻求更多的重担，并为自己挖出深渊来往里面跳。这就是因为他们捏造许多誓愿，把自己的链条拴得更紧，担子加得更重。我们已经解释过某些所谓的"牧师"，因任意管理教会，以邪恶的法则牢笼可怜的人，败坏了教会对神的崇拜。因此，我们若在此指出另一种类似的恶行，为了证明世人（根据他们堕落的本性）用各式各样的方式抵挡一切应当能引领他们归向神的事，是极为妥当的。为了更好地明白许愿所带来的严重危害，请读者回顾以上所教导过的原则。

ᶜ首先，我们教导过，一切能教训人敬虔和圣洁的事，都在神的律法里面。①除此之外，我们也教导：主为了拦阻我们发明新的善行，向我们启示，他所喜悦的一切义行，都在乎单纯地遵守他的旨意。②若这是真的，我们就能推论，一切我们自己发明想要使我们配得神恩惠的虚假敬拜行为，无论多么令我们满意，都不为神所悦纳。主在许多经文中不但公开反对它们，甚至对它们深恶痛绝。

因此，关于神的话语没有清楚教导的那些誓愿，我们就产生了一个疑问。我们应当如何看待这些誓愿呢？基督徒这样许愿合乎真道吗？它们在多大程度上有约束力呢？

因为人与人彼此的应允叫作"许诺"，然而人向神所许的诺言则叫作"誓愿"。此外，我们向人许诺做那些我们认为他们喜欢的事，或因自己的职责所欠他们的事。因此，我们更谨慎地遵守一切向神所许的愿是理所当然的，因为我们在神面前行事为人应该极为诚恳。

在这方面，人的迷信在所有时代中都非常普遍，甚至人毫无思考、毫不分辨、随随便便地突然向神许愿。外邦人既可怕又愚昧地向自己的神许愿，并因此玩弄了它们。但愿基督徒没有模仿他们这任意妄为的行为！他们的确不应该这么做。然而，最近几百年来没有比这更普遍的恶行：整个教会都因藐视神的话，以某种疯狂的热忱向神许他们在梦中所幻想的誓愿。我不想恶意地夸大或详细地重述人们在这方面所犯的罪是何等严重，花样是何等众多。我这样顺便提一下似乎是对的，这样或许能证明，我们讨论誓愿并不是无关紧要的事。

2. 我们向神许愿

°为了决定哪些誓愿是合乎圣经的，哪些是神所不允许的，我们若要避免错误，就必须考虑这三件事情："我们向谁许愿""许愿的人是谁"

---

① III. 8. 4.
② III. 8. 5.

"我们许愿的目的是什么"。

　　第一个考虑是要我们明白：许愿完全在乎我们和神彼此的关系，且神看重我们对他的顺服，宣告一切人手所造的宗教③不管多受人称赞，都是神所咒诅的（西2：23）。如果在神的命令之外，一切我们自己所捏造的敬拜都为神所厌恶，那么，唯有神的话语所吩咐的敬拜才蒙神喜悦。因此，我们不可任意妄为、毫不考虑神的旨意而向他许愿。因保罗的教导，即凡不出于信心的都是罪（罗14：23），既然包括人一切的行为，自然特别适用于我们直接思想神的情况。°但我们在最小的事上若没有信心都会跌倒（保罗在那里谈的不过是饮食），那么在最重要的事上，我们就应当更为谨慎！°事实上，我们应当将信仰上的责任视为最重要的事情。所以，许愿时的第一个提醒，是许愿前我们的良心要确定这不是轻率的誓愿。只要我们让神走在前面，根据神的话语判断他所喜悦和不喜悦的事，就能避免一切轻率的誓愿。

3. 许愿的人

　　°在许愿时，第二个考虑是：我们应该好好地掂量自己的力量，谨记神所给我们的呼召，免得轻忽了神所给我们的自由之福。只有轻率的人才会超出自己的才能或违背自己的呼召去许愿。他也不感恩，因他藐视神的恩慈，岂不知正是这恩慈使他成为万物的管理者。我这样说的意思并不是说，一切掌握在我们的手中，我们靠自己的能力，可以向神许愿。因为奥兰治会议（Council of Orange）非常认真地颁布了这谕令：人只能向神允诺他从神手里领受的东西。因为人献给神的都是神白白赐给他的。④但既然神出于自己的慈爱赏赐我们这些东西，又出于自己的公正

---

③ "ἐθελοθρησκείας"，参阅下一个句子中的 "voluntarii omnes cultus" 和 Second Helvetic Confession XVI. 5 (Schaff, *Creeds* III. 269；tr. p. 866)。

④ Council of Orange (529) canon 11 (Mansi VIII. 714)，基于奥古斯丁，*City of God* XVII. 4. 7 (MPL 41. 530；tr. NPNF II. 342)。

拒绝给我们另一些东西，我们就当顺服保罗的吩咐，留意神所分给我们个人恩赐的大小（罗12：3；林前12：11）。

我在此的意思不过是：每一个信徒都应当以神分给他恩赐的大小，决定如何向神许愿，免得超过神给我们的恩赐许愿而跌倒。^e譬如当那些凶手许愿若不先杀保罗就不吃不喝时（徒23：12），即使他们的计划不是邪恶的，他们误以为人的生死都在自己的手中，也是难以忍受的轻率。因此，耶弗他出于自己急躁的热忱，许了那轻率的愿，结果因自己的愚昧受了惩罚（士11：30—31）。由此可见，神甫独身是最疯狂、任意妄为的誓愿。^b神甫⑤、修道士，以及修女因不理会自己的软弱，竟然确信自己能独身到死为止。然而，有什么圣言吩咐他们一辈子独身，或许这样的愿？他们看到圣经的教导："那人独居不好。"（创2：18）他们明白——但愿他们没有感觉到——留在人心里的罪会带来多大的痛苦！他们怎敢如此自信地抹杀人一生的普遍呼召？他们不明白独身恩赐多半是神在特别的情况下所暂时赐给人的恩赐。

^a在这样顽梗的行为之下，他们不应该指望神做他们的帮助，而要记住他的这命令："不可试探耶和华你们的神。"（申6：16；太4：7）这就是试探神的行为：抵抗神所赏赐的本性，并藐视他的恩赐，仿佛这些恩赐只属于一部分的人。他们不但大胆地这样行，甚至也称婚姻为"污秽"，并大声地称赞独身。神却没有将婚姻视为与自己的威严相冲突（参阅创2：22）。但他们居然这样行。神说人人都当尊重婚姻（来13：4）；我们的主基督亲自参加婚礼，将之分别为圣，并屈尊在这场婚礼上行他的头一个神迹（约2：2，6—11）。仿佛^{b(a)}这些人自己的生活（他们无耻地称为"天使般的"）没有充分地证明独身是一回事，童贞则是另一回事！^a他们这样大大地得罪神的天使，因将天使与淫乱者、犯奸淫之人，

---

⑤ "Sacrifici".

以及更为邪恶之人互相比较。⑥我们也无须反驳他们，因他们被事实本身所反驳。主习惯用极为可怕的方式惩罚这样的骄傲和出于过分自信对他恩赐的藐视。ᵇ更隐藏的罪，我就不多说了，因人们所知道的已经够多了。

ᶜ我们不应许任何可能拦阻自己顺服神的呼召的誓愿，这是毫无疑义的！ᶜ因为这就像一家之主发誓要离弃自己的妻子和儿女，去担当其他的责任；或一位适合担任公职的人，在当选之后许愿做一般的公民。

ᶜ然而，若不解释，人们很难理解我们所说何为不藐视自己的自由。概括来说，神将管理万物的权柄交付我们，并叫这一切都伏在我们的权柄之下，好让我们为自己的益处使用一切的受造物。因此，我们若让自己做这些受造物的奴仆，就毫无理由希望这样做会蒙神悦纳。我这样说是因为有些人将自己纠缠在一些仪式里，希望吸引别人称赞他们谦卑，但神却有极好的理由愿意我们脱离这一切。因此，我们若想避免这危险，就必须记住：神不允许我们偏离他在自己的教会里为我们所做的安排。⑦

4. 誓愿按照意图分类*

ᶜ关于许愿的第三个考虑是：你若希望神悦纳自己的誓愿，就当思考你许愿的动机。既然主在乎的是内心而不是外貌，同一件事情（在不同的动机之下）有时蒙神悦纳，有时则可能令他不悦。你若许愿不喝酒好像这行为本身有多么神圣，那就是迷信，但你若因另一个正当的动机不喝酒，无人能责备你。

据我所知，许愿有四个不同的目的。为了教导的缘故，我们可以说

---

⑥ 参阅 Bernard, *De conversione, ad clericos* 20.36（在一章当中为神甫的淫荡和邪恶悲叹）："他们放弃了婚姻所提供的药方，反而将自己陷于一切的罪恶里。" [*in omne deinceps flagitium effluents*] (MPL 182.854 f.；参阅 Beveridge, *Institutes* II. 475, note 2)

⑦ "*Oeconomia*".

其中两个属于过去式,另外两个则属于未来式。

第一种过去式的誓愿是:我们许愿是为了表明我们因领受神的祝福对神的感谢。第二种则是我们为了逃避神的愤怒,在犯罪之后自我处罚。我们可以将前者称为谢恩;后者称为悔改。

第一种誓愿的一个例子是雅各的许愿:若主平安地带领他回到自己的家乡,就奉献给神十分之一(创28:20—22)。另一个例子是当旧约里敬虔的君王或领袖即将参加公义的战争时,许愿若神使他们得胜就将平安祭献给他;或许愿若神救他们脱离可怕的困境就将平安祭献与神。《诗篇》中提到的誓愿都是这种的(诗22:25,61:8,56:12,116:14、18)。这样的誓愿今日也能对我们有极大的帮助。在主救我们脱离某种灾难、严重的疾病,或任何其他的大困难之前,我们就可以向神许愿。因为敬虔的人将礼物献给神,是为了表达自己的感恩,免得被视为忘恩负义,这与他的责任是一致的。

我们只要举一个例子来解释第二种誓愿。若有人因贪食的缘故落在某种罪中,为了管教自己的不节制,他就可以许愿在一段时间之内不吃任何美味的食物,他的誓愿能更好地约束他自己。我并不是为犯这种罪的人颁布一条普遍的法规,只不过建议并希望誓愿在这情况下能帮助人。因此,我深信这样的誓愿合乎圣经,只要不是出于强迫的。

5. 未来式的誓愿*

°关于未来式的誓愿,一方面叫我们更谨慎,另一方面激发我们尽本分。

一个人若发现自己受一种罪的强烈诱惑,甚至在一件原本不坏的事上他都无法防止自己直接陷入罪恶中,他发誓在一段时间与那引诱他犯罪的行为保持距离是好的。譬如,若一个人发现某种身体上的装饰或许会诱惑他犯罪,但仍旧因自己的私欲贪爱那装饰,难道约束自己(即强迫自己禁戒这种装饰)从而使自己脱离摇摆的境地不是很好的主意吗?

同样地，若有人因健忘或懒惰忽略敬虔的操练，难道许愿不能刺激他的记性并克服他的懒惰吗？

我承认这两种誓愿都存在某种基本的训练，但作为克服软弱的辅助，它们都值得不成熟和不完全者使用。

因此，这四种不同的誓愿，特别就外部事物而言，是允许信徒采用的，只要他的誓愿合乎神的旨意，与自己的呼召毫无冲突，并照着神所量给我们的程度。

6. 对于合乎圣经誓愿的一般思考

ᶜ信徒在此推论如何看待誓愿并不是一件难事。众信徒都有一个共同的誓愿，我们在受洗时许这愿，并在学要理问答以及领圣餐时认可这誓愿。因为圣礼就如盟约，⑧主借此怜悯我们，赐给我们永生，我们相应地许愿顺服主。但这誓愿的形式，或至少它的要点是：我们拒绝撒旦，献上自己做神的仆人，并遵守他圣洁的诫命，拒绝放纵自己邪恶的私欲（参阅罗13：14）。我们不可怀疑这誓愿是圣洁、有益的，因它合乎圣经，甚至是神对他一切儿女们的要求。今生无人能满足神的律法所要求的完全顺服，这并不能成为誓愿的障碍。因为恩典之约也包括这意思在内，⑨即神赦免我们的罪，并赐给我们成圣的灵，我们所向他许的愿包括祈求神的赦免和帮助。

在判断具体的誓愿时，我们必须记住以上三个原则，借此我们可以辨别每一誓愿的性质。然而，你不要以为我所建议的那些圣洁的誓愿是人应该天天许的。我虽然不敢规定誓愿的时间或次数，但任何听从我建议的人，只当许冷静和暂时的愿。你若常常许愿，誓愿的重复本身多少会夺去它的属灵度，并且容易成为迷信。你若许无限期的愿，你会很痛苦地遵守这誓愿，或因时间长久，总有一天违背它。

---

⑧ "Syngraphae".
⑨ 参阅 II.6.1, 3；II.10.1；II.11.4；III.4.32；III.17.6；III.21.5-7。

7. 邪恶的誓愿

ᶜ显然,对誓愿的迷信搅扰了世界几百年之久。一个人许愿滴酒不沾,仿佛不喝酒本身是蒙神喜悦的敬拜。⑩另一个人许愿禁食;又有人许愿在固定的日子不吃肉,并将不吃肉的日子视为比吃肉的日子更圣洁。另外还有一些更为幼稚的誓愿,却不是小孩子所许的。在某些时代,有人认为朝圣证明自己有大智慧,有时走路或半赤身露体去旅行,希望因自己的劳力获得更大的功德。只要我们以上面的原则鉴察这些不可思议的热心行为,我们不但能看出内在的虚空和毫无意义,甚至发现这些誓愿充满邪恶。因不管属肉体的人怎样判断,没有什么比虚假的敬拜更能激怒神。此外,还有这些极为有害的、神所咒诅的意见:假冒为善的人在遵守自己的誓愿之后,深信他们的行为在神面前获得与众不同的义,他们将敬虔完全放在外在的行为上,他们也看不起所有不像他们那么谨慎遵守自己誓愿的人。

修道士的誓愿以及修道生活的堕落(8—10)

8. 古时教会的修道生活

ᶜ罗列出许愿的各种形式没有什么意义。但既然修道士的誓愿是教会所接受的,受一般人更大的尊敬,我们就必须简洁地讨论这些誓愿。⑪

首先,我们必须指出古时的修道生活与现在的截然不同,免得有人

---

⑩ 参阅上文第四节。
⑪ 伊拉斯谟在改教家之先以讽刺的笔调批评了宗教性的许愿;见其 *Colloquies* 里的 "The Religious Pilgrimage"。他在著名的给兰伯特·古鲁尼乌 (Lambert Grunnius)(1515) 个人书信中 (Erasmus, *Epistolae* 447) 说:"我不会为修道士许愿的事而争吵……因为这种责任(或者说是奴役)无论在新约或旧约中都找不到根据。" (tr. J. J. Mangan, *Life, Character, and Influence of Desiderius Erasmus* I. 23) 这封信充满了反对劝诱男孩许愿,同时是他离开斯特因 (Steyn) 修道院的请求,其实在不久前他已获准许 (1942)。路德也抨击了修道士许愿,参见 *Method of Confessing* (1520)(*Werk* WA VI. 167 f.; tr. *Works of Martin Luther* I. 98-101),*his Topics [Themata] on Vows* (1521)(*Werke* WA VIII. 313-366),及 *On Monastic Vows* (1521)(*Werke* WA VIII. 564-669)。参阅 Zwingli, *Commentary On True and False Religion* 22, "Vows" (CR Zwingli III. 260-267; tr. *Works*, ed. S. M. Jackson, III. 260-267)。为许愿辩护的内容,参阅 Clichtove, *Antilutherus* (1545), fo. 133a-215b; *Compendium veritatum ad fidem pertinentium* (Paris, 1529),第十章,fo. 98a-52b。

想要为有长久历史的修道生活辩护。从前只有那些愿意训练自己过有规律、严厉、忍耐之生活者才做修道士。因为根据史家的记录，斯巴达人在莱克格斯法典之下的那种纪律，修道士也在遵守，甚至更加严苛。他们在地上睡觉、喝白开水；吃的是面包、蔬菜和树根；他们最好的美味饮食是油以及鹰嘴豆。他们弃绝了一切的宴乐和对自己身体的纵容。若不是可靠的人做见证，譬如纳西盎的格列高利、巴西尔以及克里索斯托，⑫我所说的必定被认为是夸张。修道士过这样规律的生活是要预备自己做大事。因为修道院算是当时的神学院，且我们刚才所提到的人的见证之所以完全可靠，是因为他们都在修道院里受训之后才做监督。奥古斯丁也告诉我们，在他的时代，教会的牧师是修道院选出来的。因为他对加普拉利亚（Capraria）海岛的修道士这样说："在主内的弟兄们，我们劝你们当保持自己的决心并坚忍到底，若某教会在任何时候要求你的服侍，你不要迫不及待地接受，或因自己的懒惰而拒绝她，而要以谦卑的心顺服神。你也不可爱休闲生活胜过教会的需要，若教会在生产的时代，没有良善的人服侍她，你的出生是不可能的事。"他说的是那叫信徒重生的服侍。同样，他写信给奥勒里乌："若修道院的逃兵被选上参加牧师的军队，这既是修道院的羞辱，也是对牧师职分极大的伤害。因为从修道院的毕业生中，我们习惯只选最为优秀的做牧师。不然，就如一般人说差劲的演奏家可以成为优秀的音乐家，同样他们要嘲笑我们说：差劲的修道士可以成为优秀的牧师。⑬既然有时就连优秀的修道士也很少成为一位好牧师（他也许有自我节制，却缺乏那必需的训练），那么我们若抬高修道士，使他们变得极其傲慢，认为牧师当受如此严厉的责备，这是极为遗憾的事。"奥古斯丁的这见证证明敬虔的人当时习惯于修道士的

---

⑫ 这里所指的段落是：Gregory of Nazianzus, *Fourth Oration Against Julian* 71（MPG 35. 594）；Pseudo-Basil, *Monastic Constitutions* 25、30（MPG 31. 988 f.、994）；Chrysostom, *Against Opponents of Monastic Life* II. 2（MPG 47. 339 f.）。

⑬ "*Malus choraules bonus est symphoniacus.*" Erasmus, *Adagia* IV. 9. 38 [L. 2. 1153]。

规律生活，好预备自己管理教会⑭，叫自己更适合担任这伟大的职分。这并不是说所有的修道士都达成了这目的，或以此为目标，因为多半是文盲，然而被选上的是最合适的人。

9. 奥古斯丁对修道生活的描述*

ᶜ在奥古斯丁的作品中，有两处描述古时的修道生活。他在《论大公教会的道德观》(On the Morals of the Catholic Church)这作品中，驳斥摩尼教徒的诽谤，为修道生活的圣洁辩护；他也在另一部作品《论修道士的工作》(On the Work of Monks)中斥责某些堕落的修道士，因他们开始败坏修道制度。我将尽可能用他自己的话来概括他对这职分的教导。修道士弃绝世俗的诱惑，并共同过清白和圣洁的生活。他们住在一起，过祷告、读经并讨论神学的生活。他们没有自鸣得意；没有因悖逆而混乱，或充满嫉妒；没有拥有自己的财产；没有去烦扰其他人。他们用手赚够他们生活的钱，却没有多到引诱他们离弃神。他们将自己所出产的货交给"组长"(dean)。这些组长非常谨慎地管理所有一切，并向他们称为"院长"的人交账。这些院长不但在道德上没有瑕疵，而且在神学上也非常优秀，甚至在凡事上与众不同。他们毫不高傲地辅导那些他们所称为"儿子"的人；他们以大权威吩咐自己的儿子，后者也甘心乐意地顺服。每天晚上每一位"儿子"在禁食中仍从自己的房间出来聆听神甫的教导。每一位院长至少负责教导三百个人（他说的多半是埃及和东方）。之后，他们为获得身体的营养吃东西，只足够维持自己的健康；他们约束自己的胃口，免得吃得过多，虽然他们能吃到的只是粗茶淡饭。他们不但禁戒肉和葡萄酒到能治死自己的情欲，甚至也禁戒其他刺激胃口的饮食。然而，有些权威人士习惯于荒唐无耻地说，肉类之外的食物"更洁净"，并以它们与肉类不同为由放纵自己的可耻欲望。一切超

---

⑭ Augustine, *Letters* 48. 2；60. 1（MPL 33. 188，228；tr. FC 12. 232，301）.

过自己需要的饮食（和他们努力地做工以及节约所剩的）被细心地分给穷人，比分配者自己所得的更细心。他们没有为自己留下多余的东西，而是以各种方式把多余的分出去。他在另一处描述他们规律的生活（他在米兰和其他地方所看过的）说："在这样的情况下，没有人被敦促去做他所无法承担的事；没有人将他所拒绝的东西压在他身上；也没有人因承认自己的软弱被别人谴责。因他们记住圣经何等看重彼此相爱；他们也记住'在洁净的人，凡物都洁净'（多1：15）。因此，他们也警醒，没有禁戒某些饮食（因将之看为污秽），而是禁止私欲并保持对弟兄的爱。他们也记住'食物是为肚腹，肚腹是为食物'（林前6：13）。但许多刚强的信徒为软弱者约束自己。许多人这样做不过是因他们喜悦从粗茶淡饭中得到自己的营养。因此，他们在健康时约束自己，在生病时，若是为了身体的健康，他们会毫不犹豫地多吃一点。许多人不喝酒，但并不是他们认为酒是玷污人的东西，因他们极为人道地将之赐给软弱的弟兄，和那些为了身体健康需要喝酒的人；而且他们以弟兄的爱劝诫一些因自己的愚昧拒绝喝酒的人，免得他们的迷信使他们变得更软弱而不是更圣洁。所以他们殷勤地操练自己的敬虔，但他们也晓得操练身体只有暂时的益处。因此，他们特别强调弟兄的爱：饮食、言语、衣裳、面貌——这一切都伏在彼此相爱的原则之下。他们聚集在一起，渴望彼此相爱。他们将冒犯彼此相爱视为与冒犯神一样邪恶。若有人拒绝彼此相爱，他就被开除，且从此之后完全不被理会；若有人藐视彼此相爱，他当天就会被开除。"⑮

敬虔的奥古斯丁这样为我们描述古时的修道生活。虽然他以上的解释不短，但我仍决定引用他的话，因我晓得若收集其他不同之人相同的教导，我的解释必定比以上的更长。

---

⑮ Augustine, *On the Morals of the Catholic Church* 31.67; 33.70-73 （MPL 32.1328-1341; tr. NPNF IV. 59f.）. 与大部分的时候一样，加尔文在这里用的是摘要。参阅 Smits I. 243 ff.。

10. 古时与后来修道生活的比较

ᶜ然而,我并不打算将这事情辩论到底。我只不过希望不仅简单地指出古时教会的修道士如何,而且让人明白当时修道士的职分如何。这样,聪明的读者们会发现天主教用古代的历史支持现今的修道生活,不过是在证明自己的无耻而已。奥古斯丁在为我们描述圣洁以及合乎圣经的修道生活时,一定会废掉那些主的话语不认为是必需的严苛要求。

然而,现今这些要求已严苛到无以复加的地步!他们居然教导:若有人在衣服的颜色、饮食的种类,或其他无关紧要的仪式上,与他们的教导有丝毫差异,这是无法得赦免的罪。奥古斯丁直接地教导修道士不准因自己的懒惰靠别人的支持过生活。他甚至否定当时任何有秩序的修道院里会有这一类的事发生。⑯然而,现今的修道士认为闲懒是他们圣洁生活的主要部分。因为你若夺去他们的闲懒,他们所夸耀天使般的默想生活也一同消失了!最后,奥古斯丁所要求的修道生活,不过是一种训练,是为了帮助众信徒成为更敬虔的人。他既将弟兄的爱视为这生活至高的原则,难道我们可以幻想他会称赞这时代的几个人聚集在一起,与整个教会毫无关联的阴谋吗?⑰ 奥古斯丁反而希望修道士的榜样能照耀教会,并保守教会的合一。在两方面现代修道生活的性质与古时的修道生活差别大到几乎完全相反。现代的修道士不满足于基督吩咐他的门徒要热心追求的敬虔。他们反而幻想自己所捏造的敬虔并默想之,为了出人头地。

宣称修道士能得以完全圣洁的谬论(11—14)

11. 修道生活是完全圣洁的光景吗?

ᶜ他们若否定我对他们的指控,我想请问他们为何将"完全"这称号

---

⑯ Augustine, *On the Work of Monks* 23. 27 (MPL 40. 569; tr. NPNF III. 517).

⑰ Augustine, *On the Morals of the Catholic Church* 33. 70-73 (MPL 32. 1339-1341; tr. NPNF IV. 59 f.).

唯独归在自己的职分之上，而拒绝归在其他的职分上。我也并非不晓得他们极为狡猾的解释：修道生活要被称为完全，并不是因为这生活本身是完全的，乃是因这是达到完全最好的方式。[18]当他们喜悦在老百姓面前炫耀，当他们企图为愚昧无知的青少年设下陷阱，当他们宣告自己的特权，且当他们想要抬高自己来贬低别人时，他们夸口说自己已臻完美。当受到质问，无法维持这虚妄的自傲时，他们习惯于找这借口：他们未曾达到完全的程度，但他们所处的状态比所有其他人都更渴望完全。同时，这种对修道生活的崇拜仍存留在民众当中，他们甚至认为唯有修道生活是天使般的、完全的、毫无瑕疵的。他们以此为借口，从事最能牟利的贸易。他们所应有的自我节制不过写在几本书上。谁看不出来这是绝妙的讽刺呢？然而，我们现在假设他们不过是将自己的职分视为达到完全最好的方式。其实，连这称号都表示这是与众不同的生活方式。但谁能忍受他们这样尊荣圣经完全没有教导的职分，并将神其他的呼召视为一钱不值，虽然这些呼召不但是主亲口所吩咐的，甚至也有他所归给它们的高贵称号？当这种伪造被看重过于神亲自所吩咐以及称赞的生活方式时，难道这不是对神极大的羞辱吗？

12. 基督的生活准则是给众信徒的[*]

[c]来吧！让他们将我以上所说的视为诽谤吧！因为我说他们对神为我们设立的生活准则感到不满。即使我不开口，连他们自己的嘴巴都足够指控他们。因他们公开地教导自己所担当的重担比基督交给他跟随者的重担更大，因为他们保证遵守福音书上的吩咐，即要爱仇敌、不要自己伸冤、不可起誓，等等（太5∶33及以下），然而一般的信徒没有必要遵

---

[18] Aquinas, *Summa Theol.* II IIae. 184. 3; 186. 1. 在巴黎曾就是否允许圣法兰西斯小兄弟会（Friars）的人担任教职起了争辩。阿奎那曾为这种立场辩护，参见 *Contra impugnantes Dei cultum et religionem* (*Opuscula omnia* IV. 1-195; tr. J. Procter, *Apology for the Religious Orders*), ch. 1, 及 *De perfectione vitae spiritualis* (*Opuscula* IV. 196-204; tr. J. Procter, *The Religious State*), esp. chs. 19, 20。

守这些。他们要用什么古代教会的话证明这一点呢？古代的神学家们没有这样的幻想，他们都同心合意地宣称每一个人必须遵守基督所说的每一句话。且他们毫不犹豫、前后一致地教导这是基督给我们的命令，但这些优秀的解经家们幻想这不过是基督给我们的"建议"。[19]既然我们在上面[20]已经十分清楚地教导过这是极为有害的谬论，在此简洁地指出现代的修道生活被建立在众圣徒应当厌恶的立场上就够了，即人能够捏造一种比神交付教会的生活准则更完全的准则。[21]被建立在这根基上的一切对神而言都是可憎恶的。

13.《马太福音》19：21的含义 *

^c然而，他们又提出有另一个论据要证明自己的完全，他们也将之视为最有说服力的论据。主告诉那请教他关于完全公义的青年："你若愿意作完全人，可去变卖你所有的，分给穷人。"（太19：21）

我现在不讨论他们是否能这样行，我们暂时假设对他们而言这不是难成的事。他们因此夸耀因弃绝一切的财产，所以自己是完全的人。若这是完全的总纲，那么当保罗教导人即便将所有的周济穷人，除非他有爱，否则这人就算不得什么时，他是什么意思呢？（林前13：3）若这叫人完全的行为并行这事的人本身能说算不得什么，那么这是怎样的完全呢？他们必须这样回答：这的确是最高的，却不是唯一叫人成为完全的行为。然而，保罗在此同样强烈地反驳他们，因他毫不犹豫地说爱心——没有他们所说的放弃——是联络全德的（西3：14）。既然主人与他门徒的教导完全不冲突，且其中一位否认人的完全在乎弃绝他一切的财产，甚至说

---

[19] Aquinas, *Summa Theol.* I IIae. 108. 4；II IIae 184. 3；106；Chrysostom, *On Compunction of Heart* I. 4 (MPG 47. 399 f.)；*Against the Opponents of the Monastic Life* III. 14 (MPG 47. 372)；Augustine, *On Christian Doctrine* I. 30, 32 (MPL 34. 31；tr. NPNF II. 531).

[20] II. 8. 56 f.

[21] 加尔文拒绝接受修士的苦修与日常生活不一致的双重标准。至少从神学上来说，许多神秘主义者也持这种立场。例如 Meister Eckhart；*A Modern Translation*, by R. B. Blakney, pp. 127, 238；LCC XII. 207.

人能在这舍弃之外得以完全,我们必须晓得怎样解释基督的这话:"你若愿意作完全人,可去变卖你所有的,分给穷人。"(太19:21)

只要我们考虑基督的对象,他在此的含义将是显而易见的。我们在读所有基督的话时都必须考虑这一点。[22]这年轻人问基督他该做什么善事才可以得永生(太19:16;参阅路10:25),他的问题在乎行为,基督就叫他参考律法(太19:17—19)。当然,因为律法本身就是引到永生的道路,且若不是人的堕落拦阻他,律法就能带给他永生。基督的这回答宣告他对得永生的教导与旧约的教导没有两样。他也这样表明神的律法是完全公义的教义,同时反驳人对他的教导的一切误解,免得他被看成教导人离弃神的律法。

这年轻人并不出于恶意,却仍以虚妄的自信高傲地回答他从小都遵守了律法一切的诫命(太19:20)。无疑他离自己所夸耀的有无限的差距。而且他的自夸若是真的,那么他对达到完全一无所缺。因我们以上教导过律法包括神所要求我们的一切义行,律法之所以被称为永生的道路也证明这一点。为了教导这年轻人他离自己所夸耀的义有多大的距离,必须鉴察出他最隐秘的罪。他既然有丰盛的财富,这就是他心里最关注的东西;他既然没有感觉到这隐藏的伤口,基督就刺激他。他说:"去变卖你所有的。"(太19:21)他若是他所以为的那么完全遵守律法的人,他就不会听到基督的这吩咐之后,忧忧愁愁地走了(太19:22)。因为那尽心爱神的人,不但会将一切拦阻他爱神的事物看作粪土,他甚至会逃避它,就如逃避瘟疫一样。

所以,当基督吩咐那贪心的富人奉献他所有的一切时,就如吩咐有野心的人放弃他一切的尊荣,吩咐享乐主义者放弃他一切的享受,或吩咐淫乱的人放弃他一切的情欲。所以,人的良心若听律法一般的吩咐而

---

[22] 加尔文在此申明一个他一直持守的解经原则:他完全反对不负责任地引用圣经经文,却不顾它的上下文和原意。

不知罪,他特别的罪要被指出来。我们的敌人将这特殊的吩咐运用在众人身上,就好像基督在此是在教导人要放弃财产才得以完全。其实,基督的这话不过是要逼那极度自满的人知罪,叫他明白他离他自以为拥有的完全顺服还有很长的距离。

我知道一些教父误会了这经文,导致矫情的自甘贫穷,认为只有那些放弃一切世俗的财产,并赤身露体地服侍基督者才被视为有福。㉓但我希望一切善良、平和的人满足于我自己的解释,好让他们确定基督在此的含义。

14. 修道士的教派仪式*

ᶜ然而,那些戴着斗篷的修道士之后所捏造的自我完全是为了制造某种双重的基督教,与教父的意思截然不同。因为在古时候,将修道职分与洗礼相比,甚至公然视之为一种第二次受洗,这样的亵渎教义还未曾兴起。谁会怀疑教父会全心全意地厌恶这亵渎之举呢?

至于奥古斯丁最后所说关于古时修道士的话——他们不顾一切地培养自己的爱㉔——难道我们需要用言语证明这与现代的修道士截然不同吗?事实本身告诉我们,所有进入修道院的人都与教会分离。为什么呢?他们借着采取一种特殊的侍奉,且私底下施行圣礼,难道这不是离弃那合乎圣经的教会吗?这若不是破坏教会的团契,什么是呢?如果要对前面的比较做个总结的话,我们要问他们这方面与古时的修道士有何关联呢?古时的修道士虽然与别人分开住,但他们却没有特别的教会;他们与其他的信徒一起领圣餐;他们参加一般的聚会,也是神百姓的一分子。但他们既然个别设立自己的祭坛,难道他们这样做不是分裂教会的

㉓ 参阅 Ambrose, *Concerning Widows* 12.73; "Thou shalt not kill" (不可杀人) 是诫命; "sell what thou hast" (变卖你所有的) 是忠告 (MPL 16.256; tr. NPNF 2 ser. X.403); Jerome, *Commentary on Matthew* III, on Matt. 19:21 (MPL 26.137)。

㉔ Augustine, *On the Morals of the Catholic Church* 33.73 (MPL 32.1341; tr. NPNF IV.60)。

合一吗？因他们已经将自己与整个教会隔绝了，并藐视主所喜悦用来保守他百姓的和睦与爱的一般服侍。一切现代的修道院都是分门别派者的聚会所，因他们搅扰教会的秩序，并将自己从合乎圣经的教会里分别出来。且为了强调这分别，他们用许多不同教派的名称称呼自己。他们甚至无耻地以保罗所厌恶的东西为傲（林前1∶12—3，3∶4）。除非我们以为，当许多哥林多信徒称赞一位教师，且其他的信徒称赞另一位教师时，他们成功地分开了基督！当许多人称自己为本尼迪克会士（本笃会士），其他的称自己为法兰西斯会士（方济会士），又有一些称自己为多米尼克会士（道明会士），都拒绝称自己为基督徒时，难道这不是冒犯基督吗？当他们高傲地用这些称呼代表自己的信仰，为了证明自己与一般的基督徒与众不同时，这只不过是增加他们的罪！㉕

古代教会与修道生活的不同点：新约教会的寡妇和女执事并不是修女（15—19）

15. 修道士的行为越来越堕落

ᶜ我以上所指出关于古代修道士和现代修道士彼此的差别，不是在道德上，乃是在职分上。读者们要记住我上面的主题是修道生活而不是修道士，且我所提到的错误并不是几位修道士的错误，乃是那些与修道生活无法分开的错误。

但我们若详细地讨论修道士之间的道德生活有极大的不同，难道这会对我们有帮助吗？十分清楚的是：没有任何团体比他们被更多污秽的邪恶所玷污；没有任何人的纷争、怀恨、结党以及阴谋比他们更强烈。确实，有几个修道院的修道士生活纯洁，若我们能将压抑情欲到没有爆发出来的程度称为纯洁。但在十个修道院当中，你几乎找不到一个不是

㉕ 指控修会分门别类并非新事，威克里夫比加尔文更加强调这一点。更多的参考资料，请参阅 H. B. Workman, *John Wyclif* II. 93；LCC XIV 32 f., 44, 60。

淫秽之所，而是纯洁的避难所。他们怎样表现在饮食上的节制呢？他们吃得像猪那样肥。为了避免他们指控我不公平地说他们坏话，我在此告一个段落。但就我所说的几件事情，任何熟悉修道院的人都会承认，我一点儿也不夸张！

虽然奥古斯丁大大地称赞那时代修道士的纯洁，但同时埋怨另外还有一些流氓用邪恶的诡计企图欺骗较单纯之人的钱。他们无耻地将某一个死人的骨头当作殉道者的遗物，并贩卖给他们；他们以其他类似的恶行叫修道院蒙羞。奥古斯丁不但说他没有看过比在修道院里修道更善良的人，他同样也遗憾地承认他没有看过比在修道院里堕落还败坏的人。㉖他若能看到现代修道院里充满各种恶行，他会怎么说呢？我说的不过是众所周知的事。

其实，我的这指控并非毫无例外地包括一切修道士。因就如奥古斯丁所说，那时代的修道院虽然有善良的人，但他们当中也有一些恶人在内，同样地，我也可以说，虽然现代的修道士从古时候的圣洁中严重地堕落了，但还不至于在他们中间没有一个善良之人。但这些稀少的人被隐藏在一大堆邪恶和堕落的人里面，且这些良善的人不但被藐视，他们同时也受到性骚扰，甚至有时受到其他修道士很残忍的对待。就如米利都人的箴言所说，在他们当中应该没有留下好人可坐的位置。㉗

16. 对古时修道生活的批判

ᶜ我相信借以上对古时和现代修道生活的比较，能达到以下的目的：就是要证明，现代修道士用古代教会的情况，证明他们现在的职分合乎真道是错误的，因它们的分别与人和猩猩之间的差别一样大。

㉖ Augustine, *On the Work of Monks* 28.36 (MPL 40.575 f.; tr. NPNF III.517); *Letters* 78.9 (MPL 33.272; tr. FC 12.384).

㉗ 这句箴言找不到出处。这段形容米利都人的骄傲和严苛，在阿特纳奥斯 (Athenaeus), *The Deipnosophists* XIV.625，引自 OS V.253，但只有暗示性描述，找不到类似的语句。

然而，我仍坦白地说，我对奥古斯丁所称赞的古时修道生活至少有一方面不满意。我承认他们严厉地自我节制并不是出于迷信，然而这些行为同样也包括某种程度的假冒为善和扭曲的热忱。㉘他们撇下自己的一切财产，毫无世俗的忧虑，是很美的事。但神所喜悦的反而是忠心地管理家庭，且这忠心的管家弃绝一切的贪婪、野心以及其他肉体的私欲，而专心在神给他的特殊呼召之下服侍神。为了哲学研究而离群索居是一回事，但逃跑到沙漠或旷野里，并同时离弃主所吩咐我们的本分，就如我们恨恶人类那样，则是另一回事。即使我们说那职分里没有任何邪恶，但它会带给教会一种毫无意义甚至危险的榜样，因此是极大的罪恶。

17. 修道士的誓愿，尤其是独身的誓愿

我们现在要讨论那些修道士在加入这著名修会时所发的誓愿。

首先，因他们企图捏造一种新的敬拜方式，好博得神的喜悦，从以上的教导我可以推断出，他们一切的誓愿在神面前都是可憎恶的。㉙

其次，既然他们完全不理会神的呼召，在没有神认可的情况下随意选择自己所喜欢的生活方式，我认为这是既轻率又不合乎圣经的职分。因他们的良心在神面前无法站立得住，且"凡不出于信心的都是罪"（罗14：23）。㉚

此外，他们约束自己在许多邪恶和亵渎的敬拜方式里，而我因此推论他们的敬拜不是献给神，乃是献给邪灵。为何旧约里的先知说以色列人将自己的儿女献给邪灵而不是献给神（申32：17；诗106：37）？这就是因他们以亵渎的仪式败坏了那对神纯正的敬拜。难道我们没有理由说这些头戴斗篷、用千万亵渎的迷信敬拜神的修道士也是一样吗？

㉘ "κακοζηλίαν"，这是加尔文极少数不同意奥古斯丁的例子之一。
㉙ 参阅IV. 10. 17；IV. 13. 1。
㉚ 参阅III. 15. 6；IV. 13. 2。

他们有怎样的誓愿呢？他们在神面前许愿保持童贞到死为止，仿佛他们从前与神立了不结婚的约。他们也毫无根据地说这誓愿唯独仰赖神的恩典。因神既然宣告这恩赐不是他赐给所有的人（太19∶11—12），我们就不可确信这特殊的恩典一定是他赐给我们的。然而，那些有这恩赐的人使用它服侍神。若他们在任何时候深感肉体私欲的攻击，他们就当投靠唯一拥有可抵挡这诱惑之大能的神。他们若没有受神大能的帮助，就不可藐视神所提供他们的解决办法。因为神的话语清楚地教导一切没有领受禁欲这恩赐的人，都是神清楚地吩咐要结婚的人（林前7∶9）。我所说的"禁欲"不只是帮助身体避免犯淫乱，也是帮助人在思想上保持纯洁、不受玷污。因保罗不但吩咐我们当避免一切外在的淫行，他同样也吩咐我们避免一切思想上的情欲。天主教徒说：从一开始人就要全心全意地向神献身，就应当许禁欲的愿。㉛我承认古代的习俗允许人这样许愿，但我不可能相信那个时代纯洁到我们必须将他们一切的习惯当作教会永久的准则。之后，他们渐渐地养成了一个习惯，即在许这愿之后，人不可后悔而决定结婚。在西普里安的时代，他们未曾养成这习惯，他说："若童贞出于信心将自己献身给基督，他们就当诚实无伪、纯洁端庄地守这誓愿。他们应当在这誓愿下刚强地等候童贞的奖赏。但他们若不愿意或不能继续守这誓愿，我宁愿他们结婚，也不可因自己的过犯而下地狱。"㉜但他们若现今想要诚恳地离开自己所许的愿，就必定受到很严厉的斥责和咒骂！这就证明他们已经远离了古代的习惯。因他们不但毫不饶恕任何一个无法继续遵守这誓愿的人，甚至无耻地宣称：他若以结婚解决他肉体的不节制，就比淫乱、污秽的身体和灵魂更为邪恶。

㉛ Clichtove, *Antilutherus* I. 21, fo. 44b; *Propugnaculum ecclesiae adversus Lutheranos* II. 8 ff., fo. 75 ff.
㉜ Cyprian, *Letters* 4. 2 (CSEL 3. 2. 474; tr. ANF [letter 61. 2] V. 357).

18. 《提摩太前书》5∶12 里寡妇的案例

ᶜ但他们仍坚持想证明连使徒都习惯这样许愿。因保罗陈述：那些开始在教会里公开服侍神的寡妇，若之后结婚就算背弃当初所许的愿（提5∶11—12）。我并不否认那些献身服侍教会的寡妇决定独身到死为止，但她们这样行并不是因她们认为独身本身是某种敬拜神的方式（后来才开始变成那样），乃是因她们知道她们若要负婚姻的轭，㉝不能自主，就无法担任她们的职分。然而，当她们这样献身之后，若考虑结婚，难道不是弃绝神所给她们的呼召吗？难怪保罗说她们情欲发动就是违背基督（提前5∶11）！他之后强调，她们若没有遵守自己对教会的承诺，同时也在违背和废弃洗礼的承诺（提前5∶12），因为洗礼的承诺包括个人当遵守神给他的呼召。除非你比较喜欢这样的解释：在她们完全丧失羞耻感之后，就不顾一切地放纵自己，屈从于各式各样的淫行和不洁的罪，其放荡与纵欲的生活与基督徒的妇女所当过的生活完全不相称。我也很喜欢这样的解释。

我的答复是：当时在教会里被接受公开服侍神的寡妇，接受一辈子独身的条件。她们若之后结婚，我们就能了解她们怎样陷入保罗所说的罪：她们因抛掉一切的羞耻而变得放荡，与基督徒妇女所当保持的生活完全不相称（提前5∶13）。她们不但因违背自己对教会的承诺而犯罪，甚至因此再也不配称为敬虔的妇女。然而，首先我坚持认为她们决定独身唯一的理由是：婚姻与她们所接受的职分有冲突；我也坚持认为，她们自己想要独身，这完全是她们呼召的要求。其次，我也不承认她们限制自己到一直被肉体的情欲所搅扰，或落入任何污秽的行为比结婚更好。再其次，保罗在此所定的年纪，一般来说是比较不受情欲攻击的年龄，尤其是当他吩咐只要选择那些满足结婚一次的人，因为他们已经证

㉝ 从这句话以及这一段的后半段，我们看出加尔文实际认可某些教会的职分应由独身者担任。参阅 Ⅳ. 4. 10；Ⅳ. 5. 10；Ⅳ. 12. 23。

明自己能守节。此外,我们之所以不接受独身的誓愿,唯一的理由是这誓愿被错误地视为某种对神的服侍,且这常常是那些没有领受禁欲恩赐的人许的愿。

19. 修女的情况是截然不同的^{*}

^c然而,将这经文运用在修女身上怎么说合乎真道呢?因为女执事之所以被指派,并不是要她们以歌颂和模糊不清的言语平息神的怒气,不是要她们从此以后游手好闲地过日子,乃是要她们承担教会对穷人的服侍,并以一切的热忱、刻苦以及勤勉尽爱的本分。她们在神面前许愿独身,不是要以这誓愿本身当作某种对神的侍奉,而只是因为:这样就能更自由地履行自己的职责。最后,这不是在年轻或中年时所许的愿——免得她之后发现自己所陷入的危险是何等之大,但为时已晚;而是她们已经过了最危险的年龄,之后许这既安全又圣洁的愿。为了避免过于强调前面的两个重点,我说当时是不允许接受未满六十岁的妇女禁欲的誓愿的,因为保罗只接受六十岁的妇女(提前5:9),但劝年轻的妇女结婚、生小孩(提前5:14)。所以,他们允许十二岁,之后是二十岁,再后是三十岁的许这愿,是无可推诿的事。且他们不但用欺哄,甚至以强迫以及恐吓的方式逼小女孩负这可咒诅的轭,是更不能接受的罪。㉞

我不打算花时间抨击最后两种誓愿。㉟我只要说:这些誓愿除了在今日充满许多的迷信之外,似乎是专门为了欺哄神和人所发明的。然而,为了我们不被看为过于刻薄地批评每一个小点,我们读读以上一般的反驳就够了。㊱

㉞ 参阅IV. 13. 8,注释 11;路德在 1524 年 8 月写给三位修女的信(*Werke* WA *Briefe* III. 326-328;tr. LCC XVIII. 270 ff.),反映出他的论文 *On Monastic Vows* (*Werke* WA VIII. 564-669)中所写的。参阅第八节注释 11。
㉟ 贫穷和顺服的誓愿。路德在 *On Monastic Vows* (*Werke* WA VIII. 641-647)中用了不少篇幅讨论。
㊱ 见上文第二节。

不合乎圣经以及迷信的誓愿没有约束力（20—21）

20. 圣经所不允许的誓愿是否有约束力？

°我相信我在上面已经足够清楚地解释了哪一些誓愿合乎真道以及蒙神悦纳。但那些无知和良心胆怯的人，即使他们不喜欢或不赞同某种誓愿，有时仍旧怀疑自己是否有责任遵守。他们一方面想到自己违背对神的承诺时，感到非常困扰，良心备受折磨；另一方面，他们害怕遵守这誓愿反而犯更多的罪。因此，我们必须尽量救他们脱离这样的困境。

然而，为了从一开始澄清一切的误会，我说一切不合乎圣经或不正当的誓愿，既因在神面前毫无价值，就应该被我们看为无效。因当我们与别人签约时，只有那些对方希望我们受约束的保证，对我们才有约束力，若我们认为人必须守神自己都不要求我们的誓愿，这是极其荒唐的事。特别是因为，只有那些讨神喜悦且我们的良心见证它们讨神喜悦的行为才是好的。因这是不改变的原则："凡不出于信心的都是罪。"（罗14：23）保罗的意思是：当我们在疑惑中行事时，这对我们算为罪，因为一切善行的根基都是信心，因为信心告诉我们自己的行为蒙神喜悦。因此，既然基督徒不准许在这确信之外做任何事，那么若人因无知轻率地做事，他一旦发现自己的错误，难道他不应该停止吗？因为轻率许的愿属于这类誓愿，它们不但没有约束力，而且应该被撤销。既然这些誓愿在神面前不但没有价值，甚至是神看为可憎恶的，就如我们上面所证明的那样，㊲我们当怎么办呢？我们无须继续谈这个问题。我认为这证据足以安慰敬虔之人的良心，并除掉他们一切的疑惑——一切不出于纯洁之泉源，以及不合乎真道之目的的行为，都是神所弃绝的，神禁止我们继续陷在其中就像禁止我们开始一样。由此可见，一切来自谬误和迷信的誓愿，在神面前没有价值，也是我们所必须离弃的。

㊲ 上文的第一节。

21. 修道士对誓愿的违背

ᶜ此外，明白这解释的人就有办法为那些为了荣耀神而离弃修道生活、受恶人诽谤的人辩护。他们被严厉地指控背信以及起假誓，因他们违背了连接他们与神和教会的所谓"不可解除"的契约。㊳但我确信当神取消人所肯定的，就没有约束了。其次，我承认在他们对神无知，并在谬误当中行事为人时，他们的确受捆绑；但如今在他们被真理的知识光照之后，他们被基督的恩典释放。因既然基督十字架的能力大到能救我们脱离那捆绑我们之律法的咒诅（加3：13），它更能救我们脱离那外在的铁链，因这只不过是魔鬼奸诈的网罗！毫无疑问，基督借福音亮光所光照的人，同样也从迷信所带给他们的一切捆绑中，被基督释放出来。

然而，得释放的人若不适合独身，他们还有一个理由。因为若神所预定拯救的人无法遵守他所许的愿，且他的不遵守必定灭亡，那么他必须弃绝那誓愿。我们在上面已经解释过，禁欲的誓愿㊴对于神没有赐赏这恩赐的人而言，是不可能遵守的（太19：11—12）。即使我闭口不言，整个教会的历史也足以说明这一点。几乎所有的修道院都充满很严重的邪恶，这是众所周知的。若他们当中有几个人看起来比其他的修道士更体面、更谦恭，我们不能因此说他们是纯洁的，因为不纯的恶即使被压抑和隐藏，仍然在人心里。因此，神以极为可怕的方式报应人的傲慢。因他们对自己的软弱无知，违背自己的本性，贪恋神没有给他们的恩赐，并因不选择神给人克服这引诱的方式，而误以为自己能以顽梗和悖逆胜过这引诱。当人被教导他需要结婚，且婚姻是神赐给他作为补救时，若他不但藐视婚姻，甚至以誓愿约束自己而藐视它，难道这不就是顽梗吗？

㊳ Clichtove, *Antilutherus* (1524) I. 21, fo. 39b. 在 *On Monastic Vows* 中，路德呼吁那些在许愿之下的人维护福音中的自由（*Werke* WA VIII. 668）。
㊴ 上文的第十七节。

ᵉ第十四章 ᵃ圣礼①

"圣礼"一词的解释：圣礼是神盟约的记号（1—6）

1. 定义*

ᵃ与真道的宣讲相关，圣礼是另一个增加人信心的方法。教导人关于圣礼的教义十分重要，这样我们就能知道神设立圣礼的目的如何，并知道在这时代圣礼有何用处。

首先，我们必须思考何为圣礼。ᶜ ⁽ᵃ⁾ 我想一个既简单又正确的定义是，圣礼就是某种外在的记号（sign），而主用之将他祝福我们的应许印在我们的良心上，为要支撑我们软弱的信心；我们相应地通过圣礼在神、天使和人面前见证我们对神的敬虔。更为简洁的定义是：圣礼是神对我们恩典的见证，且神借外在的记号以及我们对他敬虔的见证确认这恩典。ᶜ不管你喜欢前一个定义还是后一个定义，其含义都与奥古斯丁的

---

① 第十四至第十七章系统地谈到圣经中的圣礼，第十八和第十九章特别驳斥弥撒的教义和罗马天主教外加的五项仪式，他们也称之为圣事。其他讨论加尔文圣礼观的文献有：J. Beckmann, *Vom Sacrament bei Calvin*；W. F. Dankbaar, *De Sacramentsleer van Calvijn*；R. S. Wallace, *Calvin's Doctrine of the Word and Sacrament*, esp. chs. 6, 11-18；A. Lecerf, *Etudes Calvinistes*, pp. 33-43（"l' election et le sacrement"）；D. M. Baillie, *The Theology of the Sacraments*。见 Pannier's note, *Institution* III. 199, note a on p. 317。

定义没有两样。他教导圣礼是"神圣事物的可见表记"或"一种不可见恩典的可见形式"。②但我自己的定义对圣礼本身是更好和更清楚的解释。奥古斯丁的定义非常简洁，有些模糊之处，因此一些比较没有学问的人搞不清楚。所以我说得比较详细，使人毫无疑问。

2. "圣礼"这个词

ᶜ古代的神学家们为何使用这个词，是十分清楚的事。当时的翻译将希腊文 μυστήριον（奥秘）翻成拉丁文时，特别当这个词指的是神圣的事物时，他将其翻成"圣礼"（sacrament）。譬如，在《以弗所书》里："叫我们知道他旨意的'奥秘'。"（弗1：9）以及"想必你们曾听见神赐恩给我，将关切你们的职分托付我，用启示使我知道福音的'奥秘'。"（弗3：2—3 p.）在《歌罗西书》中："这道理就是历世历代所隐藏的奥秘，但如今向他的圣徒显明。神愿意叫他们知道这'奥秘'。"（西1：26—27 p.）以及在《提摩太前书》中："大哉敬虔的'奥秘'，无人不以为然！就是神在肉身显现。"（提前3：16 p.）他翻译时不想用"秘密"这个词，免得他不能充分表达它的伟大。所以他以"圣礼"代替"秘密"，但它却是指神圣的事物。该词的这个含义常出现在教父的作品中。ᶜ且拉丁人称为"圣礼"，希腊则称之为"奥秘"。只要我们知道这一点就不至于误会。ᶜ因这缘故，圣礼逐渐被用来表示那些庄严地代表崇高和属灵的事物。奥古斯丁也教导圣礼有这个含义，他说："如果要讨论各种不同的用于代表神圣事物的'圣礼'，实在是令人厌烦的。"③

---

② 加尔文的这句话出自奥古斯丁的 *De catechizandis rudibus* 26.50 （MPL 40.344；tr. ACW II.82）中。参阅 *Letters* cv. 3.12 （MPL 33.401；tr. FC 18.205）；*Questions on the Heptateuch* III. 84 （MPL 34.712）。这里的用语（1536年版）重复出现于 *Instruction in Faith* （1537）（OS I.411；tr. Fuhrmann, p.68）。又见富尔曼（Fuhrmann）的注223，93页对加尔文使用"sign""mark""seal""token"（Latin, *tessera*, French, *méreau*）的解释。富尔曼提出，这些词常被错误地翻成"象征"（symbol），这个词在加尔文讨论圣礼的时候并不常用。参阅IV.16.4，注释7；G. MacGregor, *Corpus Christi*, p.177；Pannier, *loc. cit.*, note b；OS V.306, note e。参阅IV.15.1，注释3；IV.17.10，注释29。

③ Augustine, *Letters* 138.1, 7 （MPL 33.527；tr. FC 20.40）。

3. 真道和记号

^a根据我以上的定义,可见圣礼总是与神曾给我们的应许有关。圣礼是神某种应许的附加物,且其目的是要肯定和印证神的应许,并使我们更明白这应许,以及在某种意义上认可神的应许。神以这方式俯就我们的愚昧和迟钝,然后也俯就我们的软弱。然而,准确地说,与其说需要圣礼确认神的圣道,不如说需要圣礼坚固我们对圣道的信心。因为神的真理本身坚定不移,所以他的自我确认是最可靠的确认。但既然我们的信心既小又软弱,它会颤抖、摇摆、动摇,甚至最后坍塌,除非用各种方式从各方面支撑它。所以我们慈悲的主,根据他无限的仁慈,俯就我们的软弱。既然我们是行走在地上、专靠肉体,甚至没有任何属灵思考的受造物,主屈尊俯就,以这些物质的东西,引领我们归向他自己,以肉身的形式在我们面前设立一面属灵祝福的镜子。^c我们若是没有身体的灵(就如克里索斯托所说),主就必定以属灵的方式赏赐我们这些。但既然我们的灵魂披上了身体,主就借有形之物赐我们属灵之事。④^a这并不代表那些圣礼本身拥有它们所代表的属灵福分的性质,而是说神赋予了它们意义。

4. 真道必须解释记号[*]

^c对此一般的解释是说:圣礼包括真道和外在的记号。然而,我们不应当将真道视为某种毫无意义并在信心之外被悄悄说出来的一句话、一种声音,就如某种能叫饼或杯发挥力量的魔咒。相反,这真道在传扬时,应当叫我们明白那有形记号所代表的意义。

由此可见,在天主教的专制之下所施行的圣礼,不过是某种对神的奥秘的可怕亵渎。因他们认为只要神甫含糊不清地念叨祝圣的套语就够

---

④ 1559 年版本的这个标记 "*Homil. 60 ad populum*",所引用的内容根据克里索斯托的作品集Ⅳ.581 不在现代版本,而在 1530 年的巴塞尔版本。

了，即使百姓满脸疑惑，一点都不明白。事实上，他们有意要确保在施行圣礼时，百姓学不到任何教义，因为神甫在没有学问的人面前都用拉丁文。之后，他们更加迷信，甚至以几乎无人听到的微声施行圣礼。

然而，奥古斯丁对于在圣礼中之真道的教导截然不同："在有形之物上加上真道，就成为圣礼。因为水一旦碰到身体，就洗净他的心，难道这大能不就是来自神的真道吗？这并不是因为真道仅仅被说出来，而是因为他被相信。真道被说出来的声音是一回事，他所带来的大能则是另一回事。保罗说：'这是我们所传信主的道。'（罗10：8）同样《使徒行传》中也说：'借着信洁净了他们的心。'（徒15：9）使徒彼得也见证：'这水……拯救你们；这洗礼本不在乎除掉肉体的污秽，只求在神面前有无亏的良心'（彼前3：21 p.）、'这是我们所传信主的道'（罗10：8），而且这道将洗礼分别为圣，使它能洁净人。"⑤

由此可见，圣礼需要借传道才能产生信心。我们也无须费力地证明这一点，因为基督所做的，所给我们的吩咐，以及使徒和较纯正的教会所做的十分清楚。事实上，从创立世界以来，我们都晓得当神给敬虔的族长任何记号时，这记号与教义有密不可分的关系，不然我们的肉眼看到这些记号就毫无意义。因此，我们每当听到牧师在圣礼中证道时，我们当明白牧师以清晰的话语所宣告的应许，引导会众明白这记号所指的真正含义。

5. 圣礼是印证

ᵃ我们不可理会那些企图用狡猾的辩论攻击我们的人。他们说：我们可能明白也可能不明白那先于圣礼的真道是神真正的旨意。若明白，那

---

⑤ Augustine, *John's Gospel* 80.3（MPL 35.1840；tr. NPNF VII.344）. 参阅华莱士的 *Calvin's Doctrine of the Word and Sacrament*, pp. 135 f.。这里所引《彼得前书》3：21，*carnis*，即"肉体"一词，就像武加大译本中的用法一样，相当于希腊文 $\sigma\acute{\alpha}\rho\xi$。在第四卷第十六章第二十一节，加尔文使用"body"（*corpus*）。

么接下来的圣礼就不会带给我们任何新的教导。若不明白,那圣礼(因它所发挥的力量完全在乎真道)也不会教导我们神的旨意。我们简洁的答复是:政府文件上的封印和其他公共行为本身毫无意义,因为若纸上面没有字,盖章在上面也没有意义。但当它盖在文件上时,文件便生效了。我们的论敌不能说这比方是我们最近才编造出来的,因为保罗自己也举同样的例子,他将割礼称为"印证"⑥(罗4:11)。ᵇ保罗在那一节经文里明确地教导亚伯拉罕的割礼没有叫他称义,乃是印证那早已借着信心叫他称义的盟约。且我们若教导圣礼印证神的应许,怎么会大大冒犯人呢?因为显然神的应许是互相印证的。证据越清楚,越能够支持我们的信心。但圣礼教导我们神最清楚的应许,且圣礼在另一方面比真道占优势,因为圣礼十分清楚地表现神的应许,使之清晰如画。且人常用盖印的文件与圣礼彼此的区分,反对我们用这比方。⑦他们说既然两者都包括世上的物质,前者不足以印证神的应许,因他的应许是属灵和永恒的,后者则被用来印证君王的敕令,但这些敕令完全在乎暂时的事物。但这样的反对不应该搅扰我们。其实,当信徒亲眼看到圣礼时,他不只停留在眼睛看见它们,而会以我上面所解释的步骤,敬虔地默想那些隐藏在圣礼中的神的奥秘。

6. 圣礼是盟约的记号

ᵃ既然主称他的应许为"约"(创6:18,9:9,17:2),也将他的圣礼称为与人立约的"证据",我们就能用人的合约代表这真理。因为杀猪不能成就什么,除非伴随着有意义的信息,甚至除非这信息先于这个仪式。因为人经常在没有任何内在或崇高奥秘的情况下杀猪。与人握手能成就什么吗?因为人经常在战争中抓住他仇敌的手。然而,当言语先于

---

⑥ "σφραγίδα",这里的论敌指的是重洗派。
⑦ 见利奥·尤德(Leo Jud)给加尔文的书信(1536年或1537年)(Herminjard, *Correspondance* VI-II. 990;CR XI. 359)。

合约时，合约中的法律被这类的记号所认可，虽然这些法律首先是用言语表达、设立及颁布的。因此，圣礼是某些使我们更相信神话语的可靠性的仪式。既然我们有肉体，神以物质的方式教导我们真理，好俯就我们的迟钝和软弱，并因此手把手带领我们，就如教师带领小学生那般。奥古斯丁将圣礼称为"可见的道"⑧，因为圣礼就如一幅摆在我们面前的画，以形象和生动的方式表现神所给我们的应许。⑨

我们可以用其他的比方更清楚地描述圣礼。我们可以称它们为"信心的柱石"，因为就如建筑物被建造在自己的根基之上，但若用柱石，这建筑物就更为稳固，照样信心被建立在神的话语的根基之上，但当加上圣礼时，我们的信心就更坚定不移。或我们可以将圣礼称为镜子，我们在这镜子中看到神赐给我们的丰盛恩典。因神借着圣礼向我们彰显他自己（就如我们上面所说）⑩，他俯就我们的迟钝，[e(a)] 借着圣礼更明确地证明他的美意和对我们的爱。

圣礼坚固信心，因为不是圣礼本身，乃是圣礼随着真道坚固信心；圣礼也是我们在人面前见证自己信仰的方式（7—13）

7. 恶人领受圣礼并不证明圣礼不重要

[a]有人主张圣礼不可能见证神的恩典，因为他们也提供给恶人，但恶人没有因此更蒙恩，反而更被定罪。但这些人不够理智，因为我们可以同样推论，说福音被传给许多不相信的人，而且许多人看到基督，却很少人接受他，所以福音和基督都不能见证神的恩典。

---

⑧ Augustine, *John's Gospel*, loc. cit.; *"tanquam visible verbum"*; *Against Faustus* 19. 16 (MPL 42. 357; tr. NPNF IV. 244). 参阅 J. C. McLelland, *The Visible Words of God*; *An Exposition of the Sacramental Theology of Peter Martyr*, pp. 129, 138; Cadier, *La Doctrine Calviniste de la Sainte Cène*, pp. 52 f.。

⑨ "εἰκονικῶς" 在 1536 年和 1545 年的版本中为 "εἰκότως"。

⑩ 上文的第三节。

ᵇ政府的文件也是如此。因为多半的人嘲笑和藐视政府的封印⑪，虽然他们知道是君王自己盖章在上面来表明他的意志。有人不理会它，因为这与他无关；有人甚至咒诅它。那么既然我的比方能运用在这两件事上，它就更该被领受。

ᵃ因此主确实在他圣洁的话语以及圣礼里面，赐给我们怜悯和他恩典的印证；然而，唯有那些以真信心接受主的话以及他的圣礼的人，才能明白神的怜悯和恩典，就如父神向万人提供和宣告基督为救主，但并不是所有的人都承认和接受他。奥古斯丁在一处为了表明同样的含义，说真道的有效性在圣礼中被发挥出来，并不是因为这真道被宣扬，乃是因为它被相信。⑫

ᶜ因此，保罗在向信徒谈到圣礼时，也说其中包含与基督的交通。譬如，保罗说："你们受洗……都是披戴基督的"（加 3：27，参阅 Vg.），以及"基督也是这样。我们……都从一位圣灵受洗，成了一个身体"（林前 12：12—13）。但当他提到对圣礼的滥用时，他教导说它们不过是索然无味和空洞的象征。他的意思是：不管不敬虔和假冒为善的人多恶劣地企图在圣礼中压制或抹去神恩典的作用，（无论何时何地神乐意）他的恶行都不能拦阻它们确实地见证信徒与基督的交通，不能拦阻它们体现神在圣礼中的应许，也不能拦阻圣灵成就它们所应许的。ᵇ⁽ᵃ⁾ 如此我们已经确定，圣礼名副其实是神的恩典的见证，它们就像是神向我们所怀好意的印证。它们既然证明神对我们的好意，就因此保守、滋养、肯定以及增加我们的信心。

ᵃ通常反驳这观点的理由既琐屑又站不住脚。他们说我们的信心若是好的，就不可能更好，因为除非它毫不动摇、坚定不移地仰望神的怜悯，⑬否则它就不是信心。这些人应当与使徒一同求主加增他们的信心

---

⑪ "αὐθεντικὸν."
⑫ Augustine, *John's Gospel* 80. 3（MPL 35. 1840；tr. NPNF VII. 344）.
⑬ Zwingli, *Commentary on True and False Religion*（CR Zwingli III. 761；tr. S. M. Jackson, *Latin Works of Zwingli* III. 184）.

才好（路17∶5），而不是这样夸口，以为自己的信心过去和将来都无人能比。

请他们告诉我们那对主说："我信！但我信不足"（可9∶24）的人有怎样的信心？因他的信心，虽然才刚开始，是好的，但当他的不信被除掉之后，必定变得更好。然而，他们自己的良心是最有力的反驳。因他们若承认自己是罪人（而这是他们无法否认的），他们必定相信这是因自己的信心不足。

8. 圣礼能坚固信心到怎样的程度？

ª然而他们反对说：腓力对太监说，你若一心相信就可以受洗（徒8∶37）。既然信心充满他的心，那么洗礼怎能坚固他的信心呢？另一方面，我问他们是否感觉自己心中有一大部分缺乏信心，且他们是否承认自己的信心每天有所长进。一位伟大的聪明人宣称他活到老、学到老。⑭同样，基督徒若不是随着年岁的增长不断长进，我们就非常可悲，因为我们的信心应当一辈子都进步，直到长成基督的身量（弗4∶13）。由此看来，在这处经文中，"一心相信"的意思并不是指信基督到完全的程度，而是要真诚地、从心里面相信基督；我们不可对自己所拥有的感到满足，而要以热忱的爱饥渴地仰望基督，圣经习惯用"一心"表示真诚和深刻的意思。譬如："我一心寻求了你"（诗119∶10）、"我要……一心称谢耶和华"（诗111∶1，138∶1 p.）。另一方面，当大卫斥责不诚实和诡诈的人时，他习惯用这句话责备他们："心口不一。"（诗12∶2）⑮

ª他们接下来反对说：若圣礼能增加信心，那么神差遣圣灵是徒然

---

⑭ 西塞罗，*Of Old Age* VIII. 26（LCL edition, pp. 34 ff.）。西塞罗指向梭伦（Solon），一个"活到老、学到老"的人，然后说他自己年纪很大了才学希腊文。

⑮ 上文关于基督徒成长的句子，是根据Bucer, *Enarrationes in Evangelia* (1530), pp. 413, 420, 455, 419。参阅下文的第十一节。关于"confess"这个词，参阅III. 4. 9，注释19。巴特认为第八节剩余的部分是在攻击卡斯帕·史文克菲（Caspar Schwenckfeld）（Pannier, *Institution* III. 205, note *b*, p. 319）。

的，因圣灵的力量以及他事工的目的就是要赏赐、保佑以及完成信心。我的确承认信心是圣灵的工作，并且唯独是圣灵所给的。我们靠圣灵的光照认识神及他丰富的仁慈。若没有这光照，我们的心会盲目到什么都看不见，并迟钝到无法感觉任何属灵的事。但在他们所宣传的神的一个祝福当中，我们反而看到三个不同的祝福。因主首先以自己的真道教导我们，其次以圣礼坚固我们的信心。最后，圣灵的亮光光照我们的心，并开导这心，使得他的话语和圣灵进来，因为在这光照之外，他的话语和圣灵只能被我们的耳朵听到，被眼睛看到，却完全不能感动我们的心。⑯

9. 圣灵在圣礼里面*

ᵇ关于信心的坚固和加增（我相信我已经解释得很清楚）⑰，我要在此提醒读者们，这是圣礼特别的工作。这并不是说我认为圣礼带有某种神秘的力量，借这力量圣礼本身能够有效地坚固信心。相反，我相信主为我们设立圣礼的目的，是要借助它们建立以及加增我们的信心。

但只有在圣灵——那内在的教师⑱随着圣礼而来，它们才能发挥自己的作用。因为唯有圣灵才能刺入、感动并开导我们的心，好让圣礼能够进来。若圣灵没有随着圣礼而来，这些圣礼便如太阳照在瞎子的眼睛上，或在耳聋的人旁边叫喊一样无效。如此，我们对圣灵和圣礼做这样的区分：行动的大能在于前者，后者只是事工本身，若没有圣灵的感动，圣礼是虚空和无用的事工，但当圣灵在内心运行以及发挥自己的大能时，这事工便大有果效。

根据这教导，敬虔之人的信心如何借圣礼得坚固是十分清楚的。换

---

⑯ 参阅 I. 7. 4。
⑰ III. 2. 3-5 和上文的第七及第八节。
⑱ "Interior ille magister"，参阅 III. 1. 4；"Christus ipse interior magister"；I. 7. 4，5；I. 8. 13；下文的第十七节。圣礼和圣经中的字句一样，若没有圣灵运行当中就没有效力。

言之，虽然眼睛借着太阳的亮光看见，或耳朵借着喉咙所发出的声音听见，然而若眼睛没有与生俱来能被光照看见的能力，就不会对任何光有反应；若耳朵不是受造能听见，他对声音也不会有任何反应。然而，假设这是真的（我们应当十分清楚、明白的事），即眼睛内在的视力以及耳朵内在的听力与圣灵在心里的工作相似——圣灵在心里赏赐、保守、滋养以及坚固信心。若是这样，我们就能得出这两个结论：圣礼若无圣灵的大能就完全无效；但对于那已经受过圣灵教导的心而言，没有任何事物能拦阻信心的坚固和加增。°唯一的差别是：耳朵的听力和眼睛的视力是与生俱来的，但基督借他超乎自然的特殊恩典在人心里做成同样的事。

10. 用人的劝说来说明*

ᵇ这样，那些困扰人的反对意见就立刻被消除了。我们若将信心的加增和坚固归于受造物，这就冒犯神的灵，因为圣灵是信心唯一的创始者。因我们并没有窃取圣灵因坚固和加增信心所应得的荣耀；相反，我们坚持认为：圣灵借他内在的光照，预备人的心接受圣礼所带来对信心的坚固和加增。

我的解释到此为止若仍旧模糊不清，在我打以下的比方之后，这教义必定变成显而易见的。你若想要用言语说服人做某件事情，你就会想到一切论据来使他接受你的观点，甚至在某种程度上不得不听从你的建议；然而除非你的对象拥有敏锐的判断力，叫他能好好地思考你的论据是否有道理，否则一切都是枉然的；且除非他有受教导的心，而且他相信你是可靠、有智慧的人，否则你一切所说的话都毫无果效，因为有许多顽固的人对理智毫无反应。即使他有受教导的心，他若不相信你的可靠性和权威，你的说服不会成功。然而你的对象若拥有这一切条件，他必定被吸引听从你的劝勉，否则他会嘲笑之。圣灵在人心里的工作也是如此。圣灵开启我们的心，使我们看见，在圣礼当中，是神亲自对我们说话，除掉我们心里的顽梗，并使之顺服它本当顺服的主的真道，免得我们的耳朵徒然听到神的话语,我们的眼睛徒然看到圣礼。最后,圣灵叫外在的言语以及圣礼,从我们的耳朵和眼睛进入灵魂中。

因此,当神的话语和圣礼将父神对我们的美意摆在我们眼前时,我们的信心就得以坚固,因我们对神的认识坚固并增加我们的信心。且当圣灵将这确据刻在我们的心版上,他就使我们的信心有果效。且在这情况下,没有任何事物能拦阻那众光之父(参阅雅1:17)借着圣灵光照我们的心,就如他借着太阳的光线光照我们的肉眼那般。

11. 神的话语和圣礼在信心的坚固下一同运行

ᵇ当主在譬喻中将他外在的话语称为"种子"时,他就在教导真道有坚固的能力(太13:3—23;路8:5—15)。因若一粒种子落在田里荒地里,它必定死;但它若被种在耕耘好的土壤里,它必定丰盛地结果子。神的道也是如此,它若落在硬着颈项者的身上,就必定不结果,就如落在沙土上;但它若落在早已被圣灵培养的人心里,就必定丰盛地结果子。若种子与神的道在这方面相同,就如我们说五谷由种子发芽、生长,以及成熟,难道我们不能说信心是由神的道开始、加增,以及得完全吗?

ᶜ保罗在不同的经文中奇妙地解释这道理。当他特意要提醒哥林多信徒神何等重用他的侍奉时,他强调这是圣灵的工作(林前2:4;林后3:6),仿佛在光照和感动人的内心上,他的传讲与圣灵的大能有密不可分的关系。但当他在别处想要教导那被人传扬的真道大有功效时,他将传道者与农夫做比较,因当农夫劳力地耕种之后,他们就没有可做的事了(林前3:6—9)。然而,耕种和浇灌若没有天上的祝福,一切都是枉然的。保罗因此得出结论:"可见栽种的算不得什么,浇灌的也算不得什么,只在那叫他生长的神。"(林前3:7 p.)所以,正因神使用他所预定的器皿彰显他属灵的恩典,使徒们在传道时才发挥出圣灵的大能。然而,我们仍要这样分辨:我们当记住人所能做的是什么,以及什么是只有神能做的。

12. 圣礼所采用的物质，其唯一的价值只在乎做神的工具[*]

[a]再者，圣礼对信心有极大的坚固作用，以至有时主若要除去人对他在圣礼中所应许之祝福的信心，他就废掉圣礼本身。当主夺去他早已赏赐亚当的永生这福分时，他说："现在恐怕他伸手又摘生命树的果子吃，就永远活着。"（创3∶22 p.）这是什么意思呢？难道那水果能重新赏赐亚当他所丧失掉的永不衰残的光景吗？绝对不能，然而主好像在说："免得他借抓住这应许的象征，而享有虚妄的确据，我就要从他的手中夺去那能带给他任何对永生之盼望的事物。"因这缘故当使徒劝以弗所信徒当记住他们从前"在所应许的诸约上是局外人，并且活在世上没有指望，没有神"（弗2∶12）时，他就说到他们以前是未受割礼的（弗2∶11）。他在此用转喻表示那些未曾领受神应许之预表[⑲]的人与应许本身无关。

对于他们的另一个异议，即我们教导神的光荣和大能归于受造物，并因此减损了神的荣耀，我们立刻就能回应：我们并没有将大能归于受造物。我的意思不过是：神使用他自己所看为妥当的方法和工具，使万物都将荣耀归给他，因为他是主也是万有的主宰。他用面包以及其他的饮食喂养我们的身体，他用太阳光照地球，并用太阳的热使之温暖；然而，除非神喜悦借这些工具祝福我们，否则面包、太阳以及火都算不得什么。同样地，主借圣礼滋养我们属灵的信心。这些圣礼唯一的用处是要将主的应许摆在我们面前，使我们能用肉眼看见神的应许，更确切地说，是作为他应许的保证。我们不可信靠神出于他自己的慷慨和慈爱所赐给我们使用的受造物。神借着他的受造物丰盛地赏赐我们他自己的恩惠，但我们不可赞扬它们或宣告我们的益处来自这些东西。同样地，我们不可将圣礼本身当作信心的对象，也不可将神所应得的荣耀归给它

---

⑲ "*Tesseram*"参阅上文注释2。

们。相反，我们应当将这一切放在一边，并相信而宣告神自己才是圣礼以及万物的创造主。

13. "圣礼"这个词*

ᵃ又有人想用"圣礼"这个词的词源来证明自己的立场，但根本没有说服力。他们说虽然圣礼在许多不同作者的作品中有很多含义，然而它只有一个意思与"记号"相合，即这个词表示士兵在他开始服兵役时对长官所发的誓言。[20]就如新兵用誓言对自己的长官表示他的忠心，并宣誓要在军队服务，我们借着圣礼的记号，宣告基督是我们的元帅，并见证我们在他的旗下侍奉他。[21]他们也举其他的例子，以便更清楚地表达自己的意思。就如罗马人的宽长袍，这穿着将他们与希腊人区别开来，且就如在罗马地位是以徽章来区别（参议员穿紫色的袍子以及月亮形状的鞋子，将自己与骑士区别开来，而骑士则戴戒指，将自己与百姓区别开来），我们也有自己的象征，能将我们与亵渎的人区别开来。[22]

然而，从前面的论述我们可以清楚地看到，这些古代的人用"圣礼"这个词来指记号，完全不理会拉丁作者的用法。他们为了自己的方便创造了新的定义，单单用它来指神圣的记号。

但如果我们更仔细地考察就会发现，他们使用这个词的意思变成了现在的用法，就像他们改变"信心"（faith）一词的用法一样。因虽然信心的定义是人履行诺言的可靠性，然而他们将这含义改成人对真理本身的确信。同样地，虽然他们本来对"圣礼"的定义是新兵向长官宣誓，但他们把它改成长官接受军人到他军队里的意思。因主借着圣礼向我们应许"我

---

[20] "Illo sacramento fidem suam obstringunt Imperatori".
[21] 在 Comm. on True and False Religion，15（CR Zwingli III. 758）和 On Baptism（CR Zwingli IV. 218）中批判茨温利的观点。加尔文在1539年5月19日写给安得烈·西庇太（André Zébédée）的私人书信中，称茨温利关于圣餐的教义"既错误又有害"。在1555年4月20日给布林格的书信中，抱怨西庇太"不忠实"地泄露此事，并声明他从来不认为茨温利的教义"在一般意义上是错误的"（CR XV. 573；tr. Calvin's Letters，ed. Bonnet，III. 170；IV. 402）。
[22] 参阅上文第二节。

要作你们的神;你们要作我的子民。"(林后6:16;结37:27)

然而,我们略而不提这样的细节,因我深信以上的论证十分清楚,即古代的信徒唯独用"圣礼"表记神圣和属灵的事物。㉓我们的确接受敌人将圣礼与外在记号相比较,但我们无法接受他们将圣礼次要的方面视为它主要的意思,或甚至唯一的意思。最主要的是圣礼应当造就我们在神面前的信心;其次是帮助我们在人面前见证自己的信仰。就第二个作用而言,这些比较是有效的,ᵉ但我们不能忘记第一个用处;否则圣餐中的奥秘(我们前面已经看到),若没有造就自己的信心和辅助我们的教义,将会完全丧失意义,因为它们的用途和目的便在于此。

圣礼本身不赏赐恩典,而像神的真道一样彰显基督(14—17)

14. 将圣礼视为神秘是错误的

ᵃ相反地,我们也当提醒自己,就如这些人削弱圣礼的意义,并因此完全抛弃它们的用途,同样地,在另一方面,有一些人教导圣礼有某种神秘的力量,虽然这教导完全没有圣经根据。这谬论危险地蒙蔽了许多无知和幼稚的人,因他们被教导当在错误的地方寻求神的恩赐,并因此逐渐地离开神而接受纯粹的虚妄而不是他的真道。许多经院派几乎完全一致地教导新律法的圣礼(即现今基督教会的圣礼)使人称义并将恩典赐给人,只要我们没有极恶大罪妨碍它们。㉔言语无法表达这教导有多大的害处,特别因为最近几百年几乎在世界各地,它都是很普遍的教导,因此成为教会极大的损失。这教导的确来自魔鬼。因这教导是人能在信心之外称义,因此将人引向灭亡。ᵇ其次,既因它教导人称义在乎圣礼,㉕便将人可怜的思想捆在这迷信中(因人本来就倾向于世俗的观念),使得他

㉓ 根据 VG。
㉔ Augustine, *Letters* 98. 10 (MPL 33. 364; tr. FC 18. 138); G. Biel, *Epythoma partier et collectorium circa quatuor sententiarum libros* Ⅳ. dist. 1. qu. 3. art. 1; Council of Trent, session 7 (1547), canon 6 (Schaff, *Creeds* Ⅱ. 120).
㉕ 参阅下文第十六节。

们专靠可见的物质，而不是仰赖神本身。但愿我们没有太多这两方面的经验，这样我们就不必长篇大论地证明这一点！在信心之外领圣餐，难道这不是毁坏教会最有效的方法吗？因为在应许之外，我们无可指望，而神的应许不仅赐恩给相信的人，也降怒于不信的人。由此可见，人以真信心相信圣经对神圣礼的教导才能蒙福。我们若相信圣礼在这信心之外能赏赐我们什么，就被欺哄了。

我们也能得出另一个结论：就像参与圣礼无法使人称义，照样它也无法带给信徒蒙恩的确据。因我们知道称义唯独在乎基督，人被称义，借传讲福音不亚于借圣礼的印证，而且没有圣礼的印证，称义也不受影响。奥古斯丁所说的话也是真的：在没有可见记号的情况下，可以经历看不见的成圣；另一方面，在有可见记号的情况下，也可以经历不到真正的成圣。㉖ᶜ他说人（这也是在别处的教导）有时披戴基督得以领圣礼，又有时披戴他得以成圣。前面的光景是好人和坏人的共同经验；然而后面的经验局限于敬虔的人。㉗

15. 真理和记号的区别*

ᶜ奥古斯丁也经常将圣礼和圣礼所代表的真理区分开来。他的区别不但表示圣礼包括记号和真理，同样也教导两者没有密不可分的关系；且就连在联合中我们也必须辨别真理和记号，免得将两者混为一谈。

他的这句话教导两者的区别："圣礼唯独在选民身上成就他们所代表的真理。"㉘他谈到犹太人时也说："虽然他们毫无分别地都参与圣礼，但并不是每一个人都蒙恩，因为恩典是圣礼的大能。照样那代表重生的洗涤盆（多3∶5），也是他们所共享的；然而恩典本身，就是神所用来重生

㉖ Augustine, *Questions on the Heptateuch* III. 84 (MPL 34. 713).
㉗ Augustine, *On Baptism* V. 24. 34 (MPL 43. 193; tr. NPNF Ⅳ. 475).
㉘ Augustine, *John's Gospel* 26. 11, 12, 15 (MPL 35. 1611-1614; tr. NPNF VII. 171 ff.); *De catechizandis rudibus* 26. 50 (MPL 40. 344; tr. ACW II. 82).

基督之肢体的福分，并不是众人都领受的。"㉙他在别处对圣餐的教导也是如此："我们今天领肉眼所看见的饮食，然而圣餐是一回事，圣餐的大能则是另一回事。为何许多领圣餐的人到最后死了，甚至在领受时就死了呢？因主的饮食对犹大而言是毒药，并不是因为他领受坏东西，而是因坏人以邪恶的方式领受圣洁的食物。"㉚他接着说："关于基督的身体和血之间的联合这圣礼，有的教会天天领受，其他的教会则有一个固定的时间；有人的领受使他得生命，有人的领受反而叫他死。然而，一切领受这圣礼所代表之真理的人，都因此得生命，且没有任何人因此灭亡。"他在此前曾这样说："吃主身体的人不至于死，意思是说那领受圣餐所带来大能的人，不是领受圣餐的物质本身；这是内在的，而不是外在的用餐；是从心里用餐，而不仅仅用牙齿用餐。"㉛他到处这样教导，领圣餐者的不配将使圣礼与它所代表的真理区别开来，以至于对他而言，这只不过是某种徒然、毫无用处的饮食。人若想避免在圣礼中仅仅获得毫无实意的记号，他就必须以信心接受圣礼所带来的真理。如此看来，你愈借圣礼与基督相交，就愈在圣礼上得益处。

16. 圣礼对于我们信靠基督有益处

ᶜ若以上的教导因简洁而不清楚，我将会更详细地解释。基督是一切圣礼的实质，因它们在基督里是实实在在的，但在基督之外不向我们应许什么。ᵉ因此，伦巴德的谬论更不能忍受，因他以他的学识教导圣礼能带给人公义和救恩，虽然它们不过是公义和救恩的一部分。㉜因此，我们必须离弃一切人所捏造的关于蒙救恩的方式，而持定这唯一的根据。ᶜ由此看来，圣礼有多能帮助我们保守和增加自己对基督的认识，它们就有

㉙ Augustine, *Psalms*, Ps. 77. 2 (in substance) (MPL 36. 983 f.; tr. NPNF [Ps. 78. 2] VIII. 367).
㉚ Augustine, *John's Gospel* 26. 11-12 (MPL 35. 1611; tr. NPNF VII. 171).
㉛ Augustine, *op. cit.*, 26. 15 (MPL 35. 1614; tr. NPNF VII. 172 f.).
㉜ Lombard, *Sentences* IV. 1. 5 (MPL 192. 840).

多能帮助我们获益；我们越完全地拥有基督，便越享有他丰盛的生命。这就是以信心领受主在圣礼当中所提供给我们的。

你或许会问：是否恶人因自己的忘恩负义，叫神的圣礼完全失效呢？我的答复是：我上面的教导并不是说圣礼的力量和真实性，取决于领受圣礼者属灵的光景或选择。因神所预定的一切，不管人怎样改变，都是立定的，性质不会改变。因既然提供是一回事，领受则是另一回事，没有任何的事物能改变神的道所分别为圣之象征的性质，或叫它失效。但这圣礼对恶人和不敬虔的人毫无益处。奥古斯丁以短短的一句话解决这问题："你若以属肉体的方式领受，圣礼并不会变得不属灵，只是对你而言不属灵。"㉝

但就如奥古斯丁在上面所教导的，圣礼若与它所代表的真理分开，它便是虚空的，但他在别处提醒我们：在将两者联合时，我们必须做区分，免得我们过于依靠外在的记号。他说："正如人拘泥于外在的记号，忘了记号所指向的实质，暴露出人奴性的软弱；同样，将记号视为无益，也是大错特错。"㉞他指出人当避免的两种罪。第一种罪是领受这些记号，仿佛神赐下它们毫无意义，而我们因心怀敌意，削弱和毁坏了圣礼隐秘的意义，使它们完全失去果效。第二种罪是因没有定睛于这圣礼所代表的真理，而将基督借着圣礼所赐给人的福分，完全归于记号。这些福分是圣灵所赐给我们的，因圣灵使我们在基督里有分；圣灵的确借着外在的记号将之赐给我们，只要这些记号吸引我们归向基督，但当这些记号被我们曲解时，它们的整个价值就完全毁坏了。

17. 圣礼真正的用处 *

ᵃ因此，我们要坚定地相信圣礼与神的真道有同样的用处：向我们宣

㉝ Augustine, *John's Gospel* 27.6 (MPL 35.1618; tr. LF IX.419).
㉞ Augustine, *John's Gospel* 26.11, 12, 15 (MPL 35.1611-1614; tr. NPNF VII.171 ff.); *On Christian Doctrine* III.9.13 (MPL 34.71; tr. NPNF II.560).

告基督,并且在基督里向我们宣告那天上恩典的财宝。然而,除非我们以信心领受,否则圣礼对我们而言毫无益处。ᵉ正如酒或油或另一种液体,不管你倒出多少来,除非接液体之器皿的口是打开的,否则它不会流入那器皿之中。此外,虽然液体被倒在那器皿之上,然而器皿仍是空的。

ᵇ⁽ᵃ⁾再者,我们必须谨慎,免得古时的神学家们为了尊荣圣礼而稍微夸张的作品误导我们接受类似的错误。即以为某种隐秘的力量与圣礼联合,圣礼因此本身就能将圣灵的恩赐赐给我们,就如杯子里面的酒那样,因为神给它们唯一的用处,是要它们证明神对我们的好意。然而,除非圣灵随着它们而来,否则它们对我们毫无益处。因为是圣灵开启我们的心,使我们接受神的见证。我们在圣礼上奇妙地看见神各式各样的恩赐。ᵇ⁽ᵃ⁾因为(就如以上的教导)㉟圣礼对我们而言就如报告好消息的使者对人而言一样,或定金对签约一样,圣礼本身没有使我们蒙恩,反而向我们宣告,ᵉ并(既然是凭据和定金)证明我们ᵃ必定领受神的福分。圣灵(虽然神在圣礼上没有将圣灵赐给万人,只赐给他自己的百姓)将神的恩赐赐给人,使人能接受这些恩赐,并叫这些恩赐在人身上结果子。

ᵇ我们并不否认在圣礼当中,神自己借着圣灵的大能与我们同在。然而,为了使神所预定的圣礼到最后不落空,我们声明,圣灵内在的恩典和他外在的工作,必须分开考虑。ᵉ因此,神实实在在地成就他借记号所应许和代表的福分;这些记号也不无果效,因为它们证明神是信实的。我们在此唯一考虑的问题是:神是否亲自发挥自己的大能,或完全将这职分交给外在的记号。我们的教导是,不管神采用怎样的工具,这些工具并不会减损他原初的活动。

当我们将这原则运用在圣礼之上时,我们就能看出圣礼的价值,能明白它们的用处和宝贵,我们也因此能够在这教义上有极好的平衡,免

㉟ VI. 13. 6;上文的第五至第七节;下文的第十八节;指盖了章的金属。

得我们将它所不应得的归于它们，或相反夺去它们所应得的。我们同时也能除掉那错误的教义，即称义的原因和圣灵的能力包含在圣礼的元素中，就像包含在器皿中一样，㊱并且那被一些人㊲忽略的重要能力也能被清楚地陈明。

ᵉ我们也必须留意这一点：当牧师施行外在仪式时，神却把它所代表的真理运行在人心里，免得我们将那唯独属神自己的工作，归在必死的人身上。奥古斯丁也同样智慧地教导："摩西和神怎样同时使人成圣？不是摩西代替神，而是摩西在他的事工上，借着可见的圣礼使人成圣，而神透过圣灵，借着不可见的恩典使人成圣。这就是可见的圣礼带给我们的一切果实。因为可见的圣礼若不带有这看不见的恩典，我们怎能得益处呢？"㊳

圣礼在圣经上更广泛的意义，以及在教会比较狭窄的意义（18—20）

18. 圣礼更广泛的意义

ᵃ根据我们以上讨论，"圣礼"一般来说包括神曾经用来使人更确信他应许之真实性的记号，他有时喜悦用自然之事，有时也用神迹增加人的信心。

第一类的例子如：神赐给亚当和夏娃生命树，向他们应许，只要他们继续吃这树上的果子，必得永生（创2：9，3：22）；神给挪亚和他的后裔设立彩虹，并向他们应许他再也不用洪水毁灭地球（创9：13—16）。亚当和挪亚将这两个现象视为圣礼。这并不表示那棵树赐给他们它所无法赐给自己的不朽；或彩虹本身能避免洪水的发生（彩虹不过是太阳的光线在云上的反射）；这两个现象因为是神所设立的记号，就证明和印证神的盟约。

㊱ "Ceu vasculis ac plaustris." VG (Cadier)：*Comme s'ils en étaient des récipients ou véhicules.*
㊲ 即茨温利和布塞；参阅上文第五至第八节。
㊳ *Questions on the Heptateuch* III. 84 (MPL 34. 712).

在神的应许之前，树不过是树，彩虹不过是彩虹。当它们带着来自神真道的应许时，就有了完全不同的意义，以至于成为它们本来不是的东西。彩虹如今仍向我们见证主与挪亚所立的约，好使人知道神所说出的话不是徒然的。我们每当看见彩虹，就在上面读到神的应许，即他再也不用洪水毁灭地球。因此，若任何哲学家嘲笑我们单纯的信心，而宣告彩虹众多的颜色不过是太阳的光线在云上的反射的一个自然现象，我们会承认这是一个事实，但我们也会笑他的愚昧，因他不承认神是自然界的主宰，并照自己的意旨掌管万物，将荣耀归在自己的身上。[39] 神若将类似的意义赋予太阳、星星、地球或者石头，它们对我们而言也是圣礼。为何天然的银子和银币有不同的价值，虽然它们是一模一样的金属？前者仍在自然的状况中，当它有正式的记号盖在上面时，就变成银币并立刻有新的价值。难道神不能用自己的真道将一些受造物分别出来，并因此使它们成为圣礼吗？

第二类的例子如：[c] 神使亚伯拉罕看见冒烟的炉和烧着的火把从肉块中经过（创15∶17）；[a] 为了向基甸应许他必得胜，他使露水落在羊毛上，但旁边的地是干的，之后露水落在旁边的地上，羊毛却是干的（士6∶37—38）；神使日影在日晷上后退十度，为要向希西家王应许神的医治（王下20∶9—11；赛38∶7—8）。由于这些神迹是为了坚固人软弱的信心，它们也算是圣礼。

19. 教会一般的圣礼[*]

[a] 然而，我们目前的意图是要专门讨论那些主为自己教会设立的一般圣礼，使他一切的敬拜者和仆人拥有同样的信仰，并一起宣告同样的信

---

[39] 参阅 Comm. Gen. 9∶16。这段话透露了加尔文对科学的看法。这里指的是普林尼（Pliny），*Natural History* II. 60. 150（LCL Pliny I. 286 f.），在此可以找到关于彩虹非神迹性的解释。参阅 Seneca, *Natural Questions* I. 3（tr. J. Clarke, *Physical Science in the Time of Nero*, pp. 16-22）。加尔文通常接受科学的事实，但他认为这种知识与我们对上帝在自然之上的认识相比，显得微不足道。参阅 D. Baillie, *The Theology of the Sacraments*, p. 45。

仰。^c就如奥古斯丁所说："不管是正统的信仰，或虚假的宗教，为了共同的敬拜，必须有一些能看见的记号或圣礼将他们连接起来。"㊵既然我们慈悲的天父预先知道人的这需要，他从一开始为自己的仆人设立一些用来敬拜他的具体仪式。之后撒旦用各种诡计叫这些仪式变成邪恶和迷信的敬拜方式。㊶以后外邦人入教和其他一些败坏的仪式，虽然充满各种谬误和迷信，仍证明在信仰上，外在的记号对人而言是不可少的。然而，既然这些仪式没有圣经根据，又没有宣告一切圣礼所应当宣告的真理，当我们提到神所设立的圣礼，就是未曾偏离原初帮助人敬拜神之目的的圣礼时，它们就不值一提。

^{c (a)}这些圣礼不是单纯的记号，就如彩虹和生命树那样，乃是仪式。^a也可以说，所用的记号就是仪式。^c但就如我们以上所说的，㊷这些仪式见证从主来的救恩，对我们而言^b，它们是认信的记号，且我们借此公开的宣信表明要对神忠心到底。因此，克里索斯托在一处称这些仪式为"盟约"。神在这些仪式上与我们立约，我们向神承诺过纯洁和圣洁的生活，㊸^e因神与我们之间立下了约定。^b就如主应许除去并抹掉我们因过犯所带给自己的罪咎与刑罚，并应许在他的独生子里，叫我们与他自己和好，同样，我们承诺以寻求敬虔和纯洁来与神联合。^a因此，我们能正确地说：这些圣礼^{b (a)}首先是神用来培养、激发和坚固自己百姓信心的仪式，其次它们是要信徒在众人面前见证自己的信仰。

20. 神在旧约的圣礼里面应许基督[*]

^a圣礼本身也是多种多样的，不同的时代有不同的圣礼，神乐意用各种不同的方式向人启示他自己。神吩咐亚伯拉罕和他的后裔受割礼（创17：

㊵ Augustine, *Against Faustus the Manichaean* 19.11 (MPL 42.355; tr. NPNF IV.243).
㊶ 加尔文在此或许想到殉道者游斯丁（Justin Martyr）所说的，古时候魔鬼欺骗异教徒，仿照指向基督的先知性启示。*Apology* I.60-64 (MPG 6.411-428; tr. LCC I. 281-285).
㊷ 上文第一节。
㊸ Chrysostom, *Opera*, ed. Erasmus (Basel, 1530). II.82，这部分在后来的版本没有。

10)。他之后加上一些洁净式的圣礼（利 11—15 章）、献祭以及摩西律法所吩咐的其他圣礼（利 1—10 章）。这是基督降临前神给犹太人的圣礼。在基督降世时，它们被取消，神设立了两个新圣礼（直到如今），即洗礼和圣餐（太 28∶19，26∶26—28）。ᶜ我说的是他为整个教会所设立的圣礼。我并不反对将按立（牧师按牧的典礼）㊹视为圣礼，但我不会将之包括在一般的圣礼里面。我们在下面将解释信徒应当怎样看待现代教会一般视为圣礼的仪式。㊺

ᵃ然而，古时候的圣礼与现在的圣礼有同样的目的，即引领人，甚至手把手牵他们到基督那里去。或我们可以说，圣礼是代表基督和彰显基督的象征。我们在上面已经教导过，㊻圣礼是某种封印，好向信徒印证神给我们的应许。此外，无疑神所给我们的一切应许，都是在基督里给的（林后 1∶20）。因此，圣礼若要教导我们关于神的任何应许，它们就必须向我们彰显基督。㊼ᵉ神在山上向摩西启示的那带有天上样式的帐幕，以及以色列人敬拜的方式都向他们彰显基督（出 25∶9、40，26∶30）。ᵃ旧约和新约只有一个差别：前者预表神所应许的基督；后者见证他就是神所差遣和启示的基督。

旧约和新约的圣礼有密切关系，因旧约的圣礼预表神在新约中对基督完整的启示（21—26）

21. 割礼、洁净的仪式以及献祭都指向基督*

ᵃ我们要个别解释这些仪式，好让我们能够更明白它们。

神给犹太人割礼这象征，好教导他们一切来自人的东西，甚至人的整个本性都是败坏的，需要修剪。此外，割礼是某种证据，为了提醒犹太人他们仍在神赐给亚伯拉罕的应许中，万国必因亚伯拉罕的后裔得

㊹　参阅 IV. 3. 16。
㊺　IV. 19。
㊻　上文第五节。
㊼　"Christum ostendant"。参阅 I. 9. 3，注释 3；IV. 10. 14，注释 28；下文的第二十六节："Christi exhibition"。

福（创 22：18），他们也要等候这后裔对他们自己的祝福。那么（根据保罗的教导），那救人的后裔是基督（加 3：16）并且他们当唯独依靠基督，重新获得他们在亚当身上所丧失的福分。因此，他们对割礼的观念就如保罗所教导的亚伯拉罕对割礼的观念一样，它是因信称义的记号（罗 4：11），就是说割礼是使他们更加确信的凭据，他们相信，他们等候那后裔的信心被神算为他们的义。[b]然而，我们将在更恰当的时候，更详细地把割礼和洗礼做比较。[48]

[a]洗礼和各种洁净的仪式都向他们揭示自己的不洁、污秽和污染，且他们的整个本性都受玷污了；洗礼和洁净的仪式都向他们应许将会有另一个洁净的方式，那时他们一切的污秽将被除去以及洗净（来 9：10、14）。而这洁净的方式就是基督。基督用他的血洗净我们（约一 1：7；启 1：5），我们带着他的洁净到神面前，遮盖我们一切的污秽。

献祭使他们认识自己的不义，并同时教导他们，为了满足神的公义必须付上赎罪的代价。[49]献祭也教导他们，人需要大祭司，即他们与神之间的中保，且这中保必须用流血和献祭的方式满足神的公义，使人的罪得赦。这大祭司就是基督（来 4：14，5：5，9：11），他流了自己的血，他自己本身就是祭物，他存心顺服，以至于死，将自己献与天父（腓 2：8）。他的顺服除去了那使神震怒者的不顺服（罗 5：19）。

22. 基督徒的圣礼更为清楚地彰显基督 *

[a]至于我们的圣礼，自从父神将所应许的基督完全启示给我们以来，基督越被完全地启示给我们，圣礼就越清楚地向我们呈现基督。因洗礼向信徒见证我们已经被洗净；圣餐则见证我们已经被救赎。水代表洗净；血则代表对律法的满足。水和血都在基督里，因就如使徒约翰所

---

[48] 参阅 IV. 16. 3，4。
[49] 参阅 II. 1. 2。

说：基督“借着水和血而来”（约一 5：6），即洗净和救赎我们。神的灵也为此做见证。事实上，“作见证的原来有三：就是圣灵、水与血”（约一 5：8 p.）。水和血见证洗净和救赎。然而圣灵是主要的见证，他使我们确信这见证。基督的十字架向我们彰显这崇高的奥秘，因为水和血从他的肋旁流出来（约 19：34）。因这缘故，奥古斯丁称这十字架为众圣礼的泉源。(50)

然而，我们之后将更完整地解释这真理。[d]我们若将旧约和新约时代的圣礼相比，那么圣灵的恩典在新约的圣礼中，就更为清楚地彰显出来。因为许多经文，特别是《约翰福音》7 章（7：8—9、38—39）[e]很清楚地教导圣灵的降临更关乎基督国度的荣耀。这就是保罗在《歌罗西书》中所表达的意思：在律法底下，圣礼是后事的影儿，但基督却是形体（西 2：17）。保罗在此的目的并不是要废去神给旧约信徒对他恩典的见证的效力，因神在古时喜悦借着这些见证，证明他对族长的信实，就如他今日在洗礼和圣餐里向我们见证自己的信实。他的目的是要通过对比使他赐给我们的启示更显为大，免得有人认为基督的来临废去律法的仪式是很奇怪的事。

23. 旧约和新约圣礼的相似性和不同

[b]但我们必须完全弃绝那些经院派的教导（简要提一下），因他们过于夸大旧约和新约里的圣礼的区别，仿佛前者只不过是预表神的恩典，后者则实实在在地赏赐我们这恩典。(51)然而，使徒保罗的教导十分清楚。他说我们祖宗所吃的灵粮与我们所吃的一样，且那灵粮就是基督（林前 10：3）。谁敢说那启示基督与犹太人真实相交的象征是虚空的呢？且保

---

(50) Augustine, *John's Gospel* 15. 8 p；120. 2 (MPL 35. 1513, 1953；tr. NPNF VII. 101, 434)；*Psalms*, Ps. 40. 10；126. 7；138. 2 (MPL 36. 461；37. 1672, 1785；tr. LF *Psalms* II. 174；V. 24, 192)；*Sermons* v. 3 (MPL 38. 55).

(51) 参阅 Lombard, *Sentences* IV. 1. 1 (MPL 192. 839)；Aquina, *Summa Theol.* III. 62. 6；I IIae. 101. 2。

罗在那里的教导也支持我们的立场。[c (b)]为了不使任何人凭借表面对基督的认识，凭借某种基督教的空洞的称号以及外在的形式，[b]因此藐视神的审判，保罗提醒他们，神对犹太人是何等的严厉，[c (b)]好让我们明白，我们若犯与他们所犯同样的罪，将会受与他们所受同样的审判。那么，为了强调我们的光景与他们的相似，保罗需要证明神赐给我们的祝福和赐给他们的祝福一样，神吩咐我们不要以此夸口。所以他首先[b]使[c (b)]他们与我们在圣礼中是同等的。[b]他不给我们留下任何特权使我们可以犯罪而不受惩罚。[c]他也不许可我们看重自己的洗礼更胜过看重他们的割礼，因保罗称割礼为因信称义的记号（罗 4：11）。因此，神今日在圣礼中向我们所启示的，他在旧约里对犹太人也启示了，那就是基督和他丰盛属灵的福分。他们在自己的圣礼中，感觉到的力量与我们一样；这些圣礼向他们印证神对他们的美意，使得他们仰望永恒的救恩。[e]我们的敌人若是对《希伯来书》很内行的解经家，他们不至于这样受欺哄。因为当他们在《希伯来书》中读到律法的仪式不能除罪，古时的影子无法使人称义(来 10：1）时，他们忽略了在那里使徒不过是在做比较，且他们只抓住了这一点，即律法本身对于遵守律法的人毫无益处。因此，他们将旧约的仪式视为毫无真理的预表。(52)然而，使徒在那里的目的是要教导：在基督来临之前，礼仪律法毫无果效，因为它的果效完全依靠基督的降临。

24. 保罗对割礼价值的教导*

[b]但他们会反对而引用保罗的话："真割礼不在乎仪文"（罗 2：29）。[c]他们的解释是割礼对神而言算不得什么，也不赏赐人什么，是虚空的。因为这样的话[b]似乎教导割礼远不如我们的洗礼（参阅罗 2：25—29；加 5：6，6：15；林前 7：19）。绝对不是的！因为我们也可以这样描述洗

(52) Aquinas, I IIae. 101. 2.

礼。事实上，当保罗表示神不在乎我们入教时的洗礼，除非我们从心里受洁净，并在圣洁上坚忍到底，他就是这个意思（参阅林前10：5）。当彼得说，洗礼并不能除掉肉体的污秽，只求在神面前有无亏的良心，也是同样的意思（彼前3：21）。

[c]然而，我们的敌人一定会说，保罗在另一处经文中将基督所行的割礼与人手所行的割礼做比较，这比较表示保罗对割礼的藐视（西2：11—12）。我的回答是：保罗在这处经文中，丝毫没有轻看割礼的尊荣。当时有一些人教导割礼对救恩是必需的，虽然神已经废掉了那仪式。保罗在那里反驳他们。他因此劝诫信徒当弃绝旧约里的影子，并要在神的真道上站稳。他说：这些教师劝你们在身体上受割礼，然而，你们的灵魂和身体都已经经历到那属灵的割礼，因此，神已经向你们启示那仪式所预表的真理，且那真理也超过预表他的影子。然而，另一方面，有人可以反对保罗说，不可轻看象征，因它们拥有它们所预表的真理。因为对古时的犹太人而言，割礼也代表保罗所教导的脱去旧人，然而对他们来说，外在的割礼仍是必需的。但保罗早就想到有人会如此反对，因此，他立刻接着说：歌罗西信徒借着洗礼与基督一同埋葬。这表明洗礼对现在的基督徒就像割礼对旧约的犹太人一样。因此我们若吩咐基督徒受割礼，就是不公正地对待洗礼的仪式。

25. 解释新约圣经对犹太人仪式的轻视*

[c]然而，他们说保罗接下来的教导——就是我们在上面所指出的(53)——更不容易解释，即犹太人一切的仪式都不过是预表未来的事，但那形体却是基督（西2：17）。事实上，最不容易解释的是《希伯来书》好几处经文的教导，即动物的血与人的良心毫无关联（来9：12及以下）；律法不过是对未来祝福的影儿，而不是这些祝福本身的形象（来8：4—5，

(53) 上文的第二十二节。

10∶1);摩西律法不能使敬拜者得以完全(来7∶19,9∶9,10∶1),等等。我的答案与以上的答案一样,[54]保罗之所以将旧约里的仪式称为影儿,并不是因为它们毫无意义,乃是因它们都要等到基督降临时才得以应验。此外我也要说,在这里影儿并不表示那些仪式毫无果效,而是表示神启示的方式。因为一直到基督在肉身显现,一切预表他的象征,都预表一位未曾降临的基督;虽然基督当时已向信徒彰显他自己。然而,我们在此当特别留意,保罗在这里的经文中都是以论辩的形式来表达的。因为他在与一些将敬虔视为只在乎仪式而不在乎基督的假使徒作战,为了反驳他们,只要指出仪式本身的价值就够了。《希伯来书》作者的目的也在于此。

我们应当记住这些经文所讨论的并不是仪式的本真、自然的意思,而是人对它们错误以及邪恶的解释;所讨论的不是仪式合乎圣经的用处,而是人出于自己的迷信对仪式的滥用。仪式若与基督无关,就完全失去了意义,这岂不是毫无疑问的吗?!因若那预表的真理被夺去,象征和关乎它们的一切都完全没有意义。因此,当基督回答那些以为吗哪不过是满足肚腹的饮食的那些人时,他借用他们粗俗的观念说,使人存到永生的食物,才是更好的食物(约6∶27)。

然而,你若希望对这些异议有更为明确的答案,问题的实质是:首先,摩西所吩咐一切盛大的礼仪,除非指向基督,否则都是暂时和毫无价值的东西;其次,这些仪式预表基督,且当基督在肉身显现时,它们便得了应验;最后,当基督降临之后,这些仪式被废掉是极为妥当的,就如当太阳到了日午时,一切的影子都消失了。[b] 然而,因我打算在比较洗礼与割礼时更详细地讨论这件事,[55]在这里只简单提一下。

---

[54] 上文的第二十二节。
[55] IV.16.3-5.

26. 两种圣礼的相似性和差异性：奥古斯丁所做的区分*

ᵃ也许古时的神学家们对于现今的圣礼过度的称赞，叫这些可怜的现代神学家迷惑。奥古斯丁的作品中有这样的称赞："旧约里的圣礼只应许我们一位救主；然而我们的圣礼却赐予救恩。"他们不晓得奥古斯丁的这话以及类似的比喻不过是夸张的表达方式。因此，这些人散布了自己极为夸张的教义，然而他们的教导却与古时神学家们的教导截然不同。因为奥古斯丁的这话与他在别处的教导没有两样："摩西律法中的圣礼预言基督，ᶜ然而我们的圣礼却宣告基督。"⑤⑥他反驳福斯图斯说："他们的圣礼是神应许将成就的事；我们的圣礼则是他已成就之事的证据。"⑤⑦ᵃ就如奥古斯丁说："那些圣礼预表人所等候的基督，但我们的圣礼则表明那已降临的基督在我们中间。"ᶜ⁽ᵃ⁾此外，奥古斯丁所说的是旧约圣礼预表基督的方式，就像他在别处教导的一样："律法书和先知书中的圣礼，预言将来的事，然而这时代的圣礼证明旧约圣礼已经得以应验。"⑤⑧奥古斯丁在多处教导他对圣礼及其功效的立场。他说犹太人的ᶜ⁽ᵃ⁾圣礼有许多不同ᵃ的记号，但它们所预表的真理完全一致；这些记号虽然有不同的样式，却在属灵的大能上是同等的。ᶜ有一处说："记号不同，但信心相同。因此不同的记号就像不同的言语，言语的声音会不断变化，而言语不过是记号。我们的祖宗喝了与我们一样的灵水，虽然是不同物质的水。由此可见，虽然记号有所变化，但信心却永不改变。对他们而言基督是磐石（林前10∶4）；对我们而言，基督是那被献在祭坛上的祭物。他们喝了那从磐石里所流出的水，以之为伟大圣礼；而信徒确知我们所喝的是什么。你若用肉眼看，他们所喝的与我们不同；但你若看内在的真理，

---

⑤⑥ Augustine, *Psalms*, Ps. 73. Pref. 2 (MPL 3. 931；tr. LF [Ps. 74] *Psalms* III. 493)；*Questions on the Heptateuch* IV. 33 (MPL 34. 732)；*Letters* 138. 1. 8 (MPL 33. 528；tr. FC 20. 41). 注意双关的用法，拉丁文 "*praenuntiasse… annuntiare*"。

⑤⑦ Augustine, *Against Faustus* 19. 14 (MPL 42. 356；tr. NPNF IV. 244).

⑤⑧ Augustine, *Against the Writings of Petilianus* II. 37. 87 (MPL 43. 289).

他们所喝的与我们所喝的是同样的灵水。"[59]另一段说:"在这奥秘中他们的饮食与我们的饮食相同;但这是在意义上,而不是在形式上,因为那磐石向他们预表的基督已经在肉身向我们显现。"[60]

但在另一方面也有所不同。因为两者都见证神父亲般的慈爱,以及圣灵在基督里提供给我们的恩赐,但我们的圣礼更为清楚和明朗。两者都彰显基督,[61]我们的圣礼根据以上所说关于旧约与新约彼此的差别,是更丰盛且更完整的圣礼。这也是同一位奥古斯丁(我们经常引用他的话,因为他是古时教会最杰出、最可靠的见证人)的意思。他教导当基督降临时,神设立了更少的圣礼,然而这些圣礼带有更大的威严,并在大能上更卓越。[62]

ᵉ我们的读者们若能明白这一点,也会对他们很有帮助:神学家们所凭空想象的关于 opus operatum(因功生效)的教导[63]不但是错的,甚至也违背圣礼的性质,因为神设立圣礼是要穷困和一无所有的信徒单单求告神。这就教导我们,当信徒领受圣礼时,他们没有做任何值得被称赞的事,且他们所做的一切(对他们而言只是被动的)不能算为他们的功劳。

---

[59] Augustine, *John's Gospel* 26. 12; 45. 9 (MPL 35. 1612. 1723; tr. NPNF VII. 171 f., 252).
[60] Augustine, *Psalms*, Ps. 77. 2 (MPL 36. 983; tr. LF [Ps. 78. 2] *Psalms* IV. 43 f.; NPNF VIII. 367).
[61] 参阅 I. 9. 3,注释 3; IV. 10. 14,注释 28;上文第二十节注释 47。
[62] Augustine, *Against Faustus* 13. 13 (MPL 42. 355; tr. NPNF IV. 244); *On Christian Doctrine* III. 9. 13 (MPL 34. 71; tr. NPNF II. 560); *Letters* 54. 1 (MPL 33. 200; tr. FC 12. 252). 奥古斯丁用的是最高级("*paucissimis*", etc.),而加尔文的形容词用的是比较级。
[63] Bonaventura, *Commentary On the Sentences* IV. dist. 1. part 1, art. unicus. qu. 5 (*Opera omnia* IV. 25); Biel, *Epythoma partier et collectorium circa quatuor sententiarum libros* IV. dist. 1. qu. 3; Aquina, *Summa Theol.* III. Suppl. 71. 3, 6; *Aquinas On the Sentences* IV. dist. 2. qu. 1. art. 4; Deferrari, *Lexicon of Thomas Aquinas*, *s. vv.* "*Opus operantis*" and "*Opus operatum*"; Council of Trent, session 7, canon 6 (Schaff, *Creeds* II. 120).

ᵉ第十五章 ᵃ洗礼

洗礼代表我们的罪得赦免，也代表我们在基督的死、复活以及他的祝福中有分（1—6）

1. 洗礼的含义†

ᵃ洗礼ᶜ是加入教会的记号（sign）。①我们借洗礼被迎接到教会的团契里，好让我们因接在基督里，能够被视为神的儿女。神为我们设立ᵃ洗礼ᶜ有以下的目的ᵃ（以上我教导说它们是所有圣礼共同的目的②）：首先，为了造就我们在神面前的信心；其次，让我们在人面前宣告自己的信仰。我们将按次序来解释神设立洗礼的每个方面。洗礼在三方面造就我们的信心。第一方面是主喜悦洗礼作为我们已蒙洁净的标志和证据；或者更清楚地解释我的意思，洗礼就如已盖章的文件，好向我们证明我们一切的罪都已被除掉、赦免，以及抹去到一个程度，它们再也不能被神看见，被他记念或

---

① 参阅华莱士（R. S. Wallace），*Calvin's Doctrine of the Word and Sacrament*, ch. 14, pp. 175-183，关于加尔文对洗礼的不同含义；O. Cullmann, *Baptism in the New Testament*, tr. by J. K. S. Reid；K. Barth, *The Teaching of the Church Regarding Baptism*；G. W. H. Lampe, *The Seal of the Spirit*；H. T. Kerr, *The Christian Sacraments*；D. M. Baillie, *The Theology of the Sacraments*, pp. 37-124；G. MacGregor, *Corpus Christi*, ch. 7；W. D. Maxwell, *John Knox's Genevan Service Book*, pp. 105-120。

② IV. 14. 1.

归在我们身上,因主喜悦一切相信的人受洗,叫他们的罪得赦免(太28:19;徒2:38)。

因此,如果将洗礼仅仅看成是向人见证自己的信仰的记号,就如军人带着他们指挥官的标记代表自己的身份那般,③就还没有真正明白洗礼的要点,即我们受洗时,同时也领受这应许:"信而受洗的,必然得救。"(可16:16)

2. 洗礼的价值不在于在真道之外的水*

ª我们应当在这个意义上理解保罗的话:基督——我们的新郎"用水借着道把教会洗净,成为圣洁"(弗5:26 p.)。另一处经文说:"他便救了我们……是照他的怜悯,借着重生的洗和圣灵的更新。"(多3:5)彼得也见证:"这水……拯救你们。"(彼前3:21 p.)

保罗的意思不是我们的洁净和救恩是水成就的,或水本身拥有洁净、重生、更新的大能;他的意思也不是洗礼是我们救恩的原因。他的意思是说,信徒唯独在圣礼中知道和确信自己拥有这些恩赐。这些经文很清楚地表明这个意思。因保罗将叫人重生的真道以及洗礼的水联合在一起,仿佛是说:"借着福音,我们就领受到关于自己洁净和成圣的信息;这信息借着洗礼得以印证。"彼得立刻加上:这洗礼本不在乎除掉肉体的污秽,只求在神面前有无亏的良心(彼前3:21 p.),这无亏的良心来自信心。ᵇ事实上,洗礼应许我们的只是借基督所洒的血而来的洁净。这血用水来代表,因为水有洗净的作用。那么,谁能说是这水本身④洁净我们?因水不过以确实的方式证明基督的血才是我们唯一真实的洗涤

---

③ 明显地暗示茨温利将 sacramentum(基于对这个词的古典用法)解释为"仅为一个入会的仪式或起誓"。*True and False Religion*, 15(CR Zwingli III. 758;tr. *Latin Works of Zwingli*, ed. S. M. Jackson III. 180 f.)。在他的著作 *Declaration Concerning Original Sin*(CR Zwingli V. 392)里,他称之为表征(*tessera publica*)。加尔文认为这种看法不得要领。参阅IV. 14. 13, note 21;IV. 16. 4。

④ 德尔图良, *On Baptism* 3-5(CCL Tertullianus I. 278- 282;tr. ANF III. 670 ff.);Cyril of Jerusalem, *Catechetical Lectures* 3. 5(MPG 33. 431 ff., tr. LCC IV. 92 f., NPNF 2 ser. VII. 15)。参阅 MacGregor's comments on Tertullian and Calvin, *op. cit.*, pp. 142 f.。

盆。所以，反驳那些将洗礼所成就的一切都归在水的大能之上的自欺者的最有力的论据，莫过于洗礼本身的含义，ᵉ因为它能使我们转离眼所能见的水，以及其他一切可见的媒介，单单定睛在基督身上。

3. 洗礼表示一生的洁净！

ᵃ我们不可认为神赐予我们洗礼只是为了过去，我们之后所犯的罪必须在ᶜ其他的圣礼中得洁净，就好像洗礼的大能已经耗尽了。ᵃ在古时候，有人因这谬论拒绝受洗入教，非要等到他们面临生命的危险或在奄奄一息时受洗，这样他们一生的罪就能被赦免。ᵇ古时的监督经常在自己的作品中斥责这荒谬的告诫。⑤ᵃ然而我们必须明白：不管我们什么时候受洗，我们一辈子都得以洁净。因此，每当我们跌倒时，就应当想起自己的洗礼，使自己刚强起来，好让我们总是确信自己的罪已得赦免。因为虽然洗礼（既然是一辈子一次的仪式）看起来似乎已经过去了，却并不被受洗之后犯的罪所废除。因为在洗礼中，基督的纯洁被提供给我们；且他的纯洁一直兴旺，这纯洁不被任何事物所玷污，反而埋葬和洁净我们一切的污秽。

然而，我们不能因此以为我们在受洗之后就有犯罪的自由，因为这并非教导我们任意妄为。这教义唯独赐给那些被罪压伤、为自己的罪愁烦叹息的人，使他们获得鼓励和安慰，免得陷入迷惑和绝望。保罗说基督为人先时所犯的罪做了挽回祭（罗3：25）。保罗的这话并不否认我们在基督里得蒙持续不断的赦罪，直到死为止；他的教导是：父神只为那些被良心的责备压伤而渴慕医生的可怜罪人差遣基督。他只为这些人提

---

⑤ 因为害怕受洗后所犯的罪会毁掉洗礼的效益，而延迟接受洗礼，这种做法被一种严苛的悔罪论所支持，如德尔图良的《论悔改》(*On Repentance* 7.12；CCL Tertullianus I. 332；tr. ANF III. 662)，并在14世纪流行。纳西盎的格列高利 (*On Holy Baptism*, oratio 40.11；MPG 36.371 ff.) 和尼撒的格列高利 (*Against Those Who Postpone Baptism*；MPG 46.415-432) 则竭力驳斥它。直到佛罗伦萨会议时，这个陋习才在教皇尤金四世的诏书 *Exultate Deo* (1439) 第十章里被推翻 (Mansi XXXI. 1054；Mirbt, *Quellen*, 第4版, p.235)。

供自己的怜悯，那些因确信将不受处罚而寻求机会放纵自己肉体的人，必承受神的愤怒和审判。

4. 洗礼与悔改的真实关系*

ᶜ我非常清楚地知道有另一个很普遍被接受的观念，我们重生的时候，单单通过洗礼罪得赦免；受洗之后，我们要借忏悔和天国钥匙才能获得赦免。⑥然而那些捏造这观念的人是错误的，因他们不明白钥匙的权柄是建立在洗礼之上，因此不能与洗礼分割。罪人借着教会的事工得蒙赦罪，不是在福音的传扬之外蒙赦罪。然而，其传扬的内容是什么呢？就是基督的血洁净了我们的罪。然而，这洁净的象征和见证难道不就是洗礼吗？可见赦罪与洗礼有密不可分的关系。

ᵈ他们从这个谬论捏造出忏悔的圣礼。ᵉ我之前稍微讨论过这件事，⑦且将在适当的时候结束这讨论。⑧然而，人出于污秽的本性，因过多地看重外在的事，同样也犯了这个错误，即他们既然不满足于神纯粹的教导，就为自己捏造新的蒙赦罪方式，这是不足为怪的事！ᵈ仿佛洗礼本身不是忏悔的圣礼！但如果忏悔是一辈子的事，那么洗礼的权能也应该长达一生之久。ᵉ因此，毫无疑问，一切敬虔的人在一生中当被罪的意识困扰时，就可提醒自己他们已经受过洗，好让他们能因此更确信唯一以及一辈子的洁净方式，即基督的宝血。

5. 洗礼是我们在基督里治死肉体、生命更新的表征

ᵃ洗礼也带给信徒另一个益处，因它向我们见证我们在基督里的死亡以及在他里面的新生命。事实上（就如保罗所说），"我们受洗归入他的死"，"归入死，和他一同埋葬……叫我们一举一动有新生的样式"（罗

---

⑥ 参阅IV.19.17。
⑦ III.4.
⑧ IV.19.14-17.

6∶3—4 p.)。保罗的这段话不但劝诫我们跟从基督的脚步,仿佛在说洗礼劝我们照着基督死的样式向自己的私欲而死,且照着他复活的样式向义而活。即基督借着洗礼叫我们在他的死亡里有分,使我们在他死的形状上与他联合(罗6∶5,参阅 Vg.)。⑨且就如树枝从它所接上的树根里得滋养,那些借着真实信心受洗的人,在治死肉体上,真正感受到基督之死的果效。他们在圣灵更新上,同样也感受到基督复活的果效(罗6∶8)。保罗以此劝勉我们:我们若是基督徒,就应当向罪死并向义活(罗6∶11)。他在别处也采用同样的辩据:当我们借洗礼在基督里埋葬之后(西2∶11—12),我们就受割礼脱去那旧人。保罗在《提多书》中,在同一意义上称洗礼为重生的洗和圣灵的更新(多3∶5)。⑩[e]由此看来,借着洗礼,神先应许赐给我们白白的赦罪,以及基督所归给我们的义,之后应许我们圣灵所赐的更新生命之恩。

6. 洗礼表示我们与基督的联合

[a]最后,洗礼造就我们的信心,使我们确信我们不但与基督的死与生连接,洗礼甚至见证我们与基督联合,直到我们在基督一切所赐的祝福里有分。因基督亲自将洗礼分别为圣(太3∶13),使得洗礼成为我们大家彼此联合以及相交最稳固的纽带,而这种联合和相交正是基督屈尊俯就我们的目的。因此,保罗以我们在洗礼中披戴了基督来证明我们是神的儿女(加3∶26—27)。可见洗礼的完成是在基督里,我们也因此称基督为洗礼的正确目的。[b]因此,圣经记载使徒奉基督的名为人施洗是不足为怪的(徒8∶16,19∶5),虽然基督也吩咐他们奉父和圣灵的名为人施洗(太28∶19)。因神在洗礼里提供人一切的恩赐,唯独在基督里面。但

---

⑨ 在洗礼中罪被治死,不仅仅是模仿基督的死,而是参与基督的死。卡迪耶(Cadier)谈论到这个观念的"现实性"(*Institution* IV. 298, note 1)。但梅兰希顿使用类似的语句:*Loci communes* (1521), *de baptismo* (ed. Engelland, *Melanchthons Werke in Auswahl* II. 1. 146 f.; tr. Hill, p. 245 f.)。

⑩ 上文的第二节。

除非那奉基督的名施洗的人同样也奉父和圣灵的名施洗，否则人就无法领受这些恩典。因我们之所以被基督的宝血洁净，是因我们慈悲的天父出于他无比的慈爱，喜悦将我们接到他的恩典里，就赐给我们这中保，好叫我们因他在神面前蒙悦纳。^b但除非圣灵将我们分别为圣，并赐给我们新的属灵本性，否则我们无法因基督的死和复活获得重生。因此可以说，圣父是赦罪和重生的起源，圣子是赦罪和重生本身，圣灵将两者运行在我们的心里面。^a所以施洗约翰先为人施洗，之后众使徒也都为人施洗，这是悔改赦罪的洗礼（太3：6、11；路3：16；约3：23，4：1；徒2：38、41）——"悔改"指的是重生，而"赦罪"指的是洁净。

约翰的洗礼与众使徒的洗礼没有两样；以色列人出埃及时经历到洗礼的含义（7—9）

7. 约翰的洗礼以及基督教的洗礼

^a我们因此确信约翰的事工与基督之后所交付使徒的事工是一样的。因为有不同的人施行洗礼，并不表示他们的洗礼不同，而是教义相同表明洗礼也相同。施洗约翰和使徒的教义一样：两者都为悔改、赦罪的缘故为人施洗，两者都奉基督的名为人施洗，因为悔改和赦罪都来自基督。约翰说基督是神的羔羊，他将除去世人的罪孽（约1：29）。他这话表示基督是蒙神悦纳的祭物，平息神的愤怒而使人称义，也是救恩的创始者。使徒在此之上还能加添什么呢？

^b所以，我们不要因古时的作者企图对这两种洗礼做区分而受搅扰。我们不可过于看重他们的权威以至动摇圣经的确定性。因为谁宁愿接受克里索斯托的教导，即否认约翰的洗礼⑪包括赦罪，而不接受路加相反

---

⑪ Chrysostom, *Homilies on Matthew*, hom. 10. 1 (on Matt. 3. 1-21) (MPG 57. 183. 185; tr. LF XVI. 132 f.). 参阅特兰托会议（Council of Trent）第七部分，*Of Baptism*, canon I (Schaff, *Creeds* II. 122)。加尔文敢于拒绝接受教父们的有些观点，因为这些观点不能表明"圣经的明确性"。从这些句子及下文的第八和第十八节可以看出这一点。

的教导，即"施行约翰宣讲悔改的洗礼，使罪得赦"（路3:3）?ᶜ 我们同样也必须拒绝奥古斯丁复杂的推论，即在约翰的洗礼中，人的罪在盼望中得赦免，然而在基督的洗礼中，人的罪真正地得赦免。因既然福音书的作者明确地见证约翰宣讲他的洗礼使人蒙赦罪，⑫我们为何要毫无理由地削弱他的陈述呢？

ᵇ然而，若有人想知道圣经是否教导这两种洗礼有所不同，圣经所教导的唯一差别是：约翰奉那即将来之基督的名施洗，但使徒们却奉那位已向世人彰显自己之基督的名施洗（路3:16；使19:4）。

8. 施洗者不同，但洗礼却是一致的*

ᵇ基督复活之后，信徒们领受了圣灵更丰富的恩赐，这并不能证明约翰和使徒的洗礼不同。因为基督仍在世上时，使徒所施行的洗礼被称为基督的洗礼。但这洗礼并没有比约翰的洗礼带给人圣灵更丰富的恩赐。甚至在基督升天之后，撒玛利亚人虽然奉基督的名受洗，却没有比以前的信徒领受圣灵更丰富的恩赐，一直到彼得和约翰被差派按手在他们身上（徒8:14、17）。

我相信当早期的作者说约翰的洗礼只不过是为基督的洗做预备时，被迷惑的唯一原因是他们发现那些受约翰之洗的人之后又受了保罗的洗（徒19:3、6）。然而，我们在适当的时候将充分地说明他们是何等的错误。⑬

ᵃ那么，约翰的这段话到底是什么意思呢："我是用水给你们施洗……但那在我以后来的……要用圣灵与火给你们施洗。"（太3:11；路3:16）我用几句就能解释他的话。约翰的意思不是要对这两种洗礼做区分，他是在将他自己本身与基督做比较——他是用水施洗的，然而基督

---

⑫ Augustine, *On Baptism, Against the Donatists* V. 10. 12（MPL 43. 183；tr. NPNF IV. 468）。

⑬ 下文的第十八节。

却将圣灵赐给人；且基督在差派圣灵给使徒时，将以可见的神迹彰显圣灵的大能，那神迹就是有舌头如火焰显现出来（徒2：3）。难道使徒仍夸耀有比这更伟大的洗礼吗？难道今天的施洗者能这样夸口吗？因他们不过施行外在的记号，但基督却赐给人内在的恩典。ª古时的作者几乎都这样教导，尤其是奥古斯丁。他在与多纳徒派争辩时，多半强调这一点，不管是谁为人施洗，唯有基督掌权。⑭

9. 在旧约里对洗礼的预表

ª我们以上所说关于治死肉体和洁净的事，早就在以色列人身上预表了。⑮因此，保罗说以色列人"都在云里、海里受洗归了摩西。"（林前10：2）主为了救他的选民脱离法老的捆绑，在红海中为他们开一条道路，并将穷追他们、威胁要毁灭他们的法老及埃及军兵淹死，这就预表治死肉体（出14：21，26：28）。因在洗礼的记号中，主也给我们同样的应许。主借着他的大能救我们脱离埃及的捆绑，即罪恶的捆绑；而我们的法老、魔鬼已被淹死，尽管它不断地搅扰我们并使我们感到疲倦。就如埃及人没有在大海的深处沉下去，反而死在海岸上，并因其可怕的样式，仍令以色列人感到恐惧，却不能伤害他们（出14：30—31），我们的仇敌仍威胁我们，向我们挥剑，却无法胜过我们。

云（民9：15；出13：21）是洁净的象征。就如主用云遮盖他们，并叫他们感到凉快，免得他们在大太阳下变得软弱和衰残，我们在洗礼中被基督的血所遮盖和保护，免得神的震怒，那真正令人无法忍受的火焰，临到我们身上。

ᵉ虽然这奥秘当时很模糊并被不多人知道，然而因在这两种恩典之外并

---

⑭ *Against the Writings of Petilianus the Donatist* III. 49. 59；I. 6 f. (MPL 43. 379, 249)；*Against the Letter of Parmenianus* II. 11. 23 (MPL 43. 67)，引述《约翰福音》1：33 "……谁就是用圣灵施洗的"。

⑮ 参阅 II. 11. 1-3；Melanchthon, *Loci communes* (1521) (ed. Engelland, *Melanchthons Werke in Auswahl* II. 1. 145；tr. Hill, p. 245)。

无其他救恩之道，神不愿从他收养做自己后嗣的古人身上夺去这两种记号。

洗礼仪式并不救我们脱离原罪，但我们借洗礼在人面前宣告自己的信心（10—13）

10. 洗礼、原罪，以及新的义

ᵃ由此可见，那从前被传扬很长一段时间，且直到如今仍被人坚持的教导是完全错误的，即洗礼救我们脱离原罪及从亚当那里遗传到一切后裔身上的败坏；叫我们重新获得亚当若保存他与生俱来的正直将获得的义和纯洁。因为这种教师从来不明白原罪、原来的义或洗礼所带给人的恩典是什么。ᵇ⁽ᵃ⁾我们在上面已经论述，⑯原罪是我们本性的堕落和败坏，ᵃ它首先使我们容易招致神的愤怒，然后导致圣经所说"情欲的事"（加 5∶19）。我们必须留意这两点。

既然我们本性的各部分都败坏了，我们因此被定罪是该当的，因为在神面前，唯有公义、单纯以及纯洁才蒙神悦纳。就连胎儿在母腹中都受咒诅，因他们虽然未曾结出不义的果子来，然而这种子已种在他们心里。

事实上，他们的整个本性都是罪恶的种子；因此，它不能不受神的憎恨。借着洗礼，神使信徒确信这咒诅已经从他们身上挪去，因（就如以上所说）⑰主借这象征向我们应许：他已完全除掉那当归于我们的罪行，以及我们因这罪行所当受的惩罚。他们也获得义，但这神的选民在今生所能获得的义，只是归给他们的义，因主出于他的怜悯，视他们为义和无辜。

11. 我们必须竭力地克服顽固的罪ᵃ

ᵃ我的另一个重点是这邪恶仍与我们同在，并不断地结新的果子，即

---

⑯ II. 1. 8.
⑰ 上文的第一节。

我们以上所说的"情欲的事"(加 5：19)⑱，就如已点燃的火炉不断地溅出火星，冒出火焰，或泉源不断地涌出新的泉水。因为人心里的情欲永不被灭绝，直到这取死的身体灭绝，它们才完全脱去自己。洗礼的确向我们应许我们的法老将淹死（出 14：28），我们的罪将被治死，但这并不表示这罪已经不存在或不再搅扰我们，只是应许这罪无法胜过我们。因只要我们仍被关在这监牢般的身体中，⑲罪的残余仍会住在我们里面；但我们若忠心和紧紧地抓住神在洗礼中所给我们的应许，罪便无法在我们身上做王。

但人不要自欺，我们不可因听见罪一直住在我们心里，便在罪中自己欺哄自己。我们这样教导的目的，不是要那些早就过于倾向犯罪的人，毫不烦扰地安睡在自己的罪中，而是要鼓励那些被肉体困扰和攻击的人，免得他们灰心丧胆。他们当相信自己仍在主的道路上，当他们感受到自己一天比一天更脱离情欲，就确信他们是在长进，直到他们到达目的地，即在死的时候情欲完全被治死。同时，他们不可停止勇敢地争战，要鼓起勇气，勇往直前，直到最后的得胜。因当他们争战很长一段时间之后，必发现自己的道路上仍有许多艰难，这就当激励他们更加努力地前进。ᵃ我们必须相信：我们受洗，是要治死肉体。我们从受洗时开始治死肉体，之后日日都在治死肉体，直到我们离世归主。

12. 保罗内心的争战（《罗马书》7 章）*

ᶜ我们这里的教导与保罗在《罗马书》7 章明确的教导一样。⑳在他讨论过神白白赏赐公义之后，有一些不敬虔的人由此推论：神既然没有因

---

⑱ II. 1. 8；III. 3. 10-13.
⑲ 参阅 III. 6. 5，注释 9；III. 9. 4。
⑳ 参阅 II. 2. 27；III. 3. 11；III. 11. 11；Comm. Rom. 7：7-25。无疑，加尔文认为在《罗马书》7：24 和其他类似的经文中，保罗说的是自己重生后的光景。这是阿明尼乌（Arminius）和加尔文根本上的差异。在论述这个问题的结尾，阿明尼乌认为这一段话形容的是一个没有重生的人："这个人不在恩典之下"，而在律法之下。(*Works of Arminius*, tr. J. Nichols, II. 326.)

我们的功劳悦纳我们，我们就能随意犯罪（罗6：1、15）。保罗接着说：一切披上基督之义的人，同时也被圣灵重生，且洗礼给了我们这重生的凭据（罗6：3及以下）。因此他劝信徒不可容罪仍在他们身上做王（罗6：12）。他知道信徒都有某种程度的软弱。因此，为了避免他们因这软弱感到灰心，他宣告他们已经不在律法之下（罗6：14），以此安慰他们。或许有人认为基督徒已不在律法的捆绑之下，就能任意妄为，所以保罗讨论律法被取消的意义是什么（罗7：1—6），并同时教导律法有何用处（罗7：7—13）。保罗两次拖延了这个问题的讨论（罗2：12—24）。㉑他主要的意思是我们已从律法严厉的捆绑里得释放，其目的是要我们专靠基督。然而，律法的目的是叫我们发现自己的堕落，因此承认自己的软弱和悲惨，那么，既然属世的人很不容易明白自己的堕落（因他不敬畏神并放纵自己的私欲），保罗用一位已经重生的人即他自己举例。保罗说他不断地与自己的肉体作战，㉒且他很悲惨地受捆绑，以至于他无法将自己完全地献给神、顺服律法（罗7：18—23），他因此不得不喊叫："我真是苦啊！谁能救我脱离这取死的身体呢？"（罗7：24 p.）然而，如果神的儿女一生一世被关在这监牢中，他们必定因这危险感到焦虑，除非他们能克服这恐惧。保罗因此加上了这句安慰的话："如今，那些在耶稣基督里的就不定罪了"（罗8：1），他在8章中教导那些蒙主恩典，被接到与基督的相交里，并借着洗礼被纳入教会里的人，只要他们对基督的信心坚忍到底（虽然他们常被罪攻击，身上仍带着罪），神便会除掉他们的罪债，也不再定他们的罪了。若这是对保罗教导简单和真实的解释，那么我们的教导就不应该被看作稀奇古怪。

㉑ 即《罗马书》7：7—13这一段之前的《罗马书》2：12—24，讨论律法有何用处。

㉒ Augustine, *Sermons* 151.5: "*Ergo simper pugnandum est*"："因此，我们必须一直进行争战；因为我们一息尚存，我们与生俱来的情欲（concupiscence）就不会停止；或许会每天减少一点，但不会完全消失。"（MPL 38.814 ff.；上文的翻译与LF *Sermons* II. 713 不同）

13. 洗礼是宣告的标记

ᵃ然而，洗礼也是我们在人面前的宣告。事实上，这是我们公开表明自己喜悦被称为神百姓的记号；㉓我们借洗礼见证自己决定与众基督徒同心合意地敬拜同一位神，相信同一个真道，最终借洗礼公开宣告自己的信仰。如此不只是我们的心赞美神，我们的舌头以及身上的众肢体都以各种方式颂赞他。这样，我们的一切都被用来荣耀神，因为一切的荣耀都属于他，我们也当以榜样激发别人归向他。当保罗问哥林多信徒他们是否奉基督的名受洗，他就是这个意思（林前 1：13）。他暗示他们既奉他的名受洗，就应把自己完全奉献给他，发誓将为他而活，并在人面前宣告自己对基督的信心。除了基督以外，他们不能再承认另外一位主，除非他们决定弃绝他们在洗礼中的宣告。

在洗礼中，信徒当信靠洗礼所代表的应许，并且不可重新受洗（14—18）

14. 记号和真理

ᵃ我们既已经解释主设立洗礼的目的，现在解释我们应当如何接受和使用洗礼就更为简单。既然主设立洗礼是为了激发、培育以及坚固我们的信心，我们就应当相信是主亲自为我们施的洗。我们也应当确信主借此记号亲口与我们说话；是主自己洁净我们，洗净我们的罪，不再记念它们；是主叫我们能在他的死上有分，破坏撒旦在我们身上的王权，削弱我们情欲的权势；事实上，是主亲自与我们联合，使我们因披戴基督，就能被神视为他自己的儿女。我说基督实实在在地为我们的灵魂成就了这一切，就如我们看见我们的身体，被水洗净，浸在水中，被水包围那样实在。因为这比喻是圣礼最确实的准则，即我们当在物质上看到属灵的事，就如在我们眼前那般。因主喜悦用这些物质代表属灵的事，

㉓ Luther, *Ein Sermon von dem Sakrament der Tauffe* 1 (*Werke* WA II. 727).

这并不表示他的恩典被封限在圣礼之中，以至于圣礼本身带有恩典的大能，乃是主借这方式宣告他对我们的心意，即他喜悦丰盛地赏赐我们这一切。ᵃ 且他也不仅仅以外表的样式来满足我们的眼睛，而是引领我们明白洗礼所代表的真理，并把这真理成就在我们身上。㉔

15. 洗礼坚固信心

ᵃ我们以百夫长哥尼流为例来证明这一点。他虽然已经蒙赦罪，并以可见的形式领受了圣灵的恩赐，但他却仍然受洗（徒10:48）。他没有借着洗礼寻求更有效的赦罪方式，而是寻求更确实的信心表达。事实上，他寻求的是借这凭据增加他的信心。也许有人会反对说：如果洗礼本身无法赦免人的罪，为何亚拿尼亚要求保罗借着洗礼洗净他的罪呢(徒22:16；参阅9:17—18)？我的答案是：我们被说成是接受、获得、ᶜ⁽ᵃ⁾得到主照我们信心的看见所向我们彰显的事，不管这是他头一次向我们彰显，还是之后使我们更确信他从前向我们彰显的事。ᵃ亚拿尼亚的意思不过是："保罗，为了确信你已得蒙赦罪，你就要受洗。因主在洗礼中应许罪得赦免，所以你要接受洗礼而获得这确据。"

ᵉ然而，我的意思并不是要借着将洗礼的真理与洗礼的记号分开而削弱洗礼的能力，因神习惯借着外在的方式运行在人心里。但在这圣礼中，就如在其他的圣礼中那样，我们得着的和我们的信心所领受的完全一样多。我们若缺少信心，这就证明我们忘恩负义。这表明我们在神面前有罪，因我们没有相信神在洗礼中所给我们的应许。

然而，既因洗礼代表我们的宣告，我们应当借洗礼见证我们相信神的怜悯，且我们的纯洁出于基督所为我们成就的赦罪，并见证我们进入神的教会是为了在同样的信心和爱心中与众信徒和谐地相处。保罗的这句话证明最后这一点："我们都从一位圣灵受洗，成了一个身体。"（林

㉔ 关于主餐的类似正面陈述参阅IV.17.3。

前 12∶13 p.）

16. 洗礼不依靠施行洗礼之人的功劳

ᵃ假设我们的教导是正确的，即圣礼的果效不在乎那施行之人的手，乃在乎神自己的膀臂，因它无疑是神所设立的。㉕我们以此推论，施行圣礼之人的素质不加增或减少圣礼的价值。在人与人的联络上，只要一封信带有作者的笔迹和封印，收信的人不在乎邮差是谁或什么样的人。同样地，只要我们在圣礼上能看到主的手和他的印记，我们便满足，不管施行的人如何。

这理由充分地反驳了多纳徒派的谬论，因他们以牧师的素质衡量圣礼的果效和价值。今世的重洗派（Catabaptists）也有同样的立场。他们反对我们的洗礼是真实的，因为是不敬虔和偶像崇拜者在天主教的制度之下为我们施洗的，㉖他们因此激烈地坚持重洗。

只要我们认为自己受洗不是归入任何人的名下，乃是归入父、子、圣灵的名下（太 28∶19），我们就有充分的理由反驳他们的愚昧；因此洗礼属于神而不属于人，不管是谁施行的。不管那些为我们施洗的人对神有多无知、亵慢和不敬，然而他们没有施洗使我们与他们的无知和亵渎联合，乃是使我们在信心中与耶稣基督联合，因他们并没有奉自己的名，乃唯独奉神的名为我们施洗，也没有把我们归入其他的名下。那么，它若是神的洗礼，就的确包括赦罪的应许、对肉体的治死、属灵的重生，以及与基督的相交。ᵉ与此相似，在旧约时代，不洁和背道的祭司为犹太人施行割礼，对他们并没有任何的危害；这圣礼也没有因此失效，以至于犹太人

㉕ 上文的第七节。
㉖ 奥古斯丁对多纳徒派的描述记载于 *Psalms*，Ps. 10. 5（MPL 36. 134；tr. [Ps. 11] LF *Psalms* I. 96）；*Letters* 89. 5（MPL 33. 311；tr. FC 18. 38）。重洗派（加尔文在此 1536 年版本使用 *Catabaptistae* 一词；参阅 Pannier, *Institution* III. 236, note *b*, p. 323）同样拒绝由 "邪恶的" 牧师所执行的洗礼。这种观点不断地被茨温利所抨击，如在 *On Baptism*（CR Zwingli IV. 278 f.）中，这也为路德所反对，如 *Against the Heavenly Prophets*（Werke WA XVIII. 165 ff.）和 *Letter Concerning Rebaptism*（1528）（Werke WA XXVI. 161；tr. *Luther's Works*, American Edition, 50. 250 f.）中。

必须重新受割礼,只要他们明白这圣礼的意义就够了。

他们反对说:洗礼应当施行在敬虔之人的集会中,但这不表示因为它有一些缺陷就完全无效。因当我们教导人为了保持纯洁以及避免一切的污秽而应当怎样施行洗礼时,我们并没有废掉神的圣礼,无论偶像崇拜者如何玷污它。因在古时候,当割礼被众多的迷信败坏时,这圣礼没有停止被视为恩典的象征。且当约西亚和希西家王将一切离弃神的人从以色列人中召出来时(王下22章,23章,18章),他并没有吩咐他们重新受割礼。

17. 洗礼并没有因在洗礼之后才悔改而失效[*]

[a]我们的敌人问:难道我们不是受洗之后过了一些年,才真正获得信心吗?他们这样说是为了证明我们的洗礼落空,因唯有当人以信心接受神在洗礼中所给我们的应许时,这洗礼才将我们分别为圣。我们的答复是:我们的确在受洗之后过了很长一段盲目和不信的时间,才接受主在洗礼中所赏赐我们的应许;但那应许既然出于神,就一直是稳固和可靠的。即便所有人都是骗子和不信实的,然而神仍是信实的(罗3:3)。就算众人都失丧,基督仍是救恩。我们因此承认:在那一段时间里洗礼对我们毫无益处,因我们完全忽略神在洗礼中所提供我们的应许,洗礼在这应许之外毫无意义。那么,当我们出于神的恩典开始悔改时,就因自己盲目、刚硬的心开始自责——我们这么长时间对他的大慈爱都不知感恩。但我们相信神的应许并没有落空。我们反而相信神在洗礼中向我们应许赦罪,他毫无疑问会为一切信徒叫这应许得以应验。神在洗礼中提供我们这应许;因此,我们当以信心迎接它。事实上,这应许之所以在那样长久的时间内向我们隐藏着,是因为我们的不信,所以我们当以信心接受它。

[b]因此,当主劝犹太人悔改时,他并没有吩咐(就如我们所说)[20]那

---

[20] 上文的第十六节。

些由不敬虔和亵渎之人施行割礼，并且之后自己在一段时间中也生活在同样的不敬虔中的人重新受割礼，他只吩咐他们从心里归正。不管他们多悖逆地违背神与他们所立的约，然而这约的象征仍是稳定和无法破坏的，因为它是主自己所设立的。因此，只有在悔改这唯一的条件下，他们重新回归到神从前借割礼与他们所立的盟约里去；而且这约是他们从一位违背盟约的祭司那里领受的，且他们自己在受割礼之后竭力玷污并^c使之失效的盟约。

18. 保罗没有给人重新施洗*

^a然而，当他们说保罗为那些被约翰施洗的人重新施洗时，他们以为这是我们无法抵挡的火箭（徒 19：2—7）。假设我们承认约翰的洗礼和我们的洗礼没有两样，那么当那些之前受错误教导的，在他们被教导正统信仰之后，重新受洗归于这信仰时，那在真道之外的洗礼必须被我们看作无效，且我们应当重新受洗，归于我们刚刚品尝到的真信仰。

^b有人认为这些人是施洗约翰不懂真理的门徒施洗的㉘，且这人为他们施洗，使他们归于迷信。他们的这猜测根据当时受洗者的见证，即他们对圣灵完全无知，而约翰绝不会差派不懂真理的门徒出去。然而，连没有受过洗的犹太人，也不太可能对圣灵完全无知，因旧约圣经中多处经文都颂赞圣灵。他们说自己未曾听见有圣灵，大概是他们没有听说过保罗所说的圣灵恩赐已经临到基督门徒身上。^a我相信这些人所受的是施洗约翰真实的洗礼，与基督的洗礼一模一样，但我否认他们当时重新受洗。㉙那么，"他们奉主耶稣的名受洗"这句话是什么意思呢？有人将它解释为他们当时受保罗正确的教导；㉚但我自己的解释更为简单，即这指的是圣灵的洗，

㉘ "κακόζηλον".

㉙ 参阅 Comm. Acts 19：1-7。

㉚ 茨温利认为《使徒行传》19：5 中第二次的洗礼是"教导的洗礼"，*Commentary on True and False Religion* (CR Zwingli III. 770 f.；tr. *Latin Works by Zwingli*，ed. X. M. Jackson I. 192）。又见 *On Baptism* (LCC XXIV. 134）。

即保罗借着按手给他们圣灵的恩赐。用"洗礼"这一词,代表圣灵的恩赐并不是新的观念。[b]就如在五旬节,圣经记载使徒们想起主关于火和圣灵之洗所说的话来(徒1∶5)。且彼得也告诉我们:当他看到圣灵降临到哥尼流、他的家人,以及他的亲戚身上时,他也想起主的话来(徒11∶16)。

[a]且这与圣经之后的记载也毫无冲突:"保罗按手在他们头上,圣灵便降在他们身上。"(徒19∶6 p.)路加在此并没有记载两回事,他反而用希伯来人熟悉的叙事方式,首先对事情进行总结,之后才更详细地解释这事情。[31]任何人都可以看到这就是上下文的意思。因路加说"他们听见这话,就奉主耶稣的名受洗。"当保罗按手在他们身上时,圣灵就降临。"圣灵就降临"表明这是怎样的洗礼。

然而,若无知使从前的洗礼失效,以至于受洗的人必须重新受洗,连使徒们都要重新受洗,因在受洗之后,他们过了三年才听到正统的教义。而且在我们中间,我们若因自己的无知需要重新受洗,需要多少的河水才够!因为我们每日需要主的怜悯来纠正的无知实在太多了。

对多余的仪式以及妇女施洗的反对(19—21)

19. 错谬的和正确的洗礼

[e]到目前为止,我相信诸位都明白洗礼这奥秘的力量、价值、益处以及目的。至于洗礼外在的仪式,但愿我们仍保持基督所设立那纯洁的洗礼,好抑制人的胆大妄为。有人炮制了祝福语——毋宁说是咒语——来玷污真正的水洗之礼,仿佛根据基督盼咐用水为人施洗是可憎嫌的事。他们之后又加上了蜡烛和圣油。他们甚至开始认为赶鬼是对受洗妥当的预备。[32]虽然我知道这外来的大杂烩是很古老的习惯,但我和一切敬虔的

---

[31] 注意这对加尔文释经方法的影响。
[32] 马丁五世在1418年的诏书(*Inter cunctas*)里,谴责威克里夫和胡斯的观点(Mansi XXVII. 1212; Mirbt, *Quellen*, 4th ed., pp. 229 f.); Gratian, *Decretum* III. 4. 70, 53, 61 f. (Friedberg I. 1385, 1382 f.; MPL 187. 1821, 1818)。

人都有权利拒绝人加增在基督设立的这圣礼之上的一切。当撒旦发现世人因他们愚昧的天真,几乎从福音一开始就乐意地接受它的诡计时,它就用更恶劣的方式愚弄教会。因此,神甫们便唾沫横飞地胡言乱语,污辱了洗礼。[33]这经验就应当教导我们,唯独满足于基督的权威是最圣洁、最好且最安全的原则。

e(a) 在洗礼中,除掉一切吸引单纯之人的华丽才好,因这一切只不过叫他们麻痹。[a]人受洗时,要把他带到信徒的会中,全教会作为他受洗的见证,为他祷告,将他献给神;背诵慕道者当学过的信仰告白,重述神在洗礼中所给我们的一切应许;奉父、子、圣灵的名为他施洗(太28:19);最后,以祷告和祝谢散会。我们若这样做,重要的事就不至于被忽略;且神所设立的这仪式,因不陷入各种离奇古怪的污染,便将极明亮地照耀出来。[34]

那么,受洗的人是否应当完全浸入水中,且是浸一次还是三次,或是否当用洒水的方式,这一切细节都是无关紧要的事,也应当由教会在各国家里做自己的决定。然而"受洗"原文的意思是浸入水中,且古时候的教会也采用这方式。[35]

20. 反对"紧急的"洗礼

c我们在此若指出个人在私底下担任施洗的职分是错误,这是很贴切的事,因为施行洗礼和圣餐都是属于教会的事工。因为基督并没有吩咐妇女或各式各样的人施洗,而是吩咐他所差派做使徒的人。且当主在施行圣餐时,吩咐门徒照他自己所做的去做时——因他当时是正当施行的

---

[33] Gratian, *Decretum* III. 4. 68 (Friedberg I. 1384; MPL 187. 1821); "*Quare de saliva nares et aures tanguntur,*" from Rabanus Maurus, *Institutio clericorum* I. 27, 根据 Mark 7:34。

[34] 加尔文洗礼的仪式可以参考 *La Forme des priers et chants ecclésiastiques* (1539, 1542) (CR VI. 185-192; tr. Calvin, *Tracts* II. 113-118),它与上面的描述一样简洁。

[35] 早期偏离浸礼的做法可参阅 Didache 7,当无法取得流动的水时,解决的办法是:"将水倒在头上三次。"见 LCC I. 174。

人（路22：19）——他的意思无疑是他们应当效法他的榜样。

过去好几个时代，且几乎从教会的一开始，若牧师不在，一般的信徒习惯为弥留之际的人施洗。㊱然而，我并不认为我们能有充足的理由为这习惯辩护。连古时的神学家们，虽然他们也这么做或宽容这种做法，也不十分清楚这么做是否正确。奥古斯丁的这话表示他自己的疑惑："即便平信徒因迫切的需要为人施洗，我怀疑我们能敬虔地说以后应该继续这么做。因为若不是紧急的状况，则施洗的人是在僭越另一个人的职分；然而若是情势所迫，平信徒这样做或算无罪或算犯可赦之罪。"㊲㊲x就妇女而论，迦太基会议（Council of Carthage）毫不例外地禁止妇女施洗。㊳

ᶜ但（你或许会说）若这病人没有受洗就去世了，他会有被夺去重生的危险。当然不是！当神向我们应许做我们和我们后裔的神时，他就在宣告在我们的儿女出生之前他早已收养他们做自己的子民（创17：7）。他的这一句话证实他们的救恩。没有人悖逆到否认神的应许本身有功效。

ᵉ很少人明白错误地解释"洗礼对救恩是必需的"这教义在历史上造成了多大的伤害。㊴结果，他们施洗不够谨慎。我们若相信一切没有受过洗的人都失丧了，那么我们的光景远不如以前的犹太人，仿佛现今神的恩典比在律法底下更有限！我们若这样教导，人会以为基督来并不是要

㊱ Tertullian, *On Baptism* 17 (CCL Tertullianus I. 291; tr. ANF III. 677); Gratian, *Decretum* III. 4. 21 (MPL 187. 1800; Friedberg I. 1384). 关于早期在病床上施洗，参见 G. W. H. Lampe, *The Seal of the Spirit*, pp. 178, 242。

㊲ Augustine, *Against the Letter of Parmenianus* II. 13. 29 (MPL 43. 71).

㊲x 接下来的字句来自1545年的版本。

㊳ Gratian, *Decretum* III. 4. 20 (Friedberg I. 1367; MPL 187. 1800), from the *Statuta ecclesiae antique*, canons 99, c (Mansi III. 959).

㊴ 有一种为一般人所深信而毫无根据的说法，就是加尔文在此所教导的一个他在这里所谴责的教义，那就是：没有受洗的婴儿死了，那他必定无法得救。他在下文的第二十二节中重申他拒绝这错误的教义；也请参阅 IV. 16. 6，7，17，19，26，31。加尔文并没有教导在奥格斯堡信条（Augsburg Confession）第九章中的"洗礼是得救的必要条件"。

使应许得以应验，乃是要废掉神的应许（太5：17），因为这样看来，神的应许（这应许本身是有效的，即便在婴儿受割礼之前都能赏赐他救恩）（创17：7；参阅17：12）若没有这圣礼记号的帮助必定落空。

21. 不允许妇女施洗^{*}

^e在奥古斯丁出生前，教会习惯受德尔图良的影响。他教导妇女不可在教会里说话、教导、施洗或施行圣餐。这是为了避免妇女宣称自己能担任神所交付男人的任何职分，当然不用说牧师的职分了。⑩伊比芬尼（Epiphanius）也是这事的可靠见证人。他斥责了马西昂（Marcion），因马西昂允许妇女为人施洗。

我也知道反对这教导之人会怎么回答，即一般的习惯以及紧急的情况是两回事。然而，既因伊比芬尼宣告允许妇女在任何情况下施洗是亵渎，他显然教导这习惯在任何情况之下都是神所禁止的。而且在他的第三册中，当他教导连基督圣洁的母亲都不被允许施洗时，他毫无保留。㊶

22. 西坡拉为他儿子施行割礼并不支持妇女的施洗^{*}

^e我们的论敌在此提到西坡拉极不妥当（出4：25）。㊷她拿石头为自己的儿子施行割礼而平息了神使者的怒气。但我们的敌人错误地推论她的这行为蒙神悦纳。我们若这样说，就必须同样说那些从叙利亚迁移到撒玛利亚的各族对神的崇拜也是蒙神悦纳的（王下17：32—33）。

然而，我们还有其他可靠的理由能证明效法这愚昧的妇女是不合理的事。我若说这是例外，不能当作一般的准则，并且（特别是因圣经没

---

⑩ Tertullian, *On Baptism* 17 (CCL Tertullianus I. 291; tr. ANF III. 679).
㊶ Epiphanius (315-413), *Panarion sive arcula adversus haereses* 42.4; 79.3 (GCS 31.100; 37.477; MPG 41.699 f.; 42.745 f.); Eugenius IV, bull *Exultate Deo* (1439) (Mansi XXXI. 1055; MIrbt, *Quellen*, 4th ed., p. 255); J. Westphal, *Loci praecipui, de vi, usu, et dignitate baptismi* (Strasbourg, 1556, p. 242).
㊷ 这个论据曾被反对加尔文的路德宗人士使用。见 J. Westphal, *op. cit.*, p. 238。

有专门吩咐祭司施行割礼）割礼与洗礼是两回事,这应当是充分的理由。因基督的话十分清楚:"你们要去使万民作我的门徒。"(太28:19)既然主设立同样的人做福音的使者和施洗者,且(根据使徒的见证)唯有被呼召的人才能担任这职分(就如亚伦那样)(来5:4),任何在神呼召之外为人施洗的人,是在僭取别人的职分(参阅彼前4:15)。

即使在最次要的事上,譬如饮食上,一切不是出于信心的,保罗宣称都是罪(罗14:23)。因此,妇女施洗是更为严重的罪,因这显然违背了基督所颁布的准则,因为圣经教导神所配合的人不可分开(太19:6;可10:9)。㊸

但我无须继续探讨这件事。我只要读者们留意西坡拉在这事上一点都没有服侍神的意图。在她看到自己的儿子在危险中,她埋怨而恼怒地将他的阳皮扔在地上,并咒骂自己的丈夫,甚至同时也向神发脾气。简言之,这一切都出于她的激动,因她向神和自己的丈夫怒吼,她被迫使自己的儿子流血。此外,即使她在其他所有的事上都表现不错,但她居然在自己丈夫的面前给自己的儿子施行割礼,这都是无可推诿、任意妄为的罪。因她的丈夫不是一般人,乃是摩西——神最伟大的先知,甚至是历史上最伟大的以色列人。她所做的是不被允许的,就如现今妇女在监督的面前施洗不被允许一样。

以下原则能充分地解决这争议:婴儿若在受洗之前离开这世界,并不表示天国的门向他们关闭。但我们已经充分地证明㊹:我们若不认同此观点,就是在大大地违背神与我们立的约,就好像这约本身是软弱的一样,但它的果效完全不依靠洗礼或任何仪式。神在与我们立约之后,还给我们这圣礼加上印记,并不是为了使他的应许生效,好像他的应许本身不足够似的。神为我们设立这圣礼,反而是要我们确信他的应许。

㊸ 指的是上面的陈述:"施洗者"也是他的"福音的使者"。若妇女施洗,这两种功能将被"分开"。
㊹ 参阅上文的第二十节注释36和39。

由此可见，信徒的儿女之所以受洗，并不是让那些从前做教会局外人的，能够开始做神的儿女，相反，既然他们从前出于神所应许的这福分，早就属于基督的身体，他们就以这庄严的记号被迎接到教会里面来。⑭x

ᶜ据此，当这圣礼没有施行时，只要不是出于人的懒惰、藐视或忽略，我们仍然平安无事。由此看来，尊敬神所设立的仪式是更为圣洁的行为，即我们应当唯独接受神所呼召的人施行圣礼。当我们无法在神的教会里领受圣礼时，我们应当记住神的恩典没有被它们如此限制住，我们可以靠信心直接从主的话语上蒙恩。

---

⑭x "神在与我们立约之后……以这庄严的记号被迎接到教会里面来。"出自 1545 年的版本。

ᵉ第十六章　婴儿洗礼最符合基督所设立的圣礼,以及这记号的性质*

婴儿洗礼(根据它所预表的真理)与割礼相应,并在神与亚伯拉罕所立的约中受公认 (1—6)

1. 对婴儿洗礼的攻击*

ᵇ然而,既然在这时代,某些狂执的灵在婴儿洗礼问题上不断严重地搅扰教会,我就不能不在此面对他们的狂言。①如果我以下的解释对任何人看来太长,我劝他稍微思考,在这样重要的事上,我们应当看重教义的纯正以及教会的和睦,不要过分挑剔地反对任何有益于这两者的事。此外,我会好好安排这一次的讨论,好尽量更为清楚地阐明洗礼的奥

---

① 这一章主要在反驳拒绝婴儿洗礼的重洗派。前面已经解说过洗礼了,这一章可说是关于洗礼教导的"附录",加入这一章的原因是因为加尔文面前有许多对婴儿洗礼的质疑。除了第三十一节是在 1559 年加入的,其他大部分篇幅都首次出现于 1539 年版。威廉姆斯 (G. H. Williams) 对近代关于重洗派运动的文献研究做了回顾,"Studies in the Radical Reformation (1517-1618)", *Church History* xxvii (1958), 46-69。就目前的关注而言,特别参考 pp. 52 ff., 60 f.。重洗派的教义在 LCC ⅩⅩⅤ章中阐明,这一册有英文的书目资料,编者是威廉姆斯教授。参阅Ⅳ.15.1,注释 1 的书目,特别是反对婴儿洗礼的部分,J. Warns, *Baptism: Studies in the Origin of Christian Baptism*。

秘。我们的敌人以某种看似合理的论据攻击婴儿洗礼。他们说这教义没有任何神设立的根据,而是出于人的任意妄为和堕落的好奇心,最后被轻率、愚昧、自满地接受到教会里面来。[②]因为圣礼除非建立在神话语这坚固的根基之上,否则就不具任何基础。然而,当我们好好地思考这问题之后,如果我们证明这有害的指控是错误的和不公正的,是对神圣洁之圣礼的攻击,那么办呢?所以我们当查考婴儿洗礼的来源。我们若发现这教义是出于人轻率的捏造,就要弃绝它,并单单以神的旨意来衡量洗礼的正确做法。但我们若证明这教义一点都不缺乏神确实的权威,我们就应当谨慎,免得因废掉神神圣的命令就犯了忤逆神的罪。

2. 对于洗礼含义的解释

[b]首先,洗礼的教义在一切敬虔的人当中是众所周知的。大家都承认,正确地考虑记号的意义不仅仅在于外在的仪式,而主要在乎神的应许,以及神设立这些仪式所要代表的属灵奥秘是什么。所以,我们若想要完全明白洗礼的价值、它的对象以及它的整个性质,就不可专注于材料和物质的外观,而要思考神在洗礼中所提供给我们的应许和洗礼能代表的内在奥秘。能明白这些奥秘的人已经获得了洗礼的可靠真理,可以说,它的整个实底。而且据此我们也能认识外在洒水的原因和用处。然而另一方面,我们若出于藐视神的应许和奥秘,而完全定睛在那可见的仪式上,将会完全误解洗礼的力量和性质,甚至也不会明白水的意义和

[②] 加尔文所指的是在施莱特海姆(Schleitheim)(1527)所制定的重洗派信条(Anabaptist confession)第一章,被翻成拉丁文,并被茨温利在他的论文 *In Catabaptistarum strophas elenchus*(*Opera*, ed. Schuler and Schulthess, Ⅲ. 388;tr. *Refutation of the Tricks of the Baptists* [*Selected Works of Zwingli*] ed. S. M. Jackson, p. 178)中所驳斥。英文版的信条由德文直接翻译过来。参阅 J. C. Wenger, "The Schleitheim Confession of Faith", *Mennonite Quarterly Review* ⅩⅨ(1945), 243- 253. 又见赫胥伯格(G. F. Hershberger)所编 *The Recovery of the Anabaptist Vision* 中由布朗基(F. Blanke)所写的 "The Anabaptists and the Reformation"(pp. 57-68)和 J. S. Oyer, "The Reformers Oppose the Anabaptist Theology"(pp. 202-218)。

它的用处。我的这话有许多清楚经文的根据,所以我暂时不用继续谈。我现在的目的是要思考神借洗礼所给我们的应许,并发现洗礼的力量和性质。圣经宣告洗礼首先表示我们的罪借着基督的血被洗净;它接下来表示要治死肉体。治死肉体是通过在死上与基督联合,并借此重生,在复活上与基督联合。除了洗礼也做我们在人面前见证自己信仰的象征之外,③这是圣经所有关于洗礼教导的总纲。

3. 洗礼和割礼

ᵇ既然在神设立洗礼之前,他首先为自己的百姓设立割礼,④那么我们就应当思考这两种记号彼此的差别,以及它们在哪些方面相似。这样我们就可以理解两者之间在属灵上的相应关系。⑤在主吩咐亚伯拉罕行割礼之前,早就应许做他和他后裔的神(创17:7、10),也应许他将拥有万有的丰盛(创17:1、6、8)。神这样做的目的是要亚伯拉罕相信他一切的益处都来自神的手。神对永生的应许包括在基督的这句话当中:"神原不是死人的神,乃是活人的神。"(路20:38;太22:32)因为基督说这话证明信徒的不死和复活。且当保罗根据以弗所信徒被排斥在割礼的盟约之外,证明主救他们脱离何等可怕的灭亡时,这事实告诉我们:他们当时"在所应许的诸约上是局外人,并且活在世上没有指望、没有神"(弗2:12)。因为这一切都包括在盟约之内。然而,赦罪使人能够进

---

③ 加尔文很少用"*Symbolum*"这个词来指圣礼,而用 *tessera*,在1539年和1554年的版本都是如此 (OS V. 306, note 3)。

④ 参阅兹温利,*Refutation of the Tricks of the Baptists*;"割礼之于古人(只要是被称为圣礼的话),就如洗礼之于我们"(*Opera*, ed. Schuler and Schulthess,Ⅲ. 366, tr. *Selected Works*, p. 139)。参阅下文的第四节最后一句;第十节;Augustine, *City of God* XVI. 27 (MPL 41. 307, tr. NPNF Ⅱ. 321); Aquinas, *Summa Theol*. Ⅲ. 70. 1. 3。支持婴儿洗礼的论据与盟约中的应许有着密切关联,在旧约时代以割礼代表。库尔曼(O. Cullmann)在他的 *Baptism in the New Testament* 第四章中详细地检视了新约教会中割礼与洗礼之间的关系。潘尼埃(Pannier)引用了弗朗西斯·兰伯特(Francis Lambert)在 *Somme Christienne* (1529) 中的陈述,清楚地将洗礼视为割礼的延续 (Pannier, *Institution* Ⅲ. 321)。

⑤ "*Anagoge*."关于 anagogy 在释经学中的解释,见 *The Interpreter's Bible* I. 121。从属灵的相应关系上来说,加尔文把割礼视为洗礼的预表。

到父面前,也引领人得永生。因此,这与洗礼使我们得以洁净的应许相对应。之后,主与亚伯拉罕立约,叫他在神面前做完全人(创17:1),这对应于治死肉体或重生。且为了避免任何人仍有疑惑,当摩西吩咐以色列人将心里的污秽除掉(原文作将心里的阳皮割掉)时(申10:16),他在别处更为明确地解释割礼是对治死肉体的记号,这圣礼表示以色列人是神从万国中所呼召出来的选民(申10:15)。就如神选择亚伯拉罕的后裔做他的子民时,吩咐他们受割礼,摩西宣告他们也当受心里的割礼,这便解释了肉体的割礼的真正意义(申30:6)。此外,为了防止有人想要靠自己的力量获得这心里的割礼,摩西教导我们这是神恩典所成就的事。这一切的事先知重复教导,圣经这类的经文不胜枚举(耶4:4;结16:30)。由此可见,神在割礼当中赐给族长属灵的应许,就如他在洗礼里面给我们属灵的应许一样,因为割礼代表他们的罪得赦以及肉体被治死。此外,就如我们在上面教导基督是洗礼的根基,且赦罪以及肉体被治死都在他里面,他显然也是割礼的根基。因神向亚伯拉罕应许基督,并应许在基督里叫地上的万族都得福(创12:2—3)。为了印证这恩典,主加上了割礼的记号。

4. 区别只在乎外表*

ᵇ我们现在就能清楚地看见两个记号彼此的差别和共同点。神的应许(而且我们已证明两个记号的力量都出于这应许)在两个记号上没有两样,即神应许他父亲般的恩慈,赦免我们的罪,并赐给我们永生。除此之外,这两个记号所代表的也一样,即重生。这两个记号将来得以应验也是建立在同样的根基上。因此,这两个圣礼内在的奥秘也没有两样,且圣礼的整个力量和性质都是由这奥秘所决定。两者之间的差别都在乎外在的仪式,而且这是无关紧要的因素,因为最主要的部分是神在这两个圣礼中的应许,以及它们所代表的真理。我们因此得出结论,除了外在的仪式之外,一切属乎割礼的,同样也属乎洗礼。保罗吩咐我们要照着信心的大小来考察所有对圣经的解释（罗 12：3、6）。⑥保罗的原则引导我们理解割礼与洗礼的预示关系和对比。在这个问题上，真理几乎触手可及。因为割礼对犹太人而言，是他们入教的仪式，因为割礼证明⑦神接受他们是自己的百姓和家人，且他们借着割礼宣告自己决定一生一世侍奉神。同样地，我们借着洗礼将自己献与神，好被算作神的百姓，我们也同样向神承诺将对他忠心到底。这就毫无疑问地证明洗礼取代了割礼，它们的职能完全一样。

5. 婴儿在盟约里有分＊

ᵇ在考察教会是否应该为婴儿施洗时，如果我们唯一的考虑是水以及这仪式的外表，而完全不考虑这圣礼之属灵的奥秘，难道这不是很荒唐吗？我们若对这属灵的奥秘有任何思考，就会确信应当为婴儿施洗。因在古时候，主让婴儿受割礼时，同时也让他在割礼所代表的真理里面有分（参阅创 17：12）。否则，主吩咐他们施行毫无意义的象征，就是在玩弄他们了，这听起来是多么可怕的事。因为主清楚地宣告，给刚出生的婴儿行割礼是主在这盟约里所赏赐他们之应许的印记。但若这盟约直到如今仍是坚定不移，这盟约现今适用于基督徒的小孩就如它在旧约里适用于犹太人的小孩一样。且他们若在所代表的真理上有分，又怎么可能被排斥在象征之外呢？若真理属于他们，他们怎能与代表这真理的象征无关呢？无论如何，在圣礼中，外在的记号和真道是密不可分的；然而，即使我们能将两者分开，请问：我们应该更看重哪一个？显然，我们既然知道记号服务于真道，我们就能说这记号在真道底下，并因此会更看重真道。因此，既然"洗礼"这个词的意义被运用在婴儿身上，那么为何那附属于真道的记号，就不能施予婴儿呢？即使没有其他的理

---

⑥ "Ad proportionem fidei." 参阅IV. 13. 3。
⑦ "Tessera." 参阅IV. 14. 1，注释2 及上文的第二节的注释3。

由，这一个理由也足以反驳一切反对的人。有人反对说，在旧约里神指定行割礼的日子，这纯粹是遁辞。⑧我们承认现今不像犹太人被限制在某一日施行洗礼；然而既然主（虽然没有专门指定一个日子）宣告他喜悦以极为庄严的仪式接受婴儿到他的盟约里，我们还要求什么吗？

6. 两者不过是不同印证的方式*

ᵇ然而，圣经赐给我们对这真理更明确的认识。事实上，主在古时候与亚伯拉罕所立的约（参阅创17：14），现今对于基督徒就如在旧约时代对于犹太人一样，也有同样的意义。除非我们以为基督的降临削弱或除掉了父神的恩典——但这不过是可憎恶的亵渎！与此相似，犹太人的小孩，因为做盟约的后嗣，且从不敬虔之人的孩子中被分别出来，被称为圣洁的种类（拉9：2；赛6：13）。因同样的缘故，基督徒的孩子们也被视为圣洁；而且即使他们出生时父母当中只有一个是信徒，保罗的见证证明，他们与拜偶像者的不洁儿女不同（林前7：14）。那么既然主在与亚伯拉罕立约之后，立刻吩咐这约要以外在的圣礼为婴儿身上的记号（创17：12），难道现今基督徒还有什么借口可以拒绝在自己的婴儿身上见证这盟约并以洗礼作为印证吗？

我也不希望任何人反对说：主唯独喜悦以割礼这象征肯定他的盟约。主早就废掉了那圣礼。我们能毫不犹豫地回答：在旧约的时代中主设立割礼做他盟约的印记，然而在他废掉了割礼之后，印证他的盟约（我们与犹太人一同享受的盟约）仍是必需的。因此，我们必须总是思考两者的共同点以及两者的差别。盟约是一致的，且肯定这盟约的理由也是一致的，只是肯定的方式不同——我们的洗礼取代了他们的割礼。否则，神若夺去那使犹太人确信他们的后裔将蒙救恩的见证，基督的降临必定叫我们对神恩典的观念，比旧约的犹太人更模糊和不确定。

---

⑧ 茨温利回应过类似的论点（CR Zwingli Ⅳ. 330）。

然而，这样说对基督是很严重的诽谤，因父神无比的慈爱在基督的身上比以前更清楚、更丰盛地彰显出来。既然如此，我们必须承认，比起在律法昏暗的影子下，至少神的慈爱既不会被更恶意地隐藏，也不会被更模糊地彰显。

基督邀请并祝福小孩子，我们不应当将他们排斥在洗礼的记号和祝福之外（7—9）

7. 主耶稣和小孩子

ᵇ因这缘故，主耶稣——因他愿意在世人面前证明：他来是要扩大而不是要限制神的怜悯——很温柔地拥抱、对待那些被带到他面前的小孩，并且斥责他的门徒拦阻小孩接近他，因他们这样做等于将天国之子排斥在天国之外（太19∶13—15）。但（也许有人会说）洗礼与基督拥抱小孩到底有何关联呢？因为圣经没有记载基督为他们施洗，而是说他拥抱和祝福他们。他们因此推断，我们若想效法基督的榜样，就应当以祷告帮助婴儿，却不要为他们施洗。⑨然而，我们应当让这些人更认真地思考基督的行为。因我们不可忽略基督吩咐门徒将小孩带到他面前时，解释说："因为在天国的，正是这样的人。"（太19∶14）而且他之后的行动证明他自己对他们的心意如何，因为基督拥抱着他们，并借着祷告和祝福，将他们交托父神。若婴儿被带到基督面前是对的，为何为他们施洗是不对的呢？因为洗礼是我们与基督相交的象征。既然天国属于他们，我们为何排斥他们在那为他们开门到教会里面来的记号之外呢？因为在他们加入教会之后，他们的名字就能被记在天国之后嗣的名单上。我们若将基督所召来的人赶走，这是极其不公正的事！我们是在排斥他所奖赏的人！我们将他乐意迎接的人关在门外！但我们若坚持说洗礼与基督

---

⑨ 参阅茨温利在1524年12月16日给弗朗西斯·兰伯特的信（CR Zwingli Ⅷ. 271）。茨温利指出基督没有为人施洗过（约4∶2）。

这里的行动差别很大,难道我们不应当将洗礼视为比这行动更为宝贵吗,因为我们借洗礼证实婴儿被包括在神的盟约之内,但主当时只迎接他们、拥抱他们、按手在他们身上,并为他们祷告,虽然基督亲自这样做,即宣告他们属于他,并且是他所分别为圣的。他们其他企图怀疑这经文的狡辩,不过证明他们自己的愚昧。因他们说基督的这句话:"让小孩子到我这里来",证明这些小孩已经是大孩子,能自己走到他那里去。然而,福音书作者却称他们为"婴孩"⑩(路18:15;参阅太19:14;可10:13),希腊文原文指的是仍吃奶的婴儿。因此,"来"这一词的意思不过是"得以进到他面前"。⑪可见那些已经对真理硬着颈项的人不得不织出何等诡诈的网罗来!他们说天国并没有交付婴儿,乃交付像婴儿那样的人,因基督说的是"这样的人",并没有说"这些人",这也是一样站不住脚。⑫因我们若这样说,我们如何解释基督所说婴儿不因年龄小就被排除在外呢?当他吩咐门徒让小孩子到他那里去时,他指的是婴儿,实在没有比这更清楚的事了。为了不使他的这话被视为不可思议,基督接着说:"因为在天国的,正是这样的人。"(太19:14)他的这话清楚地表示:"这样的人"指的是婴儿本身以及如同婴儿的人。

8. 圣经没有直接教导婴儿洗礼

ᵇ由此可见,既然婴儿洗礼是建立在稳固的圣经基础之上,它就不是人所捏造的。他们愚蠢的反对一点儿都不合理:圣经没有记载使徒为任何婴儿洗礼过!因为虽然这不是福音书作者直接的教导,然而,当圣经记载整个家庭时,有什么理智的人会推断这不包括婴儿在内呢?若这是合理的论证,那么我们也应当禁止妇女领圣餐,因为新约圣经也没有记载任何的妇女领过圣餐(徒16:15、32);然而我们仍满足于信心的原

---

⑩ "βρέφη καὶ παιδία",刚出生的婴儿和小孩子。
⑪ 这些词分别是 venire 和 accedere。
⑫ CR Zwingli IV. 300;VIII. 272。

则，因当我们思考基督设立圣餐的含义时，我们很容易就能推断什么样的人被允许领圣餐。洗礼的教义也是如此。事实上，当我们考虑到设立洗礼的目的时，显然婴儿和大人受洗是一样合理的事。因这缘故，我们若将婴儿排斥在洗礼之外，就是公开地违背神，即洗礼的创始者。反对婴儿洗礼的人在单纯的信徒中教导说，从基督的复活开始，教会过了许多年才开始为婴儿洗礼。[13]但这是极为羞耻的谎言。事实上，所有的作者（包括最古老的）都相信婴儿的洗礼是在使徒的时代开始的，这是不容怀疑的事实。[14]

9. 婴儿洗礼的福分

[b]接下来，我们应当扼要地来解释，洗礼对于让自己的孩子受洗的信徒和那些受这圣洁之水洗礼的婴儿本身有怎样的福分，免得有人藐视这教义，并将它视为毫无用处。[15]然而，若任何人因这缘故嘲笑婴儿洗礼，他就是在取笑主对割礼的吩咐。因为他们一切用来攻击婴儿洗礼的论据，同样也能用来攻击割礼。如此主惩罚那些凭自己属血气的思想所不能理解而立刻谴责婴儿洗礼之人的傲慢。然而，神另外给我们其他能攻击他们愚昧的武器。因神所设立的圣洁仪式，大大地造就我们的信心，也不应当被称为多余的。[16]因神的这记号，就如文件上的封印那样被传给婴儿，肯定他所赏赐给敬虔父母的应许，并确认主不但要做信徒的神，同样也要做他后裔的神；并教导主不但喜悦向他们彰显自己的慈爱和恩

---

[13] 参阅上文的第一节注释2。

[14] Irenaeus, *Adversus haereses* II. 22. 4, as often interpreted (MPG 7. 784 and note 87; tr. ANF I. 391; 参阅 note 9); Origen, *Commentary on Romans* V. 9 (MPG 14. 1047); Cyprian, *Letters* 64. 6 (CSEL 3. 2. 721)。这两位是早期就见证此一观点的。

[15] 加尔文认为洗礼的效果对婴孩在宗教的认识上具有许多正面的影响，因为到了一定的时间之后，他就会体会到洗礼的意义。参阅下文的第十七节。

[16] "*Eximia consolatione*". Cadier, *Institution* IV. 323, note 1, 在这里指海德堡要理问答之问题一："什么是你……唯一的安慰？"

典，同样也喜悦向他们的后裔彰显这恩典到千代（出20：6）。⑰神在这里彰显他无限的慷慨，并因此给人很好地传扬他荣耀的机会，同样也叫敬虔之人的心充满快乐，而且这快乐激励他们更进一步地爱他们慈悲的天父，因他们看见神对他们后裔的关怀。

若有人反对说，神的应许本身应当足以确认我们儿女的救恩，我不以为然！因神自己的教导并非如此，神因知道我们的软弱，在这事上俯就我们。因此，那些相信神怜悯的应许延伸到自己儿女的人，就当把儿女奉献给教会，让怜悯的象征印在他们身上，并因此激励自己更相信神，因他们亲眼看到主的盟约印在儿女的身上。另一方面，儿女在自己的洗礼上也得益处：他们因被接到教会的身体之中，就更能够被其他的会友接受。然后，在他们长大之后，就更被激励认真地敬拜神，因他们知道自己在还不能承认神为父的时候，就早已借这收养的庄重象征蒙悦纳为儿子。最后，我们应当大大地惧怕神所给我们的警告，即神必定报应任何藐视让孩子接受洗礼这盟约象征的人；因他借这样的藐视拒绝，甚至弃绝神所提供的恩典（创17：14）。

回应重洗派的论证，即洗礼与割礼不同（10—16）

10. 错误的区分*

ᵇ我们现在要考虑某些疯狂的野兽用来不断攻击神这圣洁仪式的论证。首先，他们既然认为教导洗礼和割礼具有相似性，是对圣经的强解，便极力将这两个记号解释成有极大的区别，使人认为二者没有任何的共同点。因他们说这两个记号所代表的不同，其中所含的约也不同，甚至对孩子的称呼所指也不同。但当他们开始证明第一个重点时，他们以为割礼是治死肉体而不是洗礼的象征。我们乐意接受这教导，因它与我们的教导完全一致。甚至我们证明自己立场的唯一证据是：洗礼与割

---

⑰ 参阅II.8.21，注释31和下文的第十五节。

礼都是对治死肉体的记号。由此可见，我们教导主以洗礼取代割礼，好向我们彰显割礼对古代犹太人所彰显的同样真理。[18]当他们宣称这两个约不同的时候，这是一种可怕、任意妄为的削弱和败坏圣经的行为！他们不只是强解一处经文，更是不顾一切地强解整本圣经的教导！因他们将犹太人描绘成属血气到像野兽而不像人的地步。神与他们立的约只包括今生的生活，且神所给他们的应许只在乎地上和物质的福分。[19]我们若接受这教义，这不就表示神在一段时间之内丰盛地祝福犹太人（就如人到猪窝里面喂猪那样），但他们至终受永远的灭亡？因当我们提到割礼与它所带给人的应许时，他们立刻回答说：割礼是字面的记号，且它所带来的应许是属血气的。

11. 应许是属灵的*

[b]显然，若割礼是字面的记号，我们必须将洗礼同样视为字面的记号。因使徒保罗在《歌罗西书》第2章中并没有教导洗礼比割礼更属灵。因他说我们在基督里受割礼，脱去肉体的情欲时，这并不是人手所行的割礼。他反而将之称为"基督的割礼"（西2：11）。之后，为了解释这话，他说我们"受洗与基督一同埋葬"（西2：12）。他所说这话的意思难道不就是：洗礼的应验和真理与割礼的应验和真理是一模一样的，因它们所代表的是同一回事吗？因保罗在极力说明：洗礼对基督徒与割礼对古时的犹太人有同样的含义。我们既然已经充分证明两个记号与它们所代表的奥秘没有两样，我们就不再费时费力地探讨这问题。我只要劝众信徒，即使我没有教导，他们也不应该将一个代表属灵和天上之事的记号，视为属地和字面的。然而，我们要在此反驳他们用来掩饰这无耻谎言的教导，免得他们迷惑了[20]单纯的基督徒。我们非常确定神在旧约

---

[18] 参阅上文的第六节。
[19] 参阅Ⅱ.10.1；Ⅱ.11.3。
[20] "Fumos suos… vendant."参阅Ⅳ.7.11，注释27。

里与以色列人立约的最初应许，是属灵和关乎永生的应许；且先祖们极为妥当地接受这些应许为属灵的应许，以便他们在这些应许中获得对来世的确据，因他们全心全意地渴慕来世。然而，我们并不否认主以地上和物质的福分，证明他对以色列人的好意，因他们借着这些福分，坚固了他们对属灵之事的应许的盼望。譬如，当神向他的仆人亚伯拉罕应许永恒的祝福时，为了让他亲眼看见神对他的恩惠，他加上了另一个应许，即以色列人将得迦南地为业（创 15：1、18）。我们应当这样理解神给犹太人一切属世的应许，即他们应当留意，这些属世的应许所指向的属灵的应许应当永远居于首位。既然我在上面对旧约和新约[21]做区分时，已经详细地探讨这件事，我现在不再继续讨论。

12. 肉体和属灵的幼年时代[*]

[b]他们对圣经所使用的"儿女"一词做区分：在旧约的时代，一切从亚伯拉罕生的人被称为亚伯拉罕的儿女，然而，现今一切效法他信心的人，被称为亚伯拉罕的儿女。他们因此说：那借割礼被嫁接进入盟约的肉身的婴儿，预表新约时代属灵的婴儿，他们是借神的话语重生得永生之人。[22]我们的确在这句话里面看到某种程度的真理。然而那些善辩的人，虽然他们应该详细地思考这教义的各部分，却抓住他们所看到的第一件事情，并因此顽梗地坚持一个词的意思，因此犯大罪。这只不过证明他们不断地受欺哄，因他们没有为了获得更为完整的知识而认真地研究任何事。其实，我们承认亚伯拉罕属肉体的子孙，在一段时间之内占据着属灵的子孙的位置，就是一切借着信心接在他身上的人的位置。虽然我们与亚伯拉罕没有与生俱来血肉的关联（加 4：28；参阅罗 4：12），但他们若说（而且这是他们清楚的教导）神属灵的福分从未应许给亚伯

---

[21] 参阅II. 10, 11；Comm. Gen. 48：1-4。
[22] 梅尔基奥·霍夫曼（Melchior Hofmann）的地位，参阅 *Bibliotheca Reformatoria Neerlandica*, ed. S. Cramer, V. 294。

拉罕肉体的后裔，这是很严重的错误。因此我们要有更为正确的教导，即圣经确定无疑地引领我们相信的教导。因此，主应许亚伯拉罕要借他的后裔使万国得福（创12：3），并同时告诉他神要做他和他后裔的神（创17：7）。一切借信心接受基督是这福分的创始者之人，都是这应许的后嗣，并因此被称为亚伯拉罕的儿女。

13. 亚伯拉罕是众信徒之父*

ᵇ当基督复活之后，神国度的边界开始延伸到万国，好让基督的话——即信徒将从世界各地来，在天国里与亚伯拉罕、以撒、雅各一同坐席（太8：11）——能够得以应验。然而在许多世代之前，主已经向一切的犹太人怀抱同样的大怜悯。且主既然在万国之外，暂时将自己的恩典局限于一个国家之上，他就称这国为自己所买赎的百姓（出19：5，15：16）。

神赏赐犹太人割礼，为了证明他对他们的慈爱，好借此象征教导犹太人他是他们救恩的创始者。神借这知识激起他们的心盼望永生。因为被神永远接受到他保守中的人，难道他们可能有所缺乏吗？因此，为了证明外邦人与犹太人一样都是亚伯拉罕的儿女，保罗这样说：亚伯拉罕在未曾受割礼的时候，借着信心称义。他之后"受了割礼的记号，作他未受割礼的时候因信称义的印证，叫他作一切未受割礼而信之人的父，使他们也算为义；又作受割礼之人的父，就是那些不但受割礼，并且按我们的祖宗亚伯拉罕，未受割礼而信之踪迹去行的人"（罗4：10—12）。难道这不表示两种人在尊荣上同等吗？因在神借他的预旨所定的时间之内，亚伯拉罕是受割礼之人的父。当神拆毁了外邦人与犹太人之间隔断的墙（弗2：14）之后，神的国就开始包括外邦人，且亚伯拉罕因此也成为他们的父；而且这是在割礼的记号之外，因为洗礼取代了割礼。但为了破碎那些毫不在乎敬虔而以自己的仪式为傲之人的傲慢，保罗明确地否定亚伯拉罕只是受割礼之人的父（罗4：12）。今天，对于那些在洗礼中只寻求洗礼之水的人，我们也同样可以驳倒他的虚妄。

14. 神与犹太人所立的约没有失效*

ᵇ但他们一定企图用保罗的另一处经文反驳这教导（罗9：7）。保罗在这段经文中教导说："不因为是亚伯拉罕的后裔就都作他的儿女……唯独那应许的儿女才算是后裔。"（罗9：7—8）他的这话好像暗示做亚伯拉罕肉体上的后裔算不得什么，我们却认为这有某种意义。

但我们要更为详细地解释保罗在此的教导。为了向犹太人证明神的慈爱并不局限于亚伯拉罕的后裔，事实上做他后裔的这关系本身并不能使他们蒙福，保罗举以实玛利和以扫的例子（罗9：6—13），因他们被弃绝就如外邦人一样，他们虽然按肉体是亚伯拉罕真正的后裔，但神的祝福临到以撒和雅各身上。我们以此得出结论，保罗之后清楚地教导，即救恩依靠神的怜悯，且他将这怜悯赐给他所喜悦的人（罗9：15—16）；除非犹太人遵守这盟约的律法，即顺服神的话语，他们毫无理由以神与他们所立的约为傲。

然而，当保罗除掉他们对自己祖先虚妄的自信以后，另一方面他仍明白神从前一次与亚伯拉罕的后裔所立的约是不能取消的。因此，他在11章中宣告：我们不可夺去亚伯拉罕肉体后裔的尊严。他在那里教导犹太人是福音最初的和自然的后嗣，只是因忘恩负义而被弃绝，不配得神的应许；但在神弃绝他们时，属天的祝福并没有完全离开他们的国家。因这缘故，虽然他们是顽梗和违背盟约的人，保罗仍称他们为圣洁（罗11：16）（他将这尊荣赐给神所视为配得他圣洁盟约的圣民）；但保罗称我们（若与他们相比）为亚伯拉罕去世后的儿女或早产的儿女，而且我们是被收养的儿女而非自然出生的——就如树枝从一棵树上被锯掉之后接在另一棵树上（罗11：17）。因此，为使他们的特权不被剥夺，福音首先传给了他们。因他们是神家庭的长子。由此可见，神赏赐他们这尊荣直到他们拒绝，并因他们忘恩负义，神便将这尊荣转移到外邦人身上。

然而，虽然他们仍然非常顽梗地抵挡福音，我们却不可藐视他们，因我们晓得神的祝福因他所赐给他们的应许，仍在他们身上。保罗清楚地见证这祝福永远不会从他们身上被夺去："因为神的恩赐和选召是没有后悔的。"（罗11：29，Vg.）

15. 神的应许将不会在寓意上，反而要在字面的意义上得以应验

[b]我们在此可以看见神赐给亚伯拉罕后裔的应许有多么大的价值，也知道怎样衡量这价值。我们在区分天国的后嗣与私生子和局外人的时候，无疑知道这唯独是神白白拣选的主权所决定的。然而，我们知道神喜悦以自己的怜悯特别恩待亚伯拉罕的后裔，且为了更清楚地证明他对他们的怜悯，神在他们身上以割礼作为印记。如今基督教会的光景完全一样。就如使徒保罗在一处经文中，教导犹太人因自己的父母被分别为圣，他同样在另一处经文中，教导基督徒的儿女也因他们的父母被分别为圣（林前7：14）。他同样也推断，那些行恶事的人（林前7：15）要被公义地分别出来。

那么，谁会怀疑我们敌人的结论是完全错误的，即在古时候，受割礼的婴儿只不过预表因神的话语使人重生而为他们带来属灵的幼年时代？保罗告诉我们："基督是为了神的真理，作了受割礼人的执事，要证实应许列祖的话。"（罗15：8 p.）保罗这么说，并不是用哲学在狡辩，仿佛在说："既然神与亚伯拉罕所立的约在乎他的后裔，基督为了叫他父的应许得以应验，降世拯救犹太人。"在基督的复活之后，保罗仍教导神盟约的应许，不只在寓意的意义上得以应验，同样也将在字面的意义上得以应验，即在亚伯拉罕肉体的后裔身上得以应验。彼得对犹太人的宣告也有同样的含义（徒2：39），福音所带来的福分，根据神与他们所立的约，属于他们和他们的儿女；彼得在下一章经文中也说他们"承受神所立的约"（徒3：25），即后嗣。与此相似的是我们上面所引用的保罗的话。他在这经文中教导，那在婴儿身上做印记的割礼，见证他们与基督的相交

(弗2∶11—13)。㉓

但我们若相信敌人的胡说,这难道不表示主在第二诫中所给他仆人的应许,即他必向他们的后裔发慈爱直到千代将落空吗(出20∶6)?㉔难道我们要以寓意的解释来逃避吗?这逃避未免太轻率了吧!难道我们要说这应许已被废掉了吗?但这等于拆毁神的律法,然而基督来反而是要成全律法(太5∶17),因为这律法叫我们得永远的益处。我们毫不犹豫地相信神善待自己的子民,并对他们十分慷慨,为他们的缘故甚至乐意将他们的后裔称为自己的子民。

16. 其他关于洗礼和割礼表面的差别

ᵇ此外,他们极为勉强地捏造关于洗礼和割礼之间的差别,这不但荒谬、毫不理智,甚至是互相矛盾的。因当他们宣称洗礼是在属灵争战的头一日所施行的仪式,但割礼要等到第八日,在治死肉体之后,㉕他们立刻就忘了这一切,改变他们的调子,称割礼为治死肉体的隐喻;却称洗礼为埋葬,而唯有已死的人才有资格被埋葬。难道疯子的胡言乱语会比他们更快速地背乎自己吗?因根据前面一句,洗礼应该先于割礼;然而根据第二句,割礼才先于洗礼。但这不是什么新的方法。我们不是第一次看到人的思想反反复复,把自己所想象的东西作为神最确定的真道来敬拜。

我们因此说这所谓的差别不过是出于他们的幻想。他们若想以寓意㉖的方法解释第八天,他们的解释仍然是错误的。根据古时的神学家们,八这数字更适合指复活(因为复活是在第八天发生的),因为新生命是建立在复活的基础上;或指我们的一生,因为我们一生需要不断治死

㉓ 弗2∶12 在上文的第三节的参考资料。
㉔ 参阅上文的第九节,注释17。
㉕ *Acta des Gesprachs zwischen predicanten uund Teuffbruederen*, fo. 132.
㉖ "ἀλληγορεῖν"。

肉体，直到生命的终结。我们死了之后，这事工才得以完成。㉗然而，神把割礼拖到第八天的意思，可能是神对婴儿的关怀，因为这样的伤口对刚出生的小孩太危险。㉘

圣经上宣称，我们已死的人借着洗礼被埋葬（罗6：4），这比他们的解释合理得多，因为圣经明确地说，我们借着洗礼归入死，就是要不断治死肉体。

类似的把戏是他们找茬说：若洗礼与割礼相应，那么女孩㉙就不应当受洗。我们确实知道割礼在旧约里，是将以色列子民分别为圣的象征。因此，毫无疑问这仪式表示男女的分别为圣。只是男性较适合这肉体上的记号，然而女性则通过男性来做他们受割礼的同伴。因此我们不去理会他们的谬论，而要强调洗礼和割礼之间的共同点。这些共同点在乎内在的奥秘、神的应许、两者的用途，以及功效。

对于婴儿无法相信这一观点的回应（17—20）

17. 婴儿也应当在基督里有生命

ᵇ当我们的敌人说婴儿因在这年龄，无法明白洗礼所代表的奥秘，即属灵的重生，就没有资格受洗时，他们以为这是很有说服力的话。因此，我们的敌人推断小孩在他们到达恰当重生的年纪之前，只能被视为亚当之子。㉚然而神的真道却反对这说法。因我们若承认他们是亚当之子，他们仍在死亡中，因为在亚当里的人只能死（罗5：12及以下）。相

㉗ Augustine, *Letters* 157. 14（MPL 33. 680；tr. FC 20. 330）；Augustine, *Against Faustus the Manichee* 16. 29（MPL 42. 335；tr. NPNF Ⅳ. 231 f.）.

㉘ 参阅I. 16.3 对（Ps. 8：2）的翻译。

㉙ 参阅茨温利对重洗派观点类似的回应（*Acta des Gesprächs*, fo. 137），出处 *Refutation of the Baptist Tricks*（*Opera*, ed. Schuler and schulthess, Ⅲ. 424；tr. *Selected Works of Zwingli*, ed. S. M. Jackson, p. 236）。

㉚ 第十七至第三十二节的内容是在响应巴尔塔萨 · 胡伯迈尔（Balthasar Hubmaier）的著作 *On the Christian Baptism of Believers*（CR Zwingli Ⅳ. 594, 611-615, 624, note 9）。重洗派作家通常用的重生（rebirth）的观念，与加尔文重生（regeneration）的教义完全不同（I. 15. 4；Ⅲ. 3；Ⅳ. 15. 6 f.；Comm. John 3：3-7）。参阅 LCC ⅩⅩⅤ, index *s. vv.* "Rebirth", "Reborn"。

反地，基督吩咐小孩要被带到他面前（太19∶14）。为什么呢？因为基督是生命。因此，为了重生他们，基督叫他们在他里面有分，但这些人却审判他们，让他们被弃绝而灭亡。

因他们若犹豫，说婴儿不至于灭亡，虽然他们被视为亚当之子，但圣经清楚地反驳这谬误。因既然圣经宣告在亚当里众人都死，那么我们就能推断，我们在基督里才有得生命的盼望（林前15∶22）。因此，为了承受生命之恩，我们必须与基督相交。此外，既然另一处经文记载我们本为可怒之子（弗2∶3），并在母腹中就有罪（诗51∶5），而且神必定咒我们的罪，那么我们必须离开自己的本性，神国度的门才能向我们敞开。而且血肉之体不能承受神的国，难道有比这更确实的事实吗？（林前15∶50，参阅Vg.）所以，一切属于我们的东西都要被拆毁（而且这在重生之外不可能发生）；这样我们才能承受神的国。简言之，基督说他自己就是生命（约11∶25，14∶6），若这句话是真的，我们就必须被接到他身上去，才能从死亡的捆绑当中得释放。

然而（我们的敌人问），那些未曾拥有善恶之知识的婴儿怎能重生呢？[31] 我们的答复是：神的工作，即使超过我们的理解力，仍不落空。显然，那些要得救的婴儿（而且我们确定某些人从这年龄就得救了）是主之前所重生的。因他们既然从母亲怀胎的时候，就开始拥有这与生俱来的败坏，那么在进入神的国之前，那污秽必须先被洁净，因为凡不洁净的，总不得进天国（启21∶27）。他们若生来做罪人，就如大卫和保罗所声明的那样（弗2∶3；诗51∶5），那么他们或继续做不蒙神悦纳和为神所憎恶的人，或他们被称义。而且我们的审判官自己明确地宣告，唯有重生的人才能获得这属天的生命（约3∶3）。

而且为了叫这些顽梗的人闭口不言，神在施洗约翰的身上证明这事，因他"从母腹里就被圣灵充满了"（路1∶15），他也能在别人身上成

---

[31] Hubmaier, *op. cit.* (CR Zwingli Ⅳ.612, note 2).

就这事。他们嘲笑说，这不过是一个人的经验，我们不能因此推断这是主在婴儿身上的惯常做法，这样的遁词对他们毫无益处。但这也不是我们的论证。我们的目的不过是要证明，毫无圣经根据极为狭隘地限制神的大能，是不公正和邪恶的事。他们的另一个异议同样站立不住。他们说根据圣经通常的表达方式，"从母腹里"与"从小的时候"意思相同。但天使向撒迦利亚所说的这话，显然表示约翰在未曾出生前，就被圣灵充满。因此，我们不可把我们的规定强加于神，因此拦阻他随己意使人成圣，就如他使母腹中的约翰成圣那般，因神的力量是无限的。

18. 基督幼年时代对我们的启发[*]

[b]的确，基督从很小的时候被分别为圣，好叫他能够在他自己里面，叫他各个时代的选民毫无区别地分别为圣。为了除掉我们在肉身上的不顺服所给我们带来的罪，基督取了我们的肉身，好为我们的缘故，并代替我们成就完全的顺服。因此，他因圣灵感孕，好让他在他所取的肉身上，既因充满圣灵所赏赐的圣洁，就能够将这圣洁赐给我们。如果我们在基督身上看到神赏赐他儿女一切恩赐最完全的典范，那么，他在这方面也证明婴儿时期并非完全不可以成圣。

无论如何，神的灵先成圣和重生神一切的选民，他们才脱离旧的生命。他们反对说：在圣经上，圣灵教导我们人唯有借着神的真道（那不能坏的种子）才能重生（彼前1：23）。[32]然而，他们这样说是强解彼得的话，因他在那里的话指的不过是那些借着传福音受教训的信徒。我们当然相信对这些人而言，神的话语是他们属灵重生唯一的种子；但我们不接受他们因此推断婴儿不能借神的大能重生，因为虽然对我们来说，这是某种奥秘，也是奇妙的事，但对神来说，成就这事却是轻而易举的。此外，我们若这样说，等于夺去神照自己的意思向他所喜悦的人彰显他

---

[32] Hubmaier, *op. cit.* (CR Zwingli IV. 594, note 19).

自己的主权，这是站不住脚的。

19. 异议：婴儿无法明白正道

ᵇ然而，我们的敌人说信道是从听道来的（罗10∶17），但婴儿还不能听道；他们也不能认识神，因根据摩西的教导，他们不知善恶（申1∶39）。㉝但这些人不明白当保罗将听道视为信心的开始时，他不过在描述主用来呼召他自己百姓的一般方式，他的意思并不是要为神立下某种毫不动摇的规定，并禁止他用另一种方式。他的确用过其他呼召的方法，用内在的方式，即圣灵在传道之外的光照赏赐人对自己真正的认识。但他们既然认为婴儿能对神有任何程度的认识是很荒谬的教导（因为摩西说他们不知善恶），那么请问：我们若说婴儿现在领受了一部分他们将来要完全得享的神的恩典，难道这是不可思议的说法吗？因为若丰盛的生命等于某种对神完全的认识，那么当某些选民在婴儿时期被死亡夺去而进入永生，他们必定立刻被接到神面前得以直接面见他。因此，只要神喜悦，他为何不能以火星般的亮光照耀他预定之后要四面受光照的人，特别是如果他决定在救他们脱离肉体的捆绑之前不除掉他们的愚昧？ᵇ我不敢轻率地坚持主赏赐他们与我们一样程度的信心，或说他们拥有我们信心所依靠的知识——我不敢这样大胆地教导——ᵇ但我恨不得至少能在某种程度上抑制那些照自己的意思自高自大教导者的傲慢。

20. 异议：婴儿无法悔改或相信

ᵇ然而，为了进一步强调自己的重点，他们接着说洗礼是悔改和信心的圣礼。因此，既然婴儿不能悔改，也无法相信，我们必须不顾一切地禁止婴儿受洗，免得洗礼的意义变成虚无。㉞然而，他们更多是在攻击神

㉝ Hubmaier, *op. cit.* (CR Zwingli Ⅳ. 610, 612).
㉞ Hubmaier, *op. cit.* (CR Zwingli Ⅳ. 612).

而不是我们。因为许多不同的经文都明确地教导我们割礼也是悔改的圣礼（耶4∶4，9∶25；参阅申10∶16，30∶6）。保罗自己称之为借着信心称义的印证（罗4∶11）。那么，他们或许也当要求神自己解释他为何吩咐犹太人为婴儿行割礼。既然洗礼和割礼是类似的圣礼，我们的敌人归给割礼的事，他们同样也要归在洗礼之上。他们若用他们所惯用的方式来回避，即婴儿期代表现今属灵上的婴孩，他们已经根本行不通，我们因此推论：既然神吩咐以色列人将行割礼，那悔改和信心的圣礼施行在婴儿身上，我们对他们受洗不应当感到稀奇，除非人想要悖逆地攻击神所设立的圣礼。但和神在一切所吩咐的事上一样，神在这仪式上所彰显出来的智慧和公义，足以反驳不敬虔之人的干涉。因为虽然婴儿在受割礼时不理解这仪式的意义，他们的割礼是为了治死他们败坏和污秽之本性，且到了成熟的年龄之后，他们将操练治死肉体。ᵉ综上所述，反驳这异议并不困难：婴儿受洗归向将来的悔改和信心，且虽然这两个恩赐未曾运行在他们心里，这两个恩赐的种子已经借着圣灵隐秘的工作栽种在他们心里。

　　ᵇ这答案就足以彻底反驳他们一切对洗礼的曲解。他们所曲解的经文中，有一条是《提多书》3∶5，保罗在这经文中教导：洗礼是重生的洗和圣灵的更新。他们以此推论我们只被许可将这圣礼唯独施行在能够经历两件事情之人的身上。㉟但我们同样也可以说：既然割礼也代表重生，我们也只被允许唯独施在已重生之人身上。然而，这样做等于弃绝神所设立的圣礼。因此，根据我们以上的教导，一切可能动摇割礼的论证，在攻击洗礼时都失去其力量。

　　而且他们也不能因另一个说法逃避，即一切建立在神确实权威上的事，即使没有任何理由，也是确定无疑的，但我们不能这样尊敬婴儿洗

㉟　Hofmann，上文的第十二节注释22引述过。

礼和其他神的话语没有直接吩咐我们的事;㊱然而他们一旦陷在自己的网罗里,就永远无法自拔。神对婴儿割礼的吩咐,要么合乎律法因此不能怀疑,要么应该斥责。那么,若割礼没有任何荒谬或与圣经的教导不一致的地方,那么婴儿洗礼同样一点儿都不荒谬。

圣灵在受洗礼的小孩身上的运行（21—22）

21. 孩子越来越明白自己的洗礼*

ᵇ如此我们便除掉了婴儿洗礼这个问题上的荒谬诋毁。㊲若那些主所拣选的人,领受重生的圣礼,却在长大之前离世而去,主照他自己的美意,以圣灵的大能重生他们,虽然这是我们无法理解的事。他们若成长到能被教导洗礼这教义之意义的年龄,就会更加热心地追求生命的更新,因发现神在他们的幼年时代,就赏赐他们重生的标记,好叫他们能够一生一世地默想这福分。

保罗在两处经文中的教导,即我们受洗与基督一同埋葬（罗6:4;西2:12）,也应该这样理解。保罗在这里的意思不是受洗的人必须先与基督一同埋葬;他是在宣告洗礼的教义基础,并且是向已经受过洗的人宣告这教义。因此,就连疯子都不敢推断这经文教导埋葬先于洗礼。摩西（申10:16）以及众先知（耶4:4）以同样的方式提醒百姓割礼的意义,虽然他们在婴儿时早就经历过这仪式。

保罗写信给加拉太信徒,大意也是如此。当他们受洗的时候,同时穿戴了基督（加3:27）。他的目的如何呢？叫他们从受洗之后为基督而活,因他们在受洗之前并没有为他而活。虽然在成人身上明白这奥秘应当先于领受记号,然而我们即将解释婴儿的次序并非如此。

我们也当以同样的方式解释彼得的那处经文,虽然我们的敌人以为

㊱ Hubmaier, *op. cit.* (CR Zwingli IV.611).
㊲ 参阅 IV.16.1。

这经文支持他们的立场。彼得说:"这洗礼本不在乎除掉肉体的污秽,只求在神面前有无亏的良心。"(彼前3:21)事实上,他们居然引用这经文说,根据这教导,婴儿洗礼就变成虚无,也就是说,没有真理。㊳然而出于他们迷惑的观念,即真理必须在时间上先于代表这真理的记号,他们不断地犯错。因为割礼的真理同样也被建立在无亏的良心之上。但若这真理必须先于代表它的仪式,那神必不会吩咐以色列人为婴儿行割礼。然而,神表示割礼是建立在无亏的良心之上,且同时吩咐以色列人为婴儿行割礼,这就清楚地教导:割礼对他们而言,在乎未来的事。而且,只要婴儿洗礼这仪式确认神与他们所立的约,它就拥有现今的功效。这圣礼之后的意义是由神照他自己的美意,按他所预定的时间决定的。

22. 婴儿洗礼是孩子的安慰;所以,我们不可夺去这记号

ᵇ到目前为止,我想所有人都能清楚地明白,我们敌人一切的辩论都是对圣经的曲解。我们要更为简洁地面对他们其他的异议。我们的敌人提出异议说,洗礼是为了赦罪而设立的。㊴我们承认这一点,它充分支持我们自己的立场。因我们生来就是罪人,甚至在母腹里就需要蒙赦罪。既然神没有夺去小孩对蒙怜悯的盼望,而是赐给他们盼望的确据,我们凭什么要夺去这记号,它远不如它所代表的实质? 因此,我们就能用他们自己的话来反驳他们:婴儿蒙赦罪;所以,不应剥夺他们洗礼的记号。

同时,他们引用《以弗所书》中的这句话:"要用水借着道把教会洗净,成为圣洁。"(弗5:26)然而,没有什么比这话更能够反驳他们的谬论了!因我们用这话就能充分证明自己的立场。既然基督预定洗礼要见证他对教会的洁净,那么他若不在婴儿身上做见证,就显得不公平。因为他们被正确地视为教会的一分子,同样被称为天国的后

㊳ Hubmaier, *loc. cit.*
㊴ 同上。

嗣（太19∶14）。因保罗说用水洗净教会，这句话指的是普世的教会。

他在别处说："我们受洗，成了一个身体"（林前12∶13），我们同样可以说：我们当为婴儿施洗，免得他们从基督身上被割掉。

由此可见，我们的敌人是用曲解的方式和许多不同的武器攻击我们信心的城堡！

初代教会的婴儿洗礼（23—24）

23. 圣经指着成人所说的话，不应当毫无根据地运用在婴儿身上

ᵇ我们的敌人之后开始谈到使徒时代教会的习惯。他们说当时只有宣告自己信心和悔改的人才有受洗的资格。因当彼得的听众觉得扎心，就问他说："我们当怎样行"时，彼得说："你们各人要悔改，奉耶稣基督的名受洗，叫你们的罪得赦。"（徒2∶37—38）与此相似，当太监请腓利为他施洗时，腓利说只要他一心相信，就可以了（徒8∶37）。[40]这两处经文看来似乎支持他们的立场，即除非人首先相信福音以及悔改，否则教会没有资格为他施洗。然而我们若接受这样的说法，我们可以说上面的第一处经文既然没有提到信心，就证明人只要悔改就够了；那么第二处经文没有提到悔改，也因此证明人只要有信心就够了。他们的答案必定是这两处经文互补，因此信心和悔改必须连在一起。我也接着说：我们应当把它们与其他的经文做比较，这样对问题的解决会有些帮助。许多经文的上下文决定其含义如何。[41]而且这经文是很好的比方：因为在这两处经文中，彼得和腓利的对象，年纪大到能够悔改和相信。我们也完全同意成人除非将自己的归正和信心见证出来，至少在人可以判断的范围内，否则他们就不应该受洗。但显然婴儿是另一种情况。在古时候，若

---

[40] *The Schleitheim Confession*, art. I (Zwingli, *opera*, ed. Schuler and Schulthess, Ⅲ. 388；tr. J. C. Wenger, *Mennoite Quarterly Review* XIX ［1945］, 248；tr. Jackson, *Select Works of Zwingli*, p. 178）；Hubmaier, *op. cit.*, pp. 614 f.

[41] 关于这条释经原则，参阅Ⅳ. 15. 18，注释31。

有人想要加入以色列的宗教信仰，他必须被教导主的圣约以及他的律法，否则他没有受割礼的资格，因他是外国人[42]，即他是以色列的局外人，并且神与以色列这一国立约，给他们割礼印证这盟约。

24. 亚伯拉罕和以撒清楚地表示成人和婴儿的差别

[b]此外，当主收养亚伯拉罕时，他没有先为他行割礼，而因此暂时隐藏这记号的意义。神首先向他宣告他即将与他所立的约的内容（创15：1）；然后当亚伯拉罕相信神的应许之后，主就允许他在这圣礼里面有分（创17：11）。为什么在亚伯拉罕那里信心先于圣礼，但在以撒身上圣礼则先于他对这圣礼的理解呢？因为那从前对神盟约完全陌生的人到了成人的年纪被迎接到这盟约里面，他首先明白这盟约的条件，才对他公平；然而对他的婴儿而言并非如此。后者因继承权的缘故，根据这应许的条款，自从他母亲怀胎的时候，就早已包括在这盟约之内。或（更清楚和简洁地说）若信徒的儿女在自己的理解之外，能够加入神与他们立的约，那么他们为何因无法接受盟约的条件，而被排斥在盟约的记号之外呢？的确，这就是为何神有时宣告以色列人所生的儿女就是为他所生的（结16：20，23：37）。因神无疑将他所应许做他们父的人（参阅创17：7）的儿女们，算为他自己的儿女。但那从不敬虔父母所生的非信徒，在他借着信心与神联合之前，被视为在神盟约之外的局外人。这人与神盟约的记号无分是不足为怪的事，因为这记号与他没有任何关联，对他而言是虚无的！保罗也这样教导：外邦人，只要他们仍然被捆在自己的偶像崇拜之下，便在神的盟约之外（弗2：12）。我想我们可以用这短短的一句话对这教导做结论。那些长大之后才相信基督的人，既然他们从前对盟约是局外人，在他们向神悔改、信靠基督之前，没有资格领受洗礼这标记，因为只有洗礼能使人进入盟约

---

[42] "Quod natione erat ἀλλόφυλος."

的群体。但那些基督徒所生的婴儿，既然他们出生就被神悦纳为承受盟约的后嗣，就也要受洗。㊺我们也应当这样解释马太所说的话，即约翰为承认自己之罪的人施洗（太3：6）。我们深信教会仍应效法这榜样。因若土耳其人想要受洗，除非他有教会所能接受的见证，否则我们不能为他施洗。

对某些用来反对婴儿洗礼经文的反驳，未曾受洗而离世的人不都受咒诅（25—30）

25. "从水和圣灵生的"

ᵇ此外，他们引用基督在《约翰福音》3章中的话，证明重生是受洗的条件："人若不是从水和圣灵生的，就不能进神的国。"（约3：5）由此可见（他们说）主亲口将洗礼称为重生。既然婴儿显然无法重生，那么我们有什么为他们施洗的理由？因为施洗与重生有密不可分的关系。㊹

ᶜ⁽ᵇ⁾首先，他们错误地将这经文中的"水"解释为洗礼。因当基督向尼哥底母解释人败坏的本性，并教导他们因此必须重生之后，尼哥底母想到的是肉体的生育，基督在此教导他神重生我们的方式，是借着水和圣灵。他仿佛在说：神借着圣灵使人重生，圣灵在浇灌以及洁净信主之时，发挥了水的功用。我因此将"水和圣灵"解释为"如水的圣灵"。这也不是全新的隐喻，因它的含义与《马太福音》第3章中的话是一样的："在我以后来的……要用圣灵与火给你们施洗"（太3：11；路3：16；参阅约1：26、33），因此，就如用圣灵与火施洗等于将圣灵赐给人，因他在重生的事工上像火。同样地，从水和圣灵生的意思不过表示领受圣灵的大能，因圣灵在灵魂里的功能与水在身体上的功能一样。我知道其他人

㊺ 所谓的半约（Halfway Covenant），1662年被麻省（Massachusetts）采纳，内中规定未重生者的孩子可以接受洗礼，这与加尔文此处的教导不合。
㊹ Hubmaier, *op. cit.*, in CR Zwingli IV. 594, note 19.

有不同的解释，㊺但我毫不怀疑这是这些经文真正的含义，因为基督在此唯一的目的就是要教导一切想要进天国的人，必须脱去他原来的本性。

但我们若愿意与他们一样吹毛求疵，我们可以（当我们向他们的立场让步时）干脆解释说：既然基督说洗礼先于圣灵，这就证明洗礼先于信心和悔改。圣经的确教导洗礼先于圣灵的恩赐，人若在受洗之后才领受圣灵的恩赐，我就证明了我的观点是正确的。然而，撇开这一切的争吵，我们必须相信我极为简单的解释：除非一个人被活水，那就是圣灵更新，否则就不能进神的国。

26. 并不是一切未曾受洗礼的人都失丧了*

因此，我们必须完全拒绝那些教导：一切未曾受洗的人都将下地狱。㊻假设根据他们的大前提，唯有成人才有受洗的资格。若一对父母正当以及合乎圣经地教训自己的小孩成为敬虔的人，而那小孩刚好在预备受洗的那日离世，那么他们如何解释这小孩的未来呢？主的应许十分清楚："信差我来者的，就有永生，不至于定罪，是已经出死入生了。"（约5：24）圣经没有一处经文教导神咒诅任何未曾受洗的人。同时我也不希望任何人因此推断我的意思是：我们可以藐视洗礼而不受罚，因为我相信这藐视违背主的盟约；我以上的教导就是要证明：受洗的必要性没有大到这种程度，以致没有机会受洗离世的人都直接被视为失丧。但我们

㊺ 加尔文在1539年版所指的是对《约翰福音》3：5 的"错误的解释"。他在这版本里说："主耶稣没有提过洗礼"（CR I. 986；OS V. 330, note d）；参阅 Pannier, *Institution* III. 274。关于上述"圣灵，就是那水"那一句唐突且严厉的话语，参阅 Comm. John 3：5，他拒绝克里索斯托的观点，后者认为水比喻"圣灵"，表示圣灵洁净的工作。

㊻ 参阅IV. 15. 20，注释36。加尔文和茨温利一样认为这是重洗派的观点，但是在他们的著作中，可以找到许多相反的陈述。参阅 CR 茨温利IV. 624, note 9, and Conrad Grebel, Letter to Müntzer, in LCC XXV. 81。塞尔维特却认为婴儿和不信基督的人一样都要被定罪：*Resistution of Christianity*, p. 534，以下的第三十一节中引用。加尔文攻击索邦神学家，因为他们认为接受洗礼才能得救：*Against the Articles of the Theologians of Paris*, art. 1 （CR VII. 7 f.）。The Council of Trent, session 7, on baptism, canon 5，强烈谴责否认洗礼为得救必要条件的人（Schaff, *Creeds* II. 123）。

若接受他们的谎言，我们必须毫无例外地咒诅一切没有机会受洗而离世的人，虽然他们的信心大到完全接受基督。此外，他们同时也咒诅一切他们说没有资格受洗的婴儿，因为根据他们的教导，受洗对蒙救恩是必需的。那么，他们应当好好思考自己的立场与基督亲口所说的话是否一致，因为主说年龄幼小的人可以承受天国（太19：14）。此外，即使我们接受他们对这经文相关的所有理解，除非他们首先反驳我们早已建立起的关于婴儿重生的教义，他们仍一无所得。㊼

27. 基督关于洗礼的教导

ᵇ然而，我们的敌人自夸：基督在设立洗礼时所说的话是对他们立场最大的支持。在《马太福音》的最后一章中，基督差派使徒去给万民传福音，先吩咐他们教导这些人，然后才吩咐使徒要为他们施洗（太28：19）。我们的敌人同样也用马可最后一章经文来反驳我们："信而受洗的，必然得救。"（可16：16）他们误以为再没有比这更清楚的教导，因主自己亲口教导我们必须教导信在施洗之前，况且基督也教导信心先于洗礼。他们接着说基督自己做了极好的榜样，因他等到三十岁才受洗（太3：13；路3：21—22）。㊽

唉呀！他们在这里的教导何等互相矛盾，且显露自己的愚昧！他们教导这经文是基督对洗礼的设立，实在太幼稚。因为基督从他刚开始传福音就给使徒洗礼的吩咐。因此，他们毫无根据地说洗礼的原则和根基都来自这两处经文，好像这是基督头一次吩咐洗礼。

然而，即使我们接受他们的谬论，他们的辩论有多大的说服力呢？当然，如果我们想要逃避，可藏身的地方非常之大。他们紧紧地抓住基督话语的次序："去……传……施洗"（可16：15）或"信而受洗的"（可

㊼ 参阅上文的第十八及第十九节。
㊽ 格列伯（Conrad Grebel）在他的著作 *Protestation und Schutzschrift*（1534）中这么说；参阅 H. S. Bender, *Conrad Grebel*, pp. 129, 783 ff.。参阅下文的第二十九节。

16∶16),而推断我们必须先传福音,再为人施洗,而且在受洗之前必须先相信。那么,我们为何不能答复说:基督吩咐我们先给人施洗,再教训他们遵守基督一切的吩咐呢?我指的是基督所说"为他们施洗。凡我所吩咐你们的都教训他们遵守"(太28∶19—20 p.)。ᵉ⁽ᵇ⁾我们发现,上面所引基督论到从水和圣灵重生的话(约3∶5)㊾也是一个道理。因为我们ᵇ若接受他们的解释,就应当说洗礼先于属灵的重生,因主先提到洗礼,再提到重生。基督的教导不是"从圣灵和水",乃是"从水和圣灵"。

28.《马可福音》16∶16 不是指婴儿说的*

ᵇ现在他们以为无可反驳的论据已经开始摇动了。然而,既然真理能以简明的方式得到辩护,我不想用烦琐的技巧来回避问题。所以我向他们挑战给我一个坚定不移的答复。基督在这经文中主要的吩咐在乎传福音,他把洗礼的仪式加在后面。然后他谈到洗礼的目的是要教导:这仪式没有教导的职分那样重要。因基督差派使徒将福音传遍天下,好让他们能够借着对救恩的教导,从世界各地呼召许多从前失丧的人进入神的国。然而这些人是谁,而且是怎样的人?他显然只提到那些能够接受教导的人。他之后加上在这些人受教导之后,就当为他们施洗,且加上这应许:"信而受洗的必然得救。"(可16∶16)难道这整个教导里有关于婴儿的一句话吗?那么他们用来攻击我们的理由是什么呢?就是成人为了相信要受教导,然后才有资格受洗;因此,不应该让婴儿也受洗!即使他们的争吵大声到身体爆开的地步,这经文只能用来说明那些能够受教导的人,必须首先听福音,才能够受洗。因这经文只讨论这些人。如果他们有本事的话,看他们如何能用这经文抵挡婴儿洗礼的教义。

㊾ 参阅上文的第二十五节开头引用的《约翰福音》3∶5。

29. 基督是成人洗礼的预表

[b]然而，为了让瞎子都能看出这些人的诡计，我要以十分清楚的比较来揭露这些诡计。若有人奸诈地教导我们不要喂养婴儿，因为保罗教导“若有人不肯做工，就不可吃饭”（帖后3：10），难道这人不应被众人唾骂吗？为什么呢？因他将针对某一类以及某一年龄段的人的教导，毫无分别地运用在所有人身上。我们敌人的伎俩狡诈至极！因他们将众所周知唯独指成人的话，运用在婴儿身上，并因此把原本给成人的规则加在婴儿身上。

至于基督受洗的榜样，这一点都不支持他们的立场。(50)基督直到三十岁才受洗（路3：23；太3：13），这的确是真的，而且其理由十分清楚：基督决定借他自己的传道，立好洗礼坚固的根基，或叫施洗约翰不久以前所立好的根基更为坚固。因此，既然他有意要借自己的教导设立洗礼，为了使他所设立的这仪式获得更大的权威，基督就以自己的身体将它分别为圣，且他选在最恰当的时候，即在他刚开始教导的时候。(51)[e]简言之，他们只能因基督的这榜样，教导洗礼是借着福音的传讲得以设立和开始。那么他们若喜悦定三十岁为受洗的年龄，他们为何不让所有的人都等到三十岁，而是根据他们猜测这人已经够明白真理了？然而，就连塞尔维特——他们一位杰出的教师——虽然他坚持主张三十岁才能受洗，到了二十一岁也已经自夸地称自己为先知了。(52)我们岂能信任未曾成为教会的会友之先，就已开始夸耀自己是教师的人呢！

30. 洗礼和圣餐

[b]此外，他们也反对说：为婴儿施洗与允许他们领圣餐一样没有根

(50) 参阅上文的第二十七节。

(51) VG 1541 插入了一段对《使徒行传》19：1-7 的解释；Pannier，*Institution* III. 279 f.；OS V. 334。这与第四卷第十五章第十八节中对这一段的讨论一致。

(52) 塞尔维特的著作 *On the Errors of the Trinity* 于 1531 年问世，当时作者才二十岁（见 R. H. Bainton，*Hunted Heretic*，p. 217.）。在他另一著作 *Restitution of Christianity*（1553），他支持洗礼要等到三十岁以后（pp. 372，412 f.）。

据，因为他们不被允许领圣餐。[53]仿佛圣经没有教导这两个圣礼在各方面都有极大的不同！ʳ其实，根据西普里安和奥古斯丁的作品，古代的教会习惯允许婴儿领圣餐，然而教会之后逐渐停止这习惯。[54]这也是应该的，因我们若留意洗礼特殊的性质，就明白这仪式是某种加入教会的仪式，我们也因这仪式被算为神的百姓。洗礼代表我们成为神的儿女——那属灵的重生的记号。另一方面，圣餐则是给年纪比较大的人，因他们过了婴儿的时代就能吃固体的食物。

圣经清楚地将这两个圣礼区分开来。就洗礼而论，主没有立定任何固定的年龄。但他并不喜悦所有的人领圣餐，只允许那些能分辨主的身体和血、能够省察自己的良心、能够表明主的死，以及明白主在圣餐中所发挥的大能的人。保罗劝每一个人自我省察之后吃饼以及喝杯（林前11:28），难道有比这更清楚的教导吗？因此，神吩咐我们在领圣餐前要自我省察。但我们不可能要求婴儿这么做。保罗接着说："人吃喝，若不分辨是主的身体，就是吃喝自己的罪了。"（林前11:29）既然唯有那些能分辨是主的身体的人才有资格领圣餐，难道我们喜悦用毒药喂养自己的小孩，而不是给他们那赏赐生命的粮食吗？[55] 另外，还有主的这吩咐："你们也应当如此行，为的是记念我。"（路22:19；林前11:25）保罗从此吩咐又推出另一个吩咐："你们每逢吃这饼，喝这杯，是表明主的死，直等到他来。"（林前11:26）难道我们能要求婴儿记念他从未理解的事吗？既然他们还不能明白十字架的道理，难道他们能领圣餐而表明主的死吗？然而，主在设立洗礼时，并没有给我们类似的要求。由此可见，

---

[53] Cf. Zwingli, *Refutation of the Baptist Tricks* (*Opera*, ed. Schuler and Schulthess, Ⅲ. 432; tr. *Selected Works*, ed. S. M. Jackson, p. 173).

[54] Cyprian, *On the Lapsed* 9, 25 (CSEL 3.1.243, 255; tr. ACW ⅩⅩⅤ. 20, 32 f.); Augustine, *On the Merits and Remission of Sins* Ⅰ. 20. 27 (MPL 44. 124; tr. NPNF Ⅴ. 25); *Letters* 217. 5. 16 (MPL 33. 984 f.; tr. FC 32. 87).

[55] VG 没有用反问句式，原文是 "*ce ne seroit pas humainement fait à nous de donner aux petits enfants du poison au lieu de nourriture.*" 在 1541—1551 年的 VG 版本中为："*Ce n'est pas raison que presentions aux enfants leur jugement et leur condemnation en leur administrant.*"

根据以上的教导，这两个圣礼有极大的不同。旧约的割礼与我们的洗礼相应，且当时主吩咐婴儿受割礼（创 17：12）。但主的圣餐所取代的逾越节，并没有允许所有的人参加。唯有成熟到能明白这仪式含义的人才被允许吃（出 12：26）。我们的敌人若有丝毫的理智，难道他们会如此不明白这么清楚和明显的事吗?

对塞尔维特异议的反驳，以及结论（31—32）

31. 塞尔维特的异议

[e]我真不想用一大堆烦琐的论述来搅扰我的读者们。然而我会很快反驳塞尔维特似是而非的理由，他是重洗派中的佼佼者，是这群人的骄傲，他束上腰准备与我们争战。

（1）他辩称：就如基督在设立圣礼时所给我们的象征是完美，或有完美的可能性，那么主也要求完美的人参加他的圣礼。(56)然而回应这点并不困难：洗礼所要求的完美是到死为止的要求，所以我们若说这只限于一个时间点，这是错误的！此外，我们若要求人在头一天成就洗礼所表示一辈子才逐渐达到的完美，这是极其愚昧的事。(57)

（2）塞尔维特反对说：基督设立这些象征的目的，是为了纪念的缘故，好让每一个人都能纪念他已经与基督一同埋葬。我的答复是：我无须反驳塞尔维特在心里面所捏造的邪说；事实上，他把运用在洗礼上的话运用在圣餐上。这是保罗的话所证明的："人应当自己省察"（林前 11：28）；但圣经上没有一处这样描述洗礼。我们以此推断那些因年纪的关系仍无法自我省察的人，还是能够合宜地受洗。

---

(56) 上一句所用的"象征"（symbols）一词，在法文版中为"*signes*"。第三十一节写于 1559 年，加尔文用了很长的篇幅来攻击塞尔维特的 *Christianismi restitution*（1553），pp. 564-568。细部的参考资料在 OS V. 336-340。加尔文常将塞尔维特和重洗派相提并论。塞尔维特反对婴儿受洗的强度不下于重洗派，但对其他议题的看法则与他们有很大的不同。培登（Bainton）提供了一些额外的资料适用于此：*Hunted Heretic*, pp. 137-142。

(57) 成圣的观点典型是指未来的进步，而不是现在就达成：参阅Ⅲ. 17. 15。

(3) 塞尔维特的第三个异议是：一切不信神儿子的人仍然是死的，且神的愤怒常在他们身上（约3：36）。因此，那些无法相信的婴儿仍然被定罪。我的回应是：基督的这话指的不是亚当后裔与生俱来的罪行，他在那里不过在威胁那些藐视福音的人，就如那些顽梗不化拒绝神所提供之恩典的自高自大者。但这与婴儿无关。我同时提出反驳：一切为基督所祝福的人就是他所拯救脱离亚当咒诅以及神震怒的人。那么，我们既然知道基督曾经祝福过婴儿（太19：15；可10：16），我们就能推断他同时也救他们脱离死亡。之后，塞尔维特错误地引用圣经上没有的话："凡从圣灵生的人都听到圣灵的声音。"（参阅约3：8）但我们即使接受这是圣经所记载的话，他唯一所能证明的是：圣灵在信徒心中运行叫他们顺服神。但我们若将仅指着某些人所说的话，运用在众人身上，这完全不合理。

(4) 他的第四个异议是：既然是我们的身体先成长（林前15：46），我们必须等一段时间，因为洗礼是属灵的。但我们虽然承认亚当一切肉体的后裔生来就被定罪，但我仍然否认这拦阻神立刻为他们提供直接的补救。塞尔维特无法证明神预定每一个人必须等候好几年，才能获得神属灵的新生命。根据保罗的见证，虽然信徒的小孩生来就失丧，然而神超自然的恩典将他们分别为圣（林前7：14）。

(5) 塞尔维特之后打了个比喻。他说大卫占领耶路撒冷时，拒绝准许瞎子和瘸子作战，他坚持用强壮的士兵（撒下5：8）。但我若念神邀请瞎子和瘸子参加他天上宴席这故事（路14：21），塞尔维特如何解决这难题呢？我也可以问他：大卫难道不曾用过瘸子和残疾人？然而，这异议根本不值一提，因它根本没有圣经根据。

(6) 接下来他利用圣经捏造另一个比喻：使徒是得人如得鱼的（太4：19），并不是得婴儿如得鱼的。我反问他：基督说网撒在海里聚拢各样水族是什么意思（太13：47）。然而我不想要为比喻争来争去。我只要说：当基督交付使徒教导的职分时，他绝对没有禁止他们为婴儿施洗。

然而我仍知道当马太称他们为 $\alpha\nu\theta\rho\acute{\omega}\pi\sigma\nu\varsigma$（而且这术语毫无例外地包括全人类），为何塞尔维特想否认婴儿是人。

（7）他的第七个异议是：我们既然负责将属灵的话解释属灵的事（林前2：13—14），那么婴儿不属灵，因此不适合受洗。但他很严重地曲解保罗这话是显而易见的事。保罗这话指的是教义：当哥林多信徒因自己虚妄的聪明自夸时，保罗责备他们的愚昧，因这证明他们还得让人将神圣言小学的开端另教导他们。那谁能因这教导推断我们不可为婴儿施洗？因为他们虽然是从肉身生的，神却以他白白的收养将他们分别为圣。

（8）他又反对说：既然基督徒是新造的人，那么我们必须以灵食喂养他们。这答案很简单，他们借着洗礼被迎接到基督的羊群里，且他们蒙收养的这象征，够他们现在的需要，直到他们长大而能吃干粮。然而，他们应当等到能省察自己的年龄才领圣餐，因这是神清楚的吩咐。

（9）之后，他反对说：基督呼召他一切的百姓领圣餐，但显然他只允许那些心里预备好记念他的死的人。由此可见，基督在世时所拥抱的婴儿，直到成熟的年龄仍然是小孩，但他们却不是局外人。他反对说：人在出生之后没有吃东西是不可思议的事。我的回应是：在圣餐中除了外在的吃喝之外，人的灵魂领受不同的喂养；所以，对婴儿而言，基督仍然是他们的食物，虽然他们还不能领受这象征。但洗礼是另一回事。神借这圣礼开门让他们进到教会里。

（10）塞尔维特又反对说：好的管家按时喂养自己的家庭（太24：45）。我虽然乐意承认这一点，但我想问他用什么准则决定受洗年龄，如何能证明幼时不是恰当的时间呢？此外，他将基督对使徒的吩咐——叫他们趁庄稼已熟的时候赶快去收割（约4：35）——运用在这事上。但基督在此指的不过是使徒既看见最近的丰收，就应当更努力地装备自己传福音，但谁能以此推断收割的时候也是适合受洗的时候呢？

（11）他的第十一个异议是：在使徒时代，基督徒和门徒没有两样（徒11：26）；但我们已经看过他是在以偏概全。新约时代的门徒是成人,也已经在基督的旗帜之下受过教训,就如在旧约时代,犹太人必须做摩西的门徒那样,但没有人以此正确地推断神称为自己家人的婴儿是局外人。

(12) 他接下来宣称所有的基督徒都是我们的弟兄,但只要我们不允许小孩领圣餐,他们就不能算是弟兄。然而,我仍然提醒诸位我们本来的原则,即唯有基督的肢体才是天国的后嗣;那么这样看来,基督的拥抱(太19:13—15;可10:13—16;路18:15—17)是儿子名分可靠的证据,[58]且婴儿当时借着基督的拥抱进入众信徒的团契里,他们虽然暂时不领圣餐,并不表示他们不属于教会——这基督的身体。事实上,在十字架上那蒙救恩的强盗(路23:40—43),虽然没有领过圣餐,也必定不表示他不是众信徒的弟兄。

(13) 他之后接着说:唯有从圣灵那里得蒙儿子名分的人,才能成为我们的弟兄(罗8:15),然而儿子的名分唯有因听信福音而得来(加3:2)。[59]我的回应是:他总是陷入到同样的错误推论,因他极其荒谬地将神仅指着成人所说的话运用在婴儿身上。保罗在那里教导(罗10:17;加3:5)这是神呼召人的一般方式,即吸引他的选民信服真道,而同时给他们兴起对真理忠心的教师,且神将这些教师当作他自己引领选民的膀臂。谁敢根据这教导硬为神设立一条呼召人的准则,说他不能用另一种方式将婴儿接到基督的身体里面来呢?

(14) 他反对说:哥尼流在领受圣灵之后才受洗(徒10:44—48)。但他错误地从一件事情上推断一般的原则,这一点从太监和撒玛利亚人的例子中可以清楚地看出(徒8:27—38;8:12)。主在他们身上的事工与他一般的顺序稍微不同,因他们的洗礼先于神赏赐圣灵的恩赐。

(15) 他的第十五个异议更是荒谬。他说我们借着重生成为神(gods),

---

[58] *"Tesseram adoptionis"*,小孩被接纳为教会成员,以及借着洗礼作为成为会友的标记,然而他们还不允许领受主餐。参阅下文的第三十二节的最后一句。

[59] *"Paralogismum."* 参阅 Liddell and Scott, *Greek Lexicon*,第八版,1135a。

而神是"承受神道的人"(约 10∶34—35;参阅诗 82∶6),但就婴儿而论,这是不可能发生的。他想象信徒具有神性,这是他的谬论之一,但我们现在没有时间来研究它。然而,我们至少可以说:将《诗篇》里的一节经文(诗 82∶6)曲解到这么荒谬的地步是极端无耻的行为。基督在此说先知之所以将君王和官员称为"神",是因他们的职分直接来自神。但这老练的解经家,为了将婴儿排斥在教会之外,居然将先知单单指着一些人关于统治的话,运用在福音的教义上。

(16)他之后宣告:我们不应当将婴儿视为新造的人,因神没有用真道生他们。然而我现在再说一次我之前常重复的话,即福音的教义是那重生我们的不能坏的种子(彼前 1∶23),只要我们长到能接受这种子的年龄;但我们若还不到这年龄,神照他自己的方式和时间重生我们。

(17)塞尔维特之后又回到他的寓意里面来。他说在旧约里,绵羊和母山羊不是在刚出生的时候用来献祭的。我若愿意以寓意的方式解释这现象,我也能说一切头生的动物在刚出生的时候,就被神分别为圣(出 13∶2),而且神吩咐他们把一岁的公羔羊献为祭(出 12∶5)。这就告诉我们:神不喜悦我们等到人力气最大的时候,他反而喜悦刚出生并还幼嫩的婴儿。

(18)他另外宣称:唯有施洗约翰所预备的人,才能归入基督。仿佛约翰的职分不是暂时的似的!我们略而不提这话,的确,基督所拥抱和祝福的婴儿并没有这样的预备(太 19∶13—15;可 10∶13—16;路 18∶15—17)。他的谬论站不住脚!

(19)他之后利用特利斯墨吉忒斯(Trismegistus)[60]和西比尔(Sib-

---

[60] 赫耳墨斯·特利斯墨吉忒斯(Hermes Trismegistus)(三重伟大的赫耳墨斯)是希腊人给托特(Thoth)的名字,他是埃及的文学与智慧之神。四十二册的《赫耳墨斯文集》(曾被亚历山大的克莱门所提及)相传为他所作,但这些著作都失传了,只有一些新柏拉图主义者仿效的作品在中世纪流传。这里的资料是参考塞尔维特的著作 *Restitutio*, p. 567。塞尔维特生前并没有看到这部中世纪作品 *On the Power and Wisdom of God* 的片段,这本书直到 1554 年才在巴黎出版。参阅 articles on Hermes Trismegistus in Pauly Wissowa, *Realencyclopädie der Classischen Altertumswissenschaft*, and in *Encyclopaedia Britannica*。

yls）(61)的见证，证明圣洁的洁净对成人才合适。可见他藐视基督所吩咐的洗礼，因他教导：基督教的洗礼与外邦人亵渎的仪式有关，甚至主张洗礼只有讨特利斯墨吉忒斯的喜悦才能施行！然而我们更看重神自己的权威，而且他喜悦将婴儿献给他自己分别为圣，且以洗礼那圣洁的象征迎接他们，虽然他们未曾明白洗礼在他们身上的作用如何。而且我们相信，从外邦人的赎罪方式中借用任何会在洗礼中更改神借割礼所设立他的永恒和无法受玷污的律法，都是神所不准许的。

（20）他最后推断：若没有理解力的婴儿可以受洗，那么小孩子在玩耍时嘲笑施行洗礼也是一样合理的事。我欢迎他在这事上与神自己争吵，因为是神亲自吩咐以色列人为没有理解力的婴儿行割礼。难道因此割礼就是孩子玩耍时嘲笑的，所以他们可以推翻神所设立的圣礼吗？然而，那些被神弃绝的人极为不理智地采用最粗鲁和最荒谬的说法为自己的谬论辩护，这不足为怪。因为他们的不理智证明神对他们傲慢和顽梗的报应。我相信我已经充分地证明塞尔维特对他重洗派兄弟的辩护完全站不住脚。

32. 我们当因神对我们婴儿的关怀而感谢他*

[b]我深信现在没有任何有理智的人，会怀疑这些人在婴儿洗礼的教义上，是以纷争和争议极其轻率地搅扰基督的教会。然而，同时我们也应当留意撒旦企图利用这奸诈的方式成就什么。它想要从我们身上夺去神喜悦借这圣礼赏赐我们的确据和属灵的喜乐，并在某种程度上窃取神因他的慈爱所应得的荣耀。因为神不但借他的话语，也借着可看见的见证，使一切敬虔的人确信天父对他们的祝福，大到连他们的后裔都在他的关怀之下。对他们来说，这是何等甜美的事。我们在这仪式上，可以

(61) 西比尔（Sibyls）是在库迈（Cumae）或古意大利和希腊地方的女预言家，有许多人到她们那里求预测和意见。基于她们预言的书在基督教时代初始时，曾流传于罗马和意大利。

看到父神对我们极大的护理,因甚至在我们去世之后,他对我们的关怀仍然没有停止,因为他继续看顾我们的孩子。难道我们不应该效法大卫的榜样,并以欢喜快乐的心,因神向我们这样特殊地彰显他的慈爱感谢他吗?(诗 48:10) 撒旦用这样多的人攻击婴儿洗礼的目的就是:在夺去这关于神恩典的见证之后,它希望这仪式彰显的应许一点点地消失。这不但会导致对神怜悯亵渎的忘恩负义,也会使我们忽略对孩子关于敬虔的教训。因当我们思想从我们的孩子一出生,神就将他们视为自己的儿女时,这会大大激励我们训练他们敬畏神和遵守他的律法。因此,除非我们想要恶毒地抹去神的慈爱,我们就当将自己的儿女奉献给神,因神叫他们成为他家中的人,即教会的会友。

^e第十七章 基督的圣餐及其所带给我们的福分①

主的圣餐——以饼和酒为记号赏赐我们灵粮（1—3）

1. 记号及其所指

^e神接纳我们到他的家里面来，不但要做他的仆人，也要做他的儿女。

---

① 这一章大多数的篇幅来自于早期不同版本的《基督教要义》，再精心汇编为连贯的论述。就架构和顺序而言，本章完全独立于 *Short Treatise on the Holy Supper of the Lord* (French, 1541, in OS Ⅰ.503-530; tr. Calvin, *Tracts* Ⅱ.163-198; Latin, 1546)，但就实际的内容而言，则是完全一致的。在与约阿希姆·威斯特弗 (Joachim Westphal) 和提尔门·贺须斯 (Tilemann Heshus) 的调停争论 (1556—1563) 中，产生的许多细小的争议，部分反映在第三十节至第三十四节。参阅 Smits Ⅰ.87-95。在众多有关加尔文圣餐观的研究中，以下的资料值得读者特别注意：A. Barclay, *The Protestant Doctrine of the Lord's Supper*, pp. 107-293; J. Beckmann, *Vom Sacrament bei Calvin*; J. Cadier, *La Doctrine Calviniste de la Sainte Cène*; H. Grass, *Die Abendmahlslehre bei Luther und Calvin* (Beiträge zur Forderung Christlicher Theologie 2 ser. XLVII; 2d edition); A. M. Hunter, *The Teaching of Calvin*, pp. 178-190; A. J. Macdonald (ed.), *The Evangelical Doctrine of Holy Communion*, ch. 5; G. MacGregor, *Corpus Christi*, ch. 10; J.-D. Benoit, *Calvin, directeur d' âmes*, pp. 204-211; W. Niesel, *Calvins Lehre vom Abendmahl*。帕尼耶著有在 VG, 1541 类似章节 (12) 背景延伸的附注：*Institution* Ⅳ.7, note a, on pp. 299 ff.。一般的探讨，见 W. Köhler, *Zwingli und Luther; Ihr Streit über das Abendmahl*, 2 vols.; R. Will, *Le Culte, étude d'histoire et de philosophie religieuses*, 3 vols.; D. Stone, *A History of the Doctrine of the Eucharist*, 2 vols (extracts from Calvin, Ⅱ.50-55)。J.-D Benoit 对改革宗教会 20 世纪重大圣礼发展的阐述，见于他的会议讲座，*Liturgical Renewal: Studies in Catholic and Protestant Developments on the Continent*, pp. 29-66。

从此，为了尽慈父对儿女的关怀之责，神同样也养育我们一生。②e(c) 不但如此，神甚至喜悦借一个凭据，使我们确信他将继续慷慨地待我们。所以神透过他独生子的手赏赐他自己的教会另一个圣礼，即属灵的宴席，e 而且基督在这宴席中见证自己是赐生命的粮，e(c) 且我们的灵魂吃这粮而获得真实和极为有福的永生（约6：51）。

e 我们对这奥秘的知识是必须了解的，而且既因它是神大大的福分，我们就必须详细地解释。此外，撒旦为了将这财宝从教会的手中夺去，为了抹去这亮光，将浓厚的云彩摆在当中，并诱惑人争吵和纷争，叫单纯的人对这灵粮没有胃口。它为了使我们失败，正在这么做。③因这缘故，当我为不了解的人做一个清楚的概括之后，我打算解决撒旦用来欺哄全世界的难题。

首先，e(c/a) 这些记号是饼和酒。它们所代表的是我们从基督的肉和血中领受的那看不见的食物。e 因就如在洗礼中，神重生我们、迎接我们到他教会的团契里，并借着赏赐我们儿子的名分，使e(c) 我们属于他自己，同样（就如我们上面所说）他也担任家长的职分，持续不断地赐给我们那能滋养和保守主借他的真道重生我们的生命。

基督是我们灵魂唯一的粮食，e(c) 所以父神要请我们吃基督，④使我们因吃他而获得更新，使我们不断地获得力量，直到我们得到天上的永生。

e 然而，既然基督与众敬虔的人隐秘地联合，这奥秘是人与生俱来无法

---

② 参阅IV. 16. 9，32。
③ 这是论及在1559年之前，宗教改革运动之内三十多年来关于这一圣礼的争论。
④ "*Eius communicatione refecti*"；VG："*repus de sa substance*," i. e., "*nourris de sa force vivante*" (Cadier's note). 然而请参阅1536年版而不是之后版本中的用语，引自第八节，注释24，以下 "*Communicatio*" 是常常被加尔文所引用，更胜于使用 "*communio*"，在相对的法文形式用法中，卡迪耶（Cadier）标示 *communiquer* 和 *communication* 有其优点，比 *communier* 和 *communion* 更能使人注意到行为和仪式的属灵实在。*Institution* IV. 349, note 4；参阅 Cadier, *La Doctrine Calviniste de la Sainte Cène*, pp. 16 f.；J. C. McLelland, *The Visible Words of God: An Exposition of the Sacramental Theology of Peter Matyr Vermigli*, ch. 6："The Sacrament of Communion."

测透的事，神借着可见的记号，俯就我们极为有限的理解力，⑤给我们看这奥秘的样式。事实上，神借着赐给我们关于这奥秘的应许和证据，⑥使我们确信这奥秘，就如亲眼看见一般。ᵃ因为这非常简单的比较，能渗透最迟钝之人的心：就如面包和酒维持肉体的生命，同样基督喂养灵魂。ᵉ⁽ᵃ⁾我们现在明白这神秘福分的目的，⑦即叫我们确信主的身体从前一次为我们献上，好让我们能够吃他，并因吃他的身体，就能感觉到那与众不同的献祭，在自己的心里面运行；也使我们确信基督从前一次为我们流他自己的血，叫这血成为我们永久的饮料。因此他在此加上了这样的应许："这是我的身体，为你们舍的。"（林前11：24；参阅太26：26；可14：22；路22：19）我们被吩咐吃基督从前一次献上为祭的身体，好叫我们当感受到自己在基督里有分时，就能确信他借着死所赐予人生命的大能将会有效地运行在我们里面。因此，主也将杯称为"用我血所立的新约"（路22：20；林前11：25）。因当主让我们喝他的血时，他在某种程度上重订了盟约，或使他从前一次以自己的宝血所批准的盟约继续有效（与坚固我们的信心有关）。

2. 与基督联合是圣餐带来的特别福分

ᶜ⁽ᵃ⁾这圣礼能使敬虔的人获得极大的确据和喜乐。圣餐见证我们与基督彼此的联合，甚至基督所拥有的一切能够被说成属于我们。因此，我们可以确信神使基督承受的永生属于我们，且基督已经进入的天国，我们将来也必定承受；此外，圣餐也教导我们：以后不会因自己的罪被定罪，因为基督已经赦免我们，除掉我们的罪行，因他喜悦担当我们一切的罪，仿佛是他自己所犯的那般。这就是基督出于他测不透的慈爱所

---

⑤ "Mysterium hoc arcanae Christi cum piis unionis natura incomprehensibile est." 奥秘一词，加尔文没有把它视为理智上的困惑。奥秘实在是无法解说的，但是所强调的是信徒借着与基督联合所带来实际的改变。参阅 Wallace, *Calvin's Doctrine of the Word and Sacrament*, pp. 218 ff.; Barclay, *The Protestant Doctrine of the Lord's Supper*, pp. 112, 203, 264。

⑥ "Arrhis ac tesseris"；参阅Ⅳ.14.1，注释2。

⑦ "Mystica haec benedictio."

给我们的替换。⑧基督成为人子而与我们一同居住，为了叫我们与他一同成为神的儿女；基督因降世为我们预备升天的道路；基督因取了我们必死的身体，赏赐我们他自己的永生；基督接受了我们的软弱，为了以他自己的大能使我们刚强；基督成为贫穷，好赏赐我们他自己的富足；基督担当了我们的罪孽压在我们身上的重担，好为我们穿上他的义袍。

3. 基督属灵的同在

[c (a)] 这圣礼清楚地见证这一切真理，我们甚至应当相信基督在这圣礼中与我们同在，就如我们能亲眼看见他，并用手触摸他，⑨因主绝不能说谎或欺哄我们："你拿着吃，这是我的身体，为你们舍的；这是我立约的血，为多人流出来的。"（太 26∶26—28 与林前 11∶24 合并；参阅可 14∶22—24；路 22∶19—20）基督之所以叫我们拿着，就表示这属于我们；他叫我们吃，表示我们所吃的东西与我们成为一体；[c (a)] 当基督宣告他的身体是为我们舍的，且他的血是为我们流的时，他教导两者属于我们，更胜过属于他自己。[a] 因两者都是基督所献的祭，并不是为了他自己的利益，乃是为了[a]我们的[c (a)] 救恩。

[a] 事实上，我们要留意圣餐主要的、几乎全部的力量都在乎这一句话："为你们舍的"、"为你们流出来的"。除非基督的身体和血从前一次为我们献为祭，否则我们现今吃他的身体、喝他的血对我们毫无益处。⑩它们之所以被称为饼和酒，不但是要我们明白它们属于我们，也是要我们明白主喜悦它们成为我们属灵生命的食物。

因此，就如我们上面所教导的那样，这圣礼中的物质以类比的方式

---

⑧ "*Mirifica commutatio*"，后面灵魂改变的描述使人想起路德对信心诸多效果的描述。*Treatise on Christian Liberty* (1520) (*werke* WA Ⅶ. 54f.; tr. *Works of Martin Luther* Ⅱ. 318 ff.)，参阅路德，*Sermon on the Sacrament of the Body of Christ and on the Brotherhoods* (*Werke* WA Ⅱ. 743 ff.; tr. *Works of Martin Luther* Ⅱ. 11-14)。

⑨ 参阅 *Instruction in Faith* 29 (OS Ⅰ. 413; tr. Fuhrmann, p. 70)。

⑩ Luther, *Little Catechism* (1529) (*Werke* WA XXX. 316; tr. J. Lenker, Luther's Catechetical Writings, p. 31); *Sermon on Confession and the Eucharist* (*Werke* Wa ⅩⅤ. 494 f.)。

教导我们属灵的事。⑪因此，当我们把饼当作基督身体的比方时，⑫我们必须立刻明白这比方，就如饼滋养、保守以及保护身体的性命，同样只有基督的身体才能使我们的灵魂兴盛。当我们看到酒代表血时，我们就当想到酒对身体的滋养，而因此明白基督的血以某种属灵的方式滋养我们。其特色是滋养、更新、坚固，以及使我们喜乐。⑬当我们详细地思考主圣洁的身体以及他所流的血所带给我们的结果时，我们就能清楚地明白，饼和酒的特色极为恰当地代表神借着它们赏赐我们的属灵福分。

我们在圣餐中吃基督的身体，圣餐印证了神给我们的应许，是我们无法解释却可感觉到的奥秘（4—7）

4. 圣餐应许的含义

ᵃ因此，圣餐主要的用处并不只是为我们提供基督的身体，乃是要给我们印证基督的应许，即他的肉真是可吃的，他的血真是可喝的，且两者都赏赐我们永生（约6：55—56）。基督在圣餐中宣告自己是生命的粮，且吃这粮食的人永远不死（约6：48、50）。为了成就这事，圣餐引领我们到基督的十字架下，因为他在十字架上，在各方面成就了这应许。ᶜ因除非我们活生生地感受到基督的死所带来的果效，我们就无法正当地吃基督，也无法蒙救恩。ᵃ有人认为当基督称自己为"生命的粮"时，这名称是从圣礼借过来的，但这是错误的解释。⑭更确切地说，是父神将基督赏赐给我们为生命的粮，因为基督取了我们的人性，因此使我们在他属神的永生里有分。基督将自己献为祭，并因此承受了我们

---

⑪ 上文第一节的中间。

⑫ "*In symbolum... datur*"，在1536年和1539年加尔文在此处使用 *signum*。参阅IV. 16. 2，注释3。

⑬ Luther, *Sermon on Confession and the Eucharist* (*Werke* WA XV. 495f.)。参阅 D. Stone, op. cit., I. 389，在一个相类似的段落里引用了比尔（Biel）的话（*Sacrae canonis missae expositio*, lect. 85 AB）。

⑭ 参阅 De Castro, *Adversus haereses* VI（1543 ed., fo. 90 H, 91 G）。加尔文，如卡迪耶所指出的那样，认为《约翰福音》6：35—48节有关"生命的粮"的段落，"不单"要参考"主的晚餐的设定，还要从整个基督的工作和位格的角度来加以解释"（Cadier, *Institution* IV. 351, note 5）。

应当承受的咒诅，好叫我们得蒙他的祝福。基督借着他的死吞灭了死亡（参阅彼前 3∶22，Vg.，林前 15∶54），且当基督再复活时，他使他曾经穿上的我们这可朽坏的身体复活，使它得荣耀成为不能朽坏的（参阅林前 15∶53—54）。

5. 我们如何靠信心领受主的福分^{*⑮}

^c这一切都要应用在我们身上。这一切的福分借着福音，更为清楚地借着圣餐落实在我们身上。主在圣餐中将他自己和他一切的福分都提供给我们，且我们以信心领受基督。^{c (a)} 因此，圣餐并不是使基督开始成为生命的粮，但^a当圣餐提醒我们基督曾经成为这生命的粮，好叫我们持续不断地吃他时，这仪式就使我们品尝到这粮的滋味，并使我们感受到这灵粮的大能。因圣餐使我们确信基督所做的以及他一切所遭受的痛苦都是为了赏赐我们生命，且也使我们确信这生命是永恒的，因为这灵粮滋养、保守、以及保护我们到死为止。就如基督若没有为我们降生以及为我们死和复活，他就不可能成为我们生命的粮；同样若基督的降生、死亡、以及复活没有永恒的果效，也是如此。对此基督有优美的表达："我所要赐的粮就是我的肉，为世人之生命所赐的。"（约 6∶51；参阅约 6∶52，Vg.）基督所说的这句话无疑在教导我们：他的身体是我们属灵生命的粮食，因他的身体受死好使我们蒙救恩，^c此外，当我们靠信心在基督里有分时，这就是基督将他的身体给我们吃。^b因此，当基督从前一次为了救赎世人将自己献上为祭时，他就将他的身体赐给我们为粮食；他借着传福音将自己赐给我们，因他被钉在十字架上；他以圣餐这神圣的奥秘印证他的赐予；他将外表的象征所指示的成就在人的心中。这样他天天将自己赐给他们。

^b我们在此当避免两种不同的错误。首先，我们不可因轻看圣餐中的

---

⑮ 参阅 J. C. McLelland, *The Visible Words of God*, p. 145。

记号，将它们与它们所代表的奥秘分开。其次，我们同样也不可过于看重这些记号，⑯在某种程度上抹去记号所代表的奥秘。

除了完全不敬虔的人之外，没有人否认基督是生命的粮，能滋养信徒，使他们得蒙永生。至于吃基督的方式，教会没有一致的立场。有人说吃基督的肉并喝他的血，只不过代表相信基督。但我个人认为基督在《约翰福音》6 章中吩咐我们吃他肉的崇高教导更具体和奥妙（约 6：26 及以下）。其教导是：真正地领受基督使人重生，而且他因此将这领受称为"吃"以及"喝"，免得任何人误以为我们从基督那里所领受的生命仅仅是靠知识。既然不是看到食物而是吃这食物才能滋养身体，同样灵魂必须真正和深入地领受基督，才能借着基督的大能挑旺属灵的生命。

我们相信这吃的方式就是信心，因为除了信心之外，我们想象不到别的方式。然而，我的教导和他们的教导差别在于：对他们而言，吃就只是相信；我则认为，在相信当中，我们吃基督的肉，⑰因为基督的身体借着信心成为我们的，且吃他的身体是信心的结果。或更清楚地说，对他们而言吃就是信心，但对我来说吃是信心的结果。在言语上这区别并不大，然而在实质上彼此的差别并不小。因为，虽然使徒保罗教导基督借信心住在我们心里（弗 3：17，参阅 Vg.），没有人说这居住就是信心本身。所有人都觉得他是在说信心的奇妙结果，因为信徒借着信心得着基督的内住。同样主之所以称自己为"生命的粮"（约 6：51），不但是教导我们救恩是建立在相信基督的死和复活上，他同样也教导：当我们真正领受基督时，他的生命进入我们里面并成为我们的，就如当我们吃饼时，这饼赐给我们身体的力量。

---

⑯ 分别暗指属茨温利和路德宗的神学家们。
⑰ "*Credendo manducari*"；VG："*en croyant nous mangeons*"。参阅 McLelland，*op. cit.*，p. 146，强调加尔文和彼得·威尔米革立对此观点的一致，也参考他的附录 C，pp. 379 f.。前面的句子很明显地提到茨温利，还有哥尼流·亨得利斯·贺恩（Cornelius Hendrix Hoen [Honius]）所写的信，该信茨温利收到并加以编辑了（1525）（CR Zwingli Ⅳ. 512-518）；参阅茨温利在 1524 年 11 月 16 日给埃布尔勒斯（M. Alberus）的信，Comm. *On True and False Religion*（1525），18（CR Zwingli Ⅲ. 339，818）。这段文字解释了《约翰福音》6：52-57。

6. 奥古斯丁和克里索斯托的观点*

奥古斯丁（虽然我们的敌人说奥古斯丁是他们的支持者）对这教义的解释是：这种"吃"是出于信心，并不是出于嘴巴。这我并不否认，但我同时接着说：我们以信心拥抱基督，他并不是出现在远处，而是与我们联合，他做我们的头，我们做他的肢体。ᵉ我并不完全否定他们对这教义的解释，我只不过否定他们对吃基督的肉的解释是完整的解释。奥古斯丁在他的教导中经常引用这话，譬如他在他的作品《基督教教义》(*On Christian Doctrine*)第三卷中说："基督所说的这话：'你们若不吃人子的肉'（约6：54，Vg.；约6：53，EV），这比喻的意义也教导我们必须在主的降卑里有分，也必须甜美地记念基督的肉体为我们被钉在十字架上，为我们受伤，这记念也必须使我们得益处。"奥古斯丁也曾经说过：那借着彼得的讲道蒙救恩的三千人（徒2：41），他们是凭着信心喝下了他们之前残暴地流的基督的血。奥古斯丁在其他许多的地方大大地称赞这信心为我们带来的益处，因为吃基督的肉更新我们的灵魂，就如我们的身体所吃的食物更新我们的身体一样[18]，而且克里索斯托也有同样的教导："基督不但借着信心使我们成为他的身体，也实际上使我们成为他的身体。"[19]他在此的意思是：这极大的益处唯独来自信心。克里索斯托只不过想攻击这误解，即人将信心视为某种想象而已。

ᵉ我现在不谈那些将信心视为某种外在见证的人，因我深信以上对于圣礼的一般教导足以反驳他们这谬论。[20]诸位读者请留意：当基督将圣餐中的杯描述为"用……血"（路22：20）所立的约时，他是在赏赐我们某

---

[18] Augustine, *On Christian Doctrine* III. 16. 24 (MPL 34. 74f.; tr. NPNF II. 566); *John's Gospel* 31. 9; 40. 2 (MPL 35. 1640, 1686; tr. NPNF VII. 191, 225); *Sermons* 131. 1; 57. 7 (MPL 38. 729, 389; tr. LF *Sermons* II. 586 f., 84 f.).

[19] Chrysostom, *Opera* (Basel, 1530) IV. 581.

[20] IV, 13, 14. 也请参阅 Comm. Harmony of the Evangelists, Matt. 26：21-30；Mark 14：18-26；Luke 22：15-20。

种能坚固信心的应许。这也表示除非我们仰望神并接受他所提供我们的，否则我们没有正当地运用圣餐。

7. 思想和言语还不够*

ᵇ此外，我也不满意另外一些人的信念。他们虽然承认我们与基督联合，但他们对这联合的解释是：这唯独来自基督所赐给我们的圣灵。他们完全忽略基督的肉和血㉑，就如基督以下所说的都是徒然的："我的肉真是可吃的，我的血真是可喝的"（约6：55）；只有那些吃基督的肉并喝他血的人才有生命在他们里面（约6：53）；以及其他类似的经文。因此，既然我确信这与基督亲密的联合超过他们那太狭隘的解释，那么我想在此既简洁又明确地教导这联合究竟是怎样的联合。ᵉ我之后再谈相反的错误，因为我必须用更多的话反驳那些夸张的神学家。他们不但极为恶意地捏造某种吃、喝的方式，也同时夺去基督的身体，并将他改成某种幽灵。㉒ᵇ我深信我自己无法用言语描述这极大的奥秘，这奥秘我也不够明白。因此不应该以我幼稚的解释衡量这奥秘的深度。㉓我反而劝读者不要把他们对这奥秘的理解局限于太狭隘的范围内，而要渴慕远远超过我所引领他们达到的程度。因每当探讨这教义时，当我说过我所能说的

㉑ 这种看法是卡尔施塔特（Carlstadt）所信奉的；但巴特和尼塞尔认为加尔文不太可能从他那里得知，而是针对路德宗信徒的责难（OS V. 348, note 6）。他们也引用伯恩会议（Synod of Bern, 1537）所提出来"关于圣餐的明确信仰告白""Confession of Faith Concerning the Eucharist"（CR IX. 711 f.; OS I. 435 f.），还有"圣餐短论"（*The Short Treatise on the Holy Supper* I, 1541）（OS I. 508; CR V. 438 f.; tr. Calvin, *Tracts* II. 170 f.）。

㉒ 参阅第十七节注释58，以下，和路德宗对于"无所不在"（ubiquity）教义的描述，第二十九节（"*Ubique locorum… absque forma*"）还有第三十节，在加尔文的"圣餐短论"（*The Short Treatise on the Holy Supper* I）中，加尔文批评基督的身体是无所不在的教义，它宛如暗示了他的身体"什么都不是，只不过是个幽灵罢了"（OS I. 521; tr. Calvin, *Tracts* II. 187）。

㉓ "*Infantiae meae modulo.*"参阅IV. 14. 6；IV. 16. 2 对于奥秘和神秘提升的注释。加尔文在圣餐的奥秘之前谦卑地屈身；在他停止的地方，他也挑战其他的人，如果能够的话，超越他（*multo altius assurgere*）。在他对威斯特弗的回答中，他论及那"超过人类所能探究的奥秘"（*mysterium humanae curiositati impervestigabile*），基督以他在天上的血肉喂养在地上的我们（CR IX. 81; tr. Calvin, *Tracts* II. 291）。参阅 Wallace, *Calvin's Doctrine of the Word and Sacrament*, p. 221; MacGregor, *Corpus Christi*, pp. 87, 193 ff.。

一切后,我深深地感受到我所说的远远不能表达它的真义。而且,虽然我的思想能超过我的口所能表达,然而这奥秘的伟大则胜过甚至淹没我的思想。因此,我们只能够在这奇妙的奥秘之下颂赞神,因为这显然是我们的思想所无法理解,以及我们的口所无法诉说的奥秘。然而,我仍然打算最后在某种程度上对我自己的教导做出结论,因为我既然不怀疑我的教导是正确的,就相信一切敬虔的人都会接受。

这赐人生命的联合是圣灵所带来的（8—10）

8. 基督取了我们的肉体[*]

[b]首先,[24]圣经教导我们:基督从太初是那父神赐人生命的道（约1:1）,是生命的泉源和源头。自从神创立世界以来,万物都是从基督那里获得生命。因此,约翰有时称基督为"生命之道"（约一1:1）,也有时候说"生命在他里头"（约1:4）,意即他自己在一切的受造物里面,并赏赐他们呼吸以及生活的力量。

约翰之后接着说:当神的儿子取了人的肉身并降世为人,使我们的眼睛看见他,我们的手触摸他之后,生命才向我们彰显出来（约一1:2）。因为,虽然基督出于自己的大能将生命赐给他一切的受造物,但因人（人因犯罪与神疏离且丧失了生命）四面被死亡围困,为了获得永生的盼望,必须获得与道的相交。因为你若听到那与你疏远的神的道拥有丰盛的生命,然而在你的四周所面对的不过是死亡,难道你会有得生命的确据吗？但当生命的来源本身开始居住在我们的肉体之中时,他不再向我们隐藏,反而向我们彰显他自己,好使我们在他里面有分。而基督同时也赐生命给他所居住的肉身,好让我们在吃他的时候能够被喂养而

---

[24] 第八至第十节详细地解释了所陈述的原则,是浓缩在1536年版本的一个段落里面（OS I. 142）,在其中加尔文解释了基督的身体如何"显在圣餐中","并不是指他身体的物质,或是基督真实而自然的身体……而是指基督在他的身体里所提供给我们所有的益处"。参阅 Pannier, *Institution* IV. 21, note a, pp. 304 f.。

得永生。基督说："我是从天上降下来生命的粮……我所要赐的粮就是我的肉，为世人之生命所赐的"(约6∶48、51，参阅51—52，Vg.)。基督在此不但教导我们，他既然是神永恒的道并且从天上降世，所以他就是生命，也教导我们，在他降世为人时，他将力量赐给他所取的肉身，好让我们在这肉身里能得生命。

我们也能因此推断：他的肉真是可吃的，他的血真是可喝的（约6∶55、56，Vg.），且信徒能因这食物得营养，并因此获得永生。因此，敬虔的人知道他们在自己的肉身里有生命，而且这成为他们极大的安慰。因为这样不但他们很容易就能获得生命，而且这生命被自发地摆在他们的面前。他们只要打开自己的心怀接受他，就必定拥有这生命。

9. 为什么说基督的身体能赐生命[*]

[b]但基督的肉身本身没有能重生我们的大能，因在基督降世为人时，他的身体有受死的可能性，且他的身体虽然现在被赋予永生，但它不是独立存在的。既然他的身体充满丰盛的生命，为了将这生命赐给我们，他的身体被称为"赐生命的"是应该的。所以这意义与西利尔解释基督的这话一样："父怎样在自己有生命，就赐给他儿子也照样在自己有生命。"（约5∶26，参阅Vg.）因为基督在此所说的恩赐不是他从起初在父神面前所拥有的恩赐，乃是他在取肉身时所穿戴的恩赐。所以，基督教导说：丰盛的生命居住在他的身体之中，好让一切领受基督血和肉的人能够同时在他的生命中有分。[25]

我们可以用一个简单的比方解释这真理：水有时候是从泉源那里直接喝的，有时候被取出来，也有时候借着水沟被带到稻田里面去，但它并不是靠自己的能力流出来，给我们这样多的用处，乃是源头不断地给

---

[25] Cyril of Alexandria, *Exposition of John's Gospel* II. 8 (MPG 73. 381 f.).

它流动的力量。同样地，基督的身体就如某种丰盛、永不枯竭的泉源，且这泉源将那从神性里所涌出来的生命流到我们里面来。那么谁不能明白一切渴慕天上生命的人必须在基督的血和肉里有分呢？

这就是使徒保罗所说的话的含义："教会是基督的身体……是他的丰盛"（弗1：23），但基督也是"元首"（弗4：15），且"全身都靠他联络得合式，百节各按各职……叫身体渐渐增长"（弗4：16），"我们的身子是基督的肢体"（林前6：15）。我们知道：除非基督在灵魂和身体上完全与我们联合，否则这一切都不可能得以成就。然而，保罗更为荣耀地描述我们与基督的身体亲密的联合，他说："我们是他身上的肢体，就是他的骨他的肉。"（弗5：30）保罗最后为了见证这远超过一切言语的奥秘，以这宣告结束他这一次的教导："这是极大的奥秘。"（弗5：32）㉖我们若说信徒与基督的血肉没有联合，这是极为疯狂的话，因为保罗宣告：我们这联合极其伟大，他宁愿为此惊叹，也不要尝试解释这奥秘。

10. 在圣餐中，基督的身体与我们同在

综上所述，就如饼和酒保守我们肉体的生命，照样基督的肉和血喂养我们的灵魂。因为除非我们的灵魂在基督里得蒙滋养，否则这记号不代表什么。而且除非基督与我们联合，并借着我们吃他的肉以及喝他的血更新我们，否则我们无法在他里面得着滋养。

基督的肉体距离我们那么遥远，竟然能进到我们里面，成为我们的食物，这听起来有点不可思议。然而我们应当记住圣灵隐秘的大能远超过我们的感官，并且记住以自己的准则衡量无法测度的圣灵是非常愚昧的事。所以我们思想所不能明白的事，要靠信心理解，圣灵能将空间上

㉖ "Arcanum".

分离的东西真正联合在一起。㉗

ᵉ⁽ᵇ⁾基督在圣餐中也向我们见证和印证,我们以圣洁的方式分享他的肉和他的血,基督借此将生命注入我们身上,仿佛这生命实在渗透我们的骨节与骨髓;这并不是摆一个空洞的记号,而是彰显圣灵的大能以成就他的应许。而且圣灵切实地ᵇ向一切参加这属灵筵席的人㉘提供这记号,ᵇ也向他们指示ᵉ⁽ᵇ⁾这真理,ᵇ虽然唯有信徒才得益处,因为他们以真信心以及感恩的心接受神这极大的慷慨。

使徒保罗同样说:"我们所祝福的杯,岂不是同领基督的血吗?我们所掰开的饼,岂不是同领基督的身体吗?"(林前10∶16 p.,顺序改变)我们没有根据反对说这是个比喻,保罗是用象征来代表真理。㉙ᶜ⁽ᵇ⁾我的确承认掰饼是象征,它本身不是他所教导的真理。然而在我们承认这一点之后,ᵇ我们ᶜ⁽ᵇ⁾仍然能够ᵇ正当地推断ᶜ⁽ᵇ⁾:神让我们看到象征的同时,也给我们看这象征所代表的真理。ᵇ因为除非我们要将神当作说谎的,否则我们不可能说他向我们彰显的是虚空的象征。因此,若主真正借着掰饼向我们彰显信徒在他的身体上有分,那么我们就不应当怀疑主在圣餐中真正地临在并向我们彰显他的身体。且敬虔的人应当用诸般的方式守住这原则:他们每当看到主所吩咐的象征时,就当思考并确信其所代表的真理真正与我们同在。因为主若非要使你确信你在他的身体中有分,他为何要将那代表他身体的象征放在你的手中?但如果主给我们可见的

㉗ 以上的句子表达的是加尔文对圣餐中奥秘的意识,即透过圣灵的运作,我们在圣餐中分享基督身体的奥秘,虽然我们与他的身体距离很远(*locorum distantia*),而且也是分离的(*locis disiuncta*)。这是一件难以置信的事,一直要到我们了解了圣灵隐藏的超越能力(*arcana virtus*)才能接受。参阅上文第七节注释23;第四卷第十七章第十一节。因为加尔文一向确信在圣礼之中奥秘力量的运作,所以他的教义被称为"功用论"(virtualism)。

㉘ "*Accumbunt*"这个词不都是暗指在古罗马的宴会中斜倚的姿势。与加尔文同时代的人如约翰·布兰兹(John Brenz)也把这个词用在对圣餐的讨论之中(如 W. Elert 所引,*Morphologie des Luthertums* I.266)。参阅下文第三十五节注释20。

㉙ "*Rei nomen signo deferatur*". 在接下来的句子当中,我们发现了"*symbolum*",而不是"*signum*",也见于第十一节,但是武加大译本中有用"*signe*",在每一个例子中,曾经加上 *exterieure* 并再次使用 *visible*。

象征，好印证某种看不见的恩赐是真的，那么当我们领受那代表基督身体的象征时，我们也当一样坚定地相信基督同时也赏赐我们他的身体。

经院神学家们对外在的记号与它所代表那看不见的真理之间的关系不同的误解，以及化质说（11—15）

11. 圣餐的意义、本质以及果效*

ᶜ因此我说圣餐的圣洁奥秘包括两件事情（而且这是教会从一开始的信仰，也是现今一切意见中肯之人的教导）：物质的记号，这些记号在我们的面前向我们彰显肉眼看不见的事，且这彰显局限于我们软弱的能力，以及属灵的真理，象征同时代表和见证这些真理。㉚

当我想要用更容易明白的方式教导这真理的性质时，我习惯包括三件事情：圣餐的意义、依靠这意义的真理，以及这意义和真理所带来的结果。圣餐的意义在神的应许里面，且记号本身暗示神的应许。我将基督与他的死和复活称为圣餐的本质或真理，那么圣餐所带来的结果就是救赎、公义、成圣、永生，以及基督所赏赐我们的其他福分。

那么，虽然这一切都与信心有关，但我完全拒绝那种狡猾的诡辩，即当我说人以信心接受基督时，我的意思只不过是我们仅仅以自己的理解力和想象接受他。㉛因为神的应许向我们提供基督，并不是要我们停留在应许的样式和知识本身，而是要我们能够享受在基督里面有分。事实上，我想象不到任何人能够确信他借基督的十字架得蒙救赎和公

㉚ 参阅 Hoen 的信在 CR Zwingli Ⅳ.513；以上第五节注释 17；Augustine, *Sermons* 272 （MPL 38.1247）；Bucer, *Metaphrases et enarrationes in epistolam ad Romanos* （1536）, p.152：*"regna, quibus aeterna vita tum significando exhibetur, tum exhibendo significatur"*；A. Lang, *Der Evangelienkommentar Martin Butzers und die Grundzüge seiner Theologie*, pp.259-265。巴特和尼塞尔指出，借着赫明尼亚的协助，*Correspondance* Ⅵ.130-136，加尔文在这一段和其他几段中，加入了一些原来为《〈罗马书〉注释》而写的片段，但因为梅兰希顿的建议就把它删除掉了（OS Ⅴ.352, note k；354, note h [sec.11]；357-358, notes a-h [sec.13]；365, note c-g, 366, note a [sec.19]；390, note Ⅰ [sec.32]）。

㉛ Zwingli, *Friendly Exgesis, That Is, Exposition of the Eucharist, to Martin Luther* （1527）（CR Zwingli Ⅴ.588 f.）.

义，并借基督的死得生命，除非他所主要依靠的是真正在基督里面有分。而且除非基督先将他自己赐给我们，否则我们无法领受他任何的福分。

因此，我说在圣餐的奥秘中，基督真实地借着饼和杯的象征向我们彰显这饼和杯确实是基督的身体和血，在其中基督满足了替我们获得公义所要求的一切顺服。为什么呢？首先，好让我们能与基督成为一体；其次，我们既然在基督的身体中有分，就能领受他一切的福分，并因此感受到他的大能。

12. 基督的身体有具体的同在吗？

ᵉ我现在要开始探讨人的迷信所捏造的极端混乱。因为撒旦在此采用一切的诡计，好诱惑人不再思考这天上的奥秘，并引诱他们相信基督与饼的元素是密不可分的谬论！

ᵇ首先，我们不可接受罗马天主教的工匠所幻想关于基督在圣餐中的那种存在方式，仿佛基督身体具有某种具体的同在，可以使我们的手触摸他，使我们的牙齿将他嚼一嚼，并使我们的嘴巴将他吞下去。ᶜ教皇尼古拉（Nicholas）要求贝伦加里乌（Berengarius）㉜用这种说法弃绝他自己的异端，为要证明他的悔改是真的，换言之，教皇要他用骇人听闻的言语弃绝他的异端，甚至连教皇自己也说：除非阅读他话的人非常谨慎，否则其中会有比贝伦加里乌更严重之异端的危险。然而，虽然伦巴德尽

㉜ *Ego Berengarius* 文献是作者为否认之前的教导所作的，于 1059 年被罗马强迫写下的，格式是由枢机主教宏勃特（Cardinal Humbert）所定下，其中的语言非常极端："我们的主真实的身体和血……可感觉到的，不只是仪式上的，而是真的被祭司的手所破碎并被信徒的牙齿所咀嚼。"（Mirbt, *Quellen*, 4th edition, p. 144）另一版本的翻译及完整的讨论，见 A. J. Macdonald, *Berengar and the Reform of Sacramental Doctrine*, p. 430。伯里欧特（Y. Brilioth）说："（真实的存在）从没有被那么粗野地表述过。"（*Eucharistic Faith and Practice*；*Evangelical and Catholic*, p. 86）参阅 Gratian, *Decretum* III. 2. 42（MPL 187. 1750 f.；Friedbert I. 1328 f.）。

量为这谬论辩护，但他更倾向于不同的观点。㉝

ᵇ既然我们毫不怀疑基督的身体和其他人的身体一样都受到某些一般法则的限制，且目前在天堂（就是神迎接他的地方）直到基督再来审判世界（徒3：21），所以我们深信：说基督的身体变成这些朽坏的饼和酒，或想象基督的身体无所不在，是完全不合乎圣经真道的。㉞

这对我们在圣餐中有分于基督也是多余的，因为主在圣餐中借着他的圣灵祝福我们，使我们在身体和灵魂上与基督合而为一。所以那使我们与基督联合的就是基督的灵，他使我们与基督联合，且像是某种管子，好让基督所有的一切都能通到我们这里来。㉟因既然太阳在照耀地球时，能催发生命滋养它，并且叫它成长，难道基督之灵的亮光不如太阳，不能叫我们与基督的血和肉联合吗？由此可见，圣经在谈到我们在基督里有分时，教导这现象的果效完全出自于圣灵。我们只要以一处经文举例就够了。保罗在《罗马书》8章中表明：基督唯独借着他的圣灵居住在我们里面（罗8：9）。这并不表示圣灵夺去我们以上所教导信徒与基督的血和肉彼此联合（罗8：9），反而教导我们唯独圣灵才能使我们全备地拥有基督，且基督唯有借着圣灵住在我们里面。㊱

13. 经院神学家们的谬论：将饼错误地视为神＊

ᵉ⁽ᶜ⁾经院神学家们生怕陷入这野蛮的不敬虔当中，所以说得更为温和。㊲但他们不过是在诡诈地自欺欺人。ᶜ他们否定在圣餐中基督的身体与我们同在，或基督局限于饼和杯；㊳但他们的解释连他们自己都不明白，

㉝ 伦巴德在他的 *Sentences* Ⅳ.12.4, 5 (MPL 192.865) 里，并不赞同 *Ego Berengarius* 中描述神父掰开真正的身体。

㉞ 参阅上文第七节注释22；下文的第三十节。

㉟ *Sermon on the Holy Spirit in Chrysostom's Opera* (Basel, 1530) V.379.

㊱ Bucer, *Metaphrases... in epistolam ad Romanos* (1530), fo.338；Lang, *op. cit.*, p.444："Sic Christum suo spiritu salvificio, iam intra nos habitare."

㊲ 也就是比 *Ego Berengarius* 陈述"更加温和"。

㊳ 参阅 Aquinas, *Summa Theol.* Ⅲ.76.5.1。

更别说用来教导别人了。然而他们的意思是这样：我们在"饼的种类"中寻找基督。这是什么意思呢？当他们说饼的本质成为基督时，难道他们不是在将基督的实体附在他们想象所剩下的白色中吗？但他们说，基督在圣餐中，同时也在天堂，所以我们只是处在与他的关系中，并没有别的同在。㊴

然而，不管他们用怎样的言语掩饰自己的意思，这就是他们的教导：当饼献给神时，那从前做的饼，立刻就成为基督，而之后基督隐藏在饼的样式底下。°他们公开地教导这谬论也不感到羞耻。伦巴德的解释是："基督的身体虽然本身能看见，但在祝谢之后隐藏在饼的样式底下。"㊵因此饼的样式不过是某种面具，好避免我们的肉眼看到基督的身体。°我们无须猜测他们企图用这样的言语设下怎样的陷阱，因他们的企图是显而易见的。因为这几百年以来，在天主教会里不但平信徒，甚至教会的领袖都被捆绑在可怕的迷信里面。他们轻看那能真正使我们与基督交通并信靠他的信心，对信心并不在乎。只要他们拥有基督肉身的同在——他们毫无圣经根据所捏造的——他们就以为真正拥有基督的同在。由此可见，透过这狡猾的诡计，饼仍可被视为神自己。

14. 化质说

^{e(b)} 化质说（*transubstantiation*）就是来自这诡计，且他们现今为这教义比为任何其他的信条更竭力地争辩。㊶^e头一次捏造这谬论之人无法解释基督的身体如何与饼混合，同时不立即导致许多荒谬的后果，他们只好将饼转化成为身体这解释当作他们的避难所；这并不是说基督的身体是饼做的，而是说基督为了将自己隐藏在这象征底下，毁灭饼的本

㊴ "*Habitudinis*" 这个词明显是在阿奎那所用的意义上使用。参阅 L. Schultz, *Thomas-Lexikon*; Deferrari, *Lexicon*, *s. v.* "*Habitudo*"。

㊵ Lombard, *Sentences* Ⅳ. 10. 2 (MPL 192. 860)。

㊶ 化质说的基本宣言是第四次拉特兰会议（1215）canon 1（Mansi ⅩⅫ. 982；Mirbt, *Quellen*, 4th ed., p. 179；tr. Bettenson, *Documents of the Christian Church*, p. 210）。

质。㊷

他们堕落到这等无知甚至愚昧的地步,竟然藐视圣经和古代教会的共识㊸,提出如此可怕的谬论,实在令人惊讶。

其实,我承认一些古时的神学家们有时用"变为"这一词,并不是说他们主张饼的本质被毁灭了,乃是为了教导在这极大的奥秘底下,专门用于圣餐中的饼与一般的饼截然不同,变成了别的东西。㊹然而,他们都明确地宣称圣餐包括两个部分——地上的和天上的,且他们毫无争议地认为地上的部分就是饼和酒。

ᵇ不管我们的敌人胡说些什么,他们在这教义上缺乏古代教会的支持是十分清楚的,虽然他们经常用教会的传统抵挡神在他的话语中十分清楚的教导。化质说是不久以前所捏造的教义;事实上,这教义不但在正统信仰最兴旺的时候不存在,ᶜ甚至连在纯正的信仰已经开始被败坏的时候,㊺ᵇ也是没有人相信的。所有古时的神学家们都清楚地承认:在圣餐中圣洁的象征就是饼和酒,虽然如我们以上所说,他们有时候为了尊荣这奥秘给这些象征不同的称呼。ᶜ因当他们说饼和酒在祝谢时产生某种隐秘的变化,以至于在祝谢之后象征不再是饼和酒,他们的含义就如以上所说,㊻意思并不是说象征元素遭到毁灭了,而是说我们应当将它们视为与一般喂养身体的饮食相异,因为象征在那个时候已经开始代表灵魂属灵的饮食,我们并不否定这一点。

㊷ So Ockham, *The Sacrament of the Altar*, ch. 5: "*Quod substantia panis non remanet post consecrationem*" (The *De sacramento altaris of William Ockham* ed. and tr. T. B. Birch, pp. 182-187); *On the Sentences* Ⅳ. qu. 6 C, D; Biel, *Collectorium on the Sentences* Ⅳ. xi. 1, departing from Aquinas, *Summa Theol*. Ⅲ. 75. 3 (tr. Bettenson, *op. cit.*, pp. 211 f.).

㊸ Tertullian, *Against Marcion* Ⅲ. 19: "*Panem corpus sui appellans ut et huic iam eum intellegas corporis sui figuram pani dedisse.*" 另有许多进一步的引证,见 OS Ⅴ. 357 f.; Smits Ⅱ. 53。

㊹ Cyril of Jerusalem, *Catechetical Lectures* 22. 2; 23. 7 (MPG 33. 1097 f., 1113 f.; tr. NPNF 2 ser. Ⅶ. 151 f., 154); Ambrose, *On the Christian faith* Ⅳ. 10. 124 (MPL 16. 641; tr. NPNF [sec. 125] 2 ser. Ⅹ. 278); John of Damascus, *On the Orthodox Faith* Ⅳ. 13 (MPG 94. 1144 f.; tr. NPNF 2 ser. Ⅸ. 81-84)。

㊺ 比较第四卷第四章第十三节中提到大格列高利时期。

㊻ 上文这一节注释42。

我们的敌人说若真正的变化发生，一个东西必须是另一个东西做的。如果他们的意思是象征已经变成它原来不是的东西，我完全同意。但他们的解释若是来自自己的幻想，我要请他们解释一下，在受洗时人发生怎样的变化。因为教父对洗礼的解释也是说：当人的灵魂借着必朽坏的事物受到属灵的洁净时，那人必发生极为奇妙的变化，但没有人否认那水仍然是水。但我们的敌人说洗礼与圣餐截然不同。"这是我的身体。"好像我们所反驳的是这十分清楚的一句话，而不是"变化"，因为变化的含义在洗礼和圣餐中都是一样的。所以，我们不再理会他们这文字上的无理取闹，[47]因为他们在此只不过显示自己的贫乏。

^{e}但若在圣餐中所教导的真理，在象征上没有以活生生的方式被彰显出来，象征所代表的含义就毫无意义。基督的目的是要外在的象征见证他的身体是我们的食物，那么基督若采用某种饮食的样式而不是饮食本身，那能引领我们从可见的物质到看不见的真理的隐喻何在？为了前后一致的缘故，圣餐的意义局限于我们被基督的肉体所喂养这真理。$^{e(b)}$譬如，若在洗礼中水的象征欺骗我们的眼睛，我们就没有受洁净的真凭据；事实上，那虚假的见证会导致我们心里的疑惑。由此可见，除非在见证的方式上地上的记号与天上的真理相应，否则圣礼的本质完全被废去。而且除非真正的饼代表基督真正的身体，否则没有真理在这奥秘里面。我再说一次[48]：既然圣餐不过是以可见的方式^{b}见证主^{b}在《约翰福音》6章中的$^{e(b)}$应许，即基督是从天上降下来的生命的粮（约6∶51），那么可见的饮食必须作为媒介代表属灵的饮食，除非我们愿意丧失神为了保守我们的软弱所赏赐我们的一切福分。那么，如果象征在被祝谢之后只不过留下饼的样式，而不是它真正的本质，那么保罗为何说我

---

[47] "Syllabarum aucupiis" 在下文的第二十三节中重复出现。西塞罗指责骗人的律师为 "cantor formularum, auceps syllabarum"；*De oratore* I.55 (LCL edition, p.170)。参阅 "*Verborum religio*" "*verborum reverentia*" "*literae exactoribus*"，从下文的第二十节，可以看出加尔文藐视狭隘地拘泥字面的人。

[48] 以上的第四节。

们"仍是一个饼、一个身体,因为我们都是分受这一个饼"(林前 10∶17)呢?

15. 化质说的根据以及为这教义辩护之人的辩论

ᵉ除非这些人早被这谬论所欺哄,即基督被隐藏在饼底下的身体,从人的嘴巴里被吞到肚子里面去,否则他们永远不会这样可怕地上撒旦的当。这粗鲁想象的起因是,对他们来说祝谢与魔咒是没有两样的。然而这真理是向他们隐藏的,即饼唯有对那些听到主话语的人才是圣礼,就如洗礼的水并没有变化,只是它一旦与神的应许有关,对我们而言就立刻变为它原来不是的事物。

我们只要用类似的圣礼举例,这事实就必定十分清楚。在旷野中那从磐石里所流出来的水(出 17∶6),对我们的祖先而言,其代表的与酒在圣餐中所代表的真理一样。因保罗教导他们都喝了一样的灵水(林前 10∶4)。当时犹太人载重的牲畜和牛也同样喝了这水。由此可见,就地上的物质而论,当他们有属灵的用处时,他们对人而言有所变化,因为神只喜悦这些物质印证他所赐给人的应许。

此外,既然神喜悦(就如我经常所说)以妥当的方式吸引我们归向他,那么那些劝我们归向基督的人,却劝我们归向那隐藏在饼底下看不见的基督,以顽梗的心邪恶地阻挠神的计划。㊹因为人的心无法跳过无限的空间到达天上的基督那里。自然不为他们提供的事物,他们反而用更为有害的方法想要获得,其结果使得我们只体贴地上的事,而不需要与在天上的基督亲近了。这就是他们为何被迫教导基督身体的变化。

就连在伯尔纳的时代,虽然他们用更粗鲁的言语,但在那个时代化质说也未曾开始被教导。且在伯尔纳之前的众时代,这种说法非常普

㊹ 参阅上文的第十三节注释 40,下文的第十六节。

遍，即在这奥秘当中，属灵的实质与饼和酒联合在一起。㊿

至于名称，他们以为自己有极机智的解释，但他们的解释与圣餐毫无关联。

他们说[e(b)]摩西的杖变成蛇，它虽然被称为蛇，但它仍然留住"杖"的名字（出4：2—4，7：10）。所以对他们而言，这也一样是可能的，即虽然饼因误用㊶变成另一个新的实体，将它称为自己的眼睛所看到的事物，也没有什么不妥。然而，那荣耀的神迹与他们所捏造的幻想有什么相似的地方呢？当时的术士借着施行法术，说服埃及人他们也能用某种超自然的大能叫受造物变化。但摩西前来揭露他们的诡计，他证明了神无法胜过的大能与他同在，因他的杖吞了他们的杖（出7：12）。但既然那变化是可见的，它就与圣餐毫无关联，更何况当时摩西的杖又变回它原来的样式（出7：15）。此外，我们也不确定那暂时的变化是不是本质上的变化。

我们同时也必须思考摩西是怎么称呼术士的杖，因为那先知拒绝称他们为蛇，免得他使我们感觉这似是而非的现象是真正的变化，因为那些伟大的魔术师只不过欺哄了观众的眼睛。㊷"我们所掰开的饼……"（林前10：16，Vg.）、"你们每逢吃这饼……"（林前11：26）、"他们掰饼……"（徒2：42），以及其他类似的经文，它们与前面所说的有何相似之处？[e]毫无疑问，这些术士的法术只不过欺哄了观众的眼睛。摩西所做的则是另一回事，因为神借着摩西的手叫杖变成蛇，且之后又变回来，与给天使穿戴肉体的身体，没有多久又叫他们变回来是一样轻而易举的事。若这两个现象的性质一样，或至少相似的话，那么我们敌人的解释或者具有某种程度的道理。所以我们应当确信：除非外在的象征有相应的实质，否则神在圣餐中没有真正、恰当地向我们应许将基督的肉当作

㊿ 参阅上文的第十四节注释45。
㊶ "καταχρηστικῶς"。
㊷ 参阅奥古斯丁在 On the Trinity III. 10. 20 （MPL 42. 880；tr. NPNF III. 64）中对相关段落的解释。

我们的食物。

并且（因为一个错误导致另一个错误）我们的论敌极为荒谬地曲解《耶利米书》中的一处经文以证明化质说，我甚至不想提。在那里先知埋怨木头被放在他的食物中（耶 11∶19，Vg.），表示他的仇敌残忍地叫他的饮食变苦。[53]大卫也同样以相似的说法埋怨仇敌拿苦胆给他当食物、拿醋给他喝（诗 69∶21）。我们的论敌主张基督的身体在寓意的意义上被钉在十字架上。事实上，他们说某些古代的神学家们也同意这说法。这就好像我们不应当赦免他们的愚昧、不理会他们的羞辱，不要强迫他们继续与先知真实的意义作战，因而加增这羞辱一样。

弃绝基督身体无所不在的教义，因这教义来自对圣经过分字面意义的解释，以及解释信徒在天堂与基督属灵的合一（16—31）

16. 异议

ᵉ又有人因知道若记号与它所代表的事物的类比被去掉，那么这奥秘的真理必定同时消失，就承认圣餐中的饼真的有地上必朽坏之事物的本质，且这本质在圣餐中不会变化，反而将基督的身体包含在其下。[54]

他们的解释若是说，当饼在圣餐中提供给我们时，基督的身体被同时彰显出来，因为真理与它的记号是密不可分的，[55]那么我并不会强烈地反对这看法。然而，他们既然主张基督的身体被掩盖在饼底下，就是在赋予基督的身体以某种与它的性质相违背的无所不在。他们之所以说基督的身体"在饼底下"，就表示他的身体隐藏在那里。所以我们必须用

---

[53] 参阅 *Lectures on Jeremiah*, Jer. 11∶19（CR XXXVIII. 123 f.）。
[54] 路德宗所教导的，路德自己并没有明确这么教导，虽然路德自己教导基督复活后的身体是无所不在的。参阅下文的第三十节；J. Köstlin, *The Theology of Luther*, tr. C. E. Hay, II. 77 ff.；W. Elert, *Morphologie des Luthertums* I. 267 f.；H. Grass, *Die Abendmahlslehre bei Luther und Calvin*. p. 266。
[55] 参阅上文的第十节。

一段时间来揭露这些狡猾的说法。

我并不想要在此正式地讨论这整个问题，我只要在此立好根基，好让我们在恰当的时候讨论这问题。⑤⑥他们主张我们将基督的身体视为看不见和无限量的，好让他的身体能隐藏在饼底下。因他们认为除非基督的身体降在饼中，否则他们无法与他的身体联合，但他们并不明白基督在圣餐中叫我们升向他的方式。^{e (c/b)} 他们用各式各样狡猾的方式掩饰自己的意思，然而他们都说完之后，他们坚持基督的身体具体临在的意思是十分清楚的。^{c (b)} 为什么呢？因为除了具体的临在以及对身体真实的触摸，或某种粗鲁的包装方式之外，他们无法接受人在另一个意义上领受基督的血和肉。

17. 我们敌人的教义否定了基督具有真正肉身的教义

^a为了为他们曾经轻率捏造的谬论辩护，我们的一些敌人顽梗并毫不犹豫地夸耀，基督肉体的体积广阔到与天地一样大。基督之所以从母腹里生出来、成长、被挂在十字架上、放在坟墓里，这一切都是出于神特殊的安排，好让基督能够担当诞生、死亡以及神所交付他的其他职分。基督在复活的时候以肉身的样式被人看见（徒1∶3；参阅林前15∶5）、升天（徒1∶9；路24∶51；可16∶19），且最后在升天之后被司提反（徒7∶55）以及保罗（徒9∶3）看见。我们的敌人主张这是神为了同样的目的所安排的事，即为了让人看见神立他做天堂之王。⑤⑦难道这不就等于把马西昂从地狱里拉上来吗？⑤⑧因为若基督的身体有这样的存在状态，大家都不会怀疑，它不过是幽灵罢了。

又有人采用更狡猾的逃避方式：我们在圣餐中领受荣耀和永不死的

---

⑤⑥ 下文的第二十至第三十四节；"无所不在"在第二十九节。
⑤⑦ Ockham, *Centiloquium* 25, 28.
⑤⑧ Tertullian, *Against Marcion* III. 8（基督的身体被称为幽灵）(CSEL 47. 388 ff.; tr. ANF III. 327 f.); H. Grass, *op. cit., loc. cit.*

身体；所以，如果这身体在圣餐上同时在好几个不同的地方，又没有在任何的地方，或没有任何形状，这完全不足为怪。

那么我想问的是：在基督受难的前一天，他将怎样的身体交给他的门徒呢？难道他所说的话不能见证他交给他们的身体与他之后在十字架上献与神的是一样的吗？我们的敌人说基督之前在山上向他的三个门徒彰显自己的荣耀（太 17：2）。是的！然而他向他们彰显荣耀是要他们能够预尝身体永不死的状况。而且基督在那里没有双重的身体，同样乃是基督降世为人的身体，只是以新的荣耀装饰。但基督在第一次圣餐时将自己的身体分给使徒，在那时候基督即将担当人的忧患和神的击打（参阅赛 53：4），并蒙羞辱如麻风病人那般。他完全无意在当时向使徒彰显他复活的荣耀。如果基督的身体在这里看起来是必死和卑微的，但在另外的时候又似乎是不死和荣耀的身体的话，这就向马西昂敞开了大门。然而，若敌人的立场是对的，这竟然是天天发生的现象。因他们不得不承认基督的身体，虽然本身是可看见的，但被隐藏在饼的象征(59)底下时，又是看不见的。然而，那些公开地传扬如此可怕教导的人对自己的羞辱居然感到无愧，因我们不接受他们而恶毒地攻击我们。

18. 当我们抬头仰望天时，我们就晓得基督的同在*

[b]除此之外，他们若企图将主的身体、血附在饼和酒上面，两者必须是分开的。因就如饼和杯是个别交给人的，同样与饼所联合的身体以及装在杯子里的血也是分开的。因当他们宣称身体在饼里面，血在杯子里，而且饼和酒存在一定的距离时，他们无法逃避这个事实，即身体与血必须是分离的。

---

(59) 参阅下文的第二十九节。

他们通常采用的解释,即借着共存的原则,血在身体里面[60],身体同样也在血里面,这是非常荒唐的,因为这样包含它们的象征就是完全分开的。

但[e]就如这两个象征邀请我们归向整体的基督,只要我们的眼睛和心灵仰望天,在基督国度的荣耀中寻求他,[b]那么神将在饼的象征底下,以基督的身体喂养我们,我们也将在酒的象征底下,个别地喝基督的血,好让我们享受整体的基督。[a]因虽然基督已经将他的肉体从我们夺去了,且已经在肉身上升天,但他仍坐在父神的右边,即他在父神的大能、威严以及荣耀中做王,且这国度不受空间或任何东西的限制。因此,没有任何在天上或地上的事物能够拦阻基督随时随地发挥自己的大能。基督以他的大能大力彰显自己的同在,一直与他的百姓同在,吹生命之气在他们身上,并住在他们里面,保守他们、坚固他们、更新他们、保护他们,仿佛他仍然在肉身上与他们同在。[b]简言之,基督以他的身体喂养他的百姓,借着圣灵的大能让他们分享他的身体,[a]基督的身体和血在圣餐中就这样向我们彰显。

19. 我们如何解释基督在圣餐中的同在

[e(c)] 由此看来,我们不能把基督在圣餐[61]中的同在固定在饼的材料上,也不可把他包在饼中,[a]甚至不可在任何方面限制他[62](显然这些都会减损基督天上的荣耀);最终,我们不能减损基督的身量,或将基督的身体同时分到不同的地方,或视基督的身体无限庞大,甚至能延伸到整个天地。因为这一切与拥有真正的人性显然互相矛盾。我认为我们永远不能容许任何人使我们陷入这两个谬误里面:(1)我们不可在任何方面减损基督天上的荣耀。当我们说基督隐藏在可朽坏的物

---

[60] Aquinas, *Summa Theol.* III. 76, 1, 2.
[61] 参阅上文的第十一节注释30。
[62] 参阅 Hunter, *The Teaching of Calvin*, pp. 178-186; Grass, *op. cit.*, pp. 195-209。

质之下，或说基督受任何受造物的限制时，我们就是在减损他的荣耀。(2) 我们不可用任何与人性矛盾的特征描述基督的身体，譬如我们说他有无限的身体，或说他的身体能够同时被分到许多不同的地方去。当我们弃绝这些荒谬的理论之后，我乐意接受任何对领受基督的身体和血合乎圣经的解释，即神在这两个圣洁的象征上向我们彰显的真理。神不要我们仅仅靠想象和理解力了解圣餐，乃是要我们享受这永生的食物。

e(c) 除了撒旦以某种可怕的邪术迷惑人之外，世人毫无理由厌恶这教导，众人的成见也没有理由阻止对它的捍卫。我们的教导在各方面都合乎圣经，也不包括任何荒谬和模糊的话在内；这教导也不拒绝真正的敬虔和扎实的造就。简言之，我们的教导没有任何冒犯人的部分，只是在许多的时代中，诡辩家们的无知和野蛮在教会里面做王，且神的亮光和明确的真理极为遗憾地受压制。然而撒旦到目前为止仍以纷争的灵，尽力用各式各样的毁谤叫神的真理受玷污。事实上，魔鬼花费它最大的力量在这件事上。因此，我们必须为这真理更竭力地争辩。

20. 基督设立圣餐的言词

那么，在进一步的讨论之前，我们必须先探讨基督设立圣餐这件事本身，特别是因为这是我们仇敌看似最合理的反对：我们离开了基督的话。因此，为了证明他们对我们的侮辱是不应该的，我们最好先解释基督所说的话。三位福音书作者以及保罗都记载基督拿起饼来祝谢了，就掰开递给门徒说（太 26：26；参阅可 14：22；林前 11：24）："你们拿着吃，这是我的身体，为你们舍的。"（林前 11：24, Vg.）论到杯，马太和马可这样记载："这是我立约的血，为多人流出来，使罪得赦。"（太 26：28；可 14：24）然而保罗和路加这样说："这杯是用我的血所立的新约。"（林前 11：25, Vg.；参阅路 22：20）

为化质说辩护的人将"这"这代名词解释成饼的形状，因为基督的话的全部内容都作用在祝谢上，而且除了饼之外，它不可能指别的东西。[63][e(b)] 但他们若坚持在言词上这么挑剔[64]，基督既然见证他所递给他门徒的就是他的身体，他们的谬论显然与基督真正的含义截然不同，即从前的饼已经变成身体。基督宣告他拿在手中并递给门徒的就是他的身体，然而他所拿的是饼，那么谁能不明白他所拿起来的饼仍然是饼呢？因此，若说饼已经变为身体，再也没有比这更荒谬的话了。

又有人将"是"这个词解释为"将受变化"[65]，然而这是更为严重的曲解。因此，他们假装自己的解释纯粹来自这经文的言词是毫无根据的。因为在一切的国家以及语言中将"是"翻译成"改换成另一个东西"都是未曾听过的事。

至于那些主张饼的本质在圣餐中同在的人，他们当中有各式各样的解释。那些主张比较保守的人，虽然他们坚持按字面意义解释"这是我的身体"，但他们之后的解释没有那么严格，因为他们说这句话的含义是基督的身体与饼同在、在饼当中，以及在饼底下。[66]我已经提过他们的主张，且我在下面将更详细地解释。我现在谈的不过是言词，而且他们说基督所用的词不允许他们将饼视为身体，因为它不过是身体的象征。但他们若弃绝一切比喻意义的解释，他们为何离弃基督那么简单的话，而捏造自己各式各样的解释呢？[c]因为"饼是身体"与"身体与饼同在"有很大的不同。然而，这些人明白"饼是身体"是站不住脚的解释，所以他们捏造了这些词语来逃避问题。

另外还有一些人更大胆，他们毫不犹豫地宣称，实际上饼就是身

---

[63] Aquinas, *Summa Theol.* III. 78. 5.
[64] "*Verborum religio.*" 参阅上文的第十四节注释47。
[65] Bonaventura, *On the Sentences* IV. 8. Part 2, art. 1. qu. 1 (*Opera omnia* IV. 191).
[66] 这整句不是出自路德，而是为维利巴尔德·皮克海默（Willibald Pirckheimer）所引用；参阅 Köhler, *Zwingli und Luther* I. 236; OS V. 368。

体，并且以此证明自己是字意解经家。(67)若有人反对说这表示饼就是基督，因此就是神，他们的确会拒绝这推断，因为这不是基督明确所说的。但他们的反对对他们毫无帮助，因为没有人否认神在圣餐中将整个基督提供给我们。然而，按字面的意义说一种暂时、必朽坏的物质就是基督，是不可容忍的亵渎。那么我问他们这两句话的意思一样不一样："基督是神的儿子"和"饼是基督的身体"？他们若承认这两句话的意思不同（而且他们不得不承认这一点，即使是不得已的），请他们告诉我两者之间的差别在哪里？我想他们不得不说基督在圣礼的意义上将饼称为身体。(68)这就表示基督在这里的话是例外，而且我们因此不能纯粹用文法解释基督的意思。[e (b/a)] 我也想问一切刚硬地坚持以字意解经的人，当路加和保罗将主的杯称为"用我的血所立的新约"（路 22：20；林前 11：25），他们的意义是否与前面字句的意义一样："这是我的身体"？因为他们在两方面都是一样认真说的，而且既然越短越不清楚，更详细的解释会让我们更加明白。因此，不管他们有多么经常坚持以一个字来证明"饼"就是主的身体，我反而要用更多的圣经话语证明主在他的身上所立的新约。为什么呢？难道我们可以找到比保罗和路加更忠心以及更准确的解经家吗？

[e (b)] 但我不是在削弱我以上对基督将自己的身体交托给我们的教导。(69)我在此唯一的目的是要责备这些人愚昧的顽固，因他们经常在言词

(67) 加尔文在第二十至第三十四节中有许多地方心里想到的是汉堡的约阿希姆 · 威斯特弗（Joachim Westphal）引人争议的著作，他是路德宗人士里批评加尔文最激烈者。见威斯特弗反对加尔文的小册子清单，在 OS Ⅴ. Ⅺ和 Smits Ⅰ. 95。他的 *Justa defensio adversus insignia mendacia Joannis à Lasco*（Strasbourg，1557）处理的也是同一个主题。他这一派的人可被称为 literales，只看重字面而不重精意的人；参阅上文第十四节注释 47；*Last Admonition to Westphal*："*Utinam tam literati essent*，*quam literals appetunt*"（CR Ⅸ. 18；tr. Calvin，*Tracts* Ⅱ. 422）. 此处参考资料在 Westphal's *Farrago confusanearum et inter se dissidentium opinionum de coena domini*，*ex sacramentariorum libris digesta*（1552）E 4b；以及 *Justa defensio* 1 2b："*Dixit esse suum corpus panem quem dedit… jussit ergo edere non solum panem sed suum corpus*，" 参阅 Luther，*Babylonish Captivity of the Church*，*Preface*（*Werke* WA Ⅵ. 511；tr. *Works of Martin Luther* Ⅱ. 193）。

(68) Westphal，*De coena domini confession*（1558）B 8a；*Apologia confessionis*，pp. 30，31.

(69) 上文的第七节。

上激烈地争吵。根据保罗和路加的权威，我将饼解释为基督的身体，因他代表神在基督身上与我们所立的约。他们若想攻击这解释，他们不是在与我争辩，乃是在与圣灵争辩。[b]不管他们多大声地吼叫说他们敬畏基督的话，因此不敢用比喻的意义解释基督清楚的教导，这理由仍不能胜过我们反驳他们的一切证据。

[e(b)] 然而我们同时必须明白以基督的身体和血所立新约的性质如何。因为这与基督的死所批准的盟约有关，除非我们借基督的死得以进入那使我们与基督联合的隐秘相交，否则这盟约对我们毫无益处。

21. 对这些决定性的话的隐喻解释

[e(b)] 所以，根据象征与它们所代表的真理之间的关系，我们必须承认真理的名被赋予代表真理的象征——当然是隐喻的方式——然而象征与真理仍具有非常恰当的类比关系。[b]我拒绝用寓意（allegories）和比喻（parables）来解释我的意思，免得有人指控我逃避现实或转换话题。

[e(b)] 我主张基督的这话是转喻（metonymy）。圣经的作者在讨论奥秘时经常采用这种说话的方式。[b]不然我们无法理解类似的话："我的约就立在你们肉体上"（创 17：13）、羊羔"是耶和华的逾越节"（出 12：11）、"若不流血，罪就不得赦免了"（利 17：11；来 9：22），以及"那磐石就是基督"（出 17：6；林前 10：4）。[e(b)] 除非我们把这些话解释为转喻，否则它们完全没有意义。不但某种更高事物的名被赋予某种更低的事物，另一方面圣经有时也将可见象征的名归给它所代表的真理，[e]譬如圣经记载神在荆棘丛中向摩西显现（出 3：2）；约柜被称为神以及神的面（诗 84：8；诗 42：3）；(70)鸽子也被叫作圣灵（太 3：16）。[b]虽然在本质上象征与它所代表的真理不同（因为后者是属灵以及属天的，但前者则是物质以及可见的），然而，因为象征不只是被用来代表真理的毫无内容的空洞

(70) 参阅 Comm. Ps. 84. 8。

象征符号,而且彰显它所代表的真理,所以它的名为何不可以真正属于它所代表的真理呢?人所设计的象征,既然代表不在的东西,而不是彰显在场的东西(而且常常是错误地代表),但它们有时也光荣地被叫作它们所代表的事物,同样地,神有更大的理由让他所设立的圣礼借用那些含义一直很确定、不会误导人的事物之名,并赋予它们实质。^{e(b)}两者彼此的相似接近到从象征到真理换来换去并不困难。

所以我希望我们的敌人不再称我们为譬喻派解经家(tropists),[71]因为这是很大的羞辱。我们已经以圣经一般的教导解释圣礼上的言辞。^b因为圣礼有多方面的共同点,且转喻是其中之一。因此,就如使徒保罗教导那给以色列人流出灵水的磐石就是基督(林前10:4)——因为以色列人能够从这可见的象征底下了解那灵水,虽然灵水本身是看不见的——同样现今基督的身体被称为饼,因为主借这象征让我们真实地吃他的身体。

^c请不要藐视我的观点,将它视为我自己所捏造的新观念,因为奥古斯丁的立场与我的一模一样,他说:"若圣礼没有与它们所见证的真理相似的地方,它们就不是圣礼。此外,它们因这共同点经常也取了它们所代表之真理的名。因此,就如在某种意义上,基督身体的圣礼就是基督的身体,基督之血的圣礼就是基督的血,同样信心的圣礼就是信心。"在奥古斯丁的作品里有许多类似的话,我们引用这一段就够了,^e但我想告诉读者们,这敬虔的人在他写给埃伏第乌斯(Evodius)的信中也有同样的教导。若有人说:"虽然奥古斯丁教导圣经谈到圣礼时,转喻是普遍的现象,但他没有提到圣餐",这是毫无意义的托词。因为我们若接受这托词,就不能从普遍推到具体。但根据这理论,以下的推论是无效的:每一种动物都有行动,因此牛和马也有行动。然而,奥古斯丁的另一句话使我们没有必要再多费口舌。他说:当基督给我们那代表他身体的

---

[71] Westphal, *Apologia confessionis*, p. 58.

象征时，他毫不犹豫地称它为自己的身体。他又说："基督是何等的忍耐，因为当基督设立圣餐，将他的身体和血的象征赐给门徒时，也接纳犹大。"(72)

22. "是"这个词

e (b/a) 但若一个顽固的、除了自己的立场之外什么都看不见的人，坚持"这是我的身体"中的"这是"(73)，仿佛这两个字使圣餐的奥秘与所有其他奥秘区分开来，我们的回答很简单。他们说这里的实存动词(74)（substantive verb）强烈到不可理解为比喻。但我们若接受这观点，确实，保罗在《哥林多前书》也在圣餐的教导上用这实存动词，他说："饼……是同领(75)基督的身体。"（林前 10：16）然而同领身体与身体本身是不同的。

事实上，旧约的作者在讨论圣礼时，用几乎一模一样的说法："我的约就立在你们的肉体上"（创 17：13 p.）；羊羔"是耶和华的逾越节"(76)（出 12：11；参阅 12：43）。简言之，当保罗说"那磐石就是基督"（林前 10：4）时，他们为何承认这里的实存动词没有基督所采用的强烈呢？约翰说："那时还没赐下圣灵来，因为耶稣尚未得着荣耀。"（约 7：39，参阅 Vg.）请他们也解释一下，这里的实存动词是什么含义呢？因他们若前后一致地照自己的原则解经，他们必须在这里否定圣灵的永恒性，而说直到基督升天的时候，圣灵都没有存在。我也要请他们解释保罗关于洗礼

(72) Augustine, *Letters* 98.9；169.2.9（MPL 33.364，746；tr. FC 18.137；30.18）；*Against Adimantus* 12.3（MPL 42.144）；*Psalms*, Ps. 3：1（MPL 36.73；tr. NPNF Ⅷ.5）.

(73) "*HOC EST*"（这是），这里所攻击的正是路德常用的表述，参阅 *Vom Anbeten des Sacraments des heiligen Leichnams Christi*（1523）（*Werke* WA Ⅺ.343-437）及一些被普拉斯（E. M. Plass）在 *What Luther Says*, nos. 2487-2490 所引的段落。由 Magdeburg 教会的牧师和传道人在 1550 年出版的 *Confessio et apologia* 中使用这样的词语："*suum verum corpus sub pane edendum, sanguinem bibendum sub vino*", C 4b。

(74) "*Verbi substantive*". 翻译是基于 S. W. Huston 的注释以及麦奎肯（G. MacCracken）的评论。参阅 M. A. Pei and F. Gaynor, *A Dictionary of Linguistics*, "*substantive verb*"。

(75) "*κοινωνίαν*".

(76) 原文有 *Pesach*，希伯来文是פֶּסַח。

的这话："重生的洗和圣灵的更新"（多 3：5），因我们知道并不是每一位受洗的人都重生。

然而，我们最有说服力的证据是保罗的另一句话："肢体虽多，仍是一个身体。"（林前 12：12）当保罗将教会比喻成人的身体之后，他接着说："基督也是这样"（*ibid.*）；他在这里并没有提到神的独生子本身，乃是说基督在他的肢体里面。

我相信到目前为止我已经充分地证明我的观点，即对理智和正直的人而言，我们仇敌的诽谤是可憎恶的。他们声称我们轻视基督的话，虽然我们以顺服的心接受他的话，并比他们更敬畏基督的话。事实上，他们轻易的迷信表示他们不那么在乎基督的意思，只要他的话能支持他们顽固的观点即可。因此，我们对这问题的考察应该能见证我们多么重视基督的权威。

他们极为可恶地夸口说，人的感觉不允许我们相信基督圣洁之口所说的话，但我上面的解释已经证明这对我们的指责极为不公平，而且我下面将进一步地证明这一点。没有任何东西拦阻我们相信基督亲口说的话，或在他吩咐我们时立刻就顺服，唯一的问题是我们考察基督所说的话的真正意思是不是罪行。

23. 完全按照字意来解经是不可能的

[e]这些了不起的专家，喜欢显出文字专家的样子，禁止我们稍微偏离字面意义的解经方式。(77)相反地，圣经称神为"战士"（出 15：3），但我认为除非解释这词组，否则这个意思太粗糙。我毫不怀疑这是从人的经验而来的描述方式。

古代的神人同形论者（Anthropomorphites）以同样的立场攻击正统

(77) "*Vetant… ut literati appareant*, *vel tantillum a litera discedere.*" 在这句双关语中，加尔文强调他在第十四节和第二十节中的立场。参阅第二十节注释 68。在下一句话中，他阐述他不受字面主义限制。

派的教父，他们紧紧地抓住这些话："神的眼睛时常看顾"（申 11：12；王上 8：29；伯 7：8，等等）；"这声音达到了耶和华的耳中"（民 11：18；撒下 22：7；王下 19：28，等等）；"他的手伸出"（赛 5：25，23：11；耶 1：9，6：12，等等）；"地是我的脚凳"（赛 66：1；太 5：35；徒 7：49）。这些人常常喊叫说：圣经归于神的身体，正统派教父却将它夺去。(78)人一旦接受这原则，某种全然野蛮的东西将会湮没信仰之光。只要我们允许这些狂热分子随便利用圣经上的每一小点来支持自己的立场，他们会造出何等可怕的谬论！

他们反对说：当基督为了安慰众门徒设立这圣礼时，他不太可能用某种模糊或比喻意义的方式与他们说话。但这句话反而支持我们的立场，因若使徒在心里没有明白饼是在比喻的意义上被称为身体，因它是身体的象征，那他们必定感到非常困惑。约翰刚好在那个时候记载众使徒对某些小问题感到迷惑和困苦。他们彼此争辩关于基督将如何到父神那里去，并且问基督他将怎样离开世界，他们根本不明白基督所说的天父，还求基督将父显给他们看（约 14：5—8；16：17）。那么，他们怎能立刻相信一切理智的人必定拒绝的话呢？基督虽然在他们的眼前与他们一同坐席，然而看不见的基督被隐藏在饼底下。他们既然立刻、毫不犹豫地用餐，就证明他们对基督教导的观念和我们一样。因为他们明白象征物所代表之东西的名称被转到象征对象上，这对圣礼而言不足为怪。因此这圣礼对当时的门徒，就如对现今的门徒一样，成为他们明确和确实的慰藉，而不是某种模糊不清的慰藉。唯一拒绝这解释的理由是这些人被魔鬼弄瞎心眼，以至于为自己编造一些黑暗的谜团，而不接受对这鲜明比喻的清楚解释。

此外，我们若严格拘泥于字句，那么关于饼所说的和关于杯所说的

---

(78) 伊比芬尼攻击神人同形论者（或称 Audianites），他们按字面引用《创世记》1：26 和其他加尔文所引的经文：*Panarion sive arcula adversus octoginta haereses* 70. 2. 4（GCS 37. 234；MPG 42. 341）；参阅 Theodoret，*Ecclesiastical History* Ⅳ. 10（ed. T. Gaisford，p. 316 f.；GCS 19. 228；tr. NPNF [sec. 9] 2 ser. Ⅱ. 114）。参阅Ⅰ. 13. 1，注释 4。值得注意的是，加尔文视这些字面主义者为摧毁信仰的危险野蛮主义。

就不一致。他称饼为身体，称酒为血。这要不是迷惑、重复的话，就是将身体和血分开。因为对杯说"这是我的身体"与对饼说是一样合理的；相反，我们也能一样合理地说饼是他的血。他们若回答说：我们必须了解基督选择这两个象征的目的。我完全同意！然而，不管他们怎么说，他们无法逃避得出这谬论，即饼就是血以及酒就是身体。

当他们承认饼和身体是两回事[79]却同时说前者在字面的意义上等于后者，这等于说衣服与人不同，但将衣服叫作人是恰当的。此外，他们仿佛认为得胜取决于顽固和谩骂，他们说，若用比喻的意义解释这话，等于把基督当作说谎者。

当我们充分地证明敌人疯狂地曲解这经文，而我们的解释是信实和正确的之后，读者们就很容易能够明白，这些吹毛求疵的人[80]企图让那些单纯的人相信我们轻视基督的话，这是多么不公正！

24. 反驳敌人的指控，即我们的解释是来自理性

然而，直到我们反驳敌人对我们的另一个指控，他们所加在我们身上的羞辱不会被消除。他们骄傲地说我们被人的理性辖制，以致将神的大能局限于大自然和人的常识所允许的范围。[81]为了反驳这邪恶的诽谤，我要诉诸以上的教导。因为我的教导十分清楚地证明，我一点都不用人的理性衡量这奥秘，或将之局限于大自然的规律。请问：难道物理学教导我们基督用自己的肉从天上喂养我们的灵魂，却用饼和酒滋养我们的身体？这更新灵魂之大能怎能来自肉体呢？所有的人都会承认这并不是自然现象。那么人的理性也一样会拒绝基督的肉体进入到身体里面做我们的食物。简言之，任何受过我们教导的人都会大大地赞扬神隐秘的大能。

---

[79] Westphal, *De coena domini confessio* B 6b-8a; *Apologia confessionis*, pp. 26, 29-31, 38-43, 58. 也请参阅 Luther, *Vom Abendmahl Christi Bekenntnis* (Werke WA XXXI. 298 f.; tr. Plass, *What Luther Says*, no. 2492)。

[80] 参阅上文的第十四节注释47。

[81] Westphal, *Collectanea sententiarum... Augustini... de coena domini* (1555) F 2ab, F 5b.

但当这些狂热分子所捏造的神迹离开人之后，神和他的大能也同时离人而去。

我再一次劝诸位认真地思考我们这教义的性质：它是依靠人的常识，还是靠着信心的翅膀胜过世界而升到天上？我们教导：基督既借着外在的象征，又借着他的圣灵临到我们身上，好让他身体和血的本质真正地更新我们的灵魂。若任何人不了解这几句话包含许多神迹，他就是愚不可及。因为若说灵魂从来源于地上且最后受死的身体取得属灵和天上的生命，没有比这更超自然的事。有天壤之别[82]的这两回事之所以能够有彼此的关系，甚至能够彼此联合，使灵魂从基督的身体得蒙滋养，没有比这更不可思议的事。^{e(a)} 所以，你们这群邪恶的人不要再以自己污秽的谎言，即我们恶劣地企图以某种方式限制神无限的大能，来引起别人对我们的恨恶。因我们的仇敌是在误会我们的意思，或在睁眼说瞎话。

^a因为在这里的问题并不是神能够做什么，乃是他喜悦做什么。我们坚持说神照自己的美意成就了他所喜悦的事。然而神喜悦基督在凡事上与我们一样，只是他没有犯罪（来4：15；参阅2：17）。那么我们肉体的性质如何呢？难道它没有固定的面积和形体？它不是受空间的限制、能够被触摸和看见吗？我们的敌人说：那么为何神不能让这肉体同时在许多不同的地方出现，完全不受空间的限制，并因此成为没有大小和形状的事物？疯狂的人啊！你为何要求神的大能叫肉体同时做和不做肉体呢？这就如你坚持神让光明同时做光和黑暗，但神反而喜悦光做光，黑暗做黑暗，以及肉体做肉体。的确，只要神喜悦，他就能叫黑暗成为光明，叫光明成为黑暗；然而，当你要求光明和黑暗没有两样时，难道这不就是在推翻神智慧的秩序吗？[83] 因此肉体必须做肉体、灵必须做灵，各样都

---

[82] "*Res toto caeli et terrae spatio dissitas ac remotas, in tanta locorum distantia… uniri.*" 参阅以下的第二十八节；"*locorum… distantia procul dissitos.*" 加尔文对于基督身体同在这个奥秘的强烈感受，因着思想天地之间浩瀚的距离而更加深。参阅上文的第十节注释27。另一个重点请参阅Ⅲ.20.40。

[83] 参阅 Comm. Ps. 139：12。

在神所为他设立的光景之下。但肉体的性质决定他必须占固定的位置，也必须拥有固定的大小以及形状，基督就在这情况之下取了人的肉体。根据奥古斯丁所说，基督将不朽坏和荣耀赏赐给肉体，并没有夺去肉体的性质和真理。[84]

25. 人需要了解和解释神的道

ᵉ他们宣称自己拥有神的旨意得以清楚彰显的道。[85]就是说，只要我们容许他们从教会里除掉解经的恩赐（林前12：10），因为这恩赐叫人明白真道。

我承认他们有道理，但他们的道理反而是神人同形说者的道理，[86]他们在古时候教导神有身体。或者是他们的道理可能是摩尼教徒或马西昂的道理，他们主张基督拥有天上或幽灵式的身体，他们也引用圣经支持这观点："头一个人是出于地，乃属土；第二个人是出于天"（林前15：47），以及"反倒虚己，取了奴仆的形象，成为人的样式"（腓2：7）。[87]

但这些老饕居然认为，除非他们自己所捏造的怪物推翻整个自然的秩序，否则神的大能无法存在。然而，企图用自己的捏造解释神的作为，等于限制神。因为他们从神的哪一句话推断基督的身体在天上是可见的，却在地上隐藏在无数饼屑的底下，反而是看不见的呢？他们说神若在圣餐中赏赐我们基督的身体，这解释是必需的。它之所以是必需的，是因为他们出于自己的成见，从基督所说的话中推断出物质的吃法，尽管这狡猾的解释违背整本圣经的教导！

然而，他们对我们的指控，即我们的解释削弱神的大能，是完全错误的；我们的教导反而大大地颂赞神的大能。但他们不断地指控我们窃取神

---

[84] Augustine, *Letters* 187. 3. 10 (MPL 33. 835 f.; tr. FC 30. 228 f.).
[85] Westphal, *Apologia confessionis*, p. 210.
[86] 参阅上文的第二十三节注释78。
[87] 参阅上文的第十七节注释58，并 Augustine, *Against Faustus the Manichee* XXIV. 1；VII (MPL42. 473, 115; tr. NPNF IV. 317, 174).

的尊荣，因为我们拒绝人的常识所不容易相信的道理，虽然这道理是基督亲口给我们的应许。我给他们和上面同样的答复，即在信仰上，奥秘中的常识并不是我们的教师，我们反而当以安静、受教以及温柔的心（就是使徒雅各所称赞的心）（雅1:21）接受那从天上来的教义。

在他们犯致命错误的地方，我相信我们所持守的温和观点是正确的。当他们听到基督的话："这是我的身体"时，他们幻想某种基督根本不想教导的神迹。又当他们从这幻想中推论出一些污秽的谬论（因为他们已经被辖制在这陷阱里面）时，他们就陷入利用神的无所不能（这深奥的教义）熄灭真理之光的深渊。这就产生他们极为骄傲的严谨："我们不想知道基督如何被隐藏在饼底下，我们只要相信'这是我的身体'这句话就够了。"至于我们，我们要尽量以顺服的心努力地考察这经文，为了明白它的含义，就如其他圣经的经文一样。我们也尽量避免以败坏的热忱毫无分辨、轻率地相信我们的最初想法。我们反而在努力地默想之后，接受神的灵所提供给我们的含义。我们以这含义为基础，从这高处观看一切属世的智慧所用来抵挡这真理的诡计。事实上，我们保守自己的心，免得他们散发出任何抗议的话；我们也谦卑自己的心，免得违背神的意思。这就是我们对基督话语之解释的来源。且一切对圣经有一般了解的人都知道这些惯常的用法对于各种圣礼是共同的。我们也效法那敬虔童女的榜样，相信我们若在不容易了解的事情上想知道主的意思，这并不是我们的罪（路1:34）。

26. 基督的身体在天堂

ᵉ然而，我们之所以深信没有任何事情比确信我们所教导的教义纯粹来自神的真道，并仰望这真道的权威更能够造就敬虔之人的信心，我打算用最简洁的方式清楚地教导这真理。并不是亚里士多德，乃是圣灵亲自教导基督的身体在复活之后是有限的，[88]并且居住在天堂，直到世界末日（参

---

[88] 参阅 Westphal, *Apologia confessionis*, pp. 8, 191 ff.。

阅徒 3∶21）。我也并非不晓得我们的敌人极为狡猾地避免解释、证明这真理的经文。虽然基督说他即将往父那里去（约 14∶12、28，16∶7），离开世界（约 16∶28），但他们的解释是：这种离开不过是指基督身体的形态将会改变。[89]然而根据这理论，基督不会如他们所说取代圣灵，来为他们提供他不在所带来的缺失，因为圣灵不是接续他的位置；这理论也否定基督将会从天上的荣耀中再次降世住在地球上。的确，圣灵的降临和基督的升天形成强烈的对比；因此，基督按肉体与我们同住，和圣灵与我们同住的方式不可能一样。

除此之外，基督明确地宣告他不会与门徒永远一同住在世界上（太 26∶11；约 12∶8）。我们的敌人也深信这经文对他们的立场没有任何威胁。其解释是：基督指的是他不会一直在世上做穷困、可怜的人，或一直受这暂时生命的限制。[90]但这经文的上下文与这解释有极大的冲突，因为它指的不是缺乏和贫穷的问题，也不是地上生活可怜的问题，而是敬拜和尊荣的问题。门徒反对妇女将香膏浇在基督身上，因为他们认为这是没有意义甚至奢侈的行为；因此，他们宁愿将香膏卖钱周济穷人，也不要浪费在基督的身上。基督的答案表示他不能永远在他们当中受这么大的尊荣（太 26∶8—11）。

e(c) 奥古斯丁的解释与我们的一样：c"当基督说'你们不常有我'时，他指的是他身体的同在。至于基督的威严、他的护理，以及他的奇妙和看不见的恩典，他成就了他赐给他门徒的应许：'我就常与你们同在，直到世界的末了。'（太 28∶20，Vg.）至于道所取的肉身，他是童贞女生的，他被犹太人逮捕，被钉在十字架上，从十字架上被放下来，用细麻布包好，被放在坟墓里，在复活之后彰显自己。'你们不常有我'。为什么呢？因为就他肉身的同在而言，他只与自己的门徒团契了四十

---

[89] Westphal, *op. cit.*, pp. 271 ff.
[90] Westphal, *op. cit.*, pp. 273 f.

天，且在门徒跟随他的时候，他们虽然没有与主一起升天，却仍然亲眼看到他上去了（徒 1 : 3、9）。‘他不在这里’（可 16 : 6，Vg.），因他坐在父神的右边（可 16 : 19）。然而基督仍与我们同在，因他威严的同在未曾离开我们（来 1 : 3）。就基督威严的同在而言，我们总是有他；但就他肉身的同在而言，‘你们不常有我’（太 26 : 11）是对的。因为就基督肉身的同在而言，教会只拥有几天之久而已。教会现在借着信心拥有基督，虽然我们的肉眼无法看到他。”(91)

我在此简洁地指出奥古斯丁的立场。他说基督在三方面仍与我们同在：在威严、护理，以及他奇妙的恩典上。基督借着肉身和血与我们的联合包括在恩典之下，只要我们明白这联合是圣灵所产生的，而不表示在圣餐中基督的身体隐藏在饼底下。事实上，主见证他的肉和骨头是可摸和可见的（约 20 : 27）。

此外，“去”以及“离开”并不表示基督假装升天而离开，乃表示他如其所言真的离开他们。或许有人会说：难道我们应当相信基督在天堂固定的地方吗？我的答复与奥古斯丁的一样，即这是过于好奇以及没有必要问的问题，我们相信基督在天堂就够了。(92)

27. 对以上的问题而言，基督升天有何意义？

[e]但我们为何经常重复地采用“升天”这个词呢？这个词是否表示基督从一个地方去另外一个地方呢？他们否认！对他们而言，“升”这个词不过表示基督统治的威严。但基督升天的方式如何呢？难道基督不是在门徒的眼前升到天上去的吗？难道福音书作者不是十分清楚地记载基督被接到天上去吗？（徒 1 : 9；可 16 : 19；路 24 : 51）这些机智的诡辩家们

---

(91) Augustine, *John's Gospel* 1. 13 (MPL 35. 1763; tr. NPNF VII. 282).

(92) 翻译受法文版（VG）的影响：“*Moyennant que nous croyons qu'il est au ciel, c'est assez*”。奥古斯丁明确地认为“一个属地的身体被带到天堂了”，但是若要问去天堂的哪里，就是“无益的好奇”。Augustine, *Faith and the Creed* 6. 13 (MPL 40. 188; tr. LCC VI. 360).

的答案是：基督被云彩接去是为了教导信徒，他在世上不会再被他们看见了。仿佛为了使我们确信他看不见的同在，基督反而不应当忽然消失，或在他的脚在地上未动之前，云彩不应当把他接上去！但当基督上升并借着在他底下的云彩（徒 1∶9）教导我们：他在世上不再能够被看见时，我们能够正确地推论基督现在的住处是天堂，就如保罗的教导一样。保罗也劝我们等候基督将从天上降临（腓 3∶20）。这就是为何天使告诉基督的门徒：他们站着望天是徒然的，因为离开他们被接升天的耶稣，将会照他往天上去的方式，再次降临（徒 1∶11）。

反对正统教义的人，也在此采用他们以为极机智的逃避方式：基督当时没有离开世界，反而继续住在他的选民当中，虽然是看不见的，且将来会以某种能看见的方式[93]再次降临。仿佛当时的天使表示基督有双重的同在，而不是直接叫门徒亲眼看见基督的升天，好让他们确信这事实！仿佛他们说：基督在你们的眼前被接上天，好得到他在天上的国度；所以你们要耐心地等候他再来审判这世界。因基督升天并不是要一个人拥有天国，乃是要接你们以及众敬虔的人到他那里去。

28. 奥古斯丁的见证

e(c) 然而，既然为这错误的教义辩护的人竟敢说他们的谬论受古代神学家们，尤其是奥古斯丁[94]的支持，我现在要简洁地指出他们的邪恶企图。因为他们的证据出自博学和敬虔之人，[95]所以我劝读者阅读这资料

---

[93] Westphal, *Fides Cyrilli de praesentia corporis* (1555); *Collectanea sententiarum... Augustini* (1555); *De coena domini confessio* (1558) C 4b ff., 被引用来支持这个意见, OS V. 380.（关于威斯特弗的小册子，若要找比这些注释更详尽的资料，见 OS. V. 369-395。）

[94] 这里所指的是威斯特弗所收集关于奥古斯丁论述圣礼的段落, *Collectanea sententiarum... Augustini* (1555) 以及威斯特弗在其作品其他地方所引奥古斯丁的文字。

[95] 在回答提尔门·贺须斯（Tilemann Heshus）所写的 *Clear Explanation of Sound Doctrine Concerning the True Participation of the Flesh and Blood of Christ in the Lord's Supper* (*Dilucida explicatio*, etc., 1561) 中，加尔文提到 Oecolampadius, Bullinger 和 Peter Martyr（"他们没有留下什么需要我们再去做的"）的著作时深表赞同，其中引用了教父们对这个主题的论述（CR Ⅸ. 490；Calvin, *Tracts* Ⅱ. 535；LCC ⅩⅩⅡ. 292.）。

而做自己的结论。我甚至也不想引用奥古斯丁对这教义的教导，只要引用他的几句话证明他的立场与我们的完全一致即可。(96)

[e]我们的仇敌为了证明奥古斯丁的立场与我们的不同，假装奥古斯丁在自己的作品中，经常教导信徒在领圣餐时，吃那从前一次被钉在十字架上之祭物的肉体和血。这是非常荒谬的，因奥古斯丁也将之称为祝谢礼（感恩）或身体的圣礼。然而我们无须采用费时、费力的方式，来明白他对"肉"以及"血"的教导，因为他亲自解释过他自己的意思。他说圣礼的名字是因它们所代表的真理而取的；因此，在某种意义上，身体的圣礼就是身体。奥古斯丁说："当主给我们这象征时，他毫不犹豫地说：'这是我的身体。'"

然而，他们又反对说：奥古斯丁明确地教导基督的身体掉在地上，并进入信徒的嘴巴里。他说这话的意思，的确与他宣称基督的身体被吞吃一样，因为他将这两句话放在一起。他说这奥秘被完成之后饼被吃了与上面的教导并不冲突，因为他在上面说："这些事情是人所知道的，当它们被人行出来时，我们可以将它们视为圣洁之事而尊荣它们，然而不应当将它们视为神迹。"

我们的敌人太轻率的另一个教导也有同样的含义，即当基督将那神秘的饼提供给门徒时，他在某种意义上将自己的身体拿在自己的手中。因为当奥古斯丁说"在某种意义上"时，他宣称基督并不是真正隐藏在饼底下。难怪！因为他在别处公开地教导：若身体没有固定的地点，他

(96) "*Totum esse nostrum*"，参阅英译本导言，pp. 57 ff.，above；Smits I. 271。在这一节中所引许多奥古斯丁的文字，Smits 列于II. 54，较不完整的列于 OS V. 381-384。其中包括：City of God XXII. 7 (MPL 41. 759；tr. NPNF II. 484)；*Psalms*，Ps. 26. 2. 11；46. 7；33. 1. 10；2. 2 (MPL 36. 205，528，306，308；tr. LF *Psalms* I. 176；II [Ps. 47]. 280 f.；I [Ps. 34] 250)；*John's Gospel* 13. 11；1. 12，13；92. 1；102. 6；106. 2；107. 4；tr. NPNF VII. 90，282，362，391，399，403；*Confessions* IX. 13. 36 (MPL 32. 778；tr. LCC VII. 200)；*Letters* 44. 5，10；98. 9；54. 6，8；187. 6，18，3，10，13，41 (MPL 33. 178，364，203，838，835 f.，848；tr. FC 12. 215，257 f.；18. 137；30. 234 f.，228 f.，254 f.)。*On the Trinity* III. 4. 10；III. 10. 19，20 (MPL 42. 873，880；tr. NPNF III. 59，63 f.)。大部分的段落是被威斯特弗在 *Collectanea* 所引的 B 3a-G 3b（以及之前被 Oecolampadius、Bullinger 及 Peter Martyr 所引的）。参阅 Westphal，*Apologia confessionis*，pp. 228 f.，237，250-255。

就不可能在任何地方，且身体既因不在任何地方，就绝对不存在。我们的敌人反对说：奥古斯丁的这话并不是指圣餐说的，因为神在圣餐中运行特殊的能力，但这反对一点说服力都没有。因当他被问及关于基督之肉体时，这敬虔的人回答说：ᵉ⁽ᶜ⁾"基督赏赐自己的肉体永生，ᶜ但他却没有夺去肉体原来的性质。我们不应当误以为到处都有基督的肉体，因为我们应当谨慎，免得我们一方面承认基督的人性，却在另一方面否定基督的身体是真实的。并且我们不能推断说在神里面的一切必定无所不在，就如神自己无所不在。"ᶜ他接下来告诉我们原因："因为同一个位格既是神又是人，而且两者都是一位基督。基督既是神，是无所不在的，就居住在天堂。"若奥古斯丁相信圣餐对这原则是例外而没有说出来，那是非常愚拙的，因为圣餐是很重要的教义。事实上，任何读者若留意奥古斯丁以下所说的话，他会发现奥古斯丁将圣餐包括在这大原则之下。因为他说基督（神的独生子和人子）既因是神，所以无所不在；基督是那住在神圣殿（即教会）里的神，他既因有身体，就住在天堂固定的地方。由此可见，神没有将基督在天堂的身体取出来，好使基督与教会联合。但若基督的身体被隐藏在饼底下才真是我们的饮食，神必定这么做。

奥古斯丁在别处解释信徒如何拥有基督，他说："你们借着十字架的记号，借着洗礼，并借着圣餐的饼和杯拥有基督。"我不是在此讨论奥古斯丁把一种迷信包括在那些代表基督与我们同在的象征之内是多么正确的事。然而，当他将基督肉体的同在与十字架的记号互相比较时，他充分地证明，他不相信基督有两个不同的身体，以至于那位坐在天堂可见的基督，同时也能被隐藏在圣餐的饼底下。而且他接下来更清楚地解释说："就威严的同在而论，我们总是有基督；就肉体与我们同在而论，基督正确地说：'你们不常有我'。"（太 26∶11，参阅 Vg.）

我们的敌人反对奥古斯丁立刻接着的说法："就基督测不透、不能看见的恩典而论，基督所说的话将得以应验：'我常与你们同在，直到世界的末了'（太28：20，Vg.）。"然而这句话并无支持他们的任何意思，毕竟这句话局限在基督的威严里，而且他的威严总是与他的身体相对的，且肉体也总是与恩典和大能相对的。奥古斯丁在另一处也做了同样的对比："基督停止在肉体上与门徒同在，是为了要借着自己的灵开始与他们同在。他在这里清楚地分辨肉体的本质与圣灵的大能，因为就肉体而论，我们在空间上与基督相隔甚远，然而我们借着圣灵反而与他联合。"[c(c)] 他经常用类似的说法教导同样的真理，譬如，根据信仰和正统教义的法则，基督将以肉身再次降临到活人和死人中间。[e]因为他的圣灵也将会降临在他们身上，且基督借着这圣灵将与整个地上的教会同在，直到世界的末了。"（太28：20；参阅约17：12）所以，他所说的这话是针对基督在他肉体的同在时已经开始拯救的信徒。基督在肉身上将离开他们，好让他能够借着自己的灵保守他们与父神的关系。我们若用"可看见"解释"肉体"的同在，就站不住脚！因为奥古斯丁将身体与神的大能做对比。当奥古斯丁加上"保守他们与父神的关系"时，他明确地教导：神借着圣灵，将自己的恩典从天上浇灌到我们身上。

29. 基督的身体是真实的

[e]既然他们总想躲在基督看不见的同在的托词里，我们就要看看他们如何在这教义上逃避现实。

首先，他们无法引用圣经上的任何经文证明基督是看不见的。他们反而将任何理智的人都不会相信的事情视为事实，即除非基督的身体被隐藏在饼的外壳底下，否则神无法在圣餐中提供我们基督的身体。这正是我们反对他们的地方，它远远不能成为一个原则！

而且他们不得不承认这胡说表示他们相信基督有双重的身体。因为对他们而言，基督在天上的身体是可看见的，但借着某种特殊的安排，基督在圣餐中的身体是看不见的。然而我们只要参考其他的经文，特别是彼得的见证，就能晓得他们的立场前后多么不一致。彼得说："天必留他，等到万物复兴的时候。"（徒3∶21）然而这些人反而教导：基督在空间中无所不在，却没有形体。他们反对说：强迫基督荣耀的身体伏在大自然的规律之下是不对的。

然而，这答案带有塞尔维特荒唐的立场在内（而且对一切敬虔的人而言，这立场是可憎恶的），即基督的人性被他的神性所吞吃。[97]我并不是说他们这样认为，但若以某种看不见的方式充满万有是已得荣耀的身体的恩赐，那么，显然身体的本质已经消失了，且神性和人性已经没有两样了。

而且若基督的身体有各种形状和样式，导致他能够在一个地方被人看见，在另一个地方却完全看不见，那么身体的性质何在？因为身体有大小。他的统一性又何在呢？德尔图良更为正确地教导说：基督的身体是真的，也是自然的，因为神在圣餐中将这身体的象征摆在我们眼前，作为属灵生命的凭据和确据。[98]e(a) 而且基督自己这样描述已得荣耀的身体："摸我看看！魂无骨无肉。"（路24∶39，参阅 Vg.）注意！基督在此亲口证明他有肉体，因为他能够被触摸和看见，但若不是这样，他就没有肉体了。

e 我们的仇敌总是躲在自己所捏造的教规里。但我们应该相信基督绝对的宣告，好让我们毫不例外地珍惜基督的教导。基督证明他绝不是幽灵，因为他有可看见的肉体。我们若不相信基督对他身体的描述，难道我们不就是要对身体下一个新的定义吗？

e(a) 然而，我们的敌人不管怎样逃避，他们所捏造的教规与保罗的教导有明显的冲突。保罗说："我们等候救主……他要将我们这卑贱的身体改变形状，和他荣耀的身体相似。"（腓3∶20—21）我们不应当盼望自己将有他们所描述的基督的那种身体，即每一个人都有看不见和无限的身

---

[97] Servetus, *Christianismi restitutio*, 17th epistle, p. 620; CR VIII. 681 f.；参阅 II. 14. 8。
[98] Tertullian, *Against Marcion* IV. 40：*"Hoc est corpus meum, id est, figura corporis mei. Figura autem non fuisse nisi veritatis esset corpus."* 这整章是相关的（CSEL 47. 559；CCL Tertullianus I. 656；tr. ANF III. 418.）。

体。他们绝对找不到任何迟钝到愿意相信这么荒谬教导的人。所以，他们千万不可这样描述基督得荣耀的身体，他同时临在许多不同的地方，并且不被局限于任何空间。简言之，让他们要么否定肉体的复活，要么接受当基督穿戴天上的荣耀时，他并没有脱弃自己的肉体，而是将让我们在自己的肉身上，与他同得一样的荣耀，因为我们将与基督经历同样的复活。[c]圣经没有比这更清楚的教导，[a]即当基督为童贞女所生时，他取了我们的肉体，且当他为我们做了挽回祭时，他也在同样的肉体中受苦。当基督复活的时候，他也取了同样的肉体，带它升上了天。因为我们对复活和升天的盼望完全依靠基督的复活和升天。[e]德尔图良教导基督把我们将复活的应许与他一同带到天上去。[99][a]但若基督没有在我们的肉体中复活以及进入天国，我们的盼望一点都不确定！但身体的性质包括局限于固定的空间、拥有自己的大小以及自己的形状。[e(c)]那么，我们断不可将我们的思想和基督都固定在饼上，这是极为愚昧的谬论！

基督的身体被隐藏在饼底下，若不是为了让渴望与基督联合的人驻足在这象征之前，那是为了什么目的呢？然而主自己喜悦不但我们的肉眼，甚至我们所有的五官不再关注地上的事。[e]他禁止妇女摸他，直到他升天为止（约20∶17）。当他看到马利亚急迫和认真地来到他面前，为要亲吻他的脚时，他为何不允许她这么做，直到他升天为止呢？基督唯一的理由是他希望我们唯独在天上寻求他。

他们反驳说司提反之后看见基督（徒7∶55），这一点很容易回答。基督无须离开他在天上的位置，因他能够赏赐他仆人的眼睛看到天上的能力。保罗的情况也是如此（徒9∶4）。[100]

他们也反驳说基督从被封闭的坟墓里逃走（太28∶6），且[e(a)]当门关着

---

[99] Tertullian, *On the Resurrection of the Flesh* (CCL 题为 "*mortuorum*" "死者的" 而不是 "*carnis*"；参阅 CCL Tertullianus II. 921, note 1) 51. 2-3 (CSEL 47. 105；CCL Tertullianus II. 994；tr. ANF III. 584)。

[100] 布林格于1557年5月16日写给加尔文，告知他雅各·安得里亚（Jacob Andreae）的书 *A Short and Simple Account of the Lord's Supper*（德文）刚出版，其中援引保罗的异象（fo. 41a）以反对基督的身体在天上的观点（CR XVI. 484 f.）。

的时候，基督进入自己门徒所聚会的房间（约20：19）。这一点都不支持他们的谬论。因为就如水像干地一般为基督行在湖面上提供一条路（太14：25），同样，当他接近石头的时候，那石头变软也一样是不足为怪的事。但最大的可能是基督吩咐石头滚开，且基督一出来石头立刻又滚回去。而在门关闭时进入房间，不一定表示穿过硬门，虽然门本来是锁着的。基督或许靠自己的大能开门，使他能立刻奇妙地站在他的门徒中间。

[e]他们引用路加所说的话，即当基督陪着门徒走到以马忤斯之后忽然不见了（路24：31），这不但对他们毫无帮助，反而支持我们的立场。因为基督为了叫他们不能再看到他，并没有使自己成为看不见的，反而消失掉了。而且根据同一位见证人，路加记载当基督与门徒一起走路时，他并没有伪装，使门徒无法认得他，乃是叫他们的眼睛认不得他（路24：16）。[e(a)]但这些人不但改变基督，使他可以留在地球上，他们也使在这里的基督与在天上的基督截然不同。简言之，这是他们的幻想，虽然他们没有直接地教导，但他们却委婉地教导基督的身体变为灵。不但如此，他们所归给基督的特征，与他们所教导关于基督的本性互相矛盾。[101][e]我们从此可以推论他们的基督有双重的身体。

30. 我们反对基督的身体无所不在

[e]即使我们接受他们关于基督有看不见之同在的谬论，他们仍无法证明基督有无限量的身体。且除非他们能作出证明，否则他们对基督被隐藏在饼底下的教导必定落空。除非基督的身体毫无限量地无所不在，否则他们对基督被隐藏在饼底下的教导是无人能接受的。然而，他们果然提出了这恐怖的无所不在的概念。[102]

---

[101] 在第二十九节所批判的观点大部分是威斯特弗的，出现在 Collectanea 和 Apologia confessionis 所引的段落中。

[102] 路德常用无所不在的观点来解释基督身体在圣餐中的存在。参阅上文的第十六节注释54；Luther, *Against the heavenly Prophets* (Werke WA XVIII. 206, 211); *Vom Abendmahl Christi Bekenntnis* (Werke WA XXVI. 318, 414 f., 428); Plass, *What Luther Says*, no. 2498。

然而，我们在上面用圣经清楚的教导，证明基督的身体局限于一般人身体的大小。不但如此，当基督升天时，这现象清楚地教导我们他的身体并不是无所不在，相反，当他的身体去一个地方，他同时离开另一个地方。

他们所引用的应许："我常与你们同在，直到世界的末了"（太 28：20，Vg.）也不能运用在基督的身体上。首先，在圣餐之外，除非基督居住在我们的身体里，否则基督无法一直与我们同在。因此，他们毫无根据地在基督所说的话上那么激烈地争辩，好使基督在圣餐中被隐藏在饼底下。其次，这经文的上下文表示基督的话根本不是指他的身体。基督这样说是要向他的门徒应许无敌的帮助，为要保护他们并在撒旦和这世界的一切攻击之下保守他们。当基督交给他们那么困难的事工时，为了防止他们心里犹豫或胆怯，基督借着应许他自己的同在，就坚固他们的信心，好像对他的门徒说，他们将一直拥有基督无敌的保护。那么，除非门徒想要把所有的一切都混淆，难道他们不应当尽量辨别这是怎样的同在吗？

而某些人宁愿极羞耻地彰显自己的无知，也不承认自己的教导有任何错误。我现在说的不是天主教徒，因他们的教义和他们比起来较可容忍，或至少没有这么极端，然而这些人极好争论，他们甚至说，既然基督有神性和人性，那么基督的神性在哪里，他的肉体也在哪里，因为两者是分不开的，仿佛两个本性的联合造成了一位不是神又不是人的基督！这就是欧迪奇[103]以及塞尔维特的教导[104]，但圣经清楚地教导我们：基督的位格包含两种不同的本性，而两者在基督的身上都没有任何混合。他们也不敢否认欧迪奇受教会的咒诅是应该的，奇怪的是他们没有留意他受咒诅的原因为何；他强调基督位格的统一，并将两个本性混为一谈，叫

---

[103] 参阅 II. 14. 4，注释 11。
[104] 参阅 II. 14. 5。

神成为人和人成为神。那么，宁愿将天和地混合在一起，也不要试图将基督的身体从天上拉到地上来，因这是非常疯狂的。

^{e(a)}他们利用这些经文支持自己的立场："除了从天降下、仍旧在天的人子，没有人升过天"（约3：13，参阅Vg.），以及"在父怀里的独生子将他表明出来"（约1：18，Vg.）。我们若藐视"属性相通"[105]——教父很久以前开始教导的教义，也是一样荒谬的。当保罗说"荣耀的主钉在十字架上"时（林前2：8），^a他的意思并不是说基督的神性受苦。保罗这样说是因为那位降卑、受藐视、在肉身上受苦的基督，同样也是神和荣耀的主。在同样的意义上基督也是在天上的人子（约3：13），因为按肉体说，作为人子居住在地上的基督，同时也是在天上的神。圣经这样教导我们：基督按自己的神性降世为人，并不是说神性离开了天堂，隐藏在身体的监牢里，乃是说虽然这神性充满万有，但他仍在基督的人性上，以自然和某种奇妙的方式取了身体（西2：9）。[106]^e我在此一点都不羞耻地提到经院神学家们的普遍区分：虽然整个基督无所不在，但并不是在基督里所有的一切都无所不在。[107]但愿经院神学家们自己认真地思考这句话极为深奥的含义。因他们若这样做，就永远不会教导基督的肉体在圣餐中与我们同在。因此，既然整个基督无所不在，那么我们的中保就一直与他的百姓同在，也在圣餐中以特殊的方式彰显自己。整个基督与我们同在，但并不是基督的所有一切都与我们同在。因为就如我们以上的教导，按肉体说基督目前居住在天堂，直到他再来审判世人。

31. 不是基督降下来，乃是我们仰望他*

^e然而，那些相信基督的肉体除非是在饼中，否则就不会在圣餐中彰显的人，犯了很大的错误。因他们这样说是在否定圣灵隐秘的运行，因

---

[105] "*Idiomatum* κοινωνίαν"，参阅II. 14. 1，注释4。加尔文并没有谴责教父所提出的这教义。
[106] 参阅II. 13. 4，*ad finem*。
[107] Lombard, *Sentences* III. 22. 3 (MPL 192. 804).

圣灵将基督与我们联合。对这些人而言，除非基督降临下来，否则他无法与我们同在，就如若基督将我们举到他那里去，我们不会同样享受他的同在一样！总之，我们所谈的不过是基督与我们同在的方式，因为他们说基督与饼是分不开的，然而我们主张将基督从天上拉下来是不合乎圣经的说法。我们劝读者们决定哪一个说法是正确的。基本上，我们完全弃绝那说法，即除非基督被隐藏在饼底下，否则他在圣餐中不与我们同在！既然这是天上的大奥秘，我们无须将基督从天上拉下来，好使他与我们联合。

信徒借着圣灵所领受的基督的肉体，有怎样的性质（32—34）

32. 我们反对对这教义一切复杂的解释

ᶜ那么，若有人问我这是怎样发生的，我将毫不羞耻地承认这奥秘崇高到我们的思想无法理解、我的言语也无法述说的地步。更清楚地说，这是我所经历到的，而不是我所明白的事。[108]因此，我毫不争辩地接受我所能够安全投靠的神的真理。基督宣告他的肉体是我们灵魂的食物，且他的血是它的饮料（约6：53及以下）。我将自己的灵魂交给基督，让他以饮食来喂养我。基督在圣餐中邀请我在饼和酒的象征底下拿着吃他的身体、喝他的血。我不怀疑基督亲自向我提供他的身体和血，而我接受它们。

我只拒绝一切与基督天上的威严不相称，或与他的人性互相矛盾的事物，因为这样的解释与神的话语相冲突；圣经也教导说，基督升天到天国的荣耀中（路24：26），超乎世上的万有，并留意突出基督真正的人性。

---

[108] 参阅上文英译本导言，第65页；上文的第七节注释23。波默（H. Boehmer）说路德"感觉到内心的需要，不只是'想'与主有个人的相交，更在主餐中真实地体验与主的相交。茨温利完全不理解这种需要。路德很快意识到加尔文不仅理解而且真的感受到了"；*Luther in the Light of Modern Research* (tr. E. S. G. Potter), p. 241。

这事情不应当令人听起来不可思议或不合乎逻辑。因为既然基督的整个国度是属灵的,所以我们不可用属世的思想解释基督与他教会彼此的关系。ᵈ或用奥古斯丁的话说,这奥秘就如其他的奥秘那般,是人所施行的,但却是用属灵的方式;我们虽然在世上吃,却是以属天的方式。⁽¹⁰⁹⁾ᵃ这就是圣礼的性质所要求的肉体同在,而且我们认为这肉体同在的能力和作用极大,不仅能使我们确信神赏赐我们永生,也能使我们确信我们肉体的不死。事实上,我们的肉体被基督永不死的肉体所更新,也在某种程度上在他的永恒里有分。

若有人在此之外夸大其词,他们不过是在使神简单明确的真理变得模糊。ᵇ若有人对这解释仍不满足,ᵃ我请他稍微留意,我们现在所讨论的圣礼是整个教会要靠信心接受的。然而,我们像之前宣讲的那样领受基督的身体,对信心的滋养并不亚于那些企图将基督的身体从天上拉下来之人。

ᵉ同时,我坦白地声明我也同样拒绝将基督的肉体与我们的灵魂混为一谈的教导。⁽¹¹⁰⁾因我们只要知道这一点足矣:基督从他的肉身将生命吹入我们的灵魂里,更确切地说,将他自己的生命浇灌到我们身上,虽然基督的肉身并没有进入到我们里面。ᵇ⁽ᵃ⁾除此之外,保罗要求我们一切的解经都要与信心相称(罗 12:3、6),信心的原则无疑在此支持我的观点。难道大声地攻击明白的真理与信心相称吗?不认耶稣基督是成了肉身的人,就不是出于神(约一 4:2—3)。这些人无论是遮掩或是未察觉这件事,都夺去了基督的肉体。

33. 属灵地以及真实地领受基督;非信徒领圣餐

ᵉ我们以同样的方式决定谁被允许领圣餐。我们的敌人坚持除非他们

---

[109] Augustine, *City of God* XVI. 37 (MPL 41. 516; tr. NPNF II. 32).
[110] 威斯特弗引用亚历山大的西利尔,说我们借着吃基督的身体而与他合一,*Apologia confessionis*, p. 142.

吞吃在饼底下基督的身体，否则这不等于领圣餐。然而，除非我们相信信徒靠着圣灵测不透的大能领受基督的肉和血，否则这对圣灵是极大的冒犯。ᵉ⁽ᵃ⁾事实上，信徒若相信我们所教导的也就是古代教会及其随后四百年的教导，给予神奥秘的大能当得的尊重，我们会感到心满意足。我们若这样相信就能够避免许多可恶的谬论，因为这些谬论⑪导致了许多古时候和现今搅扰教会的可怕纷争。这些过于好奇的人坚持一种圣经从未教导的基督在圣餐中的同在。他们也在自己愚昧和轻率地捏造的教导之上夸夸其谈，仿佛神要求我们的敬虔，"从头到尾"⑫完全在乎基督的肉体被隐藏在饼底下。知道基督从前一次为我们将身体献上，而我们如何领受这身体和血是非常重要的事。因为这等于是拥有整个被钉十字架的基督，好让我们能够享有他一切的福分。ᵃ然而我们的敌人完全忽略这主要的教义，甚至不理会它，而唯独在乎这一难题：基督的身体如何被隐藏在饼，或饼的形式底下？

ᵉ⁽ᵃ⁾他们诋毁说我们所教导的属灵的吃与真正的吃东西互相矛盾。他们说我们过于强调吃的方法，对他们而言这方法是肉体的，因他们教导基督被隐藏在饼底下。对我们而言这方法却是属灵的吃法，因为我们之所以与基督联合，是靠着圣灵隐秘的大能。

他们的另一个异议也是一样错误的，即我们只强调信徒在吃基督肉体之后的结果。因为我们在上面教导过，圣餐的实质在乎基督本身，圣餐的果效是建立在这一事实的基础上：我们的罪借基督的死之献祭被洁净，我们被他的血洗净，且基督的复活带给我们属天生命的盼望。ᵉ然而伦巴德愚昧的幻想误导了他们，即圣礼完全在乎吃基督的肉。伦巴德这样说："饼和酒的形式是圣礼，却不是实质。基督的肉和血是圣礼，也是

---

⑪ "Olim" 指从贝伦加尔（Berengar）开始时的中世纪争议（约1059），直到第四次拉特兰会议（1215）肯定了化质说（canon 1）。参阅上文的第十四节注释41。

⑫ "Prora et puppis" 西塞罗将之作为"希腊谚语"来使用。Letters to His Friends XVI. 24. 1（LCL edition, III. 374 f., note f）。这个表达也出现在 III. 4. 20 and in IV. 18. 18。

实质；基督神秘的身体是实质，而不是圣礼。"随后他又说："圣礼所表记和包含的实质就是基督真正的肉体；圣礼所表记却不包含的实质是基督神秘的身体。"我同意他将基督的肉和这肉所带给信徒的滋养区别开来，然而我完全不能接受他的教导，即基督的肉体本身是圣礼，也被隐藏在饼底下。

他们对圣餐吃法的谬误解释也来自这教导。因为他们教导：就连不敬虔和邪恶的人在圣餐中也吃基督的身体，不管他们与基督有多疏远。[13]

但在圣餐的奥秘中，基督的肉体本身与我们永恒的救恩一样属灵。我们以此推断，对于一切没有基督之灵的人而言，吃基督的肉与喝没有味道的酒没什么两样。的确，若基督已死和无力的身体被分给非信徒，这等于是极为侮辱地分裂基督的身体。且这与基督亲口所说的话互相矛盾："吃我肉、喝我血的人常在我里面，我也常在他里面。"（约6：56）他们反对说这经文并没有讨论圣餐中的用餐。这我同意！只要他们不再毫无圣经根据地主张一切吃基督身体的人都在圣餐中得益处。

而且，我也想听他们解释非信徒在圣餐中所得的益处能维持多久，我想他们无法回答这问题。但他们反对说人的忘恩负义并不能叫神信实的应许落空。这我并不反对，我也接着说：不管恶人如何想叫神的圣餐落空，但他们一点都不能削弱这奥秘所发挥的大能。然而提供是一回事，领受则是另一回事。基督向所有人提供这灵粮和灵水，有人乐意地领受，有人则傲慢地拒绝。难道后者的拒绝能够使灵粮和灵水丧失性能吗？他们以这解释支持自己的立场，即基督的肉体虽然没有味道，却仍然是肉体。但我否认人能在信心之外吃这肉体。或我主张在人领圣餐之后，他们所带走的福分是由他们信心之器皿的大小所决定（我们若愿意像奥古斯丁那样说）。因此，虽然我们说恶人在领圣餐之后空手离开，但

---

[13] Lombard, *Sentences* IV. 8. 4；VI. 9. 2 （MPL 192. 857 f.）. 关于 *manducatio impiorum*，见 Grass, *op cit.*, p. 233；McNeill, *Unitive Protestantism*, pp. 156 f.；Westphal, *Recta fides de coena domini* (1553) G 4b f.。

这事实一点都不削弱圣餐所发挥的大能。⑭

他们若反对说：如果我们说恶人在圣餐中所领受的唯独是必朽坏的食物，那么"这是我的身体"就失去意义了，我们立刻就答复：神并不喜悦人借着领圣餐本身承认他的信实。他喜悦的是我们承认他的良善，因为他乐于白白地为不应得的人提供他们所拒绝的福分。这是圣餐的整个教导，且这是全世界都不能玷污的：基督的血和肉一样提供给不配得的人，以及神所拣选的信徒。然而，就如雨水落在坚硬的石头上流掉了，因为它没有开口流到石头里面去，同样，恶人因自己刚硬的心拒绝神的恩典，不让这恩临到他们身上。此外，若说人能在信心之外接受基督，与说种子能够在火里面发芽是一样不合理的事。

他们问基督来如何会是让一些人的灭亡，除非他们不配地接受了基督这样的问题毫无意义。因为圣经并没有教导人因不配地接受基督而灭亡，人乃是因藐视基督而灭亡。

而他们所引用的基督比喻对他们毫无帮助，即落在荆棘里的种子之后被挤住而死掉（太13：7）。因为基督在这里谈的是暂时的信心。在这方面，他们把彼得与犹大相提并论，认为吃基督的肉和喝他的血不需要暂时的信心。其实，这比喻本身也反驳他们的立场。因为基督教导说：有的种子落在土浅石头地上，又有一些落在路旁，然而两者都没有扎根（太13：4—5）。这就教导我们，就非信徒而论，他们心里的刚硬拦阻基督到他们那里去。

我们若希望自己的救恩在圣餐中得到帮助，就当记住：当主带领信徒到水井旁时（参阅约4：6—15），他们就能从神的儿子那里得生命。然而，当圣经教导我们圣餐帮助我们被接到基督的身体上，或当我们被接到上面之后，圣餐帮助我们越来越在基督里成长，直到我们到了天堂完

---

⑭ 参阅 Augustine, *John's Gospel* 6. 15；42. 1；53. 10（MPL 35. 1432, 1801, 1778, tr. NPNF Ⅶ 44, 312 f., 244）；*On Baptism* Ⅴ. 8. 9（MPL 43. 181, tr. NPNF Ⅳ. 466 f.）；*Psalms*, Ps. 142. 15（MPL 37. 1854; tr. LF *Psalms* [Ps. 143] Ⅵ. 292）。

全与他联合,这就大大地尊荣这圣礼。他们反对说,他们如果没有领圣餐,保罗应该不会认为他们冒犯了基督的身体和血(林前 11:27)。[115]我的答复是:他们不会因为吃了受咒诅,乃是因为将该敬虔领受的、与神圣洁联合的誓约践踏在脚下,亵渎了这奥秘才受咒诅。

34. 奥古斯丁对非信徒领圣餐的教导

ᵉ在古代的神学家当中,奥古斯丁特别强调这教义。人的不信或恶意无法影响圣餐,或叫神圣餐所代表的恩典失效。因此,我们若用他说的话,充分证明那些将基督的身体丢给狗吃的人有多无知和错误地运用这句话在这件事上,这会成为我们极大的帮助。他们认为领圣餐能够使恶人领受基督的身体,虽然他们没有领受圣灵的大能或恩典。奥古斯丁反而很有智慧地解释这经文:"'吃我肉、喝我血的人必永远不死'(约 6:54、50—51、55,Vg.),即那领受圣餐大能的,不只领受可见的饼和杯,而且是内在地,不只外在地领受;这是在心里面吃,而不仅仅用牙齿。"他最后的结论是:主的身体和血所带来的联合,在圣餐中是特意给一些人,叫他们得生命,给其他人则叫他们灭亡;然而圣礼的实质是要所有人得生命,无一人灭亡。也许有人会反对说:人所领受的物质并不代表"身体",乃是代表圣灵的恩典,且恩典仍能与圣餐分开,奥古斯丁所说的"可见的"以及"不可见的"这对比,反驳他们的异议。因为基督的身体不能包括在可见的之内。这就表示非信徒只能领受可见的象征而已。且为了消除一切的疑惑,当奥古斯丁说这饼要求内在之人的饥饿之后,他接着说:摩西、亚伦、非尼哈以及其他吃吗哪的人(出 16:14 ff.)蒙神喜悦,为什么呢?因他们对可见的食物有属灵的理解,他们有属灵的饥饿,用属灵的方法吃,好让他们能够得蒙属灵的饱足。我们现今仍领受可见的饮食,但圣餐是一回事,圣餐的大能则是另外一回事。他之后接着说:"在圣餐中,那不住在基督

---

[115] 第三十三节的后半段主要是在反驳威斯特弗的 *Recta fides de coena domini* G 1a-H 3a。

里,基督也不住在他里面的人,无疑没有以属灵的方式吃基督的肉或喝他的血,虽然他以肉体的方式用牙齿嚼那代表身体和血的记号。"他再次教导我们,可见的记号以及属灵地吃肉和血是两回事。这就反驳了其他人的谬论,即在圣餐中所有的人吃基督看不见的身体,虽然他们没有以属灵的方式吃这身体。奥古斯丁也教导:对不敬虔和不洁净的人而言,他们只能领受那可见的象征。他有一句名言是,其他的使徒吃了饼,也就是吃了主,但犹大不过吃了主的饼。他的这教导清楚地表示非信徒不能领受基督的身体和血。他在别处的话也有同样的含义:"你为何对基督将饼交给犹大,而他因此受魔鬼的捆绑感到惊奇,因为圣经也教导:主差派撒旦的使者攻击保罗好叫他在基督里成全(林后12:7)。"事实上,他在别处提到,保罗说:"人吃、喝,若不分辨是主的身体,就是吃、喝自己的罪了"(林前11:29),对这些人来说,基督的身体就是圣餐的饼。他们邪恶地领圣餐,并不表示他们一无所得。然而,奥古斯丁又在另一处更为清楚地解释他的意思。因为他在这处故意解释那些自称为基督徒,却在行为上否定基督的恶人在什么意义上吃基督的身体,他同时反驳了那些误以为恶人不但领圣餐,甚至也领受主的身体之人的立场,他说:"然而我们不能说他们吃基督的身体,因为我们不可承认他们是基督的肢体。我们至少可以说他们不能同时做基督的肢体和做娼妓的肢体(林前6:15)。最后,当基督亲口说:'吃我肉、喝我血的人常在我里面,我也常在他里面'(约6:56,Vg.),他就教导我们何为吃基督的身体,不只是圣餐,乃是实实在在的身体。因为这就是住在基督里面,好让基督能够住在我们里面。因为基督说这话就如说,人若不住在我里面,我也不住在他里面,他绝不能说他吃我的身体和喝我的血。"

读者们只要好好地思考领圣餐,以及实在地领受基督的身体的对比,他们就不会对这教导有任何疑问。奥古斯丁的这段话也说得一样清楚:"不要准备嘴巴,乃要准备心,因为圣餐是为人的心设立的。瞧,我们以信心接受基督时便是信他,当我们接受他的时候,我们知道自己的思想。我们只要领受一点,就能得到心灵的滋养。不是我们所看到的,乃是我们所相信的使我们得滋养。"他在这里也教导恶人只领受那可见的象征；他也教导人唯有借着信心才能接受基督。虽然善人和恶人都领受象征，但恶人没有真正吃基督的身体。因为他们若真正吃基督的身体，奥古斯丁不可能不直接地这样教导。奥古斯丁在别处谈到领圣餐的益处时，这样总结："人若以属灵的方式吃、喝他们所看见的饼和杯，那么基督的身体和血将成为他们每一个人的生命。"那么，那些主张非信徒在圣餐中领受基督的身体和血的人，若他们愿意同意奥古斯丁的立场，让他们将基督可见的身体摆在我们的面前，对奥古斯丁而言，这整个真理都是属灵的。我们也能从奥古斯丁的教导中推断，在圣餐中，当人的不信拦阻他领受基督时，对他而言，领圣餐并不比吃饭具有更大的价值。但如果人能够真吃而不是在属灵的意义上吃基督的身体，那么基督所说的这句话是什么意思呢？"你不会吃你所看见的这个身体，也不会喝我即将被钉在十字架上所流的血。我为你们设立的圣餐，你若以属灵的方式吃，就必得生命。"他一定不是在否认基督所献为祭的身体与他在圣餐中所提供的身体是同一个；他指的反而是吃的方式；那就是说，当基督被接到天上的荣耀中之后，他的身体借着圣灵隐秘的大能，赐给我们生命。其实，我承认奥古斯丁经常说非信徒吃基督的身体，但他加上这解释："在圣餐中。"他在别处描述属灵的吃，说我们的牙齿无法吃恩典。要是我的敌人指控我堆起许多类似的话攻击他们，我想知道他们如何能面对奥古斯丁的这一句话："圣餐唯有在选民身上才成就它们所代表的真理。"[116]他们不敢否认在圣餐中，饼代表基督的身体。我们以此推论恶人无法领圣餐。下面这句话证明亚历山大的西里尔也持同样的立场："就如一个人将蜡倒在其他熔化的蜡上面，将两者合为一体，领受主的

---

[116] 在这节中奥古斯丁的引言出自：*John's Gospel* 26.11, 12, 15, 18; 59.1; 62.1; 27.3, 11 (MPL 35.1611, 1612, 1614, 1796, 1801, 1616, 1621; tr. NPNF VII.171 ff., 307 f., 312 f., 174, 177 f.); *City of God* XXI.25 (MPL 41.742; tr. NPNF II.473); *Psalms* Ps.98.9 (MPL 37.1265; tr. LF *Psalms* [Ps.99] IV.454); *On Baptism* V.8.9 (MPL 43.181; tr. NPNF IV.466 f.); *Sermons* 112.5.5 (MPL 38.645; tr. LF *Sermons* I.462); *Against Faustus* 13.16 (MPL 42.291; tr. NPNF IV.205); *On the Merits and Remission of Sins* I.21.30; II.27.44 (MPL 44.125 f., 177; tr. NPNF V.26, 62).

肉和血的人,必须先与基督联合,好让基督能够在他里面,且他也在基督里面。"我深信这一切的教导清楚地证明:那些只在圣餐礼中吃基督身体的人没有真正地吃基督,因为基督的身体与他的大能是密不可分的,这些人没有真正吃;我们也不应该因此开始怀疑神的应许,因为虽然石头没有受滋润,但神并没有不叫雨水从天上降到地上。

一切对饼和杯的迷信崇拜是神所禁止的 (35—37)

35. 神禁止我们敬拜饼和杯

ᵃ以上的教导也会拦阻我们效法一些人邪恶和轻率地对饼和杯的崇拜。⑰他们的想法是这样的:既然这是基督的身体,那么身体包括灵魂在内,也不能与灵魂分开;因此,我们必须在此敬拜基督。

ᶜ ⁽ᵃ⁾首先,我们若否认他们所声称的血肉同在,⑱他们将怎么说呢?ᵃ他们虽然非常强调将基督的身体、灵魂和神性分开是荒谬的事,然而有理智的人如何能说服他自己,基督的身体就是基督呢?他们的确认为自己的逻辑充分地证明这立场。ᶜ然而,既然基督分别提到他的身体和血,也没有描述他在圣餐中怎样与我们同在,那么,他们怎么可能以不确定的方式确凿无疑地证明他们所想望的事呢?那么,ᵃ如果他们的良心之后遭遇某种令他们感到更困扰的事,他们将会如何呢?难道他们的逻辑能释放他们吗?当他们发现自己的立场没有神话语的根据时,他们必定遭遇困扰,因为唯有神的话才能叫我们的灵魂站得稳;若没有神的话做根基,他们一旦发现使徒的教导和榜样与他们的立场相反,且他们唯一的权威就是他们自己时,他们必定被击垮,他们同时也将被其他的思想刺激。以这种形式来敬拜神,仿佛神没有给我们任何的指示,难道这是无足轻重的小事

---

⑰ 参阅教皇乌尔班四世 (Pope Urban IV) 在他的 *Transitus* 谕令 (1264) 中设立 the Feast of Corpus Christi (Mansi XXIII. 1077; Mirbt, *Quellen*, 4th ed., p. 203);1551 年第十三次特兰托会议 (Council of Trent, session, 1551),第五章 (Schaff, *Creeds* II. 131)。

⑱ 阿奎那教导在圣礼中,当饼被吃下时,"真实的结果"是整个身体(包括血、骨头和神经等)都在其中:*Summa Theol.* III. 76. 1, 2。

吗？难道在真正敬拜神的事上，我们应当在任何圣经根据之外轻率地进行吗？ᵃ但他们若谦卑地让自己一切的思想都顺服在神话语的权柄底下，他们就必定留意基督的话："你们拿着吃、喝"（太 26：26—27），也会顺服这吩咐，因为基督吩咐我们领受圣餐，而不是敬拜它。

然而，那些照神的吩咐领圣餐而不是崇拜圣餐的人，确信他们没有远离神的吩咐。当我们做任何的事工时，没有比这确据更好的事。他们有使徒的榜样，他们没有俯伏在地敬拜它，而是坐着拿起来吃了；⑲他们也知道使徒教会的习惯。路加记载信徒一起擘饼领圣餐，却没有说他们敬拜这餐（徒 2：42）。他们有使徒的教义，且保罗用这教义教导哥林多教会，他说他所传给他们的是从主领受的（林前 11：23）。

36. 在这敬拜当中的迷信和偶像崇拜＊

ᶜ ⁽ᵃ⁾ 这现象能提醒敬虔的读者：我们若在这么奥妙的事上，为了自己所虚构的幻想离开神单纯的话语，这是非常危险的事。ᶜ然而，我们以上的教导应该在这事上除掉我们一切的疑惑。因为为了让每一个敬虔的人充分地领悟什么是在圣餐中真正地领受基督，他们必须仰望天。如果圣餐的目的是要帮助人原本软弱的思想能定睛在崇高的属灵奥秘上，那么那些不明白这外在象征的人，就从寻找基督的正路上偏离了。我们该怎么说呢？当人俯伏在地、透过一块饼敬拜基督时，难道我们应当否认这就是迷信的崇拜吗？当尼西亚会议禁止我们谦卑地专注于摆在我们前面的象征时，⑳无疑是为了避免这恶行发生。且因同样的缘故，古代教会的领袖在祝圣前，大声地提醒百姓当举起自己的心。㉑ᵃ且圣经不但清

---

⑲ "*Discumbentes*". 参阅上文的第十节注释 28。
⑳ 参阅 Council of Nicaea（325）canon xx（Mansi Ⅱ. 678；text and translation in Fulton, *Index canonum*, pp. 132 f.）。
㉑ "*Sursum corda*". Cyprian *On the Lord's Prayer* 31（CSEL 3. 1. 289；tr. ANF Ⅴ. 455）；quoted in Gratian, *Decretum* Ⅲ. 1. 70（MPL 187. 1729；Friedberg Ⅰ. 1313）；Augustine, *Gift of Perseverance* 13. 33（MPL 45. 1013；tr. NPNF Ⅴ. 538）；*Sermons* 227（MPL 38. 1100）；*Psalms*, Ps. 132. 13（MPL 37. 1736；tr. NPNF [Ps. 133] Ⅷ. 619 f., LF *Psalms* Ⅵ. 121）。

楚地记载基督的升天（因为在基督升天时，他把自己的身体从我们当中撤去，也使我们不再能看到他，好避免我们对基督肉体的一切思想），这记载同样也叫我们在想到基督时，举起自己的心，并在天堂寻找那坐在父神右边的基督（西 3：1—2）。根据这原则，我们应当宁愿以属灵的方式，在天上的荣耀中敬拜基督，也不要捏造某种危险的敬拜方式，用属血气、粗俗的观念去思想神。

所以，那些捏造对圣餐崇拜的人，不但在圣经之外编造了这幻想——若这敬拜蒙神悦纳，圣经一定有个教导——^{c (a)}，而且违背圣经明确的教导，离弃了永生神，并照自己的私欲捏造了另一位神。崇拜恩赐代替那位赐恩赐给人的神，^a难道这不就是偶像崇拜吗？在这行为上有双重的过犯，因为他们将神所应得的尊荣归到受造物的身上（参阅罗 1：25），且当他们玷污和亵渎神的恩赐时，他们就是在侮辱神，因为他的圣餐成为可憎恶的偶像。为了避免掉到同样的坑里面去，我们反而要以自己的耳朵、眼睛、心、思想，以及舌头完全留意神圣洁的教导。因为这就是那最好的师傅圣灵所给我们的教导，且我们一切的长进都来自圣经，我们也应当对一切在圣经之外的教导故意无知。

37. 关于已献与神之圣饼迷信的仪式*

^c如今因为人越过神适当的边界，他们的迷信叫他们不断地犯罪，他们的堕落更加可怕。因为他们捏造了与基督所设立的圣餐完全无关的仪式，为要故意敬拜象征。他们说这敬拜唯独归在基督的身上。[12]首先，若这是在圣餐中的敬拜，我的教导必定是神唯一喜悦的敬拜，不是仅仅归给象征，乃是归给那位坐在天上的基督。那么，既然他们透过圣礼敬拜基督的行为毫无圣经根据，他们的借口是什么呢？他们为圣饼祝圣，并将之摆在众人面前，好让百姓能够看见、敬拜，以及求告它。我问他们

---

[12] De Castro, *Against Heresies* I. art. "*adoratio*" (1543 ed., fo. 26 B. C.).

这饼根据怎样的权威被祝圣，他们一定以这句话回答："这是我的身体。"然而我必须反对说，基督同时也这样宣告："你们拿着吃。"我也有极好的理由这样说，因为当主的应许与他的吩咐连在一起时，他的吩咐就包括在他的应许之内，甚至若吩咐与应许被分开，这应许就不是应许了。我可以举一个简单的例子来证明这一点。神所说的这话是吩咐："求告我。"他加上应许："我必搭救你。"（诗50：15）若有人向彼得或保罗求告，而相信这应许因此会得以应验，难道不是每一个人都会责备他吗？那么请问：那些忽略神对吃饼的吩咐，而抓住这应许"这是我的身体"，为了滥用这应许在基督未曾吩咐的仪式之上的人，难道不就是这么做吗？所以我们要记住神将这应许唯独交给遵守带应许之吩咐的人，那些不理会这吩咐、将圣餐转为他用的人，完全没有神的话语。

ᵃ我们在上面讨论过圣餐中的饼和杯如何造就我们在神面前的信心。[123]然而主在圣餐中（根据我们以上的教导）不但提醒我们他对我们丰盛的恩惠，甚至在某种程度上将他的恩惠摆在我们手中，并激励我们承认这恩惠。主同时也劝我们不可在这样丰盛的恩惠之下忘恩负义，我们赞美的感恩反而要与神的这大恩典相称。所以，当主为使徒设立圣餐时，他教导他们领圣餐为的是记念他（路22：19）。保罗将这句话解释为"表明主的死"（林前11：26），即众信徒一生并公开地在众人面前宣告：对我们而言，一切关于生命和救恩的确据完全建立在主的死之上。其目的是要我们宣告将荣耀归给他，且我们的这榜样能够劝勉其他的人荣耀他。这又清楚地教导我们这圣餐的目的为何，即操练我们纪念基督的死。因为保罗吩咐我们当"表明主的死"（林前11：26），直到他再来审判世界，意思不过是主要我们用嘴巴宣告我们的信心在领圣餐中所接受的真理，即基督的死就是我们的生命。这是圣餐的第二个作用——信徒外在的见证。

---

[123] 上文的第一至第三节。

要特别强调的重点：彼此相爱；圣餐随着证道，是生病灵魂的药剂；正当地领圣餐；合适的形式以及施行的频率（38—46）

38. 主的圣餐暗示我们彼此相爱*

*再其次，主也喜悦圣餐成为我们的某种劝勉，因为圣餐能够比任何其他的方式更有效地更新和激励我们°过圣洁的生活、*彼此相爱、彼此和睦以及和谐。⑫因为主在圣餐中将自己的身体交付给我们，甚至因此叫他自己与我们完全联合，并叫我们与他也完全联合。那么，既然他只有一个身体，且我们都吃这身体，我们这样吃使我们合而为一是必需的。圣餐中的饼代表这合而为一，既然这饼是由众多的谷粒所组成，且每一粒与其他的是分不开的。同样主喜悦我们以同样的思想合而为一，以至于没有任何分歧或分裂出现。⑫我宁愿用保罗自己的解释："我们所祝福的杯岂不是同领基督的血吗？我们所擘开的饼岂不是同领基督的身体吗？我们虽多，仍是一个饼、一个身体，因为我们都是分受这一个饼。"（林前10：16—17，参阅 Vg.）我们若留意这真理，并将之刻在我们的心版上，那么圣餐将使我们大大地得益处，我们每当伤害、藐视、拒绝、辱骂，或在任何方面得罪弟兄时，我们借着这些行为也在伤害、藐视和辱骂基督；我们也不能与弟兄纷争，而同时与基督合一，除非我们爱在基督里的弟兄，否则我们不能爱基督；我们当关心弟兄的身体就如关心自己的身

---

⑫ 帕尼耶在 *Institution* IV. 299, 307 (notes on IV. 7, 38) 中提出要注意法雷尔在 *Sommaire* 19 和加尔文在 *Instruction in Faith* (1537) 中的类似表述。

⑫ 《十二使徒遗训》(The Didache) 9.4 基于《哥林多前书》10：17 在圣餐的祷告中采用这个明喻 (LCL Apostolic Fathers I 322 f.)。参阅 Augustine, *Sermons* 272; "Intelligite et gaudete; unitas, veritas, pietas, charitas, unus panis... unum corpus multi" (MPL 38. 1247), Lombard, *Sentences* IV. 8. 4 (MPL 192. 857); Oecolampadius, Antisyngramma in his *Apologetica* (1526), A 1a。路德也提到过, 参见 *Sermon on the Sacrament of the Body of Christ* (1519) (Werke WA II. 748; tr. Plass, *What Luther Says*, no. 2524); *Ein Schöne Predict, etc.; A Beautiful Sermon on the Reception of the Holy Sacrament* (Werke, Erlangen edition, XI. 186 ff.; tr. J. N. Lenker, *Precious and Sacred Writings of martin Luther* XI. 231-233)。路德深深受到在圣餐中基督徒的相交，加尔文也有同感。

体一样，因为我们都是同一个身体上的肢体；且就如当我们身体的任何部分感到疼痛，其他的部分同样也觉得疼痛，所以每当弟兄遭受苦难时，我们都要怜悯他。因此，奥古斯丁有极好的理由经常称这圣礼为"爱的联合"。[126] 基督为我们舍己，这榜样不仅呼唤我们为弟兄舍己，而且由于他使我们都在基督里有分，也使我们在他里面彼此合而为一。难道还有什么比这更能够激励我们彼此相爱吗？[127]

39. 圣餐不能在神的话语之外存在

ᶜ这完全支持我在上面的教导[128]：我们在神的话语之外无法正确地施行圣餐。因为圣餐给我们带来的每一个福分都完全依靠神的道，如果我们的信心要得坚固，或我们的悔改认信要得操练，或需要受激励尽本分，讲道对这一切都是不可少的。因此，让圣餐成为某种无言的行动，没有比这更荒谬的事。但这就是教皇的专制下所发生的，因为天主教要让整个祝圣的力量完全依靠神甫在圣餐中的意图，[129] 仿佛百姓的动机是无关紧要的事。百姓最需要在圣餐中听对这奥秘的解释。因此之后就产生了这错误：他们不晓得圣餐中使祝圣得以成就的应许并不是针对饼和杯，乃是针对领受饼和杯的人。基督当然没有对饼说它将成为他的身体，他反而吩咐门徒吃、喝，也向他们应许在他身体里有分。保罗也有同样的教导，即神不断向信徒提供饼和杯，他同样也向他们提供他的应许。这显然是真的！我们不可将之视为某种魔术而认为把一些话含糊不清地说出来就够了，仿佛是说给饼和酒听；我们反而要明白所说的话是

---

[126] Augustine, *John's Gospel* 26. 13 (MPL 35. 1613; tr. NPNF Ⅶ. 172).
[127] 参阅 Luther, *Sermon for Maundy Thursday* (1524) (Werke WA ⅩⅤ. 497 f.); *On Christian Liberty* (Werke WA Ⅶ. 58; tr. *Works of Martin Luther* Ⅱ. 326); Calvin, *Instruction in Faith* (OS Ⅰ. 413); tr. Fuhrmann, p. 71。
[128] 上文的第四节。
[129] 英诺森三世在1209年在为了恢复异端瓦尔多派（Waldensians）而界定条件时，立下祝圣礼的"意向"原则：*Regestae* Ⅶ. 196 (MPL 215. 1511)。参阅 citations in *Catholic Encyclopedia* and in *Dictionaire de Theologie Catholique*, articles on "Intention"。

活生生的证道,且这证道造就听见的人,渗透他们的心,感动他们并住在他们心里。圣餐的应许得应验,表示它大有果效。

由于这些缘故,十分清楚的是:有人主张在特殊情况下为病人预留圣餐,这种做法毫无用处。因为只有两个可能,即病人或没有诵读基督设立圣餐时的话而领基督的圣餐,或没有听到牧师在施行圣餐时正确地解释这奥秘。不诵读而领受等于滥用圣餐,且是错误的。牧师若在施行圣餐中宣布主的应许以及解释这奥秘,好让即将领圣餐的人获益,毫无疑问这是正确的祝圣。那么天主教的祝圣有何益处呢?既然连病人都不能得益处。然而,这样行的人宣称自己在效法古代教会的榜样。[138]我承认这一点,但既然在这么重要的事上做错有很坏的影响,那么最安全的方法就是要直接遵守主的道。

40. 不按理领圣餐

ª可见圣餐的圣饼是灵粮,既甜又嫩,e(a)也使敬虔地敬拜神的人得营养。他们品味时,就感觉基督ª是他们的生命,他们也因此受感动而感谢他,也受激励彼此相爱。另一方面,圣餐对于一切信心不受造就、没有受激励而感谢神,[139]也没有被激励彼此相爱的人,反而成为他们的毒药。b食物进入有病的胃会变质腐坏,伤害而不是滋养身体;同样这灵粮进入到充满邪恶的灵魂,会使人更可怕地沉沦,并不是因为食物有问题,乃是因为对污秽不信的人而言,什么都不洁净(多1:15),虽然这食物以神的祝福被分别为圣,保罗说:ª"无论何人,不按理吃主的饼、喝主的杯,就是干犯主的身、主的血了……就是吃、喝自己的罪了。"(林前11:27、29,经文合并)人若没有一点信心和爱心,而就如

---

[138] Council of Nicaea (325) canon 13 (Mansi II. 674; Fulton, *Index canonum*, pp. 128 f.). Gregory I 说本尼迪克(Benedict)在临死时曾接受圣礼:*Life of St. Benedict* 37, in *Dialogues* II (MPL 66. 202; tr. P. W., *Dialogues of St. Gregory* [1518], ed. E. C. Gardner, p. 99)。

[139] "*Confessionem laudis.*" 参阅III. 4. 9, 注释 19。

猪一样急迫地去领圣餐，就是不辨识主的身体。他们既然不相信这身体就是他们的性命，而因此侮辱它，夺去它一切的尊严，且他们这样行是亵渎和玷污主的身体。且他们既然与弟兄疏离、不和，并因此把对基督身体圣洁的象征与自己的纷争混为一谈，他们这样是撕裂基督的身体。因此，主将判他们干犯自己的身体是应该的，因为他们邪恶和亵渎地污秽基督的身体。他们借着这不按理的吃、喝定自己的罪。因为他们虽然对基督没有任何信心，却在领圣餐时，宣称他们的救恩唯有在基督里面，并弃绝所有其他的保证。因此，他们是自己责备自己，他们见证自己的不是，印证自己遭审判。他们虽然因自己的怨恨和恶意与弟兄隔绝，即与基督的肢体隔绝，并因此在基督里没有分，但他们却仍然见证在基督里有分、与基督联合就是救恩。

因这缘故，保罗吩咐我们在吃这饼、喝这杯之前当省察自己（林前11：28）。我对这话的解释是：保罗要求每一个人从心里反省，[132]并好好地思考他是否确信基督所买赎的救恩；他是否口里承认这事实；[c]是否以单纯和圣洁的热心渴慕效法基督；[a]他是否下决心效法基督的榜样而为弟兄舍己，并愿意与其他人在基督里交通；他是否因自己被视为基督的肢体，也将众弟兄视为基督的肢体；他是否愿意爱弟兄，保护和帮助他们如同自己身体的肢体一样。并不是说这些出于信心和爱的本分现今能够在我们里面完全，而是说我们要全心全意地追求这目标，好使我们的信心日渐加增。

41. 谁是"配得"的？

从前，当教会帮助人使他们配领圣餐时，曾经用各式各样的坏方法虐待和折磨人的良心；然而他们所做的一切丝毫未能帮助他们达成这个目标。他们说所有在恩典之中的人都配领圣餐，然而他们对在"恩典之

---

[132] 参阅 I.1.2；I.5.3，注释11。

中"的解释是纯洁、除净一切的罪污。⑬但这样的教义会禁止历史上所有的人领圣餐,因我们若靠自己配领圣餐,我们就完了,这会令我们绝望,至终灭亡。即使我们尽自己的全力,仍不会有任何进步,反而在我们劳力地寻求配得之后,仍然完全不配领圣餐。

为了医好这病,教会曾经炮制了某种获得配得的方式:我们当尽量省察自己,并要求自己对一切的行为负责,之后再以懊悔、认罪,以及赎罪的方式除掉自己的不配。⑬我们在上面已经解释过这是怎样的除罪方式,然而我肯定地说这除罪的方式太软弱,不足以使灰心、沮丧,以及对自己的罪感到恐惧的良心得到任何帮助。因为主若禁止一切不义和有罪的人领圣餐,我们就当非常谨慎,好确信自己拥有神所要求我们的义。我们凭什么相信那些尽自己力量行善的人,被神看为尽了本分呢?然而我们即使能够尽责任,难道谁能够确信他真的尽了自己的力吗?我们既然不能完全确信自己配得,主可怕的禁令——即若不按理吃、喝,就吃喝自己的罪(林前11:29)——就永恒地把我们锁在圣餐的门外。

42. 信心和爱是必需的,然而主不要求我们完全[a]

[a]我们很容易就能判断在天主教中占主导的是什么教义,也可以知道是什么人捏造的。因为这教义严厉到夺去在恐惧战兢和愁苦中可怜的罪人从这圣礼而来的安慰;然而圣餐把福音一切带给人的福乐都摆在罪人的面前。这的确是魔鬼所采用最快速毁灭人的方式,因为它叫人发疯,让人无法尝到慈悲的天父喜悦为他们安排之饮食的美味。那么,为了避免匆忙地自取灭亡,我们就当记住这圣洁的聚餐对病人是药剂,对罪人是安慰,且对穷人是施舍,然而它对一切健康、公义以及富足的人毫无

---

⑬ 这种对经院派教导的描述反映了哈勒的亚历山大(Alexander of Hales,卒于1245年)的观念,*Summa theologiae* IV. 46. memb. 3. art. 2 f.。路德曾抱怨过这种消极的劝诫,例如在他的 *Sermon for Palm Sunday* (1524):"基督没有给我们毒药,像我们的老师教我们的"(*Werke* WA XV. 496)。

⑭ 参阅III. 4. 1。

益处。即使有这样的人存在，既然圣经提供基督做我们自己的饮食，这教导我们：在基督之外我们必定衰残、饥荒，并昏厥，°因为饥荒夺去身体的活力。此外，既然神赏赐基督是为了使我们得生命，这就告诉我们：若没有基督，我们是死的。ª因此，这就是神所要求的配得——也是神唯一所接受的配得——将自己的污秽和不配献给神，神的怜悯使我们成为配得。我们要对自己感到绝望，好让我们能在基督里得安慰；要谦卑自己为了被基督高举；责备自己好让基督能称我们为义；除此之外，我们要渴慕基督在圣餐中所提供给我们的合而为一；且既然基督叫我们在他里面合而为一，我们就当渴慕与众信徒一心、一口。我们若认真地思考这些事情，我们的思想将令我们感到惊讶，却不致使我们绝望。我们穷困、毫无良善，以自己被玷污、半死半活的身体，怎能吃主呢？我们反而会这样想：我们是穷人就靠近慷慨的赏赐者；我们是病人就靠近医生；我们是罪人就靠近称人为义的主；°最后，我们是死人就靠近那给人生命的神。我们将会思考到ª神所要求的配得主要在乎信心，且信心在凡事上仰望基督，并承认自己一无所有；其次，这配得也在乎爱，神也要我们将这不完全的奉献给他，好让神叫它越来越增加，因为我们无法将完全的爱奉献给神。⑬

又有人虽然同意配得在乎信心和爱，然而他们完全弄错这配得的准则，因为他们要求人拥有他们无法得到的完全信心，并要求人拥有基督向我们彰显的同样的爱。然而他们这样做，就如上面提到的人那样，令人不敢接近圣餐。因为他们的教导若被接受，没有一个人配领圣餐，因为每一个人在主的面前都是有罪的、不完全的。且我们若要求达到完全才能领圣餐，这圣礼将完全失效，所以这是极为愚笨和愚蠢的立场。因为主设立圣餐是为了软弱的人，是要唤醒他们、激发他们、刺激他们，以及操练他们的爱心和信心，而不是为完全的人设立的。

---

⑬ 参阅 Luther, *op. cit.*, p. 502 f. (tr. in part, Plass, *What Luther Says*, no. 2523)。

43. 如何正当地领圣餐

ᵃ至于外在仪式——不管是信徒手里拿着饼，掰开分着吃，或每一个人各自吃所领到的饼；不管他们将杯还给执事或直接交给下一个人；不管是无酵饼或有酵饼；不管是红色的，或白色的葡萄酒——这一切都是无关紧要的，这些事情都交给各教会决定。

然而，我们确定古代教会的习惯是每一个人在自己的手中拿饼。且基督说："大家分着吃"（路 22：17, Vg.）。历史上，在罗马的亚历山大监督（Bishop Alexander）之前，教会用有酵的饼。亚历山大是头一个开始用无酵饼的人。⑬⁶然而我并不晓得他为何这样做，除非他要以这新的习惯吸引百姓的注目，而不是为了教导他们正统基督教的信仰。我请问所有略微渴慕敬虔的人，他们是否清楚看到，教会自由地领圣餐，远比遵守那些毫无生机、矫揉造作的繁文缛节更彰显神的荣耀，更带给信徒甜美的属灵安慰，因为这些虚空的行动不过是在欺哄麻木的百姓。他们任意牵着愚昧的、被欺哄的百姓的鼻子，并称这种控制为信仰。若有人企图利用古代教会的历史为这些发明辩护，我要提醒他们：在洗礼中用圣油也是古代教会的习惯，⑬⁷且在使徒时代之后，过没有多久就有许多的迷信败坏了主的圣餐。这就证明人的顽梗和悖逆，人甚至无法禁止自己玩弄以及败坏神的奥秘。然而，我们要记住神看重对他话语的顺服，甚至要让我们用他的话语来审判天使和世界（林前 6：2—3；加 1：8）。

ᵉ那么，为了除掉教会众多的仪式，ᵃ如果教会经常领圣餐，至少一个

---

⑬⁶ 罗马监督亚历山大一世（107—116）。参阅 Platyna, *Lives of the Popes*, tr. W. Benham, I. 21 f.。
⑬⁷ Augustine, *Unfinished Treatise Against Julian* II. 120, 181；IV. 77（MPL 45. 1192 f., 1220, 1383）；*Against the Writings of Petilianus* II. 23. 53（MPL 43. 277）；*On Marriage and Concupiscence* II. 18. 33；II. 29. 50 f.（MPL 44. 455, 465, 467, tr. NPNF V. 296, 303）；*On the Creed* I. 1, 2（MPL 40. 628, tr. NPNF III. 269 f.）；*On the Grace of Christ and on Original Sin* II. 40. 45（MPL 44. 408；tr. NPNF V. 253 f.）。

礼拜领一次，[139]就能最合宜地施行圣餐之礼。我们应该以公祷开始领圣餐。在公祷之后，接下来是证道。在饼和杯摆在桌上时，牧师当诵读圣餐经文。之后，他应该重申神在圣餐中给我们的应许；他同时也要警告一切主所禁止领圣餐的人。接下来，牧师当求告神以他用来赏赐我们这圣餐的慈爱，教导我们并叫我们以信心及感恩的心来领受。且既然我们生来不配领这样的聚餐，牧师也当求告神以他的怜悯使我们配得。祷告完之后，会众当唱诗，或诵读圣经，牧师掰饼分杯，这样信徒就能规规矩矩地吃饼、喝杯。当圣餐结束之后，牧师当劝勉众信徒真诚地相信神、见证自己的信仰，以及彼此相爱，与所蒙的恩相称。最后，众信徒都要感谢神，并唱诗颂赞他。这一切完成之后，聚会要安静地散会。[139]

44. 教会要经常施行圣餐

ᵃ我们上面对圣餐的一切教导，充分地证明神设立这圣礼不是要我们一年才施行圣餐一次，[140]也不是要我们敷衍了事，像现在常见的那样。主反而要众信徒经常领圣餐，好让他们能常常记念基督的降卑，从而使信心得以保守和坚固，并且激励自己向神歌颂，献上自己的感恩，以及宣扬他的慈爱；最后，他们要领圣餐，为了培养彼此相爱，并彼此见证这爱，且因基督身体的合而为一，经历到我们与基督彼此的联合。因为我们每逢领受那代表主身体的象征，为主所给我们的证据，我们众信徒彼

---

[138] 参阅下文的第四十四至第四十六节。加尔文是最早认为主餐应该如此频繁的人之一；一般而言，弥撒经常举行，但只有少数人能领到。每月一次的圣餐礼，在经院时代被视为"频繁"，讲道者会劝会众不要太常参与。在罗马天主教中詹森派信徒（Jansenists）开始倡导相反的趋势，其中最显著的是安东尼 · 阿尔诺（Antoine Arnauld）所著的 De la fréquente communion，1643。特别参阅 C. Baumgartner et al., Dictionaire de Spiritualité Ⅱ. art. "Communion fréquente" 3 and 4, pp. 1260-1288。

[139] 参阅 the Genevan regulation, Ecclesiastical Ordinances (1541) (CR X. 1. 7-9; tr. LCC ⅩⅫ; 58-72)。

[140] 根据 Fourth Lateran Council (1215) canon 21 (Mansi ⅩⅫ. 1010; tr. H. J. Schroeder, Disciplinary Decrees of the General Councils, pp. 259 f.)。

此献身,尽一切爱所要求我们尽的本分,免得我们容许任何伤害弟兄的事,或忽略任何能够帮助他的事,这就是我们必须照自己的能力行的事。

路加在《使徒行传》中记载这就是使徒教会的习惯,他说众信徒"都恒心遵守使徒的教训,彼此交接、掰饼、祈祷"(徒2:42,参阅Vg.)。之后,这就变成教会常规,即教会每一次聚会都有证道、祷告、领圣餐以及施舍。根据保罗的教导,我们也知道这是哥林多教会的习惯(参阅林前11:20),ᶜ这习惯也维持了好几百年之久。

之后,阿纳克里图(Anacletus)和卡里克斯图(Calixtus)颁布了那些古代教会的法规。当牧师将饼和杯祝谢之后,一切不愿意被排斥在教会范围之外的人都要领圣餐。⁽¹⁴¹⁾他们称这些法规为"使徒的"。其中一条是:"一切没有等到聚会结束和没有领圣餐的人,会被视为搅扰教会者而受惩戒。"安提阿会议命令对那些加入教会、听道却不领圣餐的人要革除教籍,直到他们改过为止。虽然这教令在第一次托莱多会议(First Council of Toledo)被削弱,但他们仍然命令那些虽然参加聚会,却不领圣餐者要被警告;在这警告之后,他们若继续这样行,就要被革除教籍。⁽¹⁴²⁾

45. 奥古斯丁以及克里索斯托教导:领圣餐是众信徒的本分*

ᶜ显然,敬虔的人之所以颁布这样的法规,是要保持以及保护教会经常领圣餐的习惯,因为这是直接来自使徒本身。他们知道领圣餐对信徒有极大的帮助,但由于人们的忽略,圣餐被渐渐废弃不用。奥古斯丁见

⁽¹⁴¹⁾ 认为是教皇阿纳克里图(Pope Anacletus)所颁布,但天主教法令中没有说卡里克斯图一世是颁布者,*Pseudo-Isidorian Decretals. Gratian*,*Decretum* Ⅲ.1.59 (MPL 187.1726; Friedberg Ⅰ.1311; ed. Hinschius,*Pseudo-Isidorianae*, p. 70)。

⁽¹⁴²⁾ 这些法令的原文,见 *Apostolic Canons* 9 (Fulton *Index canonum*, pp. 82 f.); Council of Antioch (341) canon 2 (Mansi Ⅱ.1310; Fulton, *op. cit.*, pp. 233 f.; tr. NPNF 2 ser. ⅩⅣ.108 f.); Council of Toledo (400) canon 13 (Mansi Ⅲ.1000); Gratian, *Decretum* Ⅲ.2.20 (MPL 187.1759; Friedberg Ⅰ.1320)。

证他自己时代的情况:"主合而为一的身体这个圣礼,有的教会天天施行,其他的教会在固定的时候施行。领圣餐叫一些人得生命,却叫其他人灭亡。"在他写给雅努雅流(Januarius)的头一封信中,他说:"有人天天领主的身体和主的血,其他的人在固定的日子领圣餐;有的地方毫不例外地天天领圣餐;有的地方只有礼拜六和礼拜天领圣餐;还有的地方只有礼拜天领圣餐。"然而,就如我们以上所说,既然百姓习惯忽略这仪式,敬虔的人严厉地斥责他们,好避免被看待成忽视这冷漠的行为。克里索斯托在他名为《论〈以弗所书〉》(On the Letter to the Ephesians)的解经书里面有很好的比方:"那侮辱筵席的人没有被问:'你为何不坐下吃?'他反而被问:'你为何进来?'(太22:12)不领圣餐的人是恶人,且他参加聚会是他的羞辱。那请问:若有人被邀请参加筵席,他到了餐馆、洗手、坐下来,且似乎看起来准备用餐,却至终不吃,难道这不是侮辱筵席和举办筵席的主人吗?所以,当你在那些以祷告预备自己的心领这圣洁的饮食的人中间时,你没有离开,就表示你是他们当中的一位,然而到最后你没有吃!难道你不去参加不是更好吗?你说:我不配。然而,这样看起来你也不配那预备众信徒之心领圣餐的祈祷交通。"[143]

46. 一年领一次圣餐的习惯被斥责[*]

[a]显然,那劝人一年领一次圣餐的习惯的确是魔鬼的诡计,不管它利用什么人开始这个习惯。据说这是泽菲里努斯(Zephyrinus)所设立的法规,[144]但是我不能相信当时的情形与现今的一样。也许他的这法规对当时教会的情况有所帮助。因为毫无疑问,当时的教会每一次聚会都领圣餐,且可以肯定多半的人都领圣餐;然而,既然很少所有的人一起领圣

---

[143] Augustine, *John's Gospel* 26.15 (MPL 35.1614; tr. NPNF VII.173); *Epistles* 54.2.2 (MPL 33.200; tr. FC 12.253); Chrysostom, *Commentary on Ephesians*, ch.1. hom. 3.5 (MPG 62.29 f.; tr. NPNF XIII.63 f.).

[144] 在198—217年泽菲里努斯任教皇。参阅 Platyna, *Lives of the Popes*, tr. W. Benham, I.37。

餐，且既然那些与不敬虔和拜偶像的人混合在一起的信徒，需要以某种外在的象征见证自己的信仰，这敬虔的人为了教会的秩序和治理，专门设立了一天，好让众信徒在那个日子能够借着领圣餐见证自己的信仰。他们正式地颁布一年领一次圣餐的法规，可泽菲里努斯的后裔却滥用了这原本很好的仪式。⑭⑤其结果是，几乎所有的人在他们领一次圣餐之后，就很得意地表示他们已经尽了一年的本分，且之后对圣餐不闻不问。⑭⑥圣餐的施行本当截然不同，我们应当给教会的众信徒至少一个礼拜一次施行圣餐，好让神在圣餐中所给我们的应许，成为他们属灵的滋养。我们不应该强迫人，但我们却仍要劝诫和激励众信徒，也要斥责人的懒惰所造成的漠不关心。众信徒应当如饥饿的人踊跃参加如此丰盛的聚餐。所以，我从一开始宣称这习惯是来自魔鬼的诡计是不无道理的。因为人若一年只领一次圣餐，就造成他们三百六十四天的懒惰。ᶜ事实上，到了克里索斯托的时代，这恶习已经潜入；然而我们也知道他对这习惯非常不满意，因为在我上面引用的话中他埋怨教会在这事上完全不平衡，因为一年中有些时候他们预备好了，也常常不领圣餐；可在复活节他们没有预备好，也去领圣餐。因此他这样叹息："哎呀！习惯！哎呀！任意妄为！这样我们天天将自己献于神是徒然的；我们站在他的祭坛前也是徒然的。没有人与我们一起领圣餐。"⑭⑦这就充分证明克里索斯托完全不赞同这习惯。

斥责把主的杯从百姓的手中夺去（47—50）

47. 反驳神甫取代百姓领圣餐*

ᵃ从魔鬼的众诡计中也出现了另一个法规，⑭⑧且这诡计把一半圣餐从

---

⑭⑤ 参阅上文第四十四节注释41。

⑭⑥ "*In utramque aurem securi dormiant.*" 字面的意义为"酣睡"，这是 Terence 所用的词汇，*Heauton Timorumenos* II. 3. 101（LCL Terence I. 150 f.）；Plautus，*Pseudolus* I. 1. 123（LCL plautus IV. 160 f.）。

⑭⑦ 参阅上文的第四十五节注释44（hom. 3. 4.）。

⑭⑧ 参阅 Luther，*Receiving Both Kinds in the Sacrament*（*Werke* WA XII. 11-41；tr. A. R. Wentz，*Luther's Works*，American Edition，36. 237-267）。

大部分百姓的手中夺去了。教会将杯的象征从平信徒和世俗之人［他们竟敢给神的产业取这样的名称（彼前5：3）］的手中夺去，反而将领受主的杯当作少数剃头和被膏抹之人的特权。永生神的诫命是众信徒都要喝这杯（太26：27），然而人竟敢以自己所立的新法则抵挡、取代神的命令，颁布法令说不是每一个人都应该喝主的杯。

为了证明自己所颁布的法规并非违抗神、出于自己的不理智，他们就教导众人：领受主的杯将会造成某些危险的情况，仿佛神在他永恒的智慧当中，预先不知道或没有思考这些危险发生的可能性。

他们之后狡猾地推论一个象征足以代表两个象征，他们说："我们若吃主的身体，就是他的整个身体，且基督与他的身体是分不开的。所以，根据共存的原则，身体也包括血。"[149]可见我们的思想非同神的思想，只要神稍微放松缰绳，人立刻开始变得放荡和野蛮！主拿着饼说这是他的身体；他拿着杯将之称为自己的血。然而人的理智竟敢反过来大声说，饼是血，酒是身体，仿佛主毫无理由地以言语和象征，将自己的身体和血区别开来，或仿佛教会曾经教导过基督的身体或他的血，被称为神和人。显然，主若愿意表示他整个的自我，他也能说："这是我"，就如他在其他的经文中说的那样（太14：27；约18：5；路24：39）；然而他说，"这是我的身体；这是我的血"的意思并非如此。为了坚固我们软弱的信心，主分别设立饼和杯。这教导我们：主不但满足我们所吃的，也满足我们所喝的。若一个部分被夺去，我们就只能够在主里面寻找我们一半的营养。因此，即使他们的教导没有错，即根据共存的原则，饼里面包括血，杯也装着身体，然而他们仍然欺哄敬虔之人，从他们身上夺去基督所视为必需的信心的坚固。因此，我们当完全不理会他们的遁词，而紧紧地抓住基督以双重凭据所为我们设立的福分。

---

[149] Council of Constance, thirteenth session（1415）（Mansi XXVII. 727）；Aquinas, *Summa Theol.* III. 80. 12；III. 76. 1, 2；参阅上文的第三十五节注释118。

48. 谬论：基督只容许使徒喝杯，因他们是"献祭者"[*]

[a]我也知道魔鬼的仆人（因他们习惯嘲笑圣经）喜欢在这事上争辩。[c]他们首先教导：教会不应当从单一的行为上推出教会当永远遵守的规则。然而当他们称之为单一的行为时，他们是在说谎，因为基督不但提供这杯给门徒，他甚至也命令使徒在这事上效法他的榜样。因为基督所吩咐我们的话是："你们都喝这个。"（太 26∶27，参阅 Vg.）且保罗将这行为视为一条固定的命令（林前 11∶25）。

他们的另一个逃避方式[a]是：当时主已经拣选了使徒，并吩咐他们做"献祭者"。因此基督只允许他们领圣餐。[149]

然而，我要请他们回答我五个问题，因为他们一回答，自己的谎言将立刻被揭露出来。

首先，他们的这法规来自哪一处圣言——既然这教导完全违背圣经？圣经记载十二个人与基督一同坐着吃（参阅太 26∶20），然而圣经没有因称他们为"献祭者"（我们将在恰当的时候更详细地讨论这名称。[151]）而贬损基督的尊严。虽然基督亲自将圣餐分给十二使徒，然而他同时吩咐他们也这样做，即在他们中间分发。

第二个问题是：为何从那更纯洁的时代到使徒之后的一千年，教会毫不例外地维持了领受饼和杯（两个象征）的习惯呢？难道古代教会不晓得基督邀请了什么人参加他的圣餐吗？不回答这问题或用逃避的方式回答，难道这不是厚颜无耻吗？教会历史及教父著作都充分地证明这事实。[152]德尔图良说："基督的[c]身体和血喂养人的肉体，好让他的灵魂能够被神滋养。"安波罗修对狄奥多西说："你哪有勇气用自己的手接受主圣洁的身体呢？你又哪有勇气用自己的嘴唇喝他自己的宝血呢？"哲罗姆

---

[149] VG 将这句扩展为："*en l'ordre de Sacrificateurs qu'ils nomment ordre de Prestrise.*"参阅 De Castro, *Against heresies* VI（1543 ed., fo. 98A-100A）；Eck, *Enchiridion*, ch. 10。
[151] IV. 19. 28.
[152] 关于提到的"历史"和"教父著作"，见注释 54 和 OS V. 415, note a。

说:"神甫施行圣餐并将主的血分给众百姓。"克里索斯托说:"在律法的时代中,祭司吃了一部分,百姓吃了另一部分;然而如今主的身体和他的血提供给所有的人。整个圣餐都是祭司和百姓一同领受的。"奥古斯丁在多处有同样的见证。⑮

49. 平信徒一直到最近都在喝杯＊

ᶜ那么我为何在这么普遍的事上争辩呢?只要我们阅读一切的希腊和拉丁作者,他们的作品就能充分证明这事实。只要教会还保留一点自己的正直,这习惯就不会被废除不用。格列高利(罗马的最后一个监督)见证教会在他的时代仍有这个习惯:"你现在知道羔羊之血是什么,不是因为听到,而是因为喝下去"、"基督的血被倒在众信徒的嘴巴里"。⑭事实上,格列高利死了四百年以后,虽然教会在各方面已经堕落了,但他们仍保持这习惯。且他们不仅仅将之视为习惯,乃是视为不可玷污的法规。显然,信徒直到那个时代仍尊敬基督所设立的圣餐,他们也确信将主所配合的两个象征分开,是亵渎神的行为。这就是格拉修(Gelasius)所说:"我们看过一些人只领受主圣洁的身体,而拒绝他的杯。毫无疑问,他们被某种迷信所捆绑。他们应该或完整地领圣餐,或完全被禁止领圣餐。"因为人若分开这奥秘,他们就是在大大地亵渎神。当时的人听从了西普里安的劝勉,他的劝勉应当对众信徒很有说服力。我们若拒绝给那些即将为真道作战的人喝基督的血,那么我们怎能教导他们,或要

---

⑮ Tertullian, *On the Resurrection* 8 (CCL Tertullian II. 93; tr. ANF III. 551); Theodoret, *Ecclesiastical History* 5. 18 (ed. T. Gaisford, p. 434; GCS 19. 309; MPG 82. 1231 f.; tr. NPNF [ch. 17] 2 ser. III. 143); Jerome, *Commentary on Zephaniah* 3:1-7; *Commentary on Malachi* 3:15 (MPL 25. 1375, 1561); Chrysostom, *Homilies on* II *Corinthians*, hom. 18. 3 (MPG 61. 527; tr. NPNF XII. 366); Augustine, *Sermons* 31. 1. 2 (MPL 38. 193); *Sermons* 131. 1. 1 (MPL 38. 729; tr. LF *Sermons* II. 586); Augustine, *Letters* 217 5, 16 (8) (MPL 33. 984 f.; tr. FC 32. 87); 54. 2. 2 (MPL 33. 200; tr. FC 12. 253); 36. 10. 24 (MPL 33. 147; tr. FC 12. 159).

⑭ Gregory I, *Homilies on the Gospels* II. 22. 7 (MPL 76. 1178); Gregory I, *Dialogues* IV. 58 (MPL 77. 425; tr. P. W., ed. E. C. Gardner, p. 256).

求他们为基督的缘故流自己的血呢？若非教会在圣餐中允许他们喝主的杯，我们怎能让他们喝殉道（者）的杯呢？然而教会的领袖将格拉修的教令局限于祭司，[155]如此幼稚的做法实在不值一驳。

50. 圣经的话明确地教导主的杯要提供给众信徒[*]

[a]第三个问题是：为何基督在拿饼的时候只吩咐我们吃，但当他拿杯的时候反而说："你们都喝这个"？（可 14：22—23；太 26：26—27）基督似乎在有意防备撒旦的诡计。

第四个问题是：若主（就如他们所说）在圣餐中只尊荣"献祭者"，有什么人敢在之后允许主排斥在外面的人领主的圣餐呢？因为这等于是领受主的恩赐，然而在主的吩咐之外，这恩赐没有使我们蒙福的大能。事实上，他们凭什么到如今仍在主的吩咐或榜样之外，任意妄为地将主的饼提供给平信徒呢？

第五个问题是：当保罗告诉哥林多信徒，他当日传给他们的原是从主领受的，难道他在说谎吗？（林前 11：23）因为他之后宣告他从主所领受的吩咐就是：众信徒当毫无差别地领受两个象征（林前 11：26）。若保罗从主领受的吩咐是，众信徒当毫无差别地领圣餐，那么请问那些几乎排斥神所有百姓在外的人，他们的吩咐是从哪一位来的？因为他们不再能够假装他们的吩咐来自神，因神的吩咐"总没有是而又非的"（林后 1：19）。然而，他们仍然用教会的名义掩饰这亵渎的行为，也用教会的名义为这亵渎辩护！好像这些敌基督的，轻率地践踏、扰乱甚至废掉基督的教导和吩咐的人就是教会，或者说信仰最复兴的使徒教会不是教会！

---

[155] 参阅 Gratian, *Decretum* III. 2. 12, quoting Gelasius I to Bishops Majoricus and John；"*Aut integra sacramenta percipient, aut ab integris arceantur*"（MPL 187. 1756；Friedberg I. 1387）；Cyprian, *On the Lapsed* 25 （CSEL 3. 1. 255；tr. ACW XXV. 3）。

ᵉ第十八章　天主教的弥撒,不但褒渎而且毁灭圣餐

因弥撒的褒渎,并因它毁坏圣餐而当拒绝它（1—7）

1. 天主教关于圣餐的教义

ᵃ撒旦以这样类似的诡计,企图以浓厚的黑暗混淆圣餐,并且玷污它,好至少拦阻圣餐的圣洁在教会里蒙保守。然而最为可怕的褒渎是魔鬼捏造了另一个仪式,且这仪式不但混淆以及败坏了圣餐,甚至完全废弃了主的圣餐,并叫它从人的记忆中消失掉。其方式是魔鬼以极为有害的异端弄瞎几乎全世界人的心眼,即叫人相信弥撒是使人蒙赦罪的献祭。

ᵇ我现在拒绝费时费力地问那些较理智的经院神学家们①在刚开始的时候是怎么接受这教义的。不再理会他们和他们过于乖张的狡猾！不管他们如何为这些教义诡辩,一切善良的人都必定拒绝,因为这些教义叫圣餐受玷污。我完全弃绝这些教义,并劝读者们留意我在此所攻击的是罗马的敌基督及其先知们播散到全世界的观点,ᶜ即,弥撒是人的功劳,

---

① 就如阿奎那和伦巴德。

那将基督献为祭的神甫,以及那些参加弥撒的百姓借这功劳得到神的恩惠,°或说弥撒是某种除罪祭,且神甫和百姓借此叫神与他们和好。②

°这弥撒不但成为非常受欢迎的观念,其仪式本身已经被人看为某种挽回祭——为活人和死人除罪而平息神的愤怒。天主教徒在弥撒中所用的言语也有这个含义;③ᵃ因此,从他们日常的用法中我们无法得出另外一个意思。我知道这瘟疫所扎的根,被隐藏在美丽的外貌底下有多深,它是如何以基督的名义展示,且多少人相信"弥撒"一词包含整个基督教信仰。

然而,神的话语充分地证明,这弥撒虽然带有华丽的装饰,却侮辱基督,掩盖并压制他的十字架,使人忘记基督的死,夺去基督的死所带给我们的福分,而且削弱甚至毁坏神喜悦我们用来纪念他的死的圣餐礼。难道有什么根深到连这最坚固的斧头(即神的话语)都没有办法完全把它们根除掉吗?难道有什么装饰耀眼到这亮光无法照出被隐藏在底下的邪恶吗?

2. 弥撒亵渎基督

ᵃ就像最初提出的那样,我们现在要证明弥撒是对基督不可容忍的亵渎和羞辱。因为基督并不只是一度被父神设立为祭司和大祭司,这与在旧约里被任命为祭司那暂时的职分截然不同。他们既是必死的人,所以他们祭司的职分不可能是永恒的。因此,他们总是需要继承者来取代去世的人。然而基督既是永恒的,就不需要一位取代他的继承者。由此可见,父神宣告基督是"照着麦基洗德的等次永远为祭司",好设立基督永远为祭司(来 5∶6、10,7∶17、21,9∶11,10∶21;诗 110∶4;创 14∶

---

② 这种观点在 16 世纪索邦神学家中广为流行,就如克里希托夫(Clichtove)。参阅他的 *Propugnaculum* (1526) I. 11, fo. 24f., *Antilutherus* II. 15, fo. 955b;和卡斯特罗(De Castro),*Against Heresies* X, art. *"missa"* (1543 ed., fo. 133 ff.)。

③ 仪式中使用的语言,见于罗马天主教弥撒书中的祷文。

18）。这奥秘从很久以前就在麦基洗德身上预表；当圣经为我们介绍麦基洗德是永生神的祭司之后，再也没有提到他，这就暗示他的生命是永恒的。基督因这缘故被称为照着麦基洗德的等次为祭司。

然而，现今那些天天献祭的人必须指派他们当献祭的祭司，他们也将这些祭司视为代替基督的继承者。然而这些人取代基督，不但因此窃取他的尊荣，以及从他的手中夺去基督永远做祭司的特权，他们甚至也企图将基督从父神的右手边拉下来，因为基督坐在那里的目的就是要永远为百姓做祭司。他们也不可反对说，他们的祭司取代基督并不表示基督已经死了，而只是代替基督做永远的祭司，这祭司的职分不会因此中止。然而，保罗的话清楚到他们无法这样回避。他说在旧约里，以色列人之所以经常换祭司，是因为死亡拦阻他们继续担任这职分（来7：23）。因此，那位不受死亡拦阻的基督与众不同，也不需要代替者。然而，这些人堕落到利用麦基洗德祭司的职分掩饰自己的不敬虔。圣经记载他带着饼和酒出来（创14：18），[④]他们据此推论说这就预表他们的弥撒，仿佛他的饼和酒与基督的有任何关联。这教导肤浅和愚昧到我们无须反驳。麦基洗德将饼和酒送给亚伯拉罕和他的朋友，使他们从行路和作战的疲倦中重新得力。但这与献祭有什么关系呢？摩西称赞这圣洁君王的仁慈。这些人粗鲁地捏造圣经根本没有记载的奥秘，然而他们用以下的话美丽地掩饰自己的谬论："他是至高神的祭司。"（创14：18，Vg.）他们硬将饼和酒运用在圣餐的教义上，而使徒的意思是：这食物不过是某种福分。因此，既然麦基洗德是神的祭司，所以他祝福了亚伯拉罕（创14：19）。同一位使徒（我们不需要去找比他更好的解经家）用这话推论麦基洗德的卓越，因为从来是位大的给位分小的祝福（来7：7）。若麦基洗德的饼和酒预表弥撒的献祭，难道这不漏过任何细节的使

[④] Eck, *Enchiridion* (1533), fo. 56a. 参阅 Augustine, *City of God* XVI. 22："因为那时第一次出现献祭，现在这祭已由基督徒来献给神。"（MPL 41. 500；tr. NPNF II. 323）

徒可能会忘记记载这么重要的事吗？所以，不管他们怎么胡说，他们企图推翻使徒的论点是徒然的，即必死的人担任祭司的职分这权利和尊荣已经取消了，因为那永恒的基督是独一无二永远的祭司（来7：17—19）。

3. 弥撒压制基督的受难

^a另一个指控是：弥撒压制和湮没了基督的十字架和受难。这的确是显而易见的事，^e我们一旦设立祭坛，基督的十字架立刻就被推翻了。^a因为若基督在十架上将自己献为祭，好使我们永远成圣，并为我们获得永恒的救赎（来9：12p.），无疑这献祭的力量和功效将存到永远。否则，我们对基督的敬畏不会超过我们在旧约中所献给神的牛和牛犊，因为犹太人常常将这些动物献为祭，这就证明它们的无效和软弱。由此看来，我们要么承认基督在十字架上的献祭没有使我们洁净直到永远的大能，要么承认基督从前一次将自己献为祭，直到永远。然而，这就是使徒所说的话，即这大祭司基督，"如今在这末世显现一次，把自己献为祭，好除掉罪"（来9：26p.）。^b而且，"我们凭这旨意，靠耶稣基督，只一次献上他的身体，就得以成圣。"（来10：10）再者，"基督一次献祭，便叫那得以成圣的人永远完全。"（来10：14p.）^b他之后也加上"这些罪过既已赦免，就不用再为罪献祭了"（来10：18，参阅 v. 26）。^a基督所说的最后一句话也有同样的意思，他说："成了。"（约19：30，Vg.）我们习惯于将人最后所说的话视为预言。⑤基督在奄奄一息中，见证他一次的献祭足以成就一切关于我们救恩的事。难道神允许我们天天在这祭上不断修修补补，仿佛它是不完全的？然而神明确地记载基督的献祭是完全的。既然神圣洁的话语不但记载，甚至宣告并声称基督的献祭是从前一次献与神的，而且这献祭的果效是无穷尽的，难道那些要求更多献祭的人，不就

---

⑤ 参阅 *Apology of Socrates* 30；"因为我即将离世，多数人在这个时候会说预言。"（LCL Plato I. 136 f.）

是在指控基督的献祭不完全和软弱吗？天主教可以天天施行千万次的弥撒，难道其目的不是要遮蔽和湮没基督的受难吗？因为他从前一次向神将自己献为祭。那么，除了心盲的人之外，谁不明白这就是魔鬼在大胆地扭曲如此清楚、公开的教导呢？我也并非不晓得那说谎之父习惯用怎样的诡计掩饰自己对人的欺哄，即这些献祭并不是许多不同的献祭，乃是同一个献祭，一而再、再而三地重复施行出来。⑥反驳这诡计是轻而易举的事。因为使徒在他的讨论中不但宣告除了这献祭之外没有其他的献祭，他同样也教导这献祭是从前一次献与神，且他之后不会再重复。更为狡猾的人用另外一个说法为托词说，这并不是重复基督的献祭，乃是运用之。但反驳这诡计一样简单。因为基督从前一次将自己献为祭，并不是靠人天天所施行的献祭蒙批准。这献祭带给人的益处反而是借着传福音和施行圣餐而来。所以，保罗说："我们逾越节的基督已经被杀献祭了"（林前5∶7），且他之后劝我们用餐（林前5∶8）。这就是神将基督的献祭运用在我们身上的方式，即借着证道和圣餐向我们传扬这献祭，好叫我们借着信心领受。

4. 从《玛拉基书》1∶11引出的谬论*

ᵇ然而，我们也应当了解他们的弥撒建立在哪些其他的经文之上。他们利用玛拉基的预言（因为主借他的口应许人将在各处奉神的名烧香）献洁净的供物（玛1∶11，参阅EV）。⑦仿佛当先知提到外邦人将蒙召的事时，他们用外在的礼仪律来代表他们劝众信徒献与神的属灵敬拜是什么新鲜、稀奇的事！先知用这样的话向他们时代的人更深刻地教导神将呼召外邦人进入信仰的团契。与此相似，先知常用他们时代的预表，描述福音之后清楚启示的真理。譬如：他们用上耶路撒冷代表归向耶和华

---

⑥ Eck, *Enchiridion* (1533), fo. 55b, 57a.
⑦ Eck, *op. cit.*, fo. 53b-54a；De Castro. *Against heresies* X (1543, fo. 133 f).

(赛2：2—3；弥4：1—2)；用送各种礼物代表信徒对神的颂赞（诗68：29，72：10—11，赛60：6)；用梦和异象代表人将在基督的国度里对神有更丰盛的认识（珥2：28）。所以这些人在《玛拉基书》中所引用的话，与《以赛亚书》的另一个预言相似。在那里，先知以赛亚预言将会有三个不同的祭坛被设立在亚述（赛19：21)、埃及（赛19：23，参阅v.19)，以及犹大（赛19：24)。我想问我的敌人：你们是否接受这预言在基督的国度里得以应验？其次，那些祭坛的地点在哪里？或它们是什么时候设立的？再其次，你们是否认为这三个国度有圣殿，就如耶路撒冷那样？我想他们只要好好地思考这些事情，就必须承认旧约里的先知用一些适合他时代的预表，预言对神属灵的崇拜将会传遍天下。这就是我们给他们的答复。ᵇ圣经里有众多类似的预言，我不想再举其他的例子。然而我仍要说，他们在此极为可悲地受骗上当，即他们唯独承认的是弥撒的献祭，虽然众信徒现今真正地向主献祭，并将纯洁的供物献与神。我们下面将更详细地讨论这一点。⑧

5. 弥撒叫人忘记基督的死

ᵃ我现在所要讨论的是弥撒带给人的第三种伤害，即弥撒将基督与众不同的死，从人的思想中清除掉，使他们忘记之。因为就如在我们的日常生活中，我们必须等到留遗命的人死了，他的遗嘱才发挥功效，同样我们的主借自己的死，确认他所交给我们的遗嘱，即罪得赦免和永远的义（来9：15—17）。然而那些擅敢修改这遗嘱，或在遗嘱之上添加什么新东西的人，就是否定基督的死，并将之视为无关紧要的事。难道弥撒不就是新的以及完全不同的遗嘱吗？怎么说呢？天主教徒难道不是在弥撒当中向人应许新的蒙赦罪的方式，并向他们应许全新的称义方式，以至于现在遗嘱与弥撒一样多吗？如此，基督必定再来，并借着另一次的

---

⑧ 下文的第十六节。

死使这新的遗嘱得以批准。事实上,基督必须借着无数的死亡,使无数在弥撒中的遗嘱得以批准。由此可见,我从一开始所说的,弥撒使基督与众不同的死完全失效,难道不完全正确吗?而且弥撒的教导使基督(若是可能)必须重新死。因为使徒告诉我们:"凡有遗命,必须等到留遗命的人死。"(来9:16)那么弥撒教导基督有全新的遗命,所以,他必须重新死。此外,祭物被杀或奉献在祭坛上是必需的。若基督在每一次的弥撒中被献祭,那么他就在千万不同的地方同时被杀害。这不只是我自己的论点,也是使徒的论点:若基督需要多次将自己献上,那么他从创世以来,就必多次受苦了(来9:25—26)。[b]我知道他们惯于采用准备就绪的答复,而且这答复指控我们诽谤他们。因他们说我们的异议他们从来没有想象过,现在也无法想象。然而,我们晓得基督的死和生完全不在他们手中。我们一点都不在乎他们是否从一开始就计划将基督杀掉;我们唯一的目的是要指出他们不敬虔和邪恶的教义的结果是什么。我要用使徒亲口说的话证明这一点。[c]即使他们千百次说这献祭是无血的献祭[⑨],人异想天开的念头无法改变献祭的性质;因为若是这样,神这圣洁不可违背的设立必定落空。因为使徒明确地教导我们这原则,即"若不流血,罪就不得赦免了"(来9:22)。

6. 弥撒除掉基督的死所带给人的益处

[a]我现在所要谈的是弥撒带给人的第四种伤害,即弥撒夺去基督的死所带给人的益处,因为弥撒拦阻人承认并思想基督的死。因当人在弥撒中看见某种新的救赎方式,难道他们相信他是借基督的死得蒙救赎吗?当人听见有某种新的赦罪方式时,难道他会确信他一切的罪已经得赦免吗?若说我们只有在弥撒中罪才得赦免,这是站不住脚的,因这赦免早

---

⑨ "ἀναίματον." 参阅 De Castro. *Against Heresies* X (1543 ed., fo. 134 B, C); Gregory of Nazianzus, *To Amphilochius* (MPG 37. 279-282)。

已借基督的死被买下来。这不过是夸耀基督对我们的救赎完全依靠于我们救赎自己；这就是撒旦的差役到处传扬的信息，且这信息现今用咒骂、刀剑以及火来辩护，即当我们在弥撒中将基督向父神献为祭时，这行动为我们获得赦罪，也叫我们在基督的受难中有分。[⑩]然而这教导基督的受难不过是神向我们举的例子，好教导我们是自己的救赎者。^c基督虽然借着圣餐使我们确信自己已蒙赦罪，但他却没有教导门徒他们蒙赦罪来自这行动本身，他反而吩咐他们默想他自己的死，即圣餐是某种记念的方式，且神借着圣餐教导人：那除去原罪、平息神愤怒的祭物只是一次献为祭。因为我们明白基督是唯一的祭物还不够，我们必须同时强调只有一次献祭，好让我们的信心能够专注于基督的十字架。

7. 弥撒叫圣餐完全失效

^a我最后所要指出的伤害是弥撒[⑪]除掉、毁坏以及废掉了主的圣餐（就是主吩咐我们遵守为了记念他受难的圣礼）。事实上，圣餐本身是神赏赐我们的恩惠，且我们应当以感恩的心接受这恩惠。罗马天主教教导弥撒的献祭是人向神付的代价，且神应将它作为赎罪的方式来接受。这献祭与圣餐礼和施与受的差别一样大。人的忘恩负义严重到他虽然在这世上应当承认和感谢神对他丰盛的祝福，但他反而将神视为他的债务人！神在圣餐中向我们应许：借着基督的死，我们不仅一次性获得重生，神甚至不断地更新我们，因为圣餐宣告基督已成就了救恩的各部分。然而弥撒所教导的截然不同，即基督必须天天被献为祭，他的献祭对我们才有益处。神吩咐在我们教会公开的聚会中施行圣餐，教导我们众信徒在基督里彼此交通，然而弥撒的献祭反而拆毁以及分裂这交通。因为当教会开始相信平信徒需要祭司替他们施行献祭，仿佛主将

---

⑩ Eck, *Enchiridion* (1533), fo. 55b-57b.
⑪ "Ad coronidem," 这指的是书本或剧本末尾的标记。参阅 Liddell and Scott, *Greek-English Lexicon*, s. v. "κορονίς"。

圣餐交给他们时，圣餐便不再是照着主的吩咐施行了。私人的弥撒有一个开场式，它表达的更像是把人隔绝在基督的身体之外，而不是基督所设立的信徒团契。因为那渺小的献祭者，即将吃掉他所献上的祭物，这样做等于将自己从众信徒当中分离出来。⑫我称之为私人的弥撒（免得任何人误会）^{c (a)}，因为这不是众信徒一起分享主的身体，即使有一大群人参加这聚会。

教会早期的习惯以及后来发生的误解（8—11）

8. 私人的弥撒弃绝主的圣餐*

^c我一直无法确实地知道"弥撒"这个词到底从何处而来。也许最大的可能是来自所献上的祭物。⑬这可能是为什么古代的神学家们通常用这名词的复数形态。我略而不谈这词的来源，我要说的是私人的弥撒与基督所设立的圣餐完全相反，并因此亵渎了主的圣餐。因为主的吩咐如何呢？难道不是要我们彼此分着领受吗？（路 22：17）保罗教导信徒该怎样遵守这吩咐呢？难道不是要我们同领基督的身体和血吗？（林前 10：16）所以，当一个人领圣餐而不分给其他信徒时，这与圣餐哪里有相似的地方呢？然而他们说，这一个人替整个教会的人领圣餐。这是根据什么吩

---

⑫ 参阅 Farel, *Sommaire* (1525) 19 (*de la messe*)："弥撒可以帮助人了解祭司和平民最大的不同。"(Pannier, *Institution* IV. 57, note *a*, p. 309) 加尔文的意思是指在私下的弥撒仪式，这种仪式在中世纪早期相当普遍; W. D. Maxwell, *Outline of Christian Worship*, pp. 67 f.; F. Heiler, *The Spirit of Worship*, p. 71。参阅 Luther, *De abroganda missa private* (1521) (*Werke* WA VIII. 411-476); *Disputatio contra missam privatam* (1536) (*Werke* WA XXXIX. 134-175)。领受圣餐者出席圣餐礼拜是主餐仪式首要的要求，对加尔文而言，这本质上是群体的行动。参阅 D. M. Baillie, *The Theology of the Sacraments*, pp. 122 ff.; R. S. Wallace, *Calvin's Doctrine of the Word and Sacrament*, pp. 242 ff。加尔文的这段话写于 1536 年：'埃德蒙·吉斯特（Edmund Geste [Gheast]）在 1548 年写下 *Treatise Againste the Prevee Mass, in ... Furtherance of the Mooste Holye Communyon*。"这本有趣的小册子由达克戴尔（H. G. Dugdale）出版，作为 *The Life and Character of Edmund Geste* 的附录 I...*the Principal Compiler of the Liturgy of the Church of England* (1849)。特别参阅 134-140 页。特兰托会议 22 部分（1562）第六章，认同并称赞"只有神甫才能执行圣礼"（Schaff, Creeds II. 182）。

⑬ 参阅 *Enciclopedia Cattolica*, art. "*Messa*"; Du Cange, *Glossarium*, *s. v.* "*Missa*" 3, 4; A. Souter, *Glossary of Later Latin*, *s. v.* "*Missa*."这个词最早可能是用在散会时；"*Missa est*"也就是"聚会结束"。复数形态可能是在奥古斯丁时期，用在区分慕道友的弥撒和慕道友散会后给信徒的弥撒。

咐呢?一个人竟敢私下抢夺整个教会应当彼此分享的福分,难道这不就是欺哄神吗?基督和保罗所说的话是显而易见的,所以我们的结论是,当圣餐不是掰饼让信徒同领主的身体时,就绝不是主的圣餐,乃是虚假、荒谬的冒牌货,而且冒牌货是对圣餐的败坏。此外,败坏这么伟大的奥秘是极大的恶行。因此,私人的弥撒是邪恶地滥用主的圣礼,并且(因为在信仰上一个错误常常产生另一个错误)这私人弥撒的习惯一旦混进来,教会就开始在教堂里的各处施行无数的弥撒,同时将信徒分来分去,而他们本应该一起来领圣餐,承认他们合一的奥秘。容他们去否认在圣餐中用圣饼代替基督而敬拜他是偶像崇拜的行为。他们夸耀基督临在的应许是徒然的,因为不管他们怎么解释饼和杯与基督彼此的关联,基督一定不是将圣餐交付他们,好叫不洁和亵渎神的人能够随时随地任意捏造基督的身体。主交付我们这圣礼,好让信徒能够在领圣餐的过程中,以敬畏神的心遵守基督的吩咐,而真正享受与基督的相交。

9. 弥撒没有圣经根据,也没有古代教会的先例[*]

[c]此外,那纯洁教会没有这邪恶的仪式。不管我们的众敌人当中,最无耻的人多尽力设法逃避这事实,显然整个教会的历史都反对他们,就如我们前面在其他问题上所证明的那样。[⑭]你越详细地研究古代的作者,就越找不到古时对这仪式的记录。[a]然而,当我结束这一次的讨论前,我要请我们弥撒的博士说明——既然他们知道"听命胜于献祭;顺从胜于公羊的脂油"(撒上15:22)——他们如何喜悦这献祭的方式,因为这仪式不是神所吩咐的,也没有圣经上任何一句话作为根据。此外,既然他们知道使徒清楚地吩咐,没有人能自取大祭司的尊荣,除非蒙神所召(就如亚伦那样)。事实上,连基督自己也非轻率地自取这职分,而是顺从父神的呼召而取的(来5:4—5),那么他们或是要宣称神自己是他

---

⑭ IV. 17.

们祭司职分的主人和设立者，或是承认他们这邪恶、轻率、在神的呼召之外的职分与神毫无关联。然而，他们完全不能证明他们祭司的职分来自神的呼召。那么，他们的献祭岂不是没有意义，因为献祭完全不能没有祭司？

10. 教父是否将弥撒视为献祭？

^{b}若任何人断章取义地引用古代神学家们的作品，好利用他们的权威证明圣餐所彰显的献祭与我们以上的解释截然不同，我们简洁的答复是：天主教徒在弥撒中所捏造的献祭，在古代神学家们那里找不到任何的支持。$^{c\,(b)}$ 他们的确用"献祭"一词；他们同时清楚地解释他们的意思，不过是信徒在圣餐中当记念基督——我们唯一的祭司，古代神学家们到处宣称这一点（在十字架上独一无二的献祭）。奥古斯丁说^c："希伯来人在他们献与神的祭物上，庆祝了当时神所预言基督将献与神的那祭物；基督徒则借最神圣的献祭和领受基督的身体，庆祝那从前一次献与神之献祭的纪念。"他在此的教导与写在《对于执事彼得关于信心的教导》(*Concerning Faith to Peter the Deacon*) 中的教导一模一样（不管这本书的作者是谁）。⑮那作者写道："你当坚定地相信，毫不怀疑地主张神的独生子——为我们道成肉身的基督——替我们舍了自己，当作馨香的供物和祭物献与神；在旧约的时代教会向他，以及向圣父和圣灵将动物献为祭；现今普天下圣洁的教会不断地向他，以及向圣父和圣灵（三位一体的神）将饼和酒献为祭。因为那些血肉的动物预表基督的肉体，就是他之后为我们的罪献为祭的身体，也预表基督的血，就是他之后为我们的赦罪所流出来的血。此外，这献祭也包括众信徒对基督为我们舍了他的身体、流出他的宝血的感恩和纪念。"⑯因此，奥古斯丁自己在他许

---

⑮ Augustine, *Against Faustus* 20.18 (MPL 42.382 f.; tr. NPNF IV. 260 f.).
⑯ Fulgentius, *De fide* 19.60 (MPL 65.699). Fulgentius (d. 533) 曾任北非鲁斯佩 (Ruspe) 的主教，参阅 Smits I. 188。

多的作品中,将圣餐描述为颂赞神的献祭。最后,他的作品也到处证明主的圣餐之所以被称为献祭,完全是因为圣餐是对那独一无二、真正、与众不同的基督为我们赦罪之献祭的纪念、象征以及见证。ᵉ奥古斯丁在他的作品《论三位一体》(*On the Trinity*)第四卷第二十四章中有非常值得我们记住的一句话。奥古斯丁在这里已经讨论过基督那与众不同的献祭,他总结道:"在任何的献祭上,我们应当考虑四件不同的事情——向谁献祭、谁献祭、献上什么,并且为谁献祭。因此,那同样独一无二的真中保,借着自己的平安祭叫我们与神和好,并仍旧与他献祭的对象合一;他叫自己的献祭所祝福的人在自己里面合而为一;那施行献祭的他与他所献为祭物的他完全合而为一。"[17]ᶜ克里索斯托的教导也是一样。然而,这些敬虔的人将祭司职分一切所应得的尊荣都归给基督,甚至根据奥古斯丁所说,我们若说监督是神和人之间的中保,这就是敌基督的话。[18]

11. 教父偏离神所设立的圣餐*

ᵇ我们不否认在圣餐中,神将基督的献祭明确地彰显出来,我们甚至几乎能亲眼看见他的十字架。就如保罗说当基督的十字架向加拉太信徒传扬时,这十字架活化在他们眼前那样(加3:1)。我也知道一些古代的神学家们对圣餐的解释与主所设立的这圣礼不完全一致,因为他们也教导圣餐在某种程度上是重复或至少更新基督的献祭。[19]因此,众敬虔的信

---

[17] Augustine, *Against the Adversaries of the Law and the Prophets* I. 18. 37; 20. 39 (MPL 42. 624, 626); *Against Faustus* 20. 21 (MPL 42. 385; tr. NPNF IV. 261 f.); *Psalms*, Ps. 3. 1 (MPL 36. 73; tr. NPNF VIII. 4 f.); *Letters* 140. 18. 46 (MPL 33. 557; tr. FC 20. 96); *Against Adimantus* 12 (MPL 42. 144); *On the Trinity* IV. 14. 19 (MPL 42. 901; tr. NPNF III. 79).

[18] Chrysostom, *Homilies on Hebrews*, hom. 17. 3 (MPG 63. 131 f.); Augustine, *Against the Letter of Parmenianus* II. 8 (MPL 43. 59 f.).

[19] Cyril of Jerusalem, *Catechetical Lectures* 23. 10 (MPG 33. 1117; tr. NPNF 2 ser. VII. 155, with explanatory note 5); Chrysostom, *On the Priesthood* III. 4 (MPG 48. 642; tr. NPNF IX. 46); *Homilies on Romans*, hom. 8. 8 (MPG 60. 465; tr. NPNF XI. 394); *Homilies on Hebrews*, hom. 17. 3 (MPG 63. 131; tr. in part NPNF XIV. 447); Gregory I, *Dialogues* IV. 58 (MPL 77. 425; tr. P. W., ed. E. C. Gardner, p. 256).

徒们最安全的方式是要依靠神自己所设立的圣餐。我们之所以称之为主的圣餐，是因为我们领圣餐的权威完全来自他。ᵈ其实，既然他们的作品表示他们一直保持对这大奥秘敬虔和正统的心态，ᵇ而且既然我深信他们无意要在任何方面怀疑主的献祭是独一无二的，我便不能指责他们不敬虔；然而，我同时相信他们在某些方面所做的是错误的，这一点是无可推诿的。他们那么接近地模仿犹太人献祭的方式，与基督关于圣餐的吩咐有冲突，这与福音本身也不相称。所以，我们对他们唯一的指责是：他们过于强烈地以灵意的解经（anagogical interpretation）[20]，照旧约的献祭解释圣餐，而不是单纯根据基督亲自的吩咐来解释。

在圣餐里"献祭"的意思，以及圣经对"献祭"一词的教导；弥撒是亵渎（12—18）

12. 旧约里的献祭以及主的圣餐

ᵇ若有人殷勤思考，就会发现根据主亲自的教导，摩西所吩咐的献祭与我们的圣餐有区别。虽然旧约的献祭对于当时的犹太人与现今圣餐对基督徒有同样的功效（利1:5），然而彰显这真理的形态不同。因为在犹太人的时代，利未的祭司被吩咐在施行献祭时，预表基督将来的献祭，那献为祭的祭物代替基督，这祭物也必须在祭坛上献与神。简言之，所有的一切都要在百姓的眼前以活生生的方式代表那将来向神除去人罪恶的献祭。然而在基督的献祭完成之后，主为我们设立另一种方式，即借圣餐将神儿子向神献祭所带来的益处赏赐给相信他的百姓。所以，主交给我们的是用餐的圣餐桌，而不是献祭的祭坛；在这时代，神没有将祭司分别出来献祭，乃是将牧师分别出来，将主的圣餐分给各信徒。[21]奥秘

---

[20] "*Praepostera illa anagoge*". 加尔文指责一些教父在不必要时有害地应用灵意解释，但他小心地平衡他的批评，说通常他不反对。

[21] 注意在改革宗教会中崇拜的重要性。参阅 Maxwell, *Outline of Christian Worship*, pp. 91, 97, note 2, 149; D. M. Baillie, *Theology of the Sacraments*, p. 121。

越高贵和圣洁,我们就应当越以敬虔和敬畏神的心态尊敬这奥秘。由此可见,我们最安全的方式就是要弃绝一切来自人任意妄为的思想,而单单坚持圣经的教导。而且,我们若思想到圣餐是主亲自设立的,而不是人所设立的,我们就能抵挡一切来自人的权威或传统所要求我们偏离这吩咐的诱惑。所以,当保罗想清除渗透进哥林多教会的一切罪恶时,他叫他们要重新单单照基督对圣餐的设立(因这是最快速的方式)领圣餐,从而证明领圣餐永久的原则来自基督的吩咐(林前11:20及以下)。

13. 献祭的性质

[a]那么,为了避免任何吹毛求疵的人企图利用"献祭"以及"祭司"这两个词来反驳我们,我也打算简洁地解释在我上面的教导中,"献祭"以及"祭司"这两个词的意思如何。

[b]有些人用"献祭"一词来表达一切圣洁的仪式,以及信仰上的行为,我认为这样做毫无根据。

我们知道根据圣经一致性的用法,希腊文有时使用 $\theta\upsilon\sigma\acute{\iota}\alpha$,有时使用 $\pi\rho\sigma\phi\sigma\rho\acute{\alpha}$,有时用 $\tau\epsilon\lambda\epsilon\tau\acute{\eta}$,来称"献祭"。[a]一般来说,这告诉我们献祭包括人一切献给神的事物。[22]所以我们必须做区分,[b]但我们的区分不能废掉旧约的献祭与新约的圣餐彼此灵意关联上的解释,[23]因为主喜悦借着律法时代的预表,教导他的百姓献祭的整个意义。虽然旧约的献祭有许多不同的形态,然而一般来说,献祭只有两个不同的种类。有时候献祭是除罪、平息神的愤怒,为了在神面前赎罪;也有时候献祭是某种敬拜神的象征和虔诚的见证——有时包括渴慕神恩惠的祈求;有时包括感恩,为了见证我们因蒙福对神的感谢;有时不过是敬虔的行动,为了确认我们与神彼此的盟约。这敬虔的行动,包括火祭、举祭、感恩祭、初

---

[22] 参阅加尔文,*Sermons on Deuteronomy* 141:"但我们知道献祭是出于我们甘心乐意奉献给上帝;并且他向我们所要的这一切,他都称为祭。"(CR XXVIII. 290.)
[23] 参阅上文的第十一节注释20;II. 11. 2-5。

熟之果祭,以及平安祭。㉔

所以,我们也把它们分成两种;^b(a) 而且为了教导的缘故,我们要将一种献祭称为"颂赞和敬畏的献祭"㉕,因为这种献祭在乎对神的敬畏和敬拜,这是信徒当尽的本分;或者我们也可以称之为"感恩祭"㉖,因为唯有那些因丰盛领受神的祝福,而决定将自己和自己一切的行为献与神的人才会施行这献祭。^a我们也要将另外那种献祭称为"挽回祭或除罪祭"。

除罪祭的目的是要平息神的愤怒,满足他的公义,并洗净罪恶,好让罪人在^b被洁净之后,重新恢复那纯洁公义的光景,能够再次蒙神喜悦。在旧约的时代中,祭司为了除罪献给神的祭物(出29:36)之所以被称为除罪祭,并不是因为这些祭物本身能够使罪人重新蒙神喜悦,或除掉他的罪恶,^b(a) 乃是因为这些祭物预表那将来真正的献祭,就是基督一次所成就的献祭;而且这献祭是唯独由基督所成就的,^a因为此外没有任何人能够这么做。而且这献祭是基督从前一次所成就的,因为基督所成就的这献祭的果效和力量是永恒的,就如基督亲口所说的那样(约19:30);换言之,基督在这与众不同的献祭之上,成就了他一切所需做的,为了重新获得父神对人的喜悦,并为人获得赦罪、公义,以及救恩的事,这献祭完全到之后人再也不需要任何的祭物。

14. 弥撒的买卖[*]

^a所以,我的结论是,若任何人以为他能够借着重新施行献祭蒙赦罪、平息神的愤怒,以及获得公义,这是极其邪恶的罪,对基督和他在十字架上为我们死的献祭是无法忍受的亵渎。然而,施行弥撒在另一方面也是邪恶的,即施行弥撒宣告我们在基督的受难中有分。且天主教徒为了使他们的疯狂毫无限制,居然说他们这祭是为整个教会献

㉔ 参阅 Cadier, *Institution* IV. 411, notes 7, 8。
㉕ "λατρευτικὸν et σεβαστικὸν".
㉖ "εὐχαριστικὸν".

的，而不说他们可以随意运用在某一个人身上，或是运用在愿意用金钱购买这献祭所带来的益处之人身上。他们所得的价钱不如犹大所得的那么高，但至少为了在某方面与他们所效法的人物相似，他们与犹大选择了同样的数目。犹大为了三十块的银币出卖了基督（太26：15）；㉖ˣ ᵃ那么这些人（根据法国的算法）为了三十块的铜币㉗出卖了基督。犹大只出卖了基督一次；然而这些人有多少顾客便出卖多少次。

我们也否定这些人是祭司，虽然他们以为他们借这献祭做百姓与神之间的中保，并因此平息神的愤怒而为人除罪。因为基督是新约中唯一的大祭司（参阅来9章），也是一切祭司职分所预表独一无二的祭司，且这些职分都在基督的身上得以完成。而且即使圣经没有提到基督永恒祭司的职分，然而当神取消了一切过去的祭司职分时，他既然没有设立任何新的祭司职分，使徒这话仍是无法反驳的："这大祭司的尊荣没有人自取，惟要蒙神所召"。（来5：4）那么这些亵渎神、自夸屠杀基督的人，竟敢称自己为永生神的祭司！

15. 柏拉图对类似的假冒为善和迷惑行为的批判*

ᶜ柏拉图在他的《理想国》第二卷中，㉗ˣ 很精妙地描述了类似的行为。他在那里探讨古时的挽回祭，并且嘲笑当时的堕落和邪恶者愚昧的自信，因为他们误以为这些献祭掩盖了自己的恶行，使众神看不到。这些人更满不在乎地放纵自己，仿佛他们已经与诸神立约一般。他的描述似乎在形容现代弥撒中的除罪祭。每一个人都晓得欺骗人或占人的便宜是不合乎圣经的。每一个人也承认不公正地对待寡妇、抢孤儿的钱、害穷人、用诡诈的方式勒索他人的财产、用谎言和欺哄人的方式设法偷窃人的东西，以及用暴力和专制的方式压迫人，都是极为不敬虔

㉖ˣ "……按照法国的演算法……" 1545年附加的。
㉗ "Nummulis aereis"。
㉗ˣ 第十五节的平衡观点是1545年加入的。

的行为。那么，怎么会有这么多的人再三地行这些罪恶，仿佛受处罚是不可能发生的事呢？我们若详细地察看，就必定发现鼓励他们如此行的最大原因，是他们自己的信仰。因为他们相信在弥撒中的献祭能平息神的愤怒，或至少讨好他。

柏拉图取笑这些人野蛮的愚昧，因为这些人以为这样的除罪祭，能够抵偿他们原本该在地狱里受的刑罚。[28]那么，今日一年一次的献祭，以及大多数一般弥撒的目的，[29]难道不就是要那些一辈子做最残忍的暴君，或最可怕的强盗，或不顾一切犯最大罪的人，能够利用弥撒救赎他们脱离炼狱之火吗？

16. 基督教的"感恩祭"

[a]第二种祭，就是我们所称为的"感恩祭"[30]，包括[b]一切爱的本分。当我们借着这种献祭与众弟兄彼此相爱时，我们就在主的肢体中尊荣他。[31][a]这种献祭也包括我们一切的祷告、赞美、感谢，以及在敬拜神当中一切的行为。[b]因为这一切的行为完全依靠那最大的献祭，也是叫我们在灵魂和身体上分别为圣，好为主的缘故做他的圣殿（林前 3：16，等）。因我们用外在的行动侍奉神是不够的，[a]我们反而当首先将自己和自己所有的一切献与神，好让凡在我们里面的都能够荣耀神，并且迫切地想要增加神的荣耀。

这种献祭与平息神的愤怒、蒙赦罪或者是获得公义毫无关联；它唯一的目的是将神显为大并高举他。[b(a)]因为施行的人只有在借蒙赦罪脱离自己的罪行而与神和好之后，才能施行任何蒙神喜悦的献祭。

但这对教会是必需的，甚至是不可或缺的。因此，根据我们在上面

---

[28] Plato, *Republic* II. 8. 365 E, 366 A (LCL Plato, *Republic* I. 138 f.).
[29] 参阅上文的第十二节注释21；Cadier, *Institution* IV. 412, note 7。
[30] "εὐχαριστικὸν".
[31] 参阅 Baillie, *op. cit.*, 120, 123；IV. 17. 38。

所引用的先知的话，㉜这献祭将维持到神的众百姓都离开这世界。因为这就是以下这预言的含义："万军之耶和华说：从日出之地到ª日落之处，我的名在外邦中必尊为大。在各处，人必奉我的名烧香，献洁净的供物，因为我的名在外邦中必尊为大。"（玛1∶11，参阅Vg.）我们千万不可企图去掉这献祭！ᵇ因此保罗劝我们："将身体献上，当作活祭，是圣洁的，是神所喜悦的；是理所当然的敬拜。"（罗12∶1；参阅彼前2∶5—6）保罗在此说这侍奉是"理所当然的敬拜"㉝很有意义，因为他在这里指的是向神属灵的崇拜，保罗也在暗示这种崇拜与摩西律法所吩咐的肉体的献祭形成强烈的对比。《希伯来书》告诉我们行善和捐输是蒙神喜悦的献祭（来13∶16）。因此腓立比信徒在保罗的穷困当中，极为慷慨地奉献钱给他，被叫作极美的香气——神所喜悦的祭物（腓4∶18）；如此，信徒一切的善行都是属灵的献祭。

17. 圣经上有许多的词组形容、颂赞神的献祭 *

ᵇ难道我需要提出许多的证据吗？因为圣经多处提到这件事。当神的百姓仍在律法的教导之下，先知明确地宣告：在这些肉体的献祭底下，隐藏着一个真理，这真理是基督教会和以色列国所共有的真理。ᵇ⁽ᵃ⁾所以大卫求告神让自己的祷告如香陈列在神面前（诗141∶2）。何西阿也将感谢描述为"嘴唇的祭代替牛犊献上"（何14∶2、3，Vg.）；ᵇ大卫在别处也称这些献祭为"感谢祭"（诗50∶23；参阅51∶19）。新约的使徒㉞之后也称这些献祭为赞美祭并说"以颂赞为祭献给神"（来13∶15，Vg.）。ª如此，献祭与圣餐是密不可分的，因为当我们在圣餐中宣称主的死（林前11∶26）以及感谢他时，我们不过是以颂赞为祭献与神。因这种献祭的职分，所有的基督徒都被称为有君尊的祭司（彼前2∶9），

㉜ 上文的第四节。
㉝ RSV版本有"spiritual worship"，与加尔文这里的评论一致。
㉞ 参阅I.13.2；I.16.4，注释11；11.9.1。

因为我们借着基督向神献上赞美祭,就是那使徒所说的:"嘴唇的果子常常以颂赞为祭献给神。"(来 13∶15,Vg.)且我们若在中保之外,就连在神面前送礼都无法蒙神悦纳,那为我们代求的中保是基督,而且我们借着他将自己和自己所有的一切都献与神。他是那已进入天上之圣所的大祭司(来 9∶24),也因此为我们开路,使我们进去(参阅来 10∶20)。他是祭坛(参阅来 13∶10),而且我们将自己的礼物摆在这祭坛上,好让我们在他里面行我们一切所行的事。所以我说是基督自己使我们成为国民和神的祭司(启 1∶6)。㉟

18. 弥撒本身就是亵渎,何况亵渎的弥撒!*

ᵃ剩下的除了让瞎子看见,聋子听见,甚至小孩都明白弥撒的可恶之处,还有什么呢?他们用金杯施行,所有的君王和世人,从最高贵到最卑微的,都沉醉于弥撒,因此,他们昏昏沉沉比野兽更愚昧,甚至将他们的救恩之船直接开到这致命的旋涡里面去。的确,撒旦自己从未预备过比这更强大的武器来攻击和占领基督的国。现今真理的众仇敌极为暴力和残忍地作战,为了赢得这海伦(Helen)㊱,而且他们与这海伦行属灵的淫乱,就是最可憎恶的淫乱。我甚至提都没提他们众多的恶行,虽然他们以这些恶行为亵渎自己所谓纯洁的弥撒的借口,也不提他们卑贱的买卖㊲、他们的弥撒为他们带来的不诚实利润,及他们放荡的行为与几乎无限的贪婪。我在此只要简洁地指出并描述弥撒最圣洁的方面如何,因为最近几百年当中,弥撒因这所谓的圣洁受许多人尊敬。想照着这些大奥秘的尊严来阐述它们,是几乎无法完成的事。我在此不愿意指出那些

㉟ 参阅 Baillie, *op. cit.*, p. 120。
㊱ 这里以海伦被强暴受辱比喻主餐在弥撒中被亵渎,而保护弥撒者为特洛伊人。
㊲ "*Turpes nundinas.*" 这个指控很常见,但是潘尼埃将之与安东尼·马寇特(Antoine Marcourt)的 *Livre des Marchands*(1535?)联系起来,那是一本讽刺罗马元老院的书,其中阐述了这个主题。英文版本有 *The Boke of Marchantes*(书籍底片藏于纽约公立图书馆)。参阅 Doumergue, *Calvin* I. 502, note 1;Pannier, *Institution* IV. 58, note *c* on p. 309。

关于弥撒众所周知的亵渎败坏，好让所有的人知道弥撒本身，即使我们描述它最圣洁的状况，从头到尾仍充满各种邪恶、亵渎以及偶像崇拜。

第十七与第十八章的结论：基督教只有两个圣礼（19—20）

19. 基督教只有洗礼和圣餐这两个圣礼

^a我以上给读者们一切我认为他们应当晓得关于这两个圣礼的摘要，因为这是主从新约开始交付教会到世界末日的两个圣礼：洗礼是加入教会的圣礼；圣餐则是基督以属灵的方式持续不断地用来喂养他家中之人的饮食。因此，既然只有一位神、一信、一位基督，以及一个教会——基督的身体；同样地，洗礼也是一个（弗4：4—6），因此是不能重复的仪式。然而主的圣餐是重复施行的，好教导一切已加入教会的人，他们需要不断地从基督那里得营养。

除了这两个圣礼之外，神没有设立其他的圣礼，所以教会的众信徒不应该接受另外的圣礼，因为设立新的圣礼完全不属于人的选择。只要我们记住以上的教导，我们就能清楚地明白这件事，㊳即神之所以设立圣礼，是要教导我们关于他赏赐我们某种应许，且要向我们证明他对我们的美好旨意。而且，我们会认识到这一点，只要我们记住没有人做过神的谋士（赛40：13；罗11：34），因此不能向其他人保证任何关于神旨意的事，或使我们确信神对我们的态度，或告诉我们神决定赏赐或不赏赐我们。这就表示人无法设任何的记号，好向人见证神对他们的意图或应许。唯有神自己才赏赐我们他自己的记号，因此，神自己在我们当中亲自为自己做见证。我要更简洁、也许更粗鲁，但却更明确地说：圣礼与对救恩的应许是密不可分的。就算全世界的人聚集在一起，都无法向我们保证任何关于我们救恩的事。因此，他们无法自己提出以及设立圣礼。

㊳ IV. 16. 1.

20. 神不允许我们增加圣礼[*]

[a]因此,基督教会要满足于这两个圣礼。且教会不但要拒绝在这时代接受第三个圣礼,也不要渴望和期待有其他的圣礼,直到世界末日。

除了这两种圣礼之外,神按照时代的变化,在旧约里为犹太人设立其他的圣礼,比如吗哪(出16:13;林前10:3)、从磐石中流出来的水(出17:6;林前10:4)、铜蛇(民21:8;约3:14)等等。神给他们不同的圣礼,是要教导犹太人不可只仰望这些暂时的象征,反而要等候神赏赐他们更好、存到永永远远的事。

然而,我们的光景截然不同,因为基督已经向我们显现了。"所积蓄的一切智慧知识都在他里面藏着"(西2:3,参阅 Vg.),而且这智慧和知识丰盛到我们若在此之外寻求其他的事物,就必定激怒神。神要我们唯独渴慕、寻求、仰望、学习以及研究基督,直到神完全向我们彰显他国度的荣耀那伟大的日子(参阅林前15:24)。主在那时候将使我们得见他的真体(约一3:2)。因这缘故,我们的时代在圣经上被称为"末时"(约一2:18),以及"末世"(来1:2;彼前1:20 p.),免得任何人自欺地等候任何新的教义和启示。"神既在古时借着众先知多次多方晓谕列祖,就在这末时借着他儿子晓谕我们"(来1:1—2 p.),且唯有基督才能向我们启示父(路10:22);[c]基督已经给我们对父完整的启示,且这启示能够完全满足我们现在的需求,但我们如今仿佛对着镜子观看主(林前13:12)。

[a]然而,既然神禁止人在教会里设立新的圣礼,我们就当尽力避免将任何人所捏造的东西与神自己所设立的圣礼混为一谈。因就如当水被倒在酒里面,整杯的酒变淡,且当人把酵洒在面团上,整团都发酸,同样当人将他自己的任何东西加在神圣洁的奥秘里面时,神洁净的奥秘就被污染了。

由此可见,现代人所施行的圣礼已经丧失了它们原先的清洁。到处都是游行、仪式,以及虚假的手势;同时教会连提都不提到神的真道,虽然在这真道之外，连圣礼本身都不是圣礼。事实上，在这大迷惑当中，神所设立的仪式无法从里面冒出来，因为被压制到极点。在洗礼上，我们几乎看不见那唯独当照耀出来的真理（就如我们以上所教导的那样[39]），即洗礼本身。主的圣餐已经完全被埋葬了，因为已经变为弥撒了。我们最多一年只能见到一次，而且看到的还是扭曲、残缺、破碎的样式。

---

[39] IV. 15. 19.

ᵉ第十九章 ᵃ被误称为圣礼的五种仪式①；其错谬及真实性质

五种被视为圣礼的仪式，没有圣经根据，也没有古代教会的先例（1—3）

1. 问题不在乎用"圣礼"这一词

我们以上对圣礼的教导，应当足以说服一切冷静和有受教之心的人，不可放纵自己的好奇心，或不顾圣经的教导，接受除了主所设立的两个圣礼之外任何其他的圣礼。然而，七个不同的圣礼几乎成了人人谈论的普遍观念，充斥在所有的学校和讲道中。这观念根深蒂固，今天仍无法从人的心里根除。②因此，我决定个别以及详细地查考其他五种被视为主亲自设立的圣礼。我打算撕裂这些仪式在上面披戴的一切伪装，好叫单纯的人都能够看清它们的真面目，并明白它们到如今被视为圣礼是

---

① 见帕尼耶为法雷尔的 *Sommaire* (*Sommaire déclaration*) 所写的注，及加尔文1536年的版本 *Institution* IV. 73, note *a* on p. 311。本章只有几个句子没有出现在1536年版本的第五章。路德也评论过这五个不合圣经的仪式：补赎礼、坚振礼、婚礼、按立礼和临终抹油礼，*Babylonish Captivity* (Werke WA VI. 543, 571; tr. *Works of Martin Luther* II. 245-290)。他将补赎礼视为这些圣礼中次等的，这一点与加尔文不同。

② 尽管前人有许多不确定，伦巴德将七项圣礼的数目和顺序确立下来了，*Sentences* IV. 2. 1 (MPL 192. 841)。参阅 Aquinas, *Summa Theol.* III. 65. 1。

完全错误的。

首先ᶜ，我愿意向一切敬虔的人声明：我愿意这样争辩并不出于自己好争吵的心，我有充足的理由攻击教会对圣礼的滥用。我知道基督徒是万事之主人，这万事也包括言语在内。因此，他们可以随意运用言语在他们所选择的事上，只要他们保持敬虔的心态，尽管他们在说话当中可能有某种程度的语病。这一切我都承认，虽然言语依从现实比现实依从言语好得多。然而"圣礼"一词的情况不同，因为那些主张教会有七种圣礼的人，同样也主张这七种圣礼都是对那看不见的恩典的可见象征；他们也相信这些圣礼都是圣灵的器皿，他所用来赐人公义并使他们蒙恩的工具。

事实上，《四部语录》的作者都否认在摩西律法中的圣礼应当被称为圣礼，因为那些圣礼当时没有赏赐人它们所预表的事。③那么，请问，难道我们能够忍受主亲口分别为圣并以极美的应许装饰的这些象征，反而不被我们视为圣礼；而我们居然同时将圣礼的尊荣归在人自己所捏造，或至少不来自神之吩咐的仪式上吗？所以，他们要么改变这词的定义，要么不再使用它在这些仪式上，因为他们这样使用会使人产生错谬的观念。他们主张临终抹油礼是看不见的恩典的象征和起因，因为它是圣礼。我们既然完全不能接受他们的推论，就必须公开地质疑他们将圣礼一词运用在这个仪式上，这样我们便不容这类错误的发生。此外，他们称之为圣礼的理由是这仪式包括外在的象征和言语。④但这仪式若不是神的吩咐也不带神的应许，我们唯一的选择不就是反对吗？

---

③ Lombard, *Sentences* IV. 1. 1, 2 (MPL 192. 839 f.); (School of) Hugh of St. Victor, *Summa Sententiarum* IV. I, *On the Sacraments* I. 9. 3 (MPL 176. 117, 320); Bonaventura, *On the Sentences* IV. dist. 1. part 1. art. unicus. qu. 3 (*Opera Omnia* IV. 17); Aquinas, *Summa Theol.* III. 62. 1, 3, 4; III. 66. 1.

④ Aquinas, *Summa Theol.* III. 60. 7.

2. 唯有神自己才能设立圣礼

ᶜ我深信我们在这里所争辩的不是言辞。我们的争议是必要的，在乎这言辞所代表的真理。因此，ᵃ我们必须坚持前面已无可辩驳地证明了的事，即设立圣礼的决定完全在神的手中。事实上，圣礼借着神完全、可靠的应许，是要鼓励和安慰信徒的良心，然而这完全在人的能力之外。我们应当将圣礼视为神对我们美意的见证，然而人，甚至天使都不能做这见证，因为他们都不是神的谋士（赛40：13；罗11：34）。因此，是神自己以他当有的权威，借着他的话语向我们见证关于他自己的事。圣礼是印记，是神的盟约或应许的印记，但神的盟约不可用物质或地上的东西做印记，除非神借着他的权能如此决定和设立。所以人不能设立圣礼，因为人没有能力把神如此伟大的奥秘，隐藏在这么卑微的东西底下。ᶜ奥古斯丁很妙地说：有了神的话语，圣礼才成为圣礼。

此外，我们若对圣礼和其他的仪式做区分，这会大大地帮助我们，不然我们将会落入许多谬论里去。ᵃ使徒们屈膝祷告（徒7：60，9：40，20：36，21：5，26：14），因此没有圣礼我们便不屈膝。据说门徒向着东边祷告，那么往东边祷告也应该是一种圣礼。保罗希望我们举起圣洁的手，随处祷告（提前2：8），而且在古时候，敬虔的人经常举手祷告（诗63：4，88：9，141：2，143：6），所以我们应该把举手祷告当作另一种圣礼。到最后，圣徒一切的手势将成为圣礼。ᶜ我这样说是因为这种想法与我们的主题有密切关系。

3. 古代的教会根本没有七种圣礼

ᶜ他们若想用古代教会的权威压制我们，这简直是欺哄。因为没有任何其他的教会作家们用"七"这个字形容圣礼。我们也不确定这个数字是什么时候混进来的。我承认他们有时相当自由地使用"圣礼"一词，但他们的意思是什么呢？他们用圣礼代表一切外在的仪式，以及一切敬虔的行动。然而，当他们谈到向我们见证神恩典的象征时，他们只提到这两个，即洗礼和圣餐。

我在此引用奥古斯丁的几句话做见证，免得有人认为这是我毫无根据的说法。他对雅努雅流（Januarius）说过："首先，我要你明白我这一次讨论的重点是什么，就是我们的主基督（就如他在《马太福音》中亲自说的）将容易的轭以及轻省的担子放在我们的肩膀上（太11：29—31）。因此，基督用稀少的圣礼叫他新造的人合而为一。且这些圣礼不难守，也有深奥的意义。这些圣礼是以三位一体的名义分别为圣的洗礼，以及领受主的身体和血的圣餐，以及其他圣经所教导的圣礼。"⑤他在他的作品《论基督教教义》（*On Christian Doctrine*）中说："自从主复活以来，主自己和使徒教导设立了几个象征而不是很多个，这些象征不难守，有深奥的意义，也要求我们圣洁地遵守。这些圣礼是洗礼和记念主的身体和血的圣餐。"⑥那么他为何连提都没有提到"七"这圣洁的数字呢？若当时的教会已经设立了七种圣礼，难道他不会提到这件事吗？特别是他比一般人更喜欢提到数字的意义。事实上，他之所以提到洗礼和圣餐，却没有指出其他的仪式，难道这不够充分地暗示这两个奥秘在尊严上与众不同，且其他的仪式与这两个相比算是次要的吗？所以，我说这些圣礼的博士对圣礼的立场，不但完全没有圣经根据，甚至也没有古代教会的先例，不管他们怎样夸口。然而，我们现在要开始探讨他们视为圣礼的仪式。

坚振礼不是圣礼；我们应当重新恢复先教导人才接受他为会友的习惯（4—13）

4. 古代教会的习惯

ᶜ在基督徒的孩子长大之后，古代的教会习惯把他们带到监督面前，

---

⑤ Augustine, *John's Gospel* 80. 3 (MPL 35. 1840；tr. NPNF VII. 349).

⑥ Augustine, *Letters* 54. 1 (MPL 33. 200；tr. FC 12. 252)；*On Christian Doctrine* III. 9. 13 (MPL 34. 71；tr. NPNF II. 560).

好让他们尽成人受洗之前所要尽的本分。他们首先必须和其他的初信者一起上课，学习基督教信仰较深奥的教义，且当他们上完课之后，必须在监督和众会友面前告白自己的信仰，所以那些受婴儿洗礼的人，因为他们在那时候没在教会的面前告白自己的信仰，就在童年快结束的时候，被自己的父母带到监督面前考核要理问答，因为要理问答当时有固定的形式，也被普遍使用。然而，为了让这本来严肃和圣洁的习惯更严谨以及有更大的尊严，教会也加上了按手的仪式。因此，这青少年的信仰一旦被确认，接受完庄重的祝福后便离开。

古代教父常常提到这习惯。⑦教皇利奥说："若任何的异端分子悔改归向神，他不要重新受洗，反而要借监督按手在他身上，弥补他在受洗时所没有受到的那圣灵的大能。"也许我们的仇敌在此会吼叫说：赏赐人圣灵的仪式被称为圣礼是极为妥当的事。然而，利奥自己在别处解释他说的这句话的意思："不要让在异端中受洗的人重新施洗，反而要奉圣灵的名按手在他身上，好确认他的信仰，因为他只领受了洗礼的形式而没有成圣。"哲罗姆在反对路西弗派（Luciferians）的时候，也有同样的教导。虽然我不否认哲罗姆说这仪式是使徒所传下来的在某种程度上是错误的，然而他根本不像这些人那么愚昧。且他解释自己的话，说这祝福之所以唯独交给监督，⑧是为了尊荣监督的职分，而不是因为这是律法上的需要。⑨所以，他热烈地赞成按手的仪式，因为它纯粹是一种祝福形式，也希望我们现今重新使用这仪式，只要我们保持

---

⑦ 加尔文在此对古代教会习惯有所误解。见 *Catholic Encyclopedia*, *Dictionnaire de théologie Catholique*, Schaff-Herzog *Encyclopedia*，其中关于坚振礼的部分有许多参考资料，说明古代教会的仪式影响中世纪坚振礼的施行。也请参阅 L. Duchesne, *Christian Worship*；tr. M. L. McClure, p. 314 ff.。

⑧ "*In honorem sacerdotii.*" On "*sacerdos*" as "bishop"，参阅 Du Cange, *Glossarium*, *s. v.* "*Sacerdos*"。

⑨ Leo I, *Letters* 166 2；159. 7；167, inquisitio 18 (MPL 54. 1194, 1138, 1209；tr. NPNF 2 ser. XII. 1. 108；103, note 2；112); 对于他们的洗礼不确定的人不要重新受洗，而要借着按手接纳他们；Jerome, *Against the Luciferians* 8, 9 (MPL 23. 163 f.)。路西弗派是一个发源于撒丁尼亚（Sardinia），由卡格利亚里的路西弗（Lucifer of Cagliari d. 371）所创立的小教派，他们是阿塔那修的支持者，后来因先前的阿里乌派与教会和解而感到十分不悦。

它的纯洁性。

5. 坚振礼最后的发展和天主教对这仪式的教导

[c] [(a)] 然而，在之后的时代，教会几乎抹去了这仪式的本意，并设立了某种虚假的坚振礼，而称之为神的圣礼。

[a]他们错误地教导坚振礼的大能赏赐人圣灵，好增加他们的恩典，因为神在他们受洗时，为了使他们成为无罪，赏赐他们圣灵；他们也说坚振礼坚固那些借洗礼重生的人为主作战。这坚振礼也包括膏抹和宣告："我奉父、子、圣灵的名，用圣洁十字架的记号，把你分别为圣，并用救恩的圣油给你坚信。"[⑩]仪式美丽动人！然而在这仪式中，哪里有神的道？因为圣灵的同在完全来自真道。他们没有一句圣经的根据。那么他们如何使我们确信他们的圣油是圣灵的器具呢？我们所看到的不过是恶心和油腻的抹油而已。奥古斯丁说："象征加上神的道，它就变成了圣礼。"[⑪]那么，他们若要我们在油中看到除了油之外的其他东西，就必须给我们看神的真道。但他们若表明他们是圣礼的执事，我们就不再与他们争辩。做圣礼执事的第一个原则是：不可在吩咐之外行任何事。那么，只要他们找出主对这仪式的吩咐，我就立刻闭口不言。但他们若没有神的吩咐，他们这亵渎的任意妄为是无可推诿的。主也在同样的意义上问法利赛人：约翰的洗礼是从天上来还是从人间来？他们若回答："从人间来"，这就证明他的洗礼是虚无的；他们若说："从天上来"，他们就必须相信约翰的教导。所以，为了避免过分诽谤施洗约翰，他们不敢承认他的洗礼从人间来（太21：25—27）。由此可见，如果坚振礼出自人，

[⑩] Hugh of St. Victor, *On the Sacraments* II. 7. 4 (MPL 176. 461); Gratian, *Decretum* III. dist. V. 1-9 (MPL 187. 1855-1858; Friedberg I. 1413-1415); Lombard, *Sentences* IV. 7 (MPL 192. 855 f.); Innocent III, *Regestae* VII. 3, 196 (MPL 215. 285, 1511); Eugenius IV, bull *Exultate Deo* (1439) 11 (Mansi XXXI. 1055; Mirbt, *Quellen*, 4th ed., pp. 235 ff., tr. J. H. Robinson, *Readings in European History* I. 350).

[⑪] Augustine, *John's Gospel* 80. 3 (MPL 35. 1840; tr. NPNF VII. 344). 奥古斯丁在此加上："*etiam ipsum tanquam visible verbum*"，参阅IV. 14. 6，注释8。

就是虚无的；相反地，我们的敌人若想说服我们它从天上来，他们就要证明。

6. 诉诸使徒的按手，是站不住脚的

ᵃ其实，他们企图利用使徒的榜样为自己辩护，因为他们说：使徒没有任何轻率的行为。⑫是的！他们若效法使徒的榜样，我们也不会责备他们。然而使徒们做了些什么呢？路加在《使徒行传》中告诉我们：当正在耶路撒冷的使徒听见撒玛利亚人领受了神的道时，他们就差派彼得和约翰到他们那里去；这两个使徒为他们祷告，要叫他们受圣灵。因为圣灵还没有降在他们其中一个人身上，他们只奉主耶稣的名受了洗。于是使徒按手在他们头上，他们就受了圣灵（徒8：14—17，参阅 Vg.）；而且路加也经常提到按手（徒6：6，8：17，13：3，19：6）。

路加告诉我们使徒做了什么，即他们忠心地服侍。主喜悦他的使徒借着按手赏赐人当时他浇灌在他百姓身上的圣灵可见的奇妙恩赐。我认为按手底下没有隐藏任何更为深奥的奥秘。我自己的解释是：使徒采用这仪式，是为了表示他们将被按手的人交托并奉献给神。

若今天教会仍有使徒的职分，那么我们也必须保持这按手的仪式。但既然神已经不再赏赐人这恩赐，那么按手有什么意义呢？的确，圣灵仍然与神的百姓同在，因他若不继续做教会的引导，教会就站立不住。教会仍有基督所设立的那永远的应许，即一切干渴的都当就近活水来（约7：37；参阅赛55：1；约4：10；7：38）。但圣灵借按手曾经赏赐人行神迹和奇事的大能，这恩赐已经没有了；而且这恩赐只维持了一段时间，是极为恰当的计划。因为主当时喜悦用未曾听过、极为奇妙的神

---

⑫ Innocent III, in Decretals of Gregory IX, I. tit. 15, "*De sacra unctione*" (Friedberg II. 133)，引用 Acts 8：14 f.；Eugenius IV, bull *Exultate Deo* 11；"*secundum apostolum*" (Mansi XXXI. 1055；Mirbt, *Quellen*, 4th ed., p. 236)。 克里索斯托讨论这一段时没有提到坚振礼：*Homilies on Acts*, hom. 18. 3 (MPG 60. 144；tr. NPNF XI. 114 f.)。

迹表明和彰显这新的福音传讲和新的基督国度。当主停止赏赐这些恩赐时，他没有完全弃绝他的教会，只不过在宣告他国度的卓越以及他话语的尊严已经被充分彰显出来。那么，这些假冒为善的人到底说自己在哪方面效法使徒的榜样呢？他们应该像使徒那样借按手赏赐人行神迹奇事的大能，叫圣灵的能力立刻彰显出来才对。但他们并没有这样行。那么，他们为何自夸有使徒按手的恩赐呢？因为使徒按手带来的结果与他们的截然不同。

7. 用油膏抹是虚假的圣礼[*]

[a]这教导与教导主向他的门徒所吹的那口气（约20：22）是赐人圣灵的圣礼一样不理智。虽然主做过一次，但他并不要我们效法他的榜样而如此行。同样地，主喜悦使徒在一段时间之内，借他们的祷告赏赐人圣灵可见的恩赐。然而主不喜悦后来的人像猴子一样模仿，因为这种空洞的模仿十分拙劣，毫无益处。

然而，即使他们能证明自己的按手效法使徒的榜样（他们只有在某种邪恶的"热忱"上与使徒相似）[13]，但他们所采用的那"救恩之油"从何处而来？谁教导他们在油里面寻求救恩？谁教导他们这油有坚信的大能呢？[14]保罗吗？因他吩咐我们不可归回小学（加4：9），且更直接禁止我们依靠这些次要的仪式？（西2：20）然而我以主的权威而不是自己的权威说：那些将油称为"救恩的油"[15]的人是背弃在基督里的救恩；他们否定基督，也因此在神的国度里无分。因为油是为肚腹，肚腹也是为油，但神要叫这两样都废坏（参阅林前6：13）。因为这一切正在朽烂的物质与神的国度毫无关联，因主的国度是属灵、永不朽坏的国度。那么

---

[13] "κακοζηλίαν."

[14] 参阅 Lombard, *Sentences* IV. 7. 1 (MPL 192. 855)。

[15] 尤金尼乌四世（Eugenius IV）在 *Exultate Deo, loc. cit.* 使用 "confirmo te chrismate salutis" 的形式。达切斯尼（L. Duchesne）则引用教皇希拉利（Pope Hilary, 461-468）使用的形式：*Ipse te linit chrismate salutis in vitam eternam* (*Christian Worship*, p. 314)。

也许有人会问："难道你用同样的准则来衡量那为我们施洗的水以及圣餐所用的饼和酒吗？"我的答复是：在神为我们设立的圣礼中，我们需要留意这两点：摆在我们面前的物质实体和借神的道印在其上的形式，因为它的一切效力都在于神的道。所以只要它们——饼、酒、水，我们在圣礼中所看见的事物——保存其实质，保罗的话永远是有效的："食物是为肚腹，肚腹是为食物；但神要叫这两样都废坏。"（林前6：13）因为这一切都要与这世界一同废去（林前7：31）。但就这些物质被神的道圣化为圣礼而论，它们不仅没有把我们限在肉身之中，反而使我们受真正和属灵的教导。

8. 坚振礼叫人轻视洗礼

ᵃ但我们要更详细地查考这脂油到底喂养以及滋养多少怪物。这些膏抹者说洗礼赏赐人圣灵，使他们成为无罪，在坚信中圣灵则增加我们的恩典；也说我们在洗礼中重生得生命；且圣灵在坚信中装备我们作战。他们还无耻地说：在坚信之外，洗礼无法得以适当完成！这是可怕的邪恶！我们不是借着洗礼与基督一同归入死，在他的死里有分，好让我们在复活的形状上与他联合吗？（罗6：4—5）此外，保罗将我们在基督的死和复活上有分，解释为治死肉体和圣灵的更新，因为"我们的旧人和他同钉十字架"（罗6：6，Vg.），"叫我们一举一动有新生的样式"（罗6：4，Vg.）。难道这不是装备我们作战吗？

ᶜ但他们既然认为践踏神的真道算不了什么，他们为何没有至少尊敬教会，因为他们希望在各方面被看待为服从教会的人？然而，还有什么比米利大会议（Council of Melita）的教令更有力的论据可以驳倒他们的教义呢？这教令说："谁说神设立洗礼唯独为了人的赦罪，而不是同时为了神将要赐给我们的恩典，就让他被咒诅吧！"

然而，在我们上面所引用的经文中，路加告诉我们：那些未曾领受圣灵的人，仍是奉耶稣基督的名受洗的（徒8：16）。路加这样说并不是否认那些心里相信、口里承认基督的人被赐予圣灵的恩赐（罗 10：10）。他说的是领受圣灵赐人行神迹奇事的恩赐。圣经记载使徒在五旬节时领受了圣灵（徒 2：4），然而基督早就对他们说："因为不是你们自己说的，乃是你们父的灵在你们里头说的"（太 10：20，Vg.）。请一切属神的人留意撒旦在这里恶劣和危险的谎言。为了偷偷摸摸地诱惑那些不警醒的人轻视洗礼，它谎称实际在受洗中所领受的恩赐，是在坚信的仪式上所领受的。谁能否认这就是撒旦自己的教义？因为它夺去神在洗礼中所赏赐我们的应许，而将之迁移到另外的地方。我们现在已经发现他们所谓奇妙的抹油被建立在什么根基之上。圣经记载："你们受洗归入基督的都是披戴基督了。"（加 3：27）抹油者的话则是："在洗礼中没有任何能装备我们作战的应许。"⑯前者是真理的声音；后者必定是谬误的声音。所以，我可以对坚振礼下一个比他们到目前为止所下过更好的定义：它是对洗礼公开的践踏，并掩盖甚至废掉洗礼的目的；它是来自魔鬼的虚假应许，诱惑我们离弃神的真道。或者我们可以说坚振礼是被魔鬼的谎言所玷污的油，而且这油欺哄单纯的人，并叫他们陷入黑暗中。

9. 坚振礼对救恩是必需的，这教义是胡说

ᵃ此外，他们接着说：众信徒在受洗之后应当借按手领受这圣礼，好叫他们成为完整的基督徒，因为没有哪个基督徒不是在坚振礼中被监督用圣油⑰膏抹。这是他们自己的话，然而我以为一切关于基督教的教导都在圣经里面。但我现在明白：根据他们的教导，正统信仰的形态必须在圣经之外去找。因此，神的智慧、天上的真理、基督的整个教导只不过叫人开始做基督徒，而油才使他们得以完全。这就定了使徒和许多殉道者的罪，因为他们一定没有受过油的膏抹，因为当时还没有圣油倒在

---

⑯ Gratian, *Decretum* II. 5. 2, 3；III. 4. 154 (from the synod of Milevis [416] canon 3) (MPL 187. 1857, 1855；Friedberg I. 1413, 1412).

⑰ Gratian, *Decretum* III. 5. 1, 6 (MPL 187. 1855, 1857 f.；Friedberg I. 1413 f.).

他们身上，使他们在基督教一切的细节上得以完全，或者叫那些还不是基督徒的人成为基督徒。

然而，即使我自己不开口，这些人已充分地反驳他们自己了。因为在他们所有的门徒当中，百分之多少在受洗之后受膏抹呢？那么，他们为何允许这些不完全的基督徒继续在他们当中，因为他们马上就能叫他们得以完全？他们为何以这么消极的忽略，允许人忽视他们若忽视必犯大罪的事呢？如果这仪式对于救恩如此不可或缺，他们为何没有更严厉地要求呢？除非对那些受洗之后忽然去世的人，否则都应该膏抹。我的意思是：他们既然让许多人随便轻视这个仪式，就等于在默认这个仪式对他们而言，没有他们所说的那么重要。

10. 天主教徒看重坚振礼胜过洗礼

ᵃ最后，他们主张这圣洁的膏抹应当比洗礼更受人的重视，因为居高位的神职人员才能施行这仪式，然而，所有的神甫都能施行洗礼。[18]这些热爱自己的发明，因此极为大意地藐视神圣洁圣礼的人，难道他们不是发疯了吗？亵渎的嘴唇啊！难道你竟敢以单单被你的恶臭气息所污染的油来对抗基督的圣礼，并被你含糊不清的话所迷惑，将油与被神的道所圣化的水相比？你的胆大妄为不止于此，你甚至更喜欢它！这就是那所谓神圣宗座的回答，那所谓来自使徒之三角台的神谕。[19]

然而，之后有一些人开始把这疯狂的谬论说得更为温和一点，因为连他们都知道：这疯狂的教导太极端了！他们说：坚振礼应当比洗礼更受人的尊敬，并不是因它带给人更大的益处和力量，而是因为这仪式是更有价值的人所施行的，而且这油抹在身体更光荣的地方，即额头上；或因这仪式比洗礼更增加人的美德，洗礼多半在乎的是赦罪而已。

---

[18] Gratian, *Decretum* III. 5. 3, *loc. cit.*
[19] 指德尔斐（Delphi）神谕，在那女先知的座位由又直又高且加上金箔的三根木头支撑。

他们前面的理由暴露自己为多纳徒派,因为他们主张圣礼带给人的果效,完全依靠施行圣礼之人的价值。即使我接受坚振礼因施行监督的价值更大,就应当更受人的尊敬,[20]然而,若任何人问:他们这监督怎么会有这么大的权威呢?只能是他们自己随意捏造的。他们会说:只有使徒才有这样的权威,因为神唯独使用使徒分赐人圣灵。难道只有监督才算使徒吗?他们是使徒吗?然而,即使我们承认他们是,他们为何不以同样的辩论教导:唯有监督在圣餐中才有喝杯的资格,因为他们禁止平信徒喝杯,他们的解释是:主当时将杯只交给使徒。他若只交给使徒,那么,他们为什么没有前后一致地推论他因此只交给监督呢?然而,在那个地方,他们把使徒当成一般的神甫;如今他们头脑发昏,又转向另一个方向,把使徒视为监督了。最后,亚拿尼亚并不是使徒,然而神叫保罗去找他,医好他的眼睛得看见、受洗,并被圣灵充满(徒9:17—19)。我进一步说,若这职分是神所交付监督的,那么格列高利的信怎么会记录他们之后居然把这职分交付一般的长老呢?[21]

11. 看重坚振礼过于洗礼之肤浅的理由 *

[a]他们主张坚振礼比神的洗礼更应当受人尊敬的另一个理由非常幼稚、愚昧、笨拙:在坚振礼中油被擦在额头上;[22]但在洗礼中则被擦在头顶上,仿佛洗礼是用油而不是用水施行!我请一切敬虔的人见证,这些坏蛋在此的目的,难道不就是要以自己的酵败坏神圣洁的圣礼?我在上面[23]说过:在圣礼当中,因人的各种捏造,那纯粹来自神的事,几乎没有裂缝能叫它照耀出来。即使你不相信我的见证,我请你们听你们自己教

---

[20] 这里基本上引用 Lombard, *Sentences* IV. 7. 2 (MPL 192. 855); Augustine, *Letters* 185. 9. 37 (MPL 33. 809; tr. FC 30. 176 f.); *John's Gospel* 4. 11 (MPL 35. 1416; tr. LF St. *Augustine on John's Gospel* I. 56); *Psalms* 10. 5 (MPL 36. 134; tr. LF *Psalms* I. 96)。

[21] Gratian, *Decretum* I. 95. 1 (MPL 187. 447; Friedberg I. 33). From Gregory I, *Letters* IV. 26 (MGH *Epistolae* I. 261; tr. NPNF 2 ser. XII. 2. 153)。

[22] Gratian, *Decretum* III. 5. 5 (MPL 187. 1857; Friedberg I. 1414)。

[23] IV. 18. 20.

师的教导。他们居然完全忽略水，将之视为毫无价值，在洗礼中只看重油！相反，我们说在洗礼中额头也被浸湿了。你们的油与这水相比——不管是洗礼或坚振礼——连粪土都不如。然而若有人说：油的价钱更高，[e(a)] 这更高的价钱反而玷污了它本有的任何价值，他们这样招摇撞骗，是神所憎恶的！

[a] 他们在第三个理由当中，胡说坚振礼比洗礼赏赐人更多的美德，但这说法不过是暴露自己的不敬虔。[24] 使徒借按手赏赐人圣灵可见的恩赐。这些人的抹油能带给人怎样的益处呢？然而，我不再理会这些教导者了[25]，因为他们在亵渎之上又添加许多的亵渎。这就如戈尔迪之结 (Gordian knot)，这个结用剪刀剪掉，比设法解开好得多。

12. 坚振礼没有古代教会的支持

[a] 那么，他们面对这完全没有圣经根据的仪式，也不能理智地说服人，然而，他们却习惯假装这是非常古老的仪式，得到许多时代的认同。即使这是真的，他们仍一无所得。因为圣礼不属地，乃是属天；不是来自人，乃是唯独来自神。他们若希望自己的这仪式被承认为圣礼，他们必须证明坚振礼是神自己所设立的。

然而，他们凭什么说这是古老的圣礼，因为当古代的神学家们严格提到圣礼时，他们都只承认两种。即使我们要从人身上寻找自己信仰的庇护，我们在此有一个坚固的堡垒，因为这些人所谓的圣礼，完全没有古代神学家们的支持。古时的神学家提到按手，但他们将这仪式视为圣礼吗？奥古斯丁公开地教导：这仪式不过是祷告。他们可以在此吼叫，做出拙劣的区分，即奥古斯丁在此所说的按手并不是坚信的按手，乃是医治与和好的按手。因为奥古斯丁的这作品并没有绝版；我若曲解他的

---

[24] Lombard, *Sentences* IV. 7. 2 (MPL 192. 855).

[25] "*Moderatores.*"

话，我欢迎他们像惯常那样咒骂我，甚至欢迎他们向我吐口水。因为奥古斯丁所指的是那些在教会被分裂之后归回教会的人。他否认他们应该重新受洗；他认为按手就够了，这样主透过和平的联络把圣灵分赐给他们。但是由于重新按手而不重新受洗可能显得有点奇怪，因此奥古斯丁在此做了区分。他说："难道按手不就是特别为某一个人祷告吗？"而且他在别处的教导更清楚地证明他就是这个意思。他又说："为了叫信徒在爱中合而为一，既然这是圣灵赏赐人最伟大的恩赐，如果没有这爱，即使人有所有其他圣洁的恩赐，那些其他的恩赐也无法叫他得蒙救恩，那么，教会就应当按手在归正的异端分子身上。"㉖

13. 真实的坚信

[a]我真希望古代信徒的那习惯被保存到如今，免得这不当的鬼圣礼混入教会！那古老的习惯，虽然不是我们的敌人所说的坚振礼，因为他们的坚振礼一旦开始被宣扬，洗礼立刻就受害；反而是某种要理问答式的教学，给孩子和青少年机会在教会的面前做信仰告白，然而最好教要理问答的方式是有一本要理问答手册，里面包括我们对基要信条的简明摘要，即整个教会应当毫无争议并相信的信条。十岁的小孩会在教会面前做信仰告白，㉗他会被问及每一个信条，也要做出回答；他若不明白任何信条，或理解得不够充分，就要继续受教导。如此，教会做证人，而他宣告独一、真诚的信仰，即众信徒同心敬拜独一无二之神的信仰。

教会若至今仍然有这纪律，某些懒惰的父母必定受刺激，因为他们

㉖ 参阅 De Castro, *Against Heresies* IV, art. "confirmatio" (1543 ed., fo. 71 E, F)。这一段论点是依据奥古斯丁在 *On Christian Doctrine* III. 9. 13 (MPL 34. 71; tr. NPNF II. 560) 的论述；*Letters* 54. 1 (MPL 33. 200; tr. FC 12. 252); *On Baptism* III. 16. 21; V. 23. 33 (MPL 43. 149, 193; tr. NPNF IV. 443, 475)。

㉗ Farel, *Sommaire* 39; Calvin, *Instruction in Faith and Catechism of the Church of Geneva* (*La manière d'interroguer les enfans* [ca. 1553]) (CR VI. 147-160; tr. LCC XXII. 91-139), 解释这个准则。注意十岁孩子被期望达到的程度。

大意地忽略儿女的教导，好像与他们毫无关联那样，因为在这种情况下，这忽略将成为他们在众人面前的羞辱。如此，基督徒彼此间会更合一，我们也不会有那么多无知的会友，很少人会轻易地被新奇、怪异的教导所掳走；简言之，所有的人都会在基督教教义上受系统的教训。

补赎礼不合乎圣礼的定义（14—17）

14. 古代教会的补赎礼

ᵃ接下来，他们的下一种圣礼是补赎礼。㉘他们对这仪式的教导混乱到没有人能对他们的这教义有任何确实的理解。ᵃ我们在上面㉙已经ᵇ详细地ᵃ解释了圣经对悔改的教导如何，也解释了我们敌人的教导是什么。ᵇ我们现在只要稍微提到ᶜ⁽ᵃ⁾那些到目前为止已经说服教会这应当被视为圣礼之人的根据如何。

ᶜ我首先要简洁地解释教会古时候的仪式，因为我们的仇敌错误地利用这仪式做他们的借口。古代教会公开悔改的方式，是那些照教会吩咐赎罪的人，借着按手重新与教会和好。这是赦罪的象征，表示罪人在神面前被举起，获得赦罪的确据。教会也借这仪式被劝勉，不再记念这人的罪，反而要以仁慈的心重新接纳他。西普里安经常称这为"赐平安"。㉚之后教会为了叫会友更相信和接受这仪式，规定这仪式必须在监督的权威底下进行，因此，第二次迦太基会议的教令说："长老不得在弥撒中当众叫悔改的人与教会和好。"奥兰治会议的另一个教令是："那些快离世的人，在悔改的时候，可以在没有和好的按手的情况下被宣告与教会和好；他们若之后得医治，就要站在悔改者之列，到了时候，他们就要领受监督的按手，正式地与教会和好。"第三次迦太基会议也一样认

㉘ 经院学派对于补赎礼的论述，见 Lombard, *Sentences* IV. 14-20 (MPL 192. 868-899); Gratian, *Decretum* II. 33. 3 (MPL 187. 1519-1644; Friedberg I. 1159-1247); Aquinas, *Summa Theol.* III. 84-89 and Suppl. questions 1-33。

㉙ III. 3-5.

㉚ E.g., *Letters* 57. 1, 3 (CSEL 3. 2. 650, 652; tr. ANF V. 337).

为:"长老不可在监督的权威之外,叫悔改的人与教会和好。"㉛这一切教令是在这仪式上保持严谨的心态,免得因过分开放变得随随便便。所以他们希望监督做主席,因为教会相信他会更仔细地检查悔改之人的罪。然而,西普里安在另一处表示:不但监督,甚至所有的神职人员都按手在悔改之人的身上。西普里安说:"他们按照一定的时间补赎;之后,他们来领圣餐,由监督和其他神职人员为他按手,重新获得领圣餐的权利。"㉜

过了很长一段时间之后,这习惯越来越恶化到教会开始在施行私人赦罪时,也用同样的仪式。之后就导致格拉提安所提出的公共和好与私人和好的区分。㉝

我深信西普里安提到的那古代的习惯是圣洁的,并使教会大得益处;我甚至希望我们现今能够重新开始施行这仪式。这最近的做法,我虽然不禁止或太严厉地责备,但却认为这不是必要的。无论如何,我们晓得在补赎礼中,按手是人所设立的仪式,并非来自神的设立,且教会因此应当将之视为某种无关紧要、外在的仪式,并不是说这仪式应当受我们的藐视,而是说这仪式不应与神的话语所吩咐我们的圣礼一样受我们尊敬。

15. 补赎礼并不是圣礼

ᶜ然而,天主教徒以及经院神学家们(因他们有以邪恶的解释败坏万事的无药可救的习惯)迫不及待地在这里找圣礼。这看起来一点也不奇怪,因他们是在鸡蛋里挑骨头。㉞但当他们已经尽力之后,他们各种不

㉛ Council of Carthage (390) canon 4 (Mansi III. 693; tr. Hefele, *History of the Councils*, Engl. ed., II. 390); Council of Orange (441) canon 3 (Mansi VI. 437; tr. Hefele, *op. cit.*, III. 160); Council of Carthage (397) canon 32 (Mansi III. 885).

㉜ Cyprian, *Letters* 16. 2 (CSEL 3. 2. 518; tr. ANF V. 290).

㉝ Gratian, *Decretum* II. 26. 6. 3. Gratian's note (MPL 187. 1556; Friedberg I. 1037).

㉞ "Nodum enim in scirpo quaerunt." Plautus, *Menaechmi* II. 1. 247 (LCL Plautus II. 390); Terence, *Andria* V. 4. 38. 941 (LCL Terence I. 101 f.).

同、完全不一致的立场，叫这事变得复杂、充满疑惑、不确定、令人困惑。所以他们这样说：要么外在补赎礼是圣礼，它若是圣礼我们就应当将之视为内在悔改的象征，即心里的懊悔，且这懊悔是圣礼的本质；要么就是两者一起组成一个圣礼，不是两个，乃是一个完整的圣礼。然而，他们同时也说：外在的补赎礼只不过是圣礼；内在的悔改既是圣礼的本质，又是圣礼本身。㉟此外，赦罪不过是实质，而非圣礼。㊱

只要我们在此留意上面对圣礼所下的定义，就必定晓得罗马天主教徒在此所视为圣礼的仪式，绝不是主为了坚固我们的信心所设立的外在仪式。他们若回答说，我的定义并不是他们非遵守不可的规定，请他们听听奥古斯丁，因他们把奥古斯丁视为至高的圣徒。他说："神为在肉体中的人设立圣礼，好叫他们能够借着圣礼的台阶，从本来唯独肉眼看见的事，上升到心里明白的事。"㊲在他们所谓的"补赎礼"中，他们能否找到或让别人看到类似的东西呢？奥古斯丁在别处说："圣礼之所以被称为圣礼，是因为在圣礼中所看见的是一回事，然而所明白的则是另一回事。那看见的有物质的模样；所明白的结属灵的果子。"㊳且奥古斯丁所描述的圣礼，与这些人想象的补赎礼完全不一致，因为补赎礼没有有形的象征来代表属灵的果子。

16. 为何不称告解为圣礼呢？*

ª而且，为了在他们自己的竞技场上杀害这些野兽，若在这仪式上寻找圣礼，难道称神甫的告解（absolution）为圣礼不是远比称补赎礼（不管是内在的或外在的）为圣礼更有说服力吗？因为我们可以很合理地说：告解叫信徒更确信自己已蒙赦罪，并带有钥匙的应许在内，即"凡

㉟ "Exteriorem esse sacramentum duntaxat, interiorem rem et sacramentum".
㊱ Lombard, *Sentences* IV. 22. 3（MPL 192. 899）。伦巴德是引用其他人的意见。
㊲ 根据奥古斯丁的 *On Diverse Questions* 43（MPL 40. 28）。
㊳ Augustine, *Sermons* 272（MPL 38. 1247）.

你们在地上所捆绑的,在天上也要捆绑;凡你们在地上所释放的,在天上也要释放"(太 18:18,参阅 16:19)。然而,也许有人反对说:许多受神甫之释放的人,从这样的告解中一无所得,虽然根据他们的教义,新约时代的圣礼应当成就它们所代表的事。这是荒谬的说法!他们既然教导在圣餐中有两种不同的吃法,即圣礼的吃法(善人和恶人共同的吃法)以及属灵的吃法(唯独属于善人),㊴那么他们为何不教导告解也是双重的呢?然而,我到目前为止仍无法理解他们教义的意义如何。我们在上面已经解释过他们在这方面的教义与圣经真理有多大的不同。㊵我在此只要指出:没有任何事物可拦阻他们将神甫的告解称为圣礼。因为他们可以引用奥古斯丁的话说:在可见的圣礼之外仍有成圣,有时也有可见的圣礼却没有内在的成圣。奥古斯丁也说:"唯独在选民身上,圣礼才成就它们所代表的事。"以及"有人以领圣餐穿戴基督;又有人以成圣穿戴他。前者是善人和恶人共同的行为;后者则局限于善人"。㊶那么,那些迫切研究却仍不明白这么明显之事的人,显然大大地受欺哄,是在大太阳底下㊷的瞎子。

17. 洗礼才是悔改的圣礼*

ᵃ那么,为了不使他们变得自高、自大,不管他们的圣礼建立在怎样的根基之上,我都否认它被称为圣礼是合乎真道的。首先,因他们的圣礼不是出于神特殊的应许,而这是圣礼唯一的根基。其次,因为他们这方面的仪式都是人所捏造的,而我们也证明过圣礼的仪式必须是神所盼

㊴ Lombard, *Sentences* IV. 9. 1 (MPL 192. 858).

㊵ IV. 17. 41.

㊶ Augustine, *On Baptism* V. 24. 34 (MPL 43. 193; tr. NPNF IV. 475); *Questions on the Heptateuch* III. 84 (MPL 34. 712 f.); *On the Merits and Remission of Sins* I. 21. 30; II. 27. 44 (MPL 44. 125 f., 177, tr. NPNF V. 26, 32). 参阅 IV. 14. 15,注释 27。

㊷ 加尔文最喜欢的修辞法。参阅II. 2. 21; Comm. John 3:19-21。西普里安问:"谁愚蠢 [vanus] 到偏好传统过于真理,或当他看见阳光,不会丢下黑暗呢?" *Letters* 75. 19 (CSEL 3. 2. 822; tr. NPNF [no. 74] V. 395)。

咐的。因此，他们所捏造关于补赎的圣礼是错误和虚假的。

他们给这虚假的圣礼配上一个合宜的名称，即"船难后的第二条木板"，因为若有人借着犯罪，污染他在受洗中所获得那无罪的衣裳，他可以靠补赎礼来修补。据说这是哲罗姆所说的话。㊸不管是谁说的，只要他的意思是这样，就是亵渎神的话。仿佛人的罪取消了他所受过的洗，而不是当罪人思想到赦罪的时候，记忆就被唤醒，好让他因此振作起来，鼓起勇气，坚定信心，以确信他将蒙赦罪，因为这是神在洗礼中所赐给他的应许！ᵉ 但哲罗姆说那些应被教会革除教籍的人，所背离的洗礼借悔改得以修复，这种粗糙不当的话却被这些所谓的卓越解经家拿去为自己的不虔不敬辩护。

ᵃ 所以，最恰当的说法是称洗礼本身为补赎的圣礼，因为神将洗礼赐给那些把悔改当作蒙恩的证据和确据之人的印记。ᵇ 为避免你认为这是我自己所捏造的教导，除了完全合乎真道之外，这教导是古代教会所宣称的原则。因为在《论信心之于彼得》（*Concerning Faith to Peter*）这小书中（据说是奥古斯丁的作品），洗礼被称为"信心和悔改的圣礼"。㊹ 然而，我们无须参考一些人所怀疑的作品。难道我们要求比新约圣经更清楚的教导吗？"约翰传悔改的洗礼，使罪得赦"（可1∶4；路3∶3）！

临终抹油礼是根据对《雅各书》5∶14—15 错误的解释，因此不是圣礼（18—21）

18. 所谓支持临终抹油礼之经文的反驳*

ᵃ 第三种假圣礼叫作临终抹油礼，这是神甫为奄奄一息之人施行的仪式。他用监督所分别为圣的油以及这句话施行："求神借这圣洁的膏抹以

㊸ Jerome, *Letters* 84.6: "Secunda post naufragium tabula est, culpam simpliciter confiteri" (MPL 22.748; CSEL 55.128); 参阅 Lombard, *Sentences* 1548; Friedberg I.1179); 西塞罗提到"船难后的木板"，参考 *On Duties* III.23.89 (LCL edition, pp.364 f.)。

㊹ Gratian, *Decretum* II.15.1.3 (MPL 187.971 f.; Friedberg I.746). Fulgentius, *De fide ad Petrum* 30.73 (MPL 40.775)。

及他慈悲的怜悯，赦免你的视觉、听觉、嗅觉、触觉和味觉所犯过的一切罪。"他们幻想这仪式具有两种大能：便利时赦罪以及医病；不便利时则拯救人的灵魂。

他们说这圣礼是雅各亲自设立的："你们中间有病的，他就该请教会的长老来，他们可以奉主的名用油抹他，为他祷告。出于信心的祈祷要救那病人，主必叫他起来；他若犯了罪，也必蒙赦免。"（雅5：14—15，Vg.）㊺ᵇ这膏抹与我们在上面教导关于天主教的按手仪式一样，㊻它不过是舞台表演，既不合理，也不带给人任何益处，但他们却希望借此效法使徒。

马可记载在使徒头一次出去传福音时，根据主交给他们的吩咐，叫人从死里复活、赶鬼、叫长大麻风的洁净、医好病人，以及在医病时用油膏抹。马可说："他们用油抹了许多病人，治好他们。"（可6：13，参阅Vg.）当雅各说教会的长老要用油来抹病人时，他指的就是这个吩咐。

只要我们注意主和众使徒何等自由地行这样的事，我们就知道这不是什么深奥的奥秘。主为了叫瞎子看见，用唾沫和泥抹在瞎子的眼睛上（约9：6）；他有时候用触摸医病（太9：29）；又有时借自己的话语医病（路18：42）。同样地，使徒有时借自己的话（徒3：6，14：9—10），有时借触摸（徒5：12，16），又有时借膏抹（徒19：12）医治人的病。

然而，很可能这种膏抹就如其他的方法一样，并不是毫无分别地被使用。这我承认！但这并不意味着它是医病的工具，而是某种象征，好教导无知的人这大能的来源如何，免得他们将医病所应得的荣耀归给使徒。油代表圣灵以及他所赐给人的恩赐是众所周知的事（诗45：7）。

但是医病的恩赐，就如其他的神迹一般，因这是主定意暂时使用的

㊺ Lombard, *Sentences* IV. 23. 2 （MPL 192. 899）；Aquinas, *Summa Theol.* III. Suppl. 29-33；Eugenius IV, bull *Exultate Deo* (1439) 14 （引用雅5：14—15）（Mansi XXXI. 1058 f., Mirbt, *Quellen*, 4th ed., p. 237；tr. Robinson, *Readings* I. 353）；参阅 Innocent I, *Letters* 25. 8 （MPL 20. 559）。

㊻ 上文的第六节。

方式，已经被神收回去，好永远叫传福音显为奇妙。因此，即使我们完全承认膏抹是当时使徒所施行之大能的圣礼，这仪式目前也与我们毫无关联，因为主没有将施行这大能的职分交付我们。

19. 临终抹油礼不是圣礼

ᵃ他们为何设法将这膏抹变为圣礼，而不把其他圣经所记载的象征也变成圣礼呢？他们为何不将西罗亚池子视为圣礼，好叫病人在里面洗而得医治（约9：7）？他们说这样做是徒然的。然而它并不比膏抹更徒然。他们为何不将伏在死人身上视为圣礼，反正保罗曾亲自使用过这个方式，叫一个死掉的孩子从死里复活（徒20：10）？为何唾沫和泥所组成的泥巴不是圣礼呢？他们说其他医治的方式不过是个别的例子，但这方法是雅各吩咐我们的。换言之，雅各是对教会仍享受神这一福分的时代说的。[47]而且这些人宣称他们的膏抹仍带有同样的大能，但我们的经验告诉我们不是。然而，不要对这样大胆玩弄人感到稀奇。他们知道人若没有神的话语，是迟钝和心盲的，因为神的道是生命和光；他们对于欺骗人活生生的五官一点都不羞耻。所以，当他们夸耀自己有医病的恩赐时，他们不过在吸引别人嘲笑他们。主的确在每一个时代与他的百姓同在，在需要的时候他也常常像古时一样医病；然而，他已经不再借使徒的手发挥那样的大能，或行神迹了。ᶜ因为那是暂时性的恩赐，且过了不久很快就消失了，这部分是因为人的忘恩负义。

20. 临终抹油礼不出于神的吩咐，也不带有他的应许

ᵃ因此，正如一方面当时使徒有极好的理由，借这油的象征公开地见证，神所托付他们医病的恩赐，并不是他们自己的能力，乃是圣灵所赐的；同样地，另一方面，那些将自己朽烂和毫无果效之油视为圣灵的大

---

[47] Eugenius IV, *op. cit.*

能的人是大大得罪圣灵。这就像有人说所有的油都是圣灵的大能，因为圣经上如此称呼；也就像说因为圣灵以鸽子的样式出现，所以每一只鸽子都是圣灵（太3：16；约1：32）。就让他们自己考察这些事吧！但就我们而论，我们现在确定他们的膏抹并不是圣礼就够了，因为它不是神所设立的仪式，也不带有神的应许。

事实上，当我们要求圣礼有这两个条件时——它必须是神所设立的仪式，也必须带有神的应许——我们同时也要求这仪式是神交付我们的，且那应许与我们相关。因为现在没有人主张割礼仍是基督教会的圣礼，虽然它是神所设立的，也带有神的应许。因为这仪式不是神所交付我们的，他也没有将这仪式所带有的应许运用在我们身上。我们已经充分地证明他们坚持的临终抹油礼所带有的应许，神并没有赐给我们，他们自己的经验也一样充分地证明这一点。这仪式唯有领受医病之恩赐的人可以施行，而不是这些屠夫，他们只能屠杀，完全不能医治。

21. 天主教徒完全不按照雅各"设立的言语"去行

然而，即使他们能证明自己的观点（虽然他们完全不能这么做），即雅各关于膏抹的吩咐在我们的时代仍未被取消，他们还是不能证明这膏抹是神交付我们的，虽然他们借此仪式到目前为止乱擦过许多人的身体。雅各愿意一切的病人都受膏抹（雅5：14），但这些人居然用油涂抹一些奄奄一息的躯体而不是病人。⁴⁸若他们的圣礼带有能缓解病痛的强烈药剂，或至少带给人心灵某种程度的安慰，他们从来不及时医治，这不是表明他们的残忍吗？雅各吩咐长老用油抹病人，但这些人只许神甫施行这仪式。⁴⁹他们将雅各所说的"长老"解释为"神甫"⁵⁰，并幻想这里复数的数字是一种渲染，表示当时教会有众多的祭司，所以他们排成长

---

⑱ Lombard, *Sentences* IV. 23. 1 (MPL 192. 899).
⑲ "*Sacrificulum*".
⑳ "*Sacerdotes*". 参阅 Aquinas, *Summa Theol.* III. Suppl. 31. 3。

队，手里拿着装满圣油的器皿。㊾ᵃ雅各的这简单吩咐，即要为病人膏抹，我认为他所指的是要用一般的油，且马可也有同样的意思（可6：13）。但这些人唯独采用监督所分别为圣的油。他分别为圣的方式是在上面吹气暖和它，用很长一段时间念咒语，且跪下来九次向它敬礼："向圣油欢呼"三次，"向圣膏欢呼"三次，"向圣香膏欢呼"三次。㊶他们的魔咒来自哪里呢？雅各说当病人受膏抹而其他的圣徒为他代祷之后，他若犯了罪，也必蒙赦免（雅5：14—15），ᵉ即神赦免他之后，他就不再受处罚；ᵃ这并不是说油擦掉人的罪，而是说信徒用来将病人交托神的代祷不会落空。但这些人亵渎地谎称他们自己擦的"圣油"，即可恶的油本身能使人蒙赦罪。他们这样随便滥用雅各的这吩咐，所得的益处在哪里呢？ᵇ我们也无须再费时费力地探讨这件事，因为连他们自己的作品都反驳他们；因他们说奥古斯丁时代在罗马的教皇英诺森（Innocent），设立了一个新的习惯，即不但长老，甚至所有的基督徒在自己或自己朋友需要的时候，都当用油彼此膏抹。这是西格贝尔（Sigebert）在他的《编年史》（*Chronicles*）当中所写的。㊷

所谓"圣职"的圣礼与牧师七种不同的地位有冲突；被设立的仪式以及对这些仪式之用处的批判（22—33）

22. 一个圣礼，还是七个？

ᵃ虽然圣职圣礼㊸在他们的单子上只占第四位，但这所谓的圣礼太多

㊾a "*Ferculum*"，列队中用来承托偶像的器皿。

㊶ Aquinas, *op. cit.*, 29.6；参阅 Innocent I, *Letters*, *loc. cit.*, *Pontificale Romanum*, ed. by the Archbishop of Mechlin, 1934, pp. 752, 767, 769。

㊷ Sigebert of Gembloux (d. 1112), *Chronographia* (MGH *Scriptores* VI. 305); Innocent I, *Letters* 25. 8 (MPL 20. 560)。

㊸ 伦巴德列出了守门人、读经员、驱魔者、辅祭人员、副执事、执事、司铎和四级主教：*Sentences* IV. 24. 3-12, *De ordinibus ecclesiasticis* (MPL 192. 900-905)。亦见 Aquinas, *Summa Theol*. III. Suppl. 34-40；Eugenius IV, bull *Exultate Deo* (Mansi XXXI. 1058；Mirbt, *Quellen*, 4th ed., p. 237；tr. Robinson, *Readings* I. 352 f.）。

产，多到自己能够产生另外七个不同的小圣礼。然而，更荒谬的是他们虽然宣称有七个圣礼，但当他们开始数点时，到最后却说总共有十三个。他们也不能说这一切构成一个圣礼，因为都趋向一个祭司的职分，也都是通向这个职分的阶段。既然各有各的仪式，且他们说每一个都有自己的不同恩典，只要我们接受这些人的教导，无人能怀疑我们应当称它们为七个圣礼。且我们无须在这事上争辩，因他们自己已明确地宣告总共有七个圣礼。

[c]然而，我们首先要稍微谈一下，当这些人企图将自己所炮制的圣职称为圣礼时，这宣称包括多少荒唐之事在内。其次，我们也即将考虑：教会用来按立牧师的仪式，究竟应不应该被称为圣礼？

他们把七个不同的圣职称为"圣礼"。[a]这些职分是：守门人（Doorkeepers）、读经员（Readers）、驱魔者（Exorcists）、辅祭人员（Acolytes）、副执事（Subdeacons）、执事（Deacons）、神甫（Priests）。他们居然说这七个地位与圣灵七种不同的恩典相应，因为担任这七种不同职分的人，需要七种不同的恩典。且当他们升迁到这样的职分时，神的恩典就加倍赐给他们。[54]

[c (a)] 其实，他们所分别为圣的"七"这个数字，出自于对圣经的强解。他们陈述以赛亚提到七种不同的大能，然而，他只不过提到六种（赛11：2）；且另外还有其他圣灵的大能，因为他在别处经文中被称为"生命的灵"（结1：20, Vg.），"圣善的灵"（罗1：4, Vg.），"儿子名分的灵"（罗8：15, Vg.）；他在《以赛亚书》11章中被称为"使人有智慧和聪明的灵、谋略和能力的灵、知识和敬畏耶和华的灵"。

然而，更有判断力的人主张九种不同的职分，[55]因为这数字与得胜

---

[54] Lombard, *Sentences*, loc. cit.
[55] 参阅 IV. 6. 10，注释20。加尔文引述圣维克托的于格（Hugh of St. Victor）的不同意见，参阅 *De sacramentis* II. 3. 5（MPL 176. 423）。他认为有七种圣职，而巴黎的威廉（William of Paris，别名为 William of Auvergne, d. ca. 1248）所提及的作者认为有九种。威廉本人的意见与大部分人相同，认为有七种；*De septem sacramentis*, *Operum summa*（Paris, 1516）II. 60。

的教会相称。他们当中对这些职分的次序有不同的观点。有人主张剃发排在最前,而主教的职位排在最后,也有人完全排除剃发,而将大主教的职分列入。伊西多尔(Isidore)又有另一个方式对它们做区分:他把领唱者和读经员区分开来。他把唱诗事工交付领唱者;并将为百姓的教训阅读圣经的事工交付读经员,且这区分记录在教会的法规里。

在各种不同的立场中,他们要我们接受的是什么,要我们拒绝的又是什么呢?我们应当接受七种职分这教导吗?这是校长的教导,然而最有学问的博士有不同的观点。而且,这些人当中的意见也不完全一致。[56] 此外,最为圣洁的法规又把我们引到另一个不同的方向。这就证明人若没有神的真道做主,他们的立场完全不一致!

23. 基督必定担任了这七种职分

[a]他们主张基督担任了每一种职分,因此做了他们的同伴,真是愚昧至极。首先,他们说当基督拿缰绳做鞭子,把做买卖的人赶出圣殿时,他就在担任看门的职分(约2:15;太21:12,经文合并)。当基督说:"我就是门"时,这句话也表示他是看门的(约10:7,Vg.)。当基督在会堂里念《以赛亚书》时,他担任了读经员的职分(路4:17)。当基督吐唾沫触摸那耳聋、舌结之人的耳朵以及舌头,并叫他能听见时,他正在担任驱魔者的职分(可7:32—33)。当基督说:"跟从我的就不在黑暗里走"(约8:12,Vg.)时,这句话见证了基督是辅祭人员。当基督束腰洗门徒的脚时(约13:4—5),他担任了副执事的职分。当他在圣餐中将身体和血递给门徒时,他担任了执事的职分(太26:26)。当他在十字架上向父神献为祭时,他就担任了神甫的职分(太27:50;弗5:2)。我敢说没有人听到这样的话而不大笑,甚至我对任何作者能写这样的话而不

---

[56] Isidore of Seville (d. 636), *Etymologies* VII. 12 (MPL 82. 290),被格拉提安引用,*Decretum* I. 21. 1 (MPL 187. 116; Friedberg I. 67); Lombard, *Sentences* IV. 24. 1 (MPL 192. 900); Gratian, *Decretum* I. 23. 18 f (MPL 187. 136; Friedberg I. 84 f.)。

大笑感到很惊讶。我仍然难以相信真的有人把这些东西写下来，但当他们卖弄大道理地将"辅祭人员"形容为拿蜡烛的人时[57]，他们的狡猾最明显。我想他们称他为"拿蜡烛者"，这个充满魔力的词在其他国家或言语中从未听过，特别是因为希腊文 ἀκόλουθος 的意思不过是"佣人"。然而，我若花时间反驳以上的话，我也应当受人家嘲笑，因为这些话是那么无知和荒谬。

24. 拥有较卑微职分的人，根本不履行自己的职分

[a]然而，我必须在此顺便揭露他们的虚无，好避免妇女上当受骗。他们十分隆重、庄严地设立读经员、领唱者、守门人，以及辅祭人员的职分。但他们之后却吩咐小男孩或他们所说的"平信徒"来担任这些职分，因为通常点蜡烛、从盛器中倒酒和水的人除了小孩子，或为了以此谋生的某个卑贱的平信徒外，还会是谁呢？唱诗并开关教堂之门的人也是他们。因为谁曾经看过辅祭人员或守门人在教堂里履行自己的职分呢？事实上，若一个男人在小的时候担任辅祭人员的职分，若长大之后正式被指派成辅祭人员，他就马上停止履行他的称号所要求他担任的职分。所以这些人一旦被指派，立刻就停止履行他们所该担任的职分。可见他们主张必须以圣礼将自己分别为圣，必须领受圣灵，都是为了什么都不做！

他们若假装这样忽略尽本分是因为这个背道的时代，[58]他们同时也要承认：这些他们大为称颂的圣职，对教会而言毫无用处和益处，且他们的整个教会充满神的咒诅，因为他们允许小男孩和卑贱的人点蜡烛和倒酒，虽然他们自己教导：除非人被分别为圣做辅祭人员，否则他们完全不配触摸这些圣物。他们也允许小男孩唱诗，虽然他们教导这只能发

---

[57] *"Ceroferarium"*; Lombard, *Sentences* IV. 24. 3-9 (MPL 192. 900-904).

[58] De Castro, *Against Heresies* I. 13 (1543 ed., fo. 21 ff.).

自分别为圣之人的嘴唇。

与此相似,他们为何将驱魔者分别为圣呢?据说犹太人有他们的驱魔者,且他们的名称来自他们所赶的鬼类(徒19∶13)。然而这些假冒为善的赶鬼者,谁曾真正赶过一次鬼呢?他们假装自己有按手在癫狂的人、初信者以及被鬼附之人身上的大能;[59]然而,他们无法说服邪灵他们有这样的大能,因为邪灵不但没有听从他们的吩咐,反而吩咐驱魔者!因为在他们当中你几乎找不到一人不是受邪灵的引领。因此,他们关于七种不同职分的胡言乱语,不过是无知和污秽的谎言。ᶜ我们在上面讨论[60]教会的秩序时,就提过辅祭人员、守门人以及读经员。我们现在重复地讨论,是要反驳他们最近对圣职七种不同职分的教义;除了这些疯狂和无知的巴黎索邦神学院的神学家(Sorbonnists)以及教会法学家(Canonists)之外,从来没有人这样教导过。

25. 分别为圣的仪式,尤其是剃头

ᶜ我们现在要讨论一下他们的仪式。首先,他们以同样的记号见证这些人已经有资格担任圣职。ᵃ他们为之在头顶上剃头,代表他们有君王般的尊荣,因为圣职人员应当担任君王的职分,好统治他们自己和其他人。因为彼得这样形容他们:"唯有你们是被拣选的族类,是有君尊的祭司,是圣洁的国度,是属神的子民。"(彼前2∶9,Vg.)ᶜ ⁽ᵃ⁾ 然而,他们将神给全教会取的这称呼唯独归在自己的身上,且之后以他们从众信徒手中所夺去的这称号为傲,这不是亵渎吗?ᵃ 彼得指的是全教会;但这些家伙强解地将这句话局限于几位剃头的人,仿佛神只吩咐他们说,"你们要圣洁"(彼前1∶15—16;参阅利20∶7;利19∶2);仿佛唯有他们才被基督的宝血所买赎(彼前1∶18—19);仿佛唯有他们借着基督成为神君

---

59 Gratian, *Decretum* I. 21. 1 (MPL 187. 116; Friedberg I. 90).
60 IV. 4. 9.

尊的祭司和圣洁的国度（彼前2：5、9）！他们为人剃头也有其他的理由：头顶被剃光，表示他们的思想向主是敞开着的，好让自己能够"敞着脸得以看见主的荣光"（林后3：18，Vg.），[61]或为了教导他们嘴唇和眼睛所犯的罪必须被剃掉。或剃头代表弃绝世俗的事，但头顶周围留下的头发代表他们为养生所留下的美物。这一切都是象征，显然是因为他们相信"殿里的幔子"尚未"裂为两半"（太27：51）。他们认为用剃发代表这些事，就等于尽好本分，实际上他们一点没有履行自己的职分。他们打算用这样奸诈的诡计玩弄我们到几时呢？这些牧师剃掉几根头发，为了表示他们已经弃绝了许多世俗的物质，为了默想神的荣耀，也借这仪式假装自己治死了耳朵和眼睛的私欲。然而，全世界没有一群人比他们更贪心、愚昧、放荡！[62] 他们为何不活出圣洁，而不是不诚实地假冒圣洁呢？

26. 宣称效法拿细耳人以及保罗是毫无用处的[*]

[a]当他们说圣职人员剃头这习惯是效法拿细耳人的榜样时，难道不就是承认他们的奥秘来自犹太人的仪式，甚至这些奥秘就是犹太教吗？

然而，当他们接着说百基拉、亚居拉，以及保罗自己在向神许愿之后，为了洁净自己而剃头时（徒18：18），他们表现出来的是极端的愚昧。[63]因为圣经没有记载百基拉剃过头，且我们也不确定亚居拉剃过头；因为剃头既可指亚居拉，也可指保罗。可是，为了证明他们效法保罗的榜样的声称毫无根据，单纯的读者应当留意保罗剃头和成圣毫无关联，只是为了他软弱的弟兄。我习惯称这样的誓愿为出于爱心而不是出于敬虔的誓愿；换言之，保罗这样行与敬拜神没有关系，乃是因软弱的弟兄

---

[61] Gratian, *Decretum* II. 12. 1. 7（MPL 187. 884；Friedberg I. 678）；伦巴德，*Sentences* IV. 24. 2（MPL 192. 901）。

[62] 参阅Langland, *Piers Plowman*, "神圣教会的异象"："没有比神圣教会中的人更刚硬、饥饿的人。"

[63] Lombard, *Sentences* IV. 24. 2（MPL 192. 901）。伦巴德也引用《以西结书》5：1："人子啊！你要拿一把快刀，当作剃头刀"，以及《民数记》6：5, 18 拿细耳人的条例。

无知，所以较温柔地待他们，就如保罗说他向犹太人就做犹太人诸如此类的话（林前9：20）。因此他剃过一次头，在短时间之内，为了服侍犹太人。然而，当这些家伙毫无意义地企图效法拿细耳人洁净自己的仪式时，难道他们不就是将另一个犹太教建立起来，因为他们在假冒为善地模仿旧约里的犹太教（民6：18，参阅6：5）？

教谕书信规定圣职人员不能蓄发，而应剃发，这规定是出于同样的宗教顾虑。⁶⁴仿佛保罗，在教导何为男人的正直行为时（林前11：4），关心的是要圣职人员剃光自己的头顶！请读者们以这仪式为开头，判断他们其他类似的仪式是否有根据和意义。

27. 教会在历史上对剃头的解释*

ᶜ我们只要参考奥古斯丁的作品，就能明确地知道剃头的习惯来自哪里。在刚开始的时候只有娘娘腔的男人和一些油头粉面的男人留长发，所以信徒认为圣职人员效法这种榜样非常不恰当。故圣职人员被吩咐剪短头发或剃头，免得在任何方面看起来像女人。然而，之后这习惯普遍到某些修道士为了炫耀自己穿着与众不同，比其他人更圣洁，开始留长发。⁶⁵但经过很长一段时间之后，长发变得很时髦，再加上法国、德国以及英国接受了基督教，且他们的男人一直留长发。所以，圣职人员又开始剃头，免得被看成过度追求时髦。再过很长一段时间之后，到了更败坏的时代，他们所有的风俗习惯不是已经败坏，就是堕落到迷信的地步，他们既因认为剃头的习惯不理智（反正剃头不过是圣洁的冒牌货），就变得更为神秘，且他们现在迷信地以这神秘的行为，设法说服我们接

---

⁶⁴ Gratian, *Decretum* I. 23. 21 (MPL 187. 137; Friedberg I. 85).

⁶⁵ Augustine, *On the Work of Monks* 31. 39-33. 41 (MPL 40. 578. 581; tr. NPNF III. 522-524); *Retractations* II. 21 (MPL 32. 639). 教士剃头先于修道院外的僧侣，最早于633年的托莱多会议（Council of Toledo）中的第41条法规中规定（Mansi X. 630）。剃头的形状则在惠特比会议（Synod of Whitby, 664）中由凯尔特和罗马教士辩论过。爱尔兰教士柯尔曼（Colman）主张剃前面的头发，而威尔弗雷德（Wilfred）则坚持罗马式的冠状或环形，这通常用来象征主耶稣的荆棘冠冕。

受他们的这圣礼。

守门人在分别为圣时，领受教会的钥匙，表示他们拥有管理教会的权柄；读经员领受圣经；驱魔者被交付某些赶鬼的惯用语句，好使用在癫狂的人和初信者身上；辅祭人员领受蜡烛以及大酒杯。这就是他们视为发挥神大能的仪式。这些仪式不但是神恩典的象征，甚至将这看不见的恩典赐给人。他们想要将之视为圣礼，便根据自己的意思提出这一点。

^{c (a)} 然而，简单总结一下，我认为这些经院神学家们以及教会法学家将这些次要的职分视为圣礼是非常荒谬的事，因为连^{c (a)} 教导的人^a 都承认古代的教会^a 没有这些职分，而是过了许多年之后才被捏造出来。⑯但既然圣礼暗示神赐给我们他的应许，所以唯独神自己，而不是天使或人，拥有设立圣礼的资格，因为唯独神才能赏赐我们他的应许。

28 "祭司"以及"长老"

^{c (a)} 他们将三种不同的职分视为"主要的"。当他们开始捏造许多次要的职分之后，副执事就被视为主要的职分。然而，既然这些职分似乎有圣经根据，他们就因此称之为"圣洁的职分"，为了更尊荣它们。我们现在要解释这些人如何为了自己的私欲，滥用主所吩咐的职分。

我们首先要探讨长老或祭司的职分。因对他们而言，这两个称号的意思没有两样。他们教导担任这职分的人，负责在祭坛上将基督的身体和血献为祭、组织教会的祷告，以及称颂神的恩赐。所以，当他们被按立时，就被交付圣饼以及圣体盘，表示神赏赐他们施行除罪祭的权柄（参阅利5：8）；他们的手也被膏抹，表示他们拥有分别为圣的大能。⑰然而，我们在下

---

⑯ Lombard, *Sentences* IV. 24. 3-9 (MPL 192. 901-904); IV. 1. 2 (MPL 192. 839).

⑰ Lombard, *Sentences* IV. 24. 9 (MPL 192. 904); Gratian, *Decretum* I. 25. 1 (MPL 187. 143; Friedberg I. 90).

面将讨论这些仪式。⑱他们的职分完全没有其所声称的圣经根据，ᵃ他们败坏神亲自设立的职分到了无以复加的地步。

首先，我们应当将之视为毋庸置疑的一个事实（我们以上讨论弥撒时曾经说过）⑲，即一切称自己为向神献除罪祭的祭司都是得罪基督。耶和华起的誓指派基督，并将他分别为圣，照着麦基洗德的等次做祭司（诗110∶4；来5∶6）。基督无命之终，也无继承者（来7∶3）。基督从前一次将自己献为永恒的除罪祭，好叫我们与神和好；他既已进入了那天上的圣所，就替我们代求。我们在基督里都是祭司（启1∶6；参阅彼前2∶9）⑳，然而我们所献上的是赞美和感谢，简言之，我们将自己和所有的一切都向神献上为祭。唯有基督才能借他献给神的祭物，平息神的愤怒并除掉我们一切的罪。所以，当这些人擅敢担任这职分时，难道不就证明他们祭司的职分是不敬虔的，甚至是亵渎的吗？他们将这仪式视为圣礼，证明他们坏到极处。

就真正的长老职分而言，我完全承认基督亲口设立的长老职分。圣经上记载这职分含有一种仪式，保罗也见证这仪式不是虚空或多余的，乃是充分证明神赏赐我们那属灵的恩典（提前4∶14）。然而，我没有将这职分视为基督教的第三种圣礼，因为这不是众信徒共同的仪式，乃是为了与众不同的职分而设的特殊仪式。然而，既然神将这尊荣交付牧职，天主教的神甫就毫无理由以这职分为傲。因为基督吩咐要按立负责传他福音并施行他圣餐的人，他并没有设立任何献祭的职分。基督吩咐他的仆人当传福音（太28∶19；可16∶15）以及喂养他的羊（约21∶15），并不是要献祭。基督应许将圣灵的恩赐赐给他们，并不是为了要他们献除罪祭，乃是要他们认真地管理教会（参阅太28∶20）。

---

⑱ 下文的第二十九至第三十一节。
⑲ IV. 18. 14.
⑳ 加尔文多次声明基督徒皆祭司，强调我们要将自己毫无保留地奉献给上帝。参阅 IV. 18. 16，17；Comm. 帖前4∶3；和华莱士（R. S. Wallace）在 *Calvin on the Christian Life*，Part I. 第四章中所引述的不同段落。

29. 按立祭司的仪式

ᵃ仪式与他们所代表的真理非常相称。当我们的主差派使徒出去传福音时，他向他们吹一口气（约20：22）。这记号代表基督赐给他们圣灵的大能。这些善良的人将这吹气的行动留到如今，且当他们按立人做祭司时，就如将圣灵从自己的喉咙里面吹出去那样，含糊不清地说这句话，"你们受圣灵"（约20：22，Vg.）。他们什么事都愚蠢地模仿。他们的行动不像演员，因为演员的手势有某种程度的技术和意义，乃是像猩猩，因为猩猩任意、毫无分辨地模仿一切的行动。他们说自己在效法主的榜样，但主行了许多他并不允许我们效法的事。主对他的门徒说："你们受圣灵。"（约20：22，Vg.）他也曾对拉撒路说，"拉撒路出来！"（约11：43，Vg.）他对瘸腿的人说："你起来行走。"（太9：5，Vg.；参阅约5：8）那么，他们为何在此不效法基督，向所有的死人和瘸腿的人宣告这句话呢？当基督向使徒吹了一口气，而以圣灵的恩赐充满他们时，他就证明自己的大能。他们这样做算是与神竞争，甚至向他挑战，但他们的行动一点效果都没有，且他们荒唐的举止不过在嘲笑基督。事实上，他们无耻到宣称自己能将圣灵赐给人。然而，我们的经验告诉我们这恩赐不是真的，因为这经验清楚告诉我们，一切被按立为祭司的人，从马变为驴，从傻瓜变为疯子。然而，我不在这事上与他们争吵。我在此不过在斥责这仪式本身。他们不应当将之视为基督给我们的榜样而效法它，因为基督将这仪式作为特殊神迹的象征，他们以效法基督为借口，根本站不住脚。

30. 基督的祭司职分远超过亚伦的*

ᵃ最后，他们的膏抹来自哪里呢？他们回答说：来自亚伦的儿子，就如他们的职分来自亚伦的儿子一样。㉛他们因此宁愿以邪恶的例子为自己

㉛ Lombard, *Sentences* IV. 24. 9 (MPL 192. 904); Gratian, *Decretum* I. 21, Gratian's note preceeding part 1 (MPL 187. 116; Friedberg I. 67).

辩护，也不要承认他们轻率的行为出于自己的捏造；同时，当他们宣称自己是亚伦之子的继承者时，他们不晓得这大大地侮辱了基督的祭司职分，因为一切古代的祭司职分，唯独预表基督自己的祭司职分。因此，那些职分都在乎基督，也在基督的身上得以应验，当基督降世时，这些职分也都停止，这一点我们在上面重复过好几次，这也是《希伯来书》清楚的见证。但他们若那么喜欢摩西的仪式，他们为何不将公牛、牛犊以及羔羊献为祭呢？他们的确留下古代会堂以及整个犹太教的一大部分，但他们的信仰仍然不足，因他们不把牛犊和公牛献为祭。显然这膏抹的仪式比割礼危险得多，尤其是因他们在这仪式上加上迷信，以及某种法利赛人善功的观念。犹太人借着割礼确信自己的义，但这些人相信膏抹赐给他们属灵的恩赐。^e因此，虽然他们想要效法利未人，他们却只是在违背基督的真道，并离弃了牧师的职分。

31. 膏抹属于已经过时的仪式^a

^a他们以为这就是神所喜悦的圣油，且这油会在人身上印上抹不去的品格。仿佛人用泥和盐也无法擦掉油，（如果油黏得更紧）用肥皂也洗不掉！然而（他们告诉我们），这品格是属灵的品格。⑫那么油与人的灵魂有何关联呢？难道他们忘记自己常引用的奥古斯丁的话："若真道与水分开，水不过是水；是真道本身叫水成为圣礼"？⑬ 那么，他们能拿出怎样的真道伴随油呢？难道是神吩咐摩西要膏亚伦的儿子吗？（出30∶30；参阅28∶41，29∶7）但神同样也吩咐他穿上外袍，又加上以弗得，把冠冕戴在他头上（利8∶7、9）；也吩咐亚伦的儿子穿上内袍，束上腰带，包

---

⑫ Lombard, *Sentences* IV. 24. 10; "*character spiritualis*"（MPL 192. 904）; Aquinas, *Summa Theol.* III. 63. 6, Suppl. 25. 2; Eugenius IV. bull *Exultate Deo*（Mansi XXXI. 1054; Mirbt, *Quellen*, 4th ed., p. 237; tr. Robinson, *Readings* I. 353 f.）. 这部分谕令中值得特别注意的词组有："*Accipepotestatem offerendi sacrificum*"（"领受献祭的能力"）和"*Effectus augmentum gratiae*"（"益处、恩典增加"）。

⑬ Augustine, *John's Gospel* 80. 3（MPL 35. 1840; tr. NPNF VII. 344 f.）.

上裹头巾（利8：13）。他也被吩咐要宰公牛，并将它的脂油烧在坛上（利8：14—16），要杀羊，并将它的肉烧掉（利8：18—21），将羊血抹在右耳垂和大拇指上，好叫它们分别为圣（利8：22—24），以及其他无数的仪式。既然他们完全不理会这些其他的仪式，我很想知道他们怎么那么喜欢用油膏抹的这仪式。[74]但他们若喜悦受膏抹，为何宁愿用油而不是血呢？他们显然在尝试成就某种天才般的事：要把基督教、犹太教以及异教拼凑起来，组成全新的宗教。但他们的膏油是臭的，因缺乏盐，即神的道。

接下来是按手的仪式。我承认按手在合乎真道的按立中是圣礼，但我们否认按手在他们这虚妄的仪式上蒙神悦纳，因为这不是出于基督的吩咐，他们也不考虑按手的目的是什么。他们若不喜悦这仪式失效，就必须将之运用在神所指定的事上。

32. 执事

且我们也不会与他们争辩执事的职分，只要这职分与使徒和纯洁教会时代的职分相同。[75]但这些人所设立的执事与使徒时代的执事在哪方面相似呢？我说的不是这些人本身，免得他们埋怨我根据人的过错论断他们的教义是不公允的。然而，我认为用使徒教会所按立为执事的人见证他们的这职分是真执事的职分是不光彩的。他们说自己的执事负责帮助祭司，帮助他们施行圣礼，即洗礼、抹油和圣餐；把祭物摆在祭坛上；摆好圣餐桌并用布盖起来；背十字架，向百姓诵读福音书和书信。难道这里有一句话是关于神所设立的真执事职分吗？

他们的执事是这样被按立的：当执事被按立时，唯有监督一个人

---

[74] 在1561年与迦百列·撒康尼（Gabriel Saconay）的争辩中，加尔文说他"总是憎嫌油的味道"（CR IX. 448）。参阅 McNeill, *The History and Character of Calvinism*, pp. 136 f., 提到加尔文自己的按立问题。William Durandus 在 *The Symbolism of the Churches* 中详细解释膏抹在按立仪式中的象征意义 (ca. 1295) (tr. J. M. Neale, 1842), pp. 171-175。

[75] 参阅 IV. 3. 9；IV. 4. 5。

按手在他身上。他把祷告书和长围巾摆在他的左肩臂上，好让他能够感觉到他已经领受了主容易的轭（太 11∶30），借此让属于左边的一切敬畏神。监督也交付他关于福音书的经文，好叫他承认自己是传福音的人。那么，这一切与执事的职分有什么关系呢？天主教徒这么做，就如有人说他按立使徒，但却不过指派他们烧香、清扫偶像上的灰尘、扫地、抓老鼠，以及把狗从教堂里面赶走。难道有人可以接受这种人被称为使徒，与基督的使徒相提并论吗？所以，他们之后不可把这些人妄称为执事，因为他们只不过按立他们来演戏。事实上，执事这一词充分宣告这职分的性质如何。因天主教徒称他们为利未人，并说这职分的意义和源头都来自利未的子孙。⑯这我完全不否认，只要这职分之后没有变质。

33. 副执事

ᶜ我们应当如何恰当地描述副执事呢？他们虽然在古时候负责照顾穷人，但天主教徒分派他们忙于某种琐碎的服侍，譬如拿圣杯和圣盘，并拿盛水的小瓶和毛巾到祭坛面前；或为了洗手给人倒水，等等。且他们提到接受和献上的祭物时，他们指的是自己所吃掉的东西，仿佛它们注定要受到咒诅。

他们奉献的仪式与这职分非常相称：监督将圣盘与圣杯交给副执事，执事则交给他盛水瓶、手册以及类似的垃圾。⑰他们要求我们承认圣灵含在这些无聊之物里，难道任何敬虔的人会承认吗？但为了在这件事上告一段落，我们对副执事职分的批判，与以上对执事的批判没有两样；且我们无须在此重复以上详细的解释。⑱

---

⑯ Lombard, *Sentences* IV. 24. 8 (MPL 192. 903); Eugenius IV, bull *Exultate Deo* (Mansi XXXI. 1058; Mirbt, *Quellen*, p. 237; tr. Robinson, *Readings* I. 353 f.); Gratian, *Decretum* I. 21. 1; I. 23. 11; I. 25. 1, 3 (MPL 187. 116, 134, 143: Friedberg I. 67, 83. 90).

⑰ Lombard, *Sentences* IV. 24. 7 (MPL 192. 902 f.).

⑱ 上文的第三十二节。参阅 IV. 5. 15-17。

这样说对于虚心和可教之人（就是我有意教导的那种人）就够了，除非仪式伴随着神的应许，或者除非任何仪式带有神的应许，否则我们无法称之为神的圣礼。但在这仪式中，神的应许完全不存在；所以，我们若想寻找某种仪式来确认神的应许，这是徒然的。这仪式不但没有神的应许在内，仪式本身也不是神所吩咐的。所以，这不可能是圣礼。

错误地称婚姻为圣礼，来自对《以弗所书》5：28 以及其他经文的误解，他们对婚姻这恩赐的一些滥用（34—37）

34. 婚姻不是圣礼

ᵃ最后是婚姻。[79]所有的人都承认婚姻是神所设立的（创 2：21—24；太 19：4 及以下），然而，一直到格列高利的时代，从来没有人将婚姻视为圣礼。[80]难道任何理智的人这么想吗？婚姻是神善良和圣洁的条例；然而耕田、建筑、做鞋以及理发也是来自神合法的条例，但这些条例并不是圣礼。因为圣礼不但来自神的吩咐，它也必定是神所指定的仪式，为了确认他的应许。连小孩子都能辨别在婚礼里没有神的应许。

然而，天主教徒说婚姻是一种圣洁的象征，它象征基督与教会属灵的联合。[81]他们所说的"象征"一词，若是神摆在我们眼前的象征，为了提高我们对信心的确据，婚姻离这定义有很大的距离；若"象征"一词不过是类比的意思，我要证明他们的推理有多高明。保罗说："这星和那星的荣光也有分别。死人复活也是这样。"（林前 15：41—42）那么这也

---

[79] 无论是在伦巴德作品中，还是 *Exultate Deo* 谕令中，或是在其他中世纪圣礼的清单中，婚礼都被列为第七项，也就是最后一项。Lombard, *Sentences* IV. 26-42（MPL 192. 908-932）；*Exultate Deo*, sec. 16（Mansi XXXI. 1058；Mirbt, *Quellen*, p. 237；tr. Robinson, *Readings* I. 354）. 武加大译本的《以弗所书》5：32，"*Sacramentum hoc magnum est*" 被用作婚礼是圣礼的证据。参阅下文的第三十五节及第三十六节。

[80] 即教皇格列高利七世（1073—1085），他同时代的彼得·戴缅尼（Peter Damiani）（*Sermons* 69；MPL 144. 902）持此一观点。婚礼也被熟悉教会法规的沙特尔的伊沃（Ivo of Chartres, d. 1116）视为圣礼：Ivo. *Decretum* VIII. 9（MPL 161. 568）。

[81] Lombard, *Sentences* IV. 26. 6（MPL 192. 909 f.）. 参阅以上注释 79。

是圣礼。基督说："天国好像一粒芥菜种。"（太 13∶31，Vg.）这是另一个圣礼。"天国好像面酵"（太 13∶33，Vg.），这是第三个圣礼。以赛亚说："耶和华必像牧人牧养自己的羊群"（赛 40∶10—11，参阅 Vg.），这是第四个圣礼。他在别处说"耶和华必像勇士出去"（赛 42∶13p.，参阅 Comm.），这是第五个圣礼。这样岂不是没有穷尽？根据这定义，没有任何事情不是圣礼。这样看来，圣经在哪里描述什么，在哪里就有圣礼。事实上，偷窃也将算为圣礼，因为经上记载说："主的日子来到，好像夜间的贼一样。"（帖前 5∶2，Vg.）当这些经院神学家们这样愚昧地胡说八道时，谁能忍受他们？

我承认当我们看到葡萄树时，想到基督所说的话："我是葡萄树，你们是枝子"（约 15∶5，Vg.）以及"我父是栽培的人"（约 15∶1），对我们有很好的帮助。当我们看到牧人与自己的羊群时，我们想到："我是好牧人"（约 10∶14，Vg.）、"我的羊听我的声音"（约 10∶27，Vg.），也对我们很有帮助。但若任何人将这些隐喻视为圣礼，他就该被送到精神病院里去。[82]

35. 他们误用《以弗所书》5∶28 *

[a]但他们仍强解保罗的话，以证明运用"圣礼"一词在婚姻上极为妥当："爱妻子便是爱自己了。从来没有人恨恶自己的身子，总是保养顾惜，正像基督待教会一样，因我们是他身上的肢体。[83]为这个缘故，人要离开父母，与妻子联合，二人成为一体。这是极大的奥秘，但我是指着基督和教会说的。"（弗 5∶28—32，Vg.）[84]但这样解经等于是把天与地混为一谈。保罗为了教导丈夫他们应当何等爱自己的妻子，举基督为例做我们的榜样。就如基督热爱他所娶为妻的教会，照样每一个丈夫都要爱

---

[82] Horace, *Satires* II. 3. 83 (LCL edition, pp. 160 f.).
[83] 参阅 Cadier, *Institution* IV. 443. note 5。
[84] 参阅第三十四节注释 79；Cadier, *Institution* IV. 444. note 1。

自己的妻子。保罗说："爱妻子便是爱自己了……正像基督爱教会一样。"（弗5：28）为了教导基督如何爱教会如己，甚至基督如何将自己与自己的新娘——教会联合，保罗将亚当用来描述自己的话运用在基督身上。因当神将夏娃（而且亚当知道神用他自己的肋骨造成夏娃）带到亚当面前时，亚当说："这是我骨中的骨，肉中的肉。"（创2：23，Vg.）保罗见证这一切在基督里，和在我们身上得以应验。因他说我们是基督身上的肢体，是他骨中的骨、肉中的肉，因此与基督是一体的。保罗最后加上了这总括："这是极大的奥秘。"为了避免有人误会他的话，保罗解释他说的并不是男、女肉体上的联合，乃是基督与教会属灵的婚姻。这的确是极大的奥秘，即基督允许他的一条肋骨被取出来造成我们，也就是说当基督刚强的时候，他居然喜悦变得软弱，好让我们因他的刚强得以刚强，使得我们活着不再是自己，乃是基督在我们里面活着（加2：20）。

36. 他们的迷惑来自"奥秘"一词的翻译，且由他们对婚姻的贬低而来*

ᵃ"圣礼"一词误导了他们。但他们因此叫整个教会因自己的愚昧受害，这公平吗？保罗用的词是"奥秘"。翻译的人可以选择不把拉丁文翻译出来，因为拉丁人对这个词不熟，或他可以把它翻译为"秘诀"。然而他把它翻译成"圣礼"（弗5：32，Vg.），可是保罗在同样的意义上使用过"奥秘"一词。⑧他们可以大声地斥责语言上的技术，然而，在此他们对语言的无知叫自己上当，虽然这是众所周知的事。但他们为何这样地坚持这个词在经文中是"圣礼"的意思，但在其他的经文中并没有如此翻译呢？因为在《提摩太前书》（提前3：9）以及《以弗所书》的另一些经文（弗1：9，3：3、9，Vg.）中，翻译者将之翻译成同样的词。即使

---

⑧ 参阅上文的第三十四节注释79。注意加尔文很有说服力地以语言学的理由来证明此点。

我们在这一点上放过他们,但说谎的人至少应该有正常的记性。⑱

然而,当他们尊称婚姻为圣礼,但之后称之为污秽、污染以及肉体上的不洁时,这是变化无常啊!禁止祭司在这圣礼中有所参与,这再荒谬不过了!他们若说教会并不禁止他们参加这圣礼,唯有禁止他们男女交合的私欲,他们仍然无法逃避。因为他们教导交合本身是这圣礼的一部分,且交合就是我们与基督联合的肉体上的隐喻,因为男女借着肉体的交合成为一体。然而,又有人教导这里有两种圣礼:一种是新郎和新娘代表神和灵魂彼此的关系;第二种则是丈夫和妻子代表基督与教会彼此的关系。这样的话,交合仍是圣礼,且我们不可禁止任何的基督徒参加圣礼,除非我们说基督徒的圣礼不和谐到互相矛盾的地步。他们的教义还有另一个荒谬的地方。他们主张在圣礼中,神将圣灵的恩赐赐给人;他们教导交合是圣礼,但他们否认在交合中圣灵与我们同在。⑰

37. 这天主教的教义压制人的结果

ᵃ他们不满意只在一方面嘲笑教会,在这一谬论之上他们又增加了许多的错误、谎言、欺哄以及恶行。因此,我们可以说:当他们把婚礼当作圣礼时,他们不过在寻求众多可憎恶的行为。因为婚礼一旦变成圣礼之后,它立刻就落到他们的管理之下;婚姻既因是属灵的现象,世俗的法官便不准管婚姻了。他们之后颁布了一些法律,为了加强自己的专制。这些法律一方面公开地亵渎神,另一方面对人非常不公平。譬如:未成年者若没有父母的许可结婚,这婚姻受教会的认可。亲戚之间的婚姻即使两个人的关系远到七代,都是不被允许的,而且若结婚,这婚姻

---

⑱ *Quintilian*, *Institutes of Oratory* IV. 2. 91;"*Mendacem memorem esse oportet*"(LCL edition, II. 100). 加尔文说明武加大译本的确在《以弗所书》1:9;5:32 和《提摩太前书》3:16 中,将"μυστήριον"翻为 sacramentum。但在《提摩太前书》3:9 则译为 mysterium。

⑰ Gratian, *Decretum* I. 28. 2;I. 82. 3;II. 27. 2. 17;II. 32. 2. 4(MPL 187. 155, 597 f., 1397, 1413 f.; Friedberg I. 101, 291 f., 1066, 1120 f.);Lombard, *Sentences* IV. 26. 6(MPL 192. 909 f.);Augustine, *On the Good of Marriage* 6. 5-6(MPL 40. 377;tr. NPNF III. 401 f.).

必须被取消。⑧他们所颁布的法规,违背各国的法律以及摩西的律法(利18∶6及以下),即与犯奸淫之妻离婚的男人,不可再结婚;教父教母不可以结婚;复活节的前六十三天到复活节之间,施洗约翰生日的前三个礼拜,以及从圣诞节到主显节之间,结婚是被禁止的;他们还有其他类似的法规,多得数不胜数。⑧我们现在要把自己从他们的泥淖里解救出来,因为我们的辩论已经陷在其中太久了。然而,我仍深信自己在此有所成就,因为我已经在某种程度上,把狮子皮从这些驴子的身上揭掉了。

---

⑧ 伦巴德认为男孩在十四岁以前,女孩十二岁以前结婚是不合法的,但是如果他们在青春期刚开始时就交往,那就不能分开他们 (*Sentences* IV. 36. 4; MPL 192. 931)。关于在第七代之内禁止通婚,见 *Sentences* IV. 40 (MPL 192. 937 ff.); Gratian, *Decretum* II. 35. 2 and 3. 16, 17. 19 (MPL 187. 1671 f.; Friedberg I. 1267 f.)。

⑧ 这些规定出现在伦巴德, *Sentences* IV. 41. 1-2; IV. 31. 2; IV. 34. 5; IV. 42 (MPL 192. 938 f., 918 f., 928, 940-942); Gratian, *Decretum* II. 35; II. 30. 3 f.; II. 33. 4, 10 (MPL 187. 1163 ff., 1519 ff., 1647 f.; Friedberg I. 1261 ff., 1100 ff., 1249)。

ᵉ第二十章 ᵇ⁽ᵃ⁾政府①

属世和属灵的治理彼此的关系如何（1—2）

1. 属世的和属灵的治理之间的差别†

ᵃ我们既因在上面已证明人在双重的治理（government）底下，②且我们在别处花了不少时间讨论过那内在关乎永生的治理如何，③我们现

---

① 参阅上文英译本导言 IV.1.1, 注释 2, 关于加尔文政治思想的研究有：J. Bohatec, *Calvins Lehre von Staat und Kirche*；M.-E. Chenevière, *La Pensée politique de Calvin*；E. Doumergue, *Calvin* V. 381-512；H. Baron, *Calvins Staatsanschauung und das confessionelle Zeitalter*；R. W. Carlyle and A. J. Carlyle, *A History of Medieval Political Theory in the West* VI. 263-270；R. N. C. Hunt, "Calvins's Theory of the State", *Church Quarterly Review* VIII (1929), 56-71；F. J. C. Hearnshaw (editor), *The Social and Political Ideas of Some Great Thinkers of the Renaissance and Reformation*, ch.8, by W. R. Mathews；P. Mesnard, *L'Essor de la philosophie politique au sixième siècle en France*, pp. 269-295；A. Kuyper, *Calvinism*, lecture 3, pp. 98-142；W. S. Hudson, "Democratic Freedom and Religious Faith in the Reformed Tradition", *Church History* XV (1946), 177-194；J. T. McNeill, "The Democratic Element in Calvin's Thought", *Church History* XVIII (1949), 153-171；*John Calvin on God and Political Duty*, pp. 6-25；W. Mueller, *Church and State in Luther and Calvin*。其他的书目请参考麦克尼尔（McNeill）的书目文章"Thirty Years of Calvin Study", *Church History* XVII (1948), 尤其是 pp. 235-240。华莱士（R. S. Wallace）也仔细地研究过加尔文对基督徒社会和政治关系的观点，见他的著作 *Calvin's Doctrine of the Christian Life*，特别看第三和第五章。
② III.19.15: "*duplex in homine regimen.*" 本章与论"基督徒的自由"（III.19）那章是有关联的，实际上构成了 1536 年版第六章的第一部分（OS I.223-280），在篇幅很长的同一章后面紧接着的部分是教会权柄，另一部分标题与本章的标题一样，内容也基本与本章相同。后来修改时将这些部分从原来的第六章中分出来，但是 IV.20 实际上是 III.19 的延续。
③ IV.3-11.

在要稍微探讨一下第二种治理，即那只关乎属世公正以及外在行为规范的治理。

ᵉ虽然这主题表面上看起来，在本质上与我在上面所讨论过那关于信心的属灵教义截然不同，但我现在所说的话将会充分地证明我对这两种治理进行比较是应该的，事实上是极为必要的事。因为一方面某些疯狂和野蛮的人，不顾一切地想要毁坏神所设立的属世的政府；另一方面，又有一些奉承君王的人，过分地称赞君王的权威，而毫不犹豫地拿他们对抗神的统治。④除非我们避免这两种谬论发生，否则信仰纯洁性将会消失。除此之外，我们若明白神在这方面极为仁慈地照顾人类的需要，好让我们加倍地热心为善，为要证明我们对神的感恩，这对我们是非常重要的事。

ᵃ首先，在我们开始讨论这主题之前，必须记住我们在上面所做的区分，⑤免得我们（因这是普遍的错误）不智慧地把这两种在本质上不同的治理混为一谈。因为某些人当听到福音应许赐给人某种在人间不受任何君王和官员的辖制、唯独仰望基督的自由时，就误以为若在他们之上有任何属世的权柄，就损害他们的自由。他们认为除非全世界完全被更新，不再有法庭、法律、官员，或任何他们认为约束自己自由的权柄，否则自由没有任何的保障。然而只要我们知道如何分辨身体和灵魂——这快过去的生活和那将来的永生，我们就不难明白基督属灵的国度和属世的政府完全不同。那么，既然将基督的国度局限于这世界的范围是犹太人虚妄的想法，我们就要记住圣经明确的教导，即基督赏赐我们的恩福是属灵的，⑥我们不要忘记将神在基督里应许我们的自由，局限于神所限定的范围。使徒之所以吩咐我们要站立得稳，不要再被"奴仆的

---

④ 这几句话（1559）明显一边指重洗派，另一边又指马基雅维利。他的意大利文《君主论》仅在1553年被翻成拉丁文（OS V. 474）。加尔文也可能暗指古代的君王崇拜。
⑤ III. 19. 16；IV. 10. 3-6.
⑥ 参阅 II. 10. 10-19。

轭"辖制（加5∶1），但在另一处又盼咐做奴隶的人，不要因这光景忧虑（林前7∶21），难道不就是因为属灵的自由与属世的奴役能够毫无冲突地共存吗？以下两句话也有同样的含义：在神的国度里，"并不分犹太人、希腊人、自主的、为奴的，或男或女"（加3∶28，Vg.；顺序改变）；以及"在此并不分希腊人、犹太人、受割礼的、未受割礼的、化外人、西古提人、为奴的、自主的，唯有基督是包括一切，又住在各人之内"（西3∶11 p.）。保罗这两句话的意思是：你在人中间的光景不重要，在哪一个国家的法律之下也无关紧要，因为基督的国度并不在乎这些事。

2. 这两种"治理"并不冲突

ᵃ但这区分不应该叫我们将属世的治理视为某种污秽或与基督徒毫无关联的东西。这不过是一些喜爱放纵自己的狂热分子所吼叫和自夸的话：我们一旦借基督向属世的事死（西2∶20），被迁到基督的国里，与天使一同坐在天上，那么管这些污秽、属世、与基督徒毫无关联的事情，与我们这么高贵的地位极不相称。⑦他们说，法律若没有法庭有什么意义呢？但信徒与法庭有何关系？的确，如果杀人是不合法的，我们为什么要有法律和法庭？然而，根据我们以上的教导，这种治理与基督内在和属灵的国度截然不同。所以我们必须明白两者毫无冲突。的确，那属灵的治理在我们仍住在世界上时，已经开始在我们心里建立那属天的国度，而且这治理在短暂的今生中，叫我们在某种程度上预尝那将来永恒、不朽坏的福气。但在我们仍住在世间的时候，属世的治理也有神预定的目的，ᵉ即珍视和保护信徒对神外在的敬拜，守护纯正的基督教教义以及教会的地位，ᵃ叫我们能够与世俗的人同住，叫我们在世人中间行

---

⑦ 重洗派的人将宗教与政治完全分离，在此受到强烈的批判。参阅以上的第一节注释4。七条 Anabaptist articles of Schleitheim (1527) 中的第六条说明公职是"属肉体的"，其权柄完全应被基督徒否定，且这在"基督的完美以外"。参考资料在 III. 3. 21，注释42；IV. 1. 28，注释35。彼得·莱德曼 (Peter Ridemann) 教导说："没有基督徒做统治者，也没有任何统治者是基督徒。" (tr. *The Portable Renaissance Reader*, ed. J. B. Ross and M. M. McLaughlin, p. 665.) 参阅 LCC XXV. 289。

义,叫我们彼此和好,以及增进普遍的平安与和平。但若如今在我们中间的神的国度抹掉今世的生活,我承认这一切都是多余的;但若神的旨意是在我们渴慕真正的父家时,在世上做客旅,而我们的历程需要世俗政府的帮助,那么那些企图夺去这帮助的人,同时也在夺去他的人性本身。我们的仇敌宣称:在教会里的信徒,应当完美到教会的治理就可以当作属世的法律。但他们不过愚昧地幻想人所无法达到的某种完美。因既然恶人很悖逆,且他们的邪恶根深蒂固到就连最严厉的法律几乎也无法勒住他们,那么他们若发现可以不受处罚地放纵一切堕落的行为——因为没有法律,就无人能拦阻他们作恶——将会如何呢?

属世的政府是必要的,也是神所设立的 (3—7)

3. 属世的政府主要的目的和责任

ª我们以下在更恰当的地方,将更详细地描述属世的政府应该是怎样的。⑧我们目前只要强调:我们若想要把它根除掉,将会导致很野蛮的世界。这在人间的政府与食物、水、太阳以及空气一样重要;事实上,它比这些东西有更高贵的尊荣。因为政府不像这些东西,仅仅叫人能够继续呼吸、吃、喝以及保暖,虽然它管理人共同的生活,包括这一切。我再说一次:属世的政府不仅仅在乎这些事情,它甚至禁止偶像崇拜、对神圣名的亵渎、对他真理的亵渎,并防止其他公开冒犯信仰之行为的产生和扩散。这政府维护社会的治安,给各人保护财产的权利⑨,叫人能够彼此顺利贸易往来,ᵉ保守人与人之间的诚实和节制。ª简言之,这政府要确保基督徒能公开表达信仰,世人能行仁道。⑩

大家不要因我在这里把正确建立真宗教的责任交托给属世政府,就

---

⑧ 下文的第八节。
⑨ "Suum cuique",对每一个人,这是古代作家所用的词汇,表示司法权的行使对象,且在罗马法律中特别是指每个人的财产权。参阅3.7.3,注释6;(罗13:7)。
⑩ 参阅 II. 7. 10; Comm. Rom. 13 : 1-10。

感到心里不安，因为我在上面似乎教导过，这完全在人的决定之外。⑪因为我在这里说属世的政府有责任保护神的律法中所包括的真宗教，免得有人不受惩罚、公开地亵渎以及冒犯它，但这并不表示我主张人可以随自己的意思颁布任何关于宗教以及敬拜神的法律。

然而，我若清楚地教导属世政府的各方面，我的读者们就能知道该如何看待属世的政府。一共有三方面：官员——负责保护以及执行法律的人；法律——官员用来管理人民的规则；国民——被法律管理以及顺服管理的人。

我们首先要讨论官员的职分，也要考虑这是否合乎神真道的呼召、官员这职分的性质、官员之权柄的范围、基督教的政府应当被怎样的法律所管理；最后，法律如何使国民得益处，以及应当怎样顺服官员。⑫

4. 官员的职分是神所设立的

ᵃ主不但表明他赞成和喜悦官员的职分，他甚至用最高贵的称号尊荣这职分，好叫我们非常喜爱这职分。⑬我只要提其中几个称号：既然旧约圣经称官员为"神"（出 22∶8，Vg.；诗 82∶1、6），任何人都不要以为这称号是无关紧要的事。因为这称号表示他们受神自己的吩咐，神将他自己的权柄赏赐他们，他们是神的代表，也在某种意义上代替他统治人。这不是我凭自己的小聪明捏造的，乃是基督亲口的解释。他说："若那些承受神道的人尚且称为神……"（约 10∶35）基督在此的意思，难道不就是神交付他们在自己职分上侍奉他的权柄，且（就如摩西和约沙法对他们在犹大的每座城里所指派的审判官所说的话）不是替人，乃是替神做判决？（申 1∶16—17；代下 19∶6）神的智慧借所罗门的口给我们的

---

⑪ IV. 8. 10.
⑫ 参阅 Cicero, *Laws* III. 1. 2 (LCL edition, pp. 460 f.).
⑬ 注意在 *Instruction in Faith* (1537) 33 (OS I. 416 f.; tr. Fuhrmann, pp. 76 f.) 中出现过类似的论述。又见 Fuhrmann's note 249, 引述这个关系。法雷尔的 *Sommaire* (1525) 和 Fr. Lambert's *Somme chrestienne* (1529) 以简短的篇幅做了同样的教导 (*Instruction in Faith*, p. 96)。

教导也有同样的目的，即表示"帝王借我坐国位，君王借我定公平。王子和首领，世上一切的审判官，都是借我掌权"（箴8：14—16）。这里的意思就是：地上管理万有的权柄在君王和其他统治者的手中，并不来自人邪恶的决定，乃是来自神的护理和他神圣的命令。因为神喜悦这样管理人一切的事，[b]因为神与我们同在，也决定人颁布怎样的法律，并控制在法庭里所施行的公正性。[a]这也是保罗清楚的教导，因为他把"治理"包括在他所列举的神的恩赐之内（罗12：8，KJV或RV）。这些恩赐是照神的旨意所分配的，也是基督的仆人要用来造就教会的。因为虽然保罗在这经文中，专门指出一些在古代教会负责执行纪律的谨守者（这职分在哥林多书信中被称为"治理事的"）[14]（林前12：28），然而既因属世的政府显然也有同样的目的，无疑一切合乎真道的统治都是神所喜悦的。

[a]然而，当保罗专门探讨这问题时，他的教导更为明确。因为他说"凡掌权的都是神所命的"（罗13：1），以及"没有权柄不是出于神的"（罗13：1）。他接着说做官的是神的佣人，要称赞行善的人以及处罚作恶的人（罗13：3—4）。我们也能以一些敬虔的人为例，其中一些做王，譬如大卫、约西亚，以及希西家；另外还有其他的统治者，譬如约瑟以及但以理；还有一些统治以色列人的官，譬如摩西、约书亚，以及士师，主也宣告他喜悦他们的职分。所以，任何人不要怀疑属世的权柄是神的呼召。这呼召不但在神面前是神圣的、合乎真道的，在世间也是最圣洁以及最尊荣的呼召。

5. "基督徒"否定或拒绝当官的职分是错误的

[a]那些希望制造混乱的人[15]反对说：虽然在古时君王和士师统治了无

---

[14] "κυβερνήσεις"，在新约中只出现在《哥林多前书》12：18，参阅 Comm. 与这段相关的内容以及 Pannier, Institution IV. 202, note e on p. 340。

[15] VG："ceux qui voudroyent que les hommes vesquissent pesle mesle comme rats en paille"；"这些人要人活在混乱中，就像在稻草堆中的老鼠。"参阅 IV. 20. 9："Sacra historia inter vitia anarchias ponit."

知的百姓，然而那种压制人的统治方式，与基督的福音所带给我们的完全状况水火不容。⑯然而，这观念不但显露出他们的无知，甚至显露出他们来自魔鬼的傲慢，因为他们虽然宣称自己的完美，却无法表现出这完美的百分之一。但不管他们是多善良的人，反驳他们并不困难。因虽然大卫劝所有的君王和统治者当以嘴亲子（诗2：12），他的意思并不是说他们应该弃绝自己的权柄，而做凡夫俗子，乃是劝他们将神所交付他们的权柄，伏在基督的权柄之下，好叫基督在万有之上做王。与此相似，当以赛亚说"列王必作你的养父，王后必作你的乳母"（赛49：23）时，他并没有夺去他们所应得的尊荣。他反而以这高贵的称号宣告：他们是一切敬拜神之圣徒的保护者；因为那预言指向基督的降临。我有意略过圣经上众多强调统治者的权柄出于神的经文，特别是《诗篇》中的经文（诗21、22、45、72、89、110、132）。然而，最有说服力的是保罗对提摩太的吩咐。当他说教会在聚会中应当为君王代祷之后，他立刻加上其原因："使我们可以敬虔、端正、平安无事地度日。"（提前2：2）他的这话把教会交在他们的保护和关怀底下。

6. 官员应当做神忠心的佣人[*]

[a]官员应当经常提醒自己这事实，好激励自己履行自己的职责，并且叫他们在许多的困苦中得安慰。因当他们知道神设立他们借着执行神的公义服侍他时，他们就应当切慕正直、谨慎、温柔、节制，以及单纯。当他们明白自己的宝座属于永生神时，他们怎敢允许自己做不公正的判决呢？当他们明白自己的嘴巴是神述说真理的器具时，难道他们能够专制、不公平地待人吗？当他们知道神要让他们的手将他的旨意记录下来时，难道他们的良心会准许他们在邪恶的敕令上签字吗？综上所述，只要他们记住自己是神的代表，他们就应当谨慎、热切以

---

⑯ 参阅Zwingli, *True and False Religion*, 27（CR Zwingli III. 875）。

及殷勤地想要彰显神的某种护理、保护、仁慈、良善，以及公义。他们也应当常常想到，既然"以懒惰为耶和华做事的，必受咒诅"（耶48：10 p.），ᵇ那么一切在公义的呼召之上奸诈行事的人，将受更大的咒诅。ᵃ因此，当摩西和约沙法想要劝他们的士师尽本分时，这就是他们最有说服力的方法（申1：16）⑰："你们办事应当谨慎，因为你们判断不是为人，乃是为耶和华。判断的时候，他必与你们同在。现在你们应当敬畏耶和华，谨慎办事，因为耶和华——我们的神没有不义。"（代下19：6—7p.）圣经也在别处记载："神站在有权力者的会中，在诸神中行审判。"（诗82：1）其目的是要这些士师，当他们知道自己是神的使者，且之后必定在神面前为自己所做的一切向神交账时，就鼓起勇气去做。他们也应当非常留意这劝勉，因他们若犯任何的错误，他们不但在冒犯人，甚至也在侮辱神自己，因为这会使神圣洁的审判受玷污（赛3：14—15）。除此之外，当他们想到他们所在乎的并不是世俗的事情，或与神的仆人毫无关联的事时，他们反而拥有至圣的呼召，因为他们是神自己的代表，这就能成为他们极大的安慰。

7. 行政官职的强制特性不应当拦阻人承认它是神所赐的

ᵃ看见众多经文的见证，仍斥责这神圣的职分，好像它是基督教信仰所应当憎恶的职分，这样的人难道不是在咒骂神自己吗？因为斥责神所指定的职分就是侮辱神。且这些人不仅弃绝做官的人，而且拒绝神在他们身上的统治。因为主既然责备以色列人厌弃撒母耳的统治（撒上8：7），难道我们不能今日同样责备那些激烈反抗所有神所设立的政府之人吗？主对他的门徒说："外邦人有君王为主治理他们……但你们不可这样；你们里头为大的，倒要像年幼的"（路22：25—26）；他们利用这句

---

⑰ 上文的第四节。

话教导基督徒不可以做王,或在属世的政府里做统治者。[18]精湛的解经家们!当时门徒起了纷争,争论他们中间哪一个可算为大。为了斥责这骄傲的野心,主教导说,他们的服侍不像世上的君王,一个人在万人之上。请问:这句话哪里斥责君王所应得的尊荣呢?事实上,他所证明的难道不仅仅是君王的职分与使徒的职分不同吗?此外,在一切做官的人当中,虽然有各种不同的官员,但至少在一方面他们没有两样,即我们必须将他们视为神所设立来统治的人。所以保罗总结说,没有权柄不是出于神(罗13:1)。且一般人最不能忍受的权柄,即独裁的权柄,特别受到称赞。这就是因为万人都在他的权柄底下(除了万人所服从的那一位之外)。在古时候,较勇敢和高贵的人特别不能接受独裁的权柄。然而,为了阻止他们做出这种不公正的判断,圣经明确地教导我们:君王之所以能统治,是出自于神在他护理中的智慧(参阅箴8:15),并直接吩咐我们当敬畏君王(箴24:21;彼前2:17)。

不同种类的政府以及官员所当尽的本分;
战争与税的问题(8—13)

8. 有各种不同种类的政府

ᵃ显然,不能认真思考国家政体的人若私下争辩哪一种政府最适合他们的国家,这显然不过是无所事事地打发时间而已。且这问题不好解决,需要思考,因为答案完全取决于各国的具体情况。离开具体情况来比较各种政府形态的优劣,很难发现哪一种最好,因为每种形态都有它的优点和缺点。从君主制变成独裁很容易发生;然而贵族政治变成几个人的派系之争也是常发生的事;而民主制最容易变为叛乱。ᶜ但我们若考

---

[18] 再一次指1527年施莱特海姆信条(Schleitheim Confession)第六条。参阅上文的第二节,注释7;IV. 1. 28,注释35;加尔文,*Instruction contre la secte des Anabaptistes* (1544) (CR VII. 89); tr. "A Short Instruction for to arme all good Christian People Against the Pestiferous Errours of the Common Sect of the Anabaptists" (London, 1549) D 4a ff.。

虑哲学家们所说的三种政府形态，我并不否认贵族政治或某种贵族政治和民主制的混合，⑲远超过其他政府的形态；ᶜ这并不是因为任何制度本身的问题，乃是因为很少君王能自制到自己的判决与公正毫无冲突，或机智和聪明到能常常做正确的判决。因此，根据人众多的罪和缺点，最好的统治方式是许多人一起统治，⑳好让他们能够彼此帮忙、彼此教导以及劝勉对方；且若一个人想做不公正的决定，另外还有其他的参与治理者可以约束他的悖逆。ᶜ这是我们的经验所证明的，也是主自己的权柄所认可的，因为他在以色列人身上设立了贵族政治与民主制混合的政府形态，好使他们处在最好的状况（出 18：13—26；申 1：9—17），一直到他在大卫身上显明基督的形象。且我既然完全承认令众百姓最快乐的政府形态是某种自由与适当的约束相协调的组织，而这一切都立在稳固的根基之上。所以，我认为那些在这种政府形态之下的人最快乐；且他们若一直努力保持这形态，这与尽他们的本分毫无冲突。事实上，政府的官员应当尽自己的力，免得百姓的自由（因他们负责保护这自由）在任何方面被减少，更不用说被夺去。㉑做官的人若不够警醒和谨慎，他们就对自己的职分不忠心，也是背叛国家。

---

⑲ "Vel aristocratiam vel temperatum ex ipsa et politia statum." 参阅对以色列政府形式的描述："aristocratiam politiae vicinam"；柏拉图对政府形式的总结，*The Statesman* 291 D (LCL plato III. 124 f.)；Zwingli, *Exposition of the Faith* (Zwingli, *Opera*, ed. Schuler and Schulthess IV. 59，tr. LCC XXIV. 266 f.)；Bohatec, *Calvins Lehre von staat und Kirche*, pp. 116-164；Chenevière, *La Pensée politique de Calvin*, pp. 181-229。

⑳ "Ut tutius sit ac magis tolerabile plures tenere gubernacula." C. IV. 3. 15，note 13；IV. 4. 10-11. 就政府而言，加尔文认为多数人统治更安全，期待借众人合作的力量，互相劝告，并限制个人的野心。在日内瓦，他劝小议会（Little Council），最好每月或每季举办会议，目的很简单，是要在保守秘密的前提之下彼此批评。卡迪耶（Cadier）认为这一段话是支持寡头政治而不是支持民主（*Institution* IV. 455. note 7）；但是众数（*plures*）这个词强调的不是少数人的统治，而是众人分担责任。参阅 McNeill, *Calvin on God and Political Duty*, Introduction, pp. 22 f.；Bohatec, *Calvins Lehre von staat und Kirche*, pp. 153-157。

㉑ 加尔文最关心的是安全和有秩序的自由，并反对暴政和无政府。"没有什么比自由更令人渴望。"这句话写出约瑟在埃及的心声（Comm. Gen. 39：2）。在 Homilies on I Samuel，他再次称自由为"无价的"（CR XXIX. 544；XXX. 185），在 Comm. Jer. 38：25-26 又出现一次。他在其他地方也表示过"比生命的一半更重要"（CR XXIV. 628）。他说保罗小心翼翼，免得贬损了自由（Comm. I Cor. 10：29）。上帝希望犹太人比他们被国王统治的邻居有更多的自由，并给他们选择士师的自由（CR XXVII. 410 f.）。

然而，若主给某一个国家的人特别安排一种政府的形态，但他们努力地想要换另一种形态，这种希望不但愚昧和毫无用处，甚至极为有害。ᵃ然而，只要你不仅仅留意一个都市的状况，而是考虑到整个世界的情形，或至少看得比较远一点，你就可以知道，神的护理极为智慧地为不同的国家安排不同类型的统治形态。因为就如不同温度的物质才会黏在一起，照样在不同的地方有不同的政府形态是最好的。然而，对于那些认为我们只要知道主的意思就够了的人而言，这一切的话都是多余的。因为既然主喜悦为各国安排国王，为民主的都市安排参议院以及市政官员，[22]我们就顺服神所为我们安排的统治者。

9. 官员当在乎两块石版的律法

ᵃ我们在这里要稍微解释一下官员的职分，就是圣经如何描述这职分，且这职分包括一些怎样的事。ᶜ即使圣经没有教导官员的统治包括两块石版的律法，我们仍然能在属世作者的身上学到这真理；因为只要有人讨论官员的职分、颁布律法，以及国家的治安，他都要以信仰以及对神的敬拜为开端。因此，所有人都承认除非我们最在乎的是敬虔，否则我们不能建立任何令众百姓快乐的政府；而且那些只在乎人的需要，完全不理会神之权柄的法律最为荒谬。[23]所以，既然所有哲学家们都把信仰摆在第一位，且既然这是历史上一切国家共同的立场，若基督徒的君王和官员不把信仰放在第一位，他们就应当以这忽略为耻。我们在上面也教导过：这是神特别交付他们的责任，且他们理当努力保守他们所代表，甚至赐给他们统治之权柄的神的尊荣。

除此之外，圣经大大地称赞敬虔的君王们，因当对神的敬拜被败坏

---

[22] "Decuriones"，一般而言指罗马城市里的议员阶级。参阅 *Encyclopaedia Britannica*，art. "Decurio"； *The Theodosian Code*, XII. 1. *De decurionibus* (tr. C. Pharr, pp. 342-371)。不同的政府官员和政府是上帝所指派的：基督徒需要顺服。加尔文不鼓励群众反抗，但参阅下文的第三十一节。

[23] 加尔文所想的不是马基雅维利，而是西塞罗，如在 *Laws* II. 2.7-9 (LCL edition, pp. 388-415)。

或废弃之后，他们重新恢复了对神的敬拜，或保守了这纯正的信仰，使宗教信仰能够在他们的统治之下兴盛且纯洁无瑕。相反，圣经也记载无政府的状态非常邪恶："那时，以色列中没有王，各人任意而行。"（士21：25）

这就证明那些不理会神，而只在乎人间公正之人的愚昧。仿佛神为自己的民指派统治者，为了要解决地上的争议，而完全忽略更为重要的事，就是世人要根据他律法的吩咐，纯洁无瑕地敬拜他。企图改变一切却不受惩罚的冲动驱使狂暴之人到一个地步，想要除掉他们中间所有为被践踏的虔诚辩护的人。㉔

就十诫的第二块石版而论，ᵃ耶利米劝君王，"要施行公平和公义，拯救被抢夺的脱离欺压人的手，不可亏负寄居的和孤儿寡妇，不可以强暴待他们，在这地方也不可流无辜人的血。"（耶22：3，参阅 Vg.）ᶜ《诗篇》82篇的劝勉与此相似："你们当为贫寒的人和孤儿伸冤，当为困苦和穷乏的人施行公义。当保护贫寒和穷乏的人，救他们脱离恶人的手。"（诗82：3—4）ᵃ且摩西吩咐他所指派代表他的领袖："你们听诉……都要按公义判断。审判的时候，不可看人的外貌；听诉不可分贵贱，不可惧怕人，因为审判是属乎神的。"（申1：16—17 p.）然而，以下的吩咐清楚到不用解释：王不可为自己加添马匹、不可贪婪、不可看自己比别人强；反而要在一生中昼夜思想主的律法（申17：16—19）。审判官不可偏左或偏右，也不可受贿赂（申16：19），圣经上还有其他类似的经文。因我在此解释官员的职分，最主要的目的并不是要教导官员如何尽本分，我主要的意思是要教导百姓明白官员的职分如何，且神指定官员的目的如何。根据以上的教导，我们就明白神命令官员要保护他的百姓、为他

㉔ 这与托马斯·莫尔（Thomas More）的《乌托邦》（*Utopia*）II. 9，"论乌托邦的宗教"有相似之处。参阅拉尔夫·罗宾逊（Ralph Robinson）的翻译（1556, ed. I. C. Collins, pp. 125 f.）。1518年巴塞尔的版本也被加尔文使用过（II. 140 ff.）。注意加尔文对保存"敬虔"的重视，参阅下文的第三十二节。

们伸冤，并保守社会的节制、端正，以及治安。总而言之，他们唯一的目的是要保护百姓的和平和安全。[e]大卫宣告他将在这样的美德上做好榜样，在他做王的时候，他不准许任何的罪，反而要恨恶不敬虔的人、诽谤他人的人，以及骄傲的人，也要从各处寻找正直和忠心的谋士（诗101，特别是4—6节）。

[a]然而除非他们保护善人免受恶人的冤屈，以及帮助和保护被压迫的人，否则他们无法成就这件事。所以神准许他们严厉地惩罚公开冒犯他人的人，因为他们的恶行搅扰社会的治安（参阅罗13∶3）。[25]由于我们的经验，我们完全同意梭伦（Solon）所说的话，即所有的国家都以奖赏和惩罚来维护；若把这两者夺去，整个国家的秩序将被击垮。[26]因为除非美德受人尊荣，否则人对道德和公正越来越无动于衷；且严厉的治理及执法是约束个人私欲的唯一办法。而当耶利米吩咐君王和其他的统治者当施行审判和公义时，其中也包括奖赏和刑罚（耶22∶3，参阅21∶12）。行公义包括看顾受屈的人，保护他们，为他们伸冤，释放他们。然而，审判包括抵挡不敬虔者大胆的行为、抑制他们的暴力，以及惩罚他们的罪。

10. 官员对人的惩罚与敬虔毫无冲突

[a]然而，我们在此必须面对一个难题：既然神的律法禁止所有的基督徒杀人（出20∶13；申5∶17；太5∶21），且先知预言关于神的圣山（教会），在那里人将不伤人、不害物（赛11∶9，65∶25），那么官员如何同时做敬虔的人和流人血的人呢？

只要我们明白，当官员施行审判时，并不是独立行事，乃是施行神

---

[25] 参阅 J. Stobaeus, *Sententiae ex thesauro Graecorum delectae* (ca. 400-410) 41, *De republica* (ed. Zurich, 1548, pp. 247 ff.; (*editio princeps*), 1536). 参阅 Pauly-Wissowa, *Realencyclobädie der Classischen Altertumswissenschaft*, art. "Ioannes Stobaios."

[26] Pseudo (?) -Cicero, *Letters to Brutus* I. 15. 5 (*M. Tullii Ciceronis opera*, ed. J. C. Orellius, p. 766).

自己的审判,这样的顾虑不会影响我们。神的律法禁止我们杀人;然而,为了不使凶手逃离处罚,那位颁布律法的神将刀剑交托在他使者的手中,好处罚一切的凶手。敬虔的人不可伤人或害物;然而在主的吩咐底下,报应那些伤害敬虔者的人,不算是伤人害物的事。但愿我们都能随时留意这原则,即这惩罚不是出于人的轻率,乃是在神的权威之下所施行的审判;且只要我们在神的权威底下行事为人,我们永远都不会离开真道!除非我们约束神的公义,使之不处罚人的罪。但我们既然不能强迫神遵守我们的法律,我们一样也不应该斥责执行神律法的人。保罗说:"他不是空空地佩剑。他是神的用人,是伸冤的,刑罚那作恶的。"(罗13:4)因此,若君王和其他的统治者明白:没有比顺服主更蒙他喜悦的事,那么他们若希望神将会悦纳他们的敬虔、公义,以及正直的行为,他们就要努力地履行这职分(参阅提后2:15)。

摩西就是怀着这样的愿望,当他知道神的权能命定他释放他的同胞时,他杀害了那埃及人(出2:12;徒7:24)。当他之后报应以色列人对神的亵渎,一天杀死三千人时,也是如此(出32:27—28)。大卫在快离世的时候,吩咐所罗门要杀约押以及示每时,也是如此(王上2:5—6、8—9)。°所以,大卫也把它列在君王的美德中:"要灭绝国中所有的恶人,好把一切作孽的从耶和华的城里剪除。"(诗101:8)所罗门所得的称赞也与此相关:"你喜爱公义,恨恶罪恶。"(诗45:7,44:8,Vg.)ª摩西生性温和,怎能突然残忍到在营中往来,从这门到那门,溅洒他弟兄的血呢?大卫一生如此温柔,但当他快死的时候,为何吩咐所罗门不可容约押以及示每白头安然下阴间呢?(王上2:5—6、8—9)大卫和摩西因施行神所吩咐的申冤,以残暴洁净自己的手。他们若拒绝杀人,这反而将成为他们的不洁。所罗门说:"作恶,为王所憎恶,因国位是靠公义坚立"(箴16:12)、"王坐在审判的位上,以眼目驱散诸恶"(箴20:8 p.)、"智慧的王簸散恶人,用碌碡滚轧他们"(箴20:26)、"除去银子的渣滓,就有银子出来,银匠能以做器皿;除去王面前的恶人,国位就靠公义坚立"(箴

25∶4—5，参阅 Geneva)。[b]"定恶人为义的，定义人为恶，这都为耶和华所憎恶的"(箴17∶15)、"恶人只寻背叛，所以必有严厉的使者，奉差攻击他"(箴17∶11 p.)、"对恶人说'你是义人'的，这人万民必咒诅，列邦必憎恶"(箴24∶24 p.)。[a]那么，若对他们而言，真公义等于用刀剑追赶罪人和不敬虔的人，难道他们应该将刀剑插入鞘内而拒绝流人的血，任凭疯狂之人邪恶地大肆杀戮？他们这样行不但不会因自己的良善受称赞，反而会被神看成极大的邪恶！

只要他们拒绝一切鲁莽以及残忍的惩罚，也尽量避免自己的法庭变成刑罚一切被指控之人刚硬的磐石，[27]他们就能蒙神悦纳。因为我不支持过于严厉的刑罚，也不认为没有怜悯的法庭能够被视为公正。仁慈是君王最好的谋士，是王位最可靠的护卫，就如所罗门所说："王因仁慈立稳。"(箴20∶28)有位古代作家也曾说：仁慈是众君王最大的恩赐。[28]

然而，官员必须同时留意两个方面，免得他一方面出于过分的严厉，因此伤害的人比医治的人多；或另一方面出于假冒为善的仁慈，就陷入最为残忍的温柔，因为这种放任的仁慈会令许多人遭毁灭。在内尔瓦(Nerva)做王时，有人很智慧地说：在什么都禁止之王的统治下非常悲惨；然而，在什么都不禁止之王的统治下，更加悲惨。[29]

11. 政府发动战争的权柄

[a]然而，君王和百姓有时必须为了公开施行伸冤而作战。根据这原则，我们就能判断战争在何种程度上是合法的。因为既然神给他们权

---

[27] Valerius Maximus, *Facta et dicta memorabilia* (*Memorable Deeds and Sayings*) III. 7. 9 (Venice, 1487), p. 74a (tr. R. L'Estrange, 1678, p. 138). 对执政官卡修斯(L. Cassius)法庭之特性描述。

[28] Seneca, *On Clemency* I. 3. 3 (LCL Seneca, *Moral Essays* I. 365 ff.)；参阅 Calvin, *Comm. Seneca On Clemency* I. 3 (CR V. 41)。这版其他提到塞涅卡 *De clementia* 的地方，参阅 I. 3. 3，注释8；II. 2. 13，注释56；IV. 6. 8，注释16，下文第二十四节注释48。加尔文在年轻的时候关于该书曾写过一本著名的评论。关于这本评论在加尔文属灵发展中的地位，见 A. M. Hugo, *Calvijn en Seneca*。

[29] Dio Cassius, *Nerva*, Epitome of Book 68. 3 (LCL *Roman History* VIII. 360 f.)。

柄，是要保守自己国家的和平，譬如镇压不安分之人的暴动、帮助被压迫的人、惩罚罪行，当有人不但搅扰私人的安宁，甚至企图夺去整国的和平，或导致暴动和骚乱，或以暴力压迫人和做大恶时，这岂不是行使权柄最适当的时候吗？他们既然负责为国家的法律辩护，就应当惩罚一切败坏法律的人。事实上，若他们惩罚只影响少部分者的强盗是应该的，难道他们应该容让强盗攻击整个国家而不处罚他们吗？因为不管是君王还是最为卑贱的老百姓，都毫无权利去侵略另一个国家，并把它当作仇敌来攻击。对于这样的人，我们必须把他们都视为强盗而惩罚他们。ᶜ因此，公正本身以及他们的职分，都要求君王装备自己，不但以法庭的判决惩罚自己的国民，甚至也要在自己国家被外国攻击时，以战争保护本国。且圣经在多处记载：这样的战争是合法的。㉚

12. 战争中的自我约束以及仁道*

ᶜ然而，若任何人反对说：新约圣经没有任何见证和例子教导战争对基督徒而言是合法的，我首先要回答说：古时作战的理由仍未被取消；且另一方面，没有法律可禁止统治者保护自己的百姓。其次，我要说：我们不应该要求使徒直接提到这件事；因为他们把神的话记录下来的目的，并不是要建立任何属世的政府，乃是要建立基督属灵的国。最后，圣经间接教导我们：基督的降临并没有改变旧约这方面的教导。因（根据奥古斯丁所说）若基督教教义反对一切的战争，当兵丁问基督他们应当做什么时，基督必定吩咐他们要放下自己的武器，立刻退伍。但基督反而告诉他们："不要以强暴待人，也不要讹诈人，自己有钱粮就当知

㉚ 第十一和第十二节直接反驳重洗派的和平主义，并提出执政者有必要保护人民免于暴力，必须诉诸战争简明又合理的原因，无论是因为叛乱或侵犯。施莱特海姆（Schleitheim）第四和第六条否认此点；参阅 IV. 1. 28，注释 35（*Mennonite Quarterly Review* XIX [1945] 251 f.）。也参阅 Balthasar Hubmaier, *On the Sword* (1527) (tr. H. C. Vedder, *Balthasar Hübmeier*, pp. 279-310)。整个基督徒对政府官员、法律和诉讼态度的讨论（第四至第二十三节）反映加尔文对重洗派因拒绝国家而导致无政府混乱的忧心。

足。"(路3:14 p.)基督叫他们若有钱粮就当知足,他这样说不可能是禁止他们作战。

^a然而,在这世上所有的统治者都应当特别谨慎,免得在任何程度上放纵自己的怒气。他们若必须施行惩罚,反而不可被怒气和仇恨所辖制,或者过分严厉。奥古斯丁也教导:我们对于受处罚的人,应当因着共同的人性而怜悯他们。㉛或任何国家不可轻率决定与自己的仇敌作战;事实上,当他们被提供这样的机会时,他们就要拒绝,除非他们作战是完全必要的事。异教的哲学家也要求争战显得像寻求和平。㉜既然基督对我们的要求更高,难道我们不应当尽全力避免战争的发生?无论如何,在这两种情况下,统治者不可容自己私人的情绪影响他,他应当唯独在乎百姓的需要。否则他们会邪恶地滥用自己的权柄,而神将这权柄交付他们,并不是为了他们自己的利益,而是为了服侍别人,并使他人获益。

此外,卫戍部队、结盟,以及其他民防之所以存在,也证明发动战争的权利。"卫戍部队"是那些被派到都市里,为了保护国家边界的军人;"结盟"是国家与国家彼此的和约,为了联合抵挡他们共同的仇敌。"民防"是指战术中所使用的一切。

13. 政府征税的权利

^a最后,我也要加上:政府要求百姓纳税是合法的。税收主要是用来支付他们行政所需的公共费用。但他们若用这金钱华丽地装饰自己的住处,这也是被准许的,因为他们的房子与尊荣的职分应当相称。圣经记载大卫、希西家、约西亚、约沙法,以及其他圣洁的君王,甚至约瑟以及但以理(根据他们职分的尊荣)花费了国家不少钱在自己身上,但这

㉛ Augustine, *Letters* 138.2.15; 130.6.13 (MPL 33.531 f., 499; tr. FC 20.47 f.; FC 18.386); *Sermons* 13.7.3-13.8.4 (MPL 38.110 f.).

㉜ Cicero, *On Duties* I.23.79; I.11.35 (LCL edition, pp. 80 f., 36 f.).

与他们的敬虔毫无冲突。《以西结书》也告诉我们：许多国家的土地都属于国王（结48：21）。[b]在这经文中，虽然先知描述基督属灵的国度，然而他用一个地上合法的人间国度做比方。

[a]然而，他所采用的方法同时也提醒君王：他们所征的税并不是私人的财产，乃是全体百姓的财产，这是保罗自己的见证（罗13：6），且他们若浪费或贪污，这对百姓是极大的冒犯。或另一方面，这财产几乎算是百姓的血[33]，若滥用它，是极为不人道的行为。且统治者也当记住他们所征的各式各样的税，都是为了维持公共事业所必需的，所以无故向百姓强行征税，不过是残暴的敲诈。

我以上所说的话，并不是要鼓励统治者奢侈浪费，因为他们原本贪得无厌，无须我再火上浇油。就统治者而论，他们必须在一切所行的事上，抱着无愧的良心，而他们因此要学习花费多少钱在自己的身上，才是合法的，免得他们以不敬虔的自信落在神的愤怒之下。这教导对于普通百姓也是必要的，因这教导要拦阻他们轻率、放肆地埋怨君王的任何花费，即使他所花的钱远超过一般的老百姓。

国家的法律以及执行法律与基督徒的
本分彼此的关系（14—21）

14. 旧约圣经的法律以及国家的法律

[a]在属世的政府里，除了官员之外，法律就是最为重要的了。法律是各国最强壮的力量。[34]西塞罗和柏拉图都将法律称为国家的灵魂，因为若没有法律，连官员都站立不住，尽管若是没有官员，法律就没有发挥自己权威的机会。因此，我们可以很真实地说：法律是沉默的统治者；统

---

[33] "Ipsum pene esse populi sanguinem." VG 省略"几乎"。参阅 A. Biéler, *La pensée économique et sociale de Calvin*, p. 385. 在这段中加尔文略述基督徒的税务观，指出执政者和人民彼此的责任。

[34] 参阅 IV. 12. 1；"Disciplina pro nervis est." 关于第十四至第十六节，参阅 II. 7. 16。

治者是活生生的法律。㉟

既然我在上面已经讨论过，基督教的国家应当以怎样的法律统治，我就略而不谈何为最好的法律。因为这是个很大的题目，也与我现在讨论的主题毫无关联。我打算顺便只用几句话，指出我们可以在神面前善用哪些法律，以及如何正当地执行这些法律。

我宁愿完全不谈这件事，但我知道许多人在这方面犯了很严重的错误。许多人认为采用一般国家的法律治理国家而不采用摩西的政治制度，这不蒙神悦纳。㊱我在此不讨论这观念的危险性，我只要证明这是错误和愚昧的观念。

我们现在要提醒诸位：神借摩西所颁布的律法分成三部分，即道德律、礼仪律，以及民事律。㊲我们也要分别探讨这三部分，好让我们能够明白哪些方面与我们相关，哪些与我们不相关。同时，我们不要以为礼仪律以及民事律也与道德有关。因为那些主张区别的古代神学家虽然知道这两种律法与道德有关，但他们因知道这两种律法能更改或废除，而不影响道德，所以他们没有将这些律法称为道德律。他们只将这个名应用于第一部分，因为没有这一部分，道德上的真正圣洁便站立不住，正确生活的不变法则也不会存在。

15. 道德律、礼仪律以及民事律彼此的区分 *

ª道德律包括两个部分：一部分吩咐我们以纯洁的信心和敬虔敬拜神；第二部分则吩咐我们以真诚的爱爱别人。因此，道德律是唯一真实和永恒公义的准则，也是为了一切愿意顺服神旨意的国家和时代的人所安排的。因为一切这样的人敬拜神以及彼此相爱，是神永恒不更改的旨意。

㉟ Cicero, *Laws* II. 4. and 5. 1; III. 2 (LCL edition, pp. 378 ff., 460 f.). 参阅 *De republica* III. 22.
㊱ 参阅下文的第十六节，加尔文完全拒绝基于旧约司法律的神权政治观。
㊲ Aquinas, *Summa Theol.* I IIaë. 99. 4; Melanchthon, *Loci communes* (1521), ed. Engelland, p. 46.

礼仪律则是神所采用教导犹太人的方式。神喜悦采用这方式教导他童年的百姓，及至时候满足（加4：3—4，参阅3：23—24），主向万国完全彰显自己的智慧，并叫他所采用的隐喻和预表的真理得以显明。

民事律，为了属世的政府所颁布的，赏赐犹太人某些公平和公义的准则，好让他们能够无可指责地和平共存。

其实，礼仪律完全属于敬虔的教义，因为这些仪式保守犹太人教会对主的服侍和敬畏，然而却可以与敬虔本身区分开。与此相似，他们民事律的形态，虽然其目的是要用最好的方法保持神永恒律法所吩咐他们的爱，却与爱的吩咐本身有所不同。因此，既然神能取消礼仪律而同时毫无影响地保持百姓的敬虔，同样地，当神夺去了他们的民事律之后，爱的责任和训诲仍是永存的。

这就证明每一个国家都能随自己的意思颁布它所认为最适合它的法律。只要这法律与爱——那永恒的准则——不发生冲突。由此可见，各国家的法律在形态上有所不同，却有一模一样的目的。因我认为那些野蛮、暴力的法律，即任凭人偷窃、行淫，以及更污秽和荒谬的行为，不应当被视为法律。因这些法规不但对一切的公正，而且对人性和文明的生活，都是可憎恶的。

16. 律法的多样性与统一性

[a]只要我们好好地思考下面的这两件事情：法律的制定及其所依据的公正，我以上所说的话必定是显而易见的。因为公正本于自然，是所有法律制定的基础，因此所有法律都应该以公正为其目的，不管它被颁布的意图是什么。法律的制定部分地取决于特殊的状况。但只要它们都朝向公正这个同样的目的，那么它们的表达彼此间有怎样的差别是无关紧要的。

我们所说的"道德律"，只不过是自然律及神雕刻在人里面的良心表现出来的神的律法。㊲因此，我们在讨论的整个公正体系都是在神的律法中已经规定了的。所以，唯独公正是所有法律的目标、准则和限制。

任何以这公正为准则、为目标、为限制的律法，都是我们必须接受的，不管它们与犹太人的律法有多么不同，或它们之间的差别有多么大。神的律法禁止偷盗，《出埃及记》告诉我们在犹太国中，贼受怎样的惩罚（出 22：1—4）。在古时候，其他国家对偷盗的惩罚是双倍的偿还；他们之后的法律对公开以及私底下的偷盗在惩罚上做区分。有人被判放逐，有人受鞭打，又有人被判死刑。在犹太人中，做假见证的人是根据谎言对他人伤害的程度相应地受惩罚的（申 19：18—21）；有的国家以大羞辱惩罚谎言；有的国家以吊死为惩罚；还有些国家判处钉十字架之刑。所有国家的法律都以死刑惩罚杀人罪，只是采用不同的死刑。有的国家严厉地惩罚奸淫罪，还有一些国家对这罪的惩罚比较轻。然而在彼此的差别当中，我们能看出各国的目的都是一致的。所有国家同声惩罚神永恒的律法所咒诅的罪，即杀人、偷盗、奸淫，以及假见证，只是他们惩罚的方式不同。国家与国家在惩罚上一致，既不必要，也不妥当。有一些国家除非严厉和残忍地惩罚凶手，否则必定因杀人案以及抢劫很快就毁灭了。不同时代也需要不同严厉程度的惩罚方式。ᵉ当某一个国家出现骚乱时，产生的情况，必须用新的法律来纠正。在战争时，若非国家更为严厉地执行自己的法律，有的国家过不久就会消失。在饥荒或虫害当中，除非国家在某些方面更为严厉地禁止它的百姓，否则一切都会毁坏了。ᵃ有的国家倾向于犯某种特殊的罪，除非严厉地处罚那罪，必定因这罪而受毁灭。若有人反对这不同的执行方式，不过表示他对公共的

㊲ 参阅 II. 8. 1，注释 5；Pannier, *Institution* IV. 218, note d (p. 343)。加尔文对自然律的认可充分地表达在 Comm. Rom. 1：21-27 和 ch. 2：14-15。这主题被 J. Bohatec 讨论过，在 *Calvin und das Recht*, pp. 3-32, 和他的 *Calvins Lehre von Staat und Kirche*, pp. 20-35。参阅 G. Gloede, *Theologia naturalis bei Calvin*, pp. 178 ff.；M. -E. Chenevière, *La Pensée politique de Calvin*, pp. 46 ff.；66 ff.；McNeill, "Natural Law in the Thought of Luther", *Church History* X (1941), 212-215；"Natural Law in the Teaching of the Reformers", *Journal of Religion* 26 (1946), 179-182；*John Calvin on God and Political Duty*, Introduction, p. 15。

福祉心怀恶意和憎恶。因为这不同的执行方式不过是保守人遵守神的律法的极为恰当的方式。

有人说神借摩西所颁布的律法，若因新的律法而被取消，是羞辱神的律法。然而这是完全无知的说法。㊴因为有时候其他的法律更被看重，并不是因为纯粹与摩西的律法互相比较，而是因为时代、地方或国家的缘故而更被看重。或有时候摩西的律法被取消，是因为神本来无意要为我们的这时代颁布那律法。当主借摩西的手颁布律法时，他并不是要犹太人把这律法传遍天下；神特别看顾、保护和保守以色列人，也乐于做他们的立法者；既然神是有智慧的立法者，他在为以色列国颁布律法时就有特别的考虑。

17. 基督徒被准许利用法庭，却必须弃绝一切的恨恶和报仇[*]

[a]我们现在要更详细地讨论以上所说的，即法律、判决以及官员㊵对于基督徒的共同体有何益处。[c] [(a)] 我们另外还要考虑一个问题：各国民当顺服他的官员到怎样的程度？[a] 对许多信徒而言，官员的职分无关紧要，因他们无法在属灵的事上恳求他们的帮助，因为神禁止他们报复别人，上法庭诉讼或诉诸法律。㊶然而，保罗相反地教导做官的是神的用人，是与我们有益的（罗13：4）。保罗的教导是：做官的是神为我们设立的，好保护我们，免得我们因恶人的罪受害。神希望我们能平安无事地度日（提前2：2）。然而，若非我们能享受神设立做官的人给我们的保护，神的这安排是徒然的，这就证明我们能求告或诉诸政府而不陷入不敬虔。

然而，我在这事上必须面对两种不同的人。有许多人心急火燎地想

㊴ 参阅上文的第十四节注释36。本节强调积极的法律正确地依赖自然律和公正，并且惩罚要适合国情和环境，而不是完全基于旧约律法。

㊵ 在本节及下面几节中，加尔文对法律程序的熟悉反映了他早期的法律训练。参阅 Cadier, *Institution* IV. 467。

㊶ 参阅茨温利的 *Opera*, ed. Schuler and Schulthess, III. 402-404 里的 the Schleitheim Confession, art. 6；tr. S. M. Jackson, *Selected Works*, pp. 196 ff.；tr. W. C. Wenger, *Mennonite Quarterly Review* XIX. 245。

要争讼，不闹到与别人争吵的地步便不罢休。这种人抱着苦毒和怀恨的心控告人，他们疯狂地想要报复和伤害自己的仇敌，并且执拗地坚持，直至他们的仇敌被最终消灭为止。同时为避免被认为是做错事，他们以法律的程序来为自己的败坏行为辩护。即使我们被允许与弟兄上法庭，神仍不允许我们恨恶他，疯狂地想要伤害对方，或不断地烦扰他。

18. 基督徒打官司的动机[*]

[a]所以我们应当明白，若我们的方式是正当的，打官司是神所允许的。不管是原告或被告，打官司是合理的。被告要在决定的日期出席，并毫无恶意地尽量为自己辩护，只要他所维护的是根据法律属于他的东西。另一方面，若原告认为他受到不公正的压迫，或他的财产受到亏损，他可以寻求法官的保护，陈述他的案情，并要求公正的判决。但原告要远离一切害人或报复人的私欲，他也必须弃绝一切的恶毒和仇恨，以及好争竞的心。他应当宁愿受损或受害，也不要在心里恨恶他的仇敌。另一方面，当人的心充满恶意、嫉妒、怒气、复仇，以及争竞，甚至他们几乎都没有爱心了时，即便是最合理的上诉都是邪恶的。这必须被当作所有基督徒的原则：不管他的诉讼有多合理，除非他能够以爱和好意待他的仇敌，仿佛这案子已经以友善的方式解决一样，否则基督徒打官司就是在犯罪。也许有人愿意在此插嘴说，这样的节制极为罕见，要能发现一例简直是奇迹。我的确承认，在这时代，正直的诉讼当事人非常少见，但官司过程若能脱离邪恶的干扰，仍是善良和纯洁的事。且当我们听说法官的帮助是神所赏赐我们的神圣恩赐时，我们就更当谨慎，免得自己的错误败坏了神的恩赐。

19. 反对打官司是不对的

[a]至于那些严厉斥责一切官司的人，他们要明白自己所弃绝的是神圣洁的条例，也是在弃绝在洁净的人为洁净的某种恩赐（多1∶15）。也许

他们想要指控保罗犯某种羞耻的罪，因为他一方面反驳、指控他人的毁谤，另一方面揭露了他们的诡计和恶毒（徒 24：12 及以下）。除此之外，保罗同样也为自己的利益，利用他的罗马公民权（徒 16：37，22：1、25），在他需要的时候因另外的法官对他不公正就向凯撒上诉（徒 25：10—11）。

这与神禁止众信徒为自己伸冤毫无冲突（利 19：18；太 5：39；申 32：35；罗 12：19）。在打官司时，除非人以单纯的心将自己的案件交托在法官的手中，并向他求保护，否则他打官司是不正直的；他也一点都不可想要以恶报恶（罗 12：17），因为这就是报复的心。若原告打官司的原因，是因为被告犯了某种应当被判死刑的罪，原告不可在上法庭时对被告抱着任何私人报复的心，而要单单怀着拦阻暴力的人危害社会的心。因我们若远离报复的心，就不会违背圣经不可报复的吩咐。

然而，还有一些人反对说：圣经不但禁止我们报复，同样也吩咐我们要等候主，因主应许报应压制和恶待我们的人（罗 12：19）；然而那些向法官求帮助的人，不管是为自己还是为别人的缘故，将会亲自受到天上保护者的报应。绝不是的！因为我们要明白法官的报应不是出于人，乃是出于神，神只不过利用人使我们获益（罗 13：4）。

20. 基督徒忍受羞辱，但以慈爱和公平的心为社会的益处辩护[a]

[a]我们利用法庭也不会违背基督的另一句话，即"不要与恶人作对。有人打你的右脸，连左脸也转过来由他打；有人想要告你，要拿你的里衣，连外衣也由他拿去"（太 5：39—40）。[42]基督的确希望他的百姓远离任何报复的私欲，他甚至要我们宁愿受双倍的损害，也不要为自己报复。我们的教导并没有引导人离弃这种忍耐。因为基督徒的确应该习惯

---

[42] 参阅茨温利的 *Opera*, ed. Schuler and Schulthess III. 395 里的 the Schleitheim Confession, art. 4；tr. Jackson, *Selected Works of Zwingli*, pp. 188 f.。

忍受恶人的毁谤、伤害、恶毒、诡诈以及嘲笑。他们不但要忍受，甚至也要忍耐这些恶行。换言之，他们应当保持某种属灵的风度，甚至在被得罪之后，立刻就有心理准备再一次被得罪，他们要提醒自己这辈子必须不断地背十字架。他们同时也要善待恨恶他们的人，并祝福一切咒诅他们的人（路6∶28；太5∶44），也要（而且这是他们唯一的胜利）尽量以善胜恶（罗12∶21）。若怀着这样的心态，他们就不至于以牙还牙、以眼还眼，虽然法利赛人教导他们的门徒这样报复别人。在基督的教导下，他们会学习忍受身体的伤害，并忍受自己的财产恶劣地被抢夺，且他们也要学习有心理准备，一旦这样的事情发生，立刻就原谅仇敌（太5∶38及以下）。

但这种自我节制和公平的心态不会拦阻他们寻求官员的帮助来保护自己的财产，虽然他们同时抱着对仇敌的友善，他们也会热烈寻求社会的益处，坚持暴力的罪人受处罚，因他们知道那人非死不能改变。ᶜ奥古斯丁极为妥当地解释所有这一类的命令。义人和敬虔的人应当忍耐那些他希望成为善人之人的恶毒，好增加善人的人数；他不希望自己像他们一样行恶而增加恶人的人数。其次，这些命令多半关乎基督徒内心的准备，而不是外在的行为，好让我们能够保持心里的忍耐，以及对他人的好意，并同时公开行一些能够帮助我们所希望变好之人的好事。[43]

21. 保罗斥责打官司的心态，却不斥责打官司本身[*]

[a]一般人的反对——保罗禁止一切的官司——也是错的（林前6∶5—8）。保罗在这经文中，清楚地表示当时的哥林多教会过于激烈地打官司，甚至连不敬虔的人也因此嘲笑和毁谤基督的福音，以及他们所宣称的整个基督教信仰。保罗首先斥责他们，因他们毫不节制地争吵，叫基督的福音蒙羞。其次，他也斥责他们弟兄与弟兄之间的纷争，因他们不

---

[43] Augustine, *Letters* 138. 2. 12-13 (MPL 33. 530; tr. FC 20. 44 f.).

但没有忍耐别人对他们的冒犯，反而彼此觊觎对方的财产，并毫无理由地彼此攻击和相互伤害。因此，保罗所责备的是那疯狂打官司的私欲，并不是打官司本身。

他责备他们说：基督徒应当宁愿受损，也不要为了保护自己的财产而纷争。°换言之，他们每次一吃亏，就立刻为了小事情上法庭，这表明他们太容易发怒而不够有耐心。基督徒所应当保持的心态是：宁愿自己受损，也不要上法庭，因为人在打官司时很难不被刺激而恨恶对方。但当一个基督徒能够保护自己的财产（因为失去这财产对他是很大的损失）而同时不失去他对别人的爱，他打官司并没有违背保罗的这吩咐。总而言之，就如我们以上所说⑭，爱是对每个人最好的忠告。我们所行的若没有爱，我们所争辩的若越过了爱的范围，毋庸置疑，都是不正当以及邪恶的行为。

连不公正的统治者都需要顺服和尊重（22—29）

22. 尊敬

ᵃ国民对官员最主要的本分，是要大大地尊敬他们的职分，⑮因为这职分是神亲自交付他们的，我们因此当尊敬他们为神的使者和代表。某些人很尊敬地顺服他们的官员，希望有他们所能顺服的人在他们之上，因他们知道这对社会有很大的益处，然而他们却视官员为某种非有不可的恶。但彼得对我们的要求不止这样，因他吩咐我们当尊敬君王（彼前2∶17）；所罗门同样教导我们当敬畏耶和华与君王（箴24∶21）。因彼得所记载的"尊敬"一词，包括某种真诚与坦白的看法。且所罗门既将君王与神连在一起，就表示将一种神圣的尊敬和尊严归于君王。我们也应当指出保罗众所周知的另一句话："我们必须顺服，不但是因为刑罚，也

---

⑭ 上文的第十八节。
⑮ 参阅 Cicero, *Laws* III. 2. 5 (LCL edition, pp. 461 f.)。

是因为良心。"（罗 13：5，参阅 Vg.）他的意思是说：臣民不应该因对君王和治理者的惧怕而顺服他们（就如他们当然会顺服带武器的仇敌，因为若抵抗他就必定立刻受报应），因为当他们顺服君王时，他们就在顺服神，因为治理者的权柄来自神。

^e我所探讨的不是那些人本身，仿佛某种有尊严的面具能够掩盖他们的愚昧、懒惰、残暴、不道德的恶行一样，从而要求把对美德的称赞献给邪恶，我说的是这职分本身配得我们的尊荣和敬重。所以无论是谁来做治理者，只因他们的地位本身，就应该尊敬他们。

23. 顺服

^a我们以此得出结论：国民既因尊敬自己的官员，就当证明自己对他们的顺服。也许是借着顺服他们的命令、纳税、当任公职、服兵役，或执行官员对自己的其他命令。保罗说："在上有权柄的，人人当顺服他……抗拒掌权的就是抗拒神的命。"（罗 13：1—2，Vg.）他对提多说："你要提醒众人，叫他们顺服做官的、掌权的，遵他的命，预备行各样的善事。"（多 3：1，参阅 Vg.）彼得也同样说："你们为主的缘故，要顺服人的一切制度㊺x"（或我的翻译是"命令"）、"^a或是在上的君王，或是君王所派、罚恶赏善的臣宰"（彼前 2：13—14）。㊻那么，为了证明他们的顺服是真诚和衷心的，而不是假冒为善的，保罗接下来吩咐他们要在祷告中，将在他们上面的掌权者交托神，求告神保护他们，并叫他们兴旺。保罗说："我劝你……要为万人恳求、祷告、代求、祝谢，为君王和一切在位的，也该如此，使我们可以敬虔、端正、平安无事地度日。"（提前 2：1—2，参阅 Vg.）

我们在此不要自欺，因当我们抵抗做官的人时，我们同时也在抵抗

㊺ x 接下来在括号里的句子是在 1545 年版才附加的。
㊻ 加尔文对《彼得前书》2：13-14 的处理与 VG 不同，但与他自己拉丁文的 Commentary on I Peter 差别没那么大。参阅日内瓦圣经和 KJV。

神。虽然（从人的观点来看）我们能藐视不带枪的官员而不受处罚，但神却准备严厉地报应这对他自己的藐视。

此外，我也将老百姓在公众领域自我节制的本分包括在这顺服之下，因这能防止他干涉官员的职分，或在任何方面干扰政治家。若任何公共的规条需要更改，他们不可暴动或自己动手，反而要约束自己。他们应当把这一切的事交托在做官的人手中，因这职分是神赐给他的。我的意思是他们不可在吩咐之外自行其是。因当做官的人吩咐时，老百姓才有权利行使。谋士常常被称为君王的耳朵和眼睛，[47]照样我们可以很合理地将他所吩咐行事的人称为君王的手。

24. 我们也应当顺服不公义的官员

ᵃ我们在此所描述的既然是国家的领导者，有时他被恰当地称为一国之父，[48]诗人甚至描述他为百姓的牧人、[49]平安的保佑者、公义的保护者，以及无罪之人的辩护者，反对这种权威的人应当被视为疯子。

然而，在几乎每一个时代中，某些君王在他们所应当谨慎的事上，却粗心大意，并放纵自己的惰性。另外，还有一些统治者自私地出卖法律、特权、判决以及人情。还有一些统治者贪污百姓的金钱，且之后奢侈地浪费在疯狂的赠予之上。也有一些统治者简直像强盗抢夺人的房屋，强暴未婚和已婚的妇女，残杀无辜之人。

因此，说服一些人他们应当将这种统治者视为君王，并因此尽量顺服他们，是非常困难的事。因为一般人在这样严重的侮辱和大罪（与官员，甚至人的职分完全不相称）之下，完全看不到官员所应当彰显的神

---

[47] Xenophon, *Cyropaedia* VIII. 2. 10 (LCL edition, II. 336 f.).

[48] Homer, *Odyssey* 2. 234：奥德赛（Odysseus）"像父亲般温柔地对待他的百姓"（LCL *Odyssey* I. 52 f.）；塞涅卡在 *De clementia* I. 14. 2 (LCL edition, pp. 398 f.) 中用 *pater patriae* 来表达；加尔文，*Comm. Seneca De clementia* I. 14 (CR V. 106)。

[49] Homer, *Iliad* 2. 243：阿伽门农（Agamemnon）是"他百姓的牧人"（LCL *Iliad* I. 68 f.）；西塞罗，*Pro Sestio* 30. 65 (LCL edition, pp. 122 f.)。昆体良（Quintilian）在他的 *Institutes of Oratory* VI-II. 6. 17, 18 (LCL Quintilian III. 310 f.) 里提醒不要用这种陈腐的比喻来辩护。

的形象；他们完全看不出来这人是神的使者，被指派是为了赏善罚恶（参阅彼前2：14，Vg.）。但他们这样做等于不承认圣经交付这人的尊严和权柄。其实，自古以来痛恨暴君，敬爱明君就是人之常情。

25. 邪恶的统治者是神的审判*

然而，只要我们仰望神的话语，我们就能更清楚地明白这件事。因圣经教导我们：不但要顺服那些正直和忠心履行职分之君王的权柄，圣经甚至教导我们：要顺服一切在我们之上统治我们之人的权柄，不管他们用怎样的手段获得这权柄，即使他们根本没有履行君王的职分。因为虽然主向我们见证君王的职分是他善待人的最高恩赐，负责保守百姓的安全，虽然神限制统治者在我们身上的统治范围，但主同时宣告不管他们是谁，他们的权柄完全来自神。事实上，神告诉我们：那些为国家的益处统治我们的人，就是神善待我们的证据；圣经接着说：那些不公正和无能地统治我们的人，是神亲自兴起为了惩罚百姓的恶行；圣经也记载：所有的统治者都带有圣洁的威严，因为神赏赐他统治的权柄。

在我继续教导之前，我首先要充分地证明这个事实。然而，我们无须花费许多的时间，证明邪恶的君王是主向世人所发的怒气（约34：30，Vg.；何13：11；赛3：4，10：5；申28：29），因我认为这点没有人会不同意；然而，抢夺我们财产的强盗、污秽我们床的奸夫和企图杀害我们的凶手同样也在神的手中，因为圣经教导我们：这一切的灾难都是神的咒诅。

然而，我们在此要暂停一下，好证明这事实，这是人不容易相信的事。即使一个人非常邪恶，完全不配得我们的尊荣，但只要他拥有公共权力，他便拥有主借他的话语所赐给施行他公义和审判的仆人的尊贵、神圣的权柄。因此，就公共的顺服而论，这统治者的臣民应当尊敬他，就如尊敬最善良的君王一样。

26. 圣经要求我们顺服邪恶的君王*

*首先，我要在此劝读者们留意和考虑圣经极为理智且经常吩咐我们记念的神的护理，特别是神照自己的美意为我们安排王国，并选召君王。但以理记载："耶和华改变时候、日期、废王、立王"（但2∶21、37），"好叫世人知道至高者在人的国中掌权，要将国赐与谁就赐予谁"（但4∶17，参阅4∶14，Vg.）。虽然这是圣经到处可见的教导，然而却是但以理特别强调的真理。尼布甲尼撒王是怎样的君王是众所周知的。他打败了耶路撒冷，并侵略和毁坏其他的国家。然而在《以西结书》中，耶和华宣告他因这君王对其他国家的毁灭，以埃及地奖赏他（结29∶19—20）。但以理对他说："王啊，你是诸王之王，天上的神已将国度、权柄、能力、尊荣都赐给你。凡世人所住之地的走兽，并天空的飞鸟，他都交付你手，使你掌管这一切。"（但2∶37—38，参阅Vg.）但以理也对尼布甲尼撒的儿子伯沙撒王说："至高的神曾将国力、大权、荣耀、威严赐与你父尼布甲尼撒；因神所赐他的大权，各方、各国、各族的人都在他面前战兢恐惧。"（但5∶18—19，参阅Vg.）当我们听说君王是神自己所立定的，我们就要立刻提醒自己：神给我们尊荣和尊敬君王的吩咐；这样我们就能毫不犹豫地接受最邪恶的暴君正在神所指定他的岗位上。撒母耳警告以色列人，他们将忍受自己的王对他们众多的伤害，而说："管辖你们的王必这样行：他必派你们的儿子为他赶车、跟马，奔走在车前；又派他们做千夫长、五十夫长，为他耕种田地，收割庄稼，打造军器和车上的器械；必取你们的女儿为他制造香膏，做饭烤饼；也必取你们最好的田地、葡萄园、橄榄园，赐给他的臣仆。你们的粮食和葡萄园所出的，他必取十分之一给他的太监和臣仆；又必取你们的仆人婢女、健壮的少年人和你们的驴，供他的差役。你们的羊群，他必取十分之一，你们也必作他的仆人。"（撒上8∶11—17）当然，这不是君王合乎律法的权利，因为神的律法吩咐他们要自我节制（申17∶16及以下）。然而，对百姓而言，这被称为公正，因为他们必须遵守，神也不允许他们抗议。就

如撒母耳对他们说：你们的君王将会嚣张到难以忍受的地步，然而神不允许你们抵抗；神只允许你们遵守他们的命令，并听从他们的话。

27. 《耶利米书》27 章中关于尼布甲尼撒王的记载*

ᵃ在《耶利米书》中有一处特别有趣的经文。这经文虽然很长，却仍值得我们引用，因它非常清晰地界定了这个问题："我用大能和伸出来的膀臂，创造大地和地上的人民、牲畜，我看给谁相宜，就把地给谁。现在我将这些地都交给我仆人巴比伦王尼布甲尼撒的手……列国都必服侍他和他的儿孙，直到他本国遭报的日期来到……无论哪一邦哪一国，不肯服侍这巴比伦王尼布甲尼撒，也不把颈项放在巴比伦王的轭下，我必用刀剑、饥荒、瘟疫刑罚那邦……只管服侍巴比伦王，便得存活。"（耶 27：5—8、17，参阅 Vg.）可见神喜悦以色列人完全顺服那可憎恶、残忍的暴君，单单因为他是王。他之所以被立为王并带有君王的权威，完全是出于神的预旨，因此，以色列人不可违背他。只要我们不断地留意这事实，甚至摆在自己的眼前，既然连最无用的君王都是神以同样的预旨所立定，且这预旨赏赐他们权威，我们就能抵挡一切反抗的思想，并不再认为我们应当照君王的行为对待他，或以为我们若全心全意地顺服一位不称职的君王，就非常不公平。㊿

28. 圣经对君王神圣性的一般见证*

ᵇ若有人反对说这命令是神专门给以色列人的，这样的反对是虚妄的。因为圣经记载这吩咐所根据的原则是，耶和华说："我将这些地都交给我仆人尼布甲尼撒的手"（耶 27：6，参阅 Vg.）、"因此服侍巴比伦王便得存活"（耶 27：17，参阅 Vg.）。我们不可怀疑自己应当服侍神所立为王

㊿ Zwingli, *Auslegen und Gründe der Schlussreden*（1523），art. 42（CR Zwingli II. 342 ff.）. 参阅 H. Strohl, "Le Droit à la résistance d'après les conceptions protestantes", *Revue d'histoire et de philosophie religieuses* X（1930），126-144。

的人，且主一旦兴起任何人成为君王时，他宣告这人做王是根据他的美意。圣经有许多一般的见证能证明这一点。所罗门王在《箴言》中这样说："邦国因有罪过，君王就多。"（箴 28：2 p.）《约伯记》在 12 章中也记载："他放松君王的绑，又用带子捆他们的腰。"（伯 12：18）我们若相信这教导，就必定侍奉他以得存活。

ᵃ在《耶利米书》中，耶和华又命令他的百姓寻求巴比伦的和睦，因为他们被掳到那里去。神也吩咐他们要为巴比伦求告他，因为巴比伦的和平就是他们的和平（耶 29：7）。以色列人一切的财产被抢夺，他们从自己的家里面被赶出去，并被掳到国外去，落入极其可悲的捆绑中，而神居然吩咐他们要为那掳掠他们的国家的和平代祷。这吩咐与其他为逼迫我们的人代祷的经文不同（参阅太 5：44）。神在此吩咐他们的目的，是要那君王的国在和平中蒙保守，好让他们能够在其统治之下兴旺。同样地，虽然大卫已经蒙神呼召做王，并被神圣洁的油所膏，然而当扫罗不公义地逼迫他时，他仍怀着对他仇敌的敬畏，因神立扫罗做王的尊荣将他分别为圣。大卫说："我的主乃是耶和华的受膏者，我在耶和华面前万不敢伸手害他，因他是耶和华的受膏者"（撒上 24：6，参阅 Vg.）、"我却爱惜你，说：'我不敢伸手害我的主，因为他是耶和华的受膏者'"（撒上 24：10，参阅 Vg.）、"有谁伸手害耶和华的受膏者而无罪呢？……我指着永生的耶和华起誓，他或被耶和华击打，或是死期到了，或是出战阵亡。我在耶和华面前万不敢伸手害耶和华的受膏者"（撒上 26：9—11，参阅 Vg.）。

29. 不是国民，乃是神要为公义伸冤 *

ᵃ我们应当高度地尊敬一切的统治者，甚至对他们怀敬虔的心，不管他们的人格如何。所以我再三地说：我们应当学习不看人本身，而要接受，他们照神的美意，带有神所刻在他们身上的某种不可玷污的威严。

然而（你或许会说），统治者照样也应当对他们的国民负责。我早已承认这一点,但你若以此推论你只负责服侍公正的统治者,这是很愚昧的想法。因为丈夫对妻子有责任,父母对儿女有责任,且这责任是相互的。假设父母和丈夫不尽本分。假设父母对自己的儿女严厉到叫他们厌倦至极,虽然圣经吩咐他们不可惹儿女的气(弗6:4)。或假设丈夫可恶地利用自己的妻子,虽然神吩咐他们要爱妻子(弗5:25),且因她们是软弱的器皿爱惜她们(彼前3:7)。难道儿女因此能减少他们对父母的顺服,或妻子减少她们对丈夫的顺服吗?不,他们反而仍应当顺服在他们之上邪恶和不忠心的人。

事实上,我们都要尽量拒绝"看那悬挂在脖子上的皮包",[51]即我们不可究查别人是否尽到自己的本分,我们每一个人反而应当专心尽自己的本分,在别人权柄之下的人特别应当如此。因此,若暴力的君王残忍地折磨我们,或若贪心、放荡的君王抢夺我们的财产,懒惰的君王完全忽略我们的需要,甚至若不敬虔和亵渎的统治者因我们的敬虔逼迫我们,我们首先要想到自己的罪行,因主无疑以这样的打击管教我们(参阅但9:7)。°这样,谦卑会使我们不致失去耐性。ᵇ我们也要同时提醒自己,不是由我们来纠正这些邪恶;剩下我们能做的只是求告主的帮助,因为王的心以及国家的一切变化都在耶和华手中(箴21:1 p.)[52],"神站在有权力者的会中,在诸神中行审判"(诗82:1 p.)。一切拒绝以嘴亲受膏者的君王和审判官都将灭亡(诗2:10—11)。那些设立不义之律例,想借此欺压穷乏人、夺去神的民中困苦人的权利,使寡妇当了他们掳物,使孤儿当了他们的掠物,这些统治者的结局也将如此(赛10:1—2,参阅 Vg.)。

---

[51] 参阅 Catullus 22. 21:"*Sed non videmus manticae quod in tergo est*"(LCL catullus, p. 26);参阅贺拉斯(Horace),*Satires* II. 3. 298 f.(LCL edition, pp. 178 f.),就像伊索寓言中两个钱包的故事,看见的那个钱包装着别人的错误,看不见的那个装着我们的。

[52] 到目前为止,加尔文建议在恶人做王的时候,百姓只要忍耐和祷告。前面几句明显反映了写作时(1535 年)法国的处境。从神的介入和人的作用、得释放的盼望,在这里找到了强有力的表达。

立法院的官员应该限制君王的专制；
对神的顺服高于一切（30—31）

30. 神有时借着不经意的人干涉*

ᵇ这就彰显神的良善、大能以及护理。因神有时在他的仆人中兴起人，并吩咐他们处罚那邪恶的政府，使原先受到不公正压迫的百姓脱离可怕的患难。神有时照自己的美意利用人的怒气释放他的子民，虽然这些人本来有不同的意图和计划。神借着摩西救以色列人脱离法老的专制（出3：7—10）；也借着俄陀聂救他们脱离叙利亚之王古珊的手（士3：9）；也借其他的君王或士师救他们脱离古时候的奴役。ᵇ⁽ᵃ⁾神利用埃及人除掉推罗人的傲慢，利用亚述人除掉埃及人的悖逆，利用迦勒底人平息亚述人的怒气；且在古列王击败了玛代人之后，利用玛代人和波斯人叫巴比伦的骄傲降卑。神有时利用亚述人，ᵃ有时又利用巴比伦人，除去犹大和以色列王忘恩负义和亵渎的悖逆，虽然不是每一次都用同样的方式。

第一种神的仆人既因以神合乎真道的呼召被差派与那些君王作战并打败他们，就没有违背神所设立的君王之威严；他们出于天上的权柄，以更大的权柄胜过更小的权柄，就如君王惩罚他们的臣民合乎真道一样。然而第二种人，虽然神随意控制他们的脚步，并叫他们毫不知觉地施行他的美意，在自己的心里所想的却尽是作恶。

31. 根据宪法为百姓的自由辩护*

ᵃ然而，不管我们如何看待这些人的恶行本身，神仍然借着他们破坏傲慢君王流人血的权杖，而推翻邪恶到极处的政府，为了成就他的美意，君王因此要聆听而战兢。㊴

㊴ "Audiant principes, et terreantur" 是一个令人震撼的表述；但是它并不以革命相威胁。唯有神是君王应当惧怕的。

但我们同时要谨慎,免得藐视做官之人的权威,因他们充满神借极为严肃的命令所立定的威严,即使担任君王职分的人极为不配,甚至借自己的恶行极力叫自己的职分受玷污。既然纠正君王毫不节制的专制是在主的手中,那么我们千万不可以为神将这责任交付我们,因他给我们的唯一吩咐是要顺服和忍受。

我现在说的是私人。若有百姓挑选为了约束君王之专制的官员(如在古时候,五长官当选为了约束斯巴达王,或在罗马百姓的法院负责约束执政官,或市区行政长官负责约束雅典人元老院的权威;或在我们的时代,召开议会时在各领域发挥作用的三级会议),我不但没有禁止他们照自己的职分反抗君王暴力、放荡的行为,我反而说他们对这些残忍压迫穷困百姓的君王睁一只眼、闭一只眼,这种懦弱的行为简直是邪恶的背叛,因他们不忠心地出卖百姓的自由,而且他们知道保护这自由是神所交付他们的职分。㊃

㊃ 这个排比句,后来证明很有影响力,值得我们高度地重视。特别参见杜梅格 (Doumergue),*Calvin* V. 500-502,并参见杜梅格所引为数众多的加尔文信件和评论,*ibid.*, pp. 487-494, 499。有趣的是,茨温利在他的著作 *Der Hirt* (*The Pastor*) (1524) 中说,就如斯巴达人有监督官,罗马人有保民官,德国城市有同业工会,有权制约更高的权柄,同样地,上帝设立牧师来警醒看守百姓 (CR Zwingli III. 36)。因为这段话是以德文写成,加尔文可能只是间接地读过。之前加尔文反复地警告那些想要抵抗暴政的"个人",现在急转直下变成赞成,并严肃地极力主张被任命的地方行政官来保护百姓的自由。就如历史上的实例 "*populares magistratus*",他所引用过的斯巴达监督官、罗马保民官和雅典市区行政长官都是由百姓每年投票选举出来的。参阅 Comm. Micah 5∶5;"*Hic demum maxime optabilis status populi creari omnibus suffragiis pastores.*" 世袭的王位似乎不符合自由的原则;一个有秩序的政府是由大众投票选出的,"*communibus omnium suffragiis*" (CR XLIII. 374)。"或许"他说,在现代国家的三级会议有相似之处。这个"或许"指的是他的祖国法国,当他写这篇文章时,法国的三级会议已经三十年没有开会了,他 1559 年重复这事时,会议还是没有召开。他一定意识到,其他的国家,从西班牙到挪威,都有人民代表或是国会,或多或少能有效地限制君主专制或暴政。加尔文正在请求他们尽力保护人民的权益,以及维护百姓"无法衡量的恩惠",即自由。参阅 CR XXIX. 544;XXX. 185;McNeill, "The Democratic Element in Calvin's Thought," *Church History* XVIII (1949), pp. 162-166 及其引用的书目。要求法国国会召开会议成为胡格诺教徒 (Huguenot) 政治文章的特色,例如加尔文的朋友 Francis Hotman 所写的 *Franco Gallia* (1573;tr. Lord Molesworth, 2d ed., 1721);the *Defense Against Tyrants* (1579),by "Junius Brutus"——可能是与 Hubert Languet 和 Philip du Plessis-Mornay 合著 (English edition, ed. H. Laski);以及 Pierre Jurieu's *Sighs of Enslaved France Aspiring Toward Liberty* (1689-1690)。这一段的影响力还可以追踪到约翰·波内特 (John Ponet) 极端的 *Shorte Treatise of Politick Power* (1556;参阅 W. S. Hudson's edition) in George Buchanan's *De jure regni apud Scottos* (1579) (tr. C. F. Arrowood, *The Powers of the Crown in Scotland*) 及 Samuel Rutherford (1644) 的 *Lex Rex*。参阅 P. Mesnard, *L'Essor de la philosophie* (转下页)

32. 我们不可因顺服人而不顺服神

ᵃ然而，虽然我们已证明对统治者的顺服完全合乎真道，但我们总要留意这例外，甚至强调这例外，即顺服不可叫我们离弃我们对神自己的顺服，因为所有君王的一切计划、命令，都伏在神的旨意之下；以及他们的权威，都伏在神的权柄底下。⁵⁵而我们若单为满足人而激怒神，这是非常荒谬的事，因为我们是为神的缘故顺服他们！主才是万王之王，每当他张开他圣洁的口说话时，我们要在众人的权威之上听从他；在神的权威底下，我们服从在我们身上一切的权柄，但只在神里面服从他们。他们若吩咐任何违背神的事，我们要轻视这吩咐，且在这情况下，不可因他们做官的权威感到恐惧，因当我们将这权威视为伏在神至高的权柄底下，我们就并没有损害它。ᵇ根据这原则，虽然但以理拒绝顺服君王不敬虔的命令，却说自己在王面前没有行过亏损的事（但6：22—23，Vg.）。因为君王超越了范围，这样不仅冒犯人，也在神面前硬着颈项，等于是

（接上页）*politique au sixième siècle en France*，pp. 330-336，347-359。阿尔特胡修斯（Johannes Althusius）有分量的著作 *Politica methodice digesta*（1603）详尽阐述了加尔文的政治观点：特别参见 P. S. Gerbrandy 的哈佛讲座，*National and International Stability*；*Althusius*，*Grotius*，*Van Vollenhoven*。约翰·诺克斯的立场在他的 *History of the Reformation in Scotland* 中清楚表明，在 1564 年与莱辛顿（Lethington）的辩论中，诺克斯引用马格德堡宣言（Magdeburg Confession）("Apology of Marburg")，这份信仰宣言于 1550 年为反抗查理五世（Charles V）而发表，后来与他为牧师约翰·克雷格（John Craig）提出一份资料，说明博洛纳的道明会（Dominican of Bologna）在 1554 年为自己反抗教皇而辩护。参阅 W. C. Dickenson 的版本，II. 127-134。马格德堡（信义宗）宣言重申人民可以集结力量对抗违犯神的律法的统治者。克雷格听说博洛纳的道明会的论文点在博洛纳大学得到成功辩护，他们用更封建的语言宣告：当违反了向百姓做的承诺时，"所有执政者（无论其地位高低）都要改革，否则罢免"。诺克斯使用了马格德堡宣言，立即强烈重申一个不妥协的反抗教义，并写于一本小册子中 *On the Monstrous Regiment of Women*（1558）。当这本激烈的册子发行时，正是伊丽莎白一世登基之时，这使她与日内瓦的关系疏远。加尔文为此感到不安，并于 1559 年的冬天在他写给塞西尔的书信中透露出来（winter, 1559），信中他反对这本小册子，并且否认事先知道它的发行（*Zurich Letters*, 2 ser., pp. 34 ff.）。参阅 Doumergue，*Calvin* V. 486-512；H. Strohl, "Le Droit à la résistance." pp. 131 ff.。一般而言，加尔文小心地不为任何群众，革命行动背书，但是有时候他的语言没有那么谨慎。见他的 Comm. Daniel（1561），lecture 30，关于《但以理书》6：22 他写道："地上的君王起来抵挡上帝的时候，就是他们失去权力的时候，并且他们也不配被算作人类的一员。我们应该断然地向他们挑战 [*conspuere in ipsorum capita*, lit., '向他们的头吐口水']，而不是顺服他们"（CR XLI. 25）。

⑤⁵ 参阅 II. 8. 38。

废除了他自己的权力。㊶相反地，以色列人被斥责，因他们纯粹顺服君王邪恶的命令（何5：13）。当耶罗波安造了金牛犊时，以色列人离弃了神的圣殿，并开始崇拜新的偶像为了讨好他（王上12：30）。他们的子孙一样轻率地顺服了他们君王的命令。先知严厉地责备以色列人，因他们遵守了君王的律例（何5：11）。他们这假冒为善的谦虚一点都不值得称赞，因为这些在宫廷里溜须拍马的人借此掩饰自己，欺哄单纯的人。他们虚伪地说：在任何方面不遵守君王就不合乎真道。仿佛神将自己的权柄交付给人，叫他们如神一样统治全人类！或仿佛将地上的权柄伏在将这权柄交付人的主宰手中，就是贬低这权柄似的，虽然就连天上的使者都以战兢的心求告神！ª 我知道我们若对神保持这样忠心的心态，会经常面临极大的危险，因为君王非常恼火任何人对他们的违背。所罗门说："王的震怒如杀人的使者。"（箴16：14）但既然天国的使者彼得大声宣告说："顺从神，不顺从人，是应当的"（徒5：29），我们就要使这想法成为我们的安慰，即我们宁愿受任何的苦难，也不要离开敬虔的道路，即献上主所要求我们的顺服。为了激励我们，免得我们灰心丧胆，保罗说："你们是重价买来的，不要作人的奴仆。"（林前7：23）因此，我们岂可屈服于邪恶之人的命令。

颂赞归于神

㊶ 从这句话开始是1559年附加的，结束以"如恳求者一样战兢"。这里提到《但以理书》6：22（参阅第三十一节，注释54），加尔文并没有预期他注释书中强烈的用词。但他的确明确要人勇敢地反对不敬虔统治者的"不敬虔的法令"。之前他不断强调顺服在上的掌权者，最后，他突出强调，对掌权者的顺服绝不能使一个基督徒在对万王之王的"敬虔"或顺服上妥协。

参 考 书 目

一

英译本导言和注释中提到的《要义》版本、译本和缩略本

A. 16—17 世纪的拉丁文、法文版本的《要义》

Christianae religionis institutio … (a)
  Basel：Platter and Lasius, 1536
Institutio Christianae Religionis … (b)
  Strasbourg：Rihel, 1539
Institution de la Religion Chrestienne …
  Geneva：Girard, 1541
Institutio Christianae Religionis … (c)
  Strasbourg：Rihel, 1543
Institutio Christianae Religionis …
  Strasbourg：Rihel, 1545
Institution de la Religion Chrestienne …
  Geneva：Girard, 1545
Institutio Totius Christianae Religionis… (d)
  Geneva：Girard, 1550
Institutio Christianae Religionis…
  Geneva：Estienne, 1553

Institutio Christianae Religionis…
 Geneva: Rivery, 1554
Institutio Christianae religionis… (e)
 Geneva: Estienne, 1559
Institutio de la religion Chrestienne…
 Geneva: Crespin, 1560
Institutio Christianae religionis…
 Strasbourg: Rihel (?), 1561
Institutio Christianae religionis…
 Geneva: Reboul, 1561
Institutio Christianae religionis…
 Leiden: Elzevir, 1654
Institutionum Christianae Religionis Libri Quatuor…
in *Opera Calvini*, Vol. 9
 Amsterdam: Schipper, 1667
Institution de la Religion Chrestienne…
 Geneva: Badius, 1561
Institution de la Religion Chrestienne…
 Geneva: Bourgeois, 1561
Institution de la Religion Chrestienne…
 [two editions without indication of place or printer, 1562]
Institution de la Religion Chrestienne…
 Geneva: Bourgeois, 1562
Institution de la Religion Chrestienne…
 Caen: Pierre Philippe, 1562
Institution de la Religion Chrestienne…
 Lyons: Honorati, 1563
Institution de la Religion Chrestienne…
 Geneva: Courteau, 1564
Institutio Christianae Religionis…
 Geneva: Perrin, 1568
Institutio Christianae Religionis…
 London: Vautrollier, 1576

B. 此后的拉丁文与法文版本

Christianae Religionis Institutio… (1536)
 ed. Wm. Baum, Edw. Cunitz, Edw. Reuss (CR 29; *Calvini Opera*, 1)

Brunswick: Schwetschke, 1863

Christianae Religionis Institutio... (1536)
   in *Johannis Calvini Opera Selecta*, Vol. 1
   ed. P. Barth and W. Niesel
   Munich: Kaiser, 1926

Institutio Christianae Religionis... (1539-1554 eds.)
   ed. Baum, Cunitz, Reuss (CR 29: *Calvini Opera*, 1)
   Brunswick: Schwetschke, 1863

Institutio Christianae Religionis... (1559)
   ed. A. Tholuck from the Amsterdam (Schipper) ed.
   Berlin: 1834 – 1835; repr. Edinburgh: 1874

Institutio Christianae Religionis... (1559)
   ed. Baum, Cunitz, Reuss (CR 30: *Calvini Opera*, 2)
   Brunswick: Schwetschke, 1864

Institution de la Religion Chrétienne... (1560)
   ed. Baum, Cunitz, Reuss (CR 31: *Calvini Opera*, 3)
   Brunswick: Schwetschke, 1865

Institutio Christianae religionis... (1559)
   in *Johannis Calvin Opera Selecta*. Vols. 3-5, ed. P. Barth and W. Niesel
   Munich: Kaiser, 1928-1936; 2d ed.: Vol. 3 (1957), Vol. 4 (1959)

Institution de la religion Chrestienne... (1541)
   ed. A. Lefranc
   Paris: 1909

Institution de la Religion Chrestienne... (1541)
   ed. J. Pannier
   Paris: Société des Belles Lettres, 1936-1939

L'Institution Chrétienne... (1560, modernized)
   ed. J. Cadier (4 vols.)
   Geneva: Labor et Fides, 1955-1958

Institution de la Religion Chrestienne... (1560, but *variorum*)
   ed. J. -D. Benoit (3 vols. published)
   Paris: Vrin, 1957-1960

Institution de la Religion Chrestienne, tr. C. Icard
   Breme: 1713 [tr. of VL 1559]

C. 翻译作品

Italian—tr. Giulio Cesare Pascali

Geneva: 1557

Dutch—Institutie ofte onderwijsinghe der Christlichen religie

　tr. I [ohannes] D [yrkinus]

　Emden and Dort: 1560; repr. 1566, 1578 (Dort), 1596 (Leiden)

　tr. Charles Agricola, Leiden: 1602

　tr. Wm. Corsman, Amsterdam: 1650. Reprinted, with a preface A. Kuyper. Kampen: 1891

　Johannes Calvijn Institutie of onderwijzung in de Christelijke Godsdienst, tr. A. Sizoo

　Delft: Meinema, 1949 (2d ed.)

German—Institutio Christianae Religionis. Das ist underweisung inn Christlicher Religion...

　tr. Theological Faculty of Heidelberg

　Heidelberg: 1572, repr. 1582; also Hanau: 1597

　Johannes Calvin: Unterricht in der Christlichen Religion

　tr. O. Weber

　Neukirchen Kreis Moers: Buchhandlung des Erziehungsverein, 1955

Spanish—Institucion de la religion Cristiana: compuesta en quatro libros y divida en capitulos. Por Juan Calvino. Y ahora nuevamente traduzida en Romane Castellano, por Cipriano de Valera

　London: en Casa de Ricardo del Campo [Richard Field], 1597

　reprinted, ed. Usoz y Río, in *Reformistas: antiguos españoles*

　Madrid: 1858. Book I reprinted in facsimile, ed. B. F. Stockwell. Buenos Aires: "La Aurora," 1952

Spanish (of the 1536 Latin ed.) —

　Breve i compendiosa instituçion de la religion Christiana, tr. Francisco de Elao [Enzinas]

　Topeia [Ghent]: Adam Coruo, 1540. Institución de la Religión Cristiana. Traducion del Latin por Jacinto Terán con una Introdución por B. Foster Stockwell

　Buenos Aires: "La Aurora", 1936 (1 vol.), 1958 (2 vols.)

Czech—tr. Jiřík Streje (Georg Vetter)

　I-II, 1617

Hungarian—tr. Albert Moinár (1574-1634)

　Hanau: 1624

Japanese—tr. Masaki Nakayama

　Tokyo: Shinhyo Shuppansha, 1934, 1949

　tr. Nobuo Watanabe

　Tokyo: Shinhyo Shuppansha, 1962

Chinese (sel.) —tr. Ching Yu Hsu (2 vols.)

　Hong Kong: Nanking Theological Seminary, Board of Founders, 1955, 1957

English —

　The Life and Communicacion of a Christen Man, 1549

tr. Thomas Broke [of what became in the 1559 ed., Ⅲ: 6-10]

The Institution of the Christian Religion...

    tr. Thomas Norton

    London: Wolfe and Harison, 1561

    2d ed., 1562; 3d ed., 1574; later eds., 1578, 1582, 1587, 1599, 1611, 1634; last ed., Glasgow, 1762

Institutes of the Christian Religion...

    tr. John Allen

    London: Walker, 1813

    Later eds.: 30 in America [minor revision by Joseph Paterson Engles, 1841]

    Last ed.: Philadelphia: The Westminster Press, 1936

The Institutes of the Christian Religion...

    tr. Henry Beveridge

    Edinburgh: Calvin Translation Society, 1845

    Latest repr.: Grand Rapids: Wm. B: Eerdmans Publishing Company, 1958

D. 摘要版本

Bunney, Edmund. *Institutionis Christianae Religionis... Compendium*

    London: 1576

    tr. Edward May. *The Institutions of Christian Religion...*

    London: 1580

Delaune, William. *Institutionis Christianae Religionis... Epitome*

    London: 1583

    tr. Christopher Fetherstone

    Edinburgh: 1585, repr. 1837

    Dutch tr.: J. de Raedt, 1594; repr. 1630, 1650

Olevianus, Caspar. *Institutionis Christianae religionis... epitome* Herborn: 1586

Anonymous. *Summa der wahren christlichen Religion*

    Herborn: 1586

Centum Aphorismi (gathered from Delaune's "tables") printed in *Institutes*, Le Preux eds., 1590, 1607; Leiden ed., 1654; Schipper ed., 1667; Tholuck ed., 1834, 1846, repr. 1874

    Eng. tr. as appendix in Robert Hill, *The Contents of Scripture*

    London: Islip for Jackson, 1596 ("An Hundreth Aphorisms...")

    also in Beveridge's tr., 1845

    French tr. in Icard's French tr. of the Latin *Institutes*, 1713

Piscator [Fischer], John, *Aphorismi doctrinae Christianae maximam partem ex Institutione Calvini excerpti sive loci communes theologici*

Herborn: 1589

tr. Henry Holland (from 3d ed.). *Aphorismes of the Christian Religion*...

London: Richard Field, 1596

Colonius [Van Ceulen], Daniel. *Analysis paraphrastica Institutionum theologicarum Johannis Calvini*

Leiden: 1628; repr., 1636

Zwinger, Theodor. *Theatrum Sapientiae*

Basel: 1652

Kalthoff, H. P. *Christliche Unterweisung in einem kernhaften Auszug*

Elberfeld: 1828

Dunn, Samuel. *Christian Theology Selected and Systematically Arranged*

London: 1837; Welsh tr., 1840.

Elzenga, G. *Calvijn's Institutie of onderwijzing in den Christlijken Godsdienst*

Kampen: 1903

Müller, E. F. K. *Unterricht in der Christlichen Religion*

Erlangen: 1909

Wielenga, B. *Institutie of onderwijzing in den Christlijken Godsdienst*

Kampen: Kok, 1934

Kerr, H. T. *A Compend of the Institutes of the Christian Religion*...

Philadelphia: The Westminster Press, 1939

Wiles, J. P. *John Calvin's Instruction in Christianity*... [I-III]

Stanford: 1920; repr., 1921

further abridged in:

Fuller, D. O. *John Calvin's Instruction in Christianity*...

Grand Rapids: Wm. B. Eerdmans Publishing Company, 1947

McNeill, J. T. *John Calvin on the Christian Faith*...

New York: Library of Liberal Arts, No. 93, 1958

二

英译本导言和注释中提到的图书选目

Ainslie, J. L.

The Doctrines of Ministerial Order in the Reformed Churches of the Sixteenth and Seventeenth Centuries

Edinburgh: T. Clark, 1940

Althaus, P.

Communio Sanctorum, Die Gemeinde im Lutherischen Kirchengedanken

Munich: Kaiser, 1929

Althusius, J.
Politica methodica digesta
Herborn: 1603

Andrieu, M.
Le pontifical Romain au môyen âge
Vatican City: 1938-1940

Aristotle
Basic Works, ed. R. McKeon
New York: Random House, Inc., 1941

Aristotle
Selections, ed. W. D. Ross
New York: 1927

Arminius, James
Works, tr. from the Latin by J. Nichols
Auburn: 1853

Arnauld, Antoine
De la fréquente communion (1643)

Augustine
Of the Citie of God, with the Learned Comments of Jo. Lod. Vives, tr. J [ohn] H [ealy]
London, 1610; 2 ed. London: 1620

Ayer, J. C.
A source Book of Ancient Church History
New York: Charles Scribner's Sons, 1913

Aymon, J.
Tous les Synodes nationaux des églises réformées de France (2 vols.)
The Hague: 1710

Baillie, D. M.
The Theology of the Sacraments and Other Papers
London: Faber & Faber, Ltd., 1957

Bainton, R. H.
Hunted Heretic
Boston: The Beacon Press, Inc., 1953

Bannerman, J.
The Church of Christ (2 vols.)
Edinburgh: 1868

Barclay, A.
The Protestant Doctrine of the Lord's supper

Glasgow: 1927

Barnikol, H.

Die Lehre Calvins vom unfreien Willens und ihr Verhältnis zur Lehre derübrigen Reformatoren, und Augustins

Neuwied: 1927

Baron, H.

Calvins Staatsanschauung und das konfessionelle Zeitalter

Berlin and Munich: 1924

Barth, K.

Kirchliche Dogmatik

Zollikon-Zurich: Evangelischer Verlag, 1955 ff.

Eng. tr. G. T. Thomson, G. W. Bromiley, T. F. Torrance

New York: Gharles Scribner's Sons, 1955 ff.

Barth, K.

The Knowledge of God and the Service of God According to the Teaching of the Reformation (Gifford Lectures), tr. J. L. M, Haire and I. Henderson

London: Hodder and Stoughton, 1938; New York: Charles Scribner's Sons, 1939

Barth, K., and Brunner, E.

Natural Theology, comprising *Nature and Grace*, by Emil Brunner, and the Reply *No*, by Karl Barth, tr. P. Fraenkel

London: Geoffrey Bles Ltd., 1946

Barth, P.

"*Das Problem der natürlichen Theologie bei Calvin*", Theologische Existenz Heute, No. 18

Munich: 1935

Baumgartner, C., *et al.*

Dictionnaire de Spiritualité

Bavinck, H.

"*Calvin on Common Grace*", tr. G. Vos in W. P. Armstrong, ed. *Calvin and the Reformation, Four Studies*

New York: 1909

Beckmann, J.

Vom Sakrament bei Calvin

Tübingen: 1926

Bekenntnisschriften der Evangelisch-Lutherischen Kirche

ed. by Deutsche evangelische Kirchenausschuss (2 vols.)

Göttingen: Vanderhoek und Rupprecht, 1930

Bender, H. S.

Life and Letters of Conrad Grebel

Goshen (Ind.): Mennonite Historical Society, 1950

Benoit, J.-D.
Calvin, directeur d'âmes
Strasbourg: Oberlin, 1947

Berger, A.
Encyclopedic Dictionary of Roman Law
Philadelphia: American Philosophical Society Transactions, 1953

Berger, H.
Calvins Geschichtsauffassung
Zurich: Zwingli-Verlag, 1955

Berkeley, George
Treatise on the Principles of Human Knowledge
Dublin: 1710

Bernard of Clairvaux
Concerning Grace and Free Will, tr. W. W. Williams
London: 1920

Bernard of Clairvaux
Select Treatises of St. Bernard: On the Love of God, ed. and tr. W. W. Williams; *On the Steps of Humility and Pride*, ed. and tr. B. R. V. Mills
Cambridge: 1926

Bethune-Baker, J. F.
An Introduction to the Early History of Christian Doctrine
London: 1903

Bettenson, H.
Documents of the Christian Church
London: Oxford University Press, 1947

Beyerhaus, G. B.
Studien zur Staatsanschauung Calvins
Berlin: 1910

Biéler, A.
La Pensée économique et sociale de Calvin
Geneva: Georg, 1959

Blume, F.
Die evangelische Kirchenmusik
Potsdam: Athenaion, 1931

Boehmer, H.
Luther in the Light of Modern Research, tr. E. S. G. Potter
New York: Dial Press, Inc., 1930

Boettner, L.
The Reformed Doctrine of Predestination
Grand Rapids: Wm. B. Eerdmans Publishing Company, 1932

Bohatec, J.
Calvins Lehre von Staat und Kirche
Breslau: Marcus, 1937

Bohatec, J.
Calvin und das Recht
Feudingen: Buchdruck und Verlags-Anstalt, 1934

Bohatec, J.
Budé und Calvin: Studien zur Gedankenwelt des französischen Frühhumanismus Graz: Böhlau, 1950

Bolgar, P. R.
The Classical Heritage and Its Beneficiaries
Cambridge: University Press, 1954

Bradwardine, Thomas
Thomae Braduardini archiepiscopi olim Cantuariensis De causa Dei contra Pelagium et de virtute causarum libri tres, ed. H. Saville
London: 1618

Breen, Q.
"John Calvin and the Rhetorical Tradition", *Church History* XXVI (1957), 3–21

Breen, Q.
John Calvin: A Study in French Humanism
Grand Rapids: Wm. B. Eerdmans Publishing Company, 1931

Bréhier, L.
La Sculpture et les arts mineurs byzantins
Paris: Les éditions d'art et d'histoire, 1936

Brilioth, Y.
Eucharistic Faith and Practice: Evangelical and Catholic, tr. R. G. Herbert
London: The Macmillan Company, 1931

Brunetière, F.
"L'Oeuvre littéraire de Calvin", *Revue des Deux Mondes* 161 (1900): 898–923

Brunner, E.
The Christian Doctrine of Creation and Redemption, tr. O. Wyon
London: Lutterworth Press; Philadelphia: The Westminster Press, 1952

Brunner, E.
Justice and the Social Order, tr. M. Hottinger
London: Lutterworth Press; New York: Harper & Brothers, 1945

Brunner, E.
  The Mediator, tr. O. Wyon
  London: The Macmillan Company, 1934
Bucanus, William
  Institutiones Theologicae
  Geneva: 1605
Buchanan, George
  De jure regni apud Scottos (1579)
  Eng. tr. C. F. Arrowood, *The Powers of the Crown in Scotland*
  Austin, Texas: University of Texas Press, 1949
Bulgakov, N.
  Le Paraclet, tr. from the Russian by C. Andronikof
  Paris: Aubier, 1944
Bunyan, J.
  Grace Abounding to the Chief of Sinners
  London: 1666
Bunyan, J.
  The Pilgrim's Progress from This World to That Which Is to Come
  London: 1678 (Part I); 1684 (Part II)
Burn-Murdoch, H.
  The Development of the Papacy
  London: Faber & Faber, Ltd., 1954
Burrell, S. A.
  "The Covenant Idea as a Revolutionary Symbol", *Church History* XXVII (1958): 338-350
Cabaniss, A.
  Agobard of Lyons, Churchman and Critic
  Syracuse: University Press, 1953
Cabrol, F., *et al.*
  Dictionnaire d'archéologie chrétienne et de la liturgie
  Paris: 1903 ff.
Cadier, J.
  "Calvin et Saint Augustine"
  La Doctrine Calviniste de la Sainte Cène
  Études théologiques et religieuses XXVI
  Montpellier: Faculté de Théologie Protestante, 1951
Cambridge Mediaeval History (8 vols.)
  Cambridge: University Press; New York: The Macmillan Company, 1911-1936
Cappuyns, M.

"L'Auteur du De Vocatione omnium gentium", *Revue Bènedictine* XXXIX (1927): 198-226
Carlyle, R. W. and A. J.
A History of Medieval Political Theory in the West
New York: Barnes & Noble, Inc., 1936
Caspar, E.
Geschichte des Papsttums (Vol. 2)
Tübingen: J. C. B. Mohr, 1933
Cassirer, E., *et al.*
The Renaissance Philosophy of Man
Chicago: University Press, 1948
Cave, S.
The Doctrine of the Person of Christ
London: 1924
Chapman, J.
Studies in the Early Papacy
New York: Benziger Brothers, Inc., 1929
Chenevière, M.-E.
La Pensèe politique de Calvin
Geneva: Ed. Labor; Paris: Ed. "Je sets", 1937
Churton, R.
Life of Alexander Nowell
Oxford: 1809
Clarke, J.
Physical Science in the Time of Nero [a tr. of Seneca, *Natural Questions*]
London: 1910
Clarkson, J. F., *et al.*
The Church Teaches: Documents of the Church in English Translation
St. Louis and London: B. Herder Book Company, 1955
Clavier, H.
Études sur le Calvinisme
Paris: Fischbacher, 1936
Clement, D.
Bibliothèque curieuse historique et critique, ou Catalogue raisonné de livres difficiles à trouver
Leipzig: 1756
Cochrane, C. N.
Christianity and Classical Culture
Oxford: University Press, 1940

Cohn, N. R. C.
   The Pursuit of the Millennium
   London: Secker and Warburg, 1957
Coleman, C. B.
   The Treatise of Lorenzo Valla on the Donation of Constantine (text and translation)
   New Haven: 1922
Comenius, J. A.
   The Labyrinth of the World and the Paradise of the Heart (1623), tr. M, Spinka
   Chicago: National Union of Czechoslovak Protestants, 1942
Concordia Triglotta. German, Latin, English
   ed. F. Bente and W. H. T. Dau
   St. Louis: Concordia Publishing House, 1921; exact reprint
   Minneapolis: Mott, 1955
Conger, G. P.
   Theories of Macrocosms and Microcosms
   New York: 1922
Coulton, G. G.
   Ten Medieval Studies
   Cambridge: 1930
Courvoisier, J.
   La Notion d'Église chez Bucer dans son developpement historique
   Paris: Alcan, 1933
Courvoisier, J.
   "La Sense de la discipline sous la Génève de Calvin", in *Hommage et reconnaissance à Karl Barth*, pp. 19-30
   Neuchâtel and Paris: Delechaux et Niestle, 1946
Cousin, V.
   Ouvrages inédits d' Abélard
   Paris: 1836
Cramer, J. A.
   De Heilige Schrift bij Calvijn [45]
   Utrecht: 1926
Creighton, M.
   History of the Papacy from the Great Schism to the Sack of Rome (1887)
   London and New York: 1919
Cullmann, O.
   Baptism in the New Testament, tr. J. K. S. Reid
   Chicago: Henry Regnery Company, 1950

Cullmann, O.
Petrus, Jünger-Apostel-Märtyrer
Zurich: Zwingli-Verlag, 1952
Eng. tr. by F. V. Filson, *Peter: Disciple-Apostle-Martyr*
Philadelphia: The Westminster Press, 1953
Cunningham, W.
Historical Theology (2 vols.)
Edinburgh: Clarke, 1863
Cureton, W.
Corpus Ignatianum
London: 1849
Curtis, W. A.
A History of Creeds and Confessions
Edinburgh: 1911
Dankbaar, W. F.
De Sacramentsleer van Calvijn
Amsterdam: H. J. Paris, 1941
Davenport, E. H.
The Forged Decretals
Oxford: 1916
Davies, R. E.
The Problem of Authority in the Continental Reformers: A Study in Luther, Zwingli, and Calvin
London: The Epworth Publishing House, 1946
Deferrari, R. J., and others
A Lexicon of St. Thomas Aquinas
Washington: Catholic University of America Press, 1948
Descartes, René
Discourse on Method (1637); *Meditations on the First Philosophy* (1641), and *Selections from the Principles of Philosophy*, tr. John Veitch
New York: E. P. Dutton & Co., Inc.; London: J. M. Dent & Sons, Ltd., 1953
Descartes, René
Oeuvres, ed. C. Adam and P. Tannery (11 vols.)
Paris: 1897-1909
Dexter, H. M.
The Congregationalism of the Last Three Hundred Years as Seen in Its Literature
New York: 1880
Dietelmeier, J. A.

Historia de descensu Christi ad inferos literaria

Nuremberg: 1741

Pseudo-Dionysius Areopagitica

The Celestial and Ecclesiastical Hierarchy of Dionysius Areopagitica, tr. J. Parker

London: 1894

Dölger, F.

Byzanz und die europäische Staatenwelt

Ettal: Buchkunst-Verlag, 1953

Doren, A.

Fortuna im Mittelalter und in den Renaissance

Hamburg: 1922

Doumergue, E.

Jean Calvin—Les hommes et les choses de son temps (7 vols.)

Lausanne: 1899 – 1928

Dowey, E. A., Jr.

The Knowledge of God in Calvin's Theology

New York: Columbia University Press, 1952

Du Cange, C. du F.

Glossarium ad scriptores mediae et infimae latinitatis (1678), ed. L. Favre (10 vols.)

Niort: 1883-1887

Dudden, F. H.

Gregory the Great: His Place in History and Thought (2 vols.)

London: 1905

Elert, W.

Morphologie des Luthertums

Munich: Beck, 1931

Emerson, E. H.

"Calvin and Covenant Theology", *Church History* XXV (1956): 136-144

Emerton, E.

The Correspondence of Gregory VII [Records of Civilization, XIV]

New York: Columbia University Press, 1932

Ermisch, K.

Predestination, an Historical Sketch

Sumner, Iowa: Vierth, 1937

Faguet, É.

Seizième siècle, études littéraires

Paris: 1895

Fairweather, E. R., ed.

A Scholastic Miscellany: Anselm to Ockham [LCC X]
  Philadelphia: The Westminster Press, 1956
Fazy, H.
  Procès de Valentin Gentilis et de Nicolas Gallo (1558)
  Geneva: 1879
  "Febronius" [Nicholas von Hontheim]
  De statu ecclesiae (1763)
Ferguson, W. K.
  The Renaissance in Historical Thought
  Cambridge: Houghton Mifflin Company, 1948
Ferré, Nels F. S.
  The Christian Understanding of God
  New York: Harper & Brothers, 1951
Flacius, Matthias, *et al.*
  Ecclesiastica historia... secundum... singulas centurias... per...
  Basel: 1559-1574 [aliquot...viros in urbe Magdeburgica] (13 vols.)
Flick, A. C.
  The Decline of the Medieval Church (2 vols.)
  New York: Alfred A. Knopf, Inc., 1930
Fournier, P., and Le Bras, G.
  Histoire des collections canoniques en Occident depuis les fausses décrétales jusqu'au décret de Gratien (2 vols.)
  Paris: Recueil Sirey, 1931-1932
Fröhlich, K.
  Gottesreich, Welt und Kirche bei Calvin
  Munich: Reinhardt, 1930
Frye, R. M.
  God, Man, and Satan
  Princeton: University Press, 1960
Fuhrmann, P. T.
  God-centered Religion: An Essay Inspired by Some French and Swiss Protestant Writers
  Grand Rapids: Zondervan Publishing House, 1942
Garside, C., Jr.
  "Calvin's Preface to the Psalter, a Reappraisal", *The Musical Quarterly* XXXVII (1951): 566-577
Gerbrandy, P. S.
  National and International Stability: Althusius, Grotius, Van Vollenhoven
  Cambridge, Mass.: Harvard University Press, 1954

Gilby, A. T., tr.

St. Thomas Aquinas: Philosophical Texts

Oxford: University Press, 1953

Giles, E.

Documents Illustrating Papal Authority A. D. 96-454

London: S. P. C. K.; New York: The Macmillan Company, 1953

Gilkey, L. B.

Maker of Heaven and Earth

New York: Garden City Books, Doubleday & Co., Inc., 1959

Gilson, É.

L'Esprit de la philosophie médiévale

Paris: Vrin, 1932; 2d ed., 1944

Gloede, G.

Theologia naturalis bei Calvin

Stuttgart: Kohlhammer, 1935

Goumaz, L.

La Doctrine du salut d'après les commentaires de Jean Calvin sur le Nouveau Testament

Paris: 1917

Grass, H.

Die Abendmahlslehre bei Luther und Calvin

Gütersloh, 1954 [Beiträge zur Förderung Christlicher Theologie, 2d ser., 47]

Green, R. W., ed.

Protestantism and Capitalism: The Weber Thesis and Its Critics

Boston: D. C. Heath & Company, 1959

Haag, Eugene and Émile

La France Protestante 7 (1857): 256-259

Haller, J.

Nikolaus I und Pseudoisidor

Stuttgart: Cotta, 1936

Harkness, G.

John Calvin: The Man and His Ethics

New York: Henry Holt & Co., Inc., 1931

Harnack, A. von

Medizinisches aus der ältesten Kirchengeschichte

Texte und Untersuchungen zur Geschichte der altchristlichen Literatur VIII (1892)

Hauser, H.

"L'Économie Calvinienne", *Études sur Calvin et le Calvinisme*, pp. 227-242

Paris: Fischbacher, 1935

Hearnshaw, F. J. C., ed.
  The Social and Political Ideas of Some Great Thinkers of the Renaissance and Reformation
  London: 1923
Hefele, C. J. von
  Conciliengeschichte
  Freiburg-im-Breisgau: 1856
Hefele, C. J. von
  History of Councils (5 vols.), tr. W. R. Clark
  Edinburgh: 1883-1896
Hefele, C. J. von
  Histoire des Conciles d'après les documents originaux (8 vols.), tr. and ed. H. Leclercq
  Paris: 1907 ff.
Heidegger, J. H.
  Medulla theologiae Christianae
  Zurich: 1696
Heidelberg Catechism
  tr. from the German of 1563 in T. F. Torrance, *The School of Faith*, pp. 69-96
  New York: Harper & Brothers, 1959
Hieler, F.
  The Spirit of Worship, tr. W. Montgomery
  London: 1926
Henderson, G. D.
  The Burning Bush: Studies in Scottish Church History
  St. Andrews: St. Andrews Press, 1957
Henderson, R. W.
  The Doctoral Ministry in the Reformed Churches
  Harvard University Dissertation, 1959
Hendry, G. S.
  The Holy Spirit in Christian Theology
  Philadelphia: The Westminster Press, 1956
Henry, P.
  Das Leben Johann Calvin (3 vols.)
  Hamburg: 1835, 1844
Heppe, H. L. J.
  Dogmatik des deutschen Protestantismus im 16. Jahrhundert (3 vols.)
  Gotha: 1857
  Die Dogmatik der evangelischen-reformierten Kirche dargestellt und aus den Quellen belegt
  Elberfelt: 1861

rev. by E. Bizer, tr. G. T. Thomson, *Reformed Dogmatics Set Out and Illustrated from the Sources*

London: George Allen and Unwin, Ltd., 1950

Herminjard, A. -L.

Correspondance des Réformateurs dans les pays de langue française (9 vols.)

Geneva: 1866-1897

Hershberger, G. F., ed.

The Recovery of the Anabaptist Vision

Scottdale, Pa.: Herald Press, 1957

Hinschius, P.

Decretales Pseudo-Isidorianae et Capitula Angilramni

Leipzig: 1863

Hobhouse, W.

The Church and the World in Idea and History

London: 1910

Hodge, C.

Systematic Theology (3 vols.)

New York: 1871-1873

Holl, K.

Gesammelte Aufsätze zur Kirchengeschichte I. *Luther*

Tübingen: 1922

Holl, K.

"Die Geschichte des Worts Beruf", *Gesammelte Aufsätze* III (Tübingen, 1928), No. 9 : 189 – 219

Hollweg. W.

Heinrich Bullinger's Hausbuch

Neukirchen, Kreis Moers: Buchhandlung des Erziehungsvereins, 1956

Horton, W. M.

Contemporary Continental Theology: An Interpretation for Anglo-Saxons

New York: Harper & Brothers, 1938

Hudson, W. S.

"Democratic Freedom and Religious Faith in the Reformed Tradition", *Church History* XV (1946): 177-194

Hugo, A. M.

Calvijn en Seneca: een inleidende studie van Calvijns commentaar op Seneca, De clementia

Groningen: Wolters, 1957

Hunt, R. N. C.

"Calvin's Theory of the State", *Church Quarterly Review* VIII (1929): 56-71

Hunter, A. M.
   The Teaching of Calvin, 2d ed.
   Glasgow: J. Clarke, 1950
Hus, Jan
   De ecclesia. The Church, by John Huss, tr. D. S. Schaff
   New York: 1915
Hus, Jan
   Tractatus de ecclesia Magistri Johannis Hus, ed. S. H. Thomson, Colorado University Studies and Texts in Medieval Thought
   Cambridge: W. Heffer & Sons, Ltd., 1956
Hussey, J. A.
   Sunday, Its Origin, History, and Present Obligation
   Bampton Lectures, 1860
   London: 1889 (5th ed.)
Hutton, L. J.
   "A Spanish Heretic: Cipriano de Valera", *Church History* XXVII (1958): 23-31
Hyperius, Andreas
   Methodus Theologiae
   Basel: 1568
Imbart de la Tour, P.
   Les Origines de la Réforme
   Paris: 1914 ff.
Jacobs, P.
   Prädestination und Verantwortlichkeit bei Calvin
   Neukirchen, Kreis Moers: Buchhandlung des Erziehungsvereins, 1937
Jalland, T. G.
   The Church and the Papacy
   London: S. P. C. K., 1944
Jansen, J. F.
   Calvin's Doctrine of the Work of Christ
   London: James Clarke & Company, Ltd., 1956
Jurieu, Pierre
   Les Soupirs de la France esclave qui aspire après la liberté
   Amsterdam: 1689
Justinian
   Corpus juris civilis, ed. P. Krueger
   Berlin: 1928
Justinian

The Digest of Justinian I, tr. H. Monro
Cambridge: 1904
Justinian
The Institutes of Justinian, tr. J. B. Mayer, 5th ed.
London: 1913
Kattenbusch, D. F.
Das apostolische Symbol
Leipzig: 1894
Keeney, W. E.
The Development of Dutch Anabaptist Thought and Practice, 1539-1564
Hartford Seminary Dissertation, 1959
Kerr, H. T.
The Christian Sacraments
Philadelphia: The Westminster Press, 1944
Kidd, B. J.
Documents Illustrative of the Continental Reformation
Oxford: 1911
Kidd, B. J.
History of the Christian Church to 461 (3 vols.)
Oxford: 1922
Kimble, G. H. T.
Geography in the Middle Ages
London: Methuen & Co., Ltd., 1938
Kirk, K. E., ed.
The Apostolic Ministry
London: Hodder and Stoughton, 1946
Knox, John
The First Blast of the Trumpet Against the Monstrous Regiment of Women
Geneva: 1558 [reprinted in *Works of John Knox*, ed. D. Laing (vol. 4) (1885), pp. 365-420]
Knox, John
History of the Reformation in Scotland, ed. W. C. Dickinson
London and New York: Thomas Nelson & Sons, 1949
Köhler, W.
Das Zürcher Ehegericht und seine Auswirkung in der deutschen Schweiz zur Zeit Zwinglis
[*Quellen und Abhandlungen zur schweizerischen Reformationsgeschichte* 10]
Zurich: Zwingli-Verlag, 1932
Köhler, W.

Zwingli und Luther: Ihr Streit über das Abendmahl (2 vols.)
Leipzig: Heinsius, 1924, 1953

Köstlin, J.
"Calvins Institutio nach Form und Inhalt", *Theologische Studien und Kritiken* (1868), P. 55

Köstlin, J.
Luthers Theologic in ihrer geschichtlichen Entwicklung (2 vols.)
Stuttgart: 1863
Eng. tr. *The Theology of Luther in Its Historical Development*, by C. E. Hay (2 vols.)
Philadelphia: 1897

Kolfhaus, W.
Vom christlichen Leben nach Johannes Calvin
Neukirchen, Kreis Moers: Buchhandlung des Eriziehungsvereins, 1949

Krüger, G.
Das Papsttum: Seine Idee und ihre Träger
Tübingen: 1907 (1st ed.); 1932 (2d ed.)
Eng. tr. from 1st Germ. ed., *The Papacy: The Idea and Its Exponents*
New York: 1909

Kuiper, H.
Calvin on Common Grace
Grand Rapids: Wm. B. Eerdmans Publishing Company, 1930

Kuyper, A.
Calvinism: Six Lectures
New York: 1899

Lampe, G. W. H.
The Seal of the Spirit
London: Longmans, Green & Co., Ltd., 1951

Lang, A.
Der Evangelienkommentar Martin Butzers und die Gründzüge seiner Theologie
Leipzig: 1900

Lea, H. C.
History of Auricular Confession and Indulgences in the Latin Church (2 vols.)
Philadelphia: 1896

Lea, H. C.
History of Sacerdotal Celibacy in the Christian Church, 3d ed. (2 vols.)
New York: 1907

Lecerf, A.
"La Doctrine de l'Église dans Calvinz", *Revue de théologie et de philosophie religieuses*
IX (1929): 256-271

Lecerf, A.
Études Calvinistes
Neuchâtel and Paris: Delachaux et Niestlé, 1949

Leclercq, H.
"Pour l'histoire de l'expression Philosophie Chrétienne", *Mélange de sciences religieuses* IX: 221-226
Lille: Facultés Catholiques, 1952

Lecoultre, J.
Maturin Cordier et les origines de la pédagogique protestante dans les pays de langue française
Newchâtel: 1926

Lee, Sidney, ed.
Dictionary of National Biography

Leff, G.
Bradwardine and the Pelagians: A Study of His De causa Dei and Its Opponents
Cambridge: University Press, 1957

Lefranc, A.
Calvin et l'éloquence française
Paris: 1935

Leon, W.
"Le Classicisme de Calvin", *Humanisme et Renaissance* V (1938): 231-246

Lewis, J.
Life of the Learned and Right Reverend Reynold Pecock
London: 1744

Ley, R.
Kirchenzucht bei Zwingli
Zurich: Zwingli-Verlag, 1948

Lindsay, T. M.
The Church and the Ministry in the Early Centuries
London: 1902

Lietzmann, H.
A History of the Early Church (4 vols.), tr. B. L. Woolf
London: Lutterworth Press; New York: Charles Scribner's Sons, 1950 Lobstein, P.
"La Connaissance religieuse d'après Calvin", *Revue de théologie et de philosophie religieuses* XLII (1909): 53-110

Loesche, G.
Luther, Melanthon, und Calvin in Österreich – Ungarn
Tübingen: 1909

Loyola, Ignatius of

The Spiritual Exercises of St. Ignatius, tr. L. J. Puhl
Westminster, Md.: The Newman Press, 1951
Lunt, W. E.
Papal Revenues in the Middle Ages (2 vols.)
New York: Columbia University Press, 1934
Luther, Martin
The Bondage of the Will, tr. H. Cole
Grand Rapids: 1931
Luther, Martin
Reformation Writings of Martin Luther, tr. B. L. Woolf (2 vols.)
London: Lutterworth Press, 1956
Luther, Martin
Works, ed. J. Pelikan (55 vols.)
St. Louis: The Concordia Publishing Company; Philadelphia: The Muhlenberg Press, 1955
Luther, Martin
Works of Martin Luther, ed. H. E. Jacobs, *et al.* (6 vols.)
Philadelphia: 1915 ff.
McCrie, T.
History of the Reformation in Spain
Edinburgh: 1879
Macdonald, A. J.
Berengar and the Reform of Sacramental Doctrine
London: Longmans, Green & Co., Ltd., 1930
Macdonald, A. J., ed.
The Evangelical Doctrine of Holy Communion
Cambridge: W. Heffer & Sons, Ltd., 1930
McGlothlin, W. J.
Baptist Confessions of Faith
Philadelphia: 1911
MacGregor, G.
Corpus Christi: The Nature of the Church According to the Reformed Tradition
Philadelphia: The Westminster Press, 1958
Mackie, R. L.
King James IV of Scotland
Edinburgh: Oliver & Boyd, Ltd., 1958
Mackinnon, J.
Calvin and the Reformation
London: Longmans, Green & Co., Ltd., 1936

McLelland, J. C.

The Visible Words of God: An Exposition of the Sacramental Theology of Peter Martyr Vermigli

Glasgow: Oliver & Boyd, Ltd., 1957; Grand Rapids: Wm. B. Eerdmans Publishing Company, 1958

McNeile, A. H.

The Book of Exodus. Westminster Commentaries

London: 1908

McNeill, J. T.

Christian Hope for World Society

Chicago: Willett, Clark & Company, 1987

McNeill, J. T.

"The Church in Sixteenth-Century Reformed Theology", Journal of Religion XXII (1942): 251-269

McNeill, J. T.

"The Church in Post-Reformation Reformed Theology", Journal of Religion XXIV (1944): 102

McNeill, J. T.

"The Democratic Element in Calvin's Thought", Church History XVIII (1949): 153-171

McNeill, J. T.

"The Doctrine of the Ministry in Reformed Theology", Church History XII (1943): 77-97

McNeill, J. T.

"The Emergence of Conciliarism", in Medieval and Bibliographic Essays in Honor of James Westphal Thompson, eds. E. N. Anderson and J. L. Cate

Chicago: University of Chicago Press, 1938

McNeill, J. T., et al.

Environmental Factors in Christian History

Chicago: University of Chicago Press, 1939

McNeill, J. T.

The History and Character of Calvinism

New York: Oxford University Press, 1954

McNeill, J. T.

A History of the Cure of Souls

New York: Harper & Brothers, 1951

McNeill, J. T., ed.

John Calvin on God and Political Duty, 2d ed

New York: Library of Liberal Arts, 1956

McNeill, J. T., and Gamer, H. M.

Medieval Handbooks of Penance (Records of Civilization XIX)
New York: Columbia University Press, 1934

McNeill, J. T.
"Natural Law in the Teaching of the Reformers", *Journal of Religion* XXVI (1946): 168-182

McNeill, J. T.
"Natural Law in the Thought of Luther", *Church History* X (1941): 211-227

McNeill, J. T.
"The Significance of the Word of God for Calvin", *Church History* XXVIII (1959): 140-145

McNeill, J. T.
"Some Emphases in Wyclif's Teaching", *Journal of Religion* VII (1927): 452ff.

McNeill, J. T.
"Thirty Years of Calvin Study", *Church History* XVII (1948): 232-235

McNeill, J. T.
Unitive Protestantism
New York: Abingdon Press, 1930

Magdeburg Centuries. *See* Flacius, Matthias.

Mangan, J. J.
Life, Character, and Influence of Desiderius Erasmus of Rotterdam (2 vols.)
New York: The Macmillan Company, 1927

Marmelstein, J. W.
Ètude comparative des textes latins et français de l'Institution de la Religion Chrétienne de Calvin
Groningen: 1921

Martin, E. J.
A History of the Iconoclastic Controversy
London: S. P. C. K., 1930

Maximus of Tyre
The Dissertations of Maximus Tyrius, tr. T. Taylor
London: 1804

Maximus of Tyre
Philosophoumena, ed. H. Hobein
Leipzig: 1910

Maxwell, W. D.
John Knox's Genevan Service Book
Edinburgh: Oliver & Boyd, Ltd., 1931

Maxwell, W. D.
Outline of Christian Worship: Its Development and Forms
Oxford: University Press, 1936

Melanchthon, P.

Loci communes (1521); Loci praecipui theologici (1559), ed. H. Engelland, in *Melanchthons Werke in Auswahl*, ed. R. Stupperich, II. i

Gütersloh: Berthelsmann, 1952

Melanchthon, P.

The Loci Communes of Philip Melanchthon, tr. C. L. Hill

Boston: Meador, 1944

Meldenius, Rupert [= Petrus Meiderlin]

Paraenesis votiva pro pace ecclesiae

Rottenburg: 1626

Menno Simons

Complete Works, tr. L. Verduin, ed. J. C. wenger

Scottdale, Pa.: Herald Press, 1956

Mesnard, P.

L'Essor de la philosophie politique au seizième siècle

Paris: Bolvin, 1936

Meyer, C. R.

The Thomistic Concept of Justifying Contrition

Mundelein, Ill.: St. Mary Seminary, 1949

Meylan, E. F.

"The Stoic Doctrine of Indifferent Things and the Conception of Christian Liberty in Calvin's Institutio Christianae Religionis", *Romanic Review* VIII (1937): 135-145

Milner, Joseph, and Milner, Isaac

History of the Church of Christ

London: 1816

Moffatt, J.

International Critical Commentary: Hebrews

New York: 1924

Molhuysen, P. O.

Nieuw Nederlandsch Biographisch Wooderboek, IV 547 ff. [for A. A. var Sehelven, "Johannes Dyrkinus"]

Leyden: 1918

Morris, E. D.

Theology of the Westminster Symbols

Columbus, Ohio: 1900

Mozley, J. B.

A Treatise on the Augustinian Doctrine of Predestination

London: 1855

Mueller, W.
  Church and State in Luther and Calvin
  Nashville: The Broadman Press, 1954
Nauta, D.
  Augustinus en de Reformatie [57]
Niebuhr, Reinhold
  The Nature and Destiny of Man, a Christian Interpretation
  New York: Charles Scribner's Sons, 1941
Niesel, W.
  Calvins Lehre vom Abendmahl
  Munich: Kaiser, 1930
Niesel, W.
  "Calvin wider Osianders Rechtfertigungslehre", *Zeitschrift für Kirchengeschichte* XLVI (1927): 410-430
Niesel, W.
  The Theology of Calvin, tr. H. Knight
  London: Lutterworth Press; Philadelphia: The Westminster Press, 1956
Nijenhuis, W.
  Calvinus Oecumenicus. Calvijn en de Eenheid der Kerk in het Licht van zijn Briefwisseling's
  Gravenhage: Nijhoff, 1958
Noetscher, F.
  Bible (German), 1955
Nowell, A., catechisms of
  tr. T. Norton, in The Fathers of the Church 8 : 1-141
  London: 1812
Obendieck, H.
  Der Teufel bei Martin Luther [Furche – Studien 4]
  Berlin: 1931
Oberman, H. A.
  Archbishop Thomas Bradwardine, a Fourteenth-Century Augustinian
  Utrecht: Kemink, 1958
Ockham, W.
  The De sacramento altaris of William of Ockham, Latin text and Eng., tr. T. B. Birch (2 vols.)
  Burlington, Iowa: Lutheran Literary Board, 1930
Otto, Rudolf
  The Idea of the Holy, tr. J. W. Harvey
  London: Oxford University Press, 1923

Palanque, J. R., *et al.*
  The Church in the Christian Roman Empire, tr. E. C. Messenger (2 vols.)
  New York: The Macmillan Company, 1953
Pannier, J.
  Calvin écrivain, sa place et sa rôle dans l'histoire de la langue et de la littérature française,
    2d ed.
  Paris: 1930
Pannier, J.
  Calvin et l'épiscopat
  Strasbourg and Paris: 1927
Pantin, W. A.
  The English Church in the Fourteenth Century
  Cambridge: University Press, 1955
Parker, T. H. L.
  The Doctrine of the Knowledge of God: A Study in Calvin's Theology
  London: Alec R. Allenson, Inc., 1952; Grand Rapids: Wm. B. Eerdmans Publishing Company, 1959
Pastor, L.
  History of the Popes from the End of the Middle Ages, tr. F. J. Antrobus (8 vols.)
  London: 1891-1908
Patch, H. R.
  "The Tradition of the Goddess Fortuna", Smith College Studies in Modern Languages III (1922): 204-230
Paulus, N.
  Geschichte des Ablasses am Ausgange des Mittelalters
  Paderborn: 1923
Pearcy, H. R.
  The Meaning of the Church in the Thought of Calvin
  Chicago: University of Chicago Press, 1941
Pease, A. S.
  M. Tulii Ciceronis De natura deorum
  Cambridge, Mass.: Harvard University Press, 1955
Pei, M. A., and Gaynor, F.
  A Dictionary of Linguistics
  New York: Philosophical Library, Inc., 1954
Pelagius
  Pelagius' Expositions of the Thirteen Epistles of St. Paul, ed. A. Souter, Texts and Studies, 9
Pellicia, A. A.

The Polity of the Christian Church [Ital. eds. 1777, 1829], tr. J. C. Billet

London: 1883

Pétré, Hélène

Caritas: étude sur le vocabulaire latin de la Charité chrétienne

Louvain: Spicilegium Sacrum Lovaniense, 1948

Petry, R. C.

"Calvin's Conception of the 'Communio Sanctorum'", *Church History* V (1936): 227-238

Petry, R. C.

Late Medieval Mysticism [LCG XIII]

Philadelphia: The Westminster Press, 1957

Picotti, G. B.

La Jeunesse de Léon X, tr. from the Ital. by F. Hayward

Paris: 1931, 1940

Piscator, J.

Disputatio theologica de praedestinatione

Herborn in Nassau: 1595

Pitcairn, H.

"Catalogue Raisonné of the Earlier Editions of Calvin's Institution" [included in Beveridge tr.]

Plass, E. M.

What Luther Says: An Anthology

St. Louis: Concordia Publishing House, 1959

Plato

The Dialogues of Plato, tr. B. Jowett (2 vols.)

New York: Random House, Inc., 1937

Plumpe, J. H.

Mater Ecclesiae

Washington: Catholic University of America, 1943

Polman, A. D. R.

De Praedestinatieleer van Augustinus, Th. van Aquino, en Calvijn

Franeker: 1936

Pope, H.

St. Augustine of Hippo

Westminster, Md.: The Newman Press, 1945

Preuss, H.

Die Vorstellungen vom Antichrist im späteren Mittelalter

Leipzig: 1906

Quistorp, H.

Die Letzten Dinge im Zeugnis Calvins. Calvins Eschatologie
Gütersloh: Verlag C. Bertelsmann, 1941
Eng. tr., H. Knight, *Calvin's Doctrine of the Last Things*
London: Lutterworth Press; Richmond, Va.: John Knox Press, 1955

Raven, C. E.
Apollinarianism
Cambridge: 1924

Reid, J. K. S.
The Authority of Scripture
London: Methuen & Co., Inc.; New York: Harper & Brothers, 1957

Richardson, C. C.
The Doctrine of the Trinity
New York: Abingdon Press, 1958

Richter, G.
Die Schriften Georg Witzels
Fulda: 1913

Roger, Eugène
La Terre Sainte
Paris: 1646

Roscoe, W.
Life of Leo X
Liverpool: 1805; 4th ed. London: 1846, reprinted 1900

Ross, J. B., and McLaughlin, M. M., eds.
The Portable Renaissance Reader
New York: The Viking Press, Inc., 1953

Rouse, R., and Neill, S., eds.
A History of the Ecumenical Movement, 1517-1948
London: S. P. C. K.; Philadelphia: The Westminster Press, 1954

Rutherford, Samuel
Lex rex: The Law and the Prince
London: 1644

Schaff, P.
The Creeds of Christendom, with a History and Critical Notes (3 vols.), 6th ed.
New York: Harper & Brothers, 1931

Schaff, P.
History of the Christian Church (7 vols.)
New York: Charles Scribner's Sons, 1916-1923; repr. Grand Rapids, 1950

Scheel, O.

Dokumente zu Luthers Entwicklung, 2d ed.
Tübingen: J. C. B. Mohr, 1929

Schelhorn, J. G.
Amoenitates literariae (14 vols. in 7)
Frankfort and Leipzig: 1724 – 1731

Schmidt, C.
Peter Martyr Vermigli, Leben und ausgewählte Schriften
Elberfeld: 1858

Schramm, P. E.
Kaiser, Rom und Renovatio (2 vols.)
Leipzig: 1929

Schrenk, O.
Gottesreich und Bund im älteren Protestantismus
Gütersloh: 1923

Schroeder, H. J.
Disciplinary Decrees of the General Councils
London and St. Louis: B. Herder Book Company, 1937

Schwartz, E., ed.
Tatiani Oratio ad Graecos, in O. Gebhart and A. von Harnack, Texte und Untersuchungen zur Geschichte der altchristlichen Literatur 4 : 1 : 31 f., 37-43
Leipzig: 1888

Seeberg, R.
History of Doctrines, tr. C. E. Hay
Grand Rapids: Baker Book House, 1956

Segond, L.
Bible (French), 1939

Servetus, M.
Two Treatises on the Trinity, tr. E. M. Wilbur, Harvard Theological Studies 16
Cambridge, Mass.: Harvard University Press, 1932

Sevecenko, Thor
"The Definition of Philosophy in the Life of Saint Constantine", in *For Roman Jakobson*
The Hague: 1956

Smits, L.
Saint Augustin dans l'oeuvre de Jean Calvin (2 vols.)
Assen: van Gorcum, 1957-1958

Spinka, M.
Advocates of Reform: From Wyclif to Erasmus [LCC XIV]
Philadelphia: The Westminster Press, 1953

Spinka, M.
　John Hus and the Czech Reform
　Chicago: University Press, 1941
Staehelin, R.
　Huldreich Zwingli, sein Leben und Wirken
　Basel: 1897
Sternhold, T., and Hopkins, J.
　The Whole Book of Psalms
　London: 1562
Stone, D.
　A History of the Doctrine of the Eucharist (2 vols.)
　London: 1909
Street, T. W.
　John Calvin on Adiaphora, an Exposition
　Union Theological Seminary (N. Y. C.) Dissertation, 1954
Strohl, H.
　La Pensée de la Réforme
　Paris: 1951
Strohl, H.
　"Le Droit à la resistance d'après les conceptions protestantes", *Revue d'histoire et de philosophie religieuses* X (1930): 126-144
Tavard, G. H.
　"The Catholic Reform in the Sixteenth Century", *Church History* XXVI (1957): 275-288
Tawney, R. H.
　Religion and the Rise of Capitalism
　London: 1926
Tertullian
　De anima, ed. J. H. Waszink, with commentary
　Amsterdam: Meulenhoff, 1948
Tertullian
　Tertulian's Treatise Against Praxeas, ed. and tr. E. Evans
　London: S. P. C. K., 1949
Thiel, A.
　Epistolae Romanorum pontificum, genuinae
　Braunsberg: 1867 ff.
Thomas Aquinas
　Basic Writings of St. Thomas Aquinas, ed. A. C. Pegis (2 vols.)
　New York: Random House, Inc., 1945

Thompson, B.
  "Reformed Liturgies in Translation iii. Calvin," *Bulletin of the Theological Seminary of the Evangelical and Reformed Church* XXVIII (1957): 52 f.
Thorndike, L.
  A History of Magic and Experimental Science
  New York: The Macmillan Company, 1929 (vols. 1-2); Columbia University Press, 1934-1941 (vols. 3-6)
Tierney, B.
  Foundations of the Conciliar Theory
  Cambridge: University Press, 1955
Toplady, A.
  The Doctrine of Absolute Predestination
  London: 1769
Torrance, T. F.
  Calvin's Doctrine of Man
  London: Lutterworth Press, 1949
Torrance, T. F.
  The School of Faith
  New York: Harper & Brothers, 1959
Trinkhaus, C.
  "Renaissance Problems in Calvin's Theology", *Studies in the Renaissance* III, ed. W. Peery
  Austin, Texas: University of Texas Press, 1954
Trinterud, L. J.
  "The Origins of Puritanism", *Church History* XX (1951): 37-57
Turretin, Fr.
  Institutio theologiae elenchticae
  Geneva: 1680-1683
Ullmann, W.
  The Growth of Papal Government in the Middle Ages
  London: Methuen & Co., Ltd., 1955
United Church of Canada
  Statement Concerning Ordination to the Ministry
  Toronto: 1926
Van Dusen, H. P.
  Spirit, Son, and Father: Christian Faith in the Light of the Holy Spirit
  New York: Charles Scribner's Sons, 1958
Van Til, C.
  Common Grace

Philadelphia: Presbyterian and Reformed Publishing Company, 1947

Veerman, A.

De Stijl van Calvijn in de Institutio Christianae Religionis

Utrecht: Kemink, 1943

Viénot, J.

Histoire de la Réforme française des origines à l'Édit de Nantes

Paris: 1926

Vigneau, P.

Justification et prédestination au xive siècle: Duns Scot, Pierre d'Auriole, Guillaume d'Occam, Grégoire de Rimini

Paris: Leroux, 1934

Von Walter, J., ed.

Erasmus, De libero arbitrio ΔΙΑΤΡΙΒΗ, [Quellenschriften zur Geschichte des Protestantismus VIII]

Leipzig: 1910

Walch, C. G. F.

Monimenta medii aevi I

Göttingen: 1757

Wallace, R. S.

Calvin's Doctrine of the Christian Life

Edinburgh and London: Oliver & Boyd, Ltd., 1959

Wallace, R. S.

Calvin's Doctrine of the Word and Sacrament

Edinburgh: Oliver & Boyd, Ltd., 1953

Walz, A. M.

Compendium historiae ordinis praedicatorum

Rome: B. Herder Book Company, 1930

Warfield, B. B.

"Augustine", *Hastings Dictionary of Religion and Ethics* II. 224

Warfield, B. B.

Biblical and Theological Studies, ed. S. G. Craig

Philadelphia: Presbyterian and Reformed Publishing Company, 1952

Warfield, B. B.

Calvin and Calvinism, ed. E. D. Warfield, et al.

New York: Oxford University Press, 1931

Warfield, B. B.

"On the Literary History of Calvin's Institutes", *The Presbyterian and Reformed Review* X (1899): 193-219

[also published in recent eds. of the Allen tr. of the *Institutes*]

Warfield, B. B.
The Plan of Salvation, rev. ed.
Grand Rapids: Wm. B. Eerdmans Publishing Company, 1936

Warns, J.
Baptism: Studies in the Origin of Christian Baptism, tr. from the Germ. ed. of 1922 by G. H. Lang
London: Paternoster Press, 1957

Watkins, O. D.
A History of Penance (2 vols.)
London and New York: Longmans, Green & Co., Inc., 1920

Weber, M.
The Protestant Ethic and the Spirit of Capitalism, tr. T. Parsons
London: George Allen and Unwin, Ltd., 1930

Wencelius, L.
L'Esthétique de Calvin
Paris: Société des Belles Lettres, 1937

Wendel, F.
Calvin: Sources et évolution de sa pensée religieuse
Paris: Presses Universitaires de France, 1950

Wenger, J. C.
"The Schleitheim Confession of Faith", *Mennonite Quarterly Review* XIX (1945): 243–253

Werdermann, Th.
"Calvins Lehre von der Kirche in ihrer geschichtlichen Entwicklung", in Bohatec, J., *et al*, *Calvinstudien*
Leipzig: 1909

Wernle, P.
Der evangelische Glaube III, *Calvin*
Tübingen: 1909

Wesley, John
Dialogue Between a Predestinarian and His Friend, in *Works of the Reverend John Wesley*, ed. J. Emory, Vol. 6, pp. 63-68

Wesley, John
Journal of John Wesley, ed. N. Curnock (8 vols.)
New York: 1909-1916

Whale, J. S.
The Protestant Tradition
Cambridge: University Press, 1955

Whitney, J. P.
Reformation Essays V
London: S. P. C. K., 1939

Wilbur, E. M.
A History of Unitarianism: Socinianism and Its Antecedents
Cambridge, Mass.: Harvard University Press, 1945

Will, R.
Le Culte, étude d'histoire et de philosophie religieuses (3 vols.)
Paris: Alcan, 1925-1935

Willet, Andrew
Limbomastix: That is a canuise of Limbus Patrum
London: 1604

Williams, G. H.
"Studies in the Radical Reformation: A Bibliographical Survey of Research since 1939", *Church History* XXVII (1958): 46-69

Witte, J. S.
"Die Christologie Calvins", in *Dos Konzil von Chalkedon*, ed. A. Grillmeier (3 vols.)
Würzburg: Echter-Verlag, 1951-1954

Wolfson, H. A.
"The Meaning of *ex nihilo* in the Church Fathers, Arabic and Hebrew Philosophy, and St. Thomas", Medieval Studies in Honor of J. D. M. Ford, pp. 355-367
Cambridge, Mass.: Harvard University Press, 1948

Wolleb, J.
Christianae theologiae compendium
Basel: 1626

Workman, H. B.
John Wyclif (2 vols.)
Oxford: 1926

Zanchi, J.
De praedestinatione (1562)

Zanta, L.
La Renaissance du Stoïcisme au seizième siècle
Paris: 1914

英汉译名对照表

A

Abailard 阿伯拉尔
Acacius 阿迦修
Agamemnon 阿伽门农
Agobard of Lyons 里昂的阿戈巴德
Agricola 阿格里克拉
Albertus Magnus 大阿尔伯特
Albigensians 阿尔比派
Alciati, G. 阿尔恰蒂
Alcuinus 阿尔昆
Alexander of Hales 哈勒的亚历山大
Allen, John 约翰·艾伦
Amadeus Ⅷ 阿玛丢斯八世
Ambrose 安波罗修
Ambrosiaster 安波罗修注释者
Amida 亚米大
Anabaptists 重洗派
Anablatha 阿纳伯拉塔
Anacletus, Pope 阿纳克里图教皇
Anastasius 阿纳斯塔修
Anomoeans 非律派
Anselm 安瑟伦
Anselm of Laon 拉昂的安瑟伦
Apollinaris of Laodicea 老底嘉的阿波利拿留
Aquila 阿奎拉
Aquinas, Thomas 托马斯·阿奎那
Aquileia, Council of 阿奎莱亚会议
Aratus 亚拉图
Archelaus 亚基老
Arianism 阿里乌主义
Aristides 亚里斯蒂德
Arius 阿里乌
Arles, Council of 阿尔会议
Arminianism 阿明尼乌（阿米念）主义
Ariminum, Council of 阿里米尼会议
Arsinoë 阿尔西诺
Ashurbanipal 亚述巴尼拔
Athanasian Creed 阿塔那修信经
Athanasius 阿塔那修
Athenaeus 阿特纳奥斯
Audius 奥迪乌
Augsburg Confession 奥格斯堡信条
Augsburg, Diet of 奥格斯堡议会
Augustine 奥古斯丁
Aurelius 奥勒利乌

Averroists 阿维洛伊派
Avignon 阿维农

B

Balbus 巴布斯
Basel, Council of 巴塞尔会议
Basil of Caesarea 凯撒利亚的巴西尔
Bede 比德
Belgic Confession 比利时信条
Benedict 本笃
Benoit, J. -D 伯努瓦
Bernard of Clairvaux 明谷的伯尔纳
Beveridge, H. 贝弗里奇
Boethius 波爱修斯
Bolsec, Jerome 博尔塞克, 哲罗姆
Bologna 博洛尼亚
Bonaventura 波那文图拉
Boniface III, Pope 卜尼法斯三世, 教皇
Boniface VIII 卜尼法斯八世
Born, L. W. 伯恩
Bossuet, J. B., Bishop 波舒哀, 主教
Bourges 布尔日
Bradwardine, Thomas 托马斯·布拉德沃丁
Breen, Q 布利恩
Bucer, Martin 马丁·布塞
Budé, Guillaume 纪尧姆·比代
Bullinger, Henry 亨利·布林格
Bunney, E. 班尼

C

Cadier, J. 卡迪耶
Caecilian 凯其良努
Caligula 加利古拉
Calixtus I, Pope 卡利克斯蒂一世, 教皇
Camillus 卡米路斯
Capito 卡皮托
Capraria 加普拉利亚
Carlstadt 卡尔施塔特

Carthage, Council 迦太基会议
Cassidorus 卡西奥多鲁
Chalcedon, Council 卡尔西顿会议
Cassius, L. 卡西乌
Castellio, Sebastian 塞巴斯蒂安·卡斯泰利奥
Catabaptists 重洗派
Cathari 迦他利派
Catiline 喀提林
Cato 加图
Celestine I, Pope 西莱斯廷, 教皇
Chiliasts 千禧年主义者
Chrysippus 克里西波斯
Chrysostom, John 克里索斯托
Cicero 西塞罗
Clement of Alexandria 亚历山大的克莱门
Clement of Rome 罗马的克莱门
Clement VI, Pope 克莱门六世, 教皇
Clement VII, Pope 克莱门七世, 教皇
Clichtove 克里希托弗
Cochlaeus 科洛赫伊斯
Coelestius 色勒斯丢
Colladon, Nicolas 尼古拉斯·科拉顿
Constance, Council of 康斯坦茨会议
Constans 康士坦茨
Constantine, Emperor 君士坦丁皇帝
Constantine V, Emperor 君士坦丁五世皇帝
Constantinople, Council of 君士坦丁堡会议
Constantius, Bishop of Constance 康士坦丢, 康斯坦茨主教
Constantius, Bishop of Milan 康士坦丢, 米兰主教
Constantius, Emperor 康士坦丢, 皇帝
Cop, N. 科普
Cordier, M. 科尔迪耶
Corsman, William 威廉·考斯曼
Cotta 科塔
Cranmer, Thomas, Archbishop 克兰麦, 大

主教
Crates 克拉特斯
Crespin, Jean 让·克雷斯潘
Curius 居里
Cyprian 西普里安
Cyriacus 西里亚库斯
Cyril of Alexandria 亚历山大的西里尔
Cyril of Jerusalem 耶路撒冷的西里尔

D

Damasus, Pope 达玛苏, 教皇
Dawes, John 约翰·道斯
De Castro 卡斯特罗
Decretals 教令集
Delaune, W. 德洛纳
Democritus 德谟克利特
Demosthenes 狄摩西尼
Diagoras of Melos 米罗的迪亚哥拉
Didache《十二使徒遗训》
Dionysius the Carthusian 加尔多西会士狄奥尼修
Dionysius of Syracuse 叙拉古的狄奥尼修
Pseudo-Dionysius Areopagitica 亚略巴古的伪狄奥尼修
Dioscorus of Alexandria 亚历山大的狄奥斯库若
Domitian, Emperor 图密善, 皇帝
Donation of Constantine 君士坦丁御赐教产
Donation of Pippin 丕平御赐教产
Donatists 多纳徒派
Donatus 多纳徒
Dort 多特
Doumergue, Émile 埃米尔·杜梅格
Du Bellay, Guillaume 纪尧姆·迪贝莱
Duns Scotus, John 邓·约翰·司各脱
Duprat, Cardinal 迪普拉, 大主教
Dyrkinus, Johannes 约翰·狄尔金努

E

Eck, John 约翰·艾克
Elvira, Council of 埃尔维拉会议
Elzevir 埃尔策菲尔
Emden 埃姆登
Encratites 禁戒派
Ephesus, Council of 以弗所会议
Epicurus 伊壁鸠鲁
Epiphanius 伊比芬尼
Eraclius 伊拉克里乌
Erasmus 伊拉斯谟
Estienne, Henri 亨利·艾蒂安
Estienne, Robert 罗伯特·艾蒂安
Eucherius 优克里乌
Eugenius IV, Pope 尤金尼乌四世, 教皇
Eulogius 优罗基乌
Eunomius 欧诺米
Eusebius 优西比乌
Eustathius of Antioch 安提阿的欧大悌
Eutycheanism 欧迪奇主义
Eutyches 欧迪奇
Exuperius 叶佐柏留

F

Fabri, Christopher 克里斯多夫·法布里
Farel, Guillaume 纪尧姆·法雷尔
Felix V 菲利克斯五世
Fetherstone, Christopher 克里斯托夫·费特斯通
Field, Richard 理查德·菲尔德
Filaster of Brescia 布雷西亚的菲拉斯托
Flacius, Matthias 马提亚·弗拉齐乌斯
Flavian 弗拉维安
Formula of Concord《协同书》
Francis I 法兰西斯一世
Franciscans, Spiritual 属灵派的法兰西斯会士

Franck, Sebastian 塞巴斯蒂安·法兰克
Frederick III腓特烈三世
Froben 弗罗本
Froschauer, Christopher 克里斯托弗·弗罗绍尔

G

Galen 盖伦
Gallician movement 高卢运动
Gascoyne, George 乔治·加思科因
Gaul 高卢
Gelasius I, Pope 格拉修
Gentile, Valentine 瓦伦廷·真蒂莱
George of Cappadocia 卡帕多西亚的乔治
Gerson, Jean 让·杰尔森
Girard, Jean 让·吉拉尔
Gordian knot 戈尔迪之结
Gottschalk of Orbais 奥巴斯的戈特沙尔克
Grafton, Richard 理查德·格拉夫顿
Gratian 格拉提安
Grebel, Conrad 康拉德·格列伯
Gregory Nazianzus 纳西盎的格列高利
Gregory of Nyssa 尼撒的格列高利
Gregory I, Pope 格列高利一世
Gregory VII, Pope 格列高利七世
Gregory IX, Pope 格列高利九世
Gregory of Rimini 里米尼的格列高利
Gribaldi, Matthaeus 格列巴尔蒂
Gruet, Jacques 雅克·格吕埃
Gubbio 古比奥

Henry VIII 亨利八世，皇帝
Heraclius, Emperor 赫拉克留，皇帝
Herodotus 希罗多德
Heshus, Tilemann, 提尔门·贺须斯
Hiero 希罗
Hilary 希拉利
Hildebrand 希尔得布兰德
Hippolytus 希波律
Hoen, Cornelius Hendrix 哥尼流·亨得利斯·贺恩
Hofmann. Melchior 梅尔基奥·霍夫曼
Holland, Henry 亨利·霍兰
Homer 荷马
Hooker, Richard 理查德·胡克
Hooper, John 约翰·胡珀
Horace 贺拉斯
Hormisdas 霍尔密斯达
Hosius, Bishop of Cordova 霍修斯，科多瓦的主教
Hottinger, John Henry 约翰·亨利·霍廷格
Hubmaier, Balthasar 巴尔塔萨·胡伯迈尔
Hugo of St. Victor 圣维克多的休
Humbert, Cardinal 宏勃特，大主教
Hus, John 胡斯
Hussites 胡斯派
Hutten, von, Ulrich, 乌尔里希·冯·胡腾
Hyperius, Andreas 安德里亚·希帕里乌
Ibn Ezra, Abraham 亚伯拉罕·伊本·以斯拉

H

Hardenberg, Albert 阿尔伯特·哈登贝格
Harrison, Richarde 理查德·哈理逊
Heidelberg Catechism 海德堡要理问答
Heliogabalus 赫利奥加巴卢斯
Hemslay, Richard 理查德·汉斯雷
Henry IV, Emperor 亨利四世，皇帝

I

Ignatius of Antioch 安提阿的伊格纳修
Ilanz, Disputation of 伊兰茨辩论
Innocent I, Pope 英诺森一世，教皇
Innocent III, Pope 英诺森三世，教皇
Innocent VI, Pope 英诺森四世，教皇
Irenaeus 爱任纽

Irene, Empress 伊琳娜女皇
Ivo of Chartres 沙特尔的伊沃
Isidore of Seville 塞维尔的伊西多尔

J

Jansen, C. 詹森
Jansenists 詹森派
Jerome 哲罗姆
Jewel, John 约翰·朱厄尔
John Scotus Erigena 约翰·司各脱·埃里金纳
John XXII, Pope 若望二十二世，教皇
Josephus 约瑟夫
Julian 朱利安
Julius I, Pope 朱利乌一世，教皇
Julius II 朱利乌二世
Justin Martyr 殉道者查士丁
Justina 查士丁娜
Justinian 查士丁尼
Juvenal 尤维纳利乌

L

Lactantius 拉克唐修
La Forge, Étienne de 埃蒂安·德·拉富格
Lambert, Francis 弗朗西斯·兰伯特
Langton, Stephen 斯蒂文·兰顿
Laodicea, Council of 老底嘉会议
Lasco, John 约翰·拉斯科
Lateran, Council 拉特兰会议
Latomus 拉托姆斯
Lausanne, Disputation 洛桑辩论
Lefèvre, Jacques 雅克·勒菲弗
Leipzig, Disputation 莱比锡辩论
Leo III, Emperor 利奥三世，皇帝
Leo I, Pope 利奥一世，教皇
Leo X, Pope 利奥十世，教皇
Le Preus, J. 普鲁斯

Lesbian rule 莱斯博斯岛的尺子
Linus 利奴
Livy 李维
Lombard, Peter 彼得·伦巴德
Loyola, Ignatius 伊格纳修·罗耀拉
Lucian of Samosata 撒摩撒他的卢奇安
Lucifer of Cagliari 卡格利亚里的路西弗
Luciferians 路西弗派
Lucius, Pope 卢修斯，教皇
Lucretius 卢克莱修
Luther, Martin 马丁·路德
Lutheran 路德宗（信义宗）
Lyconides 利孔尼底

M

Macedonius 马其顿
Machiavelli 马基雅维利
Major, John 约翰·梅杰
Mani 摩尼
Manichees 摩尼教徒
Marcellus 马尔塞鲁斯
Marcian, Emperor 马喜安
Marcion 马西昂
Marcion, heresy of 马西昂异端
Marcionites 马西昂派
Marcourt, Antoine 安东尼·马寇特
Marguerite d'Angoulême 昂古莱姆的玛格丽特
Marlorat, Augustin 马洛拉·奥古斯丁
Marsilius of Padua 帕多瓦的马西利乌斯
Martin V, Pope 马丁五世，教皇
Martin, Richard 马丁·理查德
Masson, Robert 罗伯特·马松
Maurice, Emperor 莫里斯，皇帝
Maximus, Archbishop of Salona 撒隆纳大主教马克西姆
May, Edward, 爱德华·梅
Melanchthon, Philip 菲利普·梅兰希顿

Melchiades [Miliades], Pope 麦基亚德 [米尔提亚德], 教皇
Mennas, Patriarch of Constantinople 梅纳, 君士坦丁堡的教长
Menno, Simons 西门·门诺
Mennonites 门诺派
Milevis, Council of 米勒维会议
Molnár, Albert 阿尔伯特·莫尔纳
Monophysites 基督一性论者
Monothelites 基督一志论者
Montanists 孟他努派
Montanus 孟他努
More, Thomas 托马斯·莫尔
Münster 明斯特
Müntzer, Thomas, 托马斯·闵采尔
Myconius, Oswald 奥斯瓦尔德·麦康纽斯

N

Nectarius, patriarch of Constantinople 涅克塔里乌
Nero 尼禄
Nestorian controversy 聂斯托利争论
Nestorius 聂斯托利
Nicaea, Council of 尼西亚会议
Nicene Creed 尼西亚信经
Niceno-Constantinopolitan Creed 尼西亚—君士坦丁堡信经
Nicolas of Cusa 库萨的尼古拉
Niesel, Wilhelm 威廉·尼塞尔
Norton, Thomas 托马斯·诺顿
Novatian 诺瓦替安
Novatianists 诺瓦替安派
Novatus 诺瓦图
Noyon 努瓦永

O

Ockham, William of 威廉的奥卡姆
Olevianus, Caspar 卡斯帕·俄利维亚努

Orange, Council of 奥兰治会议
Origen 奥利金
Osiander, Andreas 安德烈亚斯·奥西安德尔
Ovid 奥维德
Owen, John 约翰·欧文

P

Pelagianism 帕拉纠主义
Pelagius 帕拉纠
Pepin the Short 矮子丕平
Philip II 菲利普二世
Philip IV 菲利普四世
Philo 菲洛
Phocas, Emperor 福卡斯, 皇帝
Pico della Mirandola, John 皮科·德拉·米兰多拉
Pighius, Albert 阿尔伯特·皮修斯
Piscator, J 皮斯卡托
Pistoclerus 皮思特勒斯
Pitcairn, Robert 罗伯特·皮特凯恩
Plato 柏拉图
Plautus 普洛蒂
Pliny 普林尼
Plutarch 普鲁塔克
Poissy, Colloquy at 普瓦西会议
Pomponazzi 蓬波纳齐
Ponet, John 约翰·波内特
Porphyry 波菲利
Praxeas 帕克西亚
Prosper of Aquitaine 阿基坦的普罗斯珀
Protagoras 普罗塔哥拉
Proterius 普罗特里乌
Pythagoras 毕达哥拉斯

Q

Quintilian 昆体良
Quintin 昆丁

Quintinists 昆丁派

R

Rabelais 拉伯雷
Reboul, Antoine 安东尼·勒布尔
Reggio 雷吉奥
Regulus, Atilius 阿提流斯·勒古鲁斯
Richard Lionheart 莱恩赫特
Richard of St. Victor 圣维克多的理查德
Ridemann, Peter 彼得·莱德曼
Rihel, Wendelin 旺代尔·里埃尔
Rivery, Adam and John 里弗利
Rollock, Robert 罗伯特·罗洛克
Ruysbroeck 吕斯布鲁克

S

Sabellians 撒伯里乌主义者
Sabellius 撒伯里乌
Sackville, Thomas 托马斯·萨克维尔
Sadoleto, Jacopo 萨多雷托
Sallust 萨卢斯特
Samaritans 撒玛利亚人
Sanhedrin 犹太公会
Sardanapalus 撒丹纳帕路斯
Sardica, Synod of 萨底卡会议
Savonarola 萨伏那洛拉
Scaliger, Joseph 约瑟夫·斯卡利杰尔
Schaffhausen 沙夫豪森
Schipper, J. J. 席佩尔
Schleiermacher 施莱尔马赫
Schleitheim, Confession of 施莱特海姆信条
Schwenckfeld, Caspar 卡斯帕·史文克菲
Scipio 西庇阿
Scipios, the 西庇阿家族
Scots Confession, First 苏格兰第一信条
Semi-Arians 半阿里乌派
Semi-Pelagians 半帕拉纠派
Seneca 塞涅卡

Septuagint 七十士译本
Serapion 塞拉皮翁
Serenus, Bishop of Marseilles 塞雷尼, 马赛尔的主教
Servetus, Michael 米歇尔·塞尔维特
Silvester I, Pope 西尔维斯特一世, 教皇
Simon of Gitta 吉塔的西门
Simon Magus 行邪术的西门
Simonides 西蒙尼德
Sizoo, A. 希珠
Sleidan, John 斯莱顿
Socinus, Laelius 勒留·苏西尼
Socrates, church historian 教会史家苏格拉底
Solon 梭伦
Sorbonne 索邦
Sozomen 索宗曼
Spyridion 斯皮里甸
Staphylus 施塔菲路斯
Statius 史塔修
Steuchus Eugubinus, Augustinus 奥古斯提努·优各比努·史特克斯
Steyn, monastery of 斯特因修道院
Stoics 斯多葛派
Strejc, Jiřík 吉利克·斯特莱克
Sturm, John 约翰·斯蒂尔姆
Suetonius 苏维托尼乌斯

T

Tatian 塔提安
Tatianists, heresy of 塔提安异端
Tertullian 德尔图良
Theodore, Bishop 西奥多, 主教
Theodoret 狄奥多勒
Theodosius, Bishop of Amorium 狄奥多西, 阿摩利阿姆的主教
Theodosius, Bishop of Mira 狄奥多西, 米拉的主教

Theodosius I, Emperor 狄奥多西一世，皇帝
Theseus 特修斯
Tholuck, August 多拉克
Tiberius 提比略
Titus 提图斯
Toledo, Council of 托莱多会议
Torres, Francisco 弗朗西斯科·托雷斯
Toulouse 图卢兹
Tournai 图尔奈
Trajan, Emperor 图拉真，皇帝
Trent, Council of 特兰托会议
Turin, Council of 杜林会议
Turretin, J. A. 图瑞丁
Tychonius, rules of 泰苛尼乌的准则
Tyndale, William 威廉·丁道尔

U

Urban IV, Pope 乌尔班四世，教皇
Ursinus, Z. 乌尔西努斯
Utrecht 乌得勒支

V

Valentinian, Emperor 瓦伦提尼安，皇帝
Valentinus 瓦伦廷
Valera, C. de 瓦莱拉
Varro 瓦罗
Vautrollier, T. 沃特罗利耶
Velleius 维勒
Vermigli, Martyr 殉道者威尔米革立
Vespasian 韦斯巴芗
Victor 维克多
Vigilius, Pope 维吉里乌，教皇
Vincent of Lérins 勒林的文森特
Vincentius 文森提乌
Vincentius Victor 文森提乌·维克多

Viret 维雷
Virgil 维吉尔
Vitus 维多
Vives, Ludovico 鲁道维哥·维弗
Vulgate 武加大译本

W

Waldenses 瓦尔多派
Warfield, B. B. 沃菲尔德
Weber, O. 韦伯
Wendel, F. 温德尔
Werenfels, Samuel 塞缪尔·温福耳
Wesel, John of 韦瑟尔的约翰
Westminster Assembly 威斯敏斯特会议
Westphal, Joachim 约阿希姆·威斯特弗
Whitby, Synod of 惠特比会议
Whitchurch, E 惠特切斯
Whitehead, D. 怀特海
Whitgift, Archbishop 惠特吉夫特
Wilfred 威尔弗雷德
William of Paris 巴黎的威廉
Witzel, George 乔治·威策尔
Wolfe, Reinolde 雷诺德·沃尔夫
Wycliffe, John 约翰·威克里夫

X

Xenocrates 色诺克拉底
Xenophon 色诺芬
Xerxes 薛西斯

Z

Zachary, Pope 扎迦利，教皇
Zeno 芝诺
Zephyrinus, Pope 泽菲里努斯
Zosimus, Pope 佐西姆，教皇
Zwingli 茨温利

修订后记

加尔文的《基督教要义》跻身影响人类历史的十部著作，是基督教经典中的经典。2009年恰逢加尔文诞辰500周年，我们原计划在这一年内推出《基督教要义》。由于修订的工作量比我们预计的要大，为了保证质量，我们决定推迟出版的时间。虽说有些遗憾，然而2010年初《基督教要义》简体版能面世，还是让我们感到十分欣慰。这部影响了西方社会近五个世纪的巨著虽然姗姗来迟，但我们希望它能够给中国的学术文化界带来启迪和更新。

本中译本采用的版本是威斯敏斯特出版社（The Westminster Press）"基督教经典文库"（Library of Christian Classics）第二十二卷。原书名为《加尔文：基督教要义》（Calvin: Institutes of the Christian Religion）。这个版本由纽约协和神学院教会史教授约翰·T. 麦克尼尔（John T. McNeill）编辑，美国哈特福特神学院教会史教授福特·路易斯·巴特尔斯（Ford Lewis Battles）翻译。中译本由钱曜诚先生组织的加尔文基督教要义翻译小组翻译，台湾加尔文出版社出版。孙毅和游冠辉先生按照大陆的语言习惯和术语用法对中文繁体版的译文进行了修订。具体分工如下：第一卷、第二卷以及第三卷一至十九章由孙毅修订；文前部分（导言、约翰·加尔文致读者书、1560年法文版主旨、致法王法兰西斯一世书）、第三卷二十至二十四章、第四卷由游冠辉修订。需要特别说明的是，由于文前部分与第四卷繁体版译文问题较多，我们在修订的过程中做了比较大的改动。因时间和能力有限，修订后的译文仍难免存在错误或不妥之处，恳请读者不吝赐教。

孙毅　游冠辉

2009 年 12 月 17 日

宗教改革五百周年修订版后记

2016年10月31日宗教改革日，《基督教要义》的再次修订终于完成。2010年《要义》简体修订版出版至今，已有六年半的时间。这几年，我们不断发现修订版中仍有诸多问题，感觉第一版修订过于仓促，需要重新修订。《要义》的出版在过去几年中祝福了很多人的生命。尽管如此，其中存在的问题还是让我们深感愧疚和亏欠。为了弥补这种亏欠，改进译文的质量，2014年底我们决定重新修订。由于《要义》卷帙浩繁，加上我在这段期间还有很多日常工作需要处理，修订过程拖得时间很长。原计划上次孙毅修订的部分（第一卷至第三卷十九章）由我负责，上次我修订的部分（文前部分，第三卷二十章至二十四章，第四卷）由孙毅负责。但由于孙毅教学、科研等工作繁忙，只修订了其中的一小部分。孙毅负责的部分后来由橡树文字工作室的编辑刘岿通读，找出其中可能有问题的部分，然后再由我来处理。

此次修订，主要重译了一些误译的句子（尤其是注释部分）；修改了一些语义模糊或不准确的句子；纠正了一些经文出处的错误。此外，我们根据人名、地名的译名词典，对少部分译名也做了修改，但保留了那些与译名辞典译法不同却由于历史原因已广被使用的译名。经过这次修订，整体的质量相信得到了改进，但其中肯定仍有不少不尽人意之处，还请读者批评指正。

2017年是宗教改革500周年。谨以《基督教要义》修订版纪念这场伟大的改教运动。

游冠辉
2016 年 10 月 31 日